侯建新 主编

THE EVOLUTION OF
EUROPEAN CIVILIZATION

欧洲文明进程

城市与城市化 卷

刘景华 著

商务印书馆
The Commercial Press
创于1897

图书在版编目（CIP）数据

欧洲文明进程.城市与城市化卷 / 侯建新主编；刘
景华著 .—北京：商务印书馆，2023
ISBN 978-7-100-17854-9

Ⅰ.①欧… Ⅱ.①侯…②刘… Ⅲ.①欧洲—历史②
城市史—欧洲 Ⅳ.① K500 ② K95

中国版本图书馆 CIP 数据核字（2019）第 205432 号

本卷系国家社会科学基金重大招标项目
"欧洲文明进程研究"（批准文号：12&ZD185）最终成果之一

"十三五"国家重点图书出版规划项目

侯建新　主编

欧洲文明进程
城市与城市化 卷

刘景华　著

商 务 印 书 馆 出 版
（北京王府井大街36号　邮政编码100710）
商 务 印 书 馆 发 行
北京市十月印刷有限公司印刷
ISBN 978 - 7 - 100 - 17854 - 9

2023 年 5 月第 1 版　　　　开本 710×1000　1/16
2023 年 5 月北京第 1 次印刷　　印张 38
定价：180.00 元

《欧洲文明进程》
编委会

总　序

侯建新

在课题组全体成员孜孜不倦的努力下，春风夏雨，十年一剑，《欧洲文明进程》（16卷本）终于面世了。这部多卷本著作，通过追溯欧洲文明诞生以来的历史进程，旨在探索回答几代中国人的问题——何谓欧洲文明？它从不同的侧面描述和阐释，跨语境地感知和感悟，希冀离真相再近一步！作为课题主持者，也是分卷作者，回顾走过的这段路程，我有如释重负的快乐且怀有由衷的期望，但愿我们不负前贤无愧来者，交上一份合格的答卷。

历史上的欧洲文明即于今的西方文明，又称北大西洋文明，是当今世界主要文明之一，也是我们必须与之打交道的重要文明。这部书已从16个方面对欧洲文明做了专题性论述；"总序"则力图横纵结合、通达遂晓，从总体上探讨它——诸如欧洲文明的时空维度；欧洲文明形成的条件；欧洲文明确立的标志，即"文明元规则"的生成；还有，欧洲文明对现代世界深刻而复杂的影响等。希望"总序"对这部书的完整性有所助益；同时方便读者阅读和理解全书。末了，再介绍一下这个课题的来龙去脉。

何为西方文明的核心内涵，或者说西方文明是什么？这是本序也是本部书要回答的主题。在开始我们的主题前，暂且把目光收回，回首一下近代中国人对西方文明的认知变化。对欧洲文明的认识，总有一个循序渐进、由浅入深、由表及里的过程。无论如何，前人的经验、认识及研究成果，是我们继续研究的基础；况且，中国命运始终是我们探索欧洲文明的动力。

一、回首：近代国人欧洲观嬗变

从16世纪到18世纪，以利玛窦（Matteo Ricci）、汤若望（Johann Adam Schall von Bell）、南怀仁（Ferdinand Verbiest）等为代表的耶稣会士来华传教，同时扮演了欧洲文明传播者的角色。虽然他们带来的欧洲历算知识、火炮技术等，曾经被明朝和清朝政府部分接纳，不过未能触动传统的华夷文明观。以鸦片战争为节点进入近代后，国人对欧洲的认知大致可以分为三个阶段：

从鸦片战争到甲午战争。1840年的鸦片战争，是中国与西方世界碰撞的开始，也是国人了解欧洲文明的标志性起点。战争失败后，魏源的《海国图志》、徐继畬的《瀛寰志略》等一批海外舆地著作相继出现。作者介绍了欧洲各国的经济、社会、文化及民情风俗等，并强调欧洲在世界文明格局中的中心位置。魏源对欧洲文明印象强烈，"欧列国万民之慧智才能高大，纬武经文，故新地日开，遍于四海焉"①；徐继畬《瀛寰志略》亦有积极评价。两次战争的失败，使中国人意识到欧洲并非中国周边的"蛮夷"可比，尤其关注西洋船坚炮利之"长技"。因此，不久洋务运动启动，一批军工企业开始建立，声光化电等西学著作相继出版，使中国人进一步认识到欧洲科技和物质成就。

国门逐渐打开，动摇了部分士大夫的华夷文明观，一部分人开始承认欧洲文明的先进性。冯桂芬是洋务派代表人物之一，可他对西方的认知不止于"器物"，他说，"人无弃材不如夷，地无遗利不如夷，君民不隔不如夷，名实必符不如夷"，故应"惟善是从"。②19世纪70、80年代，近代第一位驻外公使郭嵩焘和广东青年士子康

---

① 魏源撰、陈华等点校注释：《海国图志》，岳麓书社1998年版，第1103页。
② 冯桂芬：《校邠庐抗议》，上海书店出版社2002年版，第49页。

有为，也体会到这一点。康有为1879年游历香港后"乃始知西人治国有法度"。不过他们的看法总体上未突破中体西用的框架。

对欧洲文明的认识，也存在明显误读，甚至不无荒诞。一部分人承认欧洲文明的可取之处，可是认为所谓"西学"不过源自古代中国而已：西洋人的技术发明，其原理早已由中国上古圣人阐发，诸如电线、西医、火轮汽机等，都能在经典古籍中找到，或者出于《易经》，或者出于《墨子》等。西洋政教风俗同样源于中国，即所谓"泰西近古"说，诸如"在上下之情通，君民之分亲……实有三代以上之遗意焉"。[①]

从甲午战争到五四运动。甲午战争的失败，对中国知识界是一次前所未有的打击，也引发了中国人学习西方的热潮。不少人认为，洋务运动只学了西学的皮毛，策中国于富强，非"西政"不可。这一时期，以进化论为代表的新哲学，以及自由、平等、主权在民、男女平权等新观念，政治、法律等社会科学知识，以及小说、音乐等文学艺术，都开始进入中国。来自海外的各种信息空前丰富，推动中国思想改良，中国人对欧洲文明也有了新认识。严复称，西方社会"身贵自由，国贵自主"。他说："中国最重三纲，而西人首明平等；中国亲亲，而西人尚贤；中国以孝治天下，而西人以公治天下；中国尊主，而西人隆民。"[②]1900年，梁启超发表《立宪法议》，将欧洲君主立宪制度视为最合理的制度，强调宪法的根本法地位，"盖谓宪法者，一国之元气也"。

总之，在追求制度变革的背景下，欧洲文明和中国文明的地位出现反转，孙中山《三民主义》一书指出：义和团失败后，中国人"便明白欧美的新文明的确是比中国的旧文明好得多……要中国强盛，要中国能够昭雪北京城下之盟的那种大耻辱，事事便非仿效外国不可，不但是物质科学要学外国，就是一切政治社会上的事都要学外国"。

---

① 王韬：《弢园文录外编》，上海书店出版社2002年版，第89页。
② 严复："原强""论世变之亟"，王栻主编：《严复集》第1册，中华书局1986年版，第17、3页。

民国初年新文化运动，给予西方文明前所未有的肯定，具有一定的理论色彩。新文化运动的先进知识分子赞扬西方社会的价值观，号召个性解放，建立自主自由的人格。陈独秀将欧洲文明特征概括为"人权说""生物进化论"和"社会主义"，他说："科学之兴，其功不在人权说下，若舟车之有两轮焉。"[①]后来人们将西方文明归纳为科学与民主。李大钊《东西文明根本之异点》认为，东西方道德区别在于，"个性灭却"和"个性解放"，"东方想望英雄，结果为专制政治，……西方倚重国民，结果为民主政治"。

五四运动后到抗日战争。第一次世界大战爆发并使欧洲经济凋敝，引起西方世界的文化反思和悲观情绪，斯宾格勒《西方的没落》即在这个时期面世。与此同时，东方文明救世论在国内兴起，直接影响了国人的欧洲观。1920年，梁启超游历欧洲归国后，出版《欧游心影录》一书，态度大变，他不再说"中国与欧洲之文明，相去不啻霄壤"[②]，而是认为西方物质文明没有给人类带来幸福，却将人类带入深渊，因此西洋文明已经破产，需要东方文明来拯救。当年曾高歌"欧西文明"的梁氏尚且如此，何况一般人乎？国人对西方认知基础之脆弱，不言而喻。1935年，王新命等人发表《中国本位的文化建设宣言》，倡导新儒家的文化立场，虽然承认学习西方的必要性，但比照以前大打折扣，强调西方文明为物质文明，中国文明为精神文明。

与新儒家相对立的，是坚持全面学习西方的人物，他们继续抱有清末以来一些知识人士对西方的热情。1926年胡适指出，不能将中西文明概括为精神文明和物质文明，凡一种文明必有物质和精神两个因子，而且西方精神发展程度，"远非东洋旧文明所能梦见"。[③]同时胡适也提倡"整理国故"，他解释说他不是主张"全盘西化"，

---

① 陈独秀："法兰西人与近世文明""敬告青年"，陈独秀著、王观泉导读：《〈独秀文存〉选》，贵州教育出版社2005年版，第45、44页。

② 梁启超："论中国与欧洲国体异同"，张品兴主编：《梁启超全集》第1册，北京出版社1999年版，第312页。

③ 参见欧阳哲生编：《胡适文集》（4），北京大学出版社1998年版，第6、10页。

而是充分现代化。另一位代表人物陈序经在《中国文化的出路》一书中认为，西洋文化是现代的基础文化，是现代化的主体。西方文化并非尽善尽美，但中国文化在根本上不如西洋。[①]

我们力求客观、简约地表述近代国人欧洲文明观的大致轨迹，难免挂一漏万。近代中国人对西方文明的认识经过了一个不断丰富和深化的过程，有高潮也有低谷。他们出于济世救国情怀而关注和评说西方文明，时有切中要害的智慧点评，也出现了一些专业性研究成果。例如，陈衡哲的《新学制高级中学教科书·西洋史》（1924年），被称为一部开山之作；还有高一涵的《欧洲政治思想史》（1926年）、蒋百里的《欧洲文艺复兴史》（1921年）、雷通群的《西洋教育史》（1935年）等。不过，总体来讲，一直到20世纪中期，中国大学很少设置世界史、欧洲史课程，教育基础薄弱，研究机构几近于无。其次，即使一般的认知也限于知识精英，与普通民众几乎无关，而且，知识精英层对西方的认识也没有达成广泛的共识。但无论如何，近代中国人关于西方文明的心路历程，于今仍具有重要价值。

19世纪中叶，当中国首次与西方世界交手并初识这个陌生文明的时候，西方却正在重新审视自己：欧洲文明如何创生，肇始于何时，其本质特征是什么？整个20世纪都是这一认识不断深化的过程，至今没有结束；令人遗憾的是，长期以来国内学界对这些动态信息所知极不充分。

二、欧洲文明的时空维度

先从西方文明的时间维度说起。

历史学家认为，最初的文明诞生于5000年到6000年之前，自此人类历史上曾先后出现数十种文明形态，上古时代基本独立形成的文明被称为"原生型文明"。随着时光的流逝，一些文明凋零了，

[①]　以上参阅了田涛教授"近代中国对西方文明的认识"授课讲义，谨致谢忱。

一些文明得以延续或再生，当今世界的主要文明不过七八家，其中再生文明居多，它们又被称为"次生型文明"。次生型文明采纳一种或若干种原生型文明的某些成分，但已然是不同质的文明。笔者认为西方文明是次生型文明，与古希腊罗马文明有本质不同，尽管与它们有着某种联系。

然而，西方学界长期将西方文明与古典文明混为一谈。欧洲人何以形成这样的观念，需要回放一下当时的历史画面。

15世纪初叶，处于中世纪晚期的欧洲人，一方面对强势的基督教教会及其文化深感压抑，希望获得更自由的空间；另一方面随着更多希腊罗马古籍的发现，被其典雅富丽的文风所吸引，希望早已衰败湮没的古典文化得以"复兴"，"文艺复兴"（Renaissance）因此得名。殊不知，此时已届中世纪的历史转捩点，面临着划时代的重要突破，岂是古典世界可比？！"他（但丁）是中世纪的最后一位诗人，同时又是新时代的最初一位诗人"[1]，正是指的这一特殊历史时期。远方地平线透出丝丝明亮，人们渴望更多的光明与自由。罗素说，他们不过企图用古典人的威信替代教会的威信而已。[2]这些一心改善现状的人文主义者，无限美化遥远的古典世界，认为罗马帝国崩溃后的历史进入千年愚昧与沉睡，直到现在理性精神才重新被唤醒，因此"黑暗时代"（Dark Ages）、"中世纪"（Medieval, Middle Ages）等话语，一时大行其道，形成一整套话语体系。"中世纪"概念，最先出现在15世纪意大利历史学家比昂多的著作中，其含义不难发现，指两个文化高峰之间的停滞期、低谷期，带有明显的贬义。另一方面，将人文主义者与古典文明绑定，结果自然而然地将中世纪以来的欧洲文明与古典文明并为一谈，似成不刊之论。

三百年后，当18世纪爱德华·吉本撰写巨著《罗马帝国衰亡史》时，他仍然拜倒在古典文明脚下，将中世纪史看成一部衰亡、

---

① 《马克思恩格斯选集》（第1卷），中共中央马克思、恩格斯、列宁、斯大林著作编译局编，人民出版社1972年版，第249页。

② 〔英〕罗素：《西方哲学史》（下卷），马元德译，商务印书馆1982年版，第7页。

阴暗的历史。一直到19世纪中后期，不乏欧洲历史学家仍认为中世纪理智处于昏睡状态中，称之为"死海之岸"。①

　　文艺复兴时期的话语高调持续数百年，临近20世纪才出现拐点，因此对西方自身以及对全球学界的影响不可小觑。中国史学界亦不能幸免。地理和文化相距越是遥远，越是容易留住对方长时段、高分贝释放的声音。例如，翻开几年前我国中学历史教科书，历时千年的中世纪史内容聊胜于无，寥寥几笔便进入文艺复兴话题。也有不同的声音。据我所知，国内学者最早提出不同观点的是雷海宗先生，他在20世纪30年代即指出：欧西文化自公元5世纪酝酿期开始直至今日，是"外表希罗内质全新之新兴文化"。②近年也有学者明确指出，欧洲文明不是古典文明主体的延伸，而是新生文明。③当下国际学界，传统看法依然存在，然而文艺复兴时期的话语不断被刷新，被颠覆！尤其进入20世纪后，越来越多的学者认为，欧洲文明与古典文明具有本质性区别。

　　对传统看法最先提出挑战的代表性人物，是活跃在19世纪中后期的基佐。弗朗索瓦·皮埃尔·基佐（1787—1874年），是法国著名历史学家和政治人物，他在《欧洲文明史》一书中，明确区别了欧洲文明与古典文明，而且做了不失深刻的分析。基佐敏锐地发现欧洲文明有着"独特的面貌"，不同于古典文明，也不同于世界上的其他文明。他认为，大多数古代文明都有一种明显的单一性，例如在古希腊，社会原则的单一性导致了一种迅速惊人的发展。"但是这种惊人的腾飞之后，希腊似乎突然耗竭了。"在埃及和印度，这种单一性使社会陷入一种停滞状态。社会继续存在，"但一动也不动，仿佛冻僵了"。欧洲不一样，它存在着多样性，各种势力处于不断斗争

---

① Philip Lee Ralph, *The Renaissance in Perspective*, New York: St. Martin's Press, 1973, p. 5.
② 雷海宗：《西洋文化史纲要》，王敦书整理导读，上海古籍出版社2001年版。
③ 参见侯建新："欧洲文明不是古典文明的简单延伸"，《史学理论研究》2014年第2期；侯建新："交融与创生：欧洲文明的三个来源"，《世界历史》2011年第4期；侯树栋："断裂，还是连续：中世纪早期文明与罗马文明之关系研究的新动向"，《史学月刊》2011年第1期；田薇："关于中世纪的'误解'和'正名'"，《清华大学学报》（哲学社会科学版）2001年第4期。

的状态，神权政治的、君主政治的、贵族政治的和平民政治的信条相互阻挠，相互限制和相互修正。基佐认为，欧洲的多样性为欧洲带来无限的发展机会。①

大约同时代的黑格尔，也表达了相近的观点。黑格尔认为，世界精神的太阳最早在东方升起，古希腊罗马文明是它的青壮年，最后，"太阳"降落在体现"成熟和力量"的日耳曼民族身上，实现了世界精神的终极目的。他特别指出，"在表面上，日耳曼世界只是罗马世界的一种继续。然而其中有着一个崭新的精神，世界由之而必须更生"②。黑格尔的"日耳曼世界"显然指中世纪开始的欧洲文明。不久，马克思在《经济学手稿》中，也将欧洲文明和古典文明明确作了区分。③

最早将这样的历史观引进职业历史学领域的，当数斯宾格勒（1880—1936年）和汤因比（1889—1975年），他们的作品《西方的没落》和《历史研究》，具有广泛的影响。斯宾格勒认为人类历史上主要有八种文明，其中"古典文明"和"西方文明"，都是独特的、等值的、自我本位的，都有不能抗拒的生命周期，虽然西方文明是最年轻的文明。这样的观点同样体现在汤因比的《历史研究》中，汤因比指出，古希腊罗马文明无疑已经完结，被两个接替者所取代，一个是西方文明，另一个是拜占庭文明。他特别指出，所谓神圣罗马帝国不过是一个幽灵，没有什么作用，不能因此便将西方历史视为罗马史的延伸。

对文艺复兴话语的致命冲击，来自20世纪以来中世纪研究的新成就。本来，从一定意义上讲，文艺复兴话语建立在贬损和虚无中世纪的基础上，人文主义者极力赞美的人文主义好像是从地下突然冒出来的，而不是中世纪发展的结果。随着原始文献解读和考古学

---

① 参见〔法〕基佐:《欧洲文明史》，程洪逵、沅芷译，商务印书馆1998年版，第20—40页。

② 〔德〕黑格尔:《历史哲学》，王造时译，上海书店出版社2001年版，第339—340页。

③ 参见《马克思恩格斯全集》（第30卷），中共中央马克思、恩格斯、列宁、斯大林著作编译局译，人民出版社1995年版，第465—510页。

发展，中世纪研究逐步深入，人们越来越不相信"黑暗中世纪"的传统描述；恰恰相反，中世纪是最不安分的、充满创生力的时代。

　　一批杰出的中世纪史学家，从实证到理论彻底颠覆了人们关于中世纪的认知。例如，梅特兰《英国宪制史》（1908年）、亨利·皮雷纳《中世纪的城市》（1925年）、费尔南·布罗代尔《地中海与菲利普二世时代的地中海世界》（1972年）、贝内特《英国庄园生活》（1938年）、马克·布洛赫《封建社会》（1935—1940年）、奥尔特"共同同意的村规"（1954年）、杜泰利斯《中世纪法国公社》（1978年）、雷诺兹《西欧王国与共同体，900—1300年》（1984年）、麦克法兰《英国个人主义的起源》（1978年）、弗朗西斯等《中世纪乡村生活》（1990年）、戴尔《转型的时代：英国中世纪晚期的经济与社会》（2005年）等。[①] 这些作品极大更新了人们头脑中中世纪生活的历史画面，令人震撼不已！

　　皮雷纳力主西方文明产生于中世纪，而且经历了漫长的过程。亨利·皮雷纳（1862—1935年）是著名中世纪学者，然而最终以其欧洲文明研究闻名于世，其论断被表述为"皮雷纳命题"（the Pirenne Thesis）。这位比利时学者认为古典文明是地中海文明，西

---

① F. W. Maitland, *The Constitutional History of England: A Course of Lectures*, Cambridge: Cambridge University Press, 1908; Henri Pirenne, *Medieval Cities: Their Origins and the Revival of Trade*, Princeton: Princeton University Press, First Printing, 1925; Fernand Braudel, *The Mediterranean and the Mediterranean World in the Age of Philip II*, Translated from the French by Siân Reynolds, New York: Harper and Row, First published in English, 1972; H. S. Bennett, *Life on the English Manor: A Study of Peasant Conditions, 1150–1400*, Cambridge: Cambridge University Press, 1938; Marc Bloch, *Feudal Society*, Translated from the French by L. A. Manyon, London and New York: Routledge, English translation, 1961, 1962; Warren O. Ault, "Village By-laws by Common Consent", *Speculum*, Vol. 29, No. 2 (Apr., 1954); C. E. Petit-Dutaillis, *The French Communes in the Middle Ages*, Amsterdam: North-Holland, 1978; Susan Reynolds, *Kingdoms and Communities in Western Europe, 900–1300*, Oxford: Oxford University Press, 1984; A. Macfarlane, *The Origins of English Individualism*, Oxford: Basil Blackwell, 1978; Frances and Joseph Gies, *Life in a Medieval Village*, New York: Harper and Row, 1990; Christopher Dyer, *An Age of Transition? Economy and Society in England in the Later Middle Ages*, Oxford: Clarendon Press, 2005. 20世纪上半叶中世纪史研究的经典作品还有：Norman Scott Brien Gras and Ethel Culbert Gras, *The Economic and Social History of an English Village, Crawley, Hampshire, A.D. 909–1928*, Cambridge: Harvard University Press, 1930; G. G. Coulton, *The Medieval Village*, Cambridge: Cambridge University Press, 1925; R. H. Tawney, *The Agrarian Problem in the Sixteenth Century*, London: Longmans, 1912, 等等。

方文明终结了古典文明，不过文明交替并非随罗马帝国崩溃而实现，而是及至750年到800年，欧洲文明才逐渐确立。[①]皮雷纳格外关注伊斯兰扩张对西方文明形成的影响，甚至说"没有穆罕默德，就根本无法想象查理曼"云云[②]，似乎有些夸张了，不过他从更广阔的视野分析罗马帝国与西方文明的消长，将历史时间要素和空间要素有机结合，颇富学术魅力。不止皮雷纳，不少学者都看到了伊斯兰世界对西方文明形成的刺激作用，如《西方文明简史》作者杰克逊·斯皮瓦格尔指出："在700年到1500年之间，与伊斯兰世界的冲突帮助西方文明界定自身。"[③]

哈佛大学法学家伯尔曼（1918—2007年）史论并茂地论证了西方文明诞生于中世纪。他集四十年心血写成的《法律与革命》，是一部探究西方法律传统形成的鸿篇巨制，明确界定了西方文明内涵和外延。伯尔曼指出，人们习惯上将西方文明与古典文明视作一脉相承，实为一种误读：西方作为一种文明，不仅区别于东方，而且区别于以色列、古希腊和古罗马。它们是不同质的文明。西方文明与它们之间存在着某些联系，然而，主要的不是通过一个保存或继承的过程，而是通过采纳的过程，它有选择地采用了它们，在不同时期采用了不同部分。他认为西方文明成形于11世纪到12世纪，"虽然直到美国革命时才贡献了'宪政'一词，但自12世纪起，所有西方国家，……法律高于政治这种思想一直被广泛讲述和经常得到承认"[④]。

在当代政治学家中，塞缪尔·亨廷顿（1927—2008年）因其世界文明研究而名动一时，他阐述了相似观点：随着罗马帝国崩溃，古典文明"已不复存在"，如同美索不达米亚文明、埃及文明、克里特文明、

---

① 参见 Henri Pirenne, *Mohammed and Charlemagne*, New York: Meridian Books, 1959, pp. 17, 144, 285。

② Henri Pirenne, *Mohammed and Charlemagne*, p. 234.

③ Jackson J. Spielvogel, *Western Civilization: A Brief History*, Vol. I, Wadsworth: Cengage Learning, 2010, preface, p. xxiv.

④ 参见〔美〕哈罗德·J. 伯尔曼：《法律与革命（第一卷）：西方法律传统的形成》，贺卫方等译，法律出版社2008年版，第2—3、9页。

拜占庭文明、中美洲文明、安第斯文明等文明一样不复存在。他认为西方文明成形于8世纪和9世纪，是次生型文明。①

20世纪中叶以后，这样的观念走进历史教科书，这是一个标志性的转变，1963年布罗代尔推出的《文明史纲》是代表作。费尔南·布罗代尔（1902—1985年），法国年鉴学派即20世纪最重要史学流派的集大成者，以其一系列奠基性研究成果蜚声世界。他指出，欧洲文明发展成形于5—13世纪，其中封建制确立和推行对欧洲文明形成意义重大，以至可称早期欧洲为"封建文明"。他认为：封建主义（Feudalism）打造了欧洲。11、12世纪，"欧洲达到了它的第一个青春期，达到了它的第一个富有活力的阶段"。这种统治是一种"原创性的政治、社会和经济秩序"。②关于封建制与欧洲文明内涵的关系，年鉴学派的另一位代表人物布洛赫在其享誉世界的名著《封建社会》中也做过经典论述。

问世于20世纪中叶亦广受欢迎的教科书《欧洲中世纪史》，开篇标题醒目而明确："欧洲的诞生，500—1000年"。作者认为新的欧洲文明在公元1000年左右臻于成熟，西方"是中世纪的产品"，欧洲文明与古罗马文明有着亲属关系，然而却是"迥然不同"的文明。③该书由美国历史学会主席C.沃伦·霍利斯特等著，至2006年该书已再版10次，成为美国数百所大学的通用教材。

布莱恩·蒂尔尼等在其六次再版的大学教材中指出，中世纪欧洲与罗马时期的社会图景完全不同，"'罗马帝国的衰亡'不仅仅可以被视为一种古代文明的终结，而且还可以视为一种新文明的开端"，"在11和12世纪，一种新的、独特的西方文化开始萌芽"。④

① 参见〔美〕塞缪尔·亨廷顿：《文明的冲突与世界秩序的重建》，周琪等译，新华出版社1998年版，第29、35页。
② 参见〔法〕费尔南·布罗代尔：《文明史纲》，肖昶等译，广西师范大学出版社2003年版，第294、296页。
③ 参见〔美〕朱迪斯·M.本内特、C.沃伦·霍利斯特：《欧洲中世纪史》（第10版），杨宁、李韵译，上海社会科学院出版社2007年版，第5—7页。
④ 参见〔美〕布莱恩·蒂尔尼、西德尼·佩因特：《西欧中世纪史》（第六版），袁传伟译，北京大学出版社2011年版，第2、131页。

正如广为中国读者熟知的《全球通史》的作者斯塔夫里阿诺斯强调，欧洲中世纪是崭新独特的生活方式，有几种新的罗曼语取代了拉丁语，服装、宗教、谋生之道等都发生深刻变化。他说，古典文明被永久湮没，被一种崭新的东西所代替。

至于"欧洲"一词进入欧洲人的实际生活，已到中世纪末期，此前只见于零星记载。据奥地利历史学家弗里德里希·希尔考证，"欧洲"这个概念在罗马帝国后期开始形成，"最初，它只是用以表明一种区别"。人们发现在罗马皇帝的军队中，来自帝国西部的"欧罗巴人"与东方的"叙利亚人"有显著不同。甚至到5世纪初，历史学家还交替使用"欧罗巴人"和"欧罗巴人军队"这两个词。据悉，这是"欧洲"一词能查阅到的最早的文字记载。[①]随着蛮族入侵，先后出现了一系列蛮族王国，法兰克是蛮族王国的主要代表，其加洛林王朝开始正式使用"欧洲"这个概念。

布罗代尔认为，751年建立的加洛林王朝就是第一个"欧洲"，标示为"欧罗巴，加洛林王朝统治"（Europa, vel regnum Caroli）。加洛林王朝的著名统治者查理大帝，被其后的宫廷诗人赞誉为"欧洲之父"（pater Europae）。后来十字军东征，在与阿拉伯穆斯林的冲突中，"欧洲"概念也曾浮出水面。不过，总的看，这个词在中世纪很少被使用，到文艺复兴时期，在但丁笔下还难得见到，不过彼特拉克、薄伽丘等人已一再地使用它。"欧洲"一词进入欧洲人的实际生活并且较频繁地出现在欧洲所有的语言中，则是15、16世纪的事情了。

显然，一个多世纪以来，西方学界关于欧洲文明时间维度的认知，取得了显著进展。可惜，对于这一不断变化的、内容丰盛的百年学术史，国内的介绍既不及时也不充分，更缺乏深入的研讨和分享。

欧洲文明的空间维度，似乎更加复杂。所谓欧洲，基本是文化意义上的欧洲，所以伯尔曼说，西方是不能借助罗盘找到的。地理上的边界有助于确定它的位置，但是这种边界时常变动，依从文化

---

① 〔奥地利〕弗里德里希·希尔：《欧洲思想史》，赵复三译，广西师范大学出版社2007年版，第1页。

内涵而具有时间性。这里说的欧洲是以西欧为代表的，中世纪以来即如此。南欧、中欧和北欧也属于这个文明圈，其地理与文化是重叠的，涵括大约从英格兰到中欧和从丹麦到西西里的诸民族。一部分东欧国家以及俄罗斯，虽然地处欧洲却不被认为属于这个意义上的欧洲国家。西欧某个特定时期的个别地区也是这样，罗伯特·罗伊指出，中世纪的西班牙被穆斯林统治了七百多年，其间西班牙的穆斯林统治者从不认为自己是欧洲人。[①]

显然，所谓欧洲，有一条看不见的文化边界，近代以来更加明显。"大航海"后欧洲移民在美洲和大洋洲建立起来的国家，如美国、加拿大、澳大利亚和新西兰等被认为是西方国家，虽远离欧洲本土，依然同根相连，叶枝相牵。西方文明的空间维度有一定的时间性和迁动性，未必与自然地理上的欧洲合一。

三、欧洲文明的形成：采纳、改造与创生

以往，我们习惯于将欧洲近代思想之源头，一则上溯于古希腊罗马，二则归因于17世纪自然权利观的出现，竟至低估了中世纪的贡献，低估了日耳曼人关键性的突破。欧洲文明诞生于中世纪，它与古典文明之间不是衣钵传承关系，而是拣选、采纳为其所用的过程。而且，欧洲文明采纳和改造的对象不单单是古典文明，还有日耳曼（Germanic）文化、基督宗教（Christian）、以色列文化等。事实上，入主欧洲的日耳曼人是创生欧洲文明的主体，对该文明形成具有能动的主导作用。所以萨拜因指出："在6世纪和9世纪之间，欧洲的政治命运永远地转移到了日耳曼侵略者之手。"[②]

日耳曼人是征服者，他们带着其世世代代生活方式的记忆，以

---

① 参见 Robert Royal, "Who Put the West in Western Civilization?", *Intercollegiate Review* (Spring 1998), p. 5.

② 〔美〕乔治·霍兰·萨拜因著、托马斯·兰敦·索尔森修订：《政治学说史》（上册），盛葵阳等译，商务印书馆1986年版，第242页。

不同程度的部落形式整体进入欧洲，开创新生活。在这样的过程中，他们与不同的文化相遇，并从不同的文明中吸取"灵感"，然而日耳曼诸蛮族没有变成吸取对象本身。他们与采纳对象之间的位格也不一样。如果说欧洲文明是一座大厦，古典文明、以色列文明和基督宗教等文化元素不过是石块、砂砾等建材，西欧民族才是建筑师。关于中世纪政治经济制度，人们总是争论罗马因素还是日耳曼因素更多，而忽视谁是创造欧洲文明的主体。后者是有意志、有能动性的人，他们不是古罗马人，更不是古希腊人，而是中世纪西欧诸民族。12世纪罗马法复兴运动中，意大利波隆那大学是重要策源地，那里的罗马法学家们不是古罗马人；文艺复兴运动的代表人物伊拉斯谟不是古希腊人。

西方文明并非由古典世界一直延续下来。相反，罗马文明在西罗马帝国灭亡前就已经被蛮族文明替代，高度发达、极其精致的罗马法律体系与日耳曼民俗法差异极大，距罗马最后一位皇帝被废黜很早以前，罗马文明在西部就已经被哥特人、汪达尔人、法兰克人、萨克森人以及其他日耳曼人的原始部落文明所取代。伯尔曼平实而贴切地描述了这种状况，他说，西方文明与古典文明的关系，"主要的不是通过一个保存或继承的过程，而是通过采纳的过程，即：西方把它们作为原型加以采纳。除此，它有选择地采用了它们，在不同时期采用了不同部分"①。

即使日耳曼传统文化本身，也要经过拣选和改造。显然，欧洲文明不是任何一个文明的复制品，它所采纳的其他文明有关部分也不是如法炮制，而是经过极其复杂的交汇、嫁接和改造，所以文明创生的主体性作用不可忽视。从这个意义上讲，"罗马因素"和"日耳曼因素"这样陈旧的话语模式可以被超越，也应该被超越。

日耳曼人来自欧洲北部多雾的海边，分为不同的部落，却有大致相近的传统、惯例和制度，最重要的是马尔克（Mark）村庄共同

① 〔美〕哈罗德·J. 伯尔曼：《法律与革命（第一卷）：西方法律传统的形成》，贺卫方等译，第2—3页。

体制度。如何理解他们的共同体（Community）呢？一方面日耳曼人的个体不够强大，不得不依附部落群体；另一方面，他们有着共同的观念，通过共同的行为来追求共同的目的。比较罗马法和日耳曼法就会发现，罗马家长权主要取决于一家之主的"意志"（will），相对应的日耳曼家庭父权制度主要取决于"关系"（relation），作为基本概念，指的是一种保护和依从关系。①因此，成员之间没有根本的隶属和支配关系，识别他们的标准是自治和自律。

　　村民大会和协作轮耕制是其典型标识。马尔克传统在日耳曼人的全部生活里扎下了根，不少学者认为，在整个中世纪里，在大部分欧洲土地上，它是一切社会制度的基础和典范，浸透了全部的公共生活，这并非溢美之词。村社组织并非"残余形式"，而是实际的存在，乡村实行庄园－村庄混合管理结构。②即使在农奴制下，村庄也没有丧失集体行为，一些村庄共同体还有自己的印章，甚至有旗帜。中世纪的庄园法庭，明显地保留了日耳曼村民大会的古老遗风。一切重大的安排、村民诉讼以及与领主的争端，都要由这样的法庭裁决。在乡村公共生活中，"村规"（by-laws）享有很高的权威，长期保持旺盛的生命力，受到乡村社会的高度认同。③再一个标志性遗产是著名的"敞田制"，强制性轮耕制和放牧制带有明显的"均平"主义色彩。

　　村民带着这种观念建立的中世纪城市，就是一个城市共同体。他们有自己的法律和法庭，享有一定自治权。一些法兰西和意大利城镇还自称为"城市公社"。城市手工业行会，简直就是村庄组织的翻版，商会亦然。大学被称为"中世纪最美丽的花朵"，人们仍然可以从其教师行会身上看到马尔克共同体的影子。

---

　　①　参见 Roscoe Pound, *The Spirit of the Common Law*, Francestown: Marshall Jones Company, 1921, pp. 26-27。

　　②　参见侯建新："西欧中世纪乡村组织双重结构论"，《历史研究》2018年第3期。

　　③　参见 Zvi Razi, "The Struggles between the Abbots of Halesowen and Their Tenants in the 13th and 14th Centuries", in T. H. Astonetal., eds., *Social Relations and Ideas: Essays in Honour of R. H. Hilton*, Oxford: Oxford University Press, 1983, pp. 151-167。

上层统治架构也深受日耳曼传统的影响。按照日耳曼人的观念，政府的唯一目标就是保障现存的法律和权利，地方习惯法往往成为王国法律的基础。德国学者科恩指出，中世纪的政治思想与其说是中世纪的，不如说是古代日耳曼的，后者也是欧洲封建制得以创建的重要政治资源。[①]即使法律本身也导源于日耳曼传统，生活中的惯例在法律中具有排他性和独占性。不难发现，不论是乡、镇基层还是上层政治架构，日耳曼的法律、制度与传统文化为早期西方提供了社会组织胚胎。

基督教是塑造欧洲文明的重要力量，欧洲文明甚至被称为基督教文明，其实基督教本身也必须经过中世纪的过滤和演化。一个平凡的事实是，同为基督宗教，在这边是天主教和改革后的加尔文新教，在拜占庭和俄罗斯等地就变成颇有差异的东正教。经过中世纪的采纳与认同，基督教潜在要素才得以显现。首先，它以统一的一神信仰，凝聚了基督教世界所有人的精神，这一点对于欧洲人统一的身份意识、统一的精神归属意识，具有无可替代、空前重要的意义。而这样的统一意识，对于欧洲人的身份自觉、文明自觉，又发挥了重大作用。布罗代尔指出，在欧洲的整个历史上，基督教一直是其文明的中心，它赋予文明以生命。

其次，它为欧洲人提供了完整的、具有显著的文明高度的伦理体系。基督教早期是穷人的宗教，其博爱观念在理论上（在实际上受很多局限）突破了家庭、地域、身份、种族、国家的界限。耶稣的殉难，以及他在殉难时对迫害他、杀死他的人的宽恕，成为博爱精神极富感染力的象征。博爱精神既为信徒追求大的超越、神圣，实现人生价值、生命意义提供了舞台，也为信徒践行日常生活中的道德规范提供了守则。当基督教出现之后，千百年来折磨人、迫害人、摧残人、杀戮人的许多暴虐传统，才遭遇了从理论到实践的系统的反对、谴责和抵制，以对苦难的同情为内容的人道主义才开始

---

① 参见 Fritz Kern, *Kingship and Law in the Middle Ages*, New York: Praeger Publishers, 1956, Introduction, p. xviii。

流行。它广泛分布的教会组织，对中世纪动荡、战乱的欧洲社会秩序重建，对于无数穷苦人苦难的减缓，起过无可替代的作用。

最后，它关于上帝面前人人平等的观念，无论高贵者还是低贱者皆有"原罪"的理念，导致对世俗权力的怀疑，为以后的代议制度孕育预留了空间。权力制衡权力的实践在罗马时代已出现，但基督教的原罪说才提供了坚实的理论依据，开辟了真正广阔的前景。在上帝救世说中，个人是"原罪"的承担者，而灵魂得救也完全是个人行为，与种族、身份、团体无关；个人的宗教和道德体验超越政治权威，无疑助益个体和个体观念的发展。这是古典世界所不曾发生的。

中世纪基督教会的消极影响也无可讳言，它在相当长的时间里、相当严重的程度上用愚昧的乌云遮蔽了理性的阳光，诸如猎杀女巫运动，对"异端"的不宽容，对"地心说"的顽固坚持，等等。更为严重的问题是，随着教会世俗权力的膨胀，教会也不能幸免自身的腐败。作为近代早期欧洲宗教改革的重要成果，基督教会逐渐淡出世俗，完全回归到心性与精神领域。

古希腊罗马文明是欧洲文明选择、采纳其元素为己所用的另一个重要对象，当然它也要以自己的方式予以改造。古典文明的理性思考，对中世纪神学、经院哲学和对自然科学产生深刻影响。雅典无疑开创了多数人民主的先河，不过我们也应清楚地看到，雅典民主有以众暴寡的倾向，不具备现代民主的气质。说到底，古典时代没有独立的个体，缺乏现代民主的基础。

古罗马对于欧洲文明最重要的贡献是罗马法。罗马法法律体系最初不为蛮族所接受，随着蛮族的成长，12世纪他们重新发现罗马法，采纳了罗马法一些"概念"和"范式"，并重新诠释，结果气质大变，与其说罗马法复兴，不如说再造。人们可能看到，12世纪意大利比萨自由市的法律制度，采用了许多罗马法的规则，可是，相同的准则具有极不同的含义。教会法学家们热衷于解读罗马法，表面上他们在不停地辨析和考证罗马法，试图厘清本意；实际上在不断输入当时的社会共识，表达一种全新的见解。中世纪法学家最杰出的贡献，甚至是唯一成就，就是他们对罗马法中"IUS"概念的重新解读和改造，逐渐彰显自然权利和个体权利，开拓了一种新的文明源泉，为建构欧洲文明框架提供了基本元素。

倘若对中世纪与古典文明有较为深入的把握，就不难发现二者基本气质如此不同，人们对国家和权力的心理，对超自然力量的态度，还有社会组织方式、城乡布局等，都不一样。古典时代没有独立个体或半独立个体，看不到个人权利成长的轨迹，个人融于城邦整体中，最终融于帝国体制中；城邦公民的自由限于参政的积极自由而没有抵御公权侵犯的消极自由。梅因指出，"古代法律"几乎全然不知"个人"，它所关心的不是个人而是家族，不是单独的人而是集团。①在这种情况下，他们只得依附于城邦，当庞大帝国形成时则依附于帝国，如同基佐指出，臣民那么容易地接受帝国的专制政治信仰和感情，对此我们不应感到惊奇。②尽管古典文明达到相当的高度，但是最终还是与其他古代文明一样，未能摆脱谋求强大王朝和帝国的宿命。

无论如何，罗马帝国覆亡以后，不同文明诸种元素熔于一炉，或者一拍即合，或者冲撞不已，更多则是改造和嫁接，形成了一种新的文明源泉。8世纪封建制的确立进一步推进了这一历程。欧洲文明形成要比通常认为的时间晚得多，其过程也漫长得多，正是在这看似无序的过程中，文明元素逐渐更生，至中世纪中期，欧洲文明的内核基本孕育成形。

学者们试图对西方文明核心内涵做出概括性阐释。例如，亨廷顿认为西方文明的主要特征是：古典文明的遗产、天主教和新教、欧洲语言、精神权威和世俗权威的分离、法治、社会多元主义、代议机构和个人主义。西方文明所有重要的方面，他几乎都涉及了，不过这些"特征"没有逻辑关系，甚至因果混淆，未能揭示西方何

---

① 〔英〕梅因：《古代法》，沈景一译，商务印书馆1996年版，第146页。
② 参见〔法〕基佐：《欧洲文明史》，程洪逵、沅芷译，第27、28页。

以成为西方的根本所在。

梅因的研究值得关注。他的目光回溯到文明早期，他承认每一种文明都有其不变的根本，他称之为"胚种"，一旦成形，它的规定性是穿越时空的。他发现当下控制着人们行为的道德规范形式，都可以从这些"胚种"中找到根由。①也就是说，虽然欧洲文明不断变化，然而也有不变的东西，它所具有的原始特征，从初始到现今，反复出现，万变不离其宗。

无独有偶，著名的欧洲思想史学家希尔指出了同样的道理，他称不变的东西是欧洲精神版图上铺开的"重叠光环"。这些主题在欧洲历史中反复出现，直到今天还未失去它们的意义。下句话说得更明了：如果哪位读者首次看到它们时，它们已经穿着现代服装，那么我们不难辨认它们在历史上早已存在，虽然穿着那时的服装。②不论希尔的"重叠光环"，还是梅因的"胚种"，这些杰出学者的文明研究，都在探求特定文明的原始、不变的根本元素，颇似中华先贤屈原上下求索中发出的"人穷则返本"之呼唤！

四、欧洲文明确立的标志："元规则"生成

笔者认为，12—14世纪形成的自然权利，标志着欧洲文明的确立，它是欧洲文明不变的内核，大概也就是梅因所说的"胚种"。自然权利在一定意义上相当于主体权利，③只是角度不同而已。关于自然权利的起源，人们通常认为自然权利观念如同内燃机一样，是现代社会的产物。所幸国际学界近几十年的研究成果不断刷新传统结论，越来越多的学者认为，自然权利观念起源于中世纪，而且逐渐在西方学术界占据了主流地位。

欧美学者将自然权利观追溯至中世纪教会法学家的贡献固然重

---

① 〔法〕梅因：《古代法》，沈景一译，第69页。
② 〔奥地利〕弗里德里希·希尔：《欧洲思想史》，赵复三译，"前言"，第1页。
③ 参见侯建新："主体权利与西欧中古社会演进"，《历史教学问题》2004年第1期。

要，不过还应同时关注观念背后的社会生活，关注12世纪社会条件的变化。一种文明的诞生不会凭空而降，必须具备与之相应的个体与群体，特定的社会共识，相应的社会环境。再好的种子落在石板上，也不会发芽成长。

不难发现，到中世纪中期，个体发展与社会发展已经超越了古典时代，本质上不同于古希腊罗马。早在8世纪，欧洲封建制确立，创建一种原创性的政治社会秩序；同时，也是欧洲个体成长的一个重要节点。领主附庸关系蕴藏的信息相当丰富复杂：一方面领主与附庸关系是等级关系，是一种人身依附关系；另一方面领主与附庸双方都必须履行相应的权利和义务，并受到封建法保护。倘若一方没有履约，另一方可以解除关系，也就是说，领主可以抛弃违约附庸，附庸也可以离弃恶劣的领主，因此封建关系中的契约因素不言而喻。这不是说低贱者不受压迫和奴役，这里仅仅是说，他已根据某个法律体系取得了一种不可剥夺的权利——尽管是一种等级权利、低级权利，他却有条件坚持这种权利，从而获得某种程度的保护。耐人寻味的是，这样的法律条款也是封建法的一部分，几乎同时为统治者和被统治者承认，达到相当程度的社会共识。

封建法中的"准契约关系"，深刻影响了中世纪的经济社会生活。在社会上层，按照规定，附庸服军役责无旁贷，然而服役的天数受到严格限制，否则会遭到附庸质疑和抵抗。英国大宪章运动的根本起因，是男爵们不能忍受约翰王破坏封建法，一再额外征召兵役。在社会下层，在采邑里，领主不能随意提高地租，即使在通货膨胀的情况下也很难，所以"习惯地租"几乎成了固定地租的代名词。可见，不论封臣还是普通农民，虽然等级不同权利也不同，然而都有不可剥夺的权利，一种保护自己不被过分压迫和侵夺的权利。正是因为臣民手里有权利，才有维护权利的法庭博弈。

因此人们不难看到，因某个采邑的归属，一个伯爵可以与国王对簿公堂，理直气壮，声称是为了正义和法律的荣誉。同理，一个佃农，即使农奴，为了他的土地权利也可以依据习惯法与领主周旋于庄园法庭。所以中世纪很少发现农民保有地被无故侵夺的案例。实际上，一个农民同时具有三种身份，他是领主的佃户，同时也是村庄共同体成员和教会的教民，这种多元身份也是农民权利保障的重要条件。中世纪城市是封建领地的一部分，市民也有不可剥夺的权利，而且更多一些，颇有吸引力。如果农奴被迫逃亡城市，有被领主追回的危险，但是度过101天后，依据城市法逃亡者便成为一个合法市民，任何人不能威胁他，他在一个新的共同体里再次获得一种权利。

中世纪的乡、镇居民固然不是现代社会意义上的独立个体，然而与其以前世界中的自我相比，与其他文明如古典文明中的自我相比，已经发生了突破性的变化。是否称之为"准独立个体"，才能更恰当、更充分地解释他们呢？这样的个体是中世纪走向现代社会不可或缺的角色，其中坚力量注定是最不安分的、最富有创新精神的人，是不竭动力的源泉。

"准独立个体"出现的历史意义不可低估。一个具有不可剥夺权利人，一个不可任意奴役的人，一个能够依法自卫的人，一定会产生新的观念和新的语言，炼出新的品质，创造出新的社会关系和一个新的天地。古典世界是杰出的，但是毕竟没能做出本质性的突破，走向现代世界的突破是西欧民族做出的。个体和个体权利的成长，是欧洲千年发展史的一条主线，整个中世纪都可以理解为个体及个体权利成长的历史。正是在这个意义上，弗兰克·梅耶指出，在人类过去数千年的诸多伟大文明中，西方文明是独特的，不仅与古典文明有所区别，与其他所有文明都有所区别，而且是一种本质性的区别。①个体以及个体成长史，是欧洲观念、规则等产生的原点，也是欧洲文明产生的原点。

与古典文明及其他古代文明一样，欧洲中世纪不曾有独立个体（individual）；不过，还须看到变化的一面，大约中世纪中期，欧洲

---

① 参见 Franks S. Meyer, "Western Civilization: The Problem of Political Freedom", *Modern Age* (Spring 1968), p.120。

已然出现形成中的独立个体，发展中的独立个体——"准独立个体"。历史从这里分流。

实际上，已经有学者用实证的方式描述这种个体的发展足迹。剑桥大学人类学家艾伦·麦克法兰将英国个人主义（Individualism）追溯到1200年；戴尔则认为英国自中世纪中期就启动了社会转型，开始从共同体本位逐渐转向个人本位。[①]正如布洛赫所描述的那样，在12世纪，"自我意识的成长的确从独立的个人扩展到了社会本身。……从民众心灵深处产生的观念，与神职人员虔诚追求交汇在一起"[②]。基于多元的文化交流和灵动的现实生活，在上至教皇、教会法学家、中世纪思想家，下至乡镇普通教士踊跃参与的讨论中，欧洲社会形成了颇有系统的权利话语及其语境，阐明了一系列权利观念，其中自然权利概念应运而生，被称为一场"语义学革命"（semantic revolution）。[③]一扇现代社会之窗被悄悄地打开。

欧洲学者首先将自然权利的渊源追溯到14世纪，这主要是法国哲学家米歇尔·维利（Michel Villey）等人的贡献，半个世纪后，即20世纪中叶，以布赖恩·蒂尔尼为代表的历史学家则追溯得更远，认为自然权利观念产生于12世纪。[④]彼时，一位意大利教会法学家格拉提安（Gratian），将罗马法学家注释学成果以及数千条教会法规汇编成书。为了纪念他的杰出贡献，后人称该书为《格拉提安教令集》（*Decretum of Gratian*，简称《教令集》）。在这部《教令集》中，格拉提安重新解释了罗马法中ius的概念，启动了这一概念中主体、主观的含义。继而，12世纪若干教会法学家不断推进，鲁菲努斯（Rufinus）是自然权利概念发展的关键人物，他指出，"ius

---

① 分别参见 A. Macfarlane, *The Origins of English Individualism*; Christopher Dyer, *An Age of Transition? Economy and Society in England in the Later Middle Ages*。

② Marc Bloch, *Feudal Society: The Growth of Ties of Dependence*, Vol. I, London and New York: Routledge, 1989, pp. 106–107。

③ Takashi Shogimen, *Ockham and Political Discourse in the Late Middle Ages*, Cambridge: Cambridge University Press, 2007, p. 154.

④ 参见 Brian Tierney, *The Idea of Natural Rights: Studies on Natural Rights, Natural Law and Church Law, 1150–1625*, Cambridge: Scholars Press, 1997。

naturale"是一种由自然灌输给个人的力量，使其趋善避恶。另一位学者休格西奥（Huguccio），被称为12世纪最伟大的教会法学家，也指出 ius naturale 是一种行为准则，其最初的意义始终是个人的一种属性，"一种灵魂的力量"，与人类的理性相联系。至此，自然权利概念逐渐清晰起来。

进入14世纪，著名学者奥卡姆的威廉（William of Ockham）明确将罗马法中的 ius 阐释为个体的权能（potestas），并将这种源于自然的权利归结于个体，正是在这个意义上，自然权利又称为主体权利，奥卡姆被誉为"主体权利之父"。他说，这种权利永远不能被放弃，实际上它是维持生命之必须。[①] 自然权利（nature rights）和主体权利（subjective rights）的出现，第一次确认了在实在法权利（positive rights）之外还有位阶更高的权利，突破了以往单一的法律体系。它们不是法庭上实际运用的权利，而是"天赋权利"，是所有时候都应该承认的权利，具有极其重要的引导和感召作用，成为欧洲深层次的社会规则系统生成的思想源泉。

生活中的实际存在，反复出现的个体与群体的行为，以及观念与话语，必须上升到抽象、系统的概念和理论表述，才能沉淀下来，存续下去，从而成为社会秩序的灵魂，也就是文明的核心要素。自然权利如同欧洲文明之胚种，埋下胚种，就要生根发芽、开枝散叶，12、13世纪的法学家们创造出许多源于自然权利的权利，发展出一种强有力的权利话语体系，衍化成相应的元规则，构成欧洲文明内核。

"元规则"（meta-rules）的定义是：某种特定文明首要、起始和关键的规则，决定规则的"规则"，被社会广泛认同并被明确定义，成为社会生活的基本准则。欧洲文明元规则内涵高度稳定，以至于渗入法律和政治制度层面，从而奠定西方文明基础，使西方成为西方。这个体系大致包括五个方面的基本内容，即"财产权利""同意权利""程序权利""自卫权利"和"生命权利"。它们源自自然，不

---

① 参见 Brian Tierney, *The Idea of Natural Rights: Studies on Natural Rights, Natural Law and Church Law, 1150-1625*, p. 122。

可剥夺，也不可让渡；它们是应然权利，是消极自由权利，却深刻影响着社会走向。五项元规则简述如下：①

1.财产权利（rights to property）。 随着罗马法复兴，教会和法学界人士掀起了一场财产权讨论，而方济各会"使徒贫困"的争论第一次将财产权与自然权利概念联系在一起。

方济各会创建于1209年，宣称放弃一切财产，效仿基督，衣麻跣足，托钵行乞，受到历届教宗的鼓励。可教宗约翰二十二世在位时，却公开挑战"使徒贫困"论的合理性，他认为方济各标榜放弃一切所有权是不可能的。显然，教宗只是从实在法权利角度评判"使徒贫困"，而放弃了自然权利意义上的财产权。奥卡姆从"人法""神法"以及"自然权利"等大量权利概念分析入手，结合基督教经典教义，论证了他的复杂的主体权利思想。

奥卡姆承认方济各会士没有财物的实在法权利，然而他们来自福音的自然权利却不可剥夺，是无需任何契约认定的权利，而且位阶高于实在法权利。②结果，奥卡姆彰显了财产观中的自然权利，从而成功地捍卫了方济各会的合法性。

中世纪自然权利观念深刻地影响到社会的财产权利观。《爱德华三世统治镜鉴》（*Speculum Regis Edwardi III*）强调这样一个原则：财产权是每个人都应当享有的权利，任何人不能违背他的意志夺走其物品，这是"一条普遍的原则"，即使贵为国王也不能违反。社会底层人的财产权最易受到侵害，所以王室官员强买贫苦老农妇的母鸡是更严重的犯罪，"必将受到现世和来世的惩罚"。作者排除侵权行为的任何华丽借口，"不存在基于共同福祉就可以违反个人主体权利的特殊情况"。③

---

① 关于欧洲文明元规则论述，详见侯建新："中世纪与欧洲文明元规则"，《历史研究》2020年第3期。

② 参见 Brian Tierney, *The Idea of Natural Rights: Studies on Natural Rights, Natural Law and Church Law, 1150-1625*, pp.121-122。

③ Cary J. Nederman, "Property and Protest: Political Theory and Subjective Rights in Fourteenth-Century England", *The Review of Politics*, Vol. 58, No. 2, 1996, pp. 332, 343.

13世纪初叶《大宪章》的大部分内容，都关涉到臣民的财产权利。依附佃农的财产权利也并非缺位，他们依照惯例拥有一定的土地权利并受到习惯法保护，权利是有限的却是很难剥夺的。有一定保障的臣民财产权，有利于社会财富的普遍积累。

2.同意权利（rights to consent）。"同意"作为罗马法的私法原则，出现在罗马帝国晚期，进入中世纪，"同意"概念被广泛引申到公法领域，发生了质的变化，成为欧洲文明极为重要的元规则之一。

首先，"同意"概念进入了日常生活话语。按照日耳曼传统，合法的婚姻首先要经过父母同意，但至12世纪中期，年轻男女双方同意更为重要，并且成为一条基督教教义。同意原则甚至冲破了蛮族法的传统禁令，可见日耳曼传统也要经过中世纪社会过滤，此乃明证。教会婚姻法规定只要男女双方同意，即使奴隶与自由人之间的婚姻也是有效的，奴隶之间的婚姻亦然。

其次，同意原则成为公权合法性的重要基础。教会法学家认为，上帝授予人类拥有财产和选择统治者的双重权利，因此，不论世俗君主还是教宗，都要经过一定范围人士同意，才能具有足够的权威和足够的合法性。日耳曼诸蛮族入主欧洲，无论王国颁布新法典，还是国王加冕，无不经过一定范围的协商或同意。英王亨利一世加冕后写给安塞姆主教的信中说："承蒙你和其他人的忠告，我已经向自己与英格兰王国人民做出承诺，我是经过男爵们普遍同意而加冕的。"[①]

乡村基层社会亦如此，庄园领主不能独断专行，必须借助乡村共同体和村规，否则很难实行统治。这些"村规"被认为是"共同同意的村规"（Village By-laws by Common Consent）。庄园领主宣布决定或法庭判决时，一定宣明业已经过佃户全体同意，以彰显权威，而这些过程确实有佃户的参与。

最后，值得关注的是，在确立同意原则的同时，提出对"多数

---

① Austin Lane Poole, *From Domesday Book to Magna Carta 1087-1216*, Oxford: Oxford University Press, 1993, p. 10.

人同意"的限制。多数人的表决不是天然合理。其表述相当明确：民众的整体权利不比其个体成员的权利更高，对个人权利的威胁可能来自统治者，也可能就来自共同体内的多数派。显然他们已然意识到并直接排拒"多数人暴政"，中世纪即发出这样的警示难能可贵。13世纪初，特鲁瓦教堂多数派教士发动一场"财政政变"，试图强占少数派的葡萄园，结果，多数派的这一做法遭到教宗英诺森三世的否定，他的批示是：多数票决不能剥夺教士共同体中少数派的个人权利。可见，同意原则与古典时代判然不同，是民主程序，更是个人自然权利，后者不可让渡。同意原则不仅在观念上被广泛接受，在实践上也得到一定范围、一定程度的实施。

3. **程序权利**（rights to procedure justice）。中世纪法学家把坚持正当程序看作一个具有独立价值的要素，在他们的各种权利法案中，程序性条款占据了法律的中心地位，法律程序地位的高低被认为是法治与人治之间的基本区别。正当审判程序原则最早见于1215年英国《大宪章》：对于封臣，如未经审判，皆不得逮捕、监禁、没收财产、流放或加以任何其他损害。还决定推举25名贵族组成委员会，监督国王恪守《大宪章》并对其违规行为实施制裁。这些高度权威性的法条，从程序上明确规约政府公权力，使臣民免于被随意抓捕、监禁的恐惧，体现了程序正义的本质，筑起法治的基石。

实行陪审制的英国普通法，更有利于"程序正义"要素的落实，他们认为刑事审判属于"不完全的程序正义的场合"，即刑事审判的正当程序不一定每次都导致正当的结果，于是，"一种拟制的所谓半纯粹的程序正义"陪审制成为必要的弥补。陪审团由12人组成，与被告人身份相当，即"同侪审判"；犯罪性质全凭陪审团判定，且须陪审员一致通过，陪审团是真正的法官。判决后的案例（case）即成为此后类似案件审理的依据，所以他们不仅是法官而且还是创造律条的法学家！陪审制使得一部分司法权保留在社会手中，减少了司法权的官僚化和法律的僵硬化。

在欧洲大陆，审判程序也趋向严格和理性化，强调规范的诉答和完整证据，即纠问制（inquisitorial system）。13世纪以后逐渐产生了代表国王行使公诉权的检察官制度，理由是刑事犯罪侵害个人同时威胁公共安全。另一个重要发展是，不断出台强化程序的种种限定，以防止逮捕、惩罚等权力的滥用。如遇重要犯罪判决，还要征求庭外一些资深人士意见。由于僵硬的证据要求，为获取口供以弥补证据不足，刑讯逼供往往成为法官的重要选项，纠问制法庭的暴力倾向明显。

近代以后，英国普通法法系与大陆法系有逐渐接近的趋向。"程序正义"从程序上排拒权力的恣意，强调"看得见的正义""最低限度的正义"以及"时效的正义"等；对当事人而言则是最基本的、不可让渡的权利。人们往往热衷于结果的正义，而真正的问题在于如何实现正义以及实现正义的过程。

4. 自卫权利（rights to self-defense）。又称为抵抗权（rights to resist），即防御强权侵害的权利，在中世纪，指臣民弱势一方依据某种法律或契约而抵抗的权利。抵抗权观念主要萌芽于日耳曼人传统中，那时人们就认为，他们有权利拒绝和抗拒违规的部落首领。进入中世纪，他们认为，国王和日耳曼村社首领之间没有天壤之别，仅仅是程度上的差异。抵抗权利观念可谓中世纪最有光彩的思想之一。欧洲封建制的领主附庸关系，被认为是一种准契约关系，这不是说欧洲封建制没有奴役和压迫，而是说奴役和压迫受到了一定的限制。倘若一方没有履约，另一方可以解除关系，即"撤回忠诚"（diffidatio）。"撤回忠诚"是从11世纪开始的西方封建关系的法律特性的一个关键。

由于抵抗权的确立，国王难以掠夺贵族，贵族领主也难以掠夺农民，从而有利于生产和经营，有利于社会财富的良性积累，成为英国、荷兰等西欧国家农业经济突破性发展的秘密。人们不难发现，国王与某贵族对簿公堂，国王未必胜诉。在一桩土地权利诉讼案中，被告席上的伯爵这样表示："如果我屈从于国王意志而违背了理性，……我将为人们树立一个坏的榜样：为了国王的罪恶而抛弃法律和正义。"①可见，如果受到不公正的对待，附庸可以反抗，理直气壮地反抗！

同时，国王不能侵害封臣领地，封臣完成规定的义务外，国王不能从封臣采邑中拿走一个便士。"国王靠自己生活"，即国王只能依靠王室领地收入维持王室生活和政府日常开支，只有在战争时期才能向全国臣民征税。在相当长一段时期内，西欧的国王或皇帝没有固定的驻地，他们终年在其所管辖的领地之间巡行，称为"巡行就食"，因为把食物运到驻地的成本过于昂贵。法兰克国王、盎格鲁－撒克逊国王、诺曼诸王、金雀花诸王无不如此。欧洲没有、也不可能有中国那样的"漕运"②。德皇康拉德二世1033年的行程是：从勃艮第巡行到波兰边境，然后返回，穿过香槟，最后回到卢萨提亚。直线距离竟达1 500英里左右！即使在王室领地上，国王的消费——所收缴租税的折合，也受到习惯法限制，国王随行人员数量、停留天数等都有具体规定。

同理，不论在王室庄园还是一般领主庄园，佃农的习惯地租基本是不变的。地租固定可以保证领主的收入，另一方面防止领主的过分侵夺。习惯地租被称为保护农民经济的"防波堤"（dyke），有助于土地增值部分流进农民口袋，促进小农经济繁荣。以英国为例，有证据显示，农业资本主义的成功是以小农经济的普遍繁荣为基础的。在二三百年的时间里，地租基本不变，佃户个体可以积累资金、扩大土地和经营规模，形成富裕农民群体（well-to-do peasantry），从中产生租地农场主或新型地产主，从而改变乡村社会结构。

人们普遍接受这样的理念——领主不能为所欲为，许多表面看来似乎只是偶然的起义，其实基于一条传统深厚的原则：在国王或领主逆法律而行时，人们可以抗拒之，甚至暴力抵抗之，这并不违背封建道德。附庸的权利得到法律认定，逻辑上势必导致合法自卫

---

① Fritz Kern, *Kingship and Law in the Middle Ages*, pp. 88–89.
② 漕运，指中国皇权时代从内陆河流和海运将征缴的官粮送到朝廷和运送军粮到军区的系统。漕运被认为是王朝运转的命脉，因此中国历代皇权都开凿运河，以通漕运。

权。附庸可以离弃恶劣的领主，是欧洲著名"抵抗权"的最初表达，被认为是个人基本权利的起点。自卫权没有终结社会等级之间的对抗，然而却突破了单一的暴力抗争模式，出现了政治谈判和法庭博弈，从而有利于避免"零和游戏"的社会灾难，有利于社会良性积累和制度更新。

英国贵族抵抗王权的大宪章斗争，最终导致第一次议会召开，开创政治协商制度的先河。近代美国1776年《独立宣言》、法国《人权宣言》等欧洲重要国家宪法文件，都不断重申抵抗的权利。人们不断地溯源，因为在这里可以发现欧洲文明的原始特征，布洛赫说："西方封建主义虽然压迫穷人，但它确实留给我们西方文明某些至今仍然渴望拥有的东西。"①

5. 生命权利（rights to life）。 生命权之不可剥夺是近代启蒙学者的重要议题，然而该命题同样产生于中世纪。教宗英诺森四世和尼古拉斯三世等，都同情方济各会士放弃法定财产权利的修为，同时支持会士们继续获得维持生命的必需品。他们同声相应，都在为生命权利观背书。进入14世纪，教会法学家更加明确指出，人们可以放弃实在法权利，但不可放弃源自上帝的自然权利，这是人人皆应享有的权利，方济各会士有权利消费生活必需品，不管是否属于他所有。②

出于上帝面前人人平等的理念，基督教对待穷人有一种特殊的礼遇。无论多么边缘化的人，在上帝的眼中，没有什么根本区别。甚至，可以原谅因贫穷而犯下的过错。他劝诫富者捐赠穷人，提倡财物分享，那样才是"完全人"。③12世纪《格拉提安教令集》就有多篇文章为穷人权利声张，法学家休格西奥宣称，根据自然法，我们除保留必需之物外，余裕的部分应由需要的人分享，以帮助他人

---

① Marc Bloch, *Feudal Society: Social Classes and Political Organization*, Vol. II, London and New York: Routledge, 1989, p. 452.

② 参见 Brian Tierney, *The Idea of Natural Rights: Studies on Natural Rights, Natural Law, and Church Law, 1150–1625*, pp. 121–122。

③ 《新约·马太福音》19：21。

度过饥荒，维持生命。当近代洛克写下"慈善救济使每个人都有权利获得别人的物品以解燃眉之急"的时候，生命权观念在欧洲已经走过了若干世纪，并且为社会捐献和贫困救济提供了最广泛的思想基础。

1601年，欧洲出台了现代历史上第一部《济贫法》，它不是教会也不是其他民间组织的慈善行为，而是政府颁布的法律文件，不仅济贫而且扶助失业劳动者。生命权元规则已外化为政府职能和政策，普遍、系统的社会福利制度得到极大发展，没有广泛和深入的社会共识是不可想象的。而它肇始于中世纪，其基本规则也确立于中世纪，被认为是中世纪向现代国家馈赠的最重要的遗产。

在极端需要的情况下穷人可以拿走富人余裕的物品，此之谓"穷人的权利"，由此生命权也是穷人革命的温床。13世纪教会法学家提出穷人在必要时有偷窃或抢劫粮食的"权利"，同时提出穷人索取不能超过必需的限度，否则即为"暴力掠夺"。在极端饥寒交迫的情况下，蒙难者采取非常手段获得维持生命的物品，如果腹的面包，或者几块取暖的木头是可以原谅的。可是，在实践中如何分辨"必要索取"与"暴力掠夺"？另一个悖论是，穷人的权利主张在现实生活中未必行得通，因为它们往往与法庭法律发生冲突。穷人为生存可以抢劫，这是自然权利使然；但按照实在法他们就是犯罪，要受到法庭制裁。中世纪法学家似乎给予自然权利更神圣的地位，他们认为，在法官眼里抢劫者是一个盗贼，可能被绞死，但在上帝眼里他仍然可以被原谅，如果他因生活所迫。

也就是说，即使法律禁止，主体权利本身仍然不可剥夺。①生命权利内含的平等观竟如此坚韧！欧洲是资本主义的策源地，殊不知它也是社会主义的故乡，发源于欧洲的空想社会主义思想的核心就是平等。不难看出，"元规则"对西方文明的影响既深远又复杂。

以上，并未详尽无遗地列出西方文明的所有元规则，这些元规

---

① 参见 Bede Jarrett, *Social Theories of the Middle Ages 1200–1500*, Westminster: The Newman bookshop, 1942, p. 123。

则也并非无一出现于其他文明之中，不过每个元规则皆植根于自然权利，而且自成体系，约束公权，笃定个体，激发社会活力，的确赋予西方文明以独有的秉性。自然权利、主体权利是欧洲文明之魂。越来越多的学者认识到，西方文明是独特的，不是普遍的，正是这些独特的内在规定性，使该文明有别于世界其他文明。经过几百年的发展，欧洲率先进入现代社会：英国1688年发生政权更迭，史称"光荣革命"，确立了君主立宪制；接着，美国、法国、意大利、德意志等也先后发生政治转型。经济上，欧洲培育出人类历史上第一个以工业为主要生产方式、城市为主要生活舞台的文明，彻底地改变了整个人类生产和生活模式。

"元规则"还有一个显著特征，它保持了足够的开放性。我们发现，欧洲文明是一条大河，在西欧诸民族主导下，凝聚了基督教世界所有人的基督教信仰，古典文明和以色列文明元素，还有他们自己的颇具个性的日耳曼传统文化，不断为它注入丰沛的水量，到中世纪中期形成了一种新的文明源泉。中世纪绝非"空档期"，恰恰相反，它是不同文化的汇通期、凿空期，更是开拓期，孕育确立新文明，循序趋近新纪元。正是在这样的基础之上，西方文明才形成近代以来浩瀚汹涌、汪洋恣肆、奔腾向前的大河景象。西方文明的发展历程雄辩地证明，一个文明要有伟大、持久的生命力，就要不断地从不同文明吸收营养，不断地自我革命，不断地开拓创新。

列出欧洲文明初创期确立的五项元规则，不意味着这些元规则总是存在并总是通行于西方社会。实际上，一些元规则所涵盖的基本权利最初只在有限的人群范围内和有限的程度上实行，虽然享有这些基本权利的人群范围在不断扩大。中世纪有农奴制，大部分农民丧失了一定的人身自由，那是领主对佃农的奴役。还有国王对臣民的奴役，基督教信徒对非基督教信徒的奴役，男人对女人的奴役，无论其范围大小、程度轻重，作为曾经长期存在于西方历史上的现象，无疑是消极、阴暗的。进入近代，还有殖民者对殖民地人民的暴行和奴役等等，不一而足。显然，欧洲文明元规则没有使西方变成一片净土。

此外，这些元规则本身也存在深刻的内在矛盾。例如，多数人权利与个人权利的关系、平等与自由的关系等，长期得不到妥善解决，反而随着民粹主义和民族主义的泛滥而更加复杂化。又如，依照"生命权"元规则，政府建立健全社会福利制度，全民温饱无虞而广受褒奖；另一方面，低效率、高成本的"欧洲病"①等问题又随之产生。生命权与财产权的抵牾之处也是显而易见的。欧洲文明其他元规则也出现不少新情况、新问题，它们的积极作用同样不是无条件的。"生活之树长青"，即使"天赋人权"旗帜下的主体权利，也不是推之百世而不悖的信条，历史证明，过度放纵的社会和过度压抑的社会，同样是有害的。

五、关于本书：《欧洲文明进程》（16卷本）

一个时期以来，有关"文明"的研究受到国内外学界的广泛关注，进入21世纪该因素越发凸显出来。欧洲文明是世界文明的重要组成部分，是欧美等发达国家的核心文化，是我们不可回避的一种外来文明。分析、评估欧洲文明利弊得失并消化其积极因素，乃是鸦片战争以来我国几代人的夙愿，也是我国学界不可推卸的一份责任。

"周虽旧邦，其命维新。"中华文明自古以来就以海纳百川、兼容并蓄的胸怀闻名于世，正是由于不断地汲取其他文明的精华才使我们得以生生不息，文脉永续。走自己的路，却一刻不能忘怀先贤"开眼看世界"的遗训。我们相信，西方文明是一个必须直面的文明，也是一个值得花气力研究的文明，无论这个文明之花结出的累累硕果，还是其行进过程中吞下的历史苦果，都值得切磋琢磨，化作我们"为往圣继绝学，为万世开太平"的有益资源。

就地域和文化差异而言，欧洲文明是距离我们较远的异质文明，

---

① "欧洲病"，指西方国家由于过度发达的社会福利而患上的一种社会病，其结果是经济主体积极性不足，经济低增长、低效率、高成本，缺乏活力。

是经过第二次或第三次发酵的再生文明，一种相当复杂的文明，理解、研究起来有一定难度，绝非朝夕之功。需要笃定不移的专业精神，代代相承的学术积淀，因此还需要长期安定、宽容、鼓励创新精神的社会环境。可惜，相当长一个时期，这些条件的供应并不充分，甚至短缺。鸦片战争以后的漫长岁月里，中国多灾多难，饱受内忧外患和战乱之苦，后来又有各种政治冲击，以至于"偌大国土放不下一张平静的书桌"。

前辈先贤的筚路蓝缕之功不能忘怀。令人欣慰的是，欧洲史乃至世界史研究，自20世纪80年代已有明显起色。在改革开放春风吹拂下，国门渐开，社会宽松，思想活跃，人心向上，尽管生活清贫，还是让老一代学者回归学术，更是吸引了一代年轻学人，追寻真知，潜心向学。经过改革开放四十年，他们已经成为这个领域承上启下的中坚力量。由于他们特殊的经历，对社会环境有着特殊的体验，因此他们格外感恩自己生命的际遇。毫不溢美地说，经过几十年的积累，我国的欧洲文明史研究取得了突破性进步，开土拓荒，正本清源，极大更新了以往的知识体系。为了夯实继续前行的基础，薪火相传，是否应该及时梳理和小结一下？

新世纪初年，我产生这个念头，并与学界和出版界几位朋友讨论，大家的看法竟是出乎意料的一致。更令人欣喜的是，当按照理想人选组成课题组时，所邀之士无不欣然允诺。当时没有什么经费，也没有任何项目名头，所邀者大多是繁忙非常的一线教授，可是他们义无反顾，一拍即合。本课题组成员以改革开放后成长起来的学人为主体，大多为"50后"和"60后"。雁过留声，用中国人自己的话语和方式，留下这一代人对欧洲文明的认知记录，以学术反哺社会是我们共同的梦想。2008年这个课题已经启动，2012年全国社科规划办公室批准为国家重大招标项目，则是四年以后的事了。

我们的学术团队是令人骄傲的，主要成员都是欧洲史研究不同领域的优秀学者。以天津师范大学欧洲文明研究院为依托，集中了国内外12个高校和学术机构的力量，他们来自北京大学、中国社会科学院、中国人民大学、南京大学、山东大学、山东师范大学、华东师范大学、浙江师范大学、中山大学、河北大学和英国伯明翰大学。这个项目颇具挑战性，因为每卷即是一个专题，承担者要打通传统断代分野，呈现来龙去脉，所以被称作"自讨苦吃"的项目。每个子课题大纲（即每个分卷大纲），在数次召开的课题组全体会议上，都要反复质疑和讨论方得通过。从每卷的主旨目标、框架结构，到重要概念，时常争论得面红耳赤，此情此景，令人难忘。"一年好景君须记，最是橙黄橘绿时"，此时此刻，我谨向团队学人同道致以由衷的敬意和感谢！

《欧洲文明进程》（16卷本）是中国学者撰写的第一部多卷本欧洲文明研究著作，分为16个专题，涵盖了政治、法律、经济、宗教、产权、教育以及乡村和城市等欧洲文明的主要方面。我们试图突破一般文明史的叙述方式，采纳专题史与年代史相结合的编写体例。每一卷就是一个专题，每个专题都要连贯地从欧洲文明肇始期讲到近现代；同时，各个专题之间相互补充，相辅相成，让读者通过不同的侧面逐渐丰富和加深对欧洲文明的总体认知。我们的原则是局部与整体结合，特定时段与历史长时段结合，历史细节与文明元规则结合。这是我们的愿望，效果还有待于读者诸君检验。

16个专题，也是欧洲文明16个重大问题，它们是：

1. 欧洲文明进程·民族源流 卷
2. 欧洲文明进程·农民地权 卷
3. 欧洲文明进程·司法与法治 卷
4. 欧洲文明进程·政府 卷
5. 欧洲文明进程·赋税 卷
6. 欧洲文明进程·基督教 卷
7. 欧洲文明进程·自由观念 卷
8. 欧洲文明进程·大学 卷
9. 欧洲文明进程·大众信仰 卷
10. 欧洲文明进程·地方自治 卷

11.欧洲文明进程·生活水平 卷

12.欧洲文明进程·贫困与社会保障 卷

13.欧洲文明进程·市场经济 卷

14.欧洲文明进程·城市与城市化 卷

15.欧洲文明进程·工业化 卷

16.欧洲文明进程·贸易与扩张 卷

2008年着手课题论证、体系策划和组建队伍，这样算来我们走过了十几个年头。自立项伊始，朝斯夕斯，念兹在兹，投入了可能投入的全部精力和时间，半日不得闲。蓦然回首，年华逝去，多少青丝变白发。眼下，课题结项，全部书稿杀青，《欧洲文明进程》（16卷本）即将由商务印书馆出版。感谢张椿年先生，他是中国社会科学院荣誉学部委员、世界历史研究所原所长，他满腔热忱地鼓励本课题的论证和立项，时常关心课题的进展。可惜椿年先生不幸溘然离世，未看到该成果面世。我们永远怀念他。感谢著名前辈学者、中国社会科学院原常务副院长、德高望重的丁伟志先生，他老人家数次与我长谈，提出许多宝贵的指导性意见，那几年常有书信电话往来，受益良多，至为感激。感谢天津师范大学原校长高玉葆教授，他信任我们并最早资助了我们，使本项目得以提前启动。感谢三联书店原副总编潘振平先生，他参加了本课题早期创意和策划。感谢商务印书馆原总经理于殿利的支持，感谢郑殿华主任、陈洁主任和杜廷广等编辑人员；感谢天津师范大学陈太宝博士以及欧洲文明研究院的其他同仁，他们为本成果的出版付出了辛勤的劳动。还有许多为本成果问世默默奉献的人士，我们心存感激，恕不一一。

2021年，春季，于天津

目　录

前　言

　　在不少人眼中，所谓欧洲文明就是欧洲存在过的文明，凡是欧洲发生过的文明现象都属于欧洲文明范畴。如欧洲史学家写作的"欧洲文明史"大多从古代希腊写起。我国不少古代希腊史、罗马史专家也认为欧洲文明应从古代希腊罗马算起。有些学者则比较谨慎，如苏联史学家兹拉特科夫斯卡雅把古希腊爱琴海文明只是看成"欧洲文化的起源"[①]，而避用"欧洲文明"一词。而在另一些学者看来，所谓"欧洲文明"或"西欧文明"、"西方文明"是一个特殊概念，它专指"日耳曼文明"，应当将 5 世纪看成起始年代。18 世纪启蒙思想家伏尔泰、19 世纪大哲学家黑格尔、20 世纪著名历史学家汤因比，基本上都是这种思路。至于希腊罗马古典文明与"欧洲文明"的关系，虽然欧洲文明接受了希腊罗马古典文明的较多影响，甚至承续了古典文明的许多元素，但按汤因比的看法，前者只是后者的"先在文明"而已，后者并非从前者直接传承和发展而来，西方文明最多只能看成希腊罗马古典文明的第二代。两者的文明特征也有不同，如俄国的丹尼尔夫斯基认为，希腊型文化的特色是美，罗马型文化的特色是法律和政治，欧洲型文化的特色是科学，[②] 明显地将欧洲文化与希腊罗马古典文化相区分。按黑格尔世界历史是"世界精神"

---

　　① 　参见〔苏〕兹拉特科夫斯卡雅：《欧洲文化的起源》，陈筠、沈澂译，生活·读书·新知三联书店 1984 年版。

　　② 　吴于廑："形态学派三家说略"，载《吴于廑学术论著自选集》，首都师范大学出版社 1995 年版，第 355 页。

自由意志不断展现的论述，希腊罗马世界是"一些人"的自由，日耳曼世界则是"一切人"的自由。①这也区别了两者的不同。因此，讨论欧洲文明，其主要时段宜从 5 世纪开始。还有，西欧是欧洲文明的核心区域和主要生长地，所以讨论"欧洲文明"时，实际上都是在说"西欧"文明。

无论 5 世纪以后的欧洲保留了多少古典文明因素，从整体上讲，欧洲中世纪早期的社会图景是极不同于古典时代的。在西罗马帝国废墟上，日耳曼人建立的法兰克王国等一系列"蛮族国家"（法国、德国、意大利、英国、荷兰、西班牙、葡萄牙等国前身），经过若干世纪行程逐渐发展出一种新的经济社会模式。它既不同于古典希腊，也不同于古代罗马；虽然吸收了希腊罗马的不少文化元素，但却是一种具有自身特质的崭新的独立文明。

欧洲文明从发生、发展到定型，也有一个漫长的历史过程。它至少应该分成两大阶段。5—15 世纪是第一阶段，这是欧洲文明的孕育期。其间欧洲已经孕育了不少新的文明元素，但一是这些元素还处在胚芽状态，二是这些元素还没有完成组合和整合的过程，完整的欧洲文明还未成形。从 16 世纪欧洲文明进入第二阶段，即成型阶段。自此时起，中世纪欧洲社会产生的许多新因素，包括政治的新因素、经济的新因素、思想的新因素、制度的新因素、文化的新因素等开始形成强大力量，新的文明形态逐渐成型。可以说，欧洲文明诞生的真正时间节点应当是 16 世纪，即到了 16 世纪它才算呱呱坠地，展露真容。扩大视野说，欧洲文明也只是到 16 世纪才开始对外逐渐展现自己的显著特征，开始形成并显示出相对世界其他文明的优势。经过几个世纪发展，到 19、20 世纪时，欧洲文明确定了在世界上的优势地位、主导地位，直至统治地位。

在欧洲文明的诸多特征和优势中，城市的发展和社会的城市化进程是其最突出的特征和优势之一，城市文明是欧洲文明所凝结的

---

① 参见〔德〕黑格尔：《历史哲学》，王造时译，上海书店出版社 1999 年版。

最重要表现形态之一。因此，考察城市的发展和城市化进程，是研究欧洲文明进程的重要组成部分。

城市与欧洲文明的联系又分为两个阶段。第一阶段是中世纪盛期和晚期，即11—15世纪。在5—10世纪前罗马帝国城市几乎都被日耳曼人夷为平地、工商业普遍停滞的情形下，11世纪欧洲城市日渐兴起，并且很快形成了世界历史上几乎是独一无二的城市共同体和城市自治时代。而在这几个世纪里，欧洲文明也逐渐孕育成熟，躁动于母腹之中，欧洲文明的诸多特征基本形成，因此11—15世纪的欧洲城市必然与欧洲文明的成型有着深刻的、有机的密切联系。揭示两者之间的内在关系，是本书的研究目标之一。而第二阶段，即16—20世纪欧洲文明发展和扩张的时代，也是欧洲的"三化"即工业化、现代化、城市化的时代。工业化是近代欧洲文明发展的主要动力，现代化是欧洲社会深刻变革的全面过程，而城市化则是工业化和现代化的结晶，是现代化过程的主要内容之一。作为基本载体，城市将近现代欧洲文明的成就聚集起来、集中体现出来，因此从某种意义上说，现代欧洲社会生活基本上是城市生活，现代欧洲文明主要表现为城市文明。欧洲城市文明所体现的鲜明特色，所展现的独有魅力，也为非欧洲地区的人们艳羡不已，学习并效仿。

那么，什么是城市呢？换言之，怎样理解城市概念？这是值得讨论的。总的来说，城市是体现人类生存的物质、自然、社会和文化诸条件有机联系的一种复杂的结构方式或生活方式。城市之所以成其为城市，是因为它是一种同乡村形成鲜明对照的人类社会组织形态。怎么个结构法？怎么个组织法？许多学者为城市下了不尽一致的定义，或提出用于判断是不是城市的许多标准。

以帕克为代表的芝加哥学派提出了城市生态学理论，强调城市环境、人口密度、交通网络以及住宅格调等维度具有决定性意义。沃思还认为城市在本质上是竞争的社会关系，有独特的经济、政治和社会结构，因此城市可定义为"社会各类人等组成的相对较大的、人口稠密和永久性的定居地"。肖伯尔格则特别强调人口结构、社会和血缘组织、经济功能和政治结构、宗教与教育等。①而胡克从更"生态学"或"社会学"的眼光，基本上依据人口的数量及结合程度来判断城市，把城市描述成这样一种共同体："一定数量的人口聚集到一定程度，在一个共同社会里，对上尽服从之责，相互则仁爱为怀。"②

当代学者简·德·弗里斯提出了四条标准，这四条标准都是可计量的维度，即人口规模、定居密度、非农职业的比重以及非农职业的多样性程度。他认为这四个标准应是连续统一的，一个定居点需要在这四个标准上都要得到足够高的分数，才能被称作城市。例如，一个大型矿区定居点可能符合前三个标准，不符合第四个，因此不能算作城市。③简·德·弗里斯提出的标准似可商榷，他举的大型矿区例子显然不当。因为既然是大型矿区，定居在此的人肯定多，因此必然会发展许多商业服务业来满足居民的生活需要，也就是非农职业会走向多样性。有了这样一些商业服务业功能，就会对周围地区产生辐射力和吸引力，从而扩大和强化城市里非农职业的存在。不唯矿区，别的专业化城市也当如此。

其实，难以对"城市"下统一定义。因为就世界范围来看，不同地区"城市"所涵括的内容，城市的作用和功能，都是很不相同的。例如在古代中国，在古代罗马，城市多指人口集中居住的政治中心，其政治功能是第一位的，当然也有一定的经济功能加以保障。在古代两河流域的苏美尔城邦，在古代埃及的"州"，在古代希腊的城邦，城市更像是一个个地区的政治中心地，以城市为中心，联合周围农村地区，便组成了一个个规模不大的城市国家（"城邦"或"州"）。

时代不同，城市的定义也应有所不同。如本书所论述的欧洲城市，其两个阶段即中世纪时代与近现代这两个时代，定义也不尽一致。

① 〔英〕P. 克拉克和 P. 斯莱克：《过渡期的英国城市 1500—1700》，薛国中译、刘景华校，武汉大学出版社 1992 年版，第 2—3 页。
② John Patten, *English Towns 1500-1700*, Folkstone (UK): Dawson Archon Books, 1978, p.22.
③ 〔美〕简·德·弗里斯：《欧洲的城市化，1500—1800》，朱明译，商务印书馆 2015 年版，第 12 页。

中世纪欧洲城市主要指的是工商业中心，居民以非农行业为主。城市的基本功能是经济功能。"城市一定是从事制造业和服务业的聚核型居民点"，"它的农业既不能满足对全部人口的供养，也不能让全部人口就业"。[①]它也有行政功能，但主要指城市共同体自治，大多涉及本城管理。政治中心、社会中心和文化中心等功能则是衍生物，有的甚至未衍生。而在近现代的欧洲城市化时代，城市是人口中心，是社会绝大多数人口的生息之地；从功能上说，城市已将政治、经济、社会、文化、教育等诸多中心集于一体；从生活方式来说，即使是在欧洲的乡村，也是普遍的城市化。

即使面对同一时代的城市，也有各种不同的定义。如对于前工业时代的欧洲城市，就有多种判断标准。有人口论，如哈里逊认为，前工业时代欧洲城市都比较小，可以认定一个市镇的人口应该在 2000 人以上。[②]也有市场说，强调前工业时期欧洲城市主要是产品集散中心和商品交换场所，可将是否拥有交易场所（市场）作为城市标志。还有自治说，以是否取得自治权来确定城市。还有持面积说者，仅以聚落面积大小来判断是不是城市。英国城市史专家克拉克和斯莱克提出了综合性的社会经济结构论。他们认为前工业化时代的英国城市有五大特征：1.经济功能的专门化；2.人口的特别集中；3.高度发达的政治上层建筑；4.作为共同体而对外界产生影响；5.复杂的社会结构。[③]应该说这比较全面了，但他们自己又发现，一些明明是城市的地方却只具备其中两三个特征。

正因为城市是社会发展成就的标志和文明的中心点，城市化是现代社会生活方式的指向，欧洲又是最先城市化的地区，因此对欧洲城市的研究，几个世纪以来都是热门领域。对单个城市的微观研

---

① 〔英〕诺尔曼·庞兹：《中世纪城市》，刘景华、孙继静译，商务印书馆 2015 年版，"序言"第 3 页。

② 参见 John Patten, *English Towns 1500-1700*, p.22.

③ Peter Clark and Paul Slack eds., *Crisis and Order in English Towns 1500-1700, Essays in Urban History*, London: 1972, p.4；〔英〕P. 克拉克和 P. 斯莱克：《过渡期的英国城市 1500—1700》，薛国中译、刘景华校，第 4—5 页。

究成果可谓汗牛充栋，对各种层面（如区域的、国家的、地区的、通史的、断代的、专题的）的宏观城市史研究成果亦浩如烟海，在一些重大问题上则是学术论争不断。例如对中世纪欧洲城市的性质、地位和作用问题，至少就有三种主要学术流派。

国际学术界主要流行"城市决定论"。许多西方史学家都强调过城市在西欧中世纪社会中的特殊地位。德国社会学家马克斯·韦伯有城市和市民研究的专章。[①]比利时亨利·皮雷纳是城市问题研究大家，提出近代资本主义是从12世纪的城市商业开始的。法国年鉴学派创始人马克·布洛赫说城市是"封建社会的外部实体"。英国经济史家波斯坦认为"城市是封建海洋中的资本主义岛屿"。在他们看来，城市在经济上代表工商业，在政治上表现了自由和自治的倾向，因此它是封建社会天然的反对派。苏联史学界观点与此大同小异。不过，这种对中世纪城市做出极高评价的"城市决定论"，即使现代西方学者也感到不是很有说服力。如近年出版的《新编剑桥中世纪史》《剑桥英国城市史》等权威著作，就不再高调地赞颂中世纪城市，而是力图对中世纪城市史进行更客观的描述。

我国编撰的世界史教科书也大多持这种观点。就连著名经济学家厉以宁先生也认为，西欧中世纪城市可以看作封建社会中体制外的权力中心。他认为私人雇佣关系很早也很容易出现，而只是有了西欧中世纪城市这种封建社会体制外的异己力量存在的地方，才使其具备了向资本主义经济关系转化的必不可少的条件。随着工商业活动发展，城市和市民的力量不断壮大，以至于与封建领主、王权等发生了冲突，"正是这一社会变动最终导致西欧资本主义的起源"。历史上西欧资本主义经济关系最早出现在北海沿岸、莱茵河畔、塞纳河畔以及英格兰的一些城市中。他借用悉尼·波拉德在1973年《经济史评论》上一篇文章将欧洲工业化看成是"发疹"过程的比喻，将出现了资本主义经济关系的城市视作一个个小红点，随着这种小

---

① 如〔德〕马克斯·韦伯：《经济通史》第四篇"现代资本主义的起源"中第28章"市民"，姚曾廙译，上海三联书店2006年版，第198—211页。

红点愈来愈多，范围增大逐渐连成了片，这样资本主义经济关系就实现了其扩散过程。在他看来，中世纪城市对资本主义生产关系产生和发展有着决定性的作用。①

马克垚先生提出了"城市封建论"。他认为中世纪城市在政治上和经济上都是西欧封建体系的有机组成部分，中世纪城市是以"集体封土"的形式被纳入西欧封君封臣体系之中。②他还具体分析了英国中世纪时期自由城市和自治城市与封建王权的关系。在他看来，12世纪起，英国出现了城市争取自由、自治的运动。大多数重要城市都直属于国王，它们很容易取得自由权，只要按时付给国王一笔税款即可取得特权证书，获得不同权利，从一般自由城市享有的诸如人身自由、土地自由、独立法庭、财政自由、自由贸易特权等，直至可以有权选举自己的市政官员，主持管理城市内部事务，从而成为自治城市。但无论是自由城市还是自治城市，受封建主的控制都很明显，绝非独立于封建体系之外。由于英国自诺曼人征服以来王权比较强大，行政管理机构也较健全和发达，因此许多城市虽然获得了不同程度的自由权、自治权，但实际上仍在王室的控制之中，从其所承担的各种义务、职责来看，它们更像是"国王统治下的地方自治政府"。③马先生还说，中世纪的城市是封建社会固有的存在物。即使是作为中世纪城市特色之一的自治也只是短期现象，因为随着专制王权的强大和民族国家的兴起，所谓的城市自治也就逐渐衰微了。④

吴于廑先生则指出，中世纪新兴工商业城市不论在多大程度上受到封建君主的制约，它从一诞生就隐含着一种新的本质，这种本质随着自身的壮大和历史的发展而日益凸显。这就是他的著名论断：中世纪城市最初产生时，经济上是封建农本经济的补充，政治上是

① 参见厉以宁：《资本主义的起源——比较经济史研究》，商务印书馆2004年版。
② 参见马克垚："西欧封建城市初论"，《历史研究》1985年第1期。
③ 马克垚：《英国封建社会研究》，北京大学出版社2005年版，第256页；马克垚："英国封建城市"，载朱寰主编：《亚欧封建经济形态比较研究》，东北师范大学出版社2002年版，第225—232页。
④ 参见马克垚："资本主义起源理论问题的检讨"，《历史研究》1994年第1期。

封建领主的附庸，尔后则逐渐演变成封建农本经济的侵蚀物和封建制度的对立物。吴先生在名篇"世界历史上的农本与重商"里集中谈到了中世纪城市的地位问题，他认为中世纪的商业、城市、城市经济是封建农本经济的补充，政治上表现为封建领主的集体附庸。中世纪城市在兴起之初以及它们成长过程中一个相当长的阶段里，都是和当时的封建主义制度相协调的、非对立的，并非自始就是封建经济、政治体系的对立物。但他又认为，协调、适应、非对立，不是固定不变的，商业和城市经济发展到一定的水平，就会发生变化，成为对封建农本经济的侵蚀和分解物，进而演变成对立的关系。这种转变大致从12、13世纪开始有迹象可寻，16世纪前后已成为非常明显的历史现象了。在这一转变之中，商业和城市经济也就由封建农本经济的附庸，变为它的对立物，终之取得了对它的支配地位。尼德兰和英国是实现这一转变最早也是较为彻底的地区。[①] 吴于廑先生从动态的视角、发展的眼光，将中世纪城市的本质和地位看成是一个变化的过程，这是极具辩证性的。

随着19世纪以来欧洲城市化运动的展开，以及到20世纪后期西欧进入高度城市化，随着城市生活成为欧洲社会的主基调，20世纪中后期对于欧洲城市发展史的研究，或者对以欧洲为中心的世界城市发展史的研究成果更为丰富。[②] 有的学者系统提出了城市学和城市社会学理论，如美国学者刘易斯·芒福德及芝加哥学派等；[③] 有的从城市形态、城市规划与建设等角度研究城市史；[④] 有的综论

---

① 参见吴于廑："世界历史上的农本与重商"，载《吴于廑文选》，武汉大学出版社2007年版。

② 即使如〔美〕乔尔·科特金的《全球城市史》，论述欧洲城市的篇幅也占了一半左右，见该书中译本，王旭等译，社会科学文献出版社2010年版。

③ 参见〔美〕唐纳德·L.米勒：《刘易斯·芒福德传》，宋俊岭、宋一然译，商务印书馆2015年版；〔美〕R.E.帕克、E.N.伯吉斯、R.D.麦肯齐：《城市社会学——芝加哥学派城市研究》，宋俊岭、郑也夫译，商务印书馆2010年版；〔美〕布赖恩·贝利：《比较城市化》，顾朝林等译，商务印书馆2012年版。

④ 如〔美〕A.E.J.莫里斯：《城市形态史——工业革命以前》，成一农等译，商务印书馆2011年版。

了欧洲走向城市化、最终实现城市生活全覆盖的过程；[①] 有的对一个时段里的欧洲城市发展进行探索；[②] 有的研究欧洲某个重要国家的城市发展通史，[③] 或某国一个时段里的城市史，[④] 或某些城市的历史。[⑤]

　　国内对欧洲城市史的专门性学术研究从 20 世纪 80 年代起步，然而目前的重点仍然主要是国外成果的引进和译介，原创性的或深度的研究有待加强。本书将 11 世纪以来欧洲城市发展和城市化历史，置于欧洲文明进程这一大的历史框架里，重点论述城市发展和城市化与欧洲文明进程及特征的内在联系。根据历史实际，作者认为自 11 世纪以来的欧洲城市发展大致可分为三个时期：11—15 世纪是城市的"共同体"时代，城市的普遍兴起，城市形成共同体并争取自治，是这一时期的主要特点；15—18 世纪是城市的"转型"时期，即城市从传统形态脱胎换骨，向近代形态转变，这是一个旧质的蜕化过程；18 世纪中叶英国工业革命开始后，城市无论在地理上还是人口上都出现了大扩张，城市化成为欧洲城市发展的主要趋势，城市化过程就是城市生活方式普遍化过程，城市品质得到了极大的提升，农村也完成了城镇化过程。

　　本卷的写作基本循着这一思路进行，按时段分三编论述一千多

---

　　① 例如〔美〕保罗·M.霍恩伯格、林恩·霍伦·利斯：《都市欧洲的形成，1000—1994 年》，阮岳湘译，商务印书馆 2009 年版；〔英〕彼得·克拉克：《欧洲城镇史，400—2000 年》，宋一然等译，商务印书馆 2015 年版。

　　② 例如〔英〕诺尔曼·庞兹：《中世纪城市》，刘景华、孙继静译，商务印书馆 2015 年版；〔美〕简·德·弗里斯：《欧洲的城市化，1500—1800》，朱明译，商务印书馆 2015 年版。

　　③ Peter Clark and D. M. Palliser eds., *The Cambridge Urban History of Britain*, 3 Vols, Cambridge University Press, 2000.

　　④ Peter Clark and Paul Slack, *English Towns in Transition 1500-1700*, London: 1972; John Patten, *English Towns 1500-1700*, 1978.

　　⑤ 例如〔英〕安德鲁·哈塞：《巴黎秘史》，邢利娜译，商务印书馆 2012 年版；〔英〕贺利思：《伦敦的崛起》，宋美莹译，电子工业出版社 2012 年版；〔法〕瓦尔特·本雅明：《巴黎，19 世纪的首都》，刘北成译，商务印书馆 2013 年版；〔英〕彼得·柏克：《威尼斯与阿姆斯特丹：十七世纪城市政治精英研究》，刘君译，商务印书馆 2014 年版；Eric Hazan, *The Invention of Paris, A History in Footsteps*, London and New York: Verso, 2011.

年里欧洲城市发展轨迹和城市化进程。其中前两编也是著者本人所主持的国家社科基金项目（项目批准号：11BSS004）最终成果。我的一些研究生参加了课题研究：寸永芳撰写了第二章第七节初稿、王坤参与撰写了第九章第三节初稿，邹自平、孙凯、陈磊，孙继静、柳艳华、张欣怡等对本书也有贡献。

第一编　城市共同体时代

（11—15 世纪）

第一章 11世纪始欧洲城市普遍兴起

与亚洲城市发展具有较强的连续性不同，欧洲城市是在日耳曼人进入、西罗马帝国境内原有城市多被夷为平地、城市发展经历了五六百年（5—10世纪）断裂期这一特殊历史背景下，[①]从11世纪起重新兴起的。[②]

一、中世纪欧洲城市兴起的经济动因

前人对欧洲中世纪城市兴起原因的探讨

欧洲城市在11世纪后普遍兴起，本身就是一个极具意义的历史

---

① 5—10世纪西欧城市及工商业几乎不见踪迹，这是学界比较一致的意见。即便如罗马帝国的都城罗马，古代最高峰时人口曾达100万—400万人，到9世纪缩减到只有3.5万居民。见 Leopold Arnaud, "Medieval Towns", *The Journal of the American Society of Architectural Historians*, Vol. 3, No.1-2: *The History of City Planning*. (Jan. -Apr., 1943), p. 30. 英国著名中世纪早期史专家维克汉姆教授说，中世纪早期城市都是不起眼的地方，哪怕是在意大利。有的城市完全废弃了。虽然意大利中北部有不少城市存在，但它们中许多已转变成农业聚落，旧有罗马时期城墙内的人口大为减少。见 C. J. Wickham, *The Mountains and the City, The Tuscan Apennines in the Early Middle Ages*, Oxford: Clarendon Press, 1988, p.90. 伯尔曼认为，在社会经济方面，公元1000年前的城镇主要由种田为生的人们构成。商人、骑士、贵族、工匠、手艺人都只占人口的一小部分。所谓的城镇只不过是一些大村庄。参见〔美〕哈罗德·J.伯尔曼：《法律与革命——西方法律传统的形成》，贺卫方等译，中国大百科全书出版社1996年版，第435页。

② 《新编剑桥中世纪史》认为，后来人们所熟知的欧洲城市形态始于10世纪。11世纪后期，城市进入快速兴起阶段，至13世纪时达到高点。而在此时期之前的9世纪末（法兰克帝国解体）至11世纪早期，则是一个过渡期，城市的基本元素开始积累。见 Timothy Reuter ed., *The New Cambridge Medieval History*, Vol. III, c.900-c.1024, Cambridge University Press, 2008, p.64.

现象。学术界对此长期关注并深入探讨，早在 19 世纪便有各种观点精彩纷呈。[①]

罗马起源论认为 11 世纪后兴起的城市是罗马城市的直接后裔。这种观点在 19 世纪上半叶成为主流。这种观点的明显不足是，起码德国的中世纪城市兴起与罗马无关，因为它不在罗马帝国版图之内。1847 年，小黑格尔（大哲学家黑格尔之子）出版《意大利城市制度史》，指出意大利中世纪城市并没有起源于罗马时代的足够证据，所有意大利城市都是起源于中世纪的。作为罗马帝国中心地区的意大利尚且如此，其他国家更不待言了。

罗马起源论销声匿迹后，欧洲城市起源问题在 19 世纪后期引起了更广泛的讨论。"基尔特说"认为，基尔特（行会）尤其是早期的商人基尔特是中世纪城市的核心组织，城市起源当与其有关。"马尔克说"提出，中世纪德国城市是从日耳曼人马尔克公社（农村公社）发展而来的。"特权说"把神圣罗马帝国皇帝奥托一世赐给德意志各大主教的特权当作城市兴起的原因，说主教们凭此特权在自己领地上建立城市，以优惠条件吸引工商业者。"市场法说"认为凡有法律保护市场的地方，工商业就会繁荣，并会逐步发展为城市。"封建领地说"强调是封建领主鼓励在自己的领地上建立城市。"堡垒说"指出，9—10 世纪时，为了防止北欧诺曼人的侵扰，法、德、英等国的国王和诸侯修建了许多军事堡垒。堡垒地区受到保护，环境安定，吸引了工商业者聚居，逐步发展为城市。这些观点都有合理成分，但都未能对 11 世纪以来欧洲城市兴起的基本原因做出充分解释，从而难以为学界所普遍认同或普遍接受。

20 世纪对中世纪城市起源的探讨更加深入，这与对中世纪城市显著特征的认识有关。即是说，中世纪欧洲城市最初大多是作为工商业中心出现的，或者说，它们基本都是"工商业者的聚居地"，而不像古代罗马城市或中国古代城市那样最初多是作为政治中心出

---

① 孙秉莹：《欧洲近代史学史》，湖南人民出版社 1984 年版，第 336—340 页。

现的。它们的产生，是工商业发展到一定阶段的产物，是各个地方社会经济发展的结果。因此讨论城市的兴起，必须与工商业的发展相联系，二者不可割裂开来认识。由此，史学界形成了两种不同的经典理论。

西方学界流行"商业起源论"，力图以贸易发展来解释中世纪城市起源。商业起源论最早由比利时学者亨利·皮雷纳提出，认为城市兴起是国际贸易发展的产物。他于 1925 年出版的著作《中世纪的城市》，将以往的"堡垒说"和"市场法说"结合起来，认为城市是商人围绕设防地点（城堡和堡垒）的聚居地。其思路是：8 世纪阿拉伯人的征服和堵塞商道，引起了地中海贸易的衰落。11 世纪，随着商道畅通和商业恢复，最早的城市作为商业据点出现在地中海沿岸，特别是意大利。由于商业发展和范围扩大，越来越多的城市出现，尤其在波河流域"那个令人神往的平原上，城市像庄稼一样茁壮成长"；然后商业越过阿尔卑斯山，来到欧洲内陆，凡是商道经过的地方，都出现了城市。同时，欧洲北部诺曼人航海活动，也刺激了北海岸边佛兰德尔一带工商业发展，11 世纪出现了一大批工商城市。商业从南北发端，迅速扩散到欧洲各地，城市也就普遍兴起了。[①]

但商业起源论不能解释欧洲广大地区中小城镇的兴起。特别是那些远离国际贸易路线的地区如英国，大部分中小城镇并非是作为国际贸易据点出现的。此外，西欧新兴城市里手工业在经济生活中所占比重可能更大，而商业起源论却基本上没有做出说明。当然，商业起源论确实揭示了西欧许多大中城市兴起和成长的客观过程，也揭示了商业的重要作用（虽然没有说明商业为什么对于西欧特别重要），所以至今仍是西方的主流观点。但修正者也有之。

西方最新的权威著作《新编剑桥中世纪史》，仍然持商业起源论。书中认为，从中世纪晚期以来人们所熟知的那种城市形式，出

---

① 参见〔比〕亨利·皮雷纳：《中世纪的城市》，陈国樑译，商务印书馆 1985 年版。

现于 10 世纪。中世纪城市的快速发展阶段则开始于 11 世纪晚期，在 13 世纪达到了顶点。城市基本元素之所以能聚集，则是因为从 9 世纪末至 11 世纪早期的过渡期间开始了商业革命。城市作为一种社会组织形态再度兴起，肯定与贸易的扩展和强化密切相连，商人也因之成了促进中世纪城市（连同城市形态、城市制度和其社会网络）形成的一个重要群体。他们的活动最具机遇性，影响最深刻，偶尔还盖过了其他动力因素的贡献和活动。[①] 不过，该书在论述以新兴城市为根基的新经济形式出现时，认为虽然离不开国际贸易的联系，但还是依赖手工业生产来维系。[②]

西方一些新近研究也在修正商业尤其长程贸易是经济和城市发展动力的观点，认为那是过于强调外来变量突然促动了欧洲内部的静态系统。他们强调系统内部的动力促进了物品流通，强调大封建地产的经营受一定的利润意识支配，强调他们须从他地取得产品，强调地方市场的扩张，强调城市需要的某种连续性，强调商人阶级的持续成长，甚至强调河流贸易的重要性，等等。[③] 这说明商业起源论在西方学术界也在被质疑。城市史专家刘易斯·芒福德和法律史家伯尔曼的视野更为宽泛。他们认为，中世纪城市出现的经济原因不仅必须归结为商业扩张和商业阶层的兴起，[④] 而且必须归诸农业扩展和工匠、手艺人和其他工业生产者阶层的兴起。伯尔曼还认为，中世纪城市兴起除了经济因素外，还有社会因素、政治因素、宗教因素和法律因素的共同作用。[⑤] 西方马克思主义史家则重视小城镇的

[①] Timothy Reuter ed., *The New Cambridge Medieval History*, Vol. III, c.900-c.1024, p.64.

[②] David Abulafia ed., *The New Cambridge Medieval History*, Vol. V, c.1198-c.1300, Cambridge University Press, 2008, p.50.

[③] 参见 David Abulafia ed., *Italy in the Central Middle Ages*, Oxford University Press, 2004。

[④] Lewis Munford, *The City in History, Its Origins, Its Transformations, and Its Prospects*, New York: 1961, p.253; 见〔美〕哈罗德·J. 伯尔曼：《法律与革命——西方法律传统的形成》，贺卫方等译，第 436—437 页。

[⑤] 〔美〕哈罗德·J. 伯尔曼：《法律与革命——西方法律传统的形成》，贺卫方等译，第 437—441 页。

兴起，认为这是农民经济力量增强的结果。如英国著名经济史家希尔顿及弟子戴尔教授就对小城镇兴起特别关注。[①]

"手工业起源论"可谓另一种经典理论。这一理论是苏联史学界提出，为马克思主义史学界所坚持。我国编纂的几种代表性世界史教材，也基本持这种看法。这一观点的经典表述是：11世纪前后，欧洲封建制度即庄园制、农奴制最后形成，社会生产力无论农业还是手工业都有了显著进步。随着生产力提高，一方面农产品有了剩余，可以投入市场养活专门手工业者；另一方面，手工业技术日趋复杂，需要熟练技巧，庄园农民无法继续兼营。这样，专门手工业者的出现既成为必要，也成为可能。手工业者需要和农村居民交换产品，交换由此发展起来，作为交换中介的商人亦日益增多。工商业者聚居在交通便利、生产便利或交换便利的地方，这些地方经过一段时间发展，便成长为城市。因此，中世纪城市尤其是中小城市主要应是各地经济发展的自然结果。

著名世界史专家吴于廑先生进一步认为，欧洲中世纪手工业比较发达，与其农本经济中畜牧业比重较大的特点有关。畜牧业发达使得毛纺业发达。由于消费者对织的需求弹性较大，而织又不同于耕，它可以使前后生产环节在同一地方同时进行，并且可以不固着在某一处，而向着靠近市场或方便交换的地方移动和集中。这样，手工业特别是纺织业发展就能为城市兴起创造条件。[②]还有学者认为，欧洲中世纪手工业发达，是因其农产品变成直接消费品的劳动链条较长。单纯作为消费品而生产的农产品劳动链条较短，如淀粉植物→食物；饲料种植→牲畜饲养→食物；植物种植→植物纤维纺织→衣物。中国古代就属这种类型。而作为手工业原料或商品而生产的农产品要变成直接消费品，则劳动链条较长，即中间多了个加工环节（手

---

① 参见庞卓恒："让马克思主义史学宏扬于国际史坛——访英国著名马克思主义史学家希尔顿"，《史学理论》1987年第3期；C. Dyer, *Everyday Life in Medieval England*, Cambridge: 1993.

② 参见吴于廑："世界历史上的农本与重商"，载《吴于廑文选》。

工业），如饲料种植→牲畜饲养→牲畜毛绒纺织（手工业）→衣物，或饲料种植→牲畜饲养→奶酪品制造（手工业）→食物。欧洲属于这一类型，因此它的手工业劳动部门就比较发达。[①]

手工业起源论正确地从生产力发展来分析广大中小城市兴起的社会经济原因，但对欧洲那些大工商业城市的成长背景揭示不够；不强调商业特别是国际贸易对城市兴起的作用，似乎又走向了另一种片面性。因此，对于欧洲中世纪城市普遍兴起的原因问题，还有进一步思考的空间。

"生产不足"：中世纪城市兴起的经济动因

这是本书著者几十年来研习欧洲城市史的心得之一。一般地说，城市兴起是农业经济发展到一定程度的结果。也就是说，当农业发展水平提高，生产的粮食除满足农耕者及家庭自身需要外还有些剩余，可以供应非农业人口的基本生活需要时，才可能使这些非农业人口聚集起来，形成工商业城市。这是一条基本规律。但在10—11世纪的欧洲，农业生产虽然进步不小，但其"剩余"尚不足以支撑或维持欧洲广泛兴起的城市人口的生活基本所需。或者说，欧洲农业生产技术水平显然要比中国、印度等东方国家的传统精耕细作农业低，而其城市发展特征却显然要比东方更为显著。这之间存在的程度差，说明欧洲城市的兴起背景和发展道路必然具有某种特殊性，这种特殊性显然不能从上述基本规律而得到充分阐释。因此，对欧洲城市兴起问题须做些与习惯思维相异的非常规思考，笔者提出"生产不足论"参与讨论。

1. 何为"生产不足"？

欧洲城市之所以会在一个较短时期里广泛兴起，其中必有深刻的经济社会原因。可以说，城市兴起是欧洲社会基本矛盾运动的产物。这一基本矛盾，是欧洲不断增长着的人口的生活需要与其生产力水

---

① 参见郁越祖："地理环境与中国封建社会的长期延续"，《复旦学报》1982年第6期。

平相对落后不能满足这种需要。由于各个层次的经济体（或系统）在生产上不足以满足自身消费需要，因而必须寻求外部养分来填补需求缺口，工商业发展和城市兴起便是这种寻求展开的产物。这一看法可概括为"生产不足论"。

农业技术水平相对低下，是10世纪前后欧洲生产不能自足的根本原因。欧洲农业生产力水平低下，有自然和传统两方面因素。从自然条件看，西欧并不很适合农业。气候上欧洲北部偏冷，降水量全年均匀分布；南部地中海地区则夏季高温干燥，降水却以寒冷的冬季为主。雨、热不同期，是欧洲气候的典型特点，不利于需要高温高湿的高产农作物如水稻、甘薯等的生长。欧洲北部由于降水量冬季偏多，土壤排水性能较差，土壤黏性大难以翻耕。而欧洲南部地中海干热地区，为了保墒而不能深耕土地，致使土壤耕作层浅，供应给作物的养分不足。这种气候与土壤条件，决定了中世纪欧洲农民普遍种植黑麦、燕麦等粗劣又低产的粮食作物，小麦虽然也种植，但品种差、产量低。早在19世纪，英国实证主义史学家巴克尔在论述"自然定律"对人类历史发展的作用时就认为，欧洲自然条件的优越性在于有"舒爽的气候"，从而造成人类"有效的工作"，而不像亚非那样拥有"肥沃的土地"，从而造成"丰富的收获"。"土壤之丰腴"对古代农业社会的影响是最大的。[1] 而欧洲恰恰不具备这一点。

从传统因素看，日耳曼人农业起点低。他们在公元初期才过渡为简单定居农业。在成为欧洲土地的新主人后，他们并没有继承罗马的先进农业技术，而是让自身原有的落后生产方式普遍流行，以至于像意大利这个欧洲自古以来的粮食产地，其农业状况十分"凄惨"，谷物收获不够，一般年成下，小麦还需要不断输入。法兰克王国查理曼时代，许多年成的播种与收获之比是小麦1:1.7，大麦1:1.6，黑麦1:1.1。[2] 虽然这可能是非常态下的歉年状况，但所占年份较多，而丰年并不多见，平均起来收成还是很低的。

---

① 〔英〕巴克尔：《英国文化史》，胡肇春译，商务印书馆1936年版，第2章。
② G. Duby, *Rural Economy and Country Life in the Medieval West*, London: 1968, pp.25-26.

如前所述，9世纪欧洲封建化过程完成，10世纪后农业因使用铁制农具等技术而有较大进步，但仍然相对落后，休耕制本身就是面对落后而做出的反应。即使休耕制本身也不能使所有可耕地（arable）得到最大程度的利用。休耕制有多种形式，三圃制是三年中休耕一年，二圃制是两年中休耕一年，还有一种情况是特别贫瘠的土地三年中休耕二年。据估算，在16世纪以前的任何一年里，欧洲都有五分之二的可耕地不进入生产状态。[①]土壤和水量条件还使农民难以精耕细作。如欧洲北部土壤黏性，翻耕需用重犁，农民必须组成犁队，即四牛拉二犁，至少是二牛拉一犁，英国农村的犁队（plough team）甚至多达八头耕牛。这样在分配犁地时间时，必然会有土地耽误农时。份地因犁队难转弯等原因而形成条田。条田窄而长，肥料难以送达远头；农户间条田紧挨，但作物不一定相同，刮风下雨时容易引起种子混杂，也不利于田间管理。

在理论上，封建化过程完成促进了生产力发展，但实际效果如何则要深入考量和分析。在封建关系下，农民最初多以服劳役作为地租，每周在领主庄园领地上劳作不少于三天。尽管中世纪农民忠厚本分，尽管有庄园监工在身边，但农奴们服劳役时不可能有很大劳动热情，也不可能有最好的劳动质量，因此领主自领地尽管最肥沃，也很难有最佳的收成。农民在自己的份地上劳动当然会尽心，但由于每周先得去领主庄园里服劳役，因此份地上的生产有时会耽误农时。而且农奴的份地不可能是最肥沃的好地，而是贫瘠土地占多。许多地方领主占有"肥料权"（即全庄园的羊都圈在领主自领地上过夜下粪），农民份地几乎无肥可施。即使是到13世纪，欧洲最先进的巴黎周围地区，土地仍大约是每九年施用一次肥料。[②]因此，农奴份地也不可能有很好收成。

粗放落后的耕作方式，使农业单产量非常低。英国学者贝内特

---

① D. Maland, *Europe in the Sixteenth Century*, Macmillan Co., 1982, pp.2-3.

② C. M. Cipolla, *Before the Industrial Revolution, European Society and Economy 1000-1750*, New York: 1976, p.122.

估计英国小麦单产量，1200年为每英亩6蒲式耳左右，1400年为6—9蒲式耳。产量最低的某些庄园，13世纪时每英亩仅2.25蒲式耳，14世纪为3.25蒲式耳。[①]1267—1268年英国林肯郡拥有35英亩土地的农户，产粮可达100蒲式耳左右，[②]平均每英亩3蒲式耳左右，正好印证了贝内特的估计。为了便于理解，可将其换算成中国市制，1英亩=6市亩，3蒲式耳小麦重量约为150市斤，则每市亩仅产小麦25斤，这是相当低了。

欧美学者喜用收获量与播种量之比来衡量生产水平。据比利时著名农业史学者范·巴思估算，[③]英国小麦、大麦、黑麦、燕麦四种粮食作物之平均产量，1200—1249年收获量与播种量之比为3.7：1；1250—1499年为4.7：1。他还单独估计了英国的小麦产量，其计算出的收获量与播种量之比是：

年份	比例	年份	比例	年份	比例
1200—1249	2.9：1	1250—1299	4.2：1	1300—1349	3.9：1
1350—1399	5.2：1	1400—1449	4.1：1	1450—1499	4.9：1

杜比等人则对法国农业产量进行了估算。法国大部分地区收获量与播种量之比值为4—6。最发达的巴黎盆地，14世纪中期曾达8—10，但多数地区仍平均为4。[④]即使在17世纪，巴黎附近和阿尔萨斯等地这一比例仍为8—10，法国南部则为3—6不等，伯里地区甚至只有2。[⑤]

---

① M. K. Bennett: "British Wheat Yield Per Acre for Seven Centuries", *Economic History*, Vol. 2, No.10（February, 1935）, pp.14-15.

② Gregory Clark, "Productivity Growth without Technical Change in European Agriculture before 1850", *The Journal of Economic History*, Vol. 47, No. 2, *The Tasks of Economic History.* (Jun., 1987), p. 420.

③ C. M. Cipolla, *Before the Industrial Revolution, European Society and Economy 1000-1800*, 1976, pp.119-120.

④ G. Duby, *Historie de al France rurale*, Vol.1, Paris: 1975, pp. 362, 451-452.

⑤ J. Jacquart, "French Agriculture in the Seventeenth Century", in P. Earle ed., *Essays in European Economic History 1500-1800*, Oxford: 1974, p.171.

畜牧业经济在欧洲占有重要地位，或许还是种植农业收入不足的一种补充。份地粮食产量低，而饲养牲畜则可不受土地的限制和数量的限制，西欧农村长期实行"敞地制"，谁家的牛羊都可在公共牧场、休耕地和收割后的庄稼地放牧。不过，虽然动物产品即肉和奶的消费是中世纪西欧人的重要生活习惯，但畜牧产品的比重不可估计太高。因为中世纪牲畜受品种和饲料不足的影响，牛羊的体重较轻，如直到 17 世纪，意大利较好的牧场里，成年公牛平均个重仅 400—500 磅，母牛 220 磅上下，只有 20 世纪的五分之一左右。奶牛产奶量也不大，14 世纪英格兰每头奶牛产奶量约为 500 公升，只及现代的五分之一，而且含脂量低。①

2. 庄园"生产不足"促使中小城镇兴起

农奴家庭经济和领主庄园经济，同为中世纪欧洲最基层的经济体。两者各自存在不能自足的特征，成为各地工商业发展和中小城镇广泛兴起的基本背景。

就农奴家庭来看，其生产粮食不足导致分离出多余的人口，这些人口中的一部分变成了城市兴起所需要的专门工商业者。在典型的西欧封建社会里，农奴是主要的生产者，拥有份地的农奴家庭，是最基本的生产消费单位和经济细胞。农奴家庭男耕女织，具备了适应衣食基本需求的生产结构。当然除衣食之外，农奴也有一些自身不能生产的必需品如盐铁等，需要从外部输入和城市来提供。最关键的是，由于作为生产资料的份地其面积不能增加甚至不断减少，农奴家庭的生产能力便大受局限。如就 12 世纪末 13 世纪初英国农民的份地保有情况来看，持有 1 维尔格特（virgate）② 以上土地的农民可视为上等农户，持有 0.5 维尔格特土地的算作中等农户，持有 0.25 维尔格特土地的农户都归入下等农户，则各等农户所占比例是：上等农户，22%；中等农户，33%；下等农户，45%。据著名经济史

---

① C. M. Cipolla, *Before the Industrial Revolution, European Society and Economy 1000-1750*, pp.122-124.

② 1 维尔格特为 30 英亩，约合中国 180 市亩。

家波斯坦估计，0.5 维尔格特土地的产出仅够维持一个普通农户的最低生计，[①] 也就是说，低于 0.5 维尔格特土地的农户仅靠土地是无法维持生计的。

布罗代尔曾举了一个意大利村庄农民生活困苦的例子。这个村庄位于米兰和热那亚之间，300 多人，不到 500 公顷土地。16 世纪被热那亚多利亚大家族购买为领地，虽然农民自由了，可以随意去留，但生活特别贫困。当时一个四口之家最低的消费标准是每年吃 9.5 公担的谷物和板栗，喝 560 公升葡萄酒。而全村 54 个家庭中，只有 8 家达到或超过这一标准。其他家庭则是长年处于半饥半饱状态，居住条件也非常差，是木板和黏土搭成的窝棚。灾荒年成还经常添丁增口，最后仅剩下一公顷坏地可种时，就只能到外地觅食或打工。[②] 16 世纪的先进地区意大利尚且如此，几个世纪前的其他落后地区更不待言了。

原有份地难以维持人口的基本生活需要，就会产生两种解决方式，其一是农奴必须从事工副业或靠出卖自己的劳动力来补充家用；其二是分离出一部分剩余人口。这些多余人口又从多条途径溢出。他们要么去垦殖边际土地，包括开垦庄园内的边缘荒地，成为"茅舍农"（cottager）、"边农"（border）等；要么离开土地专门从事工商行业，这就为城市兴起提供了劳动力和人口来源。这样，"从中世纪的农奴中产生了初期城市的城关市民"[③]。不过，与其说中世纪城市是由逃亡农奴建立的，不如说主要是由离开土地的农奴子弟所建立。生产力虽不断提高，但生活水准也在提高，农奴份地始终难以满足家庭人口增长的需要，所以农奴家庭便不断离析出一批批劳动力，其子弟纷纷以进城当学徒的形式流入城市。中世纪城市在发展过程中的人口增长，也主要依赖于从农村庄园里迁移来的农民，

[①] M. Postan, *The Medieval Economy and Society, An Economic History of Britain in the Middle Ages*, London : Weidenfeld & Nicolson, 1972, pp.224-226.

[②] 〔法〕费尔南·布罗代尔：《15 至 18 世纪的物质文明、经济和资本主义》，第 2 卷，顾良、施康强译，生活·读书·新知三联书店 1996 年版，第 271—272 页。

[③] 〔德〕马克思、恩格斯：《共产党宣言》，载《马克思恩格斯文集》，第二卷，人民出版社 2009 年版，第 32 页。

特别是进城当学徒的农民子弟。

就领主庄园来看，其生产结构不完整导致领主不能依靠庄园生产来完全满足自身消费和奢侈需要，必须有专门的工商业者为其提供服务或进行生产，这就提供了城市工商业产品的销售市场，这是城市工商业兴起的市场前提。在领主经济中，庄园融生产和消费为一体，但在生产结构上存在欠缺，即领主不能从庄园直接取得高档手工业品和奢侈品。庄园不具备这些高档品的生产机制和生产水平，这就为工商业专门化、集中化提供了市场需求。而庄园粮食等农产品除满足领主家庭消费外，显然有大量剩余，领主可以在市场上出售，再换取手工业品和奢侈品。如英国马歇尔伯爵的肯尼特庄园1270—1271 年总收入为 69 英镑，其中出售产品收入为 53 英镑，占比近 80%；1305—1306 总收入 97 英镑，出售产品收入为 81 英镑，出售的产品种类主要是谷物、羊毛、家畜、黄油奶酪等农牧产品。[①]温切斯特主教所属 32 个庄园 1208—1209 年小麦出售量占生产量的48.5%；1299—1300 年，该主教所属 42 个庄园小麦出售量占生产量的 70%。[②]领主输出多余粮食等农产品，能为专门工商业者提供生活品保障。因此，由那些溢余出来的农村人口去专门从事工商业便成为可能。"商业和工业最初从没有土地的人们中间获得发展。"[③]工商业者聚居在一起，城市尤其是各地中小城镇便因此而兴起。

这样，由农奴家庭提供人口和劳动力，由领主庄园提供工商业品的市场需求并供应工商业者所需的粮食生活品，城市的兴起便具备了基本的前提。农奴家庭经济、领主庄园经济和城市工商业经济，组构了一个个地区的经济运行体系，这是 11 世纪以后欧洲最基本、最广泛的经济社会模式。从本质上说，这种模式所蕴含的仍然是农业社会本质，所体现的仍然是乡村社会气息。

---

① E. Miller & J. Hatcher, *Medieval England: Rural Society and Economic Changes 1086-1348*, London: 1980, p.224.

② N. S. B. Gras, *The Evolution of English Corn Market*, Cambridge: 1926, pp.110-111.

③ 〔比〕亨利·皮朗：《中世纪欧洲经济社会史》，乐文译，上海人民出版社 1987 年版，第 41 页。

3. 地区"生产不足"促使大中城市成长

欧洲各地区在自然条件、技术水平及作物种类等方面千差万别，由此便呈现出农牧经济的不同特点。例如，英国的密德兰地区生产粮食和羊毛，东盎格利亚地区盛产粮食，西南部地区盛产优质羊毛。法国北部和巴黎盆地粮食种植业发达，西南部则普遍栽培葡萄。德国的粮仓在西里西亚，亚麻种植则多在南方。意大利的粮食产地是北方波河流域和南方西西里岛。在资源方面也各有特色。如德国南部银矿铜矿蕴藏量丰富，英国肯特郡韦尔德地区铁矿储量大，西南的德文郡和康沃尔郡盛产锡和锑，各国沿海有大量的水产品资源等。地区性的农业特点和资源优势，产生了各具特色的地区手工业。如法国巴黎和诺曼底地区的亚麻纺织业、西南地区的葡萄酒酿造；英国西南部和东盎格利亚的毛纺业、韦尔德和第因森林的炼铁业；德国遍及全国的麻纺业、东南部的金属矿开采、南部的铁器制造、黑森地区的木器加工；尼德兰南部不拉奔地区的纺织业、北部荷兰的奶酪品制造、鲱鱼捕捞和加工等。地区性手工业的发展实质是各地希望交换外部产品而利用本地资源优势的结果。这些具有地区特色的手工业产品，一般都面向外地市场和国际市场。地区性手工业的集中，使许多较大的手工业城市产生。地区间的物资和产品的流通及调剂，促使一些较大的商业交换中心，即地区性的商业城市出现。许多性许多较大的手工业城市产生。由地区间的物资流通和调剂，这样，地区经济的不能自足，使得一批地区性工商业城市成长。这些地区性城市大致包含三类，有的是手工业特色城市，有的主要是商业交换中心，更多的地区性城市兼有特色手工业中心和商业中心两大功能。

尽管有地区间的物资流通，但欧洲在总体上仍然难以自足。发展中的西欧不仅需要外部世界供给高级消费品和奢侈品，也需要外部世界供给一定的生活必需品。这些消费品和奢侈品的取得主要依靠南边的地中海东方贸易和北边的北海波罗的海贸易。两个贸易区往西运送的商品中，有香料、丝绸、珠宝等奢侈品和贵重物品，也有生活必需品。如谷物就是地中海贸易的主要货物之一。① 由承担这种对外商业职能的需要，便在地中海和北海波罗的海成长了一批国际性贸易城市。如热那亚商人主要经营谷物、棉花和盐等生活资料，② 它在爱琴海、黑海有不少供应粮食的殖民地。威尼斯几乎所有的生活必需品都是从国际贸易中取得的，包括小麦、黑麦、肉畜、奶酪、蔬菜、酒类、油类、木材、石材等。③ 在北方，从波罗的海东部往西运的货物中，也主要是毛皮、木材和粮食等基本用品。④ 谷物则主要运往佛兰德尔和低地国家诸城市。⑤

　　要与东方维持稳定的贸易，欧洲就须有可供交换的产品，因而在国际贸易线路附近，或利用国际贸易网络，发展了面向东方和波罗的海市场的手工业品生产。意大利佛罗伦萨的毛纺业，佛兰德尔毛纺城市，明显具有这种功能。这样，由于西欧整体上不能自我满足，从而产生了职能是调节这一整体与外部的物资交换以及为调节服务的国际工商业城市。佛罗伦萨毛织品，一部分销往西欧市场，大部分销往东方。佛兰德尔的毛纺业产品，一部分作为半成品运往佛罗伦萨进行最后加工，一部分输往波罗的海东部直至诺夫哥罗德、俄罗斯。

---

① 12 世纪热那亚就是依赖从意大利南方船运粮食，这些意大利北部城市的需求刺激了西西里小麦的种植。见 David Luscombe and Jonathan Riley-Smith eds., *The New Cambridge Medieval History*, Vol. IV, c.1024- c.1198, Part II, Cambridge University Press, 2008, p.71。14 世纪，意大利北部城市的政府为了保证充足的粮食供应，有时须从遥远的地方，花费巨大的代价运粮。地中海贸易多为向意大利北部运送粮食，连佛罗伦萨的佩鲁兹等大公司都卷入其中，而威尼斯、热那亚的运输工具大圆船，也是为了满足这种需要。它们向意大利北部运送的粮食，不但来自意大利南部的阿普利亚，也来自希腊、黑海、北非以及西班牙的安达卢西亚。而尼德兰南部的许多城市，则多依赖于汉萨商人用科格大船从波罗的海远程贸易运来的粮食。佛罗伦萨还在一些主要道路上尤其是从博洛尼亚过来的大道上构筑防卫设施，以保障供养城市的粮食供应。见 Michael Jones, *The New Cambridge Medieval History*, Vol. VI, c.1300-c.1415, Cambridge University Press, 2008, pp.157-158, 192。

② N. J. Pounds, *An Economic History of Medieval Europe*, London and New York: Longman, 1994, p.368.

③ F. Braudel, *Civilization and Capitalism, 15-18th Centuries*, London: 1985, p.108.

④ N. J.G. Pounds, *An Economic History of Medieval Europe*, p.384.

⑤ David Luscombe and Jonathan Riley-Smith eds., *The New Cambridge Medieval History*, Vol. IV, p.62.

由于西欧自身生产不足，连自身的需要都不能满足，运往贸易对方的商品就更屈指可数了，因此基本上不能维持贸易平衡。在波罗的海上，许多东行的西欧船只，由于无货可载，常常是带着重重的压舱石空船航行。[①]

这些与东方或东欧进行贸易往来的城市是为整个西欧服务的，因此它们辐射的区域也是整个西欧，它们所能摄取的资源也能来自整个西欧，故此，它们的成长速度也是最快的，发展规模是最大的。像地中海边的威尼斯、热那亚、佛罗伦萨、北海波罗的海岸边的佛兰德尔城市、卢卑克、汉堡等，都是西欧位居一流的大城市。

4. 对"生产不足论"进一步论证

由生产不足而促使工商业发展和城市兴起，与工商业发展基于社会生产力提高的基本规律并不相悖。这种不足，不是绝对的不足，而是相对不断增长着的社会需求而言的；而消费需求的不断增长，又受到了社会生产力不断提高的促进。因此，"生产不足论"与史学界认为西欧城市基于 10 世纪以来生产力较大提高的观点，两者的认识基点是一致的。

同时，生产不足所刺激的商业的发展，也植根于超越西欧的更大范围地域经济水平较高的基础上，也就是说，植根于东方世界生产力和经济发展水平较高的基础上。当时，由亚欧大陆南端以及北非构成的农耕世界中，没有一个文明区的生产发展水平低于西欧，相反恰恰是高得多。西欧有两大近邻。一是东欧的拜占庭帝国。它继承了古代罗马帝国的部分物质基础，并在 8 世纪左右完成了封建化过程，10—11 世纪是其社会经济发展的极盛时期。首都君士坦丁堡人口达 50 万之多，工商业繁荣程度令西欧人极为向往。另一近邻是阿拉伯帝国，8—9 世纪为其黄金时代，它高度发达的生产力、繁荣的社会经济，也要超出欧洲很多倍，欧洲人艳羡不已。在历史横向发展规律的作用下，欧洲人创造出了商业贸易机制，沟通自

---

① N. J. Pounds, *An Economic History of Medieval Europe*, p.384.

身与这些发达地区的联系，用东方的剩余产品来补充自身的生产不足。同样，东方和欧洲之间的贸易又是极不平衡的。如在 11 世纪，拜占庭帝国从从事东方贸易威尼斯商人和伦巴第商人那里收到的出口税，八倍于同时所收的进口税。①这说明西欧极少有商品可运往东方。

按说，消费需求应与其生产水平相适应，但在西欧消费需求超出了生产发展所能承担的程度，有一些特殊因素在起作用。其一是消费习惯。古代罗马人的消费水平高，特别是上层社会生活奢华，这可能为取代了罗马人的日耳曼人所模仿和承继。而且，日耳曼人乃游牧民族出身，还曾长期处于迁徙状态，因而不宜携带财产移动而惯于随时尽兴消费。其二是受拜占庭和东方影响。与拜占庭的联系，组织和参加十字军，使西欧大小封建主亲眼目睹东方高度发达的物质文明，羡慕拜占庭贵族和阿拉伯贵族奢华的物质生活，其消费欲必然大受刺激，生活要求越来越高，社会中上层普遍存在超前消费现象，这种风气势必影响全社会。

而且，由生产不足引起的商业发展，比基于生产剩余而导致的商业活动，可能更具必要性。我们会经常看到战争和饥馑年代物质短缺时候商业往往畸形发展，虽然这是一种短暂现象，但并不是虚假的。农业发达使剩余农产品增多，当然会促进商业繁荣；但这种商业往往是产品丰富后溢余的产物，成为一种点缀，一种锦上添花，有可，无也不可，缺乏推动力，更缺乏外张力，有时还被农业社会的统治者视为有害之物而加以抑制。而在不能自足的社会里，商业反而易于成为经济生活中不可或缺的东西，引进生活物资的商人也会有较高的社会地位。没有商业，就不能调剂城乡间的余缺，不能调剂地区间的物资流通，不能从外部输入生活资料，就会影响人们的正常生计，影响社会中上层的奢侈生活。因而，这种商业反倒是农业经济非常必要的补充，起着"雪中送炭"作用，不过其繁荣不

---

① 〔美〕汤普逊：《中世纪经济社会史》，上册，耿淡如译，商务印书馆 1997 年版，第 402—403 页。

一定是与社会经济繁荣成正比例的尺子。

正因为如此，从东方和东欧输入消费品和奢侈品的国际贸易，便成了中世纪欧洲的重要生命线。若这条生命线被掐断，欧洲社会经济生活就会陷入混乱。所以，当15世纪中期后地中海东方贸易通道被堵塞时，欧洲人不得不寻找通往东方和亚洲的新航路。因此，新航路开辟的动机，更应归结于欧洲内部生产不能自我满足需求。否则就无法解释：当东西方贸易通道堵塞时，为什么东方商人如阿拉伯商人、印度商人并没有开辟通往西欧商路的动机和行为，而偏偏只是欧洲人要寻找通往东方的商道？今天，即使是正统的西方史家也在思考这一疑问时产生了类似认识。《新编剑桥中世纪史》作者就指出："虽然亚洲贸易对一些欧洲人很重要，虽然某些亚洲商品广泛传播于欧洲，但也必须严肃地认识到，欧洲在整个欧亚贸易框架里所占的重要性很小，毕竟欧洲能给世界其他地方的东西不多，仅有优质麻布和一些毛织品而已。14世纪上半期仅靠大量船运白银而达到平衡"，到14世纪下半叶，欧洲人仍然要向外大量地船运贵金属。①

同东方的贸易对西欧社会来说实在是太重要了。以往有研究者认为开辟新航路是出于对东方黄金的渴求。这个不假，但这时渴求黄金并非要积累资本，而是要用黄金来购买东方商品。以往还有说法称西欧人开辟新航路是为了扩大市场，这是把结果当成了原因。当时西欧市场完全能容纳西欧水平并不高数量也不丰富的商品，虽然客观上地理大发现和新航路开辟为欧洲打开了世界市场。新航路开辟后的东西方贸易中，仍然是欧洲人大量购买东方的香料、丝绸、瓷器、茶叶等贵重高档物品，为补偿入超，他们将从美洲获得的白银源源不断输往东方。

生产不足造成东西方贸易不平衡的情况，在中世纪尤为严重。欧洲拿不出产品与东方交换，其贵金属又极其有限，因此对东方财

---

① Michael Jones, *The New Cambridge Medieval History*, Vol. VI, c.1300- c.1415, pp.190-191.

富垂涎三尺的大小封建主们便生出非分之想。不能维持基本生活的西欧农民也视东方为人间天堂。在教会鼓动下的十字军东征，其实质是奔着东方的富裕和财富而去的。这样，我们看到的是十字军骑士在耶路撒冷剖开当地居民的尸体而寻找金币，看到的是拜占庭的铜像被铸成铜币，古墓被盗挖、殉葬品被盗尽。用这些钱币，反过来又购买东方来的物品。十字军骑士团还在东欧和东方建立了一些国家，那只不过是西欧安置自身多余人口的一种方式，将生产不足的矛盾转移到外部土地而已。

教皇乌尔班二世在煽动农民参加十字军时所道出的西欧贫困和东方富足，未必不是当时的真相：东方"那个地方，如同《圣经》上所说，遍地流奶与蜜糖。……是另一个充满欢娱快乐的天堂"。[1] 殁于 1124 年的法国教士吉伯尔·诺戎，也对十字军东侵前欧洲人的困苦生活做了描述："在那个时候，由于粮食的普遍缺少……穷苦群众寻找野生草根以果腹。"[2]

由于商业的必要性，商业和商人的地位便在中世纪欧洲多少得到了一些承认。虽然西欧统治者也实行重农抑商政策，但其多停留在精神上的抑商。[3] 相反，教俗封建主还在不同程度上鼓励商业，保护商人。城市大多由国王或教俗领主颁赐特许状允其经营商业。英国最多。[4] 相当一部分城市是由领主出于财政原因而主动建立。不少统治者还奖励商业，如德国的萨克森王朝，又如法国国王腓力二世对香槟集市上外国商人所赐的豁免权，这都是对商业和商人在社会经济中所具必要地位的一种认可。

保护商人、鼓励商业的政策，到中世纪盛期演变为重商政策的萌芽。13 世纪英国的爱德华一世建立了英国在安特卫普的羊毛贸

---

① 周一良、吴于廑主编：《世界通史资料选辑》，中古部分（郭守田主编），商务印书馆 1989 年版，第 153 页。

② 同上书，第 154 页。

③ 参见启良："中西古代抑商比较研究"，《世界历史》1988 年第 4 期。

④ C. Stephenson, *Borough and Town: A Study of Urban Origin in England*, Cambridge (U.S.A.), 1933.

易，将商业控制在本国人手中；14 世纪爱德华三世延展这一经济控制政策，极力鼓励发展国内毛纺业；15 世纪爱德华四世亲身经商，有"商人国王"之称；亨利七世支持航海探险活动，保护商人利益。15 世纪法王路易十一建立里昂集市，更被认为是重商主义的萌芽。中世纪统治者对商业和商人地位这种自觉不自觉的认识，成了后来重商主义的思想源流。他们的某些措施，可看成重商主义理念的早期实践。

二、"原生"与"新植"：城市产生路径

中世纪西欧城市的兴起，一般认为是在 11 世纪进入高潮阶段的，13 世纪达到顶峰。至 14 世纪初，当欧洲人口发展到一个高点之时，西欧土地上的城市分布也达到了一定的"饱和"状态。中世纪兴起的西欧城市，按照经济史家诺尔曼·庞兹的说法，大致有"原生"城市（organic town）和"新植"城市（planted town）两种类型。"原生"和"新植"这两个概念，也是庞兹的创造，故此他有较多论述，本节多采用他的说法。①

"原生"城市

中世纪城市兴起运动浪头，当在 10 世纪前。从那时起，先后大约自发出现了四类"原生"城市。

第一类是罗马时代遗留下来的城市居民点，它们仍具有某些类似于城市的功能。中世纪模式的城市在这些地方出现时，多是利用这里既有的道路、桥梁、街区布局等。作为旧有城市遗址，它们多在选址上具有优势（如区位、地形、交通、资源等）。这类城市数量虽不多，但有的后来成长为欧洲一流城市，如罗马、伦敦、巴黎和科隆等。

---

① Norman Pounds, *The Medieval City*, Westport: Greenwood Press, 2005, pp.9-12.

第二类是西罗马帝国崩溃后几个世纪里，为适应西欧、北欧贸易发展而涌现的城市，特别是北欧一些地方，是维京人用劫掠品交换东欧和中东产品的场所，如波罗的海岸边的伯尔卡、居姆纳和海塔布，英国的伊普斯威奇和诺里奇等。贸易的兴亡决定了这些城市的生存，因此它们并非都存在下来，或者在后世并没有大的发展，尤其是北欧一些早期贸易城市。与地中海国际贸易相联系，9世纪起在地中海沿岸出现最早的贸易城市，如威尼斯。

第三类是因防卫需要而兴起的城市。9—10世纪西欧国王们为防止北欧维京人入侵而建立了许多城堡或要塞。一些主教或领主也把自己的驻地要塞化。英语中的"博罗"（borough）、德语中的"伯格"（burg），原意都是"堡垒"（fortress）。有的堡垒因其能提供防卫功能，从而成功地吸引了经商者聚居，最终成长为城市。这些商人聚居区有时被叫作"faubourg"，意即"堡垒之外"。许多欧洲城市特别是北方城市，都经历了"先有堡垒中心、再有周围聚集区"这样两个阶段。[①]德国人向东迁移过程中（12—13世纪），也出现了一批将商业和防卫功能结合起来的城市。这类城市的兴起同样具有较大的自发性。

第四类是围绕新建的修道院尤其是本笃修道院而建立起来的城市。修道院本身连同前来拜谒的香客，创造了对产品和服务的需求，而满足对他们的供应的商人和手工业者们聚集在修道院旁边，也就形成了小小的城镇共同体。

后三类城镇的共同点，是作为"原生"城市自发成长起来的，一般都没有早期的档案记录，因而难以明确其起源时间。原生型城市在法国、意大利、德国、英国都有不少。

按庞兹的说法，这些城市大多起源于前封建时代，即封建土地所有制确立之前，或通常所说的封建庄园制形成之前。那时还是个较为自由的时代，封建性的限制还未曾强加，建立城市尚无须谁授权。

---

① Mortimer Chambers, Barbara Hanawalt, Theodore K. Rabb, Isser Woloch and Raymond Grew, *The Western Experience*, seventh edition, Boston: McGraw-Hill College, 1999，p.254.

但当10世纪西欧封建主义制度完全确立后，一方面从领主角度来说，不能让这些城市游离于封建体制之外，以免其对体制构成威胁；另一方面从城市角度来说，它们亦有受封建主保护的需求，否则自身的生存也存在一定危险。这样，这些已然存在的既定城市必须要与新确立的封建体制相契合。

这种"契合"通过两种截然不同的途径而达到。一是封建主在这些已有的城市中强制性地建立城堡，试图将城市市民置于自己的控制之下，并派出官员驻守。城堡一般建于市区一角，既维持它对城市和市民的监视，又让自身安全性得到保障，也不让市井生活打扰自己。这种现象在英国、法国和意大利普遍存在。英国的伦敦塔就是这样一个对伦敦市（London city）进行控制的国王城堡。类似情况还在坎特伯雷、埃克塞特、约克、切斯特、温切斯特和诺里奇等城市出现。《末日审判书》记载，为了建这种城堡，城市的许多原有房宅被摧毁。在城市未获自治权时，城内的城堡一直是封建领主对抗和压制市民的堡垒。

另一条途径是封建主以软化手段将城市吸收到封建秩序之内，赐予其自治权。领主颁给城市自治权，其出发点是为了从城市获利，实质上隐含着领主对城市有辖属关系或领有关系。而在城市一方，也乐得自己有"名义"上的归属，从而能够在一定程度上抵挡别的封建主的侵夺。领主所赐的自治特许状，除认可城市的自治权外，也对城市特权和权利进行界定与限制，对城市管理模式做出规定，如规定市政官的挑选和市政会的选举程序，界定城市的商业权利，确认城市的法律地位和司法范围等。这种特许状，其实就是领主和市民阶级间的一种契约。

"原生"型城市逐渐获得特许权并确立其法律地位，有助于自身快速成长，这是城市兴起运动的重要组成部分。

"新植"城市

11—13世纪兴起的城市，大多为领主"新植的"城市。这时候西欧版图已被各级领主分封也即分割完毕，工商业者完全自发地在某一个地方形成"原生"型城市，尔后再由领主将其纳入统治体制之内的途径已被堵死。领主通常的做法是仿照已有的工商特权城市，在自己的领地上新建城市，也就是在自己领地上选择某些地点"植入"城市，或者说，是为自己的利益"精心创建"城市。还有一个重要原因，那就是有的统治者在新征服的土地上，为稳固统治，按照自己以往领地的既有模式"植入"城市。如诺曼征服之后，诺曼王朝就按照原诺曼底城市布勒特伊（Breteuil）模式（即授予在新城堡下发展起来的居民点以城市特权，称"布勒特伊法"），给了英格兰中部、西南半岛、威尔士、爱尔兰不少地方以城市特权，著名的如赫里福德、什鲁斯伯里等。[①] 一个多世纪后，英国国王还在威尔士和苏格兰边界"植入"最后一批城市，如卡那封、康威尔、特维德河畔伯里克等。[②]

在那些适宜进行工商业活动的地方，领主们主动建立城市并赋予一定工商经营特权，吸引甚至招徕工商业者。领主的初衷是多重的。其一是为了满足自己对城市才能生产或经营的高档手工业消费品及奢侈品的需要。其二是为了获得更多的财政收入：一方面可以直接获得城市税收，另一方面能促进领地上经济繁荣和人丁兴旺，从而达到增加岁入之目的。

领主通常的做法是，先选择一个地点，预留出足够建一座城市的土地，有时甚至还规划了街道，划出一块块房舍用地，或称建筑地块（burgage）；同时给这个地方预赐一个特许状，声称这里需要更多的工商市民，入迁的条件将会非常优厚，得到的特权将很广泛。除了房宅用地外，领主还在预设的"城市"内留下供交易用的市场地块，个别城市还预留了"集市"用地，供交易稀缺商品所用。

---

① 〔英〕诺尔曼·庞兹：《中世纪城市》，刘景华，孙继静译，第 158 页。

② Michael Jones, *The New Cambridge Medieval History*, Vol. VI, c.1300-c.1415, pp.102-103.

　　至于城市选址，可以是古代城市旧地，也可以是交通要道、河津海港之类，但必须具有需要工商服务活动的需求，否则领主的建城企划就会流产。总之，城市作为一个社会经济体或居民点出现，一定与领主的活动有某种联系。

　　在领地上"植入"城市是领主主观所为，一般未充分论证建城的必要性和可行性，所以在中欧和西欧出现了不少"未成城市"（failed towns）。这实际上是领主不懂城市存在必须符合本地区经济社会需求的必要性。一个乡村地区的人口不多，它对工商产品的需求是有限的，有一个城市存在就能满足这些需求，再在本地区内或邻近多建几个城市，其结果要么是有的城市"流产"，要么是所有的几个城市都衰落。"蛋糕"（市场需求）就这么大，要么是有些城市分不到，要么是所有城市分到的份额减少。英国西南部德文郡托特内斯就是一个典型例子。该城由领主建于1100年左右，规划得很好，领主收益也不错。邻近领主见此，便在托特内斯的对岸也先后预建了两座城市，但其中一座只取得小小的成功，另一座还未建成就夭折了。后来，欧洲许多地方有了这样一种做法，即在授权建立新的城市或市场之前，多要进行"危害质询"，弄清楚这座要新建的城市或市场，会对邻近城市的工商业有多大危害，最终形成了一个普遍规则，即任何新建城市离附近的已有城市不能少于一天路程。[1] 凡可能对已有集市和市场造成损害的新市场和新集市，都不能建立。1318年，科尔切斯特城的一个陪审团发现，东伦敦的巴克修道院未经批准，就于每个礼拜日在萨尔科特举办市场，结果损害并妨碍了科尔切斯特的市场。该城于是将此情况申诉至国王。[2] 因此总的来说，由领主新建城市的情况并不特别多。

---

① Norman Pounds, *The Medieval City*, pp.13-15.
② Ibid., pp.193-194.

三、城市的地理分布与规模

中世纪城市兴起的地理过程

1. 意大利与地中海沿岸城市的兴起

从地理上看，中世纪城市的兴起在时间上是有先后差异的。站立中世纪城市兴起潮头的，应该是意大利等地中海沿岸地区。尤其是意大利，被认为是"城市观念作为主要的生活原则而深深扎根的地区"。[①]意大利中部和北部是中世纪西欧城市发展的核心地区之一。

严格地说，意大利作为古代罗马帝国的中心地区，多少还有一些罗马时期的城市残存下来。虽然我们不同意皮雷纳有关6—9世纪地中海商业仍然活跃，工商业城市仍然大量保持的观点，但他认为教会组织在日耳曼人到来后没有任何改变，6世纪以后"城市"一词常常具有主教管区中心的特殊含义，同时也是一个交换中心的说法，还是有一定客观性的。如托斯卡纳区靠近地中海岸的城市卢卡就是这样，在8—10世纪，它既是社会政治中心，也是社会经济中心，该主教区（diocese）的教俗领主常出现在这里，卢克西亚（Lucchesia，即以卢卡为中心的地区）的剩余农产品也大多涌向这里。[②]换言之，这种具有粗放式工商业交换功能的"准"城市，在中世纪早期意大利是有一定存在的。

然而，只有到了10—11世纪，随着地中海贸易范围的扩大，越来越多的工商业城市才在地中海岸涌现。这些国际贸易城市有意大利的阿马尔菲、威尼斯、比萨、热那亚，以及伦巴第地区诸城市；有西班牙的巴塞罗那、塞维利亚、科尔多瓦和格拉纳达等；有法国

---

① David Luscombe and Jonathan Riley-Smith eds., *The New Cambridge Medieval History*, Vol. IV, c.1024- c.1198, Part II, p.49.

② C. J. Wickham, *The Mountains and the City, The Tuscan Apennines in the Early Middle Ages*, p.91.

的港口马赛等。

最早的地中海贸易城市是意大利南部西岸的阿马尔菲。阿马尔菲早期商业繁荣的关键在于它与穆斯林世界的密切联系，包括西班牙的安达卢西亚、马格里布和西西里港口，以及东方的开罗、君士坦丁堡和安条克等。它兴起于9世纪，受到拜占庭帝国一定保护，从事地中海三角贸易，即把意大利南部的小麦、木材、呢绒和水果等运到北非沿岸，从那里交换橄榄油、蜡和黄金等，再运往君士坦丁堡，换取丝绸、香料等东方产品，以及珠宝、高级服装等，运回欧洲。11世纪中期是这个当时意大利最大商业城市的鼎盛时期。1077年北欧诺曼人来到这里后，该城商业地位下降，成为一个地区性商品集散地，但在12世纪早期还能维持重要贸易城市的地位。[①]

11世纪，意大利半岛东北沿海的威尼斯、西海岸的比萨和热那亚开始兴起。威尼斯是一个岛屿，原为一小渔村，居民以捕鱼和煮盐为生。8世纪开始发展与拜占庭的航海贸易，输入东欧商品。9世纪时因斯拉夫人等占领巴尔干，威尼斯基本垄断了君士坦丁堡、小亚与西欧之间的贸易。几乎与此同时，威尼斯又发展了与埃及的贸易，从那里交换来自印度和远东的香料、丝绸等奢侈品，运回西欧，利润极大，据估计，商船往返一次最高可达1200%的利润。[②]十字军东侵时，威尼斯又将贸易活动发展到地中海东岸，即所谓"利凡特"（Levant，"东方"之意）地区，从此控制了地中海贸易，它也就成长为西欧最大的国际商业城市。在其最盛期，威尼斯发展为领土大帝国（威尼西亚共和国），在亚得里亚海东岸的达尔马提亚，甚至希腊南部伯罗奔尼撒、克里特都拥有大片土地。帝国总人口达150万，财政岁入160多万杜卡特（ducat），超过了人口十倍于己

---

① David Luscombe and Jonathan Riley-Smith eds., *The New Cambridge Medieval History*, Vol. IV, c.1024- c.1198, Part II, p.65.

② 〔美〕汤普逊：《中世纪经济社会史》，上册，耿淡如译，第304页。

的法兰西王国（人口 1 500 万，财政岁入 100 万杜卡特）。[①]

在意大利半岛西海岸北段，比萨、热那亚先后作为海上贸易中心兴起。12 世纪曾有"比萨时代"之谓，在第四次十字军东征中，比萨提供的舰队超过了威尼斯和热那亚。热那亚则是在 12 世纪与比萨的合作和竞争中崛起的，它主要从事西地中海贸易，也与非洲沿岸建立了商业联系，后来又把触角伸到了东地中海直至黑海和塞浦路斯等地，与东方贸易直接相连。由于与威尼斯竞争激烈，热那亚最终退守西地中海，成为西地中海贸易霸主，并在后来西班牙的美洲探航和美洲金银交易活动中起到关键作用。

11、12 世纪，随着国际贸易的推进，意大利内陆逐渐兴起了许多工商业城市，如托斯卡纳地区的佛罗伦萨、锡耶纳等，伦巴第平原上的米兰、帕多瓦、维琴察、维罗纳、皮亚琴察等。

在意大利中世纪城市的发展中，威尼斯、热那亚、米兰、佛罗伦萨成为最大城市，它们的人口最多时都在 80 000 人以上。每个城市都有自己的经济特色。威尼斯有地中海东方贸易，造船业、丝织业和玻璃制造业也是其支柱产业。米兰以制作武器和甲胄闻名，城里有数不清的工匠在制作马鞍、马勒、踢马刺和马镫等，1288 年，单是马蹄铁匠就有 80 人。[②]米兰工匠制作的盔甲种类在当时欧洲无与伦比，既有批量生产、适合普通步兵穿戴的制式盔甲，又能为诸侯大贵族用手工精心制作量身定制的昂贵盔甲。[③]佛罗伦萨的呢绒加工业、毛纺业和银行是其三大经济支柱。如呢绒业，1338 年时，维系了佛罗伦萨大约 30 000 人的生计。[④]热那亚也以地中海贸易为主，后期的金融业在全欧首屈一指。几大城市之间的经济联系也比较密切。特别是米兰和佛罗伦萨，它们作为内陆城市，与两个对外大港

[①]　F. Braudal, *Civilization and Capitalism, 15-18th Century*, Vol.3, London: 1985, pp.119-127.

[②]　R. H. Britnell, "The Towns of England and Northern Italy in the Early Fourteenth Century", *The Economic History Review*, New Series, Vol. 44, No. 1 (Feb., 1991), p. 28.

[③]　Michael Jones, *The New Cambridge Medieval History*, Vol. VI, c.1300- c.1415, p.196.

[④]　Edwin S. Hunt, "A New Look at the Dealing of the Bardi and Peruzzi with Edward III", *The Journal of Economic History*, Vol. 50, No. 1 (Mar. 1990), p.157.

口来往甚多。佛罗伦萨商人须依靠威尼斯将其呢绒产品运往利凡特，米兰的经济既依赖威尼斯（在那里还有一条米兰街），也与热那亚保持贸易联系。①

而像法国南部沿海的马赛、土伦、海列斯（Hyeres）、纳尔榜和蒙彼利埃等城市，则在13世纪初冲击着热那亚和比萨在法国南部的商业霸权。②至于西班牙加泰罗尼亚的巴塞罗那，则自成一体，经营着西地中海西岸的国际贸易。

2. 西北欧和中欧城市的兴起

10—11世纪的西北欧洲，也有一些罗马城市复兴，如法国北部的巴黎、图尔、鲁昂、兰斯和阿拉斯。1200年，法国拥有5000名居民以上的城市30座左右。后来不断有新城市诞生。14世纪后期有570个地方都可称得上城镇！③佛兰德尔地区的杜埃、伊普雷斯、里尔、布鲁日和根特，不拉奔地区的布鲁塞尔和列日，都在这一时期兴起。从这个北海南岸一直延伸到莱茵河流域，被认为是中世纪西欧城市发展的又一个核心地区。④

10世纪末，中欧特别是德意志的城市开始发展，科隆、雷根斯堡、斯特拉斯堡、沃姆斯、美因兹，都是这个时候出现的。这些城市的兴起与神圣罗马帝国皇帝南下意大利，将国内事务委托给科隆、美因兹、特里尔三大主教有关。主教们利用这些特权，在领地内建立了一批城市。除此之外，德意志还出现了一大批帝国城市，它们从皇帝手中获得建城特许状，名义上直接受皇帝管辖，实际上是自由城市。在德意志南部，为承接从意大利地中海贸易推进的国际贸易，诞生了一批中心城市，如奥格斯堡、纽伦堡、雷根斯堡、拉文斯堡和乌尔姆等。12—13世纪，德意志中部城市有较大发展。如

① R. H. Britnell, "The Towns of England and Northern Italy in the Early Fourteenth Century", p. 22.

② David Abulafia ed., *The New Cambridge Medieval History*, Vol. V, c.1198-c.1300, p.61.

③ Michael Jones, *The New Cambridge Medieval History*, Vol. VI, c.1300-c.1415, p.103.

④ David Luscombe and Jonathan Riley-Smith eds., *The New Cambridge Medieval History*, Vol. IV, c.1024- c.1198, Part II, p.49.

在 38 000 平方公里的威斯特伐利亚地区，1180 年前只有 6 个城市，1180—1350 年出现了 36 个，1240—1290 年兴起了 39 个，1290 年后发展了 57 个，至 1350 年共达 138 个。[①] 这时，德国北部因北海波罗的海贸易[②] 兴起而使一批重要城市成长起来，如卢卑克、汉堡、不来梅等，它们后来还结成了著名的汉萨同盟。13、14 世纪也是德意志民族东进迁徙的时期，移民们沿途建立了一大批城市，包括布拉格、柏林等在内的重要城市，多是在这个时期诞生的。梅克伦堡地区约有一半城镇是在 1250—1350 年兴起的。[③]

到中世纪盛期即 13、14 世纪之交时，西欧的城市城镇总数达到了一万个左右，[④] 平均约每 500 平方公里就分布有一个，或者说每隔 20 多公里就能看到一个城镇。即使根据有些学者较高的城镇标准，中世纪西欧的城市数量也有两三千座。[⑤] 城市最发达的地区宛如一个"香蕉形"地带，即从意大利中北部向西北方向延伸，经过德国南部和西部，到达低地国家南部，直至英格兰东南部，西侧另有一分支从巴黎伸展到法国南部。

中世纪城市在初期还有许多农业社会的特征，甚至还有相当比例的居民以农业为主业，但它们的本质特征是工商业中心。任何被称为城市的地方，至少有一个商品交易市场。诚如马克斯·韦伯所说，经济意义上的城市，必有一个地方市场作为定居点的经济中心。[⑥]

随着城市的普遍兴起，城市的社会经济地位也日益重要。譬如

---

① N.J.G. Pounds, *An Economic History of Medieval Europe*, pp.248-249.

② 北海波罗的海虽与地中海并称为中世纪欧洲两大国际贸易区，但其贸易规模则比后者小得多。如在两者都盛期的 14 世纪晚期，波罗的海贸易区首城卢卑克的年贸易总值约为 35 万金佛罗林，只有地中海贸易区首城热那亚（约 200 万佛罗林）的六分之一；波罗的海贸易总值约为地中海贸易总值的五分之一。Michael Jones, *The New Cambridge Medieval History*, Vol. VI, c.1300-c.1415, pp.205-206.

③ Michael Jones, *The New Cambridge Medieval History*, Vol. VI, c.1300-c.1415, p.103.

④ B. B. СамаркН, *Историческая география Западной Европи В Среддие Века, МоскВа*, 1976, С.95。

⑤ Norman Pounds, *The Medieval City*, p.18.

⑥ 〔德〕马克斯·韦伯：《经济与社会》，林荣远译，商务印书馆 1998 年版，第 9 章。

从人口来说，950—1200 年，欧洲人口大约翻了一番，而城市的数量几乎翻了两番。①

3. 英国城市的兴起

英国城市的兴起有一定的特殊性。英国是一个岛屿，远离中世纪欧洲中心地区，工商业和城市的发展远没有大陆国家那样出色。除伦敦等个别城市外，英国多数地区与国际市场联系不多，受外界因素的干扰和影响相对较小，因此城市的兴起与发展更带有自然性、原发性。

英国城市的最初发展始于罗马不列颠时期，即公元 1—5 世纪。在不列颠的东部、南部和中部，都分布有一些罗马人建立的类似于军事堡垒式的城市。为防御凯尔特人，城市多有城墙，居民是罗马军人与非军人。其中大者如伦丁尼（伦敦），城墙内面积有 330 英亩。② 小者则有赛伦赛斯特、罗克塞特、威鲁拉密厄姆等。行政管理和政治教化是罗马不列颠城市的主要功能，后又衍生了面向地方的社会和经济功能。5 世纪初罗马人撤出，随后盎格鲁 - 撒克逊人涌入，岛上本来就不多的城市基本毁于一旦。

到盎格鲁 - 撒克逊时代后期，即 7—10 世纪，随着经济发展和生产分工，具有工商功能的城市又有出现，但不成气候。这一时期的城市发展可分两个阶段。在 7 世纪时，有些城市作为海岸或通航河流的"威克"（wik，港口）而发展起来，如伦敦在 7 世纪初叫作"伦登威克"。604 年左右，伦敦作为一个商业中心，吸引着许多从海路和陆路来的人进行贸易。③ 此后出现的类似城市还有肯特郡的福德威奇、桑德威奇，汉普郡的汉威奇，北方的埃奥菲尔威奇（约克），多塞特的斯旺纳威奇，东盎格利亚的伊普斯威奇和诺里奇。这些城

①〔美〕戴维·兰德斯、乔尔·莫克、威廉·鲍莫尔：《历史上的企业家精神——从古代美索不达米亚到现代》，姜井勇译，中信出版集团 2016 年版，第 112 页。

② Susan Reynolds, *An Introduction to the History of English Medieval Towns*, Oxford: Clarendon Press, 1977, p.5.

③〔英〕比德：《英吉利教会史》，陈维振、周清民译，商务印书馆 1991 年版，第 106 页。

市的出现与工商业有关，但规模很小。同时还出现了一批王室或教会建立的城市，如坎特伯雷、温切斯特、罗切斯特、伍斯特等，它们也逐步衍生了工商业中心的功能。[①]

10 世纪左右又有一批新城市萌芽，它们多被称为"堡"（burh）。堡本为设防阻止丹麦人入侵的工事，由附近居民奉国王之命而守卫，受到了王权保护，因此有较高的安全系数，工商业活动便逐渐在堡的周围集中。几乎每一个堡都有市场，交易活动在市场进行。不过这时的城市还属于庄园管辖，要为庄园负担租役。[②]

各类城市规模逐渐扩大，数目也逐渐增多。到 11 世纪《末日审判书》时代，英格兰大小城市有 100 多座。人口在 1 000 以上的 30 余座，著名者如埃克塞特、奇切斯特、牛津、南安普敦、北安普敦、施鲁斯伯利、沃里克、剑桥、林肯、切斯特、科尔切斯特、莱斯特、亨廷顿、诺丁汉等。人口不满 1 000 的城镇 60 多个，如布里斯托尔、格洛斯特、斯塔福德、德比、达拉姆、圣阿尔班、贝德福德等。[③]后来一些著名城市，大多在 11 世纪就已存在。

11 世纪诺曼征服，促使英国封建化过程最后完成和庄园经济体制最终确立，社会生产力显著提高。12—14 世纪是英国城市大发展时期。其中 12—13 世纪属于城市蓬勃兴起阶段，到 1200 年，英格兰虽然不是欧洲的高度城市化地区，但城镇总数也达到了 230 个左右，其中 5000 人口以上的城市约为 20—25 个，[④] 比偌大的法国也不见少。14 世纪属于英国城市稳定发展阶段。在这个时期里，城市数量增加到 300 个左右。[⑤]此外，还有许多定期或不定期开市的市场（market），甚至还有一些全国性或国际性的市集（fair），这些市场和市集到后来慢慢形成为工商人口定居地。虽然其中大

---

① Susan Reynolds, *An Introduction to the History of English Medieval Towns*, pp.24-30.

② 马克垚：《英国封建社会研究》，北京大学出版社 2005 年版，第 46—47 页。

③ Susan Reynolds, *An Introduction to the History of English Medieval Towns*, p.35.

④ David Luscombe and Jonathan Riley-Smith eds., *The New Cambridge Medieval History*, Vol. IV, c.1024- c.1198, Part II, p.49.

⑤ J. L. Bolton, *The Medieval English Economy 1150-1500*, London: 1980, p.121.

多数并没有取得特许状，甚至当时没被当作城市来对待，但其经济功能完全可属城市范畴。这些地方一般被称作"市镇"（market town）。这样的市镇全英格兰大约有 300—500 个。总体上，到 1350 年时，英国有 600 个自治市。16 世纪初，英格兰有市场的城市共为 742 个。①

有的研究者估计，从城市规模来说，到 14 世纪早期时，英国有 80 000 人以上城市一个：伦敦。10 000 人以上的城市 4 个：约克、温切斯特、诺里奇和布里斯托尔。2 000—10 000 人的中等城镇 50—100 个。2 000 人以下的小城镇大约有 400 多个。②

英国远离中世纪国际贸易中心区，与国际贸易体系联系并不很密切，事实上英国也很少出现大的国际贸易城市。英国城市的兴起基本上是本土经济发展的自然结果，用皮雷纳那种"商业起源论"来解释英国中世纪城市兴起显然行不通。

中世纪城市的规模

中世纪城市的规模较小，绝不能以现代标准去衡量它们。在 1200 年以前，西欧没有一个城市的居民超过 30 000 人。③若以人口指数衡量，经济史家庞兹对 1275—1325 年中世纪盛期及其后城市的划分可资参考。④

超过 50 000 人的城市被称为"巨大城市"（giant city）。这是欧洲中世纪城市中的最高层次，在全欧洲也不过 10 个左右。意大利有威尼斯（90 000 人）、热那亚（接近 90 000 人）、佛罗伦萨（黑死病前夕，90 000 人）、米兰（1288 年，不少于 75 000 人）。拜

①　Joan Chartres, ed., *Chapters from the Agrarian History of England and Wales, 1500-1750*, Vol. 4: *Agricultural Markets and Trade*, Cambridge University Press, 1990, pp.17-24.

②　R. H. Britnell, "The Towns of England and Northern Italy in the Early Fourteenth Century", pp. 21-24.

③　Mortimer Chambers, Barbara Hanawalt, Theodore K. Rabb, Isser Woloch and Raymond Grew, *The Western Experience*, p.253.

④　N.J.G. Pounds, *An Economic History of Medieval Europe*, pp.257-268.

占庭的君士坦丁堡（据说 6 世纪查士丁尼时代曾达 50 万人，这显然有夸大，随后几个世纪其人口逐渐减少，1453 年被土耳其人攻陷时约为 80 000 人），西班牙的阿拉伯人城市塞维利亚、科尔多瓦、格纳那达，也应进入了这一行列。阿尔卑斯山以北，法国的巴黎（1328 年包括郊区曾拥有 63 449 个炉灶）不应少于 10 万人；低地国家的根特、布鲁日达到了 50 000 人，不拉奔地区的布鲁塞尔在 15 世纪也达到了 50 000 人。这些城市又是财富积聚城市，如 14、15 世纪之交意大利四大城市的年收入：热那亚 300 万金佛罗林（1395 年），佛罗伦萨 400 万金佛罗林（1423 年），米兰 1000 万金佛罗林（1423 年），威尼斯 1 100 万金佛罗林（1423 年）。①

25 000—50 000 人的城市被认为是"特大城市"（very large city），不超过 20 个。有意大利伦巴第平原的帕多瓦、博洛尼亚、维罗纳、帕维亚，托斯卡纳城市卢卡，以及罗马、那不勒斯、巴勒莫。有西班牙的巴塞罗那、巴伦西亚，14、15 世纪葡萄牙的里斯本，法国的图卢兹、波尔多、鲁昂、里昂，德国的科隆、卢卑克、纽伦堡，波希米亚的布拉格，以及英国的伦敦等。

10 000—25 000 人的"大城市"（large city）数目就很多了。如意大利伦巴第平原诸城市克雷莫纳、曼图亚、莫德纳、帕尔马、莱米尼、佛尔利、法恩扎、拉文纳、塞西纳；意大利半岛城市奥尔维托、佩鲁贾、锡耶纳、皮斯托亚、比萨；南意大利和西西里岛城市巴里、墨西拿、叙拉古、恩纳。西班牙城市萨拉戈萨、瓦拉多利迪、萨拉曼卡、塞戈维亚和博尔格斯。低地国家的阿贝维尔、亚眠、阿腊斯、杜埃、伊普雷斯、里尔、瓦伦西恩内斯、蒙斯、卢万、列日、安特卫普等。法国的博韦斯、夏特里斯、特鲁瓦、第戎、阿维尼翁、米劳、卡斯特里斯、阿尔比、马赛等。德国的美因兹、法兰克福、斯皮耶、沃姆斯、斯特拉斯堡、巴塞尔、不来梅、缪斯特、奥斯纳布吕肯、马格德堡，波罗的海港口罗斯托克、维斯马、斯特拉尔桑德、

---

① 〔美〕詹姆斯·W. 汤普逊：《中世纪晚期欧洲经济社会史》，徐家玲等译，商务印书馆 1996 年版，第 629 页。

柯尼斯堡、里加、里瓦尔，德国南部的奥格斯堡、乌尔姆，瑞士的苏黎世，德国东部和波兰城市爱尔福特、布列斯劳和克拉科夫等。英国的布里斯托尔、约克、诺里奇。按照有些经济史家的估计，欧洲 10 000 人以上城市人口所占总人口的比例，公元 1000 年时为 6% 左右，公元 1500 年时仍在 6% 左右。[①]10 000 人以下的中小城镇，则遍布西欧各地。如果将其再细分，则 2 000—10 000 人的可看作中等城镇，2 000 人口以下的为小城镇。中等城镇大多是一个较小地区如英国的郡、德国的邦的中心城市。小城镇多为遍布各地农村拥有周市的小集镇。一般来说，由于大城市的辐射范围较大，它周围的中小城镇就要少些；如果一个地区缺乏大城市，那么该地区的中小城镇数量就要多些。

对城市人口有多种估计。有一种估计列出了 1330 年人口排前30 位的西欧城市，见表 1—1。[②]

表 1—1　1330 年人口前 30 位的西欧城市

1. 格拉纳达	15.0 万	11. 巴勒莫	5.1 万	21. 比萨	3.8 万
2. 巴黎	15.0 万	12. 锡耶纳	5.0 万	22. 费拉拉	3.6 万
3. 威尼斯	11.0 万	13. 巴塞罗那	4.8 万	23. 里斯本	3.5 万
4. 热那亚	10.0 万	14. 巴伦西亚	4.8 万	24. 伦敦	3.5 万
5. 米兰	10.0 万	15. 托勒多	4.4 万	25. 蒙彼利埃	3.5 万
6. 佛罗伦萨	9.5 万	16. 布鲁日	4.0 万	26. 鲁昂	3.5 万
7. 塞维利亚	9.0 万	17. 马拉加	4.0 万	27. 圣奥麦尔	3.5 万
8. 科尔多瓦	6.5 万	18. 阿奎拉	4.0 万	28. 安杰斯	3.3 万
9. 那不勒斯	6.0 万	19. 博洛尼亚	4.0 万	29. 马赛	3.1 万
10. 科隆	5.4 万	20. 克雷莫纳	4.0 万	30. 图卢兹	3.0 万

---

① Charles Tilly, "Cities and States in Europe, 1000-1800", *Theory and Society*, Vol. 18, No. 5 (Sep., 1989): *Special Issue on Cities and States in Europe, 1000-1800*, p.572.

② J. Bradford De Long & Andrei Shleifer, "Princes and Merchants: European City Growth before the Industrial Revolution", *Journal of Law and Economics*, Vol. 36, No. 2. (Oct., 1993), p.678; Charles Tilly, "Cities and States in Europe, 1000-1800", p. 572.

相对来说，英国的城市比大陆欧洲更小。只有伦敦这个城市达到了欧洲大陆二流城市的标准（25 000—50 000 人），与德国科隆，佛兰德尔的伊普雷斯、根特，法国里昂、马赛，意大利的伦巴第城市差不多。大陆那种三流城市，英国只有布里斯托尔、约克和诺里奇勉强达到，有 10 000 人，而且不稳定。英国的地方城市一般在 2 000—10 000 人，最多相当于大陆欧洲的中等城镇。英国的中小城镇约为 500—2 000 人。许多中小城镇只有一条街道，或纵横两条街道，十字街口往往就是市场地，一座小城不需一小时便可走完。即便如伦敦，16 世纪旅行家利兰曾说，他一个下午就步行走完了伦敦全城。

不过，英国作为一个独立的地理单元，逐步形成了由三个层次构架的城市体系。最基层也是最广泛的，是数百个中小城镇，它们是周围方圆数十英里地区的工商业活动中心地。中间层次是一百个左右的地方城市，包括稍小一些的郡城、港口城市，一般以本郡为腹地；也包括五六个稍大一些的地区中心城市，即东盎格利亚的诺里奇，西部的布里斯托尔，西南的埃克塞特，中部的考文垂，北部的约克等，它们的辐射区域在两个郡以上。地方城市一般是工商并重，但也有城市具有特色手工业；有些是港口商业城市，与国内外市场有一定联系。最上是伦敦，它是首都，是全国最大的工商业中心，辐射整个英格兰，并同国际市场有较多的商业贸易联系。

总起来看，随着城市在 11—13 世纪广泛兴起，欧洲城市人口占总人口的 10% 左右。在人口稠密的低地国家和意大利中部北部地区，城市占总人口的比例则达 30% 左右。[①]

图 1-1 为中世纪晚期欧洲大中城市的分布。它们主要集中于低地国家和意大利北部、中部。

---

① David Abulafia ed., *The New Cambridge Medieval History*, Vol. V, c.1198-c.1300, p.51.

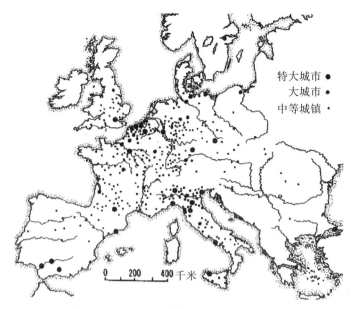

特大城市 ●
大城市 ●
中等城镇 ·

0   200   400 千米

图 1-1　中世纪晚期欧洲大中城市的分布
资料来源：Norman Pounds, *The Medieval City*, p.76。

不仅人口不多，中世纪城市的城区面积也不是很大。如德国科隆，城墙所圈面积从最初的 122 公顷（1.22 平方公里）发展为 1106年时 223 公顷（2.23 平方公里），1180 年又新修城墙，城区总面积为 403 公顷。意大利博洛尼亚城区面积在 5 世纪时仅为 25 公顷，12世纪后期则增加到 100 公顷。12 世纪，阿马尔菲城区从 17 公顷扩大到 42 公顷，佛罗伦萨扩大了 3 倍，也只有 75 公顷，阿勒佐从 17公顷扩大到 42 公顷，比萨从 30 公顷扩大到 114 公顷，热那亚的防卫区从 1150 年的 22 公顷扩大到 1200 年的 52 公顷。英国北安普顿在 12 世纪为 100 公顷，布里斯托尔 12 世纪圈占的城区为 64 公顷，伦敦在 1200 年为 134 公顷，其司法管辖权区域也不过 259 公顷。牛津在 12 世纪从 24 公顷扩大到 36 公顷，瓦林福德（Wallingford）在 900 年时为 45 公顷。低地国家的杜埃从 10 世纪的 6 公顷扩大到12 世纪的 48 公顷，布鲁日从 9 世纪的 2 公顷扩大到 1127 年的 76公顷，阿拉斯从罗马时代的 11 公顷扩大到 12 世纪初的 100 公顷。巴黎在 1190—1208 年为 273 公顷，米兰为 200 公顷。12 世纪在

100—150 公顷之间的城市还有斯特拉斯堡、锡耶纳、图卢兹、梅兹（Metz），蒙彼利埃、里尔（Lille）、戈斯拉（Goslar）约为 80 公顷，巴塞罗那为 60 公顷，波尔多为 50 多公顷。一些小城镇的城区，面积更不堪提。如牛津附近的伍德斯托克（Woodstock）为 16 公顷；德国的弗赖堡仅 5 公顷。[①]

四、城区结构与空间形态

城区结构多样化

城市建设有无规划是相对的。最早时期的城市是自然聚集的，其建设当然也就没有事先的周密规划。中世纪西欧有些城市在罗马时期城市原址上建设，罗马的城市规划自然会留下一些痕迹。新建的城市多少也会有些模仿。此外，每一个城市在兴建的时候都会考虑到城市功能的需要和城市功能区的划分，因此，所谓有规划、未规划，只是规划的程度不同而已。如同庞兹所论，"没有一座城市是完全无规划的、住房和公共建筑的散乱集合。每个城市都有其功能明确的核心"。[②]

大部分城市街区集中，围绕一个中心而四向伸展，特别是中小城镇，其进一步扩张进程类似于近现代城市的"摊大饼"模式。这种"单核形"模式是中世纪西欧城市最普遍的城区结构。

也有很多城市是"多核形"模式，它们的各个街区多围绕不同的中心衍生而来，城堡、大教堂、修道院和市场地等都能构成中心，以它们为中心形成街区。如德国西北部的希尔德塞姆，就有四个以上的独立街区，各自有自己独特的起源。最先是大教堂区多姆伯格，随后在半英里外出现了圣米歇尔修道院区，接着自发出现了中世纪

---

① David Luscombe and Jonathan Riley-Smith eds., *The New Cambridge Medieval History*, Vol. IV, c.1024-c.1198, Part II, pp.50-52.

② 〔英〕诺尔曼·庞兹：《中世纪城市》，刘景华、孙继静译，第 26 页。

城区，即"老城"阿尔斯塔德，最后是经过规划而建设的"新城"纽斯塔德。

"双核形"模式在中世纪也相当多。在那些曾是罗马城市的地方，旧城区一般成了地方行政中心和教会中心，往往在中心广场两侧，大教堂和市政厅或会所相对而立。后来出现了修道院，但它们很少修建在人口稠密的老市区，那里既没有足够地盘，也不合乎修道需要私密空间、静养心性的本性。随着时间推移，修道院附近吸引了一批工商业者，有时其聚集规模和重要性还超过了老市区。这样的例子如法国北部的阿拉斯，其西市区源于罗马时期老城区，圣阿瓦斯特修道院所在的城区也变成了兴旺的大型工商业区。在法国的里姆斯和特鲁瓦，以修道院为聚核的商业区，是在早期的行政和主教区旁边成长起来的。英国的坎特伯雷是前罗马城区变成了商业中心区，东面的城郊建立了圣奥古斯汀修道院。伦敦从罗马时期的伦丁尼发展而来，成了英格兰的都城，也是主要的工商业区。11世纪初，本尼迪克修道院建立在西边两英里外的威斯敏斯特，这里也成了英国王宫"威斯敏斯特宫"所在地。国王从原来的王宫、拥挤而不舒适的伦敦塔离开了。在相当长时间里，伦敦市（包括圣保罗大教堂）与威斯敏斯特的修道院及政治中心是分隔开来的，中间是田野和草地，后来才建满了宫殿、民宅和店铺。

双核形模式中还有一种是河畔城市。原在渡口两岸分别发展，后架起了桥梁将两者连为一体，城市于是成双核或多核状。如伦敦在泰晤士河以南出现了南沃克手工业区。匈牙利的布达佩斯、波希米亚的布拉格，都在多瑙河两岸各有城区。

无论是哪种模式的街区结构，每个城市都有功能区之分。一般来说，城市市民大多按行业而划地块居住，因此几乎所有城市都有手工业区和商业区之分。在手工业区里，又因行业差异而形成不同功能的街道，如纺织街、铁匠街。在商业区，也有综合市场区及各种专门产品买卖区，如谷市、鱼市、羊毛市场等。与之相联系，很多城市还形成了富人区和穷人区。这种区分在今天的欧洲城市里还可以觅其踪迹。

城市景观

中世纪城市星罗棋布地散布在西欧大地上。不但其社会本质与农业社会截然不同，而且也与广大农村地区形成迥然相异的景观效应。中世纪城市的景观形态主要由城墙、街道和房屋建筑构成。

城墙。在中世纪西欧，即使最小的城市也有城墙。曾有一种观点认为，如果一个地方不被石头墙所环绕，那它就不能算作城市。[①]完备的城墙体系由城墙、城门和城楼组成。如德国巴伐利亚的美因伯恩海姆（Mainbernheim），残存 1 000 米左右城墙，却有两道城门和若干城楼，而城墙所圈面积不过 8 公顷，估计居民不会超过500 人。[②]西欧和南欧的城墙多模仿罗马时代留下的样本，中欧和东欧的城墙则多是中世纪人的创造。城墙有诸多功用。其一，保护城市不受外来力量侵犯，保护市民，增加其安全感。对城市的侵犯，不但来自强大的封建国王、诸侯等政治势力，来自敌对的城市或领主，还来自偶尔出现的小股匪帮的骚扰。因此，几乎没有市民愿意生活在城墙之外。环绕城墙之外，大多有一道防御性的护城河，或护城沟堑。其二，城墙是将城市与四周农村分割开来的象征，城墙强化了城市与乡村之间的对比，可以加强市民的认同感和归宿感，对市民共同体有一定凝聚作用，也可以加深外来者对城市的印象和认可。因此，城墙常关乎城市荣耀，其图案还被刻在城市图章里。其三，城墙的修建便于城市管理，还可限制城市无序扩张。当然这一功能的另一面是导致城墙内街道和建筑过于挤密，不利于城市发展。因此，大城市在成长过程中总是不断地在更外面修建城墙，圈括更大的区域。[③]城门和城楼在城墙整体中最为重要，既是城市的地标性建筑，

---

① Norman Pounds, *The Medieval City*, p.29.

② N. J. G. Pounds, *An Economic History of Medieval Europe*, p.228.

③ 如巴黎在不断扩大过程中，先后出现多道城墙线：罗马时期和中世纪早期；12世纪早期；1200年左右；1360—1370年；17世纪早期；1700年，19世纪早期。见〔英〕诺尔曼·庞兹：《中世纪城市》，刘景华、孙继静译，第30页。

也具有防卫功能，又是城市与外界交往的第一道窗口。在城墙外环绕的护城河上，进城桥梁设在城门外。今天的英国切斯特城还保留有相当完整的中世纪城墙、城楼和护城河。①城墙的建设颇耗财力。如在法国，建一道长2 000米的普通城墙，或建造4道城门和30座塔楼，约需80 000利弗尔（livre）。1342年，卡俄斯（Cahors）重建城墙花掉67 000利弗尔，兰斯城墙的修缮工作需要15万利弗尔，相当于建2 000所房屋的资金。中世纪晚期，很多城市的大部分财政收入用于城墙防御系统，有些城市高达70%—80%。[②]

街道。中世纪城市兴起后，基本奠定了后来一千多年的街道结构。大多数城镇的街道多围绕城市中心点呈放射状或网格状，或者是几种形式的结合。成为城镇中心点的，有城堡（如英国诺丁汉、林肯），也有市政厅（如德国法兰克福、比利时布鲁塞尔）；有教堂（如意大利佛罗伦萨、德国科隆），有河边码头（如葡萄牙里斯本），也有海滨港口（如西班牙巴塞罗那、法国马赛）；不少城市以市场、广场或公园为中心。多数城市只有一个市中心，也有不少城市因各种缘由而有两个以上中心。如伦敦有以伦敦塔（旧王宫）为中心的伦敦老城，还有以威斯敏斯特大教堂为中心的西城；布达佩斯有以皇宫和贵族宅邸为中心的布达，隔河相望有以商业交易市场为中心的佩斯。有的城市街道沿河流的曲折而蜿蜒，有的城市街道依山势的起伏而上下，有的城市街道沿大路的变化而伸展。无论哪种形态，大部分城市的街道布局及走向多顺依自然地形。

城墙内的城区都有街道相通。在大中城市，城区里有多条街道或垂直交叉，或任意交叉；在中小城镇，一般都是两条主要街道成十字交叉，有的甚至只有一条长街。中世纪城市街道的道路水准较低。街道较窄，通常还有点坡度，但不是两边修有水道、中间向两边倾斜，而是街道的中间低、两侧高。这样，积水就能远离街两边

---

① 笔者曾于2011年12月实地考察了切斯特城。如在切斯特南城墙外，有一条深深的护城壕沟，从城墙顶部到壕沟底部有15米左右。

② David Abulafia ed., *The New Cambridge Medieval History*, Vol. V, c.1198-c.1300, p.117.

的房屋，从两旁屋檐直接下泄到路中间低洼处，再流入下水道。大雨过后，街道中间排水不畅，也就成了小小的水道。两边很少有人行道，行人尽可能避走街中间，以防溅上牲畜或车辆经过所激起的水花。英国诺里奇著名的二十多条商业街道"诺里奇巷"（Norwich Lanes），这种外观至今犹存。住房沿街道两旁排列，住房后面各有后院和菜地或花园。不少房屋的楼层还伸到街道上，称之为"挑楼"，致使街道中间的天空变窄，光线变暗。居民们常将垃圾扔至街道，使得街道卫生状况较差。市政配有专门的垃圾收集人员，但处理方式只是将其倒进附近的河流而已。不少中小城镇的居民还放养牲猪，因此街道上遍地猪粪。街道路面很早就硬化，多用砂石或灰石铺路。其中一种最具创意的铺路法，是将长方体石块像楔子一样嵌入路面，路面上只露出顶端，道路特别牢固，如巴黎香榭丽舍大街。13、14世纪后，对街道的管理更为严格、成熟，譬如约束那些破坏街道外观整体美、妨碍交通通畅的塔楼、走廊和阳台之类建筑；如何使排水管、输水管等的建设与街道相匹配等。[①]

房屋建筑。中世纪西欧城市的住房大致有"横向"和"纵向"两种样式。"横向"房的走向与街道平行，进深较短，占有较长的街面。这种情况在土地宽裕的中小城镇较多，或者是富裕市民有财力占有较大地产，效仿乡下领主修建阔气的住宅。"纵向"即"排房"，这是土地紧张人口拥挤的大中城市最普遍的住房模式。这种住宅只有一间房子排列在街面上，面街宽度有限，一般为五米甚至更窄。[②]房屋的纵深与街道线成垂直角度，仅一门通向街道，房子往后延伸，进深较长。面街那间房子多用于工商业活动，一楼是前店铺后作坊或库房，其后是生活起居炊厨用房、杂屋及猪厩之类，再后面是花园或菜地等；人的排泄通常在屋子里，底楼挖有便池。二楼为房主

---

① David Abulafia ed., *The New Cambridge Medieval History*, Vol. V, c.1198-c.1300, pp.115-116.

② David Luscombe and Jonathan Riley-Smith eds., *The New Cambridge Medieval History*, Vol. IV, c.1024- c.1198, Part II, p.74.

即工商业者夫妇全家居住，上面的阁楼则由学徒帮工挤住。许多住宅还在底层建有地窖，从街道上修台阶而下，为避免行人掉下发生事故，台阶旁须修栏杆。

随着城市发展，人口增加，大多数城镇里的建筑变得越来越密集，于是房子便向空中发展。城市显贵或富有者一开始就有建造高楼大宅的规划，其宅邸都比较坚固。如 1200 年，意大利佛罗伦萨有这样的建筑一百座左右，其中大多数都在 150 英尺以上。[①]贵族们的这些石结构豪宅和塔楼，勾画着佛罗伦萨的天际线。[②]意大利中北部城市的富人宅邸，大都建有防卫性塔楼，一个城市一般有一百多座。当时的访问者叙说，热那亚居民在其房屋顶上都建有塔楼，比萨有这样的塔楼达一万余座。11 世纪博洛尼亚的一座塔楼高达 93 米，可能是当时欧洲的最高建筑。[③]这些建筑很多还作为遗产传承到今天。而更多的做法是在已有的平房建筑上再加建二楼、三楼甚至更多楼层。由于加建楼层时没有事先考虑加固底楼，结果城市的普通住宅一般都不稳固。房子的墙不垂直，楼板不平整，部分原因是使用了未干透的木板，部分原因是太多的重量压在下层结构上。经济利益还驱使不少人热衷于建造城市住房以获取租金。如巴黎的教俗领主都醉心于获得房地产收益，但建筑用地是有限的，因此房子不得不往高发展，从而使得"房高有时达五或六层楼，上层的楼面还向外挤到了街道上"。[④]当城墙内再也没有空间时，市民们开始冒着受不到保护的危险在城墙外的郊区建房。

城市住宅建筑多为木结构，由于没有防腐涂料而极易腐烂，从而导致建筑物坍塌。取热和炊厨时用明火，极易引发大范围火灾。

[①]　Tim Parks, *Medici Money, Banking, Metaphysics, and Art in Fifteenth-Century Florence*, London: Profile Books Ltd, 2006, p.16.

[②]　Carol Lansing, *The Florentine Magnates, Lineage and Faction in A Medieval Commune*, New Jersey: Princeton University Press, 1991, p.xi, preface.

[③]　David Luscombe and Jonathan Riley-Smith eds., *The New Cambridge Medieval History*, Vol. IV, c.1024- c.1198, Part II, p.75.

[④]　〔美〕汤普逊：《中世纪经济社会史》，下册，耿淡如译，商务印书馆 1997 年版，第 432 页。

由于人口密集、[①] 住房拥挤，卫生条件差等原因，疾病在城市里传播极快，城市的死亡率远大于乡村。1348—1350 年欧洲黑死病期间，城市损失的人口比例比农村高得多。

城市还有相当多的教会建筑和公共建筑。教会建筑包括大教堂、堂区教堂、小礼拜堂等，它们往往是中世纪城市的标志性建筑，许多教堂、大教堂历经几百年，至今还是一些城市的地标。1200 年前修建的教堂为罗马式风格，墙体厚重，门窗略小，上顶为半圆形，意大利比萨大教堂是其代表。1200 年后，西欧建筑风格转向哥特式，教堂是主要代表。其特点是窗户宽大，采光充足，屋内空间大，门窗成尖顶拱形，屋顶尖塔指向天空，将人们的目光引向缥缈的"天堂"。法国巴黎圣母院、德国科隆大教堂和英国索尔兹伯里大教堂是著名代表。城市还有许多堂区教堂。例如在 12 世纪的伦敦，老城城墙内区域 1 平方英里（2.5 平方公里），就有教堂 104 座。[②]

世俗公共建筑的修建一般是在 13 世纪以后。1250 年前，就连富有的意大利城市佛罗伦萨都没有几栋公共建筑，城市行政官员经常在私人家里开会。[③]13 世纪后期起，开始出现公共建筑修建热潮，包括市政厅、市场等，一般都宏大、坚实、庄重，有的至今犹存。大部分城市都在中心广场附近或教堂建有钟楼建筑。它们是城市的地标性建筑，更是城市自由和独立的象征。[④] 如佛罗伦萨的巴尔吉洛宫（Bargello）、威尼斯的杜卡尔广场（Palazzo Ducale）等。[⑤] 锡耶纳市政厅旁边的钟塔高达百米，市政厅前广场呈 160 度角扇面，

---

① 经济史家估计，中世纪城市内的人口密度平均约为每公顷 120 人（即每平方公里 12 000 人），最拥挤的城市约为每公顷 200 人（即每平方公里 20 000 人，与现代大城市差不多）。J. Bradford De Long & Andrei Shleifer, "Princes and Merchants: European City Growth before the Industrial Revolution", p. 676.

② Mortimer Chambers, Barbara Hanawalt, Theodore K. Rabb, Isser Woloch and Raymond Grew, *The Western Experience*, p.255.

③ Carol Lansing, *The Florentine Magnates, Lineage and Faction in A Medieval Commune*, p.xi, preface.

④ Leopold Arnaud, "Medieval Towns", p.32.

⑤ David Abulafia ed., *The New Cambridge Medieval History*, Vol.V, c.1198-c.1300, 2008, p.114.

半径近百米，拾级而上，弧段皆为高大围廊，五道大门通往廊外街道，宏伟至极。

　　城市街区结构和景观形态的不断变化，既是城市功能不断变化的结果，反过来又大大促进了城市在整个社会体系中的作用和功能的发挥。

第二章　自治共同体：中世纪城市的本质特征

　　14世纪意大利城市锡耶纳市政厅里，专为"九人"市政会绘制了一些蕴含好政府和坏政府寓意的壁画。一个坐像代表了好政府，两侧簇拥的画像代表城市安定、刚毅、宽容、豁达、克己和正义等，接下来一些壁画描绘了市民在城市和田野里平静地从事着日常事务，这是好政府产生的结果。与此相对，厅的对面是一幅坏政府画像，其形象狰狞、有角，两侧画像则反映了暴政、背叛和自负。它们之下，是各种罪恶的代表：残酷、背叛、欺骗、暴怒、纷争和战争。坏政府的后果还有对抗、骚乱、劫掠、屠杀和抢劫等。①这些壁画的训诫之意很清楚，即在于指出自治城市政府应该有的作为和品德、不该有的品质和后果。

　　这种城市政府是城市市民利益的代表。中世纪自治城市作为一种市民共同体，在政治生活与社会治理等方面生成和培育了许多新的文明元素，并促使诞生新政治文明的内在机制逐渐形成。自治城市颇像近代政治文明的早期试验田，自由、平等、民主、法治、契约精神、公民社会、社会流动、代议制、近代国家政治原则等多种政治和社会文明要素，都可从自治城市觅其实践踪迹。

---

　　① 〔英〕诺尔曼·庞兹：《中世纪城市》，刘景华、孙继静译，第90页。2015年7月下旬，笔者曾考察过锡耶纳市政厅，并登上市政厅高达100余米的钟塔。

一、城市共同体：封建体系中的异质主体

11世纪以来兴起的西欧中世纪城市，无论其是古老罗马城市的复兴，还是新近涌现和建立的，它们从概念上说都有着特定涵义，有着与古典时代城市极其不同的新质或特质。一般地说，除了那些以城市为中心组成的城邦外，古典城市大多只就人文地理意义而言，指的是众多人口的聚居地。城市居民包括各色人等：有官员，也有土地所有者；有工商业者，也有农民。但他们之间没有共同利益，不需要或不可能发出共同的声音，城市也不以一个整体或单位与外界交往。中世纪的西欧城市则不一样，它不但是一个人文地理概念，更是一个社会概念，它是一种社会共同体，城市市民有着共同的利益诉求。市民共同体是西欧中世纪城市最鲜明的本质特征，在其他时代或其他地区都难以寻觅。

不论取得自治与否，所有的中世纪城市都是一种社会共同体，或称公社。在城市共同体里，内部结构是典型的公社制度，有市政会、城市法庭等管理机构，有市长、大法官等选举产生的管理人员。城市共同体是一种地缘共同体，共同体成员即市民多系移民构成，一般无血缘关系可言，即使有也退居次要地位。把他们结合在一起的纽带是一纸契约：或是由封建主赐予的特许状，或是由大家共同遵守的城市章程。市民们共同享有在本城内经营工商业的权利，并且得到城市的保护，甚至拥有一定的垄断特权。

反过来说，如果不结成共同体，也就称不上是中世纪城市。亨利·皮雷纳就曾将是否为共同体作为中世纪城市的标志之一。在他看来，11世纪以后的欧洲城市具有两个基本属性：中产阶级的人口和一种市政机构。城市居民不以种地而以贸易为生，是拥有自己独特的法律和制度的共同体。因此在这个意义上，公元1000年的西欧不存在任何城市。他还特别喜欢用"公社"一词来指代城市共同体，认为"所有的中世纪城镇从法律意义上来讲都是公社。事实上，它们都是具有自己权利的集团，并且得到了社会力量的承认"。他还

进一步指出，不能只把领主或国王给予自由许可证、获得一定程度自治的城镇才称为公社。[①]伯尔曼认为，中世纪城市是宗教的联合，其中许多是"誓约公社"，也是法律的联合，是具有独立性、自治性和整体性的共同体，具有有机发展能力。这既有别于古罗马城市那种作为某个中央权威的行政和军事的前沿阵地，又不同于伊斯兰城市的那种大村庄性质。[②]不过，伯尔曼在论述中，包括他在引用皮雷纳的论述时，中世纪城市都被表述为"近代城市"，这当然是认为中世纪城市就是近代城市的起源。我们不这么认为，因为中世纪城市与近代城市还是有本质区别的，但我们也赞成中世纪城市已经孕育了近代城市许多特征的看法。不过，恰恰是在城市是否是共同体上，本书的基本观点是，中世纪城市是独立的共同体，而近代城市的共同体内涵则大为减弱，更多的是近代国家的有机构成和行政单位而已。

英国城市史研究专家斯蒂芬森也以是否形成共同体来判断是否是中世纪城市。在他看来，英国城市只是在 11 世纪后期才出现的，而在此之前的盎格鲁撒克森时代城镇，不是由特权公民组成的共同体，居民不享有特许权，城市没有自治政府，它们充其量只是军事和行政中心。在他看来，只有从亨利一世（1100—1135 年）时代起的自治城市，才像一个城市，其市民权不单是一种土地保有权（tenure），更是一种市民身份和法律身份，是一种以共同体身份为依托的生活方式。[③]

中世纪城市作为一种共同体，构成了西欧社会政治结构中的一种主体单位。这一单位是代表本城及市民利益的，并非上级政治权力如国王、诸侯或主教的代表，是对下（市民）负责而不对上（领主）负责的。个别城市如意大利的威尼斯、热那亚、佛罗伦萨和米兰等

---

① 转引自〔英〕M.M. 波斯坦等主编：《剑桥欧洲经济史》，第 3 卷，周荣国、张金秀译，经济科学出版社 2002 年版，第 22 页。

② 〔美〕哈罗德·J. 伯尔曼：《法律与革命——西方法律传统的形成》，贺卫方等译，第 436、439—441 页。

③ Carl Stephenson, *Borough and Town, A Study of Urban Origin in England*, The Mediaeval Academy of America, Cambridge, Massachusetts: 1933, pp.120,143.

已成了城市国家，是高度独立的政治主体，在其上基本没有能够驾驭它们的政治权力。德意志那些不服主教管辖的城市、帝国自由城市也是这样。这种城市共同体，在欧洲各地都具有共性，"城市共同体相互之间比它们与各自所在的国家之间有着更多的共同之处"。①

　　这种共同体制度的存在与当时西欧社会历史大环境是一致的。当时西欧农村普遍流行庄园制，而庄园本身就是一种地域共同体，是由过去日耳曼人农村公社演变而来的农奴公社。公社成员的身份变了，即由自由农民演变成了不自由的农奴，但公社组织却留下来了，如庄园法庭；庄园的某些古老制度也传下来了，如公用地制度、敞地制度等。一般地说，领主是庄园的中心，通过庄园法庭实施对农奴的人身统治，通过劳役和实物地租实现对农奴的经济剥削。领主和农奴之间没有血缘关系，农奴相互之间也不一定有血缘关系，他们通过政治关系纽带即领主的统治而结合在一起。在实际生活中，庄园政治关系往往有两种类型。一种是由领主直接辖属和管理的。另一种由于庄园的分散，或领有权的多元化，领主并未实现直接统治，于是庄园共同体便演变成为村落农民共同体。这种村落共同体除了无权分配土地（这是领主权力范围）外，还承续了农村公社的许多特点，是一种自治性较强的实体。有村民大会决定村内各种大事，也有人人都出席的庄园法庭处理各种纠纷和法律事务，还制定了若干规章供村民共同遵守。这种村落共同体往往还成为庄民们反抗领主所依托的强有力组织。城市共同体与村落共同体在结构上是如此相似，以至于在19世纪关于城市起源问题的论争中，有一种"马尔克（公社）说"，认为城市公社制度就是日耳曼农村公社制度在城市的翻版。②

　　"自治"权利的取得，使欧洲城市里"没有形成充满敌意的（封建的）氛围"，③因此"自治"是进一步强化城市共同体认同的关键。

---

①　〔美〕哈罗德·J.伯尔曼：《法律与革命——西方法律传统的形成》，贺卫方等译，第434页。

②　孙秉莹：《欧洲近代史学史》，第339页。

③　〔美〕简·德·弗里斯：《欧洲的城市化，1500—1800》，朱明译，第4页。

二、自治：城市共同体的最高诉求

作为共同体，城市必须以一个声音来同外界交往。这种外界，有领主、国王、教会、农村、其他城市，也有国际势力。其中，与领主的关系最为重要也最为复杂。因为不管城市以何种途径或方式产生，最初总是坐落在教俗领主的领地之内。城市一经产生，势必要与自己的领主发生联系。在城市兴起初期，这种关系表现为统治与被统治、管理和被管理的关系。一般来说，一个城市只有一个领主，但也有城市领有权多元化的情况。领主们大多住在乡村的城堡里，通过代理人对城市进行统治和管理，也直接干涉城里的工商业活动。这种统治，尤其是经济上无止境的任意榨取，不利于城市工商业的发展繁荣。

因此，城市从诞生之日起，就展开了争取自治权的斗争。市民们的最初动机只是一种求生存的需要，只是想从领主那里要来人身自由的权利，要来自由经营工商业的权利。他们来到城市，是为了自己能有新的生活，而不是重入别的领主的枷锁。当他们的个人要求汇聚在一起时，就变成了一种集体指向，取得城市的自治权就成为市民们的共同目标，因为城市的自治是市民个人自由的前提。汤普逊曾说，"新形成的资产阶级要求承认城市的权利与特权，这项要求如从政治上来说是：在封建世界几百年来有效的契约原则应扩充到非封建世界"，他们要求"在封建统治内的而非在封建制度下的一个地位"。"是什么使城市成为了城市？这是一个法律问题。"①英国 19 世纪法律史家梅特兰的这一提问，实际上揭示了城市争取自身政治地位的指向。

中世纪城市争取自治权的斗争有多种方式，也受到多种因素制约，当然也有多种结果。

城市自治运动发端于意大利北部。这里的城市兴起较早，经济

① 〔英〕诺尔曼·庞兹：《中世纪城市》，刘景华、孙继静译，第 90 页。

实力比较雄厚，而这里的领主势力又呈现复杂多元的态势，因而封建统治相对薄弱，所以城市可利用领主间的隙缝及矛盾，很快获得自治权。1057年，伦巴第最大的城市米兰开始掀起斗争。1068年卢卡出现城市法庭，1081年在卢卡和比萨出现了执政官（consuls）。意大利城市市民中，还有不少进城从事工商业的中小封建主，他们往往支持城市摆脱大封建领主的斗争。1183年，伦巴第各城镇通过"康斯坦茨的和平"而获得了地区自治。[①]由于城市的强大力量，有的领主尚未等正面冲突发生，就让这些城市获取自治权。这些城市自治后，还越过城市疆界，控制越来越广的城郊和农村地区，发展成为独立的城市国家，如威尼斯、热那亚、佛罗伦萨、米兰等。

那些二等的城市也有相当雄厚的经济实力，它们中不少采取温和方式，用金钱一次性赎买城市自治权。这类城市多是一些商业贸易城市，如法国的地中海港口城市马赛。

更多的城市是在与领主的激烈斗争甚至武装冲突中取得自治权的。11、12世纪之交，法国东北通过武装斗争获得自治权的城市有四十多个，包括康布雷、亚眠等，起誓结盟、发动起义是他们的主要方式。1070年，勒芒是第一个提出自治要求的城市。而在教俗统治者眼中，城市居民成立的自治公社，"是制造动乱的阴谋家"，是"粗暴的和讨厌的"。[②]在科隆、康布雷等城市，城市的领导人往往都是商人。[③]在康布雷，1070年商人已建立专门的城区。1075年，康布雷人奋起反抗皇帝及主教，"宣誓成立公社"。起义很快被镇压。两年后的第二次起义取得成功，到1106年又被皇帝镇压。直到1122年，康布雷才取得了自治特许状。[④]12世纪初琅城公社的建立

① 〔英〕M.M.波斯坦等主编：《剑桥欧洲经济史》，第3卷，周荣国、张金秀译，第22—23页。

② 〔英〕科林·琼斯：《剑桥插图法国史》，杨保筠、刘雪红译，世界知识出版社2004年版，第101页。

③ David Luscombe and Jonathan Riley-Smith eds, *The New Cambridge Medieval History*, Vol.IV, c.1024-c.1198, Part II, p.77.

④ 〔美〕哈罗德·J.伯尔曼：《法律与革命——西方法律传统的形成》，贺卫东等译，第441—443页。

以及市民为公社而进行的斗争，更是曲折反复，惊心动魄。[①]1112 年，市民们要求通过城市宪章，甚至还杀死了统治他们的神父。博韦城的市民与先后几任主教经历了长达 40 年的激烈冲突，才在 11 世纪末建立了城市公社，从路易六世（1108—1137 年）那里取得特许状，并在 1144 年、1182 年被一再确认。[②]总之，在法国北部这些城市里，出现了所谓"钟声之战"：市政大楼的大钟敲响了"商人时代"，与教堂钟声奏出的"教会时代"相抗衡。[③]就是在这种生死搏斗中，法国北部城市获得了自治权。在法国南部城市，基督教异端阿尔比派往往成为反对教廷、争取城市自治的旗帜。

在德国，1073 年沃尔姆掀起的反对主教领主的斗争迅速蔓延，迫使几乎所有的主教都逃离了。虽然这场斗争一直延续到 15 世纪，但大多数莱茵河城市最终都获得了自治。科隆大主教布鲁诺获得"奥托特权"，他及其后继者在 10 世纪晚期和 11 世纪早期建立了市场。商人和工匠们的力量发展很快，1074 年发动了反抗大主教的起义，被镇压。1106 年再次起义，取得成功，成立了城市政府。约在 1114 年，科隆城的领导人与城外强势者开始联合起来，矛头直指皇帝。[④]虽然大主教在城市生活中仍是显要人物，但其政治上和管理上的地位在 12 世纪已被大大削弱。他的作用被城市政府所补充，在某种程度上被取代。[⑤]

也有的城市在与领主的较量中没有成功。结果，有的是双方达成了妥协，如佛兰德尔一些城市，领主一方面从市民中指派市政官员，另一方面又派出代理人实施监督。佛兰德尔伯爵在 11—13 世纪统治着这里。他倒是授出了不少特许状，但却在其中保留了自己的不少权力。给圣奥梅尔的特许状往往被视作对佛兰德尔其他城市特许状

① 周一良、吴于廑主编：《世界通史资料选辑》，中古部分（郭守田主编），第 125—134 页。

② 〔美〕哈罗德·J. 伯尔曼：《法律与革命——西方法律传统的形成》，贺卫方等译，第 443 页。

③ 〔英〕科林·琼斯：《剑桥插图法国史》，杨保筠、刘雪红译，第 102 页。

④ David Luscombe and Jonathan Riley-Smith eds., *The New Cambridge Medieval History*, Vol.IV, c.1024-c.1198, Part II, p.77.

⑤ 〔美〕哈罗德·J. 伯尔曼：《法律与革命——西方法律传统的形成》，贺卫方等译，第 450 页。

的样板：市民没有获得独立于伯爵的地位；伯爵对城市保留了管辖权，城市执行官由伯爵在市民中任命。在布鲁日等佛兰德尔城市所获得的特许状里，城市的自治和市民的权利和特许权都是有限的。[①]

也有领主出于多种动机主动授给城市特权，如英国诺曼王朝按照所谓"布勒特伊法"授给城堡下发展起来的工商居民点。但是这种做法，被学者们认为是"把人们寻求的自由当成诱惑提供给居民；凡愿意接受赐予，也接受法律形式所能给予安全的人，也会极力保护它不受侵犯"。[②]

有的城市则一直受到封建主的直接统治或其代理人的管理，如法国国王就拒绝给予巴黎以自治权。他认为巴黎的市场是他建立的，工商业该由他管理，城市就是他的城市。国王对巴黎的控制非常严密。司法上，国王从御前会议分离出一部分大臣成立巴黎高等法院（Parliament），审理上诉至国王的案件，公布国王敕令，还建立了辅助巴黎高等法院的夏特勒（Châtelet）法庭，基本上控制了巴黎城的司法权。夏特勒法庭还负责巴黎部分治安防务。国王还派人担任巴黎市政长官，他的管辖范围包括了巴黎市政辖区和巴黎子爵区，以及周围若干领地。[③]

总之，在11—13世纪城市兴起阶段，西欧大部分工商业城市都取得了自治权。自治程度可能因城市而异：有的限于行政管理、治安和财政方面；有的具有法律地位；有的则完全独立。取得自治权的城市一般都由领主或国王颁发自由许可证，或称特许状。而那些最终没有取得自治权的城市，领主的统治也变得有弹性了。只要他想继续将城市当作奶牛来供养自己，只要他想依靠城市来壮大势力，他就不会对城市竭泽而渔。极尽搜刮的封建主确实也有，但结局一般是两种，要么城市忍无可忍，推翻领主统治；要么城市衰落下去。

---

① 〔美〕哈罗德·J.伯尔曼：《法律与革命——西方法律传统的形成》，贺卫方等译，第448—449页。

② 〔英〕诺尔曼·庞兹：《中世纪城市》，刘景华、孙继静译，第158页。

③ 〔法〕雅克·勒高夫：《圣路易》，许明龙译，商务印书馆2002年版，第232页。

当然，各个国家的城市自治进程、城市获得自治的方式，并不是完全相同的，各个城市自治的内容也不是雷同的。如英国城市自治的取得形式，由于统一王权出现较早，因此大都是由国王颁发自治特许状，当然也有领主颁发自治特许状的；由于中央的王权力量较为强大，因此英国地方上的城市自治进程是比较迟缓的。见表2-1：

表2-1 11—16世纪英国所颁发的城市自治特许状 [①]

时间	获得特许状的城市数目	颁发的特许状数目
忏悔者爱德华统治时期	1	1
征服者威廉统治时期	1	1
威廉二世统治时期	2	2
亨利一世统治时期	9	9
斯蒂芬国王统治时期	2	2
亨利二世统治时期	29	37
理查一世统治时期	16	17
约翰王统治时期	47	不明确
亨利三世统治时期	52	114
爱德华一世统治时期	46	62
爱德华二世统治时期	38	43
爱德华三世统治时期	75	128
理查二世统治时期	66	88
亨利四世统治时期	50	60
亨利五世统治时期	35	42
亨利六世统治时期	69	98
爱德华四世统治时期	59	74
理查三世统治时期	19	22
亨利七世统治时期	51	61
亨利八世统治时期	72	104
爱德华六世统治时期	75	84
玛丽女王统治时期	27	28
玛丽和菲利普统治时期	40	42
伊丽莎白女王统治时期	123	156
共计	1 004	约 1 235

① Joseph Fletcher, "Statistics of the Municipal Institutions of the English Towns", *Journal of the Statistical Society of London*, Vol. 5, No. 2 (Jul., 1842), p.101.

表中可以反映一些情况：其一，颁发城市特许状的高潮是从约翰王时期开始的，说明英国城市在 12 世纪至 13 世纪初已经出现了兴起高潮，并形成了要求自治的浪潮，同时约翰王的失治和国王权威降低，客观上有助于城市自治运动的推进；其二，获得特许状的城市的数目远超实际的城市数目，颁发特许状的数量又远超获得特许状的城市数目，这两种情况都意味着，有的城市肯定多次获得特许状，那么就存在着以前的特许状有失效的情况，后来又颁发特许状予以确认。这说明城市自治运动的曲折性。也许还有些情况，如市民们对原有的特许状规定不满意，要求用新的取代之，迫使领主重新颁发特许状；或新的领主意图改变原领主的特许状条件或规定而重新颁发；或原有的特许状遗失，后来的领主补发确认。例如 13 世纪埃克塞特主教沃尔特·布朗内斯康姆赐予彭林自治市特许状，确认了早年威廉·布鲁尔主教（1223—1244 年在任）的特许状（已经遗失），确认市民享有各种特惠，永久享有各种自由和免税权。[①]

但总的来说，英国自治城市没有达到欧洲许多其他国家自治城市所达到的不受王室或诸侯控制的那种独立程度，很少看到对英国自治城市政府的授权。常常见到的是授权次数很多，每次又都涉及某一两个方面。王室掌握着对城市政治生活的绝对控制权。如伦敦，1066 年诺曼征服后，威廉国王很快就颁发给伦敦一份特许状。1129 年，亨利一世颁给伦敦一份特许状，允许其从市民中选举产生两名"城镇长官"；伦敦被当成"公社"，由一名市长领导；伦敦的包税额下降到每年 300 英镑；每年召开三次全体市民大会；成立城市法庭（Husting）行使司法管理权，产生 24 名高级市政长老（alderman）宣誓管理城市事务等。伦敦的特许状成为诺里奇、林肯、北安普敦等城市的范本。亨利二世颁发给约克的特许状则成为索尔兹伯里、朴茨茅斯等城市的样板。而从伊普斯威奇城保存的档案记录，可知其获得自治的详细过程。该城 1200 年获得约翰王颁发的特许状，内

---

① Norman Pounds, *The Medieval City*, p.193.

中授予了一系列特权给该城市民，如免除通行税、摆摊税、桥梁税等，尤其是授权选举城市自治政府。从该年的6—7月，全体市民先后集会，选出了2名执行官（督察官），4名王室财产管理官（coroners）和12名"首要市民"（chief towns men）；这些官员又开会规定4名市民协助征税，2名差役，3—4名市民保管城市印章等，最后又由全体市民集会选出这些人员，并选出4名市民协助1名长老管理商人基尔特。[①]

不过，从约翰王开始，情况发生了很大变化。许多自治城市在当时赢得了真正的自治，城市可以选举地方长官和市长来管理自己。城市法院也更为独立。公共印章的出现可说是赋予了城镇公共的法律地位。尤其是那些小城镇，它们得到的自治特权还多于大的商业贸易中心。[②]

三、城市作为独立的政治行为者

城市自治机构

城市自治表现为独立地对城市事务进行管理。这种管理通过各种制度让市民们共同遵守，通过各种机构来实施管理行为。城市在争取自治的同时，也创造了越来越多的市政机构和管理制度。不论城市最后是否取得自治权，也不论其自治权有多大，中世纪城市在管理机构和管理制度上是大致相似的。城市市政机构大致由四部分组成。

1.市长（mayor），城市的最高负责人。每年都要推选，一年一任。这一传统为各地长期遵守。如1600—1699年的100年中，英国诺

---

① 〔美〕哈罗德・J・伯尔曼：《法律与革命——西方法律传统的形成》，贺卫方等译，第462—467页。

② 〔英〕M.M.波斯坦等主编：《剑桥欧洲经济史》，第3卷，周荣国、张金秀译，第24—25页。

里奇共有 104 任市长。[1] 约克城从 1399—1509 年的 111 年里，共有 85 任市长。市长作为行政长官处理城市日常事务，并有协助其工作的一套行政机构。没有自治权的城市里，市长往往是领主的代表，由领主指定。

在高度独立的意大利城市国家里，市长常被称为执政官，由市议会或市民大会选举产生，个别情况下也有抽签产生的。在比萨、卢卡，执政官在 1080 年后不久就出现了。帕维亚于 1084 年、米兰于 1097 年、科莫于 1109 年、博洛尼亚于 1123 年、皮亚琴察于 1126 年、佛罗伦萨于 1138 年先后出现了执政官。[2]

威尼斯的最高行政长官还叫"总督"，总督是终身制。早期的威尼斯为维持与拜占庭帝国的贸易联系，以及从拜占庭皇帝那里取得的贸易特权，形式上还保持了对拜占庭的从属关系，因此最早的总督是由拜占庭皇帝指定的。10、11 世纪之交时，在拜占庭皇帝已经无能为力的情况下，威尼斯还取得了对达尔马提亚地区的统治权。11 世纪后，总督开始从城市贵族中选举产生，但其权力受到严格的限制和约束。曾经一度，总督职位还被几个家族所把持，但遭到了贵族们的反对。他们甚至公开暴动，废黜或杀掉总督，城市政权自 1026 年后实际控制在贵族派手中。[3] 后来，总督一直由城市显贵组成的元老院选举产生，以至于直到 15 世纪威尼斯总督还被人讥笑"只是贵族的傀儡"。[4]

2. 总管（chamberlain），掌管财政，通常由市民选举产生。按说他应属于市长领导下的市政管理机构，但由于是选举产生，因此

① P. Corfield, "A Provincial Capital in the Late Seventeenth Century: the Case of Norwich", in P. Clark and P. Slack eds., *Crisis and Orders in England Towns 1500—1700, Essays in Urban History,* London: 1972, p.278.

② 〔意〕路易吉·萨尔瓦托雷利：《意大利简史——从史前到当代》，沈珩、祝本雄译，商务印书馆 1998 年版，第 140—141 页。

③ 同上书，第 141—142 页。

④ D.S.Chambers, *The Imperial Ages of Venice, 1380—1580*, Sames and Harderson Publisher Ltd, 1970, p.87.

可视为一个有较强独立性的市政官。不过，中世纪城市的公共财政规模较小，收入支出事务较少，因此有关大总管的档案文献记载不太多见。大部分城市掌管财政的官员每年都有一个账本，但他掌握的金钱数目很小。城市一般没有税收，但因一些特别开销如修建城墙而有一些收费，市政收入主要来源于市政拥有的财产，以及从房产收来的租金，另有一些市场税和罚金。剑桥自治市财政官 1347 年的账本，记载了当年市政的总收入仅为 6 笔（2 笔租金、2 笔收费、1 笔赎金、1 笔罚金），不到 40 英镑；开支主要是些接待、送礼、相关差旅费用等，一年共 20 大笔、29 小笔，总支出也不过 20 余英镑。[①]

3. 市政会（city council），或称市议会，城市最高权力机关。

在取得自治权前，市民精英实际上参与了城市管理，不过受到了领主派出的代理人监视。虽然国王并未失去最终统治权，但市民已能行使一定的市政权，即使是在市政官员由皇家指定之时。有的城市里市民精英还组成了很有实权的执事团（consul），起初即 11—12 世纪时，他们与领主（如主教）在市政中协作，调解冲突，发布法令，推进城市利益，后来他们逐渐单独行事。这种执事团出现在普罗旺斯、图卢兹、加泰罗尼亚、比萨和热那亚等地。图卢兹的执事团成员为 24 人，威尼斯 1143 年出现的市政会成员为 35人。同时，市民大会（popular assemblies）也作为市政机构中的重要元素在一些城市出现。市民大会一般是一年召开数次，参加者往往成百人，不过成员资格并不确定。意大利城市的这种"议会"（parliament），以及伦敦的类似机构（folkmoot），大都在教堂集会。市政会往往是作为市民大会和执事团之间的机构而出现的。[②]

取得完全自治权的城市之市政会，一般有二到三个层次。核心层：其成员习称长老，多由前市长、前大总管、前大法官组成，均为城市贵族阶层。外层：由工商各界代表组成。以英国约克城为例，其

---

① 〔英〕诺尔曼·庞兹：《中世纪城市》，刘景华、孙继静译，第 188—190 页。

② David Luscombe and Jonathan Riley-Smith eds., *The New Cambridge Medieval History*, Vol.IV, c.1024- c.1198, Part II, p.79.

市政会有三个层次。核心层为12人，称长老，终身制，由市长指派。中间层24人，由前大法官组成。这两个层次加上市政现职官员组成市政会。最外层48人，来自工商各界，其作用十分有限，大多只是认可既成决议而已。①

兴旺时期的威尼斯市政会权力最为强大。该市政会有两个层次，核心层为元老院，人数最多时超过220人。14世纪，元老院设十人委员会，并很快演变为可干预一切事务的常设机构。元老院之外还有大议会，这是最高立法机关和监督机关，只有城市贵族才有资格当选为议员。

4. 城市法庭（city court）。由大法官掌管，处理城内各种法律事务以及各种纠纷。从时间上看，城市法庭的起源可能还早于其他市政机构，即司法自治早于行政自治。早期城市在审理经济案件时，领主不懂商业事务，故而要求一些专业人员参加，商人们风尘仆仆地赶来，脚上还带着灰土，故这种法庭在英国被戏称为"灰脚法庭"。②早期大部分城市法庭的审判权主要只在民事方面，涉及刑事的案子则多上交领主法庭、国王法庭审理。在取得自治权前，市民精英也组成了司法机构，如伦敦的哈斯丁（Hasting）法庭。其在12世纪后期基本上是每周开会，对财产权、度量衡、债务关系、外来商人事务等实行司法权。市民们通过它向市政机构提供了城市和商业事务等方面的专业知识，进而也对城市实行了日常司法控制。③取得特许状、摆脱领主控制后，城市法庭逐步取得刑事审判权。

不论城市的领主是谁，城市对城市事务的管理都是"自主"的，并主要是依靠市政机构来实施。这种管理不是随意性很强的"人治"，而是依据城市共同体自我约定的章程，或领主赐予的各种"特许状"。在某种意义上，这些文件相当于各城市的"宪法"或"市民法"。

----

① Susan Reynolds, *An Introduction to the History of the English Medieval Towns*, Oxford: 1977, p.60.

② 〔比〕亨利·皮朗：《中世纪欧洲经济社会史》，乐文译，第47页。

③ David Luscombe and Jonathan Riley-Smith eds., *The New Cambridge Medieval History*, Vol.IV, c.1024- c.1198, Part II, p.78.

市政自治权力

城市市政机构的权限和责任，表现在行政、司法、经济、社会等诸多方面。

行政和司法职能。处理城内一切日常行政事务，如税费和罚金的征收、财政支出、市政设施、市政管理、公共财产的支配和使用，移民的进入和市民的动迁，各种民事纠纷和经济纠纷；惩罚和打击各种犯罪，维持社会治安，处理城内的骚乱和治安事件；协调城内各组织间的关系，等等。城市特别防止外来人员对本城及其居民的侵犯。

经济职能。主要体现为对城内工商业活动的调节和控制。如协调工商各行业在结构上的平衡和地域上的布局，市场地建设和市场的规范与管理，钱币的采用，度量衡制的规定，产品质量检测，工作时间的限定等。为保护本城和市民利益，城市也实行经济上的垄断和排外政策。

社会管理职能。主要体现为由市政当局组织和管理城内的各种社会活动。中世纪西欧城市大多有社会中心的功能，不但市民参加城内的社会活动，而且还能吸引周围村镇居民甚至外埠人员。市政当局还举办、管理或规约一些社会性事业或公益事业，如学校、教堂、济贫所、慈善院、养老院、孤儿院等。

对外交往职能。主要指市政机构代表城市进行的对外活动，处理城市与领主、国王、教会、其他城市、周围乡村等外部力量的各种关系。在城市市民的同意下，行使对外宣战、媾和、结盟、签约等重大权力，也执行某些事务性、礼仪性方面的对外交往职能。

军事职能。包括加固城市防御设施建设，组织和调动市民组成军队参加保卫城市的作战，或参加与城市相关的其他战争等。如1312年，当佛罗伦萨受到卢森堡王朝亨利七世威胁时，这个城市能够调动 12 000 名市民参与城市防御作战。[①]

城市的行政能力不断增强，不断规范化。如从 11 世纪后期起，

---

① David Abulafia ed., *The New Cambridge Medieval History*, Vol.V, c.1198-c.1300, p.113.

英格兰城市行政中,已用文字将住户情况和财产所有状况记录入档。1200年时,建立书面文字档案,以帮助城市的行政和记忆,这在西欧城市里已极为普遍。①

总之,中世纪城市都有小而全的政府组织,而且独立性极强,除本城市民意志外,一般不受外力干涉。因此可以说,中世纪城市是西欧政治体系中独立的基本主体单位。

主体的联合：城市同盟

城市既然是独立的政治主体单位,那么它势必有自己的一些主体行动,在封建分裂大格局下建立同盟,便是城市作为政治主体而行动的突出表现。

1. 城市同盟出现的背景

作为独立的政治单位或政治主体,中世纪城市有很大的自主权。然而它们并不能摆脱来自外部政治权力如领主、国王、教会,甚至外来入侵者的逼压,在这些外部政治势力面前常处于弱势。那些经济和政治势力强大的城市,如威尼斯、热那亚等,不会畏惧外部势力,能够独自抵挡来自外界的骚扰。而大多数城市从保护自己、求得生存的角度出发,不得不寻找盟友。它们的外部盟友可能有多种类型,甚至可能包括国王、贵族或教会,但城市间的结盟是极常见的。在城市兴起的早期,城市结盟多以政治为目的。

在有利益竞争关系的城市之间,也有排斥和敌对,大致有这样几种情形:一是各个城市都有自己的市场与服务区域,一般都予以垄断,画地为牢,排斥别的城市经济势力直接进入。二是在一个较大地区内,若干旗鼓相当的城市在扩张自己的工商业影响范围时,势必展开竞争,最后演变成各种敌对关系,有的甚至结成世仇冤家,这在意大利尤甚。如威尼斯对热那亚和比萨,佛罗伦萨对锡耶纳,佛罗伦萨对比萨,皮斯托亚对阿勒佐,米兰对克雷莫纳,博洛尼亚

---

① David Luscombe and Jonathan Riley-Smith eds., *The New Cambridge Medieval History*, Vol.IV, c.1024-c.1198, Part II, p.81.

对摩德纳，维罗纳对帕杜亚，克雷莫纳对曼图亚等。[①]三是对某一个市场区域，或对某一条商道、贸易路线，有两个以上的城市进行争夺，从而形成敌对关系，相互间甚至出现战争。有竞争关系的城市之间有排斥和敌对，那么有相同和相近利益关系的城市之间也会有联合和联盟，这是城市同盟出现的又一个背景。

从城市求发展的角度看，城市结盟更是一种必要。在经济活动中，虽然各个城市各有自己固定的市场区域或经济"领地"，但相互间并非完全隔绝，不相往来。工商业经济的市场本质，使它们必须具备开放性。为了维护原有的共同市场，开拓和共享新的市场，有共同诉求的城市便倾向于结成同盟，以共同对付其他竞争者。参加结盟的城市动机可能不一。有的是发起者，有的是跟随者；有的是被迫的，有的是随大流。为了经济利益，城市同盟还可能与其他城市或城市同盟形成对抗直至冲突。这种主要出于经济考虑、又以增强政治力量为手段的城市同盟，在城市的兴盛阶段比较盛行。城市能依据自身意志与其他城市结盟，这一行为本身就意味着城市自主权的完整性。

2. 意大利的城市同盟

早期以反对封建统治者为目的的城市结盟，以米兰为首的伦巴第城市同盟最具代表性。12世纪里，为了掠夺意大利的财富，镇压意大利人的反抗，德国皇帝红胡子腓特烈先后六次入侵意大利，后面五次都是来镇压伦巴第城市同盟的反抗的。虽然米兰等城市曾被这个暴君夷为平地，但不屈不挠的伦巴第城市同盟在米兰领导下，于1174年与腓特烈展开大战，结果德军大败，腓特烈本人也受伤投降，伦巴第城市捍卫了自己的独立和自由。

在争夺市场和贸易控制权方面，早期意大利城市也有借同盟之力打击对手的情况。如在对地中海贸易的争夺中，热那亚就在11世纪一度和比萨联盟，击败了阿拉伯人。只不过热那亚很快翻脸，12

---

① Friedrich Heer, *The Medieval World, Europe from 1000 to 1350*, London: Sphere Books Ltd, 1974, p.71.

世纪里与比萨展开争夺并取得胜利，最终在西地中海建立了贸易霸权。

3. 德国汉萨同盟

有经济和政治双重目的的城市结盟，以德国的莱茵同盟、士瓦本同盟和汉萨同盟最为典型。德国国内长期分裂，政治混乱，皇帝有名无实，无力为城市提供强大保护；诸侯邦国林立，几乎每个封建主都有榨取城市的愿望和行为，因而莱茵河之短短几百公里的河段就设立了六十多个隶属于不同诸侯的收税关卡。城市要在这样一个极差的政治生态中求得生存和发展，通过相互结盟来形成强大的政治经济势力，无疑是最佳的选择之一。

莱茵同盟最早出现，初建于1226年，参加者主要是德国西部莱茵河地区的七十多个工商业城市，美因兹、沃姆斯、科隆和法兰克福是最核心的成员。为了保护城市工商业发展，同盟建立了武装卫队，保护莱茵河上商船及陆路上的商队，并迫使诸侯取消了多项关税。

士瓦本同盟是德国南部多瑙河上游地区城市结成的同盟，1331年成立，参加者有奥格斯堡、纽伦堡、乌尔姆等城市。在对抗封建统治者的斗争中，莱茵同盟和士瓦本同盟曾于1381年合并，但最后还是在1388年被德国皇帝、诸侯和骑士的军队联合击败。

汉萨同盟是德国北部城市结成的同盟。"汉萨"（Hansa）原意为集团、会馆。这些城市主要从事北海波罗的海贸易，其商人在国外各商业据点都设有"汉萨"。13世纪中叶，这些城市开始建立各种联盟。1281年，科隆、汉堡和卢卑克三个城市在伦敦的商人"汉萨"合并成一个，[①] 随后汉萨同盟正式形成。成员最多时有两百多个城市，除了卢卑克、汉堡、不来梅等核心城市外，还有与北海波罗的海贸易密切联系的莱茵河、威悉河城市，以及波罗的海东部但泽、里加、柯尼斯堡等城市。这是个实体性的政治主体，有公共的财政收支，建立了强大的海军舰队，拥有外交、宣战、媾和等重大权力。最初以垄断贸易、打击海盗为目的，到后来则敢于公开与国家相对抗。

---

① David Abulafia ed., *The New Cambridge Medieval History*, Vol.V, c.1198-c.1300, p.62.

13 世纪曾与挪威交战，14 世纪又向丹麦宣战，迫使丹麦国王签订和约，成为欧洲北部一支举足轻重的国际政治力量。汉萨同盟的鼎盛维持了一个多世纪，15 世纪开始衰落，16 世纪曾一度回光返照。

如同威尼斯、热那亚将单个主权城市的势力发展到顶点一样，汉萨同盟则将城市同盟的势力和影响发展到中世纪状态下所能达到的最高点。

四、追求自由的"应许之地"

"自由"和"平等"一向被视为近代西方文明的核心要素。虽然这些观念在近代经诸多思想家着力宣传而成为西方深入人心的基本价值，虽然在古代希腊罗马时期也有自由平等观念的实践，虽然黑格尔声称在 5 世纪以后的日耳曼世界"人人都是自由的"，但是平凡大众人人自由和平等的原则及实践正是在中世纪城市里最先实现的，尽管在实际过程中也有许多曲折、扭曲和反复。

自由是近代政治文明最本质的特征。"不自由，毋宁死"，虽然近代思想家们不遗余力地宣传"自由"这一天赋人权，然而在一定程度上，"自由"这一人类新观念是在中世纪城市里最先生成的，"自由"观念付诸实践最早也应该是在中世纪自治城市里。当欧洲农村还处在封建制下，农奴对领主具有强烈的人身依附关系时，"自由"的城市则成为逃亡农奴心中的圣地、向往的天堂。"城市的空气使人自由"，西班牙收复失地运动中建立城市时提出的这一口号，意在吸引更多的移民住进城市；后转化为德国的谚语，人人熟知。一年零一天，成为逃亡农奴进城后获取人身自由的时间标识；而"自由人"（freeman），则是自治城市早期市民的正式称呼。他拥有的自由体现在多方面，最重要的是人身自由和经济活动自由，这一自由用"freedom"来表述较为恰当。这是具有人身依附关系的庄园农奴所不能具备的，这也是城市市民与庄园农民的社会地位的最大区别。"自由是城镇居民必要而普遍的属性"。不过，初期的商人只有事实上的自由，而不是法律上的自由。①作为"自由人"集合体的自治城市，这个政治主体则有处理城市经济社会政治事务的自由，如司法自由、行政自由、对外关系上的一定自由等。这种自由更多地具有制度意义，尤其用于政治方面，通常用"liberty"来表达，在各地城市的章程（特许状）和地方档案中随处可见。②

　　然而正如皮雷纳所说，"最初的市民阶级的思想中，没有任何人权和公民权的观念。他们要求人身的自由，也并非把自由当作天赋的权利。只在有利可图的情况下才寻求人身的自由"。利益是市民们的第一考虑。所以在阿拉斯，甚至有商人冒充农奴，以便享受给予农奴的免缴商品通行税的权利。③一些教会庇护下的"塞尔夫"（serfs，即农奴），在法国一些城镇（如图尔奈、里昂），也完全有随意出入城镇、缔结合同等自由，能够不受干涉地从事贸易。他们还成了城市人口的一大部分。在一个以修道院为基础建立的城市蒙斯（Mons），1293年这类"塞尔夫"占了财产超过30里拉的纳税人总数的93%。④当然，争取自由是个过程，正如19世纪诗人坦尼森所写："自由慢慢扩大开来，一步步地向前推进。"⑤

　　城市自由的实质是指城市脱离了某种依附地位，有自由行动和自主管理的权利。这种自由度既指城市独立于领主的程度，也指市民个人从业和活动的自由程度，还指城市作为一种社会共同体有集体行动的自由。不论自治权取得与否，也不论自治权在程度上有多大差异，所有的中世纪城市都有一些基本自由。

　　其一，在法律上，城市工商业者的人身都是自由的，"自由人"就是中世纪城市市民的正式称呼。那些从庄园份地上逃出来的农奴，

---

　　①　〔比〕亨利·皮雷纳语，转引自〔英〕M.M.波斯坦等主编：《剑桥欧洲经济史》，第2卷，王春法等译，经济科学出版社2004年版，第16页。

　　②　Alan Harding, "Political Liberty in the Middle Ages", *Speculum*, Vol. 55, No. 3 (Jul., 1980), p. 423.

　　③　〔比〕亨利·皮雷纳：《中世纪的城市》，陈国樑译，第105页。

　　④　〔英〕M.M.波斯坦等主编：《剑桥欧洲经济史》，第3卷，周荣国、张金秀译，第16页。

　　⑤　〔英〕诺尔曼·庞兹：《中世纪城市》，刘景华、孙继静译，第139页。

只要在城市里住满一年零一天，就获得了身份自由。这种自由，也包括了在城市经营工商业的自由。因此，新兴的城市对农奴特别具有吸引力，故而马克思说，中世纪的城市是由逃亡农奴建立起来的。只不过这些逃亡农奴中，多是从份地上离析出来的农奴子弟。一般来说，"这些人在以土地为唯一生存基础的社会里，可以说是生活在社会的边缘"，[①]但反过来想，也正是因为不占有份地，才能更顺利地摆脱对庄园领主的人身依附，才有比较大的活动自由。初期城市市民的籍贯多在附近乡下，按说离城如此之近，领主极易抓回，因此正是城市保护了他们。

其二，城市土地一般都成了自由地产。领主将城市土地以或租[②]或卖的形式转让给市民，市民也就免去了许多与土地相联系的封建性义务，从而可以自由地处理自己的财产，尤其是房地产。市民们拥有这种自由租赁权，在整个西欧都很普遍。它与庄园租地不一样，不但课租较低，也不连带人身依附关系，而且承租者可以自由转让，甚至不需通过地产主人的同意。如在法国诺曼底城市维尔纳什，每个市民可接受 3 英亩土地和花园，每年支付租金 12 个丹里尔（法国古银币），不论在这块土地上盖多少房屋。又如德国城市弗莱堡（"free town"，自由城市），城市特许状规定，每个市民必须有一块长 100 英尺、宽 50 英尺的土地，每年只须为此付 1 先令租金，可以通过买卖和继承拥有土地。[③]在有的城市，自由地产进一步发展，变成了市民个人绝对财产。如佛兰德尔城市根特在 11 世纪下半叶停止征收地租，阿拉斯由城市买断了土地所有权，图尔奈的佃户拒绝缴租。而德国莱茵河城市多特蒙德和杜伊斯堡，庄园主干脆放弃了征收地租。[④]

① 〔比〕亨利·皮朗：《中世纪欧洲经济社会史》，乐文译，第 41 页。
② 城市市民根据所占据的土地支付地租（rent），因此拥有一种被称为"自由租赁"（free tenure）或"城市租赁"（urban tenure）的租赁权。这种租赁权盛行于西欧各地，只不过叫法不同。在诺曼底叫土地法，在英国叫租地法，在德国叫城市法或城堡法等。波斯坦等主编：《剑桥欧洲经济史》，第 3 卷，周荣国、张金秀译，第 17 页。
③ 〔美〕哈罗德·J.伯尔曼：《法律与革命——西方法律传统的形成》，贺卫方等译，第 448、454 页。
④ 〔英〕波斯坦等主编：《剑桥欧洲经济史》，第 3 卷，周荣国、张金秀译，第 18 页。

其三，城市作为整体向领主交纳一笔固定的税款，称之为包税（farm）；而交了包税之后，城市共同体就享有相对充分的独立与自由，不再受领主的直接控制和任意干预。英国12世纪亨利二世时期，林肯等城市就取得了直接为国王代管征收赋税的特权，尽管这时英国城市并不享有欧洲大陆城市公社那样的自治权。随着13世纪城市赢得了真正的自治，这种做法也逐渐增多。[①]虽然这种特权有一定的时效性，要保留它必须在到期时重新申请，封建主也会要求重新确定税额，但在包税特权生效期间，领主对城市的许多随意性特权也就免除或取消了，对城市财政上的干预无疑也减少了。

总之，中世纪城市一旦形成，它就是自由的。这种自由，从个人方面讲，包括了市民的人身自由，经营工商业的自由，房地产权的自由等；从城市作为整体方面说，城市有处理本城经济社会法律事务的自由，包括司法自由、行政自由以及对外关系上一定程度的自由，城市甚至还可自行配备治安人员，组织军队。不独取得了自治权的城市是这样，就是那些没有获得自治权的城市，领主一般也不干涉城市内部事务，领主对这类城市的统治权，主要表现为他对城市整体宣示一种主权，以及一定程度的控制权，他派驻城市的代表大多只是象征而已。这种控制没有深入到领主与城市每个市民的关系，不会对城市社会内部生活施加实质性影响。因此，讨论中世纪西欧城市时，用"自由城市"概念代替"自治城市"可能更具有概括性。

当然，也不能对城市的"自由"度估计太高。新发展为城市的地方并没有立刻摆脱农业特征，农业色彩依然浓厚，城市向庄园领主承担租役的情形并不少见。一个城市的土地分属几个领主也是常有现象。如在英国，早期城市里的居民除了市民外，还有刻尔（ceorl）、维兰（villein）、茅舍农（cottager）和骑士（knight）等。[②]它们受

---

① 〔英〕波斯坦等主编：《剑桥欧洲经济史》，第3卷，周荣国、张金秀译，第24—25页。
② 马克垚：《英国封建社会研究》，第248页。

封建主的控制很明显。"城市虽然出现，但依附于乡村，农奴即使住在城市中，仍然要向领主承担一定的义务，这表明领主依然是有权控制他们的人。"[1] 此外，市民个体被严格束缚在各类行会组织中，私人的权利与社会团体的权利之界限十分模糊，市民个体的权利和义务不可能得到明确认可和应有重视，在某些时候被所谓团体权利所遮盖了。因此也有学者认为，市民阶级获得的自由很大程度上只是整体的自由，市民个体并不比农民享有更多权利和自由。[2]

五、平等：市民认同与契约纽带

中世纪城市虽然是共同体，市民虽然有共同的利益，城市虽然对外能以一个整体发出声音，但其内部并非铁板一块。换言之，城市内部也有极为复杂的社会结构和政治关系。

中世纪城市的居民有多种成分，大致可分为市民和非市民两大类。城市在发展过程中，市民的来源有二：一是城市的原住民；二是来自于周围乡村或外地的移民。所谓原住民，即指出生于城市的居民；所谓移民，当然是指出生于乡村或外地，后迁移进城的人口。两者在城市人口中各占多大比例，各城有各城的情况。但有一点是清楚的，即如果没有移民进城，城市的人口是不会增加的，因为在中世纪，城市人口的死亡率通常高于出生率，或者说，城市人口的自然增长率为负数。城市人口死亡率高有两个值得注意的原因。一是由于医疗卫生和保健条件差，婴儿的死亡率较高，通常每出生1000 人，大约有 200 余人死亡。[3] 二是疾病和瘟疫因素。所以城市死亡率高于出生率，但总人口仍在增加，合理的解释是有外部移民不断涌入。移民在总人口中占多大比例则因城市而异。在有些城市，

---

① E. Lipson, *The Economic History of England,* Vol. 1, London: 1929-1931, pp.201-202.

② 参见陈玉刚："市民社会的发育与西方民主"，《复旦学报》1995 年第 2 期。

③ 〔英〕P. 克拉克和 P. 斯莱克：《过渡期的英国城市 1500—1700》，薛国中译、刘景华校，第 86 页。

大多数成年人是外来移民。

中世纪城市总的来说是开放性的。城市在兴起阶段时，移民众多，大多来自周围腹地，其成分有贵族，也有律师和农民，其动机要么是寻求生计，要么是寻找商机，要么是寻找安全或纳税便利。当然，来到城市的移民主体多为所谓逃亡农奴。而城市到发展阶段时所吸收的移民则有三种类型。第一种可称为"改善型"移民，他们希望在社会和经济方面得到进一步改善而迁居城市。第二类是"生计型"移民，多是农村贫困阶层为城市的就业或施舍机会所吸引，或是为能在城市中行为自由所诱惑。这些移民来到城市后，加剧了社会动荡，属于不安定因素。第三类是外国移民，他们兼有改善和谋生双重特点。如在14世纪，有不少来自佛兰德尔的工匠移居英国东部和南部城市，他们还带有逃离佛兰德尔城市内乱的性质。外国移民到来，既为城市带来了新的活力，也使城市的市民结构更加复杂化，并加剧城市的社会矛盾。

为什么向城市迁移，还有一个社会因素，那就是城市有向更上的社会阶层流动的可能。"大批的农奴、自由农和小贵族纷纷离开庄园，这是生命的更一般的搏动和扩展，是生活节奏的加快，是对新机遇的寻求"；"把城市作为在社会、经济的等级制度中向上流动的机缘宝地的初始观念"，对城市发展和城市性质产生着深远的影响。[①]

在某些城市，移民对城市发展的贡献率还大于城市原籍居民，甚至在城市中居于主导地位，例如吸引了英国各地商人的伦敦。1480—1660年伦敦共有172任市长，其中只有14人是出生于伦敦的；403个"大商人"中，出生伦敦的不到10%；813个号服公会商人中只有75人（9%）、389个店主和零售商中不到4%是伦敦原籍人。商人移民中相当多的人仍同原籍家族保持商业联系。[②]这种联系，有

---

① 〔美〕哈罗德·J.伯尔曼：《法律与革命——西方法律传统的形成》，贺卫方等译，第437页。

② G. D. Ramsay, *Tudor Economic Problems*, London: 1963, p.110.

利于城市工商业的进一步发展。

所谓非市民,主要指那些住在城市里的各类封建人员包括国王、诸侯、领主、骑士、主教和教堂神父等,以及他们的家人、仆役。这些人不属于城市共同体,但他们既然住在城内,势必会对城市社会、政治和经济生活产生影响,不能对此完全忽略。在那些较大城市或政治中心城市里,这类封建人员的比例相当大,其对城市生活的控制力和影响力也相对较大。

城市共同体的成员都是市民。除了极个别例外,早期城市里的所有市民都是工商业者,大致包括三类。其一是从事手工业品制造的人员;其二是从事服务业的人员;其三是从事批发和零售商业的人员。在经济功能不同的城市,三类人员的比重也会各有不同。

从法律意义上说,城市所有市民的身份是平等的,所有市民从事工商活动也是自由的。但在实际生活中,那些帮工、学徒、伙计虽然在法理上人身是自由的,但在城市政治生活中没有地位,是城市的下层,构成城市的贫民阶层。手工业者、服务行业的店主和普通零售商业的店主,构成城市市民的普通阶层,亦可称为城市平民阶层。富有的批发商人、外贸商人、高利贷者和房地产主则成为城市的上层。所谓拥有政治权利的市民,作为城市社会基础的市民,指的是手工业者和店主等平民阶层以上的人员,城市下层贫民不包括在内。

可以说,中世纪城市为它们的居民提供了基本的公民权,使其与城墙外农村中大多数人区分开来。^①按说城市本来就是逃亡农奴心中的圣地,本来就是自由人的天堂,因此自治城市里所有市民的身份在法理上应该是平等的。所有想成为市民的人,也是冲着能够与他人享有平等机会而来的,因此,城市在本质上应该没有社会等级,是一个在西欧封建等级社会中出现的非等级社会。事实上,在中世纪城市存在的五六个世纪中,无论哪一个国家的哪一个城市,都没

---

① Brian M. Downing, "Medieval Origins of Constitutional Government in the West", *Theory and Society*, Vol. 18, No. 2 (Mar., 1989), p.214.

有公开张扬过要建立等级制度，都没有在法理上规定社会等级。当然，由于进入城市有时间先后的差异，从事工作有高低贵贱的区别，因而城里的人有地位上的差异，如手工业作坊里，帮工和学徒要绝对听从师傅的安排；在商人店铺里，伙计为老板打工。但是，无论帮工、学徒还是伙计，他们在人格上并不是师傅或老板的依附者，双方间的人格应该是平等的；虽然学徒期内必须绝对服从师傅，但一旦出师则人格就走向独立了。

但是，由于城市诞生于等级的封建社会母体之中，并且又同外部等级社会在政治、经济、文化各方面保持着密切联系，因此它"无论如何绕不开"封建母体中等级制度、等级观念、等级意识的影响。[①]中世纪城市虽然不具有明确的等级制度特征，但等级意识、等级观念毫无疑问是存在着的。这种影响与城市社会中各个个体的收入差距、贫富程度相结合，使城市中也出现了明确的等级分层。与封建制下以出身来定等级不同的是，城市中的社会等级是以财富为基础的，是开放式的，动态式的，因而其社会结构具有弹性。每个人的社会身份都不是固定不变的，理论上，人人都可通过发家致富而流向城市上层，享有优越地位；富人也有顷刻破产、沦为下层的可能。理论上如此，实际生活中也有许多这样的例证。当然，向上流动的机会不是人人都可遇到的，或者说，机会更多的是青睐有一定社会或经济背景的人，这又是一种事实上的不平等。

平等原则的确立更与商品交换活动相联系。几乎所有的中世纪城市都是以市场为中心发展起来的，市场交换中的平等原则很自然地成为城市经济生活的圭臬。交换进行时，商品所有者的身份是平等的，竞争是公平的。不论农奴还是手工业者，不论世俗贵族还是教会人士，都只是作为商品的交易方出现。商品价格的高低与商品主人的出身不相干。领主在市场上无论是购买商品，还是出卖剩余农产品，都得承认对方的独立意志与平等身份。这与等级森严的西

---

① 施治生、徐建新主编：《古代国家的等级制度》，中国社会科学出版社 2003 年版，第 481—508 页。

欧洲文明进程·城市与城市化 卷

欧封建社会体制迥然相异。在商品经济中形成的借贷关系，更与等级观念相冲突，更体现交易双方的平等。出身低下的商人放贷时，绝不因为领主身份高就降低利息或延迟还本。商品货币关系越发展，平等原则就越重要。市场中还慢慢形成了一套商法体系，平等交易原则进一步得到法律确认。

在基督教教义中，所有信仰上帝的人都是上帝的选民，在末日降临时会受到上帝公平的审判，这种审判不会因身份、地位、财富的不同而不同，因此，教会道德中人人平等是一个潜在的价值观念，这个原则对整个欧洲尤其是中世纪城市的发展具有重要影响。奥古斯丁指出：不平等的法律不是法律。从理论上讲，由于城市市民之间没有身份隶属关系，所以在法的面前，人人都是平等的。立法要通过市民大会审定，不再是领主意志的体现。司法必须严格按照法律规定的程序进行，法律是城市法庭从事司法活动的唯一依据。法律开始被理解为一切人都必须遵守的凌驾于个人意愿之上的诉讼程序了。[①]

在中世纪，个人是作为一个团体的成员而拥有法律地位的，个人的法律地位和自由随着其社团身份的变动而转移。每个城市都是自治的市民社会，各自制定法律、自行征税、自管司法、自行铸币。在城市各类议会中，"提出了城市的法律非经人民批准不能生效的主张，并且奠定了只有人民所决定的一切才是法律的原则"，[②]市民的法律意识因此空前提高，市民的法律地位在"从身份到契约"的社会变迁中走向了平等。

人人平等作为教会道德一个内在的价值观念，是欧洲尤其是中世纪城市人人平等法律原则的源泉之一。日耳曼人习惯法对平等传统的承袭，罗马法中当事人在法律面前平等的原则，也是使平等成为城市法律原则的重要源泉。

虽然城市本身依然是封建社会结构的有机组成部分，甚至被说

① 〔俄〕A. 古列维奇：《中世纪文化范畴》，庞玉洁、李学智译，庞卓恒校，浙江人民出版社 1995 年版，第 184 页。
② 〔比〕亨利·皮朗：《中世纪欧洲经济社会史》，乐文译，第 50 页。

82

成是封建主的"集体的封臣单位"，①但城镇仍是"特殊的法律领域"，"市民"是某种程度上的"自由人"。1335 年，伊普尔市议员援引了圣迪济耶市议员们的话：他们从来没有听说过有充当奴隶的人。②这当然指的是他们头脑中就没有"奴隶"的概念，一切人都是自由的，也意味着一切人之间是平等的。城市中最穷的手工业者和最富有的商人同样是城市市民，享受着同样的自由。市民的特权被经常强调，这种特权由全体市民共同享受着，这是一个有关平等的显著标志。

12 世纪的欧洲市民们认识到，除了不允许穷人参加政府选举外，不论贫富，公民都具有相对平等的法律地位。随着城市行会的发展，城市法也承认各种手工行会和商人行会独立的法律规章。城市法还规定了各种类别的非市民，包括贵族、神职人员、学生、犹太人等单独的权利和义务。③

除了规定市长和治安官的选举，规定"监视城市治安官公正合法地处理富人和穷人"的验尸官的权利，城市特许状很少规定议员的阶级区分，很少说议员和市民首领应该如何或者由谁来提出城市法庭的判决。城市机构更像是个法庭。城市还有"十户联保制"之类的特有组织，由市长或治安官管理；城市更有"民事法庭"，诺里奇就被分为四个民事法庭，每个民事法庭都是独立的。每个城镇或街道都有直辖的十户区区长。城市中有些民事法庭随着时间的推移还呈现出政府机构的特征，如曼彻斯特的民事法庭。民事法庭或者十户联保制的起源更多的是王权治安的需要。

但是，城市富有贵族和城市普通居民的差距不可避免地逐渐扩

① Henry Pirenne, *Early Democracies in the Low Counties, Urban Society and Political Conflict in the Middle Ages and the Renaissance*, Translated by J.V.Saunders, Harper&Row, Publishers, 1963, p.34.

② Ibid., p.42.

③ Harold J. Berman, *Law and Revolution-The Formation of the Western Legal Tradition*, Harvard University Press, 1983, pp.588-590.

大，法律地位的平等并不能掩盖社会地位的不平等。12世纪初，所有从事工商业的市民都归类于商人这个一般名义之下。而后来市民社会变成了一个贵族模式的等级制度。贵族强化自己在各种场合的特权地位。他们喜欢被人称为"sir"和"lord"，他们的房子是石头的，塔楼高高耸立于那些卑微的工人茅草屋居所之上。①

社会不平等反过来又促使了法律的不平等。大约从13世纪起，共同体普通成员就没有入选法庭和政府以及市议会的资格。1240年，布鲁日明确规定，手工业者要成为议员是不可能的，除非他的贸易及所得在伦敦的汉萨同盟商站中有一席之地。1276年的阿尔特斯有一个规章，设定条件阻止从事"低级贸易"的人成为市议员。这种不断加剧的阶层分化，引起了市民的抗议甚至民主革命。低地国家各个城市的民主革命大多集中在14世纪。列日1319年时城市寡头得势，1337年则是工资收入者得势。1453年根特手工业者和纺织工向贵族发起斗争。②这些斗争迫使城市不同程度地重申市民平等这一原则。

中世纪城市里的外国商人也努力在城市中追求自由和平等权利。如格拉斯和梅特兰都认为，英国大宪章中就有关于外国人地位平等的法律。③早在1194年，科隆商人就获得了保证，"可以自由地进入我们土地上的集市并可以在伦敦等城市做买卖"。④汉萨商人在亨利二世时期拥有与伦敦商人同等的法律地位。1215年的大宪章保证商人、商品的安全："那些接受者可以带着他们的商品包括买到的货物、出售的货物和运送的货物，自由平静地在我们国土上进出，免遭勒索。"⑤亨利三世之后，对外国商人的管辖取得了共识，即由

---

① Henry Pirenne, *Early Democracies in the Low Counties, Urban Society and Political Conflict in the Middle Ages and the Renaissance*, p.114.

② Ibid., p.174.

③ F.W.Maitland, *The History of English Law, Before the Time of Edward I* (second edition), Volume I, Cambridge University Press, 1898.pp.464-465.

④ Keechang Kim, *Aliens in Medieval Law, the Origins of Modern Citizenship*, Cambridge University Press, 2000.p.35

⑤ Ibid., p.27.

2—3 个市政官协助市长和治安官听取外国商人的抱怨，及时提供法律救助。[①]

中世纪英国关于外国商人的法律，没有"原籍"歧视。外国商人在城市的这种自由权利也可以看作一种特别的"平等"。汉萨商人在英国的特权，丹麦商人的特权，和伦敦商人的特权是一样的，他们可自由地在国王法庭和大法官法庭控告别人，整个爱德华三世时期都是这样。[②]

六、城市的民主及变异

政治主体的事务由谁来主持和决定？历来就有全体成员当家和极少数人专权的两种体制。在欧洲自治城市里，最初显然是民主观念支配下的制度为主。这不仅是中世纪欧洲有古典民主政治传统的烙印，有日耳曼人原始态民主风气遗存，更重要的是由城市的本质和其经济社会特征所决定。当城市里的人们人身自由、身份平等后，他们不认为还有什么人高于别人，城市共同体的事当然应由全体成员做主，或者由全体成员推举出来的人主持，因此城市实行民主制是十分自然的。

当然也有特别情况。如意大利城市最初有许多乡村中小贵族进入城市从事工商业，他们原有的社会地位以及他们具有经营工商业活动的良好资本基础，使他们很早就控制了城市统治权。哪怕是后来颇有民主气息的佛罗伦萨，12、13 世纪城市政治生活的统治者也是这样一些血缘性的城市贵族大佬（magnates）。直到 13 世纪末年，手工业者的联合体（popolo）才把他们赶下权力舞台，建立起以大行会为根基的共和国。[③]

[①]　Keechang Kim, *Aliens in Medieval Law, the Origins of Modern Citizenship*, p.38.

[②]　Ibid., p.56.

[③]　Carol Lansing, *The Florentine Magnates, Lineage and Faction in A Medieval Commune*, New Jersey: Princeton University Press, 1991, p.xiii, preface.

城市民主在发展过程中也出现了变异或曲折，尤其是中世纪晚期出现了寡头政治。绝大多数西欧城市在 14、15 世纪以后走向了寡头制，有的甚至形成了世袭的、封闭性的统治集团。不过，即使是在曲折时期，也还有一定的民主制度影子，如市长由选举产生，一任只有短暂的一年等。

行会民主政治

中世纪城市的早期阶段，还没有确立正式稳定的自治制度，民主机制并未形成，因此并不是全城居民都能参与城市公共事务的管理，主导城市政治的往往是权势人物。如在意大利，最初的城市国家掌握在出身门第、社会地位和财富都与众不同的一小部分人手中，即以进城从事工商业的小贵族手里。[①] 到了 12、13 世纪，城市政治的突出特征是行会政治。行会虽然以经济职能为主，但也兼具政治和社会功能。最先出现的商人基尔特，其政治和社会作用便不可低估。如英国林城的商人基尔特是城市的实际统治者，它被称为"大行会"，全部由显贵组成。其长老可以自动变成城市的代理市长。他可以挑选十二人委员会中的四名成员，十二人委员会的职责是每年选举市长和市政官员。按规定，城市官员必须出自这个"大行会"。[②] 随着行会成为城市中的核心组织，大部分城市都有个行会政治时期。行会的政治作用或政治角色，有诸多方面表现。首先是行会对整个城市的政治领导权。如市政机构负责人多来自行会人员，或是行会信得过的人员；行会的规定和限制，往往是市政当局制订政策的基石。城市议会主要由行会代表组成。势力大的行会还可从国王那里直接取得特权而凌驾于市政，或不服从市政管辖。由于行会基本上囊括了所有市民，因此行会时期也是中世纪城市的民主政治时期。城市

---

① 〔意〕路易吉·萨尔瓦托雷利：《意大利简史——从史前到当代》，沈珩、祝本雄译，第 140 页。

② Susan Reynolds, *An Introduction to the History of the English Medieval Towns*, pp.175-176；B. A. Hanawalt, "Keeper of the Lights: Late Medieval English Parish Gilds", *Journal of Medieval and Renaissance Studies*, Duke University Press, Vol.14 (1984), No.1.

的市政大厅也因是行会代表开会场所而称为"行会厅"（guildhall）。

1368 年德国奥格斯堡城的一则行会文告，很清楚地说明了行会管理城市、推选管理人员的原则和程序。[1]又如 14 世纪中期的布鲁日，城市公社有九类成员：依靠私人收入或经营批发商业而生活的市民；呢绒工人行会，包括纺织工、漂洗工、剪羊毛工和染工；屠夫和鱼贩；17 个较小的手工业行会；金属制造手工业行会；皮革业行会；缝纫工；面包师；代理商等小商人。不拉奔大部分城市也有类似情形。行会成员在城市共同体之下，以采取协商的方式处理城市各项事务，有威望的贵族通常是市议会、政府和法庭的管理者。

当然，各个行会的地位因其规模和富裕程度而大有差异。典型者如意大利的佛罗伦萨，14、15 世纪里有 7 个大行会（肥人）和 14 个小行会之分。虽然城市政权由大行会把持的时间较多，但中小行会也不时地参与了市政工作。[2]

行会的政治作用还体现在，它在许多城市中还是基层行政组织，不但对本行会全体成员负责，也要对市政机构负责。要执行市政的命令，完成市政交给的任务，包括缴纳税收，维持治安，管理街区等。在城市对外作战时，一个行会往往就是一个成编制的战斗单位。行会也是基层社会组织，有自己的会徽、会旗，多以本行会的生产工具或产品为标志。它对成员有扶困济危的责任，成员间也有相互帮助的义务。行会会所作为本行会的活动中心、聚会场所，对成员有强烈的吸引力。行会还调解成员之间的矛盾，化解冲突，也负有伸张正义、翦除邪恶的责任。因此，"行会的友善性对城市零售商和手工业者所具有的无可置疑的社会吸引力，是任何相同层次的独立的经济或政治权力所不可比拟的"。[3]城市举行庆典活动时，以行会为单位参加；演出神秘剧时，行会要出节目；街头游行时，以行

---

[1]　周一良、吴于廑主编：《世界通史资料选辑》，中古部分（郭守田主编），第 142—143 页。

[2]　Edgcumbe Staley, *The Guilds of Florence*, New York：Noble Offset Printers, 1991.

[3]　Christopher Allmand ed., *The New Cambridge Medieval History*, Vol.VII, c.1415-1500, Cambridge University Press, 2008, p.141.

会为单位组成方队，一切开销由行会自行负责。

在行会政治时期，城市里行业差别，市民贫富差别，还不是很大。也许是经济平等决定了政治平等，因此行会时期城市还是很有民主气氛的。随着行会的发展，其政治影响也日益增大，并且开始逾过城市界限，介入国内政治，逐渐具备与封建统治者谈判抗衡的能力。

寡头统治与行会革命

随着工商业发展，市民中的贫富分化日益加剧。拥有和支配财富的人便会要求政治上的主导权和统治权，于是寡头政治在中世纪城市里普遍流行起来。

寡头政治的社会基础是城市贵族（patrician）。这个词据说是借用于古罗马史书。所谓城市贵族，实际上就是城市中的富有者，因富而生贵。《剑桥欧洲经济史》对其定义的特点概括为："城市人口中社会联系紧密的有钱人阶层；从政治角度看，他们倾向于组织起来成为一个紧密的、有特权的阶级。"[①]它包括多种成分：1.移居城市转而经营工商业的旧有封建贵族。他们既有高贵的门第出身，又在经营工商业中发迹，占有较多财富，因而在城市拥有极高地位。意大利尤其如此，封建主在城市贵族中所占地位，远超过阿尔卑斯山以北国家。[②]这里移居城市经营国际贸易的封建贵族特别多。如热那亚，11、12世纪贸易发展时期的头面人物，大多是已有很高社会地位和影响的人，形成了一个个既有经济实力、又有社会政治势力的显赫家族。[③]2.从事批发贸易、国际转运贸易的大商人，在商业城市中居多，意大利的威尼斯、热那亚最为突出。3.高利贷者－银行家。这些人是以财富发家的。在早期的普通城市里，高利贷者活动频繁；在中世纪晚期，那些大工商城市里如热那亚、佛罗伦萨、

---

① 〔英〕M.M.波斯坦等主编：《剑桥欧洲经济史》，周荣国、张金秀译，第3卷，第25页。

② 同上书，第25—29页。

③ A. B. Hibbert, "The Origins of the Medieval Town Patriciate", *Past & Present*, No. 3 (Feb., 1953), p.18.

奥格斯堡，出现许多大银行家。4. 房地产主。自城市土地变成自由地后，经营城市房地产的事业便随之而兴。房地产是城市，特别是工商业兴旺的大城市里最易暴富的产业。5. 富有的手工工匠。行会虽然限制竞争，但总有一些灵活或幸运的工匠冲破各种规则和限制，把握机遇，事业日益兴旺，从而脱颖而出，进入城市最富有的阶层。当然，各地城市因具体情况不同而有一定差异。在意大利，这个阶层包括了旧式贵族（noble）、商人和农村来的大地主，后者或经常或不时地住进城市。相对照，在佛兰德尔，旧式贵族和大地主倾向于在乡间保持房产，他们以一种轻蔑和担忧的态度观望着城市财富日益增长。在北方城市，城市有势力的家族多为寒微出身，因经营商业和城市房地产而发家致富。①

城市贵族在人口中的比例很小，但占取的财富比例很大。譬如，按照 1427 年佛罗伦萨著名的新征税法（catasto），该城人口中最富的 1%（约 100 户）占有城市财富的四分之一。在瑞士巴塞尔城，1446 年档案记录的 2 841 个户主中只有 72 个富户（占不到 3%）。②在纽伦堡，14 世纪起权力被少数贵族（共 43 个贵族家庭）所掌握，他们在 20 000 总人口中约占 150—200 人，不到 1%，管理城市的 7 个长老出自更少的世家。1575 年前后威尼斯约有贵族（连家庭）10 000 人口，约占总人口（整个威尼斯共和国约 20 万）的 5%。17 世纪后期热那亚约 80 000 居民，贵族至多 700 人（不含家属）。1558 年，里昂能当上城市参事的不过 30 人。③

城市贵族拥有土地财产和房产，被认为是最典型的市民，一些年代记编者用富有财产者、丰产者、好男人等来称呼他们。④尽管城

---

① Mortimer Chambers, Barbara Hanawalt, Theodore K. Rabb, Isser Woloch and Raymond Grew, *The Western Experience*, p.254.

② Christopher Allmand ed., *The New Cambridge Medieval History*, Vol.VII, c.1415-1500, p.139.

③〔法〕费尔南·布罗代尔：《15 至 18 世纪的物质文明、经济和资本主义》，第 2 卷，顾良、施康强译，第 510—512 页。

④ Henry Pirenne, *Early Democracies in the Low Counties, Urban Society and Political Conflict in the Middle Ages and the Renaissance*, p.114.

市贵族致力于城市公共福利，但他们更利用权力和威望将城市牢牢控制在自己手中，形成寡头政治。所谓寡头政治，其基本特征就是极少数富人构成封闭的政治团体，垄断城市领导权，甚至还实行家族世袭制。如佛兰德尔的根特城，政权由 39 个市政官把持，职位世袭。39 人分成三组：13 人为本年度执行市政官；先年 13 位执政官本年度转为顾问，协助执政；前年的 13 位执政官轮休，来年再转为执行市政官。如此周而复始。德国科隆的市政会是最高行政机构，15 个成员每年都更新，实际上全在 15 家城市贵族中产生。[①] 威尼斯城市贵族约占人口的 5%，只有这个阶层的人才可参与城市管理。政府重要职务如总督、大议会成员、元老院成员、法院的大法官，无一不是被城市贵族所占据。[②]

英国城市官员的世袭制也较为多见。如北安普敦的梅纳德家族、麦尼克家族、斯里克家族及莱昂家族维持统治地位长达一个世纪之久，伊普斯威奇的多恩迪家族、斯帕罗家族和布洛伊家族统治该城的时间，延续将近两个世纪。[③] 一些中小城镇也有寡头统治。英国亨利八世在位 38 年间，上威库姆城的市长职务被 15 人所垄断，其中一个叫罗伯特的人，1489—1530 年曾 11 次出任市政要职。[④] 博辛斯托克按国王特许状建立的市政机构，"非但是一个封闭集团，而且随着时间推移，变成了一个家族党，其所有成员都通过血缘和婚姻关系而相互依存"。[⑤]

商人家族统治最突出的，是那些国际性大工商业城市。如佛罗伦萨的美第奇、巴尔迪、佩鲁齐、阿齐乌里等家族，热那亚的多利亚、

---

① 马克垚：《西欧封建经济形态研究》，人民出版社 2005 年版，第 321—322 页。

② John Martin and Dennis Romano, *Venice Reconsidered, The History and Civilization of An Italian City-state, 1297-1797*, John Hopkins University Press, 2000, p.16.

③ J. Thirsk ed., *The Agrarian History of England and Wales, 1500-1640*, Cambridge: 1967, p.489.

④ J. Cornwall, "English Country Towns in the Fifteenth Twenties", *The Economic History Review*, second series, Vol. 15 (1962), p.56.

⑤ P. Clark and P. Slack edited, *Crisis and Order in English Towns 1500-1700, Essays in Urban History*, p.21.

森特里奥内、帕拉维西诺、斯皮诺拉、格里马尔迪等家族，德国奥格斯堡的富格尔、雷林、赫西斯特、韦尔瑟等家族，都长期控制着城市的政权。而商人家族在经济上往往关心浅层面的商业交往，而非深度的经济一体化。如佛罗伦萨寡头们主要关注如何从自己这个城市获益，他们所做更多的是阻碍而不是促进本地区（托斯卡纳）经济的整合和更具竞争力，所以即使在黑死病之前该地区的经济整合度就不高；在版图扩张方面他们也更在意领土的增加而不是整合。[1]

商业城市威尼斯更是典型，其社会内部等级差别颇为严格。早期的威尼斯有帕尔蒂恰科、坎迪亚诺和奥尔塞奥洛等家族世袭政权。1297年的塞拉特法令（Serrata）后，威尼斯社会上层即约占人口5%的城市贵族阶层，享有进入大议会、参与城市管理的权利，政府重要职务基本由他们占据。总督、大议会成员、元老院成员、十人委员会成员、大法官等，几乎都专属这一阶层。他们中不少家庭年收入达20 000—25 000杜卡特，大多数家庭也拥有4 000—8 000杜卡特不等。[2] 在另一端，数量占城市居民90%左右的中下层主要是手工工匠、店主和各种劳动者，基本不能分享政治权力。[3]

在13世纪的法国贝荣纳、波尔多、拉罗歇尔、南特、鲁昂等城市，大商人影响已很明显。特别是巴黎，更有阿罗德、鲍潘、巴培特、皮茨多埃、帕西、布尔顿等大商人，如1292年的纳税册里，季尧姆·布尔顿就是纳税大户。[4] 巴黎有七大商人公会，即呢绒商公会、杂货商公会、服饰零售商公会、皮货商公会、货币兑换商公会、金银首饰公会，最强大的是塞纳河船主公会，[5] 它起着相当于市议会的作用，掌控巴

[1] S. R. Epstein, "Town and Country: Economy and Institutions in Late Medieval Italy", *The Economic History Review*, New Series, Vol. 46, No. 3 (Aug., 1993), p. 460.

[2] David Chambers and Brian Pullan, *Venice, A Documentary History, 1450-1630,* Blackwell: 1993, p.257.

[3] John Martin and Dennis Romano, *Venice Reconsidered, the History and Civilization of an Italian City-State, 1297-1797*, p.16.

[4] 〔法〕费尔南·布罗代尔：《15至18世纪的物质文明、经济和资本主义》，第2卷，顾良、施康强译，第401页。

[5] 〔法〕瑟诺博斯：《法国史》（上），沈炼之译，商务印书馆1972年版，第242页。

黎市政并监督其他行业的经济活动。在马赛，市政长官的职位"150年来始终被不到十来个家族所控制，众多的联姻关系和教父教子关系更使他们几乎亲如一家"。①

商人寡头掌握市政权力后，极力实施对手工业行会的控制。如英国诺里奇市政当局就规定：各手工业行会都要由市政府管理，城市司法长官和24名市政议员每年对各行会进行四次检查。各行会总管必须向市长宣誓效忠，否则市政有权另行任命。各行会条例须经市政当局批准。各行会不得拥有独立法庭。类似的规定在很多城市都有。②寡头政府还运用政治权力，在经济上榨取普通市民。如佛兰德尔的根特城，市政对市民的税收在总岁入中占有相当大的比例，从而引起市民不满，③引发城市内部的冲突。英国考文垂的寡头政治团体经常滥用手中权力，侵夺城市普通市民的利益，结果遭到市民们的抵抗。1480年，该城的财政总管奋而反对这些有权势的人，在他周围很快就集结了一批追随者。④

城市市民反对城市贵族的斗争，习称"行会革命"。因为斗争主要是行会发动的，参加者也多是行会成员。佛兰德尔城市手工业行会与城市贵族之间的斗争异常激烈，封建领主也介入其中，矛盾复杂交织，演变成一种三角斗争，城市秩序大乱。早在13世纪，佛兰德尔城市的低等阶层就发起了对封建贵族或城市贵族政府的反抗。如1225年的起义，1253年列日的手工行会起义，1280年各城市反对城市政府的起义。⑤14世纪里，佛兰德尔城市爆发了三次大规模动乱。第一次是行会与伯爵联合起来反对商人寡头。第二次是行会与商人贵族联合反对伯爵。第三次是行会同商人贵族斗争时，被法

---

① 〔法〕费尔南·布罗代尔：《15至18世纪的物质文明、经济和资本主义》，第2卷，顾良、施康强译，第512页。

② 吴于廑主编：《十五十六世纪东西方历史初学集》，武汉大学出版社2005年版，第154页。

③ 〔美〕汤普逊：《中世纪晚期欧洲社会经济史》，徐家玲等译，第551页。

④ D. C. Douglas ed., *English Historical Documents*, Vol.4, London: 1969, p.1190.

⑤ 〔英〕M.M.波斯坦等主编：《剑桥欧洲经济史》，第3卷，周荣国、张金秀译，第29页。

国的军事力量所镇压。由于佛兰德尔各城市严重内耗，导致城市手工业全面衰落，使得这个中世纪城市经济最为发达的地区从 14 世纪就走上了衰落之路，远早于意大利城市。

斗争双方势均力敌之时，便产生了获"渔翁之利"的中间势力，意大利众多中小城市里这种现象较为突出。"民众社团"（popolo）是被排除于城市政府之外的手工工匠和小商人的联合体，其力量和活动程度往往成了城市政治的关键。这个群体聚在一起，组织了"城市公社中的公社"，也就是自己的政府，有自己的领袖，有自己的议会和章程，有自己的房屋、教堂、旗帜和民兵。他们的利益是和贵族完全相对的：前者是集体组织，组成邻里协会或行会，后者是家族或宗派；前者要争取保护和扩大城市在食物供应、司法和税收等方面的权利和权力，后者要限制这些。前者要巩固、要城市和谐，后者是分裂，是毫无法纪。从这两派的冲突中，产生了"暴君"（signori），它既可能来自"民众社团"，作为与贵族斗争的工具，也可能来自贵族，更多的是神圣罗马帝国的前雇佣兵军官。[①]

行会反对寡头政治取得成功的最突出例子是佛罗伦萨。在反对家族统治的斗争中，佛罗伦萨市民一度取得重大胜利，推翻了城市当局，建立了自己的政权。

据对一百多个德意志城市的调查，1301—1550 年曾发生了 200起流血冲突。而 1173—1530 年，里昂共发生了 126 起骚动。[②]

英国由于王权的强大，城市里的阶级冲突相对平缓，城市管理在 13、14 世纪里对全体市民较为公开，最初手工业行会并没有强烈的政治愿望。但到了 14、15 世纪，市政会出现了寡头政治倾向，手工业行会做出了反应，开始干涉并成功地获得进入市政府参与管理的权利。[③]

---

① David Abulafia ed., *Italy in the Central Middle Ages*, p.109.
② 〔法〕费尔南·布罗代尔：《15 至 18 世纪的物质文明、经济和资本主义》，第 2 卷，顾良、施康强译，第 543 页。
③ 〔英〕M.M. 波斯坦等主编：《剑桥欧洲经济史》，第 3 卷，周荣国、张金秀译，第 30 页。

商人寡头面临的社会挑战是多方面的。行会革命是出于对寡头统治的反抗，而市民阶级或中产阶级的形成则意味着一种新生力量崛起，对商人寡头的统治构成挑战，并在最后取而代之。在市民阶级逐渐居于主导地位的时期，市民阶级本身也逐步壮大，城市的政治生态最终演变成日益走向成熟的市民社会。

七、城市早期法治实践

欧洲中世纪城市早期的法治实践，长期引起学界研究兴趣。19 世纪著名法律史家梅特兰探讨了英国中世纪城市特许状及城市法庭。[①] 20 世纪初托尼等主编的《英国经济史资料选》，[②] 搜集了许多城市宪章、城市法令及行会禁令等文献。21 世纪初的《新编剑桥中世纪史》第 4 卷（1024—1198 年）[③] 里，苏珊·雷诺兹认为城市多具有共同认可的法律。尼古拉斯对公社、习惯、城市法庭有不少论述。[④] 诺曼·庞兹指出，城市按特许状所赋予的权利建立城市法庭，城内任何人犯罪都须受城市法庭审判。[⑤] 戴尔认为，城市垄断法庭审判权主要是为商业服务。[⑥] 里格比等认为英国城市发展史上，其第二阶段为共同认可的法律管理的阶段。[⑦] 伯尔曼认为，城市政治生活中充斥着民主法治的既定程序和形式，城市特许状具有宪法特征，城市法律多是根据成文的特许状建立起来的，它既是政府组织的特许状，又是市民权利和特权的特许状；在实效上，它们是最早的近代

[①] Sir F. Pollock and F. W. Maitland, *The History of English Law, Before the Time of Edward I*, second edition, Vol. I, Cambridge University Press, 1898.

[②] R.H. Tawney, *English Economic History*, G. Bell and Sons, Ltd, 1925.

[③] David Luscombe and Jonathan Riley-Smith, *The New Cambridge Medieval History*, Vol.4, Cambridge University Press, 2008.

[④] David Nicholas, *Urban Europe,1100-1700*, Palgrave Macmillan, 2003.

[⑤] Norman Pounds, *The Medieval City*, Greenwood Press, 2005.

[⑥] Christopher Dyer, *Making a Living in the Middle Ages: The People of Britain 850-1520*, Yale University Press, 2005.

[⑦] D.M. Palliser ed., *The Cambridge Urban History of Britain*, Cambridge University Press, 2008.

成文宪法。① 也有学者如泰格、利维认为欧洲城市法治和法律传统要更晚一些，是与资本主义兴起密切相关的：商人阶级壮大后要求扩展活动领域，他们创办了工厂、银行和市镇，由此触动了封建领主的政治经济利益，双方的冲突不可避免，其结果是出现法律协调并最终达成妥协；同时，基于商业贸易对契约法则的内在需要，商人阶级也自立法律。② 总之，城市早期的法治实践，其原因是多元化的。

城市法治实践的背景与要素来源

1. 背景：保障、规范和发展城市经济的法律需求

11—14 世纪西欧形成了以城镇为中心的市场经济。在城市共同体中，市民是城市存在的根本，城市法是城市存在的法理保障，市民的身份及法律地位都须通过城市法来保障，城市法庭是城市法组织和实施的机构。

城市兴起后，出于对市民管理、城市防卫、商业发展、税收和宗教管理、对外事务处理等方面的需要，对法治提出了较高要求。于是城市在法治方面做出各种尝试和努力。这些努力，是以一定法治传统的传承为基础的，包括日耳曼人习惯法和基督教义中的法律原则。这些习惯和原则，一方面给予了城市法律权利，用以对抗不利于城市发展的力量；一方面引导城市自身法律发展的趋势和方向。正是有城市早期法律实践作基础，罗马法复兴后，城市法体系很快就形成了。

在城市早期法治实践中，领主最初是主导者。为了追求财政收益，领主较多介入城市经济活动及司法活动。③ 早期市民有自己的高级市政法庭，处理个人的、刑事的、民事的、商业的等方面事务。领主也通过代理人主持在城市的法庭、管理法庭事务。城市法庭介入的

---

① 〔美〕哈罗德·J.伯尔曼：《法律与宗教》，梁治平译，生活·读书·新知三联书店 1991 年版。

② 〔美〕泰格、利维：《法律与资本主义的兴起》，纪琨译、刘锋校，学林出版社1996 年版。

③ Rosamond McKitterick, *Medieval World*, Times Books, 2003, p.100.

主要是市民事务，尤其是涉及市场的事务。①

随着市场交换越来越活跃，物和人的流动性增多，对法的要求也提高了，交换活动集中的城市比乡村需要更多更精细的法律。如12世纪影响最大的马格德堡城市法规定，市民和外来商人之间的诉讼，应即时审判，并在案件提起的同一天予以判决。②法律的适应性也因城市频繁的交换活动而增强。12世纪初，好几个城市已拥有特别法庭，只是法庭的审判权因地而异。

欧洲各地兴起的集市对法律革新的需求同样迫切，尤其是在城市安全的控制和建立行商法庭这两点上。③行商法庭还吸收了外国商人参与其程序和调解。如1285年伦敦albus登记册中记载了一种涉及市场和集市的混合陪审团，"六个英国人和六个外国人组成了12人组来处理契约、债务和侵权案件"。④

行商活跃在各大集市之间，集市有的位于城市控制之地，因而集市法庭和城市法庭在某种程度上存在相互竞争和影响的关系。有的城市法律在集市期间是无效的。如温切斯特的圣伊莱斯集市期间，市政的权力完全被压制，集市领主即主教取得城市大门的钥匙和监护权，并建立了集市法庭，来审理所有涉及治安、债务、契约，甚至是城市土地和房屋的案件。⑤在约克，集市期间领主大主教委派执行官从城市那里接过对城市桥梁的管理，集市管理权力由此转移。⑥

13世纪，商人从行商向坐商转变。它们变为城市的常驻商人之后，开始掌握城市权力。⑦英国城市尤其是大中城市，其权力很大部分是由富有商人和行会来行使的。在希尔顿看来，英国城市到12世

---

① R. H. Hilton, *Class Conflict and the Crisis of Feudalism, Essays in Medieval Social History,* p.177.

② 〔美〕哈罗德·J.伯尔曼：《法律与革命——西方法律传统的形成》，贺卫方等译，第457页。

③ Keechang Kim, *Aliens in Medieval Law, the Origins of Modern Citizenship,* p.25.

④ *Borough Customs,* Vol.I, 18 Selden Society, 1904, p.201.

⑤ E. Lipson, *The Economic History of England,* Vol.I: *The Middle Age,* 9th edn, p.241.

⑥ Francis Drake, *Eboracum: or the History and Antiquities of the City of York*, London, 736, p.218.

⑦ Keechang Kim, *Aliens in Medieval Law, the Origins of Modern Citizenship*, p.42.

纪以后，便由商人为主的阶层来掌控市镇权力。梅特兰认为，在林肯城，虽然 11 世纪精英多是农村地主和借贷人，但商业集团很快占了优势。城市的收益随着商业阶级的财产投资而变化。12—13 世纪早期的伦敦，是富有商人和王室贵族的联合统治；13 世纪中期，行会拥有了城市统治权；14 世纪早期至 15 世纪，富有行会成了城市主导。[①]

　　13 世纪后，长途贸易商人的法律地位得到改善，包括外来商人。如 1252 年，一佛罗伦萨商人获得特许状，保证他和他的家庭成员自由买卖，并可"如伦敦任何市民一样"在王土上经营商业。后来，他和他的继承人都进入了城市商业行会，享有与伦敦市民相同的自由权利和自由惯例。[②]1303 年英国国王颁布商人宪章，将城市法律对商人利益的保护推向了顶点。宪章规定城市保证日常安全；为外国商人团体提供特殊待遇，使其能获得在城市中自由贸易的权利；宪章废除了只能在城市逗留 40 天的限制；保证外国商人进入集市，保证市集及城市范围内的商业案件，可以在一年内提供法律援助。[③]

　　总之，快捷高效地为商业纠纷提供解决之道，是城市法发展和完善的根本动力。罗马法复兴、普通法流行后，城市法治更为普及，甚至连市政做出的管理城市的措施和行为，都要由城市法庭判决是否得当。如伦敦公害法庭已出版档案记录的 1301—1431 年 61 宗市政管理案件，其中不少是市长或市政会就有关市民违反城管条例或卫生条例而向公害法庭提出申诉，再由陪审团做出判决的，市长或市政会则依据判决对相关被诉人做出处理。[④]

　　2. 城市法治的要素来源

　　中世纪的西欧人都服从惯例和规章，任何违背惯例和规章的行为都被禁止。这样，法律成了无所不包的社会关系总调节者。[⑤]如同

①　R. H. Hilton, *English and French Town in Feudal Society-A Comparative Study*, Cambridge University Press, 1992, pp.91-92, 97-98.

②　Keechang Kim, *Aliens in Medieval Law, the Origins of Modern Citizenship*, pp.41-42.

③　Ibid., pp.37, 39-40.

④　Norman Pounds, *The Medieval City*, pp.200-203.

⑤　〔俄〕A. 古列维奇：《中世纪文化范畴》，庞玉洁、李学智译，庞卓恒校，第 175 页。

伯尔曼说："教俗两种权力，只有通过法治的共同承认，承认法律高于它们两者，才能和平共处。"如此，法治的概念才能"既得到盛行的宗教意识形态的支持；又得到统治者流行的政治经济缺陷以及多元的权威和管辖权的支持；最后还得到在 12、13 世纪逐渐盛行于整个欧洲的高水平的法律意识和法律复杂性的支持"。[①]

惯例、特许状及更细化的行会法组成了城市法。日耳曼习惯、基督教和罗马传统，及其三者的结合，成为城市立法、自治和管理的法治过程的来源要素。[②]

（1）日耳曼人法律的推广和惯例的固化

日耳曼人将其极具民族性的习惯法和习俗带入了欧洲，以其族群的认同力和组织力，暂时解决了罗马对民众和组织的控制崩溃所带来的社会危机。因此，在 11 世纪以前的欧洲，日耳曼人的习俗和习惯法发挥着主导作用。

日耳曼人各王国法典多制定于 6—9 世纪。各王国在地方法官、法庭、税收和审判等方面，并没有很高的组织和管理水平。[③]日耳曼家庭中的成年男性，参加征战，参加农业和畜牧业生产，参加法庭的管理和出庭，[④]都受日耳曼人观念的驱使。一些日耳曼特色的习惯、惯例，如原始平等观念、赔偿金制度等，对后来城市法发展具有重要影响。日耳曼人的成文法中，也体现了习惯和判例的意义。

《萨利克法典》是日耳曼法律的代表。法典规定，团体里的成员在习惯法面前是相对平等的，不同等级的人破坏了习惯法都要受到与其身份相当的惩罚。虽然这些规定有明显的等级性，但在法律规训方面都是平等的，尤其是在涉及经济和债务方面时。如法典条文规定："如果有人未经事先召唤债务人到法庭，或者在根本没有

---

① 〔美〕哈罗德·J. 伯尔曼：《法律与革命——西方法律传统的形成》，贺卫方等译，第 357 页。

② 参见王亚平：《西方法律制度转型的社会根源》，人民出版社 2009 年版。

③ *The Internet Medieval History Sourcebook has an extensive section of early Germanic law codes*, http:// fordham. edu/halsall/sbook-law.html.

④ Linda E. Mitchell, *Family life in the Middle Ages,* Greenwood Press, 2007, p.30.

债务的情况下违法邀请伯爵去没收人家的财产，应罚付 8000 银币，折合 200 金币。又如果伯爵已被邀请办理上述事情，而擅自拿取在合法性的、公平的债权范围外的东西，应备款赎买自己，否则以生命抵偿。"①《萨利克法典》之重要性，在于它将日耳曼人的习惯法程序化。有的条文，后来还直接影响着城市。例如，"如果有人搬入一个村庄，在 12 个月的期限内，并没有人提出任何抗议，（迁入者）应和其他邻人一样地不受侵犯"。②从这里可看到农奴在城市中待满一年零一天就不再受原领主管辖的惯例的源头。这种保障迁入者利益的条款，在中世纪城市建立之初工商业者宣誓成为城市社团成员的过程中极具意义。赔偿金制度也是一个重要的日耳曼习惯法。《萨利克法典》通篇贯穿了有关"赔偿"作为侵权行为补偿的规定。对偷窃、打人、侮辱、财产转让、迁移等侵权行为，都有相关的罚款规定，如"任何一个人如果侵袭自由人，并抢劫他的财物，而被揭破，应罚付 2 500 银币，折合 63 金币"。③这些法规在民事纠纷和商业侵权行为较多的城市里得到更常见的执行。总之，这些具有日耳曼特色的法律原则，是城市市民法律身份平等观念、司法制度及司法程序的重要来源。

（2）基督教教义和教会的影响

城市法作为市民宣誓遵守的地方习惯法，其确立离不开宗教的影响。在中世纪的人看来，上帝已经制定了大众必须遵循的司法准则；而且只有通过教会或国王批准才能认可其效力。④

在基督教教义中，信仰上帝的人都是上帝的选民，在末日降临的时候会受到上帝公平的审判，这种审判不会因为身份、地位、财富的不同而有差别，因此，在教会的道德中，人人平等是一个潜在的价值观念，这个原则对整个欧洲包括城市具有重要影响。从理论

---

① 《世界著名法典汉译丛书》编委会辑：《萨利克法典》，法律出版社 2000 年版，第 31 页。

② 同上书，第 29 页。

③ 同上书，第 11 页。

④ 〔英〕梅特兰等编：《欧陆法律史概览——事件、渊源、人物及运动》，曲文升等译，上海人民出版社 2008 年版，第 64 页。

上讲，由于城市市民之间没有身份隶属关系，所以在法的面前人人都是平等的。宗教给法律领域带来了具有深远意义的变化，法律开始被理解为一切人都须遵守的凌驾于个人意愿之上的程序了。①

从立法原则看，基督教圣经中已有很多上帝与世俗人订立的契约，如与摩西订立的十诫契约、与大卫订立的契约等。教会法不但延续了古罗马关于契约的一般规定，而且赋予契约以神圣性，将契约行为纳入教会法的管辖范围。首先，按照教会规定，宣誓是一种神圣行为，是对上帝的承诺。凡经当事人宣誓的承诺就必须严格履行。其次，基于对宣誓的神圣性规定，教会又从赎罪戒律原则推导出另一条原则，即协议必须恪守，每一项承诺无论其形式如何，都具有约束力，因为在上帝看来，发誓和未经发誓的承诺是同等的。在涉及契约纠纷时，当事人可以自由选择世俗的或教会的法庭来寻求法律救助。在实践中，当事人为了寻求双重的司法救济，常常将在世俗法庭没有得到保护的契约纠纷提交教会法庭。此外，基督教有关"上帝的归上帝、恺撒的归恺撒"的观念，对于城市立法中有关财产权，尤其是城市与教会财产权隶属的条文也产生了很大影响。

许多城市是教会的基地，教会人士及教会法对其能直接施加影响，给予一定特权。西欧各蛮族国家皈依基督教后，重要的教会首领都以大城市为驻地。许多主教不仅控制了城市的防卫设施，而且还取得了财政司法大权。②11世纪教会改革，加强了教会对俗界的渗透，各国陆续建立了许多主教城市，如法国北部。③许多主教还影响着城市的兴衰，如德意志的主教城市。④教会改革，逐渐增强了主教对城市的影响力。教皇格里高利七世扩大了教会的司法管辖权，教会法庭逐渐成为中世纪法庭的范本，教会法发展为完整体系也对城市法产生了重要影响。有的城市如马赛，甚至宣称"统治我们的

① 〔俄〕A.古列维奇：《中世纪文化范畴》，庞玉洁、李学智译，庞卓恒校，第184页。
② 〔美〕C.沃伦·霍莱斯特：《欧洲中世纪简史》，陶松寿译，商务印书馆1988年版，第112页。
③ 〔英〕M.M.波斯坦等主编：《剑桥欧洲经济史》，第3卷，周荣国、张金秀译，第24页。
④ J. Jeffery Tyler, *Lord of the Sacred City*, Brill, 1999.pp.22-23.

城市者唯有上帝本身"。①教会法成功地促使市政当局建立专门法庭，出版专业法律文献，改造部族的、地方的和封建的习惯，建立相关的法律制度，以处理财产关系、暴力犯罪、商业交易等事务。②

11世纪的"上帝休战运动"为城市法治提供了良好环境。1027年，主教会议达成协议，为了确保每人对上帝的尊敬，任何人在星期六傍晚到星期一早上不得攻击敌人。1050年前，休战天数增多，众多宗教节日都是休战日。③1077年，这种上帝和平制度还促使列日建立了和平法庭。④各类修会僧侣所表现的节制、诚信和虔敬精神，也正面影响了城镇早期市民阶级，它为市民在积累资金、信守契约、尊重法律、敬业勤俭方面提供了精神范本。城市法从教会法中借鉴了很多原则，教会法为城市法发展充当了榜样。

（3）罗马法复兴

罗马法是规范私有制的重要工具。12、13世纪，随着城市商业的发展，产生了更适用于商业活动和商业管理的法律的新需要，而罗马法对私有权的强调，使得它与日耳曼习惯法相互融合，成为其时欧洲特有的政治经济法律体系。

在罗马法复兴过程中，12、13世纪出现的欧洲第一批大学发挥了重要作用，西欧第一次将法律作为独特的、系统化的知识体系来教授、研究、解释和传播，一批法律职业人员诞生了。13世纪见证了众多的法学成就。阿库修斯修订了罗马法基础，完成了著名的《规范注释》（1220—1240年）。1234年的《格里高利九世教令集》和1298年的《卜尼法八世教令集》⑤则保存了教会法的相关内容。

法国在11世纪禁止研究罗马法，而到12—13世纪，随着经济

---

① John H. Mundy and Peter Riesenberg, *The Medieval Town*, New York: 1958, p.164.

② 〔美〕哈罗德·J.伯尔曼：《法律与宗教》，梁治平译，第75页。

③ 郭义贵：《西欧中世纪法律概略》，中国社会科学出版社2008年版，第203页。

④ Henry Pirenne, *Early Democracies in the Low Counties, Urban Society and Political Conflict in the Middle Ages and the Renaissance*, p.60.

⑤ John Watts, *The Making of Polities: Europe, 1200-1500*, Cambridge University Press, 2009, p.97.

和政治发展，伴随罗马法研究而兴起的法律阶层成为城市上层。最高法庭的创立，众多法律学校的建立，为法学发展奠定了基础。德国皇帝康拉德二世规定在城市中罗马法应比地方法多。[①]1076 年，这一要点被一托斯卡纳法庭的判决所引用。[②]

英国继受罗马法的时间要比法国和德国晚。14 世纪前，接受罗马法还只是法学家个人的事情。如布洛瓦的彼得 1182 年书信对亨利二世的王室法官进行批判时，引用他所学的罗马法知识，警告亨利二世对巡回法官、林务官、治安官等官职的滥用。[③]14 世纪，英国在以日耳曼法为基础建立的普通法中，吸收了罗马法中的"衡平"原则来调适法律与商业发展的矛盾。罗马法在黑死病后进入英国，14 世纪后半期第一次出现在中央法庭，再通过中央法庭影响地方法庭。在 1377 年的一个诉讼中，市长法庭在语言上、原则上优先使用被称为"Doctor Liability"的令状，这种令状是大法官法庭质询、允诺法律补偿的重要依据。[④]

罗马法的普遍性，影响着城市的法律、法庭和审判程序等，使得有"国家"感觉的团体公共事务进入了城市生活。[⑤]而在城市法从罗马法中借鉴所有权概念及法律程序和体系的背后，罗马法也在侵蚀着城市法。中世纪晚期民族国家发展起来后，罗马法原则指引下的民族国家或君主，开始将罗马法是帝国体系的原则运用于城市，实际上就是要将城市法纳入民族国家法体系。

城市早期法治实践的体现

罗马法尚未复兴之前，新诞生的自治城市里已在崇奉法治精神。

---

① F. W. Maitland, *The History of English Law, Before the Time of Edward I* (second edition), Volume I, Cambridge University Press, 1898, p.23.

② Ibid., p.23.

③ Ralph V. Turner, *The English Judiciary in The Age of Glanvill and Bracton c.1176-1239*, Cambridge University Press, 1985.p.5.

④ Palmer，*English Law in the Age of the Black Death,1348-1381*，The University of North Carolina Press，2001, p.342.

⑤ Stuart J. Kaufman, eds., *The Balance of Power in World History*, 2007. p.171.

这是因为，城市作为一种地缘组织，居民来自不同地方，身份、背景极为混杂，必须有统一的法律来规范市民杂乱无章的行为方式。城市法庭是城市中最重要的管理机构之一，以处理民事纠纷和治安管理为主，大法官的地位仅次于市长。

虽然城市的起源不尽相同，但都形成了相似的政府，都认可独立的观念。许多城市的宪章都是相似的，究其原因，其一是它们相互借鉴，其二是各城市普遍拥有罗马法和市政背景，但最重要的在于需求的相似性。中世纪依法而治的信念，一方面是因为人们普遍相信上帝是高级法的终极创造者，另一方面更为重要，即源于多元权威（以王权和教权为主）相互对抗的社会格局。多元权力结构之下是多元法律体系，有王室法、教会法、庄园法、城市法等。生活在多种法律体系里的人，事实上能获得更多自由。同样，也没有任何法律制度能统揽全部司法管辖权。每一种世俗法律制度都是管理特定地区的特定地方制度，城市法也一样。城市在司法权、行政权和立法权上，相对于王权和领主权拥有独立的地位。

城市法的基本宗旨是维护市民的权利和义务，保障市民身份，具体体现为共同遵守法律规章的契约意识，以及城市政治运行中的法治程序等方面。

1. 共同遵守法律规章的契约意识

契约意识是日耳曼人的固有因素。早年的首领与亲兵，后来的封君与封臣、领主与农奴，其实都有一定契约关系，双方互有对等或不对等的义务与权利相约束。自治城市中这种契约观念更多地用文字固定化。领主（包括国王）将自治特许状赐予城市，他和城市之间便以这一特许状来标明相互间的权利与义务。特许状也成了城市共同体成员所必须遵守的"城市宪章"，这里既包含了城市共同体中个人与整体的关系，也包括共同体成员间的相互关系。城市内部的社会组织如行会，也有类似于城市宪章的行会章程，供成员共同遵守。许多情况下，如英国，一些有势力的行会甚至直接从国王手中获得特许状，作为处理行会与国王、行会与市政、行会与其他行会、行会成员之间关系的契约。城市市民在处理相互间关系时，也往往订立契约，明确各自的权利和义务。这类契约在自治城市里比比皆是。这样，权利、义务、责任，在市民（个体）与城市（整体）之间，在市民彼此之间，都规定得清清楚楚。以契约为纽带，是现代公民社会的基本原则。要知道，"公民"（citizen）这个词的词面看起来更像是与自治"城市"（city）相联系的。

城市法既然是城市共同体所有成员都认同的契约，那么共同体成员都必须遵守。契约意识是城市法治的原则之一，市政当局须依据城市法规（契约）来管理城市、处理与市民关系，市民之间也以契约来共同遵守法规并处理相互间关系。

（1）市民共同遵守城市的法律规章

市民共同遵守的法律规章首先就是城市特许状。特许状反映的虽然是领主赐予城市自治权，但同时在本质上又是全体市民的共同契约。许多城镇最初就是依靠集体庄严的宣誓而建立起来的；许多城镇特许状的发布或更改确认，最终都有全体市民宣誓遵守这个环节；城市管理人员就职时通常也进行就职宣誓。[1]

特许状规范了城市生活的各个方面，市民必须遵守。如有城市禁止纺织工和漂洗工携带武器上街，聚会不可超过七人，聚会内容除了有利于他们自己外不应有其他目的。[2]英王约翰给剑桥自治市的特许状中，就明确了市民的法律诉讼只能在城内进行。[3]

> 吾已赐给剑桥市民建立商人基尔特之权利，并由本特许状确认之。他们中任何人均不得在该自治市之城墙外再作诉讼……他们中任何人都不得在剑桥自治市之城墙外对诉讼事项进行申诉，除非他们为城外土地而诉讼……在应由国王受理的诉讼方

① 〔美〕哈罗德·J.伯尔曼：《法律与革命——西方法律传统的形成》，贺卫方等译，第463—465页。

② Henry Pirenne, *Early Democracies in the Low Counties, Urban Society and Political Conflict in the Middle Ages and the Renaissance*, p.132.

③ Norman Pounds, *The Medieval City*, pp.191-192.

面，他们自己可依该自治市的传统习惯进行……他们所有的债约都应在剑桥市内达成，所有的誓言都应在这里做出，所有的诉讼都应在剑桥进行……吾禁止任何让前述剑桥市民受到伤害、损失和骚扰之行为……在此吾坚定地允诺，在吾及吾之后代时期，上述市民及继承者均将和平地、自由地、平静地、完全地和体面地拥有与保持前述权利……

13世纪后，一些手工业中心的城市章程文本，则较多地尊重了市民权利。

城市法庭及城市中的其他法庭是市民这种契约精神展现的舞台。行会法庭、城镇或集市的"行商"法庭都有同样作用。[1] 经济交易中的安全支付，合营公司的代理人和商标权的变更，货物和交易的账单，所有与买卖相关的问题，都须在城市各类法庭中依据相应的法律（契约）来裁定。

契约精神还外化为制定新的法律。城市法庭监管范围宽，各地城市也可扩大地方性法律。14世纪后，它们还以不同颜色法典化，如温切斯特的黑皮书、布里斯托尔的小红书或科尔切斯特的红皮书。[2] 城市法也在不断完善或改进，如低地国家的城市法就是在对特许状"日复一日"的叙述和运用中形成。13世纪中期前尚是不成文法，后以高级市政官"禁令"形式记录下来。城市的法律改革也不局限于程序、市民法、商业法和刑事法，后来还清晰地集中于人的权利和土地产权。[3] 12—13世纪新建的英国城市则喜沿用诺曼底城市布勒特伊的法律。[4]

---

[1]　Charles Gross, "The Court of Piepower", *The Quarterly Journal of Economics*, XX (1906), p.231.

[2]　Rosemary Horrox and W. Mark Ormrod, eds., *A Social History of England, 1200–1500*, Cambridge University Press, 2006, p.162.

[3]　Henry Pirenne, *Early Democracies in the Low Counties, Urban Society and Political Conflict in the Middle Ages and the Renaissance*, p.39.

[4]　参见 M. Basteson, "The Laws of Breteuil", *The English History Review*, Vols XV and XVI (Jan., 1901)。

城市内的社会组织如行会，也有类似于城市宪章的行会章程，供行会成员共同遵守。如英国城市科尔切斯特三个行会的规定："香料商行会的法令规定，香料商不应拥有除法庭授权、盖印和称重之外的衡器；他不用角器（模糊的盛器），不用手抓，更不巧言令色损害普通老实人的利益"；"糅白皮革匠行会的法令规定，他不能鞣除绵羊皮、山羊皮、白鹿皮、马皮、猎狗皮之外的任何皮革"；"鞣革匠行会的法令也规定，他不能鞣绵羊皮、山羊皮、白鹿皮、马皮、猎狗皮等；他也不能从事皮革买卖"。[①]

有的行会甚至直接从国王手中获得特许状，作为处理行会与国王、行会与市政、行会与其他行会、行会成员之间关系的契约章程，如1175年英国国王亨利二世直接赐予牛津绕线工行会特许状。[②]法国国王也直接控制巴黎的部分行会，如13世纪颁给巴黎羊毛织工行会章程。[③]

（2）市政当局依据城市法规（契约）管理城市

罗马法复兴、普通法流行后，城市法治更为普及，甚至连市政管理城市的措施和行为，都要由城市法庭判决是否得当。如伦敦公害法庭档案记录的1301—1431年市政管理案件，其中不少是市长或市政会就有关市民违反城管条例或卫生条例而向公害法庭提出申诉，由陪审团做出判决，市长或市政会则依据判决对相关被诉人做出处理。[④]这些市政管理活动先由市政向公害法庭提出申诉，再由法庭做出判决，之后才能由市政采取或不采取下一步措施。

城市管理机构的组织和运行也反映出契约精神。在英国、威尔士和爱尔兰，14个大城镇的市长"由商人平民"选举出来，任期一年。市长不仅行使行政职能，而且按照普遍的商人法行使司法职能。这样，

---

① 〔英〕诺尔曼・庞兹：《中世纪城市》，刘景华、孙继静译，第177页。

② 同上书，第178页。

③ 周一良、吴于廑主编：《世界通史资料选辑》，中古部分（主编郭守田），第135—136页。

④ Norman Pounds, *The Medieval City*, pp.200-203.

商人法和城市法交织在一起。[①]

城市管理中也体现出市民共同参与的契约精神。而一旦法律规章的公正性被人为打破，市民也会奋起维护法律公正和自身权利。行会里的所有人都可以分享其他成员因为诉讼而得到的好处。[②]当工匠遭到来自城市议会和法庭的不公正对待时，行会的政策保护了工匠们的职业和其产品的价格。13世纪后半叶，手工业者不再对贵族和教士忍气吞声，市政会和法庭转移到了他们手里，他们建立起陪审团，按照自己意愿来处理自身事务，并且直接采取了工业立法的方式。[③]

13世纪的法国里尔，城市财政权掌握在行会手里。[④]英国伊普斯威奇市民在取得特许权时形成了两个不同的组织：由治安官、验尸官和12人组成的高等法庭；由议员及四个助手组成的管理组织；而且这两个组织联系紧密。[⑤]

（3）市民间处理相互关系的契约精神

市民在处理相互间关系时，也往往订立契约，明确各自的权利和义务。从11世纪起，市民处理各种相互间事务，尤其是义务、债务、转让和售卖之类经济事务，采取立纸为凭、记录在案的契约形式，以备事后核查。12世纪初，这种做法日益普遍。在法国北部，多由城市法庭签署私人法律文件（包括商业契约），并加盖印章予以封存，保存在城市档案中。欧洲南部则多流行公证形式。如13世纪热那亚，这样的公证书保存下来上千份。比萨和卢卡保留的13、14世纪公证书也不少，而且类别多。法国南部、西班牙的加泰罗尼亚和马约卡

---

① 〔美〕哈罗德·J.伯尔曼：《法律与革命——西方法律传统的形成》，贺卫方等译，第475页。

② F. W. Maitland, *The History of English Law, Before the Time of Edward I* (second edition), Volume I, p.668.

③ Henry Pirenne, *Early Democracies in the Low Counties, Urban Society and Political Conflict in the Middle Ages and the Renaissance*, p.128.

④ Ibid., p.24

⑤ F. W. Maitland, *The History of English Law, Before the Time of Edward I*, Volume I, p.667.

（Majorca）地区的城市也有大量这样的公证文书。[①] 这种公证文书实际上是经过公正的中人（公证人）证明的契约，签订双方必须严格遵守，公证人监督。

甚至连雇工劳动和学徒学艺，也立有契约文书予以保障。1288—1290 年意大利皮亚琴察附近一砖厂的劳动契约得以保存至今。1253—1379 年，葡萄牙农村使用雇佣劳动者，也立有文书为证。[②] 另如 1248 年法国马赛一学徒家长与其子师傅间所订立的契约：[③]

> 我，彼得·博尔，将儿子斯蒂芬托付于你，彼得·费萨克，织匠，是为了让他学习织布技术。他须住在你家，从下个复活节起为你工作四年。我保证督促我的儿子为你工作，保证他在各方面都是忠实可靠的，不会从你家偷走东西，也不会因为任何事情而从你家逃走，直到他学徒期满。我，彼得·博尔，将负责赔偿你家可能出现的任何损失和危害。至于彼得·费萨克，答应毫无保留地指导博尔的儿子，提供其食物和衣服。

总之，在这类契约中，市民彼此之间的权利和责任，都规定得很清楚。

2. 城市法律机制运行的程序化

城市立法不再是领主意愿的体现，而是要通过市民大会审定，司法必须严格按照法律程序来进行，法律是司法机关活动的唯一依据。法律被理解为一切人都必须遵守的超出个人意愿的诉讼程序。[④] 约从 1150 年起，城市法律编成法典的实践蔚然成风。[⑤]

---

① David Abulafia ed., *The New Cambridge Medieval History*, Vol. V, c.1198-c.1300, p.63.

② 〔法〕费尔南·布罗代尔：《15 至 18 世纪的物质文明、经济和资本主义》，第 2 卷，顾良、施康强译，第 33 页。

③ Norman Pounds, *The Medieval City*, p.197.

④ 〔俄〕A. 古列维奇：《中世纪文化范畴》，庞玉洁、李学智译，庞卓恒校，第 184 页。

⑤ David Luscombe and Jonathan Riley-Smith eds., *The New Cambridge Medieval History*, Vol. IV, c.1024-c.1198, Part II, p.81.

　　城市法庭程序不同于王室法庭。城市的惯例及施行、司法管辖权和例行程序等，都与中央法庭有差别，例如伦敦城：（1）治安官法庭在15世纪10年代取得了对无力承担保金者或潜逃者实行逮捕和关押的权力，而中央法庭直到1531年才取得；（2）法律执行的程序不同；（3）个人侵权之诉不同；（4）个人诉讼的不同；（5）逮捕权不同；（6）对原告的权利保障不同；（7）处理外国人的诉讼也不同；（8）对于债务的审判和执行，有不同层次；（9）城市法庭书记员记述很精确；（10）对原告提供了比中央法庭更严格的程序，为被告提供了更多保护；（11）城市适应国家系统的程序和原则较为缓慢；（12）一些相关程序被吸纳到市长法庭。[1]城市惯例与国家普通法最重要的不同，尤其体现在土地保有权和城市财产处理上。

　　由于城市法庭存在，市民们并没有遭到来自普通法的太多损害。一些城市发展出自己特有的程序。如诉讼制度方面，逐渐废除神明裁判、司法决斗、宣誓等不利于商业和城市发展的形式，而代之以证人证言；为了加快案件处理，城市法庭抛弃了那些复杂的诉讼程序。城市法律详细限定了施加罚款或处罚的随意性，详细规定了债款收集的方法，对决斗的裁判方法也进行了限制。[2]

　　城市间自由市民的权利是可以转换的。如当两个林肯市民为抵债被扣押在林恩时，一方面带着反对林恩治安官并意在保障林肯市民的特许状；[3]另一方面，原告通常表述为所在特许状城市的"市民"、"堡民"或"治安官"、"市长和团体"。[4]法庭是否应该给予这种个人或团体的行动权利尚不能确定，但当这种条款被当成授予每个市民的权利时，它也就成了法律行为。[5]

① Penny Tucker, *Law Courts and Lawyers in the City of London, 1300-1500*, Cambridge University Press, 2007, pp.75-78.

② Stephenson, *Borough and Town: a study of urban origins in England*, pp.30-31.

③ Gross, *Gild Merchant*, Kessinger Publishing ,2007, p.177 ff.

④ Frederic William Maitland, *Note Book*, pl.16, 145.

⑤ F.W. Maitland, *The History of English Law, Before the Time of Edward I*, Volume I, p.676.

城市作为共同体是拥有永久共同利益的。尽管一个非法行为可能只损害共同体中的一员，但也会被认为是对共同利益的损害，因此该成员便可将自己的诉讼行为声称为保护自己及其他成员利益的行动。在城市的侵害案例中，共同体主要人员自然更能以此提出各种申诉。城市是一个共同体，共同体领导者更能代表整个共同体。而市民内部的分化，也使市民有代表穷市民的 A 和 B 与代表富有市民的 C 和 D 之分。[1]

中世纪城市与欧洲法治传统形成

城市法是中世纪一种特殊的法律体系，城市与周围农村相区别，那些控制农村的法律体系不适用于城市。一旦进入城市大门，一个人就逃脱了领地法律而进入城市这个法律岛屿的特别司法管辖权中。[2]中世纪城市法保障的自由和权利在城市生活各方面都有体现，这种自由和权利随着城市在封建政治经济生活中的地位变化而不断地变化和发展。

自由和法律是欧洲文明塑造公共生活行为的基本准则。市民是自由人，可以享有完全的权利并受到完全的保护，可以迁徙、自由选择职业并受到特殊法律——城市法的保护。城市市民相互合作、妥协之后创制了适宜的城市法。城市法作为习惯法，是对城市财产、契约的保护。城市法获得成功，在于两个有利因素：城市法诞生阶段的可塑性，城市法发展过程中的自由程度和系统整合程度。

城市法诞生阶段的可塑性来自于城市所起的作用和市民的成长空间。毫无疑问，城市在欧洲中世纪社会中扮演着重要角色，首先，城市经济发展促进了整个社会经济和国内国际贸易；其次，城市主导着城乡间经济联系；再次，城市章程和城市各个团体发展对整个

---

[1] F.W. Maitland, *The History of English Law, Before the Time of Edward I*, Volume I, p.681.

[2] Henry Pirenne, *Early Democracies in the Low Counties, Urban Society and Political Conflict in the Middle Ages and the Renaissance*, p.36.

社会的重要意义。[①]城市作为多元权力体系中的一极，可以在国王、主教和贵族之间周旋以获得一定的特许权来管理城市事务。随着城市职能的发展，城市法比其他类型的法律可塑性更强。

城市的经济结构和租税形态决定了城市法发展过程中的自由程度和系统整合程度。12世纪兴起的城市，其经济结构与土地没有直接联系；其法律地位也随着职业变化而变动。城市工商业总是分区域集中，如伦敦的印刷业、书籍生产业集中在舰队街；城西则是培养律师和提供法律支持的中心；而屠夫、小贩和皮革商则住在城市另一端。[②]这为城市法治管理提供了更大的自由空间，各行会和各城区逐渐有自己的章程，行会间的妥协和合作也为城市法治提供了更大的协商空间。随着职业法律人员的出现，这种协商空间有利于提升法律系统整合能力。

真正刺激这种整合能力的是其他阶层对城市司法管辖权的侵蚀。城市的特权要求其与国王、主教和贵族的关系不断调整，但其他阶层也都试图分享。资本主义的进程需要废除城市特权这一障碍，要求有在全国具约束力的统一法典，因此必须抑制已演变成障碍的城市特许权。[③]而长期享受特权的市民自然要反对他者对其特权的侵蚀，顽固维护旧规则；[④]在此过程中，一些成文法规不断被强调并得以保存，从而促使自身系统整合能力提升。

这种整合能力也随着社会经济变化而激发了自身适应性不断增强。如作为马格德堡城市法"子城"的布雷斯劳法在14世纪发展为一种相对完整的法律体系，汇编成五册。[⑤]因此这时候的城市法，已明显具有宪法的某些特征，成为宪法的源头之一。事实上，布雷斯

---

① R. H. Hilton, *English and French towns in feudal society, A comparative study*, 1992. p.xi.

② Linda E.Mitchell, *Family life in the Middle Ages*, Greenwood Press,2007, p.114.

③ Henry Pirenne, *Early Democracies in the Low Counties, Urban Society and Political Conflict in the Middle Ages and the Renaissance*, p.189.

④ Ibid.

⑤ 〔美〕哈罗德·J.伯尔曼：《法律与革命——西方法律传统的形成》，贺卫方等译，第458—459页。

劳法后来成为整个波希米亚王国的母法。

随着罗马法传播，以及民族国家形成的大趋势，城市特许权逐渐消退，但经过几个世纪发展，城市经济力量已大为增强，虽然失去了法律特许权，城市凭借自身的经济力量，仍能不断从君主那里获得各种经济特许权。在这个"从身份到契约"转变的时期，法律身份的特许权已变得不再重要，而经济特许权却决定了城市在资本主义发展中影响力不断地加强。

由于城市职能范围和深度的不断扩展，城市法将来自于日耳曼的自由传统和基督教的道德体系以及罗马法的商业和王权管理模式不断进行融合，最终随着城市政治经济职能的不断发展而不断完善的城市法治体系体现了这种融合的成果，即市民之间平等的法律地位、共同遵守契约法律规章的契约意识以及城市管理中的法治程序。这些原则被中世纪晚期民族国家的法律原则所继承，一些比较完善的城市法治系统甚至成为了民族国家法治系统的模型。

城市法治随着城市政治经济职能的调整而表现出了很强的适应性。由于商业流通的需要，城市的变化性比农村要大，加之城市职能的需要，城市对法治的适应性要求很高。从最初城市从更高一级的统治者那里获得特许状以保护城市，到后来应对各个力量对城市司法管辖的侵蚀，再到利用获得经济特权来弥补司法管辖权丧失带来的损失，都显示了城市法治的适应性。

除了这种纵向维度的适应性，城市法治还有横向适应性，即城市法律机构和法律从业人员的变化。如1190—1400年，伦敦市政府的结构和管理都发生了很大变化，从议员法庭到公共议会到法庭委员会，这些发展使得伦敦市政府日益具有国家政府的功能。[1]在法国，御前会议12世纪起由市民出身的法学家担任，这个机构的功能也从行政扩展到咨询和立法。13世纪，在不断增加的王室领地上，法王的司法权也慢慢集中，市民和法律专家在其中起到了

---

[1] Penny Tucker, *Law Courts and Lawyers in the City of London, 1300-1500*, pp.25-26.

重要作用。意大利城市政治生活较早，包括城市贵族、手工业者群体、商人群体、教士群体和雇工杂工群体等多元化社会构成了大的城市共同体。为了大共同体的共同利益，在公权概念下这些群体有了互相协商妥协的可能性，协商和妥协逐渐发展为习惯。公共权利作为立法标准，在议会这个共同体利益代表制定法律时得以体现。

在德国，14 世纪皇帝更关心封地和城市权利，王室司法与地方（城市）司法权保留了复杂的联系机制。[①] 一些封建性稍弱的地区，王室司法管辖权的结构和事务更为复杂：如土地所有权方面就混合了城镇司法管辖权、领主司法管辖权以及传统土地司法管辖权。主要城市都宣称法律构成的连续性。主教制在德国城市中衰落，城市议会随之掌权管理城市和教会。[②] 多种因素——城市的、基督教会的、宪章的、司法的、宗教的、经济的、政治的，使 16 世纪城市和主教的斗争呈现出了不同特点。到 1500 年，许多城市成为"自由城市"（freie Stadt）、"帝国城市"（Reichsstadt），或者"自由帝国城市"（freie Reichsstadt），它们在 16 世纪从前领主手中获得了政治和司法团体的控制权。[③]

1500 年后，低地国家城市通过代议制等方式逐渐控制了政府，城市公社的机构原则被保留了下来，实权掌握在特权群体的手中，市民权利限制在很小范围内。菲利普公爵试图通过普通法的施行来加强专制主义，城市则采取行动来维护他们的特权。[④]

总之，中世纪城市市民政治的发展，促进了新的政治法律精神形成。中世纪欧洲社会是一个绝对化的两极社会，领主和农奴、贵族和平民的界限如同鸿沟，不可逾越。而城市共同体成员在法理上的平等地位，市民政治运行过程中的民主程序，共同遵守法规章程

---

① John Watts, *The Making of Polities: Europe, 1200-1500*, p.208.

② J. Jeffery Tyler, *Lord of the Sacred City*, Brill, 1999.p.38.

③ Ibid., p.30.

④ Henry Pirenne, *Early Democracies in the Low Counties, Urban Society and Political Conflict in the Middle Ages and the Renaissance,* p.198.

的契约意识，冲击了封建社会的政治和社会法统，成为近代民主政治和法治传统的主要源流。

当然，近代政治文明并非是由中世纪城市政治文明直接发展而来。近代政治文明以民族国家作载体，它不是自治城市政治的直接后裔；但自治城市所体现的政治文明特征，使它不啻为欧洲政治文明的试验田。

第三章　中世纪城市的经济机能及张力

既然说，中世纪城市兴起和发展是经济发展的产物，那么城市的最基本功能就应是经济中心。不管其在历史进程中是否增加了政治功能、社会文化功能甚至军事功能，它们的第一形象还是经济中心，主要是工商业中心。考察欧洲城市经济机能的运行和辐射，可从三个层面着眼，即城市在经济体系中的不同角色、城市内部经济的运转、城市与乡村特别是周围农村的关系。

一、各类城市的不同经济角色

中世纪城市的功能分类

中世纪城市的经济角色是千差万别的。为了对其有更确切的认识，有必要对城市做些分类。如前所论，在中世纪西欧，城市的经济社会功能是城市存在和发展的基本前提。就其经济角色而言，中世纪西欧城市大致可分为特色手工业城市、商业贸易城市和工商并重城市三大类。

工商并重城市是中世纪城市的主体。它们的辐射和服务区域以面向本地区为主。工业方面，为本地区的农村居民及城市居民生产和提供日常消费所需的手工业品。有的也根据本地资源条件而发展了略有特色的手工业，其产品面向国内外市场。此外，还有以面向本地区为主的劳务性服务行业和食品加工行业等。商业方面的活动

115

包括：1.本城附近农村居民相互交换剩余农产品；2.城市居民手工业产品与农村居民剩余农产品相交换；3.汇集本地剩余农产品、特色产品或资源并运往外地市场；4.外地产品到达后向本地居民销卖。早期中小城镇几乎都是工商并重的，人口虽不多，但行业齐全，虽然有的行业仅一两个从业者。辐射较广的地区中心城市也多是工商并重，只不过行业更多、从业者更多而已。

特色手工业城市也有许多工商行业，只不过这些城市以生产某种特色产品为经济支柱，并闻名国内国际市场。西欧的特色手工业城市较多。如佛兰德尔地区的毛纺业城市伊普雷斯、根特、杜埃、阿拉斯，意大利毛纺业城市佛罗伦萨、武器甲胄业城市米兰，德国铁器制造业城市纽伦堡、麻纺业城市奥格斯堡，法国葡萄酒酿造城市波尔多、图卢兹，英国毛纺城市诺里奇、格罗斯特、赛伦赛斯特等。

商业贸易城市和国内外贸易相联系。中世纪西欧的长程贸易有三个层次。一类是国内长途贸易；第二个层次是西欧各国间的贸易；最高层次是西欧与东方及东欧之间的贸易。从事贸易的城市多为沿海港口或通海河流港口。著名的国际贸易城市有从事地中海贸易的意大利城市威尼斯、热那亚、比萨，法国的马赛、香槟集市城市，西班牙的巴塞罗那、塞维利亚；从事北海波罗的海贸易的低地国家城市布鲁日、安特卫普、阿姆斯特丹，英国伦敦，德国卢卑克、科隆、汉堡、不来梅等。小规模的港口贸易城市如英国有南安普敦、布里斯托尔、伊普斯威奇、大雅茅斯、金斯林、波士顿、赫尔等。

还有一些城市是政治文化宗教中心。政治功能突出的城市有法国首都巴黎和英国首都伦敦。宗教功能突出的城市有意大利的教廷城市罗马、拉文那，德国主教城市科隆、美因兹、特里尔，英国主教城市坎特伯雷、约克等。以文化中心闻名的城市有意大利的大学城市萨勒诺、博洛尼亚，英国的大学城牛津、剑桥等。

如果以辐射面积大小或服务范围为标准，那么中世纪城市还可以区分为地方中小城镇、地区中心城市、国际性工商业城市等几个层次。在国际性工商业城市中，较低层次的是西欧国家之间的商业交换中心，或者是为这种交换服务的手工业中心；较高层次的则是承担西欧与外部（东方和东欧）进行交换的商业中心，或为这种交换服务的手工业大城市。

如果就城市发展兴衰的角度看，也可将城市与周围农村的关系作为一个考量标准，把西欧中世纪城市区分为三类。第一类是星罗棋布在西欧大地上的中小城镇，它们被紧紧结合在周围乡村所代表的农业社会中，其工商业职能主要面向农村，以周围农村以及本城为服务范围、辐射区域，中小城镇所能辐射的区域，一般以进城农民一天内能够往返为限。由于中小城镇与周围农村在经济生活上密切联系，因此两者在某种意义上结成了一个经济社会圈。这类城市具有耐久的生命力，不容易走向衰落，但服务范围和服务能力有限，也使它们难以成长为大城市。与此相反，第二类则是其经济生活与周围农村缺乏内在联系的，然而工商业又最为繁荣的国际性城市。它们的兴起尤其是成长，在很大程度上并不是周围农村经济发展的自然结果，而是作为西欧对外窗口与外界进行经济贸易交往的产物，面向整个西欧，服务范围广，能够调动和集中来自全西欧甚至域外邻近地区的资源，因此往往能很快地成长为大城市。但由于它们与周围农村经济联系不紧密，或者说没有获得与它的成长相匹配的周围地区，因而其繁荣的根基又是不牢靠的，其功能地位易于因政治经济，甚至地理因素而被别的城市或国家所取代。意大利工商业城市、德国北部汉萨同盟城市都走了这样一条路。第三类是周围农村范围较大的地区中心城市，兼有上述两类城市优点，既在本质上与乡村农业社会有较大分离，又与周围农村联系密切，充分利用周围地区经济要素，工商服务区域较广、辐射能力较强，所以既有稳定根基，又能逐步成长为大中城市。这一类城市是西欧城市体系中的骨干。这类城市之最，是法国巴黎和英国伦敦，整个国家都逐步演变成了它们的周围地区。①

---

① 刘景华：《西欧中世纪城市新论》，湖南人民出版社 2000 年版，第 40—81 页。

城市在中世纪欧洲经济体系中的不同角色，常常又依城市的不同层次而定。因此就经济功能而言，欧洲城市在中世纪时代可分为国际工商中心、地区中心城市和中小城镇这三个大类。

辐射全欧的国际工商中心

并非所有的中世纪城市都与国际贸易相关，但不少大中城市是依靠国际贸易尤其是远程贸易兴起的，国际贸易是许多重要城市的支柱行业，尤其在南北两大航海贸易区，即南方的地中海贸易区和北方的北海波罗的海贸易区。地中海贸易指西欧与东方（主要是地中海东部沿岸）之间的贸易，北方贸易指西欧与东北欧（波罗的海南岸和东岸）之间的贸易。从某种意义上讲，这是西欧的两条生命线，城市在两大贸易中无疑是主角。而主导着这两大贸易的城市，自然是国际性的商业中心，其经济辐射力达到全西欧。

意大利半岛是地中海东西部之间的天然分界线。地中海贸易基本上由意大利城市威尼斯和热那亚所垄断，其他城市如比萨、马赛、巴塞罗那和萨拉戈萨等只是小伙伴而已。

威尼斯是地中海贸易的霸主，它大约从 6 世纪起就发展了航海贸易。亚得里亚海为其提供了地理之便。它狭长而曲折，海水的流向极利于船只航行：东地中海的深海潮水，沿着亚得里亚海东岸北上，到顶点后又折转向南，沿意大利东海岸下流，再注入地中海。威尼斯正好在这个顶点附近。9 世纪时，威尼斯有较大发展，但真正在国际贸易活动中占有重要地位，是在十字军东征之后，其商业势力扩展到拜占庭帝国、埃及以及利凡特。12、13 世纪，威尼斯建立了庞大的海上商业舰队。除了东方贸易外，威尼斯商船队还在 13、14 世纪进入了大西洋，与北海两岸建立直接贸易联系。由于国际贸易发达，威尼斯政治经济实力十分强大，其居民最多时达 20 万人，其版图往内地扩展到波河流域，往海外占有克里特岛及南希腊一些地方。财政岁入达 160 多万杜卡特，远超过人口十倍于它的法国（岁入 100 万杜卡特）。①杜卡特是威尼斯货币，是当时欧洲的通用货币，其地位有如今天的美元。

热那亚是地中海贸易的另一个霸主。热那亚的海上贸易从西地中海开始发展，12 世纪取代了比萨的地位，建立了与西班牙和北非的贸易关系。十字军东征时，热那亚提供了不少船只，因而又向地中海东部渗透了商业势力，主要商业据点遍布从塞浦路斯到黑海沿岸的各海港，还连接了通往中亚的陆上商道。14 世纪与威尼斯发生争夺，几次战争都遭到失败，因而退守西地中海。15 世纪热那亚人又被奥斯曼土耳其人赶出了黑海和爱琴海，从此全力从事西地中海贸易，并通过直布罗陀海峡进入大西洋，与尼德兰、英国有较多贸易联系。

国际贸易促进了一批其经济功能面向全欧甚至欧洲之外地区的国际性手工业中心城市诞生。典型者如意大利的佛罗伦萨和米兰，或是利用国际贸易建立了原料输入基地，或是利用国际贸易网络建立了产品销售市场，或是兼有两者。在米兰，1287 年，本地人里瓦声称，米兰有 3 000 家工场，1 000 家餐馆，400 个文书公证人，200 名法官，200 名医生，150 家医院，80 个学校校长，50 个写信代笔人，3 000 名，1 345 座教堂，120 个钟楼，10 000 个教士、修士。数字虽然夸张，但体现了意大利城市人的一种自豪。②而佛罗伦萨作为毛纺业城市，最初兴起的是对佛兰德尔素色呢绒进行精加工，从而制作出高级优质呢绒的部门，被"卡里马拉"行会所掌控。13 世纪时最为兴旺。哪怕是在它已走向衰微的 1330 年，佛罗伦萨仍进口佛兰德尔素色呢绒一万匹之多。③佛罗伦萨也发展了具有全部生产过程的毛纺业，原料羊毛来自撒丁岛、法国朗格多克和英国。13 世纪

---

①　F. Braudal, *Civilization and Capitalism: 15—18th century*, Vol.3, London: 1985, pp.119-127.

②　Friedrich Heer, *Medieval World Europe from 1100-1350*, London: Sphere Books Ltd, 1974. p.72.

③　N. J. G. Pounds, *An Economic History of Medieval Europe*, p.312.

末，佛罗伦萨进口的英国羊毛，占了英国羊毛出口总量的12%。[①]佛罗伦萨毛纺业所需的染料，需要从利凡特进口，需要的明矾，则从小亚细亚、叙利亚、突尼斯以及黑海沿岸进口。佛罗伦萨所产呢绒，主要市场是东方，一部分面向西欧，在布鲁日、安特卫普、巴黎和伦敦等城市出售。这都是依托国际贸易体系所开创的市场网络。

以马赛商人为代表的法国南部商人，以巴塞罗那商人为主的加泰罗尼亚商人，也在地中海贸易中占有一定份额，城市的发展也与国际贸易密切相关。

在北部欧洲，北海两岸的尼德兰和英格兰相互之间有较多的贸易关系。佛兰德尔城市毛纺业发达，但羊毛原料主要从英国进口。英国东部一些港口如桑德兰、大雅茅斯、金斯林、波士顿、赫尔等均因输出羊毛而促使城市繁荣。伦敦更在国际贸易中日显重要，到16世纪时，伦敦成为英国对外进出口贸易的主要口岸，也是国际转运贸易的中心，还是英国进出口贸易商人和海外贸易商人的大本营。不论是早期的羊毛出口商，还是16世纪垄断呢绒出口的"商人冒险家公司"成员，以及16世纪后期以来兴起的殖民贸易公司商人，他们大多是伦敦市民。拥有财富的伦敦居民主要是各种批发商、转运商和金融商。[②]

而在尼德兰，先是布鲁日成为西北欧洲最大的国际贸易城市，后随着佛兰德尔毛纺业衰落而衰落。16世纪初，安特卫普取布鲁日的地位而代之。安特卫普从14世纪逐渐成为外国商人，尤其是英德两国商人进行交易的市场地。15世纪成为尼德兰第二大城市，16世纪突然崛起，在1566年之前，安特卫普成了西欧最大的国际贸易中心，商人们来自十几个国家，在这里交换的货物有几百种。在国际贸易活动刺激下，安特卫普还成了西欧最大的国际金融中心，银行达数百家。尼德兰革命中，安特卫普贸易遭到打击，阿姆斯特丹取

① B. B. CamapkNH, *Историуеская географця Западной Европи В Среэдие Beka, MockBa*, 1976, c.150。

② John Patten, *English Towns 1500-1700*, p.86.

代了它。阿姆斯特丹是从 15 世纪开始有较大发展的，16 世纪里发展明显加快。当 1585 年安特卫普陷于西班牙军队之手，其商业地位完全被阿姆斯特丹取代，后者从此成为西欧最大的国际贸易中心和金融中心，维持这一地位达一百五十年之久。

13—16 世纪在波罗的海贸易中占统治地位的是德国汉萨同盟，其商业兴衰前文已有论述。中世纪德国的三大城市群都与国际贸易相关。除了北部汉萨城市外，西部的莱茵河地区城市与下游的尼德兰地区有较多贸易联系，这些城市有科隆、美因兹和法兰克福等。在南部，奥格斯堡、纽伦堡、乌尔姆、拉文斯堡、弗赖堡等也组成了城市群，国际贸易在它们的经济中也占有重要位置。它们主要与意大利北部以及瑞士进行商业往来。在香槟集市衰落后，南德和瑞士集市群（包括法兰克福、罗德林根、泽尔扎克和日内瓦等城市）便因商路东移而发展为国际集市。它们主要交易两大国际贸易区的货物，也经营附近地区的特产，如泽尔扎克经营阿尔萨斯的布，阿尔卑斯山区的皮革、干酪，日内瓦经营瑞士的布、金属和金属制品，米兰的武器和甲胄。[①]

面向全欧的国际性工商业中心还有法国东部香槟集市城市。由于南方地中海贸易和北方北海波罗的海贸易都向内陆发展，因此两者发展方向的相汇点——法国香槟平原，变成了欧洲中部的最大商业区。香槟集市城市一共四个：特鲁瓦、普罗万、拉尼、巴尔。每年轮流在这四个城市开市六次，其中特鲁瓦和普罗万各两次。每次开市六至八周。香槟集市的功能，实际上就是将欧洲南北两个国际贸易区的商品在整个西欧范围内进行交换和分配，因此商人来自于欧洲各国。意大利人带来了手工业品和香料等东方商品；"西班牙人带来了马匹、钢铁、毛织品、皮革制品和伊斯兰的进口货；德国人带来了毛皮、亚麻和木制品；佛兰德尔人带来了毛织品和亚麻布。欧洲各类名酒和各种产品在这里均有出售"。[②] 由于 14 世纪意大利

① N. J. G. Pounds, *An Economic History of Medieval Europe*, pp.362-363.
② 〔美〕詹姆斯·W. 汤普逊：《中世纪晚期欧洲经济社会史》，徐家玲等译，第 54 页。

人开辟了从海上通往布鲁日的航路，"佛兰德尔大舰队"从地中海驶向大西洋，再到达北海两岸的港口，进行贸易交换活动，香槟集市的功能才被取代，集市城市也就走向衰落了。

作为市场体系枢纽的地区中心

中世纪欧洲的大中城市，除了那些主要面向全西欧的国际性工商业城市外，绝大多数是一个个大小地区的中心城市。以这些城市为中心构成了地区市场网络，并且将这一网络与国际市场体系相链接，因此它们是欧洲市场体系的结点城市。它们存在的价值有二：其一，它们是本地区商品和货物的集散地，是本区内剩余农产品、手工业品和矿产品等的交换场所；其二，它们又是本地区面向国内市场和国际市场的主要窗口，一方面与市场体系的上一级城市及国际商业中心维持贸易联系，引进国际贸易商品并在本地区内分发，收集本地区特色产品输往国际工商中心，或直接向国际市场出口；另一方面，它们又代表本地区与邻近地区进行横向的商业贸易往来，互相调剂余缺。因此，它们不但是西欧市场体系的结点，也是主要的骨干城市。

几乎每个城市都和国内市场相联系。它们与或大或小的周围农村地区有着密切的市场联系，而国内市场体系就是由大大小小的地区市场体系构成的，虽然构建的程度有从松散到紧密之不同。此外，各个地区在资源、产品、市场需求等方面都有其特性，相互之间存在着程度不同的差异，因此需要互通有无，进行地区间交换，那么各地城市就充当着这种交换职能。例如，法国西南加斯孔地区生产葡萄，其红酒产品不可能只在本地销售，其中相当一部分要销往国内外市场，波尔多等城市就负责这一外销任务。英国东盎格利亚地区是粮食产地，大量剩余粮食通过沿海金斯林、大雅茅斯和伊普斯威奇等港口城市运往伦敦等地。当15、16世纪英法等国逐渐形成统一的国内市场体系时，城市间的联系便是这一体系的骨架。某些原材料或产品若需要销往国际市场，必须首先通过国内市场体系输往出口地点，各地中小城市在这一运输体系中起到传递作用。如英国西部所产宽幅呢绒、东盎格利亚所产"新呢绒"均需通过伦敦出口到国际市场时，前者主要由格罗斯特、赛伦赛斯特等城市，后者主要由伊普斯威奇、诺里奇等城市收集呢绒产品，再由这些城市的或伦敦来的商人运往伦敦。

　　一些重要的地区市场体系中心城市，它们的辐射区域一般都较大。或者说，它们的工商业服务区域和市场吸引区域范围较广，它们的工商行业多而全。如英国西南部港口城市布里斯托尔，其周围五六个郡即萨默塞特郡、格罗斯特郡、威尔特郡、多塞特郡和德文郡，以及南威尔士部分地区，都是它的腹地。它长期是英国的第二大城市，人口一直在一万人以上。城内工商行业众多而又复杂，尤其以毛纺业见长。在国内贸易中，布里斯托尔是陆路、内河和沿海运输的枢纽。它出口的产品，有塞汶河流域及埃文河流域农副产品、萨默塞特郡和金斯伍德的煤、门迪普斯的铅、威尔士南部的炼铜。[1]它更是中世纪以来英国重要的呢绒出口港。将包括本城在内的西南区毛纺品输往国外，14世纪60年代的某些年份中出口呢绒达8 000匹，远远超过当年伦敦的3 500匹。[2]布里斯托尔的商人还在很广泛的地区从事着国际贸易。如一个叫海因顿的布里斯托尔商人，1453年先后去了里斯本、爱尔兰、诺曼底、西兰和布列塔尼等地，经营红酒、蜂蜜、食盐、熟皮等货物。[3]布里斯托尔还有两个分发国际贸易商品的集市，吸引着英格兰西南部和南威尔士的消费者。

　　英国东部最重要的地区中心城市东盎格利亚的诺里奇，既是这一地区最大的毛纺织业生产中心，又是最重要的商业和服务业中心，诺福克和萨福克两个郡都是它的辐射区域，因此城内行业众多、结构复杂。如16世纪里进入过该城前12大行业的就有绒线呢织工、

　　[1]　R.Porter, *English Society in the Eighteenth Century*, London: 1982, p.216.

　　[2]　J. L.Bolton, *The Medieval English Economy 1150-1500*, London: 1980, p.253.

　　[3]　H. E. Fisher & A. R.J. Jurica eds., *Documents in Economic History, England from 1000-1760*, London: 1977, pp.293-294.

成衣匠、服饰商、屠宰商、日用杂货商、木工、抽线工、剪呢工、面包师、制鞋工、石匠、床罩织工、麻布织工、帽商和硝皮匠等。[①]诺里奇虽然不靠近海边，但它将大雅茅斯作为外港，商品和货物在诺里奇集中后，再通过耶尔河水道运往大雅茅斯输出。本地区所需要的国际贸易商品，也是从大雅茅斯进口后运到诺里奇再分发，而不是从大雅茅斯直接分发。12—17 世纪里，诺里奇一直在英国地方城市中排名第一二位。

法国的地区性中心城市有鲁昂、里昂、南特、图卢兹、波尔多、马赛等。鲁昂是法国北部诺曼底地区的首府。将诺曼底乡村所产的亚麻布运往国外，是鲁昂商业的重要功能。南特是布列塔尼地区唯一的对外港口，它的辐射区域还包括都兰地区和安茹地区。将这些地区所产葡萄酒运往国外，使得南特的商业特别发达。里昂是中世纪勃艮第首府，是法国东南部的工商业中心，周围地区包括农村和中小城镇都在一定程度上成了它的腹地，它也在这种服务中成长为法国南方最大的工商业中心。波尔多是法国西南部加斯孔地区的首府和工商业中心。加斯孔的葡萄酒出口，以及该地区所需的外国货物进口，都由这个城市来进行。马赛是港口城市，又是普罗旺斯地区的首府，除了辐射本地区外，还可从附近的罗讷河口溯河而上，沟通该河中下游地区，以其为腹地，直抵里昂。

伦敦和巴黎，虽然分别是英国和法国的首都，但我们还是可以将其视为以整个英格兰或法兰西为辐射区域的全国性经济中心。14 世纪伦敦的档案上，记载有 180 个不同的行业。[②]在伦敦 12 家著名的制服公会中，起源于手工业和起源于商业的各占一半，可见手工业和商业在 14、15 世纪的伦敦是同等重要的。伦敦工商业的服务和辐射范围是三个同心圆，即本城及其周围地区、近畿各郡、全英格兰，不过 15 世纪前以第一、第二个圆为主，16 世纪则覆盖了整个英格兰。

---

① 参见 J. F. Pound, "The Social and Trade Structure of Norwich 1525-1575", *Past & Present*, No.34 (Jul., 1966)。

② John Patten, *English Towns 1500-1700*, p.182.

与伦敦不同，法国巴黎对全国的辐射有两个幅面。对以巴黎盆地为中心的法国北部来说，巴黎既是经济政治中心，又是社会文化中心。它处在塞纳河、马恩河等河网密布地区，又是许多陆上道路的交叉口，因此它对周围地区的吸附力非常强，一方面众多的人口、丰富的资源源源不断地来到巴黎，另一方面在经济功能上，巴黎则是以服务周围广大地区为主要特征，行业众多、结构复杂、综合性强，但除了奢侈品制造外，特色产品不多。对于遥远的法国南部，巴黎则基本上不具备经济辐射功能，主要只是作为政治中心而存在，但这主要涉及王室，与巴黎城市关系不大。

德国等地的地区中心城市也是如此，基本经济功能就是为周围农村服务，以周围地区为自己的经济"领地"。如南部的奥格斯堡、沃尔姆和拉文斯堡分别是本地区麻纺业的生产中心和集散地。纽伦堡作为制铁业中心，吸收邻近地区炼铁业产品，生产铁制品供应国内外市场。莱茵区的科隆和法兰克福等城市毛纺业发达，生产的廉价呢绒合乎大众需要，在附近的农村拥有广阔市场。比利时的布鲁塞尔、列日、乌特勒支等城市是不拉奔乡村毛纺区的生产和集散中心。西班牙有巴塞罗那、巴伦西亚、科尔多瓦等主要面向本地区的中心城市。荷兰的莱登、海牙、哈勒姆、鹿特丹等也执行中心城市服务周围地区的功能。

充满乡村气息的中小城镇

星罗棋布散布在欧洲大地的中小城镇，其实是最为兼具城市社会和乡村社会两种特质的人类聚落。中小城镇的兴起，最体现了周围地区的发展趋势和要求，是当地社会经济发展进程的自然结果。因此，从其出现条件看，中小城镇的工商业是乡村农业经济的补充，仍然属于乡村经济范畴。

由此，农业或乡村气息浓厚，是中小城镇的突出特征之一。从城市景观来看，城镇住宅后面一般都有菜地，大多数居民都饲养牲猪，而且多为放牧形式，奔跑在城内的公共牧场和大街上。多数居民在乡下有亲友，春耕秋收季节，城镇居民往往还停下工作，去农村帮助亲友做农活。哪怕是 16 世纪中期，当英国利兰奉亨利八世之命游查全国来到伯明翰时，这个因铁制品工业繁荣而颇为喧闹的小镇，在农忙季节也是寂悄无声。中小城镇的工商业者中，还有不少人在农村有地。如 1381 年英国西部格罗斯特郡沃德河畔斯托镇，就有一个酿酒匠、一个羊皮商、一个铁匠和一个转运商人分别在附近农村占有土地。中小城镇还有相当一部分人以农业为生。如斯托镇里有11 人直接耕种土地，征税额占全镇的 1/15；斯塔福德郡彭克里齐镇的农民（23 人）甚至还超过了手工业者（20 人）。[①] 在比较发达的英国东南部苏塞克斯郡，即使是到了 17、18 世纪之交，13 个主要的中小城镇里也有相当比例的从事农业的人口，比例最低的为港口城镇布莱顿（8.5%）、黑斯廷斯（7.8%），最高的则达到一半左右（巴特尔 51.6%、库克菲尔德 52.9%、东洛林斯特德 44.5%），其余的都在 20% 上下。[②] 在法国，中央高原的罗阿纳这座“法国最了不起的集镇”，到 1700 年时，仍有 9.5% 的城内居民从事农业和种植业。[③]

　　然而中小城镇是以为周围农村地区提供工商业服务为存在条件的。从商业方面说，它是周围地区的交易场所，至少有一个交易市场（market）。交易类型包括农村居民互相交换剩余农产品、周围农村农产品与城镇工商产品相交换、本地区产品同外地产品交流、国际贸易进口商品的分发和出口商品的汇集等。由于都有集市，因而中小城镇常常被西方学者称之为“集镇”或“市镇”（market town）。布罗代尔对此有个说法：“集镇的存在只是因为四周的大小村庄利用其规模不一的集市，使之成为服务和聚会的中心。集镇既是村庄不可或缺的补充，它又从交流活动中吸取财富（以及它存在的理由），并因此而兴旺起来……归根到底，集镇的职能在于它

① R. Hilton, *The English Peasantry in the Later Middle Ages*, pp.79-81.
② John Patten, *English Towns 1500-1700*, pp.170-171.
③ 〔法〕费尔南·布罗代尔：《法兰西的特性》，卷 1，“空间和历史”，顾良、张泽强译，商务印书馆 1994 年版，第 181 页。

是当地各个村庄的共同的'市场'。"①

从手工业方面说，中小城镇都有一些"基本"行业，这就是为周围农村居民提供他们所需要的手工业产品以及各种手工服务的行业。这也是中小城镇得以"存在的理由"。由于本地区村镇居民的需求多样化，中小城镇的工商行业也多而杂，但每个行业的从业者又不需要太多。如英国塔姆沃斯小镇（斯塔福德郡），居民不过1 000人，行业就有30多种。瑞士莱茵菲尔登1 000多名居民中，三分之二的人从事主要为周围地区服务的手工业，尤其是日用品制造业和劳务行业，如金属器具制作、硝皮、织布、建筑、木工等。

中小城镇的供应也主要出自周围农村。一般来说，城墙四周的郊外种植不易保存的瓜果和蔬菜，再往外的农村便形成一个个保障城市供应的同心圆，由近至远分别是牛奶产区、谷物产区、葡萄产区（酿制葡萄酒）、畜牧区、森林区等。

由于中小城镇与农村的关系极其密切，因此两者实际上在某种意义上结成了较为完整同时也略带闭合的经济活动圈。布罗代尔曾描绘过法国各地这种经济圈的构成方式：在一个集镇四周，在一定距离内，团团围绕着几个村庄。集镇和村庄加在一起，形成一个一个的"区"；这些"区"又环绕在一个相当活跃的中心城市四周，由此形成更大的经济生活圈，可称之为"地方"；这些"地方"又分别纳入一个区域或一个省的范围之内。②

在这几个层级的经济圈中，由中小城镇与四周村庄组成的"区"是最基础的。"集镇居高临下地支配着整个管理区的乡村，乡村需要集镇的服务，但集镇有赖乡村为生；没有乡村，集镇便不能生存。集镇以控制乡村为基本特征。"而且集镇所能控制的乡村范围还在不断扩大。如法国阿尔萨斯的坦恩小镇，其领主不断地扩大地盘：1344年兼并了老坦恩、埃本海姆、下阿斯帕克、上阿斯帕克等村庄，

---

① 〔法〕费尔南·布罗代尔：《法兰西的特性》，卷1，"空间和历史"，顾良、张泽强译，第127—128页。

② 同上书，第100页。

1361 年兼并了罗德朗、拉梅斯马特、奥岑维勒和莱姆巴赫等村庄，1497 年，又取得了在塞尔奈、斯坦巴克等十余块滩涂地的牧羊权。[①]

集镇和周围村庄通常是在什么样的比例上呢？布罗代尔搞了个人口比例。他将某集镇的人口设定为 1，那么集镇所能控制的四周村庄的人口比例约在 1—4 之间，比值越小，集镇可能上升成了城市。但比值较大的话，如周围村庄人口超过了 5，那么说明集镇仍"深陷于乡村社会生活之中"，[②] 因此中小城镇在经济社会总格局中往往处于从属和受动的地位，其发展往往是被动的，其成长是缓慢的，受乡村经济社会低水平的制约，很像是一潭死水。于是我们便看到，在中小城镇兴起之后，由于中世纪欧洲乡村没有发生显著的变革，中小城镇也就没有获得成长的动力，发展极其迟缓。因此，中小城镇要发展，要么依靠自身内力的蓄积从而强化自己的张力，要么借助外力作用而刺激这个闭合性的"区"经济圈发生变化。它自身的内力主要是市场交换和商品货币关系对传统乡村社会经济所形成的侵蚀力和瓦解力；它之所以能借助外力，是因为它代表着乡村社会连接着外部世界、连接着国内市场体系和国际贸易体系。这是一扇窗口，从这道窗口照射进来的缕缕阳光，必将刺激封闭自得的乡村地区，从而推动中小城镇的成长和转型。

二、作坊、行会与城市经济的运行

作坊：城市基本经济单位

中世纪里，城市和乡村最大的不同是"职业性质的不同，而不

[①] 〔法〕费尔南·布罗代尔：《法兰西的特性》，卷 1，"空间和历史"，顾良、张泽强译，第 128—129 页。

[②] 同上书，第 136 页。

只是居住地的不同"。[1] 城市市民主要是工商业者，他们的作坊或店铺都是一个独立的生产或经营单位，也是城市的基本经济单位。在这个单位里，主要有三类人在从事劳动、生产或经营活动，即行东（店铺老板）、帮工（店员）和学徒。三类人的社会经济角色是完全不同的。

手工生产作坊和服务店铺的老板也就是行东师傅（master）。按照经济史家昂温的说法，城市手工工匠一般都兼有五种职能。1. 他是工作者、劳动者（workman），用自己的双手参加作坊中最重要、最关键环节的劳动，特别是技术性很强、技术含量高的劳动，或产品最后总装或修整的劳动。2. 他又是监工（foreman），即带领和监督作坊里帮工和学徒们的劳动。3. 他又是雇主（employer），即作为老板，他要承担生产责任，提供资本，以满足作坊在原材料、工资、食物等生产和生活方面的需要。4. 他还是商人（merchant），负责组织自己作坊里所需原材料的购进和供应。5. 他也是店主（shopkeeper），在作坊的前面开设门面销售自己的产品。[2] 这五种职能可以归纳为两类，即生产职能（1、2、3）和商人职能（4、5）。因此，中世纪城市的手工业者一般都是亦工亦商。

所谓"前店面后作坊"是典型的手工业作坊形式。在市中心区，普遍的情况是，手工业者的住宅和工作场所基本上在一所房子内，按照有的学者看法，属于立体式居住模式。地层为商铺，后院是工棚，师傅及其家庭住在商铺上面的一、二楼，学徒、帮工和女佣则挤住在屋顶的阁楼里。

学徒（apprentice）是作坊里的无偿劳动者。不仅如此，他还须向师傅交纳一笔学徒费。学徒期间，一般要为师傅及师傅家庭做繁重的家务活，挑水、劈柴、洗衣、做饭之类，与旧时中国"徒弟徒弟，三年奴隶"差不多。至于手艺活，一般在学徒的前几年都是干粗活，

---

[1]　Wappaus, *Allgemeine Bevolkerungsstatistic*, Vol. II, Leipzig: 1861, 引自 Adna Ferrin Weber, *The Growth of Cities in the Nineteenth Century, A Study in Statistics*, New York: Cornell University Press, 1967, p.7。

[2]　George Unwin, *The Industrial Organization in the Sixteenth and Seventeenth Centuries*, Oxford, 1905。

直到最后一两年师傅才给予技术上的指点。拉长学徒期限是行会成员的普遍做法。英国的学徒期一般为七年，有的更长些。1574 年，约克的铸造工行会要求学徒期为八年；1589 年，面包师行会要求 10 年、11 年，甚至 12 年。七年学艺期间，学徒只能得到很少的零用钱，有的师傅甚至干脆不付给。如果学徒期限较短，四年或五年，在有的行会如巴黎毛织工行会是要收取一定费用的，期限越短，收费越高。[①]

帮工（journeyman）属于雇佣劳动者。他们都是学徒出师之后，在自己师傅的作坊里做若干年雇工，领取工资，积蓄初始资金，也积累一些经验。从理论上说，这是一条成长为独立手工工匠的基本途径，但实际并非坦途。因为从城市工商业的状况来看，只要城市经济没有大的扩展，它所需的各个行业人员就不会有大的增加，而行东师傅们一生所带过的学徒总和绝对要超过城市所需增加的工匠数，这就势必有一部分出师学徒停留在帮工这个角色上，只能靠打工挣钱而养家糊口，而不能自己当老板。从学徒通过或不通过帮工阶段而最后成为师傅的，要么是有很硬家庭经济背景的，能够以巨额资金支持子弟开业，要么是原有师傅的子弟或女婿。行会则以种种名目使一部分帮工成不了行东。譬如规定苛刻的开业资格和条件，如规定要经师傅同意才能自立门户，又如开业年龄必须在 24 岁以上。又譬如增加新会员负担，削弱他们的竞争实力。各地都规定，新开业入会者，必须宴请行会会员，必须承担行会的庆典费用。这些做法，无疑抑制了行会成员数量。少数积累了小量资金的帮工移出城外另谋出路，大多数帮工则从 14 世纪下半叶起开始沦为永久性的雇佣劳动力。

关于中世纪城市工商业组织的发展和演变，学术界最著名的研究有 20 世纪初美国学者格罗斯的《商人基尔特》，和英国经济史家乔治·昂温的《十六和十七世纪的工业组织》。[②]国内学者金志

[①] 4 年收 4 个巴黎"里弗尔"（livre，即法郎）；5 年收 60 巴黎"苏"（sou，类似便士，一法郎为 20 苏）；6 年收 20"苏"。周一良、吴于廑主编：《世界通史资料选辑》，中古部分（主编郭守田），第 136 页。

[②] C. Gross, *The Gild Merchant*, Oxford, 1927；George Unwin, *The Industrial Organization in the Sixteenth and Seventeenth Centuries.*

霖在此基础上，对英国行会进行过专门探讨，其所著《英国行会史》提出了英国行会发展三阶段论：第一阶段，商人基尔特（gild merchant），12世纪下半叶和13世纪上半叶是其全盛时期；第二阶段，手工业行会（craft gild），在13世纪下半叶和14世纪里独揽大权；第三阶段，公会（company），15世纪开始进入城市经济领域。[1]总体上说基本如此，但也有些不同情况，如伦敦就没有出现过全城性的商人基尔特。

马克垚先生考察，行会（gild, gield）这个词在5世纪时就有，指的是法兰克战士的一种祭奠仪式，加洛林时期指的是喝酒的俱乐部组织。在英国，10世纪的伦敦及其附近都出现了和平gild。他认为行会最初作为一种集体组织，在农村和城市中都有，它也可能有宗教团体、慈善机构、互助团体等性质。[2]格罗斯认为，在英国许多地方，geld这个词与收集钱的意思等同，而gild这个词就是来源于盎格鲁－撒克逊词"gild"，意思是一笔支付，一笔贡献给共同基金的支付。显然这也带有慈善性质，与马先生论述相合。Gild只是到后来才用作工商业组织的名称，但在城乡仍有不少宗教组织也用"gild"作为名称。

商人基尔特：早期行会组织

12世纪之前，欧洲城市里普通的商人和店主专业性并不强，因而一般只有一个基尔特，或者商人协会。[3]这一组织又称为商人基尔特，格罗斯对之进行了深入研究，主要以英国的商人基尔特为剖析样本。

按照格罗斯的说法，商人基尔特的历史开始于诺曼征服时期，而且很可能是从诺曼底引进的。它是大陆国家如法国和佛兰德尔早就有的经济组织，对英国却是个舶来品。那时候，许多法国人和诺

---

[1] 参见金志霖：《英国行会史》，上海社会科学院出版社1996年版。
[2] 马克垚：《英国封建社会研究》，第244页。
[3] Mortimer Chambers, Barbara Hanawalt, Theodore K. Rabb, Isser Woloch and Raymond Grew, *The Western Experience*, p.254.

曼人群集于英国城市和英国市场，使英国人立刻知道了这种商业组织的优越性。这时英国和诺曼底形成密切联盟，促进了英国对外贸易的增长，以及工商业发展。贸易的扩张使商业成分在城市生活中日趋重要，因此更感到有必要联合起来，形成商人基尔特之类的保护性联盟。有关商人基尔特的最早文献记载是罗伯特·菲兹·汉蒙赐给伯尔福德城（Burford）的特许状（1087—1107年），以及安塞尔姆作为坎特伯雷大主教时（1093—1109年）起草的一个文件。亨利一世时期，城市特许状中经常提到商人基尔特。亨利二世、理查一世和约翰王时期，商人基尔特得到了很快发展。那个时候，国王或贵族在给城市的特许状中总允许城市建立商人基尔特或商人同业公会（hanse），最有代表性的是1200年约翰王给伊普斯威奇的特许状。至13世纪，至少有三分之一以上的自治市被赐予建立商人基尔特。但是伦敦没有商人基尔特。1191年约翰王承认伦敦公社（communa）的特许状中，没有提到伦敦有商人基尔特。地方城市中如东南五港（Cinque Ports）也没有商人基尔特。

　　一个城市通常只有一个商人基尔特，它有比较完整的管理机构和章程，有较为齐备的管理人员。12、13世纪时，商人这一概念并不是指专门的经商者，而是指有经商和买卖活动的人，因此每一个手工业者都是商人，他既购买原料，也出售产品。所以，商人基尔特几乎囊括了城里所有的工商业者，手工业者可能还构成基尔特成员的大多数。但并非居住在城内就一定有入会资格，同时也不排除妇女的入会资格。有的城市里，逃亡来的维兰不能参加这个基尔特。有的城市，商人基尔特成员被划为两个阶层。一个拥有自由成员资格，称为"free gild"或"forwardman"，是会员中的高级阶层。另一个则只有"维兰"（villein）或"hanse gild"资格，又被称为"custumarii"，主要是一些小商人和工匠。会员资格可以转让，但接受者必须付费。这里1296年规定，接受转让的人必须向基尔特付半个马克；如果是父亲转让给儿子，则只付2先令，其他人一般付60先令。会员资格终身享有，也就是说，不得继承。凡重罪者，逐出行会。

　　商人基尔特的主要职能在于维持垄断，即只有基尔特成员才享有在城内自由从事商业、买卖商品的权利。成员还享有优先购买权（right of pre-emption），即成员可优先购买城市新进货物；或成员有超出规定的货物必须处理时，首先应由其他成员买去，而且必须按照原价。成员之间以"兄弟"（brethren）相称。非基尔特成员者，不得在城内开店，不得零售当地的主要商品如呢绒、羊毛、谷物、肉等。在城内买商品也要受到限制，主要商品不能买后再倒卖，只允许买自己需用的。如1235年托特内斯同附近的修道院长签订协议，同意院长和修士进城进行购买活动，但不得卖，每年他们还须向商人基尔特纳税。有些城市允许外人以批发形式在城内出售商品，但必须向基尔特成员出售。而且必须将商品放在指定地点，必须全部打开包装出卖，以便随时接受检查。在城内停留时间不能超过40天，即使是40天内也要受到严密监督，以防他们受到基尔特成员的掩护。非基尔特成员不能同基尔特成员合伙经营。莱斯特有规定，外人即便借了资本给基尔特成员，也不能分割利润。享受了自由贸易特权的基尔特成员，其义务主要是分担城市里的财政费用，统称为"scot and lot"。因此，为了减轻经济负担，城外的人如修道院院长、骑士和其他显贵也经常被吸收加入商人基尔特。1281年，莱斯特与林肯大主教的佃户达成协议，同意后者加入该城的商人基尔特，分享商业特权，后者付出的代价是：国王、王后和大臣们来视察该城时向他们送礼，王室向该城征收罚金时出钱帮助。

　　按照经济史家阿什利的说法，中世纪城市允许外来人员进城交易的条件概括起来有三：第一，必须缴纳通行税（tolls），而这一点市民可以全免或部分地免除；第二，外来人员不得与别的外来人员进行买卖交易活动，市集（fair）上或某些地方开市期间除外；第三，外来人员不经特别许可，不得在城内零售商品。[1]

---

　　[1]　Sir William Ashley, *An Introduction to English Economic History and Theory,* Book 2: *From the Fourteenth to the Sixteenth Century*, London: 1925, p.13.

商人基尔特组织与市政机构不能等同，它只负责城内有关商业和买卖方面的事务。商人基尔特成员的身份与市民的身份也不能等同。其一，基尔特权利为许多不住在城内的人所享受，加入了基尔特不等于成为市民。其二，是市民的人不一定属于商人基尔特，南安普顿、伯里圣爱德蒙等城均有文件说到市民不是商人基尔特成员的情况。我们知道，城内有些市民并不从事工商行业，因而无必要或无资格参加商人基尔特。其三，城内还有些既不是市民，又不是商人基尔特成员的从业者。如林肯城，约翰王时期漂洗工住在城内，他们既非市民亦非基尔特成员。城内还常住有自由索克农的佃户，住有寻求庇护的维兰，住有犹太人。基尔特成员资格与市民资格的不同，主要表现在，前者的主要资格是有能力付"scot and lot"，后者主要是有能力积极完成城市职责，如检查与监督，担任公职，参加陪审团等。市民也被征税，但比基尔特成员轻。市民必须是城内不动产的拥有者，必须在城内住，基尔特成员则不受这些限制。当然不能无限夸大这些区别，很多时候两者混为了一体。

手工业行会的全盛

商人基尔特所获得的特权主要只涉及商业和经营活动，一般不过问生产事务。13 世纪后，随着商业进一步专业化和分工进一步发展，随着城市手工业的快速发展，[①] 按生产和行业分别组织的手工业行会和商业行会便不断涌现，商人基尔特也就逐渐失去存在的价值。手工业行会在城市中的地位不同于商人基尔特。他们没有成为官方的市民组织，不是城市行政的一个分支。它们的存在是以向国王付出年贡为代价的，而商人基尔特则得到特许状的保证。手工业行会拥有对自己这一行业制造和买卖的垄断权。成为手工业行会会员的人继续留在商人基尔特内。虽然这些新行会都在老的商人基尔特控制和节制之下，但后者的力量和影响却因新行会的纷纷建立而遭削

---

① Mortimer Chambers, Barbara Hanawalt, Theodore K. Rabb, Isser Woloch and Raymond Grew, *The Western Experience*, p.254.

弱。随着商人也按照行业组成独立的商会，商人基尔特的各种职能便逐渐被取代，这一过程主要发生在 14、15 世纪。许多城市的手工业行会或商业行会，还可能撇开城市当局，直接从国王或领主手中取得工业和贸易方面的特权。

英国城市的手工业行会最早出现于 12 世纪，其名称被提到只比商人基尔特晚半个世纪左右。它在 13、14 世纪里得到广泛的发展，一些重要城市一般都有几十个行会，几乎每一个小行业都有自己的组织。如约克 1415 年曾有 71 个行会负担演剧经费。该城最小的制蜡烛工行会，仅仅为六名成员。在那些广泛分布的中小城镇，由于每个行业从业者人数甚少，无法形成行会组织。在法国，1291 年巴黎的纳税册记载了三百多个行会，还有些没有记录下来的小行会。[①]

手工业行会的出现是生产者为了保护自身利益，为了传授生产技术而团结起来的组织。在经济生活中，行会的作用主要体现在三个方面。

其一，行会对成员的生产活动，从生产规模、生产手段、生产方法、生产工具、工作时间、帮工和学徒人数、产品规格与质量等方面，都有极为严格的规定和限制，并且组成专门的监督和监察机构。有些规定相当细致，譬如不准晚上工作，因为在昏暗的烛灯光下，产品质量难以得到保证。又譬如 1520 年前约克城规定，师傅身边的学徒一般不能超过两人；1586 年约克还出台新规定，禁止任何开业在五年内的师傅带学徒或佣工的数量超过一人。

其二，控制城市手工业的发展。这种控制除了针对行会现有成员的措施外，还体现在行会极力维持对手工业的垄断特权，体现在行会对外来人员的极力排斥。行会对手工业的垄断，包括严格规定加入本行会、从事本行业的资格；严格禁止本行会以外的人员在城内从事这一行业，包括从事甲行业的人员不得从事乙行业；严格防止属于本行业的生产活动向外扩散，极力阻止城市附近乡村地区发

---

① 〔法〕瑟诺博斯：《法国史》（上），沈炼之译，第 187 页。

展本行业的生产，等等。

其三，城市行会对商业活动的控制。由于行会手工业者本身又是小商人、小店主，因此维护本城既定的市场范围，不容许外来人员闯入他们的禁地，是行会的一贯政策。

行会的这些做法体现在它们所制订的规章里。如英国城市科尔切斯特三个行会的规定：[①]

1. 香料商行会的法令规定，香料商不应拥有除法庭授权、盖印和称重之外的衡器；他不用角器（模糊的盛器），不用手抓，更不巧言令色损害普通老实人的利益，那么他的香料就是好的、可信的。如果他违背了这些，他将被处以每次三先令四便士的罚金，如果两次警告他还不理睬的话，那么第三次将按本法令予以判决。

2. 鞣白皮革匠行会的法令规定，他不能鞣除绵羊皮、山羊皮、白鹿皮、马皮、猎狗皮之外的任何皮革，制作这些皮革必须材料充足。如果他违背了这一条，将按照本法令条款处以罚金。

3. 同样，鞣革匠行会的法令也规定，他不能鞣绵羊皮、山羊皮、白鹿皮、马皮、猎狗皮等；他也不能从事皮革买卖，但他可以鞣皮。如果他违背了法令，每次将被罚款六先令八便士，没收那些被禁之物；如果两次警告他仍不理睬……那么第三次将按本法令条款予以判决。

又如 13 世纪巴黎羊毛织工行会章程部分条文：[②]

第一条，如果没有从国王手中购得手工业执照，任何人不得在巴黎做羊毛织工。凡从国王购得执照者可以国王的名义，

---

① 〔英〕诺尔曼·庞兹：《中世纪城市》，刘景华、孙继静译，第 177 页。
② 周一良、吴于廑主编：《世界通史资料选辑》，中古部分（主编郭守田），第135—136 页。

出售这种执照，讨价高低，悉听尊便。……

第三条，每个巴黎羊毛织工在其家内可有两台宽呢机、一台狭窄的织机，但是在他家以外，不得有任何织机，除非愿意依照行会外的人领有织机的同样条件。……

第八条，每个羊毛织工在家内至多可带领一个学徒，但带领他的时间不得少于四年的服务时期，收费……，或五年的服务时期，收费……，或六年服务时期，收费……，或七年的服务时期，不收费。

行会的这种规定，在初期保护了小手工业者不走向分化，传授了生产技术，也保证了手工产品质量（也是保护了消费者利益）。到后期，行会许多保护措施便趋向保守、垄断，但即使这样，它还是使许多传统工艺和技术传承了下来。

市政对城市经济的管理

城市经济的运行和管理机制实际上包括三个层面：作坊和店铺是基础层次，是经济活动的基本单位；行会则是一种基层社会组织，行使着一定的管理职能；在顶端，则有市政对全城的经济活动进行组织、管理以及协调。如同前文所提到的，市政当局具有经济管理职能，主要体现为对城内工商业活动的调节和控制。如协调工商各行业在结构上的平衡和地域上的分布，市场地建设和市场的规范与管理，钱币的采用，度量衡制的规定，产品质量检测，工作时间的限定等。为保护本城和市民利益，城市还实行经济上的垄断和排外政策。

三、城市经济与农村的互补互动

中世纪时代欧洲的城乡关系是辩证的对立，是互补与互动的关系。在某种意义上说，城市的基本功能就是服务乡村，但又不能受周围乡村低水平低速度发展的羁绊。服务乡村，使得城市获得生存的根基；摆脱乡村羁绊，才可能使得城市有更大的成长。因此，与乡村的互动如何，往往是制约城市发展的关键。

"中心地理论"及对中世纪城市的适用性

中世纪城市是作为一个或大或小的地区工商业中心而兴起的，星罗棋布的中小城镇更是如此。这一论断，与西方学术界流行的近代城市"中心地理论"（central place theory）有某些契合处，也有相异处。

"中心地理论"由德国地理学家沃尔特·克里斯塔勒最先提出。他通过对德国南部城镇的考察调查，在1933年出版《德国南部中心地原理》①一书，认为城市皆为一个地区的中心，中心地所服务的范围的大小、服务的档次以及交通的便利程度等诸多因素，决定了中心地城市的等级，进而从宏观上又决定着中心地的数量、规模和分布格局。中心地理论在1940年引起德国经济学家勒施的注意，他又对此加以自己的解释和补充。20世纪50年代后，中心地理论被西方各国学术界广泛关注。

克里斯塔勒从提问方式入手来展开他的研究。他指出，地理学家格拉德曼将小村和城镇聚落进行了清晰分类，认为村庄与城镇是两件不同的事物。村庄的起源很清楚，即它是农业等方面对土地使用而形成的，村庄人口的数量与土地面积的大小相关；生活在给定区域的人们，必然与一定的农业技术和农业组织形式下赖以生存的土地面积相一致。而城镇情况不一样，在相同的区域里，往往可以看到各种大大小小的城镇，即城镇有等级差别；而在某些较大区域里，却又看不到像样的城镇。那么，城镇为什么会有大小之分？它们的分布又为何如此不均匀？这其中必然有某种等级原理在起作用，他就是要探讨这一原理。②

---

① 〔德〕沃尔特·克里斯塔勒：《德国南部中心地原理》，常正文等译，商务印书馆2010年版。

② 同上书，第5—6页。

在克里斯塔勒看来，生产者为了谋取最大利润，会寻求掌握尽可能大的市场区，因而生产者之间的间隔距离尽可能地大；而消费者为尽可能减少旅行费用，都自觉地到最近的中心地购买货物或取得服务。中心地（Central Place）可以表述为向居住在周围地域（尤其指农村地域）的居民提供各种商品和服务的地方。"那些具有影响较大区域的中心职能，并在其中存有其他次要中心地的地方，我们称之为较高级中心地；那些仅对周邻地区具有地方性中心意义的地方，相应称为较低级中心地和最低级中心地。不具有中心意义或发挥较少中心作用的较小地方称为辅助中心地。"①

中心地除主要提供各种物质商品外，还提供贸易、金融、手工业、行政、文化和精神等服务。中心地提供的商品和服务的种类有高低等级之分，根据商品服务范围的大小可分为高级中心商品和低级中心商品。高级中心商品是指服务范围的上限和下限都大的中心商品，如高档消费品、名牌服装、宝石等。而低级中心商品是商品服务范围的上限和下限都小的中心商品，如小百货、副食品、蔬菜等。提供高级中心商品的中心地职能为高级中心地职能，反之为低级中心地职能；具有高级中心地职能布局的中心地为高级中心地，反之为低级中心地。低级中心地的特点是数量多，分布广，服务范围小，提供的商品和服务档次低，种类少。高级中心地的特点是数量少，服务范围广，提供的商品和服务种类多。二者之间还存在一些中级中心地，其供应的商品和服务范围介于两者之间。居民的日常生活用品基本在低级中心地就可以满足，但要购买高级商品或高档次服务必须到中级或高级中心地才能满足。讨论中心地必须涉及两个基本向度。一是"中心性"（Centrality）或"中心度"。一个地点的中心性可以理解为该地点对其周围地区的相对意义的总和，这是中心地所起的中心职能作用的大小。不能单用人口规模来测量城镇的中心性，因为城镇大多是多功能的，人口规模是该城镇的区域地位

_____

① 〔德〕沃尔特·克里斯塔勒：《德国南部中心地原理》，常正文等译，第29页。

的综合反映。二是服务范围。克里斯塔勒认为中心地提供的每一种商品和服务都有其可变的服务范围。范围的上限是消费者愿意去一个中心地获得商品或服务的最远距离，超过这一距离他便可能去另一个较近的中心地。以最远距离为半径，可得到一个圆形的互补区域，它表示中心地的最大腹地。服务范围的下限是保持一项中心地职能经营所必需的腹地的最短距离。以此为半径，也可得到一个圆形的互补区域，它表示维持某一级中心地存在所必需的最小腹地。各个以中心地为圆心的大小圆形之间可能有交叉或重叠，也可能有空隙，因此克里斯塔勒及其他地理学家又提出了"六边形"市场区，取代圆形市场区。消费者总是选择距离自己最近的中心地去得到商品或服务。①

布罗代尔没直接论及"中心地理论"，但他也有类似的思考。在他看来，一个城市是相互联系的若干地域的中心，包括了几个经济生活圈，即城市食物供应圈、货币及度量体系适用圈、手工业者和新市民来源圈；信贷贸易圈（这个圈范围最广）、商品购销圈、消息传入城内和传出城外的逐层推进圈（可称为信息转播圈）。城市的地位每时每刻由其四周的包围圈所确定。②

在城市史家埃普斯坦看来，用"中心地理论"来分析前工业市场结构愈来愈流行。③经济史家诺尔曼·庞兹也试图将"中心地理论"运用于中世纪城市。在他看来，每座城市都是一个地区的中心地，自有城市就是这样。这个地区的大小影响这个城市的规模和其经济活动范围。它要受地形、交通设施、山脉和河流之类交通阻碍以及政治因素的影响。在这个地区里，小城市不能在食物上自我满足需要，同时又需要市场来出售自己的产品，于是在它四周形成了一个食物等资源供应区、一个产品销售市场区域，其大小取决于农民肯花多

---

① 见百度词条"中心地理论"。
② 〔法〕费尔南·布罗代尔：《15 至 18 世纪的物质文明、经济和资本主义》，第 2 卷，顾良、施康强译，第 185 页。
③ S. R.Epstein, "Town and Country: Economy and Institutions in Late Medieval Italy", *The Economic History Review*, New Series, Vol. 46, No. 3 (Aug., 1993), p. 456.

少时间步行到城市市场地。步行多远呢？13 世纪英国法官布雷克顿提出一条简易规则，一个男子一天可步行 20 英里（约合 32 公里，或 60 华里），他要将一天中至少三分之一的时间用在市场交易上，只有三分之二的时间用在往返市场（城市）的路程上，所以每天他最多走 20 英里的三分之二（40 华里），他也就只能生活在离市场六又三分之二英里（20 华里）的范围内，或者说城市的市场区域为半径 10 公里左右。由于主要是面向周围农村，中世纪城镇的功能不一定那么齐全，有的功能许多小城市就没有，如对金匠和银匠的需求，对高档纺织品和进口香料的经营。也不是每座城市都需要远程贸易商人、文书类人员。高等级的城市比小市镇的服务范围和影响范围更广，功能、职业和行业更多，活动范围更大，人口更多。[1]也就是说，城市越大，它所辐射的范围就越大。例如意大利中部托斯卡纳地区佛罗伦萨和锡耶纳所共同辐射的乡村腹地，要达 12 562 平方英里，每平方英里约有居民 200 人。[2]一方面，城市越小，其繁荣和发展的基础越需要建立在与周围腹地互动的基础上，如 11 世纪巴塞罗那的发展就主要基于它与周围腹地的经济和政治联系。反之，城市越大，它所能渗透的腹地就会越大，如科隆对莱茵河贸易的控制，鲁昂对塞纳河红酒贸易的掌控，伦敦成为英格兰以河流为基础的商业体系与大陆联系的枢纽等。[3]

随着城市与周围乡村联系的加强，城市也不断调整与乡村所接触的地点，主要表现为将城内主要市场地和交易地向着更为方便的位置转移。如 11 世纪的博洛尼亚，其商业中心点由市中心靠近大教堂的市场，转到港口外五条道路汇合处的地方。12 世纪北安普顿财富急剧增长时期，其中世纪晚期的城市中心也是位于早期防御设施门外的数条道路交汇处。在赫尔福德，主要市场地也从原有的防卫

① 〔英〕诺尔曼·庞兹：《中世纪城市》，刘景华、孙继静译，第 67、69 页。
② R. H. Britnell, "The Towns of England and Northern Italy in the Early Fourteenth Century", p.25.
③ David Luscombe and Jonathan Riley-Smith eds., *The New Cambridge Medieval History*, Vol. IV, c.1024-c.1198, Part II, pp.53, 60.

设施之内，转移到城墙外河沟沿岸的长条形地带。[①]

　　将"中心地理论"应用于中世纪城市研究是有一定限度的。克里斯塔勒"中心地理论"虽然主要是针对现代城市的，但也指出了具有工商业职能的城镇中心发展的共同性和普适性。对于中世纪城市来说，至少有两点是适用的：其一，城镇中心一定是服务于周围地区的，为其提供工商产品和各类服务；其二，每个城镇中心是为一定范围的地区提供服务的，这个范围的大小视城镇提供的服务能力和服务水平而定，并决定于城镇自身规模的大小。这里的前提是把城市看成是纯粹的供给侧（向周围地区供应商品和服务），而把周围地区看成是纯粹的消费者（从城镇获得商品进行消费、在城镇消费城镇提供的服务）。而中世纪城市作为中心地，还有其自身的历史特点，即中世纪城镇对其所辐射的区域不单是提供商品和服务，是生产者、供给侧；它也接受来自周围农村的产品（粮食、果菜等），是消费者，而且这些农产品也由农民从四周送往城镇；此外，它还是整个六边形（理论上设定的）区域的交易中心，即周围农村居民以它为交易地点，彼此交换剩余农产品。因此在中世纪城市，无论城镇中心市民，还是周围农村居民，他们都互为供给侧和需求侧，互为生产者和消费者。供给侧和需求侧之间，生产者和消费者之间，必须求得相互间最大平衡，这种平衡决定了城市这个中心地的坐落所在。另一种平衡，则是城市如何充任本地区窗口与外界经济贸易联系的中心。如法国图卢兹就是陆路长途贸易与一个平静而又快速发展的乡村地区的连接点。[②] 还有，克里斯塔勒在中心地理论中提出了市场、交通、行政三大原则，其中交通原则在中世纪显得极为重要，因为那时城镇尤其是中小城镇的辐射范围是以最原始的交通手段——农民一天之内的步行距离为基准的。总之，中世纪的"中心地"

---

　　① 　David Luscombe and Jonathan Riley-Smith eds., *The New Cambridge Medieval History*, Vol. IV, c.1024-c.1198, Part II, p.74.

　　② 　Ibid., p.60.

城市与周围地区是相互服务、相互依存的关系，是双向度的、共生的、互动的，与克里斯塔勒理论中的"中心地"城市主要服务周围地区的单向度模式不尽相同。

依布罗代尔的说法，在作为中心地的中世纪城镇里，进行交换活动有三类人即农民、手工业者和商人，然而三类人的交换目的和性质不一样。商人是从金钱 A 出发，取得商品 M，然后按照 AMA 的公式卖掉商品、重新取得金钱。农民则相反，他来市场出售物品，往往是为了立即购买他需要的东西，即他沿着 MAM 的路线，从商品(在中世纪更是剩余农产品)出发，又回到商品。手工工匠也是这样，卖掉商品，是为了得到金钱再购买商品(生活品)，也是 MAM 路线。[①]

农村向城市供应资源

中世纪城市的工商业经济，在相当长一段历史时期内是乡村农本经济的补充，两者之间互有交换。城市与乡村的矛盾只是"潜在的，或者说是处于酝酿之中"。[②] 或者说，在中世纪城市的早期阶段，城乡关系更是一种共生关系。"尽管新的城市经济与传统乡村经济是共存关系，即通过乡村剩余人口向城市的移民，通过城乡之间的商业交换，城市与乡村世界之间仍然有许多的联系。"[③]

从农村对城市生存和兴衰的意义上看，城市所需资源基本上来自农村，特别是周围农村。农村对城市的作用，主要表现在提供人力资源，提供生活必需的农产品，提供城市手工业所需的原材料，并提供城市产品和商品所需的消费市场。

城市的生存要靠稳定的乡村农业来保障。城市"一般都绝非离开农村社会而建立的。两者都需要劳动力来建设和维持它们的结构，都需要为生活在城里的人们提供稳定的粮食供应"，[④] 城市与周围乡

---

① 〔法〕费尔南·布罗代尔：《15 至 18 世纪的物质文明、经济和资本主义》，第 2 卷，顾良、施康强译，第 44 页。

② 吴于廑：《世界历史上的农本与重商》，《历史研究》1984 年第 1 期。

③ David Abulafia ed., *The New Cambridge Medieval History*, Vol.V, c.1198-c.1300, p.51.

④ 《马克思恩格斯选集》，第 1 卷，人民出版社 1972 年版，第 57 页。

村腹地之间"建立起一种经常性的互相帮助的关系，……如果没有进口保证生活必需品的供应，没有出口用交换品抵偿进口，城市就要灭亡"。[①] 城市之所以逐渐减少以至于最后放弃农耕，城市居民之所以能专心致力于工商业，一个必不可少的前提是周围农耕地区发展到有为城市提供足够的剩余粮食和某些必要原料的可能。亚当·斯密指出："提供生活资料的农村耕种的改良，它先于只提供奢侈品和便利品的都市的增加，……所以，要先增加农村产物的剩余，才谈得上增设都市。"[②] 不过也可反过来，当大城市因为国际性工商业已然成长起来，本地区农村所产生活资料（主要是粮食）已经不能满足城市需要时，它们就必须眼光向外，从外地甚至国外取得粮食。例如意大利四大城市中，除了米兰能从广阔的波河流域农村获得较为充足的粮食供应外，热那亚和威尼斯早在 13 世纪初就有赖于从南方运进小麦了，佛罗伦萨以及一些小点的城市从 13 世纪末也开始这么做。[③]

　　向城市提供生活品的周围农村，处于一定的半径范围之内。普通的中小城镇，其幅射区域为 15 公里左右，以一个农民一天内能从城市往返并完成交易为限。如英国兰开夏普雷斯顿的主要市场区域，半径约为 7—12 英里。[④] 瑞士莱因菲尔登的市场幅射区域在 15 公里左右。[⑤] 周围农村围绕着城市构成一个个同心圆。在紧靠城墙的四周，一般有一个土地肥沃的区域，向城市供应不易保存的食品如蔬菜和瓜果。例如，在法国的土伦，是"就近接受蔬菜和瓜果，果农和菜农牵着骡和驴，走上一两个小时的路程，每天前来赶集"。14 世纪末，法国罗讷河畔的塔拉斯孔，河堤与城墙之间的低洼地便是小块

---

① 〔比〕亨利·皮雷纳：《中世纪的城市》，陈国樑译，第 81 页。

② 〔英〕亚当·斯密：《国民财富的性质和原因的研究》，上卷，郭大力、王亚南译，商务印书馆 1996 年版，第 157、396 页。

③ R. H. Britnell, "The Towns of England and Northern Italy in the Early Fourteenth Century", p.29.

④ T. S. Willan, *The Inland Trade, Studies in English Internal Trade in the Sixteenth and Seventeenth Centuries*, Manchester University Press, 1976, pp.69-70.

⑤ N. J. G. Pounds, *An Economic History of Medieval Europe*, p.262.

的菜园和果园；河堤之外则是成片的草地和田野；更远处是山冈坡地，种着葡萄。一般来说，城市的食物供应区是一连串由近至远的呈同心圆状的区域：牛奶产区、谷物产区、葡萄产区、畜牧区、森林区，以及远程贸易区。[①]在英国，1600年前后的800来个市镇（market town）平均涉及的范围为方圆7英里（11公里）。小麦的陆路运输路程不超过10英里，甚至低于5公里；牛的运输距离为11英里，绵羊40—70英里，羊毛和毛织品为20—40英里。[②]城市越大，无疑其食物供应区越大。如16、17世纪的巴黎，则在更广大地区组织货源：鱼和牡蛎来自迪耶普、勒克罗图瓦、圣瓦莱里；奶酪来自莫城，黄油来自迪耶普附近的古尔奈或伊西尼；肉畜来自普瓦西、苏以及纳布尔，面包来自贡内斯，干菜产地是诺曼底的科德贝克；商人收购小麦，应在距首都10法里之外，收购活牲畜，应在7法里之外，收购菜牛和猪，应在20法里之外，收购淡水鱼应在4法里之外，大量收购葡萄酒应在20法里之外。"向巴黎供应肉食的集市遍及法国广大地区"。[③]为伦敦服务的四周经济区出现比巴黎要早100年。16世纪，该经济区北达苏格兰，南抵英吉利海峡，东接北海，西连威尔士和康沃尔，"几乎整个英国的生产和贸易区域很快全都为伦敦服务"。[④]

向城市提供人力资源的地区，或者说向城市移民的地域范围，可能要更广一些，不限定在周围农村。如在伦敦，每年当有8 000名移民进城才能维持人口增长水平和劳动力需求。[⑤]17世纪中叶，伦

① 〔法〕费尔南·布罗代尔：《法兰西的特性》，卷1，"空间和历史"，顾良、张泽强译，第144页。

② 〔法〕费尔南·布罗代尔：《15至18世纪的物质文明、经济和资本主义》，第2卷，顾良、施康强译，第25页。

③ 同上书，第16—17页。

④ 同上书，第19页。

⑤ 〔英〕P. 克拉克和P. 斯莱克：《过渡期的英国城市》，薛国中译、刘景华校，第87—88页。

敦的学徒达 20 000 人，其中来自北方和密德兰地区达 40%。来自农村的移民原籍，是随着时代发展由近而远的。最初，移民多来自周围农村。如 12 世纪温切斯特约有 10 000 人，居民多来自半径 40 公里以内地区。[①] 爱汶河上的斯特拉特福（莎士比亚故乡）建城后的最初 50 年里，移民几乎全部来自半径 16 英里以内地区；西密德兰所有城市的绝大多数农村移民，也都来自 30—40 英里以内地区。[②] 到 16 世纪后，移民的原籍则遥远得多。1710—1731 年诺里奇的 1601 份学徒契约中，除了 43% 的学徒是本城居民的子弟外，余下的 57% 里，只有 22% 的学徒来自诺福克郡，[③] 其余的 35% 来自萨福克郡以及更远的地方。伦敦的农村移民最先来自最近的南部地区，继而又来自较近的密德兰和东盎格利亚地区，到 16、17 世纪，伦敦的移民来自不列颠全岛。[④] 在法国，虽然像梅兹这样的小城镇主要依靠周围农村移民来补充人口，但像西南的图卢兹和南部的蒙彼利埃等地中海城市，则从更远的中央高原地区获得农村的剩余人口。[⑤]

不仅城市的生存要靠乡村，而且城市的发展，即规模的扩大和数量的增多也要以乡村农业力量的增长为前提条件，"都市财富的增长与规模的扩大，都是乡村耕作及改良事业发展的结果，而且按照乡村耕作和改良事业发展的比例而增长扩大"。[⑥] 莫里斯·道布在谈及城市对乡村的依赖性时指出："城市一半是封建经济体的仆人，一半是它的寄生者。"[⑦] 我们还要注意到，在相当长的一段时期内，城市是作为乡村的附庸的面目出现的。乡村对市场的变化反应迟钝，

---

① David Luscombe and Jonathan Riley-Smith eds., *The New Cambridge Medieval History*, Vol.IV, c.1024- c.1198, Part II, p.54.

② Susan Reynolds, *An Introduction to the History of English Medieval Towns*, p.70.

③ P.Corfield, "A Provincial Capital in the Late Seventeenth century: the Case of Norwich", in P.Clark and P.Slack eds, *Crisis and Order in English Towns 1500-1700, Essays in Urban History*, p.272.

④ Susan Reynolds, *An Introduction to the History of English Medieval Towns*, p.70.

⑤ David Abulafia ed., *The New Cambridge Medieval History*, Vol.V, c.1198-c.1300, p.52.

⑥ 〔英〕亚当·斯密：《国民财富的性质和原因的研究》，上卷，郭大力、王亚南译，第 345 页。

⑦ Maurice Dobb, *Studies in the Development of Capitalism*, New York, 1954, p.71.

需求不旺，这些不利因素制约着城市工商业的进一步繁荣，使其长期处于一种抑止状态；尤其是其经济命运与周围农村地区紧密相关的广大中小城市，在兴起之后的较长时间里并没有得到快速发展。

城市和乡村之间联系的中介环节是商人，他们可称为城乡之间的第三者。他们13世纪之前就已在英国出现，最初主要从事小麦贸易，后来这些大商人一方面与乡村生产者联系，另一方面与城里的零售商联系，黄油、奶酪、家禽、水果、蔬菜、牛奶等贸易主要通过这些中间环节进行。大商人及一些小贩或经纪人，甚至深入乡村进行"私下交易"，走村串户，预购小麦、大麦、绵羊、羊毛、家禽、兔皮和羊皮等。[①]

一般来说，"城市和商业发展最基本的促进因素，是乡村的发展和人口的增长"，因此我们看到，在乡村聚落最密集的地区，例如波河上游和佛兰德尔，常是城市发展最快的地区。但也不完全如此，如法国的皮卡迪地区，人口密度大于佛兰德尔，但后者的城市及工商业发展却远高于皮卡迪。[②]

城市为农村提供工商服务

城市的出现是一个个大小地区经济发展自然进程的结果，因此它的存在首先就是该地区经济中的必要成分，是为该地区服务的。城市最早的手工业就是为满足城镇及周围乡村居民的日常需要，并且日益呈现专业化趋势。如铁器制作是基本行业，从10世纪起，铁匠和铁匠街最为常见。皮革鞣制和皮具制作也是从城市兴起的最早期就有的，到12世纪，法国和英国城市里的制鞋匠使用的皮革都称"科尔多瓦皮"（一种特别适宜做鞋的皮革），可见皮革制作水平之专业性。12世纪，温切斯特的15条街道里，肯定有5条（甚至

---

① 〔法〕费尔南·布罗代尔：《15至18世纪的物质文明、经济和资本主义》，第2卷，顾良、施康强译，第21、27页。

② David Luscombe and Jonathan Riley-Smith eds., *The New Cambridge Medieval History*, Vol. IV, c.1024- c.1198, Part II, p.53.

可能有 8 条）街道是按手工行业命名的；伦敦至少有 20 条街道，其中 6 条街道名称与食物有关。[①]因此，城市的"基本"行业就是为本地区提供手工业必需品。而那些仅为城市居民服务的劳务性行业，则是非基本行业，尤其是在中小城镇。[②]大城市有所不同，因为城市居民的生活以及商务活动本身就可构成服务对象。总之，每个城市或城镇都有一系列可定义为"基本"的经济活动，其面向的市场为周围农村，城市依靠它们输出产品、挣得收入，否则城市就不能从农村输入生活资料和手工业原材料，从而不能维系城市自身。同时，每个城市都有一些非基本的手工业和服务业，这是城市为了方便自己的市民，如面包师、屠宰匠；也有的是为城外的社会上层服务的，如盔甲匠和银饰匠。[③]

城市并非一味地依赖周围的乡村，这种依赖性其间蕴含着城市对乡村施加影响的能动性。克拉潘认为，城市"对农产品确实有一种经常性的需要，而这种需要足以深刻地影响邻近村庄的生活"。[④]由于城市特别是中小城镇是乡村地区社会经济发展的产物，因此城市存在的前提就是必须为乡村，尤其是周围农村服务。因此，绝大多数城市的工商业职能主要是面向农村，尤其是以周围农村作为服务范围、辐射区域。在德国学者毕歇看来，一个中世纪的德国城镇规模约 4.3 平方英里（约 11 平方公里），服务着大约 30—40 个农场、村庄和自然小村。[⑤]

英国的中世纪城市同样是周围乡村腹地的交换中心和服务中心。根据城市经济的辐射面和规模，可大致把英国中世纪城市分为三个等级：处于第一等级的是首都伦敦，它也是全国最大的工商业中心，

①　David Luscombe and Jonathan Riley-Smith eds., *The New Cambridge Medieval History*, Vol. IV, c.1024- c.1198, Part II, pp.58, 60.

②　N. J. G. Pounds, *An Economic History of Medieval Europe*, p.264.

③　〔英〕诺尔曼·庞兹：《中世纪城市》，刘景华、孙继静译，序言，第 4—5 页。

④　〔英〕约翰·克拉潘：《简明不列颠经济史：从最早时期到 1750 年》，范定九、王祖廉译，上海人民出版社 2011 年版，第 151 页。

⑤　〔德〕沃尔特·克里斯塔勒：《德国南部中心地原理》，常正文等译，第 7 页。

其辐射面覆盖整个英格兰，在进出口贸易中伦敦的地位也是举足轻重的，1424—1425 年，伦敦出口的呢绒占全国呢绒总出口量的 46% 以上，1524—1525 年则为 81.75%；羊毛出口也是这样：1374—1425 年伦敦的羊毛出口占全国羊毛出口总量的 40%—45%，而到 1524—1525 年达到了 66%。[①] 处于中间层次的一类是一百个左右的地方重要城市，它们的服务区域一般限于本郡或本地区，如诺里奇、布里斯托尔、埃克塞特等都属于这类城市。最基层的、也是最广泛的要数英国几百个中小城镇。这些中小城镇的规模虽小，但具有大中城市的某些特征。中小城镇的广泛出现和存在，是乡村地区社会经济发展到一定阶段的产物。中小城镇是周围农村剩余农产品相互进行交换、农产品与城镇手工业产品进行交换的场所，它们最重要的工商业职能便是为周围乡村提供服务，把农村与城市联结起来，它们既是地方交易的中心，又是以大中城市为中心的市场商业网的末端。中小城镇的工商业所能影响和辐射的区域一般都以进城农民在一天内能够往返为限。从中世纪道路交通的情况考察，城镇影响的区域应是以城镇为中心，半径约为 15—20 英里的地区。在整个西欧，城市间的平均距离为 20—30 公里，每个城市的市场区域的覆盖面平均为 500 平方公里左右。英国 95% 以上的城市是居民在 5 000 人以下的中小城镇，[②] 而像伦敦这样的与国际贸易关系密切的大城市并不很多。皮雷纳曾说，"英格兰所有城市在爱德华三世（1327—1377 年）以前，都满足于只生产自己市民与附近乡村居民所需要的东西"，[③] 这是不无道理的。

在商业方面，城市首先是周围农村剩余农产品进行相互交换、农产品与城镇手工业产品进行交换的场所。一般来说，每个城市至少有一个交易市场。市场上交易货物虽然比较广泛，但最大量的还是来自于周围农村的农产品。如 1322 年英国布尔福德城过桥税账目

---

①　J. A. F. Thomson, *The Transformation of Medieval England*, London: 1983, pp.60-61.

②　刘景华：《西欧中世纪城市新论》，第 41 页。

③　〔比〕亨利·皮雷纳：《中世纪欧洲经济社会史》，乐文译，第 136 页。

表，列举了经过该桥进入该城市场的各种货物，绝大多数是产于周围乡村的农牧产品。^①法国奥弗涅高地的埃斯佩里昂城，有一个市场和集市，附近山地所产的畜牧产品在这里同该城西部河谷地带所产的谷物相交换。^②其次，周围乡村的部分农产品也通过城市运往外地市场，城市里相当一部分人以向外地转运本地农牧产品为生。如英国西部的奇平康普顿城，就是以转运本地所产科茨沃兹优质羊毛而繁荣的，很多市民在羊毛贸易中发迹。城内一个羊毛商威廉·格雷维尔经商所及的地域范围，远至欧洲大陆市场。^③图克斯伯里作为谷物贸易中心，14世纪80年代，城内有13个谷物商专事将附近村庄粮食运至布里斯托尔市场的行当。奥斯河上的圣内奥茨城，则是将附近贝德福德郡、剑桥郡和亨廷顿郡所产大麦集中起来的市场地。^④再次，周围农村居民所需要的外地商品，也主要从城市市场上取得。那些必需品如盐、铁自不必说，还有许多提高生活水准的较高档消费品也是如此。如瑞士莱因菲尔登城市场出售给本地农村居民的外来商品中，有来自阿尔萨斯的葡萄酒，来自萨尔茨堡和洛林的盐，来自上莱茵的木材、下莱茵的盐干鱼，还有香料、糖料、稻米、染料、棉花和奢侈品等。^⑤

　　在手工业方面，初期的中世纪城市也基本上面向周围农村，因而行业门类众多，有特色的手工业部门较少。11世纪城市出现的"第一批店铺其实就是面包师傅、屠户、鞋匠、铁匠、成衣工以及其他小手工业者的作坊"。他们最初是在作坊里劳动，然后到集市或商场去出售产品。^⑥城市手工业大致包括两大方面，一是日用品制造业，二是劳务性行业。小至中小城镇，大到国际性城市，一般都是各种

① M. Beresford and J. St. Joseph, *Medieval England; An Aerial Survey*, Cambridge University Press, 1979, p.187.

② N. J. G. Pounds, *An Economic History of Medieval Europe*, pp.262-263.

③ M. Beresford and J. St. Joseph, *Medieval England; An Aerial Survey*, pp.187-188.

④ R. H. Hilton, *English Peasantry in the later Middle Ages*, p.89.

⑤ N. J. G. Pounds, *An Economic History of Medieval Europe*, p.262.

⑥ 〔法〕费尔南·布罗代尔：《15至18世纪的物质文明、经济和资本主义》，第2卷，顾良、施康强译，第44页。

手工行业齐备。如英国小城塔姆沃斯不过一千人，行业就有三十多种。温奇库姆小城里，有 42% 的纳税人从事成衣业和食品制作业，28%的人从事皮革、木器和建筑业，14% 的人从事纺织业，余者是商人或从事运输业者。[①]莱因菲尔登的一千多人口中，有将近三分之二的人从事手工业，如金属品制造、硝皮、织布、建筑、木工等，主要是为周围地区服务的日用品制造和服务性行业。[②]

作为中世纪城市体系中坚的地区性中心城市，多为本地区乡村经济发展到一定时候的必然产物，因此它们为本地区服务的功能尤为突出，当然它们所辐射的周围农村之半径，较之中小城镇也要大得多。如布里斯托尔、诺里奇、约克。约克是中世纪英国北方最大的城市。15 世纪初，约克的 84 种工商行业大致可以概括为五类：一是毛纺行业，这是约克城的特色工业；二是日用品生产行业，约有三十种；三是日常服务性行业；四是高级消费品、奢侈品制造业，以及高档服务业；五是各种商人。[③]从总体结构看，约克的工商行业服务周围地区的功能超过面向外地或全国的功能。

在意大利，城市的乡村腹地被称为"孔塔多"（contado）。如在黑死病前，佛罗伦萨的"孔塔多"就包括了沃尔特拉、圣吉米格纳诺、卡斯特菲奥伦迪诺、埃姆泊利、波吉波恩西、佩西亚、科尔托那、蒙特普尔西亚诺和科勒等至少九块地区。[④]按照习惯说法，中世纪城市共同体为了城市人口尤其是商业资本的利益，迫使乡村腹地从属于自己的经济权力和司法权力；权力从封建主手中转移给城市当局，意味着乡村农民完全失去了司法和经济自由。尤其是在意大利北部和中部，城市国家通过不平等的课税率，通过将工商业限定于城市的种种规定，通过强迫性的劳动服务，以及用法律来强化市民对乡村佃户的优势，来剥削农村，而且在 14、15 世纪愈演愈烈。但也有

---

① R. H. Hilton, *English Peasantry in the later Middle Ages*, pp.82-83.

② N. J. G. Pounds, *An Economic History of Medieval Europe*, p.262.

③ L. C. Marshall, *Industrial Society, Chicago*, pp.81-82.

④ R. H. Britnell, "The Towns of England and Northern Italy in the Early Fourteenth Century", p.23.

人如意大利学者费尤米认为这不是剥削，而是使农村受益。他主要以 13、14 世纪的佛罗伦萨作为例证。他绕开了从制度上强调城市对乡村的强势，转而从城市的功能上阐述城乡经济关系。他推演出了一个"以城市为基石"而整合的前工业发展模式，完全不同于那种认为城市资本和城市文化是能动体而乡村则保守的传统思维。不过，这一看法的更深层含义还是：中世纪城市的优势地位有力地推动了乡村的发展，而缺乏城市的乡村地区其经济必定是不发达的。①

　　总之，看起来共生和互动的中世纪城乡关系，实际上蕴含深意。在早期，城市的发展，无论其规模还是功能，都要受到周围乡村的局限；乡村生活方式深刻地影响着城市，或按英国历史地理学家帕顿的话说，"城市被乡村深深地渗透着"，虽然他主要说的是城市哪怕是大城市的街道后面遍布耕地、果园、农场和花园，说的是城市街道上充斥着牲口，充斥着将食物从农田带给消费者的农民。② 而在另一方面，乡村的发展方向正在逐步被城市所主导和引领着。正如英国著名中世纪史专家威克汉姆所研究的，从托斯卡纳各个时期的历史来看，城市的存在深刻地制约着哪怕是遥远的农村地区的社会结构。③ 城乡关系在城市的主导下终将发生深刻变化。

---

① S. R. Epstein, "Town and Country: Economy and Institutions in Late Medieval Italy", *The Economic History Review,* New Series, Vol. 46, No. 3 (Aug., 1993), pp. 453-454.

② John Patten, *English Towns, 1500-1700*, p.17.

③ C. J. Wickham, *The Mountains and the City, The Tuscan Appennines in the Early Middle Ages*, p.xv.

第四章　中世纪城市孕育现代经济方式

欧洲文明相对于其他文明的优势，是其高度发达的经济文明。新的经济理念、新的经济制度和新的经济运行方式，将欧洲逐渐导入新的经济生活状态，并激发了欧洲对世界其他地区的经济扩张欲望。若是追溯源头，欧洲经济文明诸要素大多是在中世纪城市里孕育并得到初步发展的。

一、新的经济理念

城市培育了商业意识和市场观念等新的经济理念。这些理念不但促成了欧洲文明最本质的经济特征，也在人类文明进程中传之久远。

欧洲城市里的工商业活动与农业活动不一样，活动者的身份无关重要，重要的是人们都有上升的机会，都可以通过努力而致富，因此城市被认为是"希望之地"（应许之地［promoted land］）。[①]一无所有的穷人，可以因个人才智与进取心，在短时间内进入致富行列。因此在欧洲城市里，许多传统观念得以改变，许多新的经济理念得以形成。

商品货币意识

这是城市工商业活动所带来的最基本的观念变化。在传统农业

---

① Norman Pounds, *The Medieval City*, p.55.

社会里,经济活动的主要目的是为了基本生活需要即温饱问题,是"谋食",①生产的物品只要满足需要即可,而不必衡量它的价值。而城市工商业的基础是物品的交换,是以货币为中介的物品交换,亦即商品交换。于是在社会中逐渐形成了新的认识,即各种有用物品都可用货币标准来衡量,都可以转换成货币,再用货币自由地换取其他商品。因此,获取货币便成了获得更多有用物品的途径,也成了积累财富的主要手段。这种商品货币意识渗透的结果,是各种活动商业化,各种物品商品化。为了得到货币,贵族们甘愿放下自己的"尊贵"身价,从事商业活动或商品化产业活动。英国的中小贵族们因为从事工商业而成为"新贵族"。即使在一向保守、商人逆变为贵族的法国,也有波尔多的地主贵族经营着商品化的葡萄园,图卢兹的贵族投资附近的商业化农业之类现象。②

请看一首 14 世纪小诗赞美钱(货币)的"万能":③

> 钱能使一个男人有型,钱使他看来很有教养;
> 钱能隐藏每一个原罪,钱能显摆他所买所卖;
> 钱给他秀色可餐女子,钱能使他的灵魂升天;
> 钱能使卑贱者变得高贵,钱能将仇敌置于死地;
> 没有钱一个男人会潦倒,因为它能颠倒世界和命运轮盘;
> 你若需要,它能送你进入天堂,我想聪明男人会将之珍藏;
> 因为钱的万能品质,能够扫除一切惆怅。

市场意识和进取精神

工商业者生产或经营的产品,不是用于自身消费,而是拿来与

---

① 参见吴于廑:"世界历史上的农本与重商",《历史研究》1984 年第 1 期。

② John Merriman, "European Civilization, 1648-1945", Lecture 3, 2008-9-10, *Dutch and British exceptionalism*, 2008-9-10, Yale University, http://www.cosmolearning.com/video-lectures/dutch-and-british-exceptionalism -6722/, 2012-3 -17.

③ Tim Parks, *Medici Money, Banking, Metaphysics, and Art in Fifteenth-Century Florence*, London: Profile Books Ltd, 2006, pp.17-18.

他人交换的，需要有市场。这就培养了市场意识，就是说，每进行一种新的产品生产或经营，应该看有没有销售市场。反过来，了解到市场需要什么，就可以去生产或经营什么，指导生产过程。进一步，还可以通过产品创新来引领市场需求，创造市场需求，刺激消费者购买欲望。于是，开拓市场也就成了工商业者生产经营的头等大事。开拓市场有纵深和横延两大方面。纵深是指不断提升已有市场的消费需求档次，横延则指不断扩大消费者体量，包括扩大本土消费人群，也包括将市场向海外扩张。这就需要进取冒险精神，敢于闯入陌生的世界。近代欧洲的殖民扩张，终极目的就是将产品市场从欧洲扩大至世界；而扩张的源头正是城市工商业对市场的需求。

财富追逐和增殖意识

这是一种社会价值观的改变。在早期基督教价值观影响下，财富只被看成维持"生存"的手段，而不是目的，生产不是为了追求利润，而是过上"适当"的生活；生活需要一定财产，但财产权容易导致自私心理。工商业活动促使人们改变对财富的态度。尤其是商人们致富后大量购买土地，提高了社会地位；他们向教会大量捐赠来证明收益的正当，得到了社会认同；他们热心公益和慈善事业，获得了社会赞誉。这一切行为都须以积聚财富为前提，因此追求财富不再为社会所鄙视。新的财富追求观念，是欧洲文明兴起的主要经济驱动力。与此同时，财富还被当作价值增殖的资本，即"钱能生钱"。放贷可以收取利息，这种高利贷意识从开始出现财富占有以来就在人们头脑中扎根，只是基督教有关高利贷的说教，让放贷者有一种罪恶感。然而最早反对基督教这种说教的来自于市民法（civil law）。查士丁尼法典也接受了借债付息的做法。这就使得教会本身也发生了变化，结果高利贷仅被认为是对神学的冒犯，并非是对社会的罪过。1215年拉特兰宗教会议上只讨论了收息不能过高。放债收息只是精神犯罪而已，其"罪过"很少受世俗法庭真正惩罚。[①]

新的商业观

积累财富的快捷途径是商业，财富观念的变化，驱使人们改变对商业和商人的成见。随着城市商品货币经济的发展，商业的重要性和商人的作用日渐被认识，商人也为改善自我形象做出了各种努力。社会各阶层出于各种需要，不得不与商业发生联系，对商人存在一定程度的依赖，因此开始放弃以往的轻商贱商观念，对商业和商人重新审视和评价，甚至非常乐于亲身从事商业。于是，商业从经济边缘走到了中心，商人在社会经济运转中成为关键角色。如威尼斯这个以商业立国的城市，几乎所有市民都与商业相联系，不论是水手，是工匠，还是资本持有者。"所有的威尼斯人都是商人"，这是 1346 年圣方济各会香客尼罗·达·波奇波斯路过威尼斯时所作评论。威尼斯的统治者也如此强调。1339 年大议会指出，威尼斯的伟大是以它所拥有的以商人身份散居世界各地为基础的。1347 年，元老院体察到政府权力的扩增依赖于商人的经常出入。所有的威尼斯人，上自总督，下至平民百姓，没有谁以从事商业为辱，反而认为经商是体面的事。威尼斯的大使与官员把报告商业情况视为理所当然。总督甚至亲自从商。如 1268 年去世的总督拉尼尔利·扎罗，就曾卷入不少于 132 项的商业事务。神职人员也难以拒绝商业利润的诱惑。牧师公证人梅利斯 1316—1318 年居住在亚美尼亚时，就曾把货物寄售给威尼斯神职人员尼克拉·波恩。[②]有人这样形容威尼斯，"它的政府就是一个股份公司；它的总督，就是它的总经理；而元老院，就是它的董事会；它的人口，就是它的股份持有人"。[③]商业城市威尼斯人的这种商业观形成比较早，毫无疑问会逐渐影响着西

---

① N.J.G..Pounds, *An Economic History of Medieval Europe*, p.409.

② B. Z. Kedar, *Merchants in Crisis, Genoese and Venetian Men of Affairs and the Fourteenth-century Depression*, Yale University Press，1989, pp.58-59.

③ 〔美〕汤普逊：《中世纪晚期欧洲经济社会史》，徐家玲等译，第 243 页。

欧社会。就连教会也受到影响。经院哲学集大成者托马斯·阿奎那就说，"当一个人为了公共福利经营贸易，以生活必需品供给国家时"，"贸易就变成合法的了"。[①] 14 世纪初，罗马教皇甚至还封一名商人为圣人，主教们则为即将起航的船舶祈祷祝福。这时候的西欧，再也没人抱有视商业为罪孽、视货币为魔鬼工具的陈旧思想了。[②]

新的消费观

中世纪占统治地位的基督教，是信仰来世而轻视现世的，对现世生活奉行苦行主义。这种传统观念遇到了城市市民的挑战。市民通过工商业活动致富后，不可能面对所获得的大量钱财无动于衷，他们将所获财富部分地用于改善生活。天国虽好，现世享受更不能错过。因此，基督教的苦行主义遭到了市民们质疑。同时，市民们大胆的消费实践，似乎并没有被上帝惩处。于是生活要求和生活标准被逐步提高，新的消费观念逐渐形成。从某种意义上看，消费主义似乎较快地耗散了资源和财富，但它更能刺激生产，还能创造对新消费品种的需求，这是生产发展和创新的原动力之一。消费社会的形成为扩大再生产创造了市场前提。例如"消费革命"的发生，被许多西方学者认为是 18 世纪工业革命的重要原因。[③]同样，城市经济发展所刺激的消费欲望增强（包括封建领主），也被不少学者认为是促使封建主义危机出现的因素之一。

新的时间观

在日出而作、日落而息的农耕社会里，不要求对时间有精确的

---

① 〔意〕托马斯·阿奎那：《阿奎那政治著作选》，马青槐译，商务印书馆 1982 年版，第 144 页。

② 〔法〕罗贝尔·福西耶：《中世纪劳动史》，陈青瑶译，世纪出版集团：上海人民出版社 2007 年版，第 213—214 页。

③ 参见 M. Berg and H. Clifford, *Consumers and Luxury: consumer culture in Europe, 1650-1850*, Manchester University Press, 1999; L. Weatherill, *Consumer behaviour & material culture in Britain, 1660-1760*, London: Routledge, 1996; J. Brewer and R. Porter, *Consumption and the world of goods,* London: Routledge, 1993; C. Shammas, *The pre-industrial consumer in England and America*, Oxford University Press, 1990.

掌握。随着城市发展和工商业活动进行，人们的劳动和生活节奏加快，社会活动增多，日作与夜息的区分界限逐渐被打破，人们对时间逐渐有更精确的利用和把握。在时钟发明之前，就出现了大量有关时间的作品了。埃普斯坦教授从13世纪热那亚公证人的大量契据材料中，比较精准地看到了当时人对时间的安排和商务活动日程结构，从而认为在热那亚这种商业中心早就有了精准掌握时间的紧迫压力。[①] 城市工商业活动也具备了精确计算时间的条件。时钟发明并在城市钟楼悬挂后，更有助于改变人们的时间观念。时钟的敲击声催人奋进，告知人们要珍惜时间，合理地安排和使用时间，并用时间来规约自己的行为与活动。例如威尼斯人就十分注重节约时间，意识到浪费时间是一个很大的不幸，如彼亚特罗·科尔那罗不断提醒人们"不要浪费时间"，"不能再浪费时间"。为使政府争夺商机，他提醒说"一天胜过一年，一月胜过永恒"。1350年后，威尼斯人获得了他们最早的机械钟，[②] 从而迅速采用了计时新方法。时间观念加强，有助于养成守时、节时的习惯，有利于商业活动。不过，与其说是钟表的使用增强了商人的时间观念，倒不如说是城市商人和商业具有的时间意识使钟表应用更加便利，并加快了时间的精确划分法实行。对时间的精确把握是人类近代文明生活的重要特征。很明显，这一特征是从欧洲城市开始的。

为了达到合理牟利目标，城市工商业活动也形成了一些基本的行为准则。

平等原则

几乎所有的欧洲城市都是以市场为中心发展起来的，市场交换中的平等原则很自然地成为城市经济生活的圭臬。交换进行时，商

---

① Steven A. Epstein, "Business Cycles and the Sense of Time in Medieval Genoa", *The Business History Review*, Vol. 62, No. 2 (Summer, 1988), pp. 238-260.

② B. Z. Kedar, *Merchants in Crisis, Genoese and Venetian Men of Affairs and the Fourteenth-century Depression*, pp.94-95.

品所有者的身份是平等的，竞争是公平的。不论农奴还是手工业者，不论世俗贵族还是教会人士，都只是作为商品的交易方出现。商品价格的高低与商品主人的出身不相干。领主在市场上无论是购买商品，还是出卖剩余农产品，都得承认对方的独立意志与平等身份。这与等级森严的西欧封建社会体制迥然相异。在商品经济中形成的借贷关系，更与等级观念相冲突，更体现交易双方的平等。出身低下的商人放贷时，绝不因为领主身份高贵就降低利息或延迟还本。商品货币关系越发展，平等原则就越重要。市场中还慢慢形成了一套商法体系，平等交易原则进一步得到法律确认。这种平等原则也推广到银行的业务中。储户与银行的合同关系，是两个自由的公民或个人（法人）之间，在自由公开的法庭上实施法律条件下明确的合同关系。银行的权利是什么，银行的义务就是什么。[1]两者之间是平等的。即使是在行会中，看起来师傅地位高于帮工，但他们还是体现了一定程度的平等：帮工迟早会变成师傅；他们都是自由劳动者，彼此间几乎不存在身份上的不平等。[2]

信用原则

工商业活动中常常充满了欺诈和风险，不少人为了追求利润而不择手段，但更多有远见的生产经营者则感到"诚实守信"更能使自己的事业长久，长远的利益回报更为牢靠。不少勤勉的工商业者还认真记载与他人的往来账目，以此表明自身的诚实态度。城市中的信用行为比较盛行，还与当时工商业经济特征相关。这是因为缺乏货币，不能及时结账，兑付现金，由采取赊账方式进而发展信用制度，便成了一个替代性选择，这是一种买方信用。还有一种"卖方信用"（sale credit），即买者先将货款预付给卖方，卖方在约好

---

[1] George E. Frazer, "Accounting in Italy", *The Accounting Review*, Vol.4, No.1（March 1929），pp.33-37.

[2] 〔法〕G. 勒纳尔、G. 乌勒西：《近代欧洲的生活与劳作（从15—18世纪）》，杨军译，上海三联书店2008年版，第306页。

的时间将货物交给买方。实际上这是对一种紧俏货物采取预订的办法，譬如意大利商人订购英格兰的羊毛，通常就是先交一笔定金，甚至是全部货款。[①] 这一做法有点类似于现代的期货交易。这一行为就不能用缺少流通货币来解释了。在 13、14 世纪里，可以说一个信用网络已布满欧洲，北至伦敦，东到君士坦丁堡，西达巴塞罗那，南抵那不勒斯和塞浦路斯。意大利城市则是这个网络的中心。[②] 整个中世纪晚期，见证了信用这一工具以契约和授权形式出现。[③] 在某种意义上讲，欧洲城市经济植根于信用之上，而"决定信用规模的，不是管理它的法律、规章和制度机制，更多的是纯粹的经济现实，如财富的体量、分布，工业和贸易组织方式，生产循环的周期和商业覆盖的范围"。[④] 总之，信用促使资金得到更恰当、更合理的利用。在信用原则基础上形成的信贷关系，还在英国农业资本主义兴起过程中发展出一种抵押贷款形式，大大解决了经济发展和资本主义发展的资金缺口问题。[⑤]

风险意识

虽然城市为工商业者提供了良好的生产和经营场所，并将他们置于一定的保护之下，但事业的发展并非坦途。特别是那时的商人多为行商，要带着货物奔赴各地市场，风险更大。沿途有封建领主的关卡林立，有流氓盗匪的抢劫偷盗，有道路崩塌结冰泥泞等自然险阻，从事航海贸易的还有海上风暴和海盗拦截等灾难。但风险越大，利润也就越大。为了降低风险、减少损失，还产生了早期的保险业。此外，要进行国际贸易，要开拓海外市场，还要面临对方市场许多

---

① M. Postan, "Credit in Medieval Trade", *The Economic History Review*, Vol. 1, No. 2 (Jan., 1928), pp. 238,240.

② Tim Parks, *Medici Money, Banking, Metaphysics, and Art in Fifteenth-Century Florence*, p.2.

③ David Abulafia ed., *The New Cambridge Medieval History*, Vol.V, c.1198-c.1300, p.65.

④ M. M. Postan, "Early Banking", *The Economic History Review*, Vol.16, No.1(1946), p.66.

⑤ 参见赵文君、李斌："英国法律与资本主义租地农场的兴起"，《湘潭大学学报》2013 年第 1 期。

难以估计的风险因素，前景难卜，必须具有冒险精神。12 世纪热那亚和 13 世纪马赛所留下的大量公证文书表明，海上贸易借贷都以商船安全到达目的地港口才能得到偿还，因此放贷者必须具有不能偿付的风险意识，同时这样一种做法也有益于最大程度地分散贸易风险。在 13 世纪，无论是个体商人，如本内德托·扎卡里亚，抑或合作者锡耶纳的托洛梅，还是佛罗伦萨的巴尔迪公司和佩鲁兹公司，都是愿意冒着风险，开拓市场，与同行互助合作的。商人经商范围广，要接触各种不同的钱币，而这些钱币价值又经常波动，如单是法国在 1300 年就有 40 种不同的钱币。另如度量衡等，一个城市不同于另一个城市，一个地区不同于另一个地区。因此命运多样，在经商中冒风险成功者有之，失败者亦不乏其人。如 12 世纪威尼斯商人罗曼诺·麦兰诺，在商海里几经沉浮，死时资产少得可怜。有的商人之所以成功，在于其能集海军将领、商人和海盗于一身，并将投资分散于船运、开矿、乳香种植、公共债务和房地产等多个方面，极大地降低了风险。[1] 而由英国城市商人组成的呢绒出口商公司，因为要担负开拓大陆欧洲市场的重任，其名称都叫作"商人冒险家公司"（The Merchant Adverturers）。

二、现代会计制度

商业以及商品经济的本质是牟利，是以同样的成本追求利润的最大化，因此在价格被行会控制的城市工商业活动中，怎样计算成本、扩大利润，是工商业者的一项基本素质，这就是理性计值。反映城市市民理性计值意识增强的最典型现象是借贷（收付）复式记账法的产生和流行。复式记账法（double entry book-keeping）14 世纪初已在热那亚运用，可能更早时候出现在托斯卡纳。[2] 在以往，以谋

---

[1]　David Abulafia ed., *The New Cambridge Medieval History*, Vol.V, c.1198-c.1300, pp.65-66.

[2]　N. J. G. Pounds, *An Economic History of Medieval Europe*, p.425.

食为特点的传统农本经济基本是不记账的，最多只做出年成支出计划而已。早期工商业活动的账目只是流水账，在一本账上按时间顺序记录每天收支，只察看最后余额。而在复式记账法里，每笔账目借贷两记，收支两条线非常清晰，这就极其方便于成本核算，促进合理的生产或经营，最终达到单位产值成本最小化、利润最大化目的。复式记账法所体现的理性计值，被马克斯·韦伯认为是最有代表性的资本主义精神。以复式记账法为代表的会计制度，是现代西方经营方式的核心元素。

复式记账法产生

意大利商人和银行家在金融上最突出的创造之一，是科学记账法。传世的第一本账册出现在佛罗伦萨（1211 年）。商人最初记账，一是要让自己办事有条理，更重要的是他需要记下赊销的商品。[①] 以复式记账法为代表的会计技术，出现于 13 世纪晚期。许多 14 世纪的账簿保存了下来。其主人有佩鲁兹这样的意大利大公司，也有蒙陶坂的卜尼斯兄弟、佛尔卡丘尔的尤果·特拉尔赫和卡尔卡松讷的珍萨维尔这样的个体商人。[②]

早期的记账是混乱的，买和卖混合在一起，偶尔还有完全是私人性质的附注记号等。这种记账法绝对不能适应意大利商人已在全欧范围内使用汇票和进行商品交易的情况。13 世纪，意大利商人已学会将借（debit，收）和贷（credit，付）分开记，记在不同账本上或不同账页上的做法。[③]

卡尔卡松讷是意大利一个小城，该城一商人在 14 世纪前期所记的账还是比较混乱的。[④] 许多商人很早就熟悉单式记账（single-entry

---

① 〔法〕费尔南·布罗代尔：《15 至 18 世纪的物质文明、经济和资本主义》，第 2 卷，顾良、施康强译，第 636 页。

② David Abulafia ed., *The New Cambridge Medieval History*, Vol.V, c.1198-c.1300, pp.63-64.

③ N. G. J. Pounds, *The Economic History of Medieval Europe*, p.425.

④ Ibid., pp.425-426.

accounts）。[1] 这种记账容易跟踪信贷和债务，可为决策提供理性基础。但缺点在于不能自动计算利润，也不能单独测算资本和收益，更大缺点是它避免不了隐性欺诈，还需有频繁的审计等反欺诈措施。于是记录现金收支的复式记账法出现。1300 年，复式记账法在意大利颇为盛行，并发展到极其复杂的层次，能为公司提供日常的资产与负债状况，进行资本和收益的单独核算，同时还引入了增值和贬值等概念。[2]

有研究者认为，复式记账法需七大要素。包括：1. 书写艺术，因为记账首先就是一种记录；2. 算术，因为记账也是一种简单计算的结果；3. 私有财产，因为记账所记载的是财产和财产权的变化情况；4. 钱币，因为不论是那种财产或财产权，最后都归为用一种钱币符号来记载；5. 信用，记账是为了今后还要同对方打交道，要守信用，如果交易完全完结，也就没有动力再记账了。6. 远程商业，因为如果只是地方性交易，量不大，没必要记账。7. 资本，因为没有资本，商业也就没多大价值，信用也不需发生了。这些都是复式记账法形成的基本要素，缺一不可。[3] 反过来，有了这些要素，复式记账法也不一定产生，需要有一种机遇将它们汇聚、交集在一起。古典时代这些要素都有，但上古时代没有产生复式记账法，即使记账也只是"贮物账"（stores accounting）。如埃及纸草文书账本所示。罗马家长的财务记录也差不多，内容只是简单的收入和支出。

而中世纪时代的视野和背景不同，欲望和兴趣的不同，以及需求数量和品质的不同等，能将这些要素结合在一起。要素还是那些要素，但作用已大不相同了。读写能力，原来只是少数学者所能，现在威尼斯商人中已很普遍。财产权利，现在已被市民们自由地享

① Christopher Allmand ed., *The New Cambridge Medieval History*, Vol. VII, 1415-1500, p.152.

② 〔美〕戴维·兰德斯、乔尔·莫克、威廉·鲍莫尔：《历史上的企业家精神 ——从古代美索不达米亚到现代》，姜井勇译，第 117—118 页。

③ A. C. Littleton, "The Antecedents of Double-Entry", *The Accounting Review*, Vol. 2, No. 2 (Jun., 1927), pp. 140-149.

受。在意大利城市共和国里，政治长期稳定，私有财产权利广泛传播并得到保护。钱币作为交换媒介重要性大增，推动了货币经济发展。商业在意大利城市被置于第一位置。威尼斯等城市远程贸易量极大，单威尼斯就有 300 条船从事地中海贸易，有 32 000 名商人从事近东贸易。[①] 从东方回来的十字军骑士不再满足于以往陈旧的生活方式，更多的欧洲人愈益喜欢东方物品，也知晓了东方的富饶。商人们运送十字军的武器和给养，极为有利可图。商人暴富后，资本迅速积累，需要寻找用途，进入盈利行业。

古代的希腊数字体系和罗马数字体系，都不利于计算。中世纪引进了阿拉伯数字，使用精确的数字符号记账成为可能。阿拉伯数字和计算方法的正式引进，是在 1202 年比萨的莱昂纳多出版的一本书中，该书有专章介绍新的十位数字符号（包括 "0"）。阿拉伯数字对计算大数据的商业往来账目特别方便。最初主要用于记写汇票数据。阿拉伯数字与罗马数字被意大利商人并用了较长一段时间，谁也没取代谁。可能罗马数字比较适合用于总账和大写。

13 世纪银行家行会还专门审查各银行的账本，有点像今天审计员的先驱。

最早的复式记账法及账本见于威尼斯、热那亚、佛罗伦萨和佩鲁贾这样一些城市。1200 年左右，意大利一些城市的商人开始保留账本，特别是一些店主。[②] 1211 年，佛罗伦萨一银行家账簿里，出现了顾客间的跨户记账。1296—1305 年，一家佛罗伦萨银行在香槟集市的代理人里涅里·费尼的账本，1299—1300 年佛罗伦萨在法国朗格多克等地建立的法罗菲公司的类似手稿，都不仅记录收支状况，而且记录经营结果，并且每一个账目都有相应的借项或贷项作为参照，这可能是复式记账法在账本中最早出现。[③] 已知有关借贷复式记

---

① A. C. Littleton, "The Antecedents of Double-Entry", pp.140-149.

② Robert L. Reynolds, "Origins of Modern Business Enterprise: Medieval Italy", *The Journal of Economic History,* Vol. 12, No.4 (Autumn, 1952), p.353.

③ 〔英〕M.M.波斯坦等主编：《剑桥欧洲经济史》，第 3 卷，周荣国、张金秀译，第 77 页。

账法的最早文献，是 14 世纪，其使用出现在一个世代前的热那亚和佛罗伦萨，是合理的估计。[①]已知复式记账技术的最早的确切例子，是 1339 年蒙陶坂的弗勒里斯·卜尼斯的商业书和 1340 年热那亚的市政书。[②]14 世纪初，复式记账法已为意大利银行家在各地的代理人或代表所使用，在意大利之外并未被广泛接受。但西班牙声称其是复式记账法的诞生地，最有力的证据是他们最先采用阿拉伯数字系统。1340 年热那亚地方当局总管的账簿里已有相当完整的复式记账。1345 年，卢卡城市公社还聘请一个商业算术教师，教授记账法，并兼任城市公社的会计师。[③]1406—1434 年索朗佐兄弟公司的账册有特别全面的贸易记载，甚至还标明了盈利和损失，这是对资本营运状况进行估算。1494 年，复式记账法在帕乔利的书中有完整阐释。至此，复式记账法原理已完全建立，至今未有改变。[④]

复式记账方法本身也有个发展过程。最初是"段落"式，在记录了收入（借项）或支出（贷项）后，留出一些空白以便继续增加记载类似发生项并做出说明。1304—1332 年的阿尔贝蒂公司就是这种"段落"式账本。起初每笔交易都是单独记，后才把与同一客户的所有交易归到一起并建立往来账户。第二步是设立分类账，将所有借项置于分类账的前半部，将所有贷项都置于分类账的后半部。如 1335—1343 年的佩鲁兹公司，以及 1227—1288 年锡耶纳一家公司的现金收支账簿。最终的形式则是"分列"账，即将借项和贷项错页记录或分记在同一页的两列上。这种记账方式可能起源于意大利北部，并向外传播，如 1366 年布鲁日钱商就吸收了这种方式。而托斯卡纳的这种分列账据说是依照威尼斯的方式。实际上，最后确定的复式记账法有几个规则，必须严格遵守：其一，每笔账两记（复式），记借项栏一次，记贷项栏一次，只要记账正确，账本就会保

---

① Robert L. Reynolds, "Origins of Modern Business Enterprise: Medieval Italy", p.353.

② B. S. Yamey, "Scientific Bookkeeping and the Rise of Capitalism", *The Economic History Review,* New Series, Vol. 1, No. 2/3 (1949), pp. 99-113, 102.

③ Michael Jones, *The New Cambridge Medieval History*, Vol.VI, c.1300-c.1415, p.181.

④ A. C. Littleton, "The Antecedents of Double-Entry", pp.140-149.

持平衡；其二，必须有一套完整的账目，账目才能平衡；其三，必须有一个综合性的财务说明或结算，说明资产和债务，商人才能确定自己的盈利或亏损。[①]

1422 年威尼斯档案中保存了多那多索朗佐兄弟公司的精细的复式记账。在这里，每一笔交易都要记两次，即一次"贷（付）"，一次"借（收）"，银行家或商人的每一个顾客都在账本上有单独的账页。[②] 这样就可以很清楚地看到银行（或商号）与该顾客的商业来往关系。

从复式记账法可得出一些概念，如成本和收入，固定资本和流动资本，原初资本和利润再投资，资本永久性投入和利润分红等，由此也就知道了必须有财务报表，知道了财务估算、增减等方法，知道了成本核算、财务预算等管理环节。

意大利商人银行家在国外的代办常有两本不同的账。一本叫《诺斯特罗》（Nostro），对国内业务；另一本叫《沃斯特罗》（Vostro），对外国业务。托斯卡纳商人达蒂尼家族就保留有，他在佛罗伦萨、比萨、热那亚、阿维尼翁、巴塞罗那、巴伦西亚和马约卡等城市都有分公司。达蒂尼公司早期账本是单式记账法，后期是复式记账法。这种做法在它的巴塞罗那分行 1395—1400 年账本里都有体现。[③] 他的账本超过 500 本，表现了单一记账转向复式记账的变革全过程。[④]

1494 年，卢卡·帕乔利出版的《算术、几何、比例和比例性大全》第 11 章，将复式记账法原理进行了全面梳理，从而成为该记账法的经典教本。有两种基本账簿。一种是"流水账"，即按时间顺序分录业务往来的账本。另一种则是"总账"，即每项业务往来必须记两次，这就是复式记账法。这一创造使账本的借方（收方）和贷方（付方）之间随时取得完全平衡。如果差额不等于零，便肯定出了差错，必须查账。

---

① 〔英〕M.M.波斯坦等主编：《剑桥欧洲经济史》，第 3 卷，周荣国、张金秀译，第 79 页。

② N. J. G. Pounds, *The Economic History of Medieval Europe,* p.427.

③ Raymond de Roover, "Early Accounting Problems of Foreign Exchange", *The Accounting Review*, Vol. 19, No. 4 (Oct., 1944), pp.381-407.

④ 〔英〕M. M. 波斯坦等主编：《剑桥欧洲经济史》，第 2 卷，王春法等译，第 315 页。

复式记账法的作用与传播

复式记账法对现代资本主义的发展和兴起是十分必要的。企业家手中如果没有科学记账法这一工具，那么"理性地追求最大利润"是不可能的，或者说不是很有效的。马克斯·韦伯曾将"理性资本主义企业"定义为"有资本核算，即按照现代记账和余额结算方法来决定其收入产出能力的企业"。[①]

桑巴特等人认为复式记账法在资本主义发展史上的作用可归纳为四点：1.科学记账法可将收益概念变为一个抽象概念，即"将利润置于一种特有形式中，一笔具体数额的现金与中世纪商人心理姿态前面的自然生存目的成对照，这就是利润概念，由资本概念而得来的"。而资本作为"生利资产"的概念，是在科学记账法的实践中分析出来的，用数字来说话的"成本－利润"核算大大加强了企业的逻辑能力。2.系统记账法使资本主义企业家设计自己的目标、认清他所能达到的程度、决定他将来的活动计划成为可能。对各种交易事由的观察和研究，提供了对今后活动的预判能力，建立了今后活动理性化的真正基础。3.系统化的组织是经济进步最有力量的机制之一，这也许最需要系统的记账法，该组织可以规约企业家，可以刺激积累和获利的欲望。4.依赖完善记账法的资本主义，其另一方面是企业的机器化和非个性化，企业家和企业可以相互分离。[②]

桑巴特甚至声称："没有复式记账法，人们简直不能想象会有资本主义；二者的关系就像形式和内容一样"；"复式记账法与伽利略和牛顿的体系……都是同一种思想的产物……我们在复式记账法中已经看到了万有引力、血液循环和能量守恒等观点"。写作《西方的没落》的德国历史学家施本格勒，把总结复式记账法的帕乔利

[①]　B. S. Yamey, "Scientific Bookkeeping and the Rise of Capitalism", *The Economic History Review,* New Series, Vol. 1, No. 2/3 (1949), p.99.

[②]　Ibid., p.100.

比作哥白尼和哥伦布。①

15、16 世纪之交，复式记账法从意大利沿着贸易路线向外传播，早期主要通过意大利语手册，所以它被称之为"意大利记账法"。帕乔利的专著起了极大的倡导作用。②意大利商人和代办在国外的活动，如波尔罗梅在英国，加快了这一记账法的应用。也有外国商人将子弟或雇员送到意大利的商业学校来学习商业和记账法。贸易在哪里繁荣，就能在哪里找到复式记账法。甚至有早期的会计人员认为，贸易是采用复式记账法的自然结果。在法国南部，城市商人则用分类账记载收支情况。1442 年图卢兹一个绸布商的商业账本，实际为纺织品存货清单。③

15 世纪末，复式记账法传入德国南部，被称为"致富的艺术"。④传到德国北部汉萨商人那里时，应该是 16 世纪。⑤中世纪时，汉萨商人、南德商人的账簿杂乱无章，常常把毫无关联的各项交易罗列起来，其中还混杂着人事来往内容（如陪嫁钱、结婚费用、遗嘱等），"它只是取代了农民赶集系手绢结的备忘录而已"。⑥商人"把商业往来记在小纸片上，然后再把小纸片贴在墙上"。⑦而复式记账法将交易分为借方和贷方分别入账，最大的优点是收支分明，便于成本计算和利润核算。经济学家奥伊肯认为，汉萨城邦之所以错过了 16 世纪经济发展良机，是因为它们没有采用复式记账法。而奥格斯堡商人采用了这种记账法，所以迎来了经济的繁荣。⑧据说，大商人雅

---

① 〔法〕费尔南·布罗代尔：《15 至 18 世纪的物质文明、经济和资本主义》，第 2 卷，顾良、施康强译，第 636 页。

② 〔英〕M. M. 波斯坦等主编：《剑桥欧洲经济史》，第 3 卷，周荣国、张金秀译，第 79 页。

③ 同上书，第 88 页。

④ 此系南德奥格斯堡富格尔家族的总会计师马特霍伊斯·施瓦茨对复式记账法的赞誉。

⑤ 〔英〕M.M. 波斯坦等主编：《剑桥欧洲经济史》，第 3 卷，周荣国、张金秀译，第 92 页。

⑥ 〔俄〕约瑟夫·库利舍尔：《欧洲近代经济史》，石军、周莲译，北京大学出版社 1990 年版，第 314 页。

⑦ 富格尔家族的总会计师马特霍伊斯·施瓦茨的回顾，见〔法〕费尔南·布罗代尔：《15 至 18 世纪的物质文明、经济和资本主义》，第 2 卷，顾良、施康强译，第 636 页。

⑧ 〔法〕费尔南·布罗代尔：《15 至 18 世纪的物质文明、经济和资本主义》，第 2 卷，顾良、施康强译，第 636 页。

各布·富格尔是在威尼斯逗留期间学会了复式记账法，然后把这一技术带回奥格斯堡。[①]该家族留下来的账簿几乎都是按复式方法记的账。从该家族 1526 年和 1563 年的两份复式账单（表 4-1、表 4-2），其经营盈利状况以及财产状况一目了然。账单反映，1526 年富格尔家族处于顶峰状况（其贷方即资产达 300 万古尔盾，其借方即债务仅 87 万古尔盾，盈余 213 万古尔盾），而 1563 年则已走向衰落（其贷方即资产为 562 万古尔盾，其借方即债务达 540 万古尔盾，盈余仅 22 万古尔盾）。

表 4-1　1526 年富格尔家族的财富及收支经营状况 [②]

贷　　方	古尔盾	借　　方	古尔盾
矿山和矿山股份	270 000	西班牙	340 000
不动产	150 000	流通汇票	290 000
货栈	380 000	若干账户	240 000
现金	50 000		
未收回的款项	1 650 000		
股东份额	430 000		
正在进行的交易	70 000		
总　　计	3 000 000	总　　计	870 000

表 4-2　1563 年富格尔家族的财富及收支经营状况 [③]

贷　　方	古尔盾	借　　方	古尔盾
菲利普国王的欠款	4 400 000	八个公司股份	2 000 000
西班牙其他资产	180 000	克里斯托夫·富格尔的存款	400 000
在安特卫普的资产	500 000	朋友的存款	2 700 000
富格尔家族成员的欠款	370 000	其他	300 000
其他	170 000		
总计	5 620 000	总计	5 400 000

---

①　〔法〕费尔南·布罗代尔：《15 至 18 世纪的物质文明、经济和资本主义》，第 2 卷，顾良、施康强译，第 615 页。

②　Eugen Ortner, *Gluck und Macht Der Fugger*, Ehrenwirth Verlag Munchun, 1954, Seite 316.

③　Ibid., Seite 386.

复式记账法引进英格兰，应在 1543 年之前。这一年休·奥德卡索出版了关于意大利式记账艺术的第一本书。[1]

17 世纪有这样一首诗文赞美复式记账法：

> 这是个闻名而方便的发明，它致富了威尼斯、热那亚和佛罗伦萨；
>
> 还包括一个低地国家，靠这艺术现在又轮上荷兰兴旺强大。

总之，复式记账法方便成本核算，有利于实现单位产值成本最小化、利润最大化。它还为新的经营方式铺平了道路。以复式记账法为代表的系统记账，有利于记清每一笔交易，特别是赊账交易，从而发展一定信用关系；也有利于向客户展示诚实和坦荡，有利于发展合伙关系；还有利于雇请代理人，发展和扩大业务范围。以复式记账法为代表的理性计值，被认为是最具代表性的近代资本主义精神。因此早在 18 世纪就有人认为，复式记账法有利于"所有的买卖人，所有希望保持和增加积蓄的人，所有渴望致富的人，所有渴望变聪明的人"。[2]

桑巴特和一些经济史家将复式记账法看成资本主义的奠基石，认为可以通过分析每一笔商务交易而更精细地规划未来的行动，赚取更多的利润，由此来指导经济行为。[3] 马克斯·韦伯将其视为市民理性精神的象征之一。[4]

即使到了 20 世纪 70 年代，美国的会计学教材中，还使用中世纪商业的财务报表用作教学，用的是 14 世纪末达蒂尼公司在巴塞罗那的分公司的财务报表。这样做，有助于解释概念的演进（如复式记账法、企业等），演进的缘由以及解决各种难题的方法；要让经

---

① 〔英〕M.M. 波斯坦等主编：《剑桥欧洲经济史》，第 3 卷，周荣国、张金秀译，第 98 页。

② B. S. Yamey, "Scientific Bookkeeping and the Rise of Capitalism", p.102.

③ 〔英〕M. M. 波斯坦等主编：《剑桥欧洲经济史》，第 3 卷，周荣国、张金秀译，第 79 页。

④ 参见〔德〕马克斯·韦伯：《新教伦理与资本主义精神》，黄晓京、彭强译，四川人民出版社 1986 年版。

济史或西方文明史学生理解现代会计技术与历史、地理以及社会经济环境的关系。[1] 在现代，任何一本西方会计学基础教材，"复式记账法"必是其中最重要的内容之一。[2] 这种复式记账法的国际影响深远，即使在商业文化完全相异的中国，那种以"流水账"为主要特征的传统记账法，也在近现代被复式记账法所取代。笔者青年时期做会计工作时用的就是复式记账法，核心就是一账两记、收支平衡，只不过是用"收付"记账法代替了"借贷"记账法而已。在制作最后的平衡表时，如果不平衡，我们还找到了若干查错的快捷方法。譬如，如果两者间相差的是偶数，那多半是记反方了，即该记收方（借方）的记成了付方（贷方），或反之。又如，两者间相差的数字可以被"9"整除，那一定是把数字记颠倒了，如把"29"记成了"92"，两者差"63"，正好被"9"整除；或把"64"记成"46"，两者相差"18"，也能被"9"整除；余者皆然，无一例外。这也是财务人员在长期实践中所摸索出来的经验和诀窍。

三、现代金融制度

现代金融制度也诞生于中世纪欧洲城市。其一，13世纪"商业革命"的最大特征之一就是出现了信用与汇票制度，即商人不再随货物而行，货物有专门的运输公司承运，并在货物到达地完成交割。交易结算工作另有专门的信使负责送达汇票。现存最早汇票是14世纪前期的。[3] 商人坐在自己城市的家里，完成了商品的买卖交易。其二，12世纪末，中世纪意大利皮亚琴察和托斯卡纳的锡耶纳、卢卡和佛罗伦萨等城市出现了最早的钱币兑换商，13世

---

[1]　Richard H. Homburger, "The Use of Medieval Statements for Teaching Accounting: A Comment", *The Accounting Review*, Vol. 48, No. 4 (Oct., 1973), pp. 785-788.

[2]　例如 Lea R. Dopson & David K. Hayes ed., *Managerial Accounting for the Hospitality Industry*, New Jersey: John Wiley & Sons, Inc., 2009, "Double entry accounting", pp.33-34。

[3]　N. J. G. Pound, *An Economic History of Medieval Europe*, p.418.

纪这些兑换商演变成为初期的银行家。早期银行是为银行家自己的商业贸易活动服务的，尤其是其与东方特别是"罗马尼亚"的贸易相联系。同时，其吸纳闲散资金、贷款给工商实业或消费主体的现代银行功能也已具备。接受贷款的人，上至国王和贵族，下至普通市民及农民。[①] 在某种意义上，中世纪城市银行就是近代商业银行的前身。第三，保险业也在 13、14 世纪的意大利城市出现，它大大降低了商业风险。上述三个方面实际上都是现代金融制度的核心元素。

汇票

15 世纪法国的一个讽刺剧作家，对意大利人不用钱就能做生意的能力十分惊奇。他说，意大利商人做生意时，不须见着钱或摸着钱，需要的只是纸、笔和墨水。这虽有点夸张，但肯定有真实成分。在商人的业务中，很多结算就是通过在银行的转账，或通过某种汇票来解决的。甚至转账指令并不需要写在纸上，只须口头传达即可。其实，这个过程，帕乔利在那篇论述会计的论文中就已谈及。那时银行间的这种转账，在威尼斯、热那亚、佛罗伦萨、巴塞罗那、布鲁日以及 1453 年前的君士坦丁堡等城市已广泛运用。稍后又有阿姆斯特丹、汉堡等，在那些还未使用汇票的地方，如伦敦，一些主要银行家（多是外国人）则用储蓄账户结账。使用汇票主要是方便和安全因素使然。汇票兑换是当时欧洲商业交易中四种货币兑换方式之一，另三种为人工兑换、无息兑换和虚拟兑换。汇票兑现允许有一个期限，如伦敦与布鲁日之间为一个月；伦敦与威尼斯等意大利城市之间为三个月。汇票兑换率由交易双方自由确定，一般也无须谈判。使用汇票还有一个基督教倒逼因素，即基督教教义不允许赚取利息，而用汇票方法兑换货币，既能把利息算了进来，又可以避

---

① Robert-Henri Bautier, *The Economic Development of Medieval Europe*, London: Thames and Hudson Ltd, 1971, pp.146-152.

开基督教的指责。①因为汇票可能产生的折扣或利润都可以看作是货币周转过程中工作的报酬,可视之为一种名正言顺的劳动"酬金"——工资。②

在汇票之前,出现了非常正式的金融工具,即汇款公证书。这种文件由公证人起草,记录某商人在如热那亚以当地货币接受一笔贷款,答应在如普罗万集市上以利弗尔(法国货币)偿还给债权人或其代理人。就是说,某商人在热那亚贷款购买商品后,运到香槟普罗万集市上售卖,所得的是集市交易货币即法国货币,如果债主在集市上有代理人,那么贷款人就向其代理人归还那笔贷款。公证书是一个法律依据。代理人用这笔钱在集市上购买呢绒,再运到热那亚出卖,这样最初的债得以偿还。这里还有两个相关交易,一是还款期与贷款日之间有一段时间,债权人须向债务人收取这段时间的贷款利息;二是两地货币不同,需要换算。贷款利息加在本金上在异地(普罗万)用异币付给,这样又绕过了教会放贷不能收息的说教。这种交换虚称为"无收益的交易合同"(dry exchange contract),如 1188 年热那亚的一个合同,③其奥妙是不写明最初借的贷款数额是多少,由此也就不可能计算它有多高的利息,同样,教会也不可能判断是否收了利息。在那个时代,商人们既不认字,也不会写,因此公证人的存在十分必要。

随着贸易扩大,商人也越来越精明,他们需要更为简便的结算工具,结果导致了汇票出现。公证书由公证人的声誉和在场见证人做担保,而汇票则是由签票人亲自书写,更易于被汇票签收人认同。拒收的例子很少,除非受票人(付款人)不熟悉字迹风格。现存最早的汇票见于 13 世纪前期。汇票是一种有利于商业交易的工具。意大利达蒂尼家族档案中遗存有数千份交易汇票,其中绝大多数与投

---

① Raymond de Roover, "Early Accounting Problems of Foreign Exchange", p.381.

② 〔美〕詹姆斯 . W. 汤普逊:《中世纪晚期欧洲经济社会史》,徐家玲等译,第 598 页。

③ N. J. G. Pounds, *The Economic History of Medieval Europe*, p.419.

机性商品交易有关。汇票的另一个作用就是能够避开教会的谴责。不过，与汇票功能相似的支票（cheque）在中世纪还是用得很少，哪怕是意大利城市。

汇票是由出票人签发的，要求付款人在见票时或在一定期限内，向收款人或持票人无条件支付一定现金的票据。完善的汇票使一方能在某日某地收取一笔某种货币，能在以后某日的异地以另一种货币进行偿还。汇票这种国际商业结算中使用广泛的工具，起源于中世纪意大利城市的国际贸易活动。

汇票在 1200 年前出现，可能始自热那亚。[①]1199 年 8 月 25 日，英国国王应允分四次分期偿付热那亚附近皮亚琴察商人 2125 马克时所签下的一张汇票，被认为是最早的一份见于记载的汇票。当然事实上汇票使用应该更早。还有被发现的一份早期汇票，是 1220 年 2 月 15 日马赛商人签署的。[②]13 世纪，汇票广泛运用。如 1230 年，佛罗伦萨等城市银行家在各地都派有代理人，通过分支机构给付兑现汇票。13 世纪末，汇票最终成型。这时，欧洲北部也发现有"汇票"，被叫作集市证书，是一种原始的信用方式。1300 年，具体的汇票形态固定化，成为国际银行网络中商业支付的正式手段。这一网络以意大利北部为中心，向西扩展到阿维尼翁的教廷、巴塞罗那、塞维利亚及里斯本等地，往北到达巴黎、布鲁日和伦敦等，往南到达了那不勒斯和巴勒莫等。[③]如佩鲁兹银行在欧洲各地拥有不少于 16 家分行，130 个代理人。他们相互间结算和往来时，汇票是最佳工具之一。

汇票非常简便，同时流动性又非常强。它可将大笔款项在异地账户之间转账，支付期限以传送汇票的信使的速度而定，再加上一些估计不到的因素。13 世纪从佛罗伦萨签发的汇票，在欧洲各地城

---

① 〔美〕戴维·兰德斯、乔尔·莫克、威廉·鲍莫尔：《历史上的企业家精神——从古代美索不达米亚到现代》，姜井勇译，第 117 页。

② 〔美〕詹姆斯·W. 汤普逊：《中世纪晚期欧洲经济社会史》，徐家玲等译，第 592 页。

③ Michael Jones ed., *The New Cambridge Medieval History*, Vol.VI, c.1300-c.1415, p.178.

市支付的期限为：[1]

阿维尼翁（法国）	30 天	巴塞罗那（西班牙）	60 天
博洛尼亚（意大利）	6 天	布鲁日（低地国家）	60 天
日内瓦（瑞士）	下个集市开市		
		热那亚（意大利）	8 天
伦敦（英国）	90 天	那不勒斯（意大利）	10 天
巴勒莫（西西里岛）	30 天	比萨（意大利）	3 天
罗马（意大利）	10 天	巴伦西亚（西班牙）	60 天

到 14 世纪，布鲁日和巴塞罗那之间为 30 天，布鲁日与意大利城市之间如威尼斯、热那亚、佛罗伦萨等，为两个月，[2]与 13 世纪基本一样，因为交通条件未变。

中世纪汇票可以直接买卖，不注名，也不打折。买一个外国票据等于是买一笔外汇交易。这样一笔交易必然是信用的扩大，因为买者须先交钱给卖者，再在将来某个时间和别的地方收回。因为有时间差，因而汇率里就包含了利息，但很少是等价交换，要视各交易人的优劣势以及各种交换货币的优劣势而定。[3]在国际结算中广泛使用汇票，减少了货币的运输，加快了货币的周转，因此汇票可以看成是货币替代品。汇票多用于跨国交易，因此它还可自动调节国际收支平衡。

一笔典型的汇票交易要涉及四个人（其中两人次应属同一公司或同一交易者），两次结付。本地：签票人，收票人；转给外地收票人，外地兑付人。下面举一单汇票的例子，由热那亚商人弗朗塞斯科·迪博南诺和安德里亚·迪博南诺兄弟开具的汇票：[4]

---

① N. J. G. Pounds, *The Economic History of Medieval Europe*, p.422.

② Raymond de Roover, "Money, Banking, and Credit in Medieval Bruges", *The Journal of Economic History*, Vol. 2, Supplement: The Tasks of Economic History (Dec.,1942), p.55.

③ Ibid., p.56.

④ N. J. G. Pounds, *An Economic History of Medieval Europe*, pp.419-420.

致巴塞罗那的弗朗塞斯科·迪马可和卢卡·德尔·塞纳：

以上帝的名义，以 1399 年 2 月 12 日为期限，请付给乔万尼·阿索帕尔多 306 镑 13 先令 4 便士巴塞罗那币，因为我们在这里接受了巴托勒莫·加尔祖尼的 400 佛罗林，以每佛罗林为 15 先令 4 便士的比率。还款和费用都请记入我们在你们那里的账户，并回函告知。

上帝保佑你们，在热那亚向你们致意。

这笔汇票交易共牵涉到四方当事人，是这样进行的：

1. 热那亚商人兄弟弗朗塞斯科和安德里亚·迪博南诺（第一方当事人）借了本地加尔祖尼（第二方当事人）的一笔钱，为 400 佛罗林。

2. 迪博南诺兄弟从热那亚开了汇票送达巴塞罗那银行家迪马可和塞纳（第三方当事人），要他们从自己在巴塞罗那的账户上付给阿索帕尔多（第四方当事人）306 镑 13 先令 4 便士巴塞罗那币。阿索帕尔多或许是加尔祖尼的代理人，或许是与加尔祖尼的生意伙伴。

3. 这里体现了汇票的基本功能，即在本地借的钱，在异地用异地钱还，而且事先把汇率说好了，即每佛罗林兑 15 先令 4 便士巴塞罗那币。

4. 当然，这里可能不只是借钱还钱那种简单关系，可能涉及各方当事人在热那亚和巴塞罗那等地的商品交易等事项，如购买巴塞罗那较为廉价的西班牙羊毛等。

总之，汇票被认为是中世纪最主要的金融创新。对于国际贸易商人来说，汇票具有三大意义。"首先，它避免了铸币运送成本；其次，它为跨国信贷和货币兑换提供了可实施的机制；再者，它巧妙地规避了教会实行的高利贷禁令。"[1]

---

[1] 〔美〕戴维·兰德斯、乔尔·莫克、威廉·鲍莫尔：《历史上的企业家精神——从古代美索不达米亚到现代》，姜井勇译，第 117 页。

虽然汇票最初是用于商人对商人，但后来很快也被非商人阶层所用。教廷就是最典型的非商人使用者，它在各地的收税官用汇票将所收来的钱转移到教廷所在的阿维尼翁。前往教廷的各地主教也不再需要随身总管满负银块了。朝圣或赴任使节的贵族也学会了熟练地使用汇票。[1]

汇票作为一种金融技术还不断创新。如 16 世纪热那亚时代所控制的皮亚琴察市场上，就有普通汇票交易和连锁汇票交易等方式。普通汇票交易的利息因为再汇兑而累计。连锁汇票则是一种有息贷款。交易时，出借人和立票人协商指定第三方为汇票的付款人和受益人。第三方承兑这张汇票并付款的同时，还要开一张新的由最初立票人给出借人的汇票。最终由出借人和立票人以及汇票提供给付款人。皮亚琴察交易会改变了以往那种通过到期汇票的双边或多边结算形式，而是通过相互签发汇票，或者在其他地方开立汇票进行信贷转让来实现。此外，皮亚琴察交易会开立的连锁汇票再汇兑率遵循官方汇率，总是固定的为其他集市利率的函数，所以汇票最初出借人的利润就能得到保证，[2] 从而促进了汇票交易。

银行

现代金融制度的核心是银行业。银行这一金融技术起源于 12 世纪，是热那亚商人等进入香槟集市等地的手段之一。[3] 银行业作为国际贸易的产物，12—14 世纪在意大利城市颇为兴盛，大大促进了国际贸易发展。如 1300 年左右，佛罗伦萨的佩鲁兹银行已深深介入了商业贸易活动，尤其是谷物和纺织品贸易。它们并不是专门放贷者。皮亚琴察、热那亚、锡耶纳，以及佛罗伦萨通过将信用扩大到普通商人，从而促进了贸易扩大。佛罗伦萨银行留下的一件方言文献，

---

[1] Michael Jones, *The New Cambridge Medieval History*, Vol.VI, c.1300-c.1415, p.179.

[2] 〔英〕M.M. 波斯坦等主编：《剑桥欧洲经济史》，第 3 卷，周荣国、张金秀译，第297—298 页。

[3] David Luscombe and Jonathan Riley-Smith eds., *The New Cambridge Medieval History*, Vol.IV, c.1024- c.1198, Part II, p.70.

是一个银行家 1211 年的档案残片，表明它的贸易非常频繁。巴尔迪和佩鲁兹等银行与那不勒斯国王及教皇的密切联系，也促进了海陆贸易。[①]1340 年左右，佛罗伦萨成为欧洲最大的银行业中心，主要银行有巴尔迪、佩鲁兹和阿西埃尤奥等。[②]

信用是银行的基石。储户将资金存于银行，是不怀疑银行的资质，是对银行的信任——信用之前提。银行将资金放贷出去，要对贷款者还款能力进行反复评估，确定其信用资质，才会把钱贷给他。因此，以信用为基础的银行业的产生，必定是此前商业往来中信用形成和发展的结果。

银行业诞生是远程贸易产物。贸易规模有大有小，富商自己拥有船只，装满自己的货物；次等商人寻求与他人合伙，吸引游资；有的采取安全放贷方式获取利息，甚至贷款给政府，于是出现了信贷交易（credit transaction）。贷款给政府标志着投资银行的出现，即由许多个体加入同一笔贷款。最早于 1171 年，威尼斯商人向政府提供一批黄金，获得可转让的纸面信贷。1178 年，热那亚商人向政府提供一笔基金，建立于公共财政和军事行动的安全之上，最后发展成圣乔治银行。1307 年，商人组团贷给佛罗伦萨共和国 700 万金佛罗林（相当于 1 500 万美元）；不久，又贷给英格兰国王爱德华三世将近 200 万佛罗林。1338 年，佛罗伦萨从事金融业务的银行有 80 家，到该世纪末，达到 120 家。[③]

银行业出现也与贸易中不方便携带货币有关。货币从一地输送到另一地，不能增加交易价值，但却要花费不少成本，包括运输成本、安全保障成本以及沿途的通行费等，同时还要很烦琐地对每个铸币中的贵金属含量进行测算。为了解决这些不方便，货币兑换商应运而生。他们具备对铸币测算纯度、评估重量的技能，还掌握了

---

① David Abulafia ed., *Italy in the Central Middle Ages*, pp.144-145.

② R. H. Britnell, "The Towns of England and Northern Italy in the Early Fourteenth Century", pp. 21-22.

③ A. C. Littleton, "The Antecedents of Double-Entry", pp.140-149.

许多贵金属价格和汇率信息，因此成了货币经济的重要中介。此外，也与每种货币流通范围小有关。在国际交易地点，如香槟城市特鲁瓦，可以流通巴黎货币，但不能流通佛兰德尔、莱茵河流域和英格兰的货币。各种货币间虽有比价，但多为临时确定，而且开市期间有波动，换言之，就是"汇率变动"。而交易使用的还只能是当地货币，国际性集市上的商人来自几十个国家或有铸币权的城市，市面上货币常常有十几种，谁都难以掌握相互间的比价，于是便寻求一个熟悉各种货币价值并且财富累万者来充当中间人，这个人就是货币兑换商。①

有大量货币经手，他们也就成了金钱的主宰者，可以投资、放贷或储蓄。②有的货币兑换商还大量吸收客户的铸币存款，代为保管，并用标准的记账货币来记录存款。商人们也开始用"记账"货币代替实物货币开展贸易。这样，货币兑换商渐渐变成商业银行家，从对客户存款和信贷的调度中获取报酬，早期的银行"直接转账"（出自意大利语"旋转"［girare］）制度由此产生。③

也有研究者认为，在佛罗伦萨等城市，银行产生于各商业公司的互助需要。其中主动一方是需要得到贷款的公司，起决定作用；它使被动一方即提供资金的公司间接地参加了一项本质上与它无关的商业活动。④银行的活动涉及信用的扩张，信贷会导致对额外购买力的创造，或者说，创造了一种货币代用品。

厄谢尔（Usher）专门研究过意大利和西班牙的信用及银行制度的起源，鲁弗尔则探讨了意大利人在布鲁日的银行和信用制度。⑤

低地国家银行业起源于香槟集市及与之相关的行商贸易的衰落。

---

① 〔法〕罗贝尔·福西耶：《中世纪劳动史》，陈青瑶译，第 223—224 页。

② 同上书，第 224 页。

③ 〔美〕戴维·兰德斯、乔尔·莫克、威廉·鲍莫尔：《历史上的企业家精神——从古代美索不达米亚到现代》，姜井勇译，第 116 页。

④ 〔法〕费尔南·布罗代尔：《15 至 18 世纪的物质文明、经济和资本主义》，第 2 卷，顾良、施康强译，第 418 页。

⑤ Raymond de Roover, "Money, Banking, and Credit in Medieval Bruges", p. 52.

意大利商人银行家从 13 世纪末起在布鲁日建立永久性机构。他们以城市为单位,在布鲁日组织了威尼斯、热那亚、佛罗伦萨、卢卡和米兰等商业"民族团",在利益攸关时还联合成统一战线。[①]但意大利商人在佛兰德尔被认为是外国人,没有资格进入城市政府,但可以他们享受某些超版图的权利。每个"民族团"的头称"领事"(consul),领事驻所都靠近城市商业中心区。每个意大利银行都在意大利本土有总部,在布鲁日等商业中心有代办,或合作者、通讯人。从法律意义上看有两种组织形式,一是集权型的,一是分权型的。

佩鲁兹公司属于前一种类型,1331 年前佩鲁兹家族成员占有大部分资本。公司在国外有许多代办处(agency),布鲁日也有一个。这些代办处雇用付薪的代办(factor)管理。偶尔也有些合伙人去国外担任代办,他既领代办工资,又作为合伙人按资本分利润。乔万尼·维拉尼这个佛罗伦萨编年史家,1306 年就出任过佩鲁兹公司在布鲁日的代办,同时也作为合伙人在公司里占有小股份额。

美第奇公司的法团结构完全不同于佩鲁兹公司。它不是单一实体,而由多个合伙人组成,每人都是独立体。其政策上的一致性在于美第奇家族的控制力。在国外的代办处由初级合伙人直接负责。不付工资,而是从代办处分得利润。负责经营的合伙人称"督办"(governatore)。1466 年,美第奇银行的布鲁日代办处有分行经理和原初合伙人;还有助理经理;五个雇员或代办;一个办公室人员。

行政管理方面则是去集权化。由于交通和通讯不便,所以分行经理有较大自由,但又是在意大利总部的政策允许大范围内。美第奇公司由一个资深合伙人负责做出所有决策,佩鲁兹公司则由住在佛罗伦萨的所有合伙人会议做出重要决策。两者都要求分行经理遵守总部制定的政策。

银行资本作为意大利商人投资的一小部分,其流动资本由三部

---

① Raymond de Roover, "Money, Banking, and Credit in Medieval Bruges", p.53.

分组成：合伙人在固定投资份额之外再提供的资金；利润所得再转化为投资；外部人员以每年获得固定回报方式所提供的货币。[①]

意大利商人银行家在布鲁日主要进行汇票业务，并向伯爵、市政府及大领主提供贷款。向统治者贷款的风险较大，美第奇的布鲁日代办处的灾难，就主要源于当地经理向大胆查理及继承人过度放债。

银行只是意大利商人银行家多边活动的一方面，即使美第奇这个15世纪最大的银行家，也是将银行与贸易相结合的，银行业是第二位的。其经营顺序是：第一，贸易；第二，银行；第三，代理。

美第奇银行的兴衰史最有代表性。[②]美第奇公司是佛罗伦萨银行业的最大公司之一。除了具有地方性金融机构功能接受存款、发放贷款外，公司的主要业务是进行对外汇兑。它在国外许多商业中心拥有分支机构，因此实际渗透到了整个国际贸易网络，主要为顾客进行汇兑和信用转移。由于汇票被当作一种主要信用工具使用，可使商人逃脱对借贷取利的谴责，因此业务量较大，银行利息主要来源于汇兑。由此，银行实际上是佛罗伦萨人创造的一种国际货币交易市场。美第奇公司在这一领域投机取利，收效甚巨。14世纪初美第奇涉足银行业，最初只是个钱币兑换商，顶多算一个地方性银行家。该家族在佛罗伦萨之外只有一个商号。这个世纪里，虽然美第奇家族在佛罗伦萨有20个家庭，但都离上层较远。家族发迹史始于14世纪最后25年，源于维耶里·迪·坎比奥在罗马建立了银行，与教廷建立了业务联系。1395年维耶里死时，是佛罗伦萨最富有的人之一。

为维耶里工作的是该家族的两个旁系后代，他们利用与教廷已建立的联系，各自都闯出了自己的事业。其中一个是乔万尼·迪·比奇，即著名的科西莫的父亲。1397年，他成为教皇的三大银行家之一，但他将本部迁回佛罗伦萨，由此奠定了15世纪美第奇大银行的基石。1429年乔万尼死时，美第奇银行已在佛罗伦萨、罗马、威尼

[①] Raymond de Roover, "Money, Banking, and Credit in Medieval Bruges", p.55.

[②] 下文对美第奇银行的论述出自 Richard A. Goldthwaite, "The Medici Bank and the World of Florentine Capitalism", *Past & Present*, No. 114 (Feb., 1987), pp. 3-31。

斯以及日内瓦建立了分行。到其子科西莫时,美第奇银行已臻于极盛,在比萨、米兰、布鲁日、伦敦、阿维尼翁和里昂都建立了分支机构。科西莫死后,美第奇银行开始衰落。其孙洛伦佐对政治感兴趣,并取得了较高地位,对文艺复兴也有特别贡献,但他缺乏经商兴趣和才能。他委托的弗朗塞斯科·萨塞蒂对公司管理既无热情,又无能力,更无法管控手下,结果在纷吵中公司的中心业务频遭失败。1492 年洛伦佐死时,美第奇银行只剩下佛罗伦萨、罗马和里昂三个机构。1494 年彻底关张。

美第奇银行的这种破产,既有公司人员经营不善的因素,也有意大利日益恶化的经济总环境,也在于这种银行并未成为现代意义上的银行。同样,佛罗伦萨也没有别的银行或公司形成过绝对优势,或者说没有公司或银行能在城市经济中处于主导地位。若从佛罗伦萨银行制度结构分析,原因有三:其一,公司的业务结构是碎片化的,即使是最大的公司,其业务规模也是很小的,用于公司运行的资本较少;其二,它们所处的意大利经济世界太松散、无焦点,不利于大公司形成优势地位;其三,缺乏强权性的组织形式,也缺乏有影响力的强势人物。[1]

热那亚人是意大利银行家最后的突出代表。到 15 世纪,热那亚人手中积累了大量财富,有进行巨额金融运作的资本。他们的放款对象以政府为主,国家资源作为抵押。债权人联合起来,15 世纪组织了永久性的圣乔治银行,以便维持他们共同债务人的偿付能力。1453年,该银行控制了科西嘉政府。1539 年接管了公共债务管理,控制了热那亚金融。[2]16 世纪中期起,该银行又扩展活动范围,基本控制了西班牙的财政和金融,创造了著名的"热那亚时代",[3] 即中世

---

① Richard A. Goldthwaite, "The Medici Bank and the World of Florentine Capitalism", pp. 8-9.

② 〔法〕G. 勒纳尔, G. 乌勒西:《近代欧洲的生活与劳作(从 15—18 世纪)》,杨军译,第 222 页。

③ 〔法〕费尔南·布罗代尔:《15 至 18 世纪的物质文明、经济和资本主义》,第 3 卷,顾良、施康强译,第 164 页。

纪银行家最为辉煌的时代，长达半个世纪，后随着西班牙财政危机而衰落。

银行这种金融机构在意大利城市出现后，也推广至欧洲各国。一方面是意大利人将银行办到了外国，如法国就有伦巴第人开办的银行，16 世纪里昂的银行家多来自热那亚、米兰、卢卡和佛罗伦萨等城市；另一方面则是各国学着开办银行，如法国，1543 年在里昂、1549 年在图卢兹、1566 年在鲁昂，都建立了银行。1579 年，法国政府强迫外国银行家归化，法国银行家也须先取得特许证。16 世纪前期，法国商人的银行贴现率或储户利率平均达 8%，[①]不比实业低。

在西班牙加泰罗尼亚，很早就按照意大利和法国模式出现了银行业，即由钱币兑换而产生，并掌握在钱币兑换商手中。13 世纪初，市政官方及立法者也办起了银行，私人银行家活动则受到限制和控制。在公共财政领域，他们的影响很快就被官方银行即 1401 年建立的"储蓄银行"（Bank of Deposit）所盖过，后者控制加泰罗尼亚的银行储蓄业和公共信贷，直至 18 世纪初被法国波旁王朝征服。该银行主要是为市政服务，也为巴塞罗那伯爵提供一定财政支持。它把握着市政收支平衡，经营市政长期公债，资助市政开支。另一方面，它从来不是完整意义上的商业银行。最初它与私人银行家的关系很密切，很快市政用立法来避免该银行被私人银行家利用。该银行没能成为通常的商业信贷机构，对加泰罗尼亚工商业的金融支持仍然掌握在私人银行家手中。[②]这说明私人银行业已经相当繁荣。

保险

保险制度是现代金融制度的亚种。"现代意义上的保险正式诞

---

① 〔法〕G. 勒纳尔、G. 乌勒西：《近代欧洲的生活与劳作（从 15—18 世纪）》，杨军译，第 125、128 页。

② M. M. Postan, "Early Banking", pp.63-64.

生于意大利的城市国家"。①保险出现于意大利，是由于这里的航海贸易风险催生了保险活动。

最初，商人通常把商品分装在几条货船上，以免遭受灾难性损失。或者说，一艘海运货船的货物往往分属多个商人。欧洲历史上保险单的雏形可追溯到 10 世纪，②那时以船舶抵押货款合同为主，这种合同在威尼斯、热那亚、佛罗伦萨、那不勒斯等地极为常见。③意大利商人控制了地中海东方贸易后，意大利北部城市出现了类似现代形式的海上保险。以保险贷款形式作为风险分散的主要途径始于 13 世纪。1287 年巴勒莫的一份公证书，就是一份早期的保险合同。④1350 年后巴勒莫一些关于从西西里运往突尼斯的谷物的公证契约，更是确凿的保险实例。一次，保险商得到（货物价值的）18% 的保险费，明确承担了从天灾、海盗袭击到所有的海上风险。巴勒莫的契约中，还有保船只本身连同索具和船具。从巴勒莫到突尼斯，并在西西里其他港口做两三次停留的航行的保险费是 14%；但绝不允许绕航，除非遇到紧急情况。⑤

保险涉及两方：一方是商品货主即商人，一方是商船船主。船主先向商人预付一笔货款，等值于全部或部分受托承运的货物。若货物安全抵达，则商人将偿付船主的贷款或预付款，并支付一笔额外费用以弥补货物保管和航运风险。若货物受损，则商人将预付款据为己有，以作为损失补偿。⑥不过，最初的保险只覆盖一定比例的船货。⑦

---

① 近代保险史呈现三个明显的阶段。第一阶段，从 14 世纪中期到 17 世纪末，标志是保险单的产生。第二阶段最具有代表性，包括 18 世纪和 19 世纪的上半期，是保险公司产生的年份。第三阶段，为 19 世纪中期以后，属于大的国际性保险公司和社会保险的时代。Alfred Manes, "Outlines of a General Economic History of Insurance", *The Journal of Business of the University of Chicago*, 1942, 15 (1):30, p.30.

② Bruce Cornblum, "The History of Insurance", *California insurance law coverage newsletter for attorneys*, June 26, 2012, p.1.

③ J. Francois Outreville, *Theory and Practice of Insurance,* p.16.

④ David Abulafia ed., *The New Cambridge Medieval History*, Vol.V, c.1198-c.1300, p.65.

⑤ 〔英〕M.M. 波斯坦等主编：《剑桥欧洲经济史》，第 3 卷，周荣国、张金秀译，第 83 页。

⑥ 〔美〕戴维·兰德斯、乔尔·莫克、威廉·鲍莫尔：《历史上的企业家精神——从古代美索不达米亚到现代》，姜井勇译，第 118 页。

⑦ David Abulafia ed., *The New Cambridge Medieval History*, Vol.V, c.1198-c.1300, p.65.

随着商业发展，保险在 1350 年已为热那亚、比萨以及威尼斯的人们熟知。[①] 对当时人来说，"从英国等地船运一批富有价值的商品到意大利，将保险制度排除在外是不可能的"。[②]14 世纪后，保险业逐渐成为企业家创办的一种承担风险的业务，在比萨为撒丁尼亚卡利亚里港口颁布实施的文件中首次出现了"siguare"（保险）一词。而佩贾罗蒂 1350 年发表的论文中涉及了保险单。这都使人们相信 14 世纪是以"签订保单、缴纳保险费"为特征的现代保险正式诞生的时代。最初的保险多是海上保险，除了分散海上风暴和自然灾祸的损失，还包括了防范海盗抢劫。故使用威尼斯长船运货的保险费用就要低些，因为它用水手（也是战士）比较多，安全系数高些。[③]

保险费有很多形式。如在热那亚，保险契约常以免费贷款等形式加以掩盖。保险费的数目也根据形势条件而变化。如木船的保险费较低，1454 年，装在威尼斯木船上从英国桑维奇运往威尼斯的货物保险费仅 3%。而该年装在一条普通船上从威尼斯运往布鲁日的货物保险费则高达 11%。有人甚至认为威尼斯木船非常安全，不需保险，只要把货物分装在几艘船上，分摊风险就行了。此外，保险费虽然较高，但保险业并不特别盈利。15 世纪一个佛罗伦萨保险商记载，他赔付的数额比他靠保险费赚到的还要多。而且，还经常发生骗保的事情。[④]

在热那亚，最初的保险形式可追溯至 13 世纪最后几十年。14 世纪上半叶的热那亚，则普遍出现了收取保险费以防范海上损失的做法。[⑤]保险机构最先于 14 世纪初出现在佛罗伦萨，与信用机构没有关系。从投保者角度看，将投资分散到多次航行中，若碰上了船难，

---

① 〔英〕M.M. 波斯坦等主编：《剑桥欧洲经济史》，第 3 卷，周荣国、张金秀译，第 83 页。

② G. Clayton, *British Insurance*, Plymouth: Elek Books Limited, p.24.

③ Michael Jones ed., *The New Cambridge Medieval History*, Vol.VI, c.1300-c.1415, p.192.

④ 〔英〕M.M. 波斯坦等主编：《剑桥欧洲经济史》，第 3 卷，周荣国、张金秀译，第 83—84 页。

⑤ 〔美〕戴维·兰德斯、乔尔·莫克、威廉·鲍莫尔：《历史上的企业家精神——从古代美索不达米亚到现代》，姜井勇译，第 118 页。

所受的损失只会占一个小百分比。投保者不会让自己的资本几个月不流动，因而可以采取再保险形式，损失会大大降低。

托斯卡纳地区最先出现保险公司，其条件是多样的：信用水平高，使商人不再需要中介公证人而是可以自己相互间进行处理；可以制订某些简易政策；大公司能够在较广范围和实践中具有影响力；它们还具有搜集各种必要信息对风险进行评估的能力；发明了保险证书，保险机构对复杂性进行分析，等等。[1]

现存两份14世纪40年代的保险合同[2]揭示了那个时期的保险活动。

一份保险合同的签署日期为 1343 年 2 月 13 日，它是世界上现存的最早保险合同之一。阿米古艾托·皮内罗收取了经由代理人托马索·格里罗为商人阿维达克托·古尔莫转交的 680 金佛罗林。他们之间订立了严谨的保险合同。皮内罗需承担起阿维达克托货物运输的保险责任，在圣卡塔琳娜号船只上运送的十大包呢绒需安全由比萨港运至西西里岛。如若不能安全送达，阿米古艾托将做出赔偿，包括 1360 金佛罗林罚金，甚至遭受法律诉讼。而签署于 1347 年 10 月 23 日的另一份保险合同，从形式上看完全沿袭了 1343 年保险合同的模式。吉奥吉乌斯·莱卡沃勒姆接受了巴斯洛梅乌斯·巴苏斯从热那亚寄来的 170 镑的银，双方订立合约。莱卡沃勒姆为巴苏斯承担船只安全的保险责任，六个月后，圣克拉拉号需由热那亚港直接航行至马约卡岛。按照合同规定，双方自然也达成了相关赔偿协议，规定双倍罚金再加赔偿损失和诉讼开支。

从这两份海上保险合同可以看出，14 世纪在风险分散方面的一些做法与现代保险已无二致。皮内罗、莱卡沃勒姆等充当了保险商的角色，而古尔莫和巴苏斯则是投保人，保险商和投保人双方签订

---

① David Abulafia ed., *Italy in the central middle ages,* Oxford University Press, 2004, p.143.

② 这两份保单的签订日期分别是 1343 年的 2 月 13 日和 1347 年的 10 月 23 日。在 1343 年的保单中，被保险人向保险人缴纳 680 金佛罗林，后者则是 107 磅的银。保险双方严格按照保险合同进行，合同中明确规定了损失的赔偿状况。参见 Humbert O.Nelli, "The Earliest Insurance Contract. A New Discovery", *The Journal of Risk and Insurance,* Vol.39,No.2(1972), pp.215-220。

合同，由投保人向保险商支付保险费。这和上古及中古早期的海事贷款不同，海事贷款的主要目的是提供基金，依靠一种合作伙伴关系的利益分享机制来为贸易风险提供资助，债权人的"海洋和属人"的风险承担是附加的。而（保费）保险中是将金融损失从最初的风险承担者转嫁给他人。[①] 14世纪40年代的海上保险合同属于后者。这正是现代保险的基本精神。

14世纪，保险业务往往还成为意大利大公司的副业。[②] 它们有时充当保险商，有时充当被保险人；既为自己的商品担当风险，也常常为他人提供保险赚取费用。偶尔他们为海上运货承保，如佩鲁兹公司在1337年承保了从西西里到突尼斯的丝绸托运。[③]

由于缺乏统计知识，保险费只能通过粗略计算得出，因而通常较低。[④] 如达蒂尼承保往来于巴塞罗那、波尔图、突尼斯、巴勒莫、那不勒斯、南安普敦等主要港口的羊毛、葡萄酒等货物，保险费率维持在货物价值的3.5%—5%之间；但也有较高的，如乌萨诺收取的保险费率，就保持在12%，甚至达到15%。[⑤]

14世纪末，保险业务已扩展至比萨、威尼斯等地，并通过对风险因素进行评估来确定保险费率。15世纪末，海上保险已遍布欧洲所有港口城市。[⑥] 1494年，巴塞罗那还将处理海洋保险的做法汇编成法律，同《海洋法集》一起出版，对同类立法产生了重大影响。[⑦] 16世纪，德国汉萨商人也接受了保险的做法。1531年从卢卑克运往泽兰的一船货物保单上，列出了44个保险商的名字，他们多为南德人

---

①　Humbert O.Nelli, "The Earliest Insurance Contract. A New Discovery ", pp.215-220.

②　Harold E.Raynes, *A History of British Insurance*, London: Sir Isaac Pitman&Sons Ltd, p.11.

③　E.S.Hunt, *The Medieval Super-companies, A study of the Peruzzi Company of Florence*, Cambridge university press,1994,pp.67,68.

④　G.Clayton, *British Insurance*, London: Elek Books Limited,1971,p.26.

⑤　Ibid., p.26.

⑥　〔美〕戴维·兰德斯、乔尔·莫克、威廉·鲍莫尔：《历史上的企业家精神——从古代美索不达米亚到现代》，姜井勇译，第118页。

⑦　〔英〕M.M.波斯坦等主编：《剑桥欧洲经济史》，第3卷，周荣国、张金秀译，第84页。

或佛莱芒人，很少北德人。[①] 在保险技术上，15 世纪还没简单到能使商人彻底摆脱一切限制。[②]

在英国，发现了 15 世纪曾有对南安普敦货物运输保险费率过高的质疑。[③] 英国海上保险也源于意大利商人。意大利人进入英国投资和获取利润的同时，也将海上保险制度引入英国。16 世纪中期，保险成为这里的一项常规业务，意大利商人聚居的伦敦伦巴第街是经营总部。[④] 英国现存最早的保险单日期为 1547 年 9 月 20 日，其大部分文字为意大利语。该保单被称作"布鲁克海上保险单"，[⑤] 保单的意大利语之下还附有英语翻译。克拉顿的《英国保险史》中收录了 1548 年、1563 年的两份较早的保单。1548 年保单中主要承保物品为呢绒，由墨西拿的希斯尼为卡沃尔坎迪、吉拉尔和伦敦的公司承保。承保旅程为：萨尔沃的圣玛丽亚号船只在汉普顿载满英国呢绒后，直至货物抵达墨西拿并且安全上陆。此次保险的承保商达到九人。1563 年保单是一份有关葡萄干运输的保单，签发日期为 1563 年 11 月 22 日。两份保单都提及它们同在伦巴第街签发的保单具有同样效力。[⑥]

保险起源于意大利城市，英国的保险业诞生也应归功于意大利商人，但英国人将近代保险业发展得最为成功。后来的劳埃德更是成长为当之无愧的世界第一海上保险市场。

四、现代公司制度

公司制度是最典型的现代企业制度。一般的经济史著作都认为

---

① 〔英〕M.M. 波斯坦等主编：《剑桥欧洲经济史》，第 3 卷，周荣国、张金秀译，第 92 页。

② 〔英〕E. E. 里奇、C.H. 威尔逊主编：《剑桥欧洲经济史》，第 4 卷，张锦冬等译，经济科学出版社 2003 年版，前言第 13 页。

③ Harold E.Raynes, *A history of British Insurance*, p.22.

④ Frederick Hendriks, "Contributions to the history of insurance", in David Jenkins and Takau Yoneyama.ed., *History of Insurance*, V.3, London:Pickering and Chatto,2000,p.23.

⑤ 布鲁克海上保险单收录在英国海事法庭文件中（第 27 卷，147 号），后由塞尔敦协会出版。*The Documentary History Of Insurance 1000 BC-1875 AD*, Prudential Press,1915,p.2.

⑥ G .Clayton, *British Insurance*, pp.29-30.

公司制度缘起于 16、17 世纪的合股制殖民贸易公司。其实，现代公司制度也孕育于欧洲中世纪城市。现代公司制度有三大基本特征。其一，公司是一个法人组织，有统一的规章，作为一个实体独立地进行经济活动（生产或交易），集中行使经济权力和权利。其二，公司是由股东们合作参股投资的，公司的盈利或亏损都按照股份即投资的多少来分摊，公司的最高决策机构（董事会）由出资最多的主要股东组成。其三，公司的资本所有者和经营者是相分离的；经营者由公司雇用付给薪资，虽然不排除股东也受雇为经营者。除此之外还有第四点，即许多公司还采取了"有限责任"制，也就是说，投资者只对其投资范围的亏损破产等负责，并不对公司全部的经营状况负责。通过考察可知，公司制度的这些基本元素在中世纪城市就已得到初步培育，中世纪城市里出现了现代公司制度的早期形态。

城市行会制度中的"公司"元素

行会是城市工商业者自愿形成的行业共同体，是独立工商业者的联合组织，其具有的某些特征为后来的公司所继承或模仿。

1. 行会的团体认同

现代公司的一个核心要素，是公司人员（无论股东还是雇员）对公司的团体认同感。公司这个经济组织与家庭不一样。在人类社会的前现代阶段，家庭作为经济组织来说，既是生产或经营单位，又是消费单位，它有天然的血缘纽带。而到了现代，家庭作为生产或经营单位的功能弱化，这一功能被公司、工厂等所取代，但公司非血缘组织，没有天然纽带，只有利益关系，因此公司势必要培养所有人员对其的归属感、认同感，故而，那种"公司就是你的家""以厂为家"之类煽情颇为流行。其实，这一元素在中世纪城市的行会组织里就已出现了。

行会是中世纪城市最基本最广泛的工商业组织。它用共同章程之类将工商业者整合在一个组织里，本身就是一种社团、一种法人（corporation），虽然略为松散，但具有明显的整体性。如在法国，它被谓之"一个身体"（a body），或"一个家庭"（a confraternity），或"一个共同体"（a community）。"一个身体"意味着成员之间有不可打破的纽带；"一个家庭"意味着成员的精神归属感；"一个共同体"意味着在社会上的自我认同感。[①] 这种团体归属感、认同感是现代公司的基本特征之一。为强化认同感，行会经常进行典庆活动，或在城市公共活动如游行、庆典中，常以行会为单位参加。行会还有自己的会所、会旗、会徽等。

认同感还包括对团体内其他成员的互助精神。这也是中世纪行会的突出特征之一。这种互助，除了生产上协作外，还包括对困难者的扶助。如英国林城三一商人行会规定："任何基尔特会员因不幸而坠入穷困于灾祸，其他会员俱应予以扶助，可经全体同意后动用基尔特公款，亦可由会员私人解囊相助"；"贫穷会员身故而无力埋葬时，长老及众会员应使用本基尔特之财物或布施财物照料其丧事，务使获得体面安葬。"[②] 又如 1482 年约克城木工行会规定："若有本行会任何成员陷入贫困，不能工作，或因事故致瞎，或因意外而财产损失，那么只要他们活着，前述行会兄弟每周 [应] 施与他们四便士。"[③] 此类条款甚多。

城市行会本身也有动态变化。英国行会组织的发展有两个阶段。11—13 世纪是所谓商人基尔特时期。商人基尔特是由城市里有买卖行为的人为维护其贸易特权而组成的经济组织。每个城市只有一个商人基尔特。如果某人要在城市中进行买卖活动，无论其身份如何，都必须加入商人基尔特，否则就不能在该城进行交易活动。13 世纪进入手工业行会阶段。这时候，基本是每个手工行业组成一个行会，哪怕它人数很少，如约克的蜡烛工行会，成员不过六人。[④] 以往论者仅把行会看成是工商业者传授技术、自我保护、实行垄断、最

---

① James R. Farr, *Artisans in Europe 1300-1914*, Cambridge University Press, 2000, p.224.

② 周一良、吴于廑主编：《世界通史资料选辑》，中古部分（郭守田主编），第 145、146 页。

③ James R. Farr, *Artisans in Europe 1300-1914*, p.231.

④ L. C. Marshall, *Industrial Society,* Chicago: 1963, p.82.

后走向保守的组织，这一看法近年不断被质疑。仅就对公司制度的形成来说，行会影响便不可低估，它已出现合股公司的一些特征。一般认为，有两条发展线路最终导致合股公司产生：一是合作行为（partnership），一是法人观念（idea of corporation）。[1] 这两条线路在中世纪城市行会中就已显现，行会里有较多的法人式实践和合作观念。从英国城市行会和意大利佛罗伦萨行会的实际来看，这两个特征都有较多体现。

2. 行会对经济权力的集中

行会颇似现代法人，它是自然人（行会成员）的集合体，其管理机构有如法人代表，功能完备，其组成有主要负责人"长老"（alderman）、财产管理人"监事"（warden）或"管事"（steward），召集会议、登记造册的负责人"执事"（dean）等。管理机构代表行会，集中运用一部分经济权力和权利，如拥有永久性财产权、拥有代表本行会公共权力的公章（13、14世纪英国极为普遍）、维护行业的经营垄断权、制定行规等。行会首脑长老入职时须宣誓，主要职责有主持行会会议；维持法令法规的实施；保管印章和契据；解决成员间的纠纷；确保税收被征收；看管行会财产等。行会公共财产有房屋、土地，成员交纳的入会费、罚金和实物如蜡烛、牛、葡萄酒等。英国林城三一行会章程里数次提到该行会有公款或公共财物。行会的法规与契据、印章都由长老保管。如南安普顿商人行会规定，"公共钱箱应保管于首席会长或保管员家中，钥匙三把分别存放于十二宣誓执事中三人或司事三人手中。彼等对公共印章、特许状、财库、旗帜，及其他属于本城公有之契据文件，俱应忠实保管"。[2]

佛罗伦萨七大行会中，卡里马拉行会专事对进口初级呢绒进行精细加工。行会领事会的最上层官员是四名领事和一名会计。领事

---

① C. E. Walker, "The History of the Joint Stock Company", *The Accounting Review*, Vol.6, No.2 (Jun., 1931), pp. 97-105, 97.

② 周一良、吴于廑主编：《世界通史资料选辑》，中古部分（郭守田主编），第149页。

的主要职责是：组织成员的入会考试；处理有关行会成员的刑事和民事案件；保护工厂、店铺及成员的各种机构；帮助商人恢复资本；做慈善活动，主持行会宗教事务；代表行会出席所有的正式场合；保护行会及成员利益；还可在与其有商业往来的国家任命行会代表等。[1] 既然设置了会计，说明该行会有集中的经济活动和财务收支。会计的任职有年龄条件，至少30岁；任职时需交100里拉的保证金；他在出纳各项钱款时，都须得到行会领事的同意。他离职两年后，其家人方可接管他的工作。除主要官员外，该行会还有许多辅助人员，如公证人、巡视员、通信员、情报员和登记员等。此外还有一个小的商人委员会——巡查委员会。

卡里马拉行会对进口呢绒进行加工，其经济活动包括了组织货源、进行加工和出售产品等环节，各环节都有些行会出面的集中行动。如1338年，该行会在佛罗伦萨拥有20个大货栈，放置10 000多匹呢绒，价值30万佛罗林。该行会的经纪人还在英国、佛兰德尔的作坊、集市和修道院里，收买粗呢绒，另一些经纪人则通过威尼斯、热那亚和比萨的商站，向东方出售他们加工后的成品。[2]

呢绒商行会比卡里马拉会出现晚，在进口羊毛基础上进行呢绒的全过程生产。它拥有会所、住房、店铺和农场，还有六个呢绒晾晒场，还拥有许多工场。14世纪早期，佛罗伦萨羊毛纺织业臻于极盛。许多街道以与羊毛加工有关的技艺和职业命名，如剪毛工街、大锅街和染匠街等。在呢绒业行会最兴旺的1338年，它拥有200家商行，生产70 000—80 000匹呢绒。[3]

在较小的制革者行会中，行会领事任命的四名代理人，主要职责是规定毛、兽皮等的价格和应纳税额，并负责进口一部分毛和兽皮等。亚麻布制造工行会的官员较多。亚麻工所需亚麻原料，不能

---

[1] Edgcumbe Staley, *The Guilds of Florence*, New York: Noble Offset Printers, 1991, p.118.

[2] 〔美〕詹姆斯·W. 汤普逊：《中世纪晚期欧洲经济社会史》，徐家玲等译，第376页。

[3] 同上书，第380、397页。

直接从种植者那里购买，而必须从行会领事任命的六名中间商那里购买。卖出亚麻布时也同样需要经过中间商。他们所出售的亚麻布都须有行会的官方印记，在固定的场地贴上标签。

3. 行会的合作与共享观念

合作和共享在商人基尔特阶段就出现了。在商人基尔特里，每个成员都可与其他成员以同样价格共享商品。具体做法有二。

其一，共同购买和交易制度。先由基尔特官员从成员中募集基金集中购买货物，货物到达后再按基金份额完成交易。虽然这是一次性的，但整个过程很像一种"合股"形式。共同交易制度的目的在于使成员间更加机会均等，兼顾大多数成员利益；为了促进成员间的合作，维护共同利益不受领主及外来商人的侵犯。在一些城市中，商人基尔特官员对某些特定商品具有单一特权，所得利润归之公共钱包；他们还可获得进口货物的首次竞标，然后以零售价分给基尔特成员，这种联合购买的行为称作共同交易。如在布里斯顿，当一艘商船进港时，城中贸易者聚集到一起，共同决定货物的成交价格。[1]每个城市所共同交易的物品有所不同。在英国的伊普斯威奇和林恩，他们共同购买石磨和大理石；在都柏林，共同交易规章主要适用于盐、煤、铁等。[2]在佛罗伦萨，石木雕刻工行会的石雕工所用的建筑材料大理石，需从外地运进，花费成本很高，必须行会成员共同努力才能完成。13—16世纪佛罗伦萨的许多大型建筑，单个工匠不可能完成，也需要行会来组织。[3]

其二是所谓"先买权"或"分享权"。当商人基尔特一成员买来原材料后，无论是在市场、集市或本城，基尔特成员均有权以原价购买方式分享。南安普顿商人基尔特法令中明确规定，商人基尔特成员可以分享其他成员所购买的商品，只要他在商品购买现场，

---

[1] E.Lipson, *An Introduction to the Economic History of England*, Vol. I: The Middle Ages, London: A and C Black, 1915, p.245.

[2] W. Cunningham, "The Gild Merchant in England", *The Quarterly Journal of Economics*, Vol. 5, No. 3 (April, 1891), p.346.

[3] Edgcumbe Staley, *The Guilds of Florence*, pp.337-338.

并提出过分享要求。① 又如林城三一商人行会规定，"任何会员购买物品，如在尚未成交时，适有另一会员前来，并参加议价，则成交后此人应为共同购买人"。② 后来，那些不在现场的商人基尔特成员也有分享权。在伯维克，一位商人基尔特成员购买完鲱鱼，在现场的其他成员可以原买价索求一部分商品；不在场的成员只须多付出12 便士，也可索求一部分商品。③

可以看出，这两种做法都已体现出"合作"经商这一现代股份企业的灵魂。这种略带强制性的经济合作，在 13—15 世纪的手工业行会阶段进一步固化和强化，尤其在意大利城市商人那里变成了经常性的自愿行为。

意大利的商人公司和资本合作

意大利城市工商业发达、国际贸易繁荣，13、14 世纪出现了最初意义上的公司。意大利的大公司主要是商业或贸易公司，以及与贸易密切相关的银行。这些公司被认为是中世纪的超级公司（super-company），是 13 世纪以后一种能最有效组合盈利可能性的企业形式。④

1. 公司类型和合伙形式

意大利的公司大致有两种类型。第一类是家族公司（family company），或称商号（firm）。布罗代尔研究，从词源看，公司（com［共］，panis［面包］）本是父子、兄弟和亲戚紧密结合的家族合作形式，是分享面包，分担风险、资金和劳力的联合体。⑤ 家

---

① E.Lipson, *An Introduction to the Economic History of England*, Vol. I: The Middle Ages, p.243.

② 周一良、吴于廑主编：《世界通史资料选辑》，中古部分（郭守田主编），第 146 页。

③ L.T. Smith, L.Brentano, *English gilds, Pub. for the Early English Text Society*, Oxford University Press, 1963, p.35.

④ 〔美〕戴维·兰德斯、乔尔·莫克、威廉·鲍莫尔：《历史上的企业家精神——从古代美索不达米亚到现代》，姜井勇译，第 113 页。David Abulafia ed., *The New Cambridge Medieval History*, Vol.V, c.1198-c.1300, p.64.

⑤ 〔法〕费尔南·布罗代尔：《15 至 18 世纪的物质文明、经济和资本主义》，第 2 卷，顾良、施康强译，第 471 页。

族公司内部又有诸多分（子）公司，分别由家族中不同家庭拥有和管理。这些家族公司往往又在外地甚至外国建立许多代办处，代理人多为家族所雇用的外人。[①]这类公司几乎与现代家族公司毫无异处。著名的家族公司有佛罗伦萨13、14世纪的巴尔迪公司、佩鲁兹公司，[②]15世纪的美第奇公司等。还有一种是家族内部合作形式（family partnership）。如15、16世纪之交威尼斯商人皮萨尼三兄弟合作，资本高达25万杜卡特，投资于各种实业，包括房地产和工场。还有一种是以某个家族为核心并作为名称，再吸收许多外人参加的公司。如1298年破产的锡耶纳的邦西尼奥里公司，共有23位合伙人，其中4位是公司创始人奥兰多·邦西尼奥里的儿子，1位是他的外甥，18位是外人。[③]

第二类是合伙公司（partnership company）。合伙作为一种贸易融资形式，最早出现于何时已无从考证。在9世纪威尼斯商人吉乌斯蒂尼亚诺的遗嘱中，合伙（Partecipazio）指投资于海上贸易。[④]合伙的出现与流行，与基督教教义的禁规有关。基督教教义严禁以借贷方式筹资，但鼓励合作。意大利城市工商业普遍流行资本合伙或合作做法，形式有多种。

一种可称为"托管"体（commenda）。现存威尼斯的"托管"制资料始于11世纪晚期，热那亚保留的"托管"制资料公证文书始

---

① 不过，这些外人也多与家族关系密切，其密切程度递次往下为：某个合伙人的亲属，某个雇员的亲属，某个同城者，某个同国者、某个同信基督教者。他可能是某一笔生意的代理人，是暂时的；也可能是总代理，长期性的。他得到的酬劳也是多形态的，有股份，也可能有工资、礼物等。参见 Robert L. Reynolds, "Origins of Modern Business Enterprise: Medieval Italy", p.359.

② 巴尔迪公司在国外有十几家分公司,1318年拥有资本30万佛罗林，占该公司总资本的35%。1335年，佩鲁兹公司总资产超过50万佛罗林，其中一半多分布在13家国外分公司中。一种观点认为，1340年代英王爱德华三世欠下巴尔迪公司90万佛罗林、佩鲁兹公司60万佛罗林债务不还，导致了这两家公司濒临破产，并连带影响了佛罗伦萨一大串公司。Edwin S. Hunt, "A New Look at the Dealing of the Bardi and Peruzzi with Edward III", pp.149-162.

③ 〔英〕M.M.波斯坦等主编：《剑桥欧洲经济史》，第3卷，周荣国、张金秀译，第62—63页。

④ David Abulafia ed., *The New Cambridge Medieval History*, Vol.V, c.1198-c.1300, p.64.

于 12 世纪中期。① 在这种方式下，委托人提供资本（其来源可能是自己的，也可以是向他人集资的），受托人多为行商，负责对投资进行管理和经营。受托人如果不添加资本，构成的是一种"单边托管制"（unilateral commenda）。委托人可对受托人负责经营的企业提出某些导向性建议。受托人携资本出行，并以某种形式开展资本运作。在双方协议期限内受托人负责的商业交易完成后，他须返回出发地向委托人汇报账目情况，划分商业交易收益；如有特殊原因不能返回，亦可将利润汇给委托人。在单边托管制下，提供资本的委托人一般获全部利润的四分之三，并承担一切资本损失；受托人获全部利润的四分之一，承担劳动价值损失。② 按照马克斯·韦伯的看法，单边托管制的受托人未出资，因而更像是"代理商"。③ 这种状况有现代公司股东与经营者分离的潜性。随着这种"代理"观念的发展，商人从事远距离贸易的能力大为增强。④

雇用代理商是当时公司通行的一种做法，形式亦多样化，有的公司在同一时段里在不同城市有不同代理形式。⑤ 但要注意，"代理人"一词在中世纪的含义与现今不同，它并非指委托人，而是指为公司工作的拿薪水的雇员。作为雇员的分公司经理（代理商）只得工资，如果公司很满意的话偶尔也会有红利，但绝不分配利润。如果股东担任国外分公司管理者（代理商），他除了得到作为股东而应有的利润配额外，还会因为他作为代理人的劳动而得到工资。到了 15 世纪的美第奇银行那里，分公司经理一般由低级股东担任，他们不收取工资，而是以利润配额的方式得到报酬。但这并不意味着他们享有与高级股东相同的地位，恰恰相反，他们是处于从属地位

---

①　David Abulafia ed., *The New Cambridge Medieval History*, Vol.V, c.1198-c.1300, p.64.

②　John H. Pryor, "The Origins of the Commenda Contract", *Speculum*, Vol.52（1977），p.6. 引自卢茨·克尔贝尔："解读马克斯·韦伯的博士学位论文"，载〔德〕马克斯·韦伯：《中世纪商业合伙史》，陶永新译，东方出版中心 2010 年版，第 27 页。

③　参见卢茨·克尔贝尔："解读马克斯·韦伯的博士学位论文"，第 28 页。

④　David Abulafia ed., *The New Cambridge Medieval History*, Vol.V, c.1198-c.1300, p.65.

⑤　Robert L. Reynolds, "Origins of Modern Business Enterprise: Medieval Italy", p.359.

的。[1] 以利润取代工资，正是为了给这些代理人以更大的压力，承担更多的责任，将收入与经营状况直接挂钩。这也有点类似于现代企业中收入与业绩挂钩的做法。

委托制也是"托管"，这是意大利海上贸易最为流行的一种形式。这种形式帮助了那些缺乏资本、却有精力和雄心的人们在多种委托形式的资助下取得成功。南欧早期的一些公证文书，如 12 世纪热那亚乔万尼·斯克里巴家所留下来的，就有这类内容文书的多种样本。12 世纪，已出现了一个合作人提供所有资金（委托人）而另一个合作人（受托人）只提供劳务的情况。如 1156 年热那亚的一份合作关系契约，签约双方为受托人鲍西罗、委托人兰弗兰克。后者提供了50 热那亚镑资金，还向前者提供了一块地皮。契约中规定协议要持续五年，利润按管理方（受托人）三分之一、投资方三分之二的比例分配。1160 年威尼斯一份合作契约也有类似条款。投资方梅莫与恩里科塞尔兹合作，将 300 威尼斯镑资金托付给后者做某项生意，利润均分，管理方还使用投资方一地块作为生意场所。12 世纪威尼斯另一份契约，是住在君士坦丁堡的舅舅与住在希腊底比斯的外甥合作，互向对方运送货物，全部利润平分。这种合作关系以默契方式延续了很久，直到 1171 年威尼斯人被逐出君士坦丁堡。[2] 在意大利之外，13 世纪马赛的曼杜尔合同和 1248 年阿马尔里克的契据集，表明法国也流行这一形式。14 世纪早期威尼斯的陆路贸易中，委托制也颇为流行。[3]

当然，由于委托人和受托人在进行贸易活动时常有分离，因此委托人对受托人的可控度不强。受托人如业务失败或不诚实，使委

---

① 例如 1454 年一个有关美第奇公司合伙人（高级股东）与伦敦分公司新经理诺里的契约。该契约的目的是"成立一个公司以便处理伦敦城的商业和汇兑业务"。协议持续四年。该公司 1000 镑资本完全由高级股东即美第奇公司合伙人提供。而诺里并不投资，但他要为公司服务，参与公司事务管理，有权得到利润的 1/8，另外每年获得 15 镑津贴支付日常消费。经营负担基本上都在诺里肩上，而且还规定他哪些事情不能做，等等。见〔英〕M.M. 波斯坦等主编：《剑桥欧洲经济史》，第 3 卷，周荣国、张金秀译，第 66—69 页。

② 〔英〕M.M. 波斯坦等主编：《剑桥欧洲经济史》，第 3 卷，周荣国、张金秀译，第 58 页。

③ David Abulafia ed., *The New Cambridge Medieval History*, Vol.V, c.1198-c.1300, p.64.

托人蒙受损失的事例也多不胜数。[①] 所以，也有商人干脆亲力亲为，只求减小损失。

另一种可称"协作"体（societas，可译成"商社"）。热那亚有关"协作"体的公证文书材料始于 12 世纪。[②] 在这种形式中，委托人和受托人都向"商社"提供资本，因此有的学者又称此为"双边托管制"（bilateral commenda），一般是委托人出资三分之二，受托人自己出资三分之一；最后的利润是对半分成；如有损失，委托人承担三分之二，受托人承担三分之一。[③] 这种协作体不只是双边，还有"多边"参与合伙的，在陆路贸易和海上贸易中均有出现。后由于不需随货物同行，因而各方基本上可按出资来分配利润。

这种协作最后能发展为现代的普通合伙制（general partnership），而现代股份公司只是普通合伙中的一种形式而已。这种协作一般从事指定的某一地区或某类商品的贸易活动。如 1284 年、1296 年和 1312 年，就有好几个意大利"商社"获得在英国从事贸易活动的权利。这些"商社"也有层次之分。如在著名工商业城市卢卡，顶端是从事国际贸易和金融的企业；其次是跨地区跨国的丝绸、毛呢制造和销售企业；最下是规模较小的小商人与手工工匠的合伙，时间上是临时性的，贸易范围是地方性的。

"托管"和"商社"均可看成长期性的社会合作，至少也可看成准永续型多方合伙制（quasi-permanent multiple partnership），不会因为主管合伙人的死亡或卸任而解散，一般持续 2—12 年，有一个核心合伙人圈子。永续性公司往往还有标志，可强化人们认为其永远存在的感觉。[④] 实际上，许多公司的存在很少有超过 30 年的。它们采取的合作形式适用于吸引那些没有足够资金但又有雄心的"冒

---

① 参见〔英〕M.M. 波斯坦等主编：《剑桥欧洲经济史》，第 3 卷，周荣国、张金秀译，第 74—75 页。

② David Abulafia ed., *The New Cambridge Medieval History*, Vol.V, c.1198-c.1300, p.64.

③ 卢茨·克尔贝尔："解读马克斯·韦伯的博士学位论文"，第 27—28 页。

④ 〔美〕戴维·兰德斯、乔尔·莫克、威廉·鲍莫尔：《历史上的企业家精神——从古代美索不达米亚到现代》，姜井勇译，第 113—114 页。

险家"。贸易往往建立在契约基础上,契约参加者按投资比例分享利润或分摊损失。如在威尼斯,10世纪起人们就熟悉运用合同形式合作。没有资本的海员可以参加航海贸易活动,可获得四分之一的利润;其余的则留给陆上的船只出租人。如果船只出租人也出三分之一资金的话,他可以获得一半利润。[①]

佩鲁兹公司留下的一些记录,表明了其运作方式。该公司采取某种程度分散化经营形式,在欧洲各主要城市设立分支机构或辅助代理机构(由董事会委派股东管理)。公司重大决策权仍由在佛罗伦萨的董事长掌控,有些分公司甚至直接受董事长领导。公司业务开始专业化。如"tavola"(字面意思为"桌子")主要处理佛罗伦萨的银行业务;"mercanzia"(字面意思为"商业")处理佛罗伦萨以外的贸易和物流业务;"drapperia"(字面意思为"纺织品")负责处理小额纺织品合约制造业务。另外还有"专项账目"直接监督外地客户,有救济金账目记录公司慈善捐赠的去处等。[②]

还有一种临时性的"合作行为"(joint venture),这在航海贸易城市如威尼斯最突出。这种合作大都以在一条商船上合伙参加一次出海贸易为限,船货卖完,合作也就终止。有的是一方出资,一方出力(出海),这种形式有时还被称为"海帮"(societas maris)。这种做法,热那亚公证人斯克巴里的文书(1155—1164年)中曾提及400次。13世纪马赛公证人阿马里克的文书中,也提到360次。[③]1300年后,虽然在海港中长期合作关系越来越普遍,但临时合作的形式也没有完全消失,而且还很兴盛,因为它毕竟非常适合航海贸易所具有的冒险性。[④]

资本合作方式以及公司(corporation)或法人观念的发展,最

---

①　〔法〕罗贝尔·福西耶:《中世纪劳动史》,陈青瑶译,第220页。

②　〔美〕戴维·兰德斯、乔尔·莫克、威廉·鲍莫尔:《历史上的企业家精神——从古代美索不达米亚到现代》,姜井勇译,第114页。

③　〔法〕费尔南·布罗代尔:《15至18世纪的物质文明、经济和资本主义》,第2卷,顾良、施康强译,第470页。

④　〔英〕M.M.波斯坦等主编:《剑桥欧洲经济史》,第3卷,周荣国、张金秀译,第59页。

终导致了合股形式的经济组织产生。在许多情形中，家族公司、家族合作与其他合伙形式往往混杂在一起，难以分开，因此可以放在一起综合考察。可以说，商人合伙、资本合作和商人公司几乎遍及重要的工商业城市。虽然公司作为一种商业组织形态较为高级，但初期的公司因不成熟而饱经灾难。如英王欠债不还导致巴尔迪和佩鲁兹两家公司破产，还牵连了另外两家大公司，并招致三百五十多家商号破产。然而，"不要借钱给统治者"虽是个教训，但也不易做到，这里既有诱惑，又有胁迫，还有强压。

即使连集团公司这样一种现代企业的最高形态，也在中世纪城市出现了。意大利商人对付破产有个招数："不把鸡蛋放到一个篮子里"。大多数公司秉承一句谚语："不做单边的国际公司"。如作为教训，破产后重组的阿尔贝蒂公司采取了集团公司形式。这样，即使驻在国的公司惹麻烦了，也不至于影响整个集团。14世纪末的达蒂尼集团公司，包含了数家进出口公司，分别分布在阿维尼翁、佛罗伦萨、热那亚、比萨和巴塞罗那（在巴伦西亚和马约卡还有次级分公司）；另有两家设在其家乡普拉托城的呢绒制造企业：一家在普拉托的染坊，一家在佛罗伦萨的独立银行。[①]达蒂尼集团公司及其银行和保险企业经营范围极广，覆盖了各类商品，从昂贵的盔甲到廉价的画作，从地中海贸易商品到西班牙羊毛作原料的毛织品，从英国科茨沃兹羊毛到东方的塔纳和埃及的货物。各独立公司间每周都有书信往来，交流各种商业信息。信件由专业信使送达。整个达蒂尼集团留存下来的这类书信不少于三十二万封，六十多万页，时间长达三四十年。[②]这种集团式结构，长期是大型国际企业组织的主流模式，后来的美第奇、瓦伯格家族也效仿。虽然说这种集团公司以家族关系为基本纽带，但那只是表明资本来源，其组织原则和运行机理与现代集团

---

① Michael Jones, *The New Cambridge Medieval History*, Vol.VI, c.1300-c.1415, pp.196-197.

② J. K. Hyde, "Some uses of Literacy in Venice and Florence in the Thirteenth and Fourteenth Centuries", *Transactions of the Royal Historical Society*, Fifth Series, Vol. 29(1979), pp.114-115.

企业无有不同。

　　美第奇公司并非一个整体，而是由几个独立法律实体的若干个合伙关系组成，都在同一个家族（美第奇家族）的控制之下。它的结构或多或少有点像现代的控股公司，只不过它是合伙关系的联合，而不是现代这种团体合作。[①]美第奇公司1451年的"三号秘密账本"表明其资金分布在国内外好几个办事处或分公司、企业中，同时这些企业或分公司也有其他合伙人投入的资金（见表4-3）。

表4-3　1451年美第奇公司的资金分布[②]

办事处或分公司、企业	总资本	美第奇银行投入的份额
佛罗伦萨总部	12 952佛罗林1先令10便士	12 952佛罗林1先令10便士
佛罗伦萨丝绸一店	7 200佛罗林	4 800佛罗林
佛罗伦萨丝绸二店	7 824佛罗林16先令2便士	7 824佛罗林16先令2便士
佛罗伦萨羊毛一店	4 000佛罗林	2 500佛罗林
佛罗伦萨羊毛二店	6 000佛罗林	3 500佛罗林
阿维尼翁办事处	9 600佛罗林	8 400佛罗林
布鲁日办事处	13 500佛罗林	10 800佛罗林
日内瓦办事处	13 493佛罗林	11 807佛罗林6先令10便士
伦敦分行	6 000佛罗林	4 800佛罗林
威尼斯分行	7 700佛罗林	7 700佛罗林
总计	88 269佛罗林18先令	75 083佛罗林24先令10便士

　　现代公司的"无限"责任和"有限"责任制度也在意大利公司中出现了。一般来说，13世纪时合伙人都承担连带无限责任。早期那些家族公司更是无限责任公司，全体成员所负的连带责任原则上是无限的，不以他们入股的份额为限，而要涉及他们的全部财产。[③]

---

　　①　〔英〕M.M. 波斯坦等主编：《剑桥欧洲经济史》，第3卷，周荣国、张金秀译，第67页。

　　②　M. M.Postan, E. E. Rich and Edward Miller eds., *The Cambridge Economic History of Europe*, Vol.III, *Economic Organization and Policies in the Middle Ages*, p.83. 本表系根据相关材料重新编制。

　　③　〔法〕费尔南·布罗代尔：《15至18世纪的物质文明、经济和资本主义》，第2卷，顾良、施康强译，第471页。

发展到 15 世纪时，"有限责任"开始被强调。如 1408 年，佛罗伦萨一则法令允许出现有限合伙关系，即只出资而不任事的合伙人只对其投资范围负责。[①] 为了区分无限责任和有限责任，还想出了一个成立"两合"公司的办法，用以区分企业经营人的责任和只对投资负责的投资人的责任。这种两合公司的早期发展在佛罗伦萨最引人注目，已知的第一个契约于 1532 年 5 月 8 日签订。两合制中的资本家能够参与多项近似今天"控股"之类的活动。[②]

两合公司是人员集合和资本集合，这还不同于后来的股份公司，因为股份公司只是资本集合。公司资本和公司本身是一个不可分割的整体。股东拥有公司资本的一定份额。从这一点上说，其实中世纪意大利就有了股份。15 世纪前，地中海航船产权往往分作几份（威尼斯称 partes，热那亚称 luoghi，多数意大利城市称 caratti，法国马赛称 quiratz 或 carats）。一些商行（如热那亚的康培尔和毛纳，以及 1407 年由它们联合组成的圣乔治商行）、矿山（如锡耶纳附近一银矿），甚至磨坊（如 13 世纪法国图卢兹、杜埃以及德国科隆），都实行过股份制。[③]

总体来看，在意大利城市中，合伙制分为综合性合伙商社和家族为核心的合作制。卢卡城和威尼斯被经济史家视为这两种合伙模式的典型，而佛罗伦萨则是家族公司发展最典型的城市。此外，如汤普逊所说，连股份公司也是意大利的一种经营方式，比英国类似的公司存在早得多。如 1463 年创立的热那亚"开俄斯岛韦基亚公司"，最初有 415 个股份；1498 年又增加了 1 600 份股金，1513 年达到了 2 500 股。这种做法也被威尼斯所仿效。[④]

---

① 〔英〕M.M. 波斯坦等主编：《剑桥欧洲经济史》，第 3 卷，周荣国、张金秀译，第 63 页。

② 〔法〕费尔南·布罗代尔：《15 至 18 世纪的物质文明、经济和资本主义》，第 2 卷，顾良、施康强译，第 475 页。

③ 同上书，第 476—477 页。

④ 〔美〕詹姆斯·W. 汤普逊：《中世纪晚期欧洲经济社会史》，徐家玲等译，第 602、612 页。

2. 卢卡：社会合伙制

综合性合伙指各类社会合伙或协作形式。托马斯·布罗姆奎斯特对13世纪意大利卢卡城的商业协作问题进行过详尽考察和研究。[①]

在布罗姆奎斯特看来，13世纪卢卡的商业协作，有两种主要合伙形式，还有一种早期的有限责任协作形态。合作的目的是调动人力和资本资源，最大可能地获得利润。在各个不同层级的工商活动中注入劳力和资本，是为了潜在经济利益的最大化。通过对一些文书合同的研读，他考察了当时商业协作活动的痕迹。

从法律角度看，卢卡最常见的商业协作是规约性合伙（regular partnership, *societas et compagnia*），但这种合伙在组织结构、时间期限和宗旨目的等方面各有不同。因此，可以按照商业组织经济活动的级别来设想卢卡的合伙制度。其顶端是大型的企业组织，主要从事国际商业和金融业。次级水平的合伙则是以地区为基础的，也依赖于国际性交通，至少也是跨地区交通。在这一级的协作中，多为进行本地的丝绸织造和销售，也有合伙进行丝绸或呢绒染色，或销售来自北方的呢绒的。这类活动需要较大资本投入，较为丰富的商业知识。最低层次的合伙大多是生产合作，较多见到的是两三个工匠将劳力和资本联合起来，也有一商人与一工匠合作的。这种合伙形式往往是短期的，就那么几个月，也只涉及两三个资本微小的个人。严格地说，这种合伙无论其视野还是其活动都是地方性的。

13世纪前期，典型的合伙主要由父子、兄弟，或几个商人、几个工匠在一起做生意。而13世纪中期以后，卢卡最重要的商业组织多是经营国际商业和金融业的大合伙企业，最著名的有里西阿迪家族企业，以及巴托斯、贝托里等十余个合伙企业，它们在13世纪国际市场上表现突出。在法律上，这些合作企业是普通的规约性合伙企业，入股，履行无限责任。但在实践中，13世纪末的卢卡商人受

---

① 本小节关于卢卡的公司的材料，除注明者外，均出自 Thomas W. Blomquist, "Commercial Association in Thirteenth-Century Lucca", *The Business History Review*, Vol. 45, No. 2 (Summer, 1971), pp. 157-178。

到北欧市场（法国、英国、低地国家）商机的推动，开始突破常规合伙方式。这种合伙组织最先出现于 1253 年。其后 1266—1280 年公证书材料曾提到 31 个卢卡商人，他们都以合伙形式经营。13 世纪末，卢卡至少有 22 个大型合伙企业从事国际贸易。这种新的商业组织形式，最突出的特点是规模较大。

里西阿迪这样的大型商业银行组织，合伙者达十九个之多。虽然这一组织是以家族为核心的，但它在结构上是开放的。家族之外的合伙者，有的通晓商业事务，如从事钱币交换的卡斯特拉卡内家族。别的大商业组织也基本循着这样一条路径发展。如"帕格内利商社"就由帕格内利·达尔西斯家的五个儿子管理，另外还有不少于十二个非家族合伙者。卡塞尔·德利诺商社有六个成员属于卡德利尼家族，但也有五个非家族成员合伙。同样有非家族合伙人的还有贝托里、巴托斯、奥内斯蒂、斯科西亚卢皮等家族各自控制的国际贸易组织。这种开放性既吸收了更多资本和专业人员，也扩大了从事国际贸易所需要的社会基础。

卢卡商人的经营范围和活动区域非常广，是因为他们采取合伙经营方式。而且，这些国际性商业组织远不止是简单合伙，它们在某种意义上具有"法人"（legal entity）特点，实际上也用起了公司名称，如"里西阿迪商社"和"帕格内利商社"等。1296 年里西阿迪企业的一份文件，除 12 个成员签署了文件，还使用了一个该合伙企业之章，以强化这个大型企业作为一个整体的意识。这一大型合作企业概念，远不同于各个合伙者的集合体概念，它在组织机构上还具有长久性。利润分配和资本重组也使企业合作关系不断变化和组合。新的组合有新的公司名称，但其制度安排仍有连续性。

卢卡人的这种大型合伙组织一般不起草合作协议。那些较低层次的、两三个商人或工匠的合伙则有相当规范的合作协议，一般写明了将要进行的经济活动类型，如百货贸易（general trade），或某种商品专卖，或从事某项手工行业之类。这类合伙的构成资本流动性强。在两三个入伙者组成的小企业里，资本多是均摊。不过卢卡的档案里也有入伙者只有极少资本，以提供劳动力作补偿的例子。所有的协议都规定了利润分配方式，大多数是按资本分得相应利润。大型合伙公司里合伙者数量多，则按投入资本以及在公司里担负不同的工作及责任来分配利润。

利润分配前，或合伙解散前，要对公司进行总决算，以确定每个合伙人的收益或负债份额。资产或负债都按情况分给相应份额。在公司结业期，所有合伙者都不为其他合伙人担责。如果合伙人不同意均分资产，也可付诸仲裁。

13世纪卢卡的这种规约合伙制框架里，留下了企业创新的充分空间。按照布罗姆奎斯特的评论，13世纪卢卡人所体验的这种商业组织形式，与现代控股公司或15世纪美第奇银行所采取的结构形式是非常相似的。

规约合伙公司是卢卡的基本商业组织。此外临时性合作经商行为也经常出现，它在组织资本、活动多样化、分散风险等方面具有很大的灵活性。一次联合经商行动有两方以上参与，每方或是个人，或是合伙体。参加者有无限责任。交易工具和各类商品都由这个个人或合伙体的"辛迪加"统一买卖。

商人一般按合伙制或联合行动辛迪加方式来经商。这两种方式都是无限责任制。随着经济发展，卢卡又出现了第三种合伙形式，这是为了吸引商界以外的社会资金。为了满足资本需求，这种合作形式的参与者，只按他投入资本的数量来担责。投资者常为远高于当时10%的固定储蓄利率（热那亚银行的常规利率）所吸引，将资金交于某个商人或合伙企业。而负责经营的合伙者也必须投入同样数量的资金。合同中规定了投资期限，期限一到，经营者按原资本加上利润或减去损失后返回给投资者。利润率由经营者和投资者先商定好，因此这种制度看起来还是一种储蓄。但合约又明确指出这不是储蓄。合约上明白无误地表达，经营者以入伙形式接受投资，利润分享和损失分摊也要根据企业总体情况而定。更为明确的是，投资者不能成为债权人，不能在企业遭受损失或经营不佳时要求付给类似储蓄的利息。这其实明确了投资者要为投资而分担有限的风险责任，也隐含着投资者可因此而追究经营者。投资者的经济地位介于现代股民和储蓄者之间。不论怎样，这种有限责任形式有利于集中和调动资本。

3. 威尼斯：家族合作制

在弗雷德雷克·莱恩看来，威尼斯商业活动的基本单位是家族为核心的合伙制（family partnerships）及扩展体。[①] 他认为，威尼斯的家族合伙制不是为了商业目的而形成的，因此并不等同于今天的法人公司。那时，威尼斯不少企业需要较多资金，因而需要好几个家庭或实行资本合伙，或分摊风险，或进行合作商业行为。

16 世纪前，威尼斯以家族合伙制为主。按照威尼斯法律，成员生活在一起并作为一个单位来经商的家族，自然就成了合伙企业。即使家族合伙制是威尼斯主要的商业组织形式，其合伙也不只限于商业。从父辈那里继承得来的所有财产（房子、土地、家具、珍宝、船只、商品等）都要进入这个家族企业的账册。食物、家具消费以及商业花费等，以及大的买卖活动也都要入账。

威尼斯许多重要商号都属于这类家族合伙体。威尼斯编年史家马利·皮耶罗提到，1476 年当选总督的多格·安德里亚·文德拉敏就是一个大富人，拥有资产 16 万杜卡特。[②] 他的财富来自于早年与兄弟路卡合伙经商，从埃及运回一艘半至两艘长船的货物售卖。他在各地有不少代理人。为了维持政治地位，他将六个女儿都嫁给了政治名门望族，为每个女儿准备的嫁妆达 5 000—7 000 杜卡特。

这种商人与政治家的结合在 16 世纪还存在。阿尔维斯·比萨尼就是 1509—1528 年威尼斯活跃的政治家和头等商人。他甚至比洛伦佐在威尼斯的兄弟安德里亚更早知道罗马的洛伦佐银行在 1518 年

---

① 本小节关于威尼斯的材料，除注明者外，其余均出自 Frederic C. Lane, "Family Partnerships and Joint Ventures in the Venetian Republic", *The Journal of Economic History*, Vol. 4, No. 2 (Nov., 1944), pp. 178-196。

② 1 金杜卡特与 1 金佛罗林相等，均含 3.5 克黄金。

倒闭的事，从而及早采取措施，未造成重大损失。为了与政治望族通婚，他为女儿们准备的嫁妆高达 40 000 杜卡特。其子是个富有的大主教。他本人是威尼斯共和国最高议会成员。阿尔维斯的商业生涯主要是与兄弟洛伦佐和阿尔莫洛进行合作。三兄弟总财富达 25 万杜卡特以上。该家族的投资方式多样化。拥有地产，既有收租金的，也有在乡村土地上生产谷物的。比萨尼家族还拥有水力坊，经营的商品有呢绒、羊毛、锡、盐、谷物、香料、器皿等，种类繁多。比萨尼家族企业还将大量商品出售给本城商人。他们也以外包制方式涉足城内毛纺业。三兄弟各自名下还有一些财产和小规模投资活动。同时，他们各自也欠有整个家族企业的债务。

亲属与他人合伙的企业属于家族合伙制的扩展体，这种扩展体往往采取投资与经营分开的模式，有现代企业的因子。最典型的要数伦敦公司和叙利亚公司。伦敦公司是洛伦佐·比萨尼、阿尔莫洛·比萨尼和尼科尔布·多铎的合伙企业，有时还归于多铎名下，因为他是实际经营者。叙利亚公司则是从属比萨尼家族的，由乔万尼·德拉·莱瓦负责经营。1507—1516 年，莱瓦是该家族企业在叙利亚的领薪代办，后来成为部门经理，为该家族在阿勒颇建立库房或作坊，每年领取薪水。最后他自己也成了叙利亚公司合伙者。

比萨尼家族企业体还组织了一些临时性合作行为，或是为了某个特有的购买目的，或是为了某一次商业航行。这种临时性协作在威尼斯经济中具有极大重要性。严格地说，这种协作不是真正的合伙，而只是一种共同所有权形式。如果一次合作经商行为费用太高，单个家族难以承担，那么可以通过共同所有或合作方式而将责任分摊给各个合伙者。

每次商业航程，无论去佛兰德尔还是去埃及，费用都大，[①] 没

---

① 如由三四艘长船（galley）组成的舰队需要雇用 600—800 名水手，完成往返佛兰德尔的商业航行至少需要一年，一船队货物价值 25 万杜卡特。往返亚历山大里亚的航程短得多，费时约为 3—6 个月，船货价值大约达 50 万杜卡特。Raymond de Roover, "The Story of the Alberti Company of Florence, 1302-1348, as Revealed in Its Account Books", *The Business History Review*, Vol. 32, No. 1 (Spring, 1958), pp. 14-59.

有哪个家族企业能独立承担，因此大多采取合作航行做法。威尼斯政府建造并拥有长船，租给商人们使用，也是一种降低风险的办法，实际上政府也承担了部分风险。除了租政府船外，其他航行成本都由私人资本或家族企业以及成员来承担。由于可从政府租船，大商人家族就不再拥有船只。只有在开拓某些新航线时，商人们才想着要有自己的船只。这样又有了商船合伙制、船队合伙制。长船公司将所有权划分为 24 份 (carati)，每份的所有者称为"分单人"（parcenevoli）。比萨尼家族企业的账册显示，它在去北非船队上投资三次，去贝鲁特船队上投资至少一次，去佛兰德尔船队上投资两次。购买形式一是单独购买；二是与本商船公司其他成员联合购买；三是与本船队公司所有成员联合购买。

船队合伙制的做法也差不多，多为联合购买。保证船队满载货物是这类合伙制协议的主要目的。米凯尔·达勒泽是威尼斯富商，他拥有 1506 年去非洲船队的三分之一份额，在这次船队购买的总共 2000 袋羊毛中，他和儿子卢卡各占 500 袋。在威尼斯，临时性船队合伙制有时还转变成更为完善、更为持久的合伙机制。

在这样几种公司制度下，威尼斯资本具有更大的流动性。商人资本可以很快从一个部门转移到另一个部门，也可在各条贸易航线上快速转换。

4. 佛罗伦萨：家族公司

佛罗伦萨的合伙制出现很早，如 1250 年就有 20 名合伙人及 40 名从属者合办的赛尔奇商行。[1]14 世纪佛罗伦萨的公司中，合伙形式多样化，但家族往往是一个公司的核心，其他成员有许多也与该家族有联姻关系。如著名的巴尔迪公司和佩鲁兹公司，公司以家族命名，董事长由该家族成员担任。佩鲁兹公司 1300 年成立，公司除家族成员外，还有 10 名非家族成员，公司总投资额为 85 000 金佛罗林，家族成员占 60%，非家族成员占 40%。巴尔迪公司 1310 年

---

① 〔法〕费尔南·布罗代尔：《15 至 18 世纪的物质文明、经济和资本主义》，第 2 卷，顾良、施康强译，第 473 页。

重组时，分成 56 股。1318 年，该公司总资本达 87.5 万金佛罗林。
1310—1345 年，巴尔迪公司有 346 名雇员。14 世纪上半叶，英国
一些大贵族也投资于佛罗伦萨各公司的伦敦分公司。如林肯伯爵投
资于弗里斯科巴尔迪公司，赫里福德伯爵投资于普尔西公司，年轻
的德斯彭赛投资于巴尔迪和佩鲁兹公司。①

公司史家雷蒙德·德鲁夫，依据 14 世纪佛罗伦萨阿尔贝蒂公司
残存的账册档案进行深入研究，指出中世纪公司运转所依赖的某些
因素与现代相似，包括协作 (coordination)、高效率管理 (efficient
management)、有效控制 (effective control)、人事关系（personnel
relations）、适应新趋势的调整（adjustment to new trends），以及
商人对教会的态度等。②

阿尔贝蒂是 14、15 世纪佛罗伦萨最有影响的家族之一，其豪宅
至今犹存。1315 年后，该公司逐渐成长为当时西欧最重要的银行。
1400 年后遭到美第奇银行的挑战。阿尔贝蒂家族属于贵族，原为阿
勒佐附近卡腾乃亚地区的领主，13 世纪早期移居佛罗伦萨。

阿尔贝蒂公司最初也是家族合伙公司，合伙人是阿尔贝托、内
里和拉珀三兄弟，他们都是雅各珀的儿子。最初还有两个外人。后
来三兄弟的儿子们也加入了，1302—1328 年，公司的头是阿尔贝
托，他头脑灵活，管理有方。他死后，由内里的儿子阿格诺罗继任，
他也维持了家族公司的发展。1343 年阿格诺罗退休三年后，该公司
分裂为几个竞争激烈的独立公司。阿尔贝蒂公司留下了 1302—1329
年间 12 份财务报表，从总体上能反映出该公司的规模和所从事商业
活动的性质。14 世纪初，阿尔贝蒂公司主要是贸易商，后建立了许
多分支机构，客户遍及欧洲，并介入了国际银行业。起初，他们主

---

① 〔美〕戴维·兰德斯、乔尔·莫克、威廉·鲍莫尔：《历史上的企业家精神——从
古代美索不达米亚到现代》，姜井勇译，第 113—114 页。Michael Jones, *The New Cambridge
Medieval History*, Vol.VI, c.1300-c.1415, p.180.

② 本小节关于佛罗伦萨各公司的材料，除注明者外，其余出自 Raymond de Roover, "The
Story of the Alberti Company of Florence, 1302-1348, as Revealed in Its Account Books", pp.14-59.

要从香槟集市上进口佛兰德尔呢绒，在佛罗伦萨经过加工染色后，再卖给意大利各地。所以他们在意大利许多城市雇用了代理人，或付薪代办。阿尔贝蒂公司是对素色呢绒进行最后精加工的卡里马拉行会成员。当佛罗伦萨从进口素色呢绒向进口羊毛、发展呢绒制造业转变，阿尔贝蒂公司尚不能适应这种变化，迟至 1331 年它还在进口佛兰德尔呢绒，不过也开始建设呢绒制造工场，还将工场管理权交给了合伙人卡罗西奥·拉珀。

1307 年，阿尔贝蒂公司共有 14 个代办，每年共付工资 769 佛罗林，最高者（奔走于香槟集市）达 150 佛罗林，最低者 20 佛罗林，初涉者或学徒 10 佛罗林。1310 年，阿尔贝蒂公司所雇代办增加到 20 人。1348 年为 19 人，说明公司没有扩张。阿尔贝蒂公司雇员已超过当时平均数，佛罗伦萨只有巴尔迪、佩鲁兹等三家巨型公司雇员超过了它。不少上层职员长期在公司里供职，有的甚至子承父业。

1323 年，阿尔贝蒂公司的合伙协议条款规定了该公司的资本构成和利润分配。协议规定，公司名义资本为 25 000 佛罗林，分成 25 股，每股 1 000 佛罗林。其中 11 股分给阿尔贝托和他的三个儿子；4 股给他的大弟内里，10 股给他二弟拉珀的两个儿子。按照合作章程，利润和损失按持股比例分享或分摊。每两年关账一次进行盈亏结算。1325 年、1327 年、1329 年都进行了这样的结算。未按比例要求提供足够股金者，则处以百分之八的罚金；若提供份额之外的资金，则按超出部分的百分之八付给利润。类似做法在佩鲁兹公司也有。

1320 年后，该公司经营多样化，有羊毛、呢绒、胡椒、染料等，也许还有金融业。1302—1348 年，阿尔贝蒂公司在阿维尼翁、博洛尼亚、君士坦丁堡、佛兰德尔、热那亚、米兰、那不勒斯和威尼斯等地设有分公司或代办。总的来看，该公司属于坐商，其基本政策是多样化经营，以防止高风险。他们坐在账房里，遥控着各地的代理人。阿尔贝蒂公司财富最多时曾达 71 700 佛罗林，最后破产分家时，则降至 40 415 佛罗林（按购买力换算，约相当于 20 世纪 50 年代的 111 545 美元）。

阿尔贝蒂公司创办初期，总资本和额外投资并未分开。最初每位股东先按总股本得到百分之八利润。如果还有剩余利润，则根据预先建立的配额体系在股东间分配。1323 年，阿尔贝蒂公司改变了利润分配体系。即在总资本（25 000 镑）确定后，每位股东被分配了这个数额的一部分，并被希望将资本留在公司内。股东提供的额外投资，则由公司支付百分之八的利息。另一方面，若股东拿不出他分担的资本份额，则要支付应出资本的百分之八。采取这种分配体系，主要是为阻止股东抽出自己的大部分股份。[①]

除阿尔贝蒂公司外，佛罗伦萨的其他公司也多有合伙制。如1451 年鼎盛时期的美第奇公司总资本为 72 000 佛罗林，其中 18 000 佛罗林来自于他人。而美第奇家族自己的资本中，则外投了 54 307 佛罗林至别的企业，这些企业资本总值为 68 994 佛罗林。1485 年基洛·内里公司的 43 500 佛罗林资本，分别投入到资产共 61 000 佛罗林的若干公司中。达蒂尼各公司共拥资本 40 000 佛罗林。斯特罗齐在 1491 年投入商业银行的资本共达 35 000 佛罗林。[②]

佛罗伦萨这种以家庭为核心的大公司模式，保护祖产，维持家族生计，从而也保证了自身存在，因此被称为长寿公司。它们一直保持到 18 世纪。[③]

5. 公司及合伙制度的传播

意大利的公司及合伙制度在欧洲产生了广泛影响。早在 14 世纪，邻近的德国南部城市就因从事与意大利的贸易而出现了一些大公司。如纽伦堡的克勒斯公司，其从威尼斯运出的商品主要有布匹（丝绸）、香料（印度胡椒）和珍珠等。[④]14 世纪德国北部汉萨城市，也出现了"委托"形式。[⑤]1400 年左右，南德商人仿照意大利模式，建立

① 〔英〕M.M. 波斯坦等主编：《剑桥欧洲经济史》，第 3 卷，周荣国、张金秀译，第 65 页。
② Richard A. Goldthwaite, "The Medici Bank and the World of Florentine Capitalism", p.16.
③ 〔法〕费尔南·布罗代尔：《15 至 18 世纪的物质文明、经济和资本主义》，第 2 卷，顾良、施康强译，第 474 页。
④ Michael Jones, *The New Cambridge Medieval History,* Vol.VI, c.1300-c.1415, p.207.
⑤ 〔法〕费尔南·布罗代尔：《15 至 18 世纪的物质文明、经济和资本主义》，第 2 卷，顾良、施康强译，第 616 页。

了有多个分公司的集团公司，控制了既有的跨阿尔卑斯国际贸易。[①] 存在了 150 年（1380—1530 年）的拉芬斯堡大公司，由该城三个家族商行联合而成，其规模据说可与意大利大公司相媲美。15 世纪末，它的 80 个合伙人汇集资金共达 132 000 佛罗林。1497 年有 38 个合伙人。其子公司遍布热那亚、米兰、伯尔尼、日内瓦、里昂、布鲁日、安特卫普、巴塞罗那、科隆、维也纳和巴黎等地。[②] 不过，合股制度、公司制度在传播中并没有很多新创造。16 世纪商人和商业公司的经营技巧，并没有超出 14 世纪，[③] 成功率不高。如奥格斯堡赫希斯泰特为经营汞业筹集了许多小放款人资金，但没有成功而于 1529 年破产。[④]

16 世纪德国最大商人奥格斯堡富格尔家族的商业活动，主要通过家族公司来进行。公司具有严密的组织形态，1494 年成立的"乌尔利希·富格尔兄弟公司"最具代表性。它严格规定只有家族男性直系成员才能进入，外人被挡门外，甚至包括姻亲。公司的资金来源于兄弟三人：乌尔利希 21 656 古尔盾，乔治 17 177 古尔盾，亚科布 15 552 古尔盾。[⑤] 为防止资金被突然抽走，公司签订了贸易联合体协议，六年为一期。若股东在六年内死亡，他的资金也不能抽走，必须维持到六年。期满后再与其遗产一块结算，且大部分资金留在公司，叫作"准备金"，永远不允许抽走。1510 年乌尔利希去世，亚科布没有马上结算，而是等到 1512 年协议期满。亚科布两位兄长死后，他接任公司大权，由于他和乔治都无子嗣，于是便选择了乌尔利希的儿子安东作为继承人。领导人变更的同时，公司名称和公司股份构成也随之变化。1512 年公司就以亚科布命名，股东变成了亚科布和他的侄子们。富格尔公

---

① Michael Jones ed., *The New Cambridge Medieval History*, Vol.VI, c.1300-c.1415, p.198.

② 〔英〕M. M. 波斯坦等主编：《剑桥欧洲经济史》，第 3 卷，周荣国、张金秀译，第 96—97 页；〔法〕费尔南·布罗代尔：《15 至 18 世纪的物质文明、经济和资本主义》，顾良、施康强译，第 2 卷，第 473 页。

③ 〔英〕E.E. 里奇、C.H. 威尔逊主编：《剑桥欧洲经济史》，第 4 卷，张锦冬等译，前言，第 13 页。

④ 〔法〕费尔南·布罗代尔：《15 至 18 世纪的物质文明、经济和资本主义》，第 2 卷，顾良、施康强译，第 413 页。

⑤ Eugen Ortner, *Gluck und Macht Der Fugger*, Seite 160.

司的这种股份组成方式，极大地保障了资金集中。公司总部设在奥格斯堡，后纽伦堡也成为其大本营。公司还在各地广设分店，最重要的有威尼斯、安特卫普等代理处。分店实行代理人制，有利于公司商业活动的弹性化。代理人一般不是家族成员，不管权力有多大，都始终只是职员。但在其权力范围内，可独立处理分店业务。如公司在安特卫普的代理人瓦恩布善于随机应变。1517 年皇帝马克西米连欲向富格尔公司借款，当时亚科布不在安特卫普，瓦恩布面对皇帝的盛怒，清楚地告诉皇帝，他有代理权，他可以与皇帝签订借款协议，皇帝最终没有从代理人那里得到所期待的数额。[①] 实际上，亚科布通过代理人表达了自己想法。代理人制既方便了业务办理，还可起缓冲作用。

采矿业成本大。如蒂罗尔矿区一个 240 米深的竖井，仅排水一项就需费用 14 000 佛罗林，因此商人一般都不敢涉足这一行业，就连富格尔这种大商人家族也没有足够资金独立开采一个矿区，所以采矿业很早就实行了股份制。[②] 如富格尔公司与塞尔佐家族合伙开采斯洛伐克矿山达半个世纪。这一合伙企业，被认为是非新教地区最大的资本企业之一。[③] 富格尔公司本身也有较多合作者，从其资本构成变化可以看到这一点。该公司最初曾严格限制吸纳外资，但后来外入资金比重越来越大。见表 4-4：

表 4-4 富格尔家族的资金来源

年份	资本量（千古尔盾）		所占比例（%）	
	自有资金	外入资金	自有资金	外入资金
1527	2 000	290	87	13
1537	1 800	900	66	34
1546	5 100	1 300	73	24
1563	2 000	3 100	39	61
1577	1 300	4 000	22	78

资料来源：郭振铎：《宗教改革史纲》，河南大学出版社 1998 年版，第 193 页。

---

① Eugen Ortner, *Gluck und Macht Der Fugger*, Seite 163.
② 朱寰主编：《工业文明兴起的新视野——亚欧诸国由中古向近代过渡比较研究》，下册，商务印书馆 2015 年版，第 843 页。
③ N. J. G. Pound, *An Economic History of Medieval Europe*, p. 475.

这种外入资金并非盈亏均负责的合伙关系，而是一种借贷关系，因此外入资金比重过大，反而使公司的压力加大，控制力减小，其资本有如泡沫，从外表看来光鲜，内部却很虚弱。1607年西班牙王室宣布破产时，富格尔家族对其拥有325万杜卡特债权，其中200万是外入资金，还须公司支付利息，公司财务由此崩溃。1630年热那亚人斯皮若拉要求贴现时，公司只能给他500克朗票据。[①]1637年，富格尔家族在西班牙的财产被置于热那亚银行家们的监控之下，富格尔公司从此归于沉寂。

在法国贸易中也有类似公司的组织出现。如16世纪，里尔的大制造商和鲁昂的商人合作，将生产的布匹出口到西班牙。[②]在高风险高利润的海上贸易事业中，组织强大的公司就更有必要。1535年，鲁昂的商人曾自发组织了一个未享受特权的协会，专门负责与印度的贸易往来，它比英国和荷兰的类似公司早了半个世纪。不过，法国政府后来只允许政府支持的官方公司参加远洋贸易，并赐予它们垄断权，如亨利四世就赐给第二东印度协会15年的贸易垄断权。[③]1557年的里昂大借款则吸引了大批小放款人。[④]

16世纪意大利的那种"两合"公司制度也向外传播。布罗代尔说，这种有限责任制在法国的采用快于英国，英国的两合公司长期有权要求股东增资。[⑤]

由于意大利城市从16世纪走向衰落，它也就丧失了从中世纪合作合伙形式发展为现代公司的经济基石。

---

① 〔俄〕约瑟夫·库利舍尔：《欧洲近代经济史》，石军、周莲译，第265页。

② 〔法〕G.勒纳尔、G.乌勒西：《近代欧洲的生活与劳作（从15—18世纪）》，杨军译，第117页。

③ 同上书，第109页。

④ 〔法〕费尔南·布罗代尔：《15至18世纪的物质文明、经济和资本主义》，第2卷，顾良、施康强译，第413页。

⑤ 同上书，第475页。

从规约到合股：英国现代公司诞生

16、17 世纪，由于整个国家经济的全面衰落，意大利各公司都没有机会走向现代股份公司；而过分攀附教俗政治势力的德国富格尔公司，也不可能向现代公司方向迈出步伐；倒是在中世纪城市工商业较为落后的英国，最先出现并稳定发展了以股份为基石的现代公司，虽然这一发展有个很长过程。

15 世纪起，英国城市工商业组织从行会（guild）向公会（company）演变。伦敦十二大号服公会是最典型的公会组织，不过，它们更应被视为工场手工业的代表。与国际贸易相联系的两个商人组织与公会差不多同时产生，即羊毛出口商公司[①]和商人冒险家公司。这两个公司被称为规约公司，公司商人须在共同规章约束下，各做各的生意。[②]规约公司里已出现了后来合股公司的许多做法。如以公司的名义集体租用商船，将羊毛或呢绒集中运往国外某地，运费按货物量分摊；利用公司力量巩固原有市场，开拓新的市场；公司内部有严密的管理机构和规章等。虽然买卖事务仍由商人个体进行，赢亏由各商人自行承担，但合股公司的许多要素已能从规约公司觅其踪迹。

1. 羊毛出口商公司

最早的规约公司当属羊毛出口商公司。这是专事羊毛出口的对外贸易商人公司，1313 年建立。[③]这年爱德华二世颁布法令，明确

---

① 英语"Staple"词，既有"货物的集中地"之义，也有"纤维"之义。国内有不少译者将该公司翻译成"集中地公司"，这显然是一个不协调的译配。我国已故著名英国经济史家张云鹤先生将之译为"羊毛出口商公司"，最为贴切，反映了该公司所获出口特许权主要限于输出羊毛；何况中世纪英国"羊毛分类商"的英文词就是"wool-stapler"。见 R. B. Westerfield，"Middlemen in English Business"，*Transaction of the Connecticut Accademy of Arts and Science*, X IX, pp.265-279, Yale University Press, 1915, see L. C. Marshall, Industrial Society, Chicago University Press, 1924, pp.180-186. Grace Faulkner Ward，"The Early History of the Merchants Staplers"，*The English Historical Review*, Vol. 33, No. 131. (Jul., 1918), pp. 297-319

② M. M. Postan, *The Medieval Economy & Society, An Economic History of Britain in the Middle Ages*, Penguin Books,1976, p.249.

③ W. Cunningham, *The Growth of English Industry and Commerce*,Vol. I, Cambrigde: 1910, p.311.

规定英国羊毛商人必须建立一个固定据点，所有羊毛和羊毛制品的出口与转运必须经由这里，再进行转卖。这一文件被看作羊毛出口商公司的特许状。[1]根据这个特许状，该公司获得了向尼德兰出口所有集中性商品（staple wares）的控制权，包括羊毛、皮张和锡。这些出口商品须先在英国某港口集中，国王在这些港口进行关税征收，征收事务由皇家收税官与商人代表一起负责。再运至大陆的某个交易城市（mart town）。[2]国王授予公司掌控本国羊毛出口贸易的权限。公司驻地固定在某一城市，自行选举理事长和理事会，对于任何违背公司法令的商人，都可施以惩罚。从其建立来看，羊毛出口商公司并非完全的私营性质公司，更像是为国王服务的商业机构。1326 年爱德华三世再次颁布法令，确认羊毛出口商公司控制英国羊毛出口特权。1353 年爱德华三世颁布的法令，除再次强调羊毛出口商公司的地位外，还包括了公司管理运作的规章。如羊毛出口，必须集中在规定的 15 个港口称重和密封，如果集中地在内陆，则需要二次转运到港口；各集中地要有一名理事长和两名治安官来管辖这些事务，检查出口货物确保其合法运输，有权逮捕和关押违背公司法令的任何商人；集中地城市要有专门仓库储存，专用街道运输羊毛，专门监狱关押违法的商人；公司处理内部商业纠纷和案件时，应根据商人自己的法律。由此，羊毛出口商公司的结构基本完善。

公司最主要的职能有二：一是负责管理和监督羊毛的收集、集中和出口事项；二是向羊毛商人征收出口税，然后将其中大部分缴纳给国王。其内部结构分为管理层和成员两个层次。管理层包括各集中地理事长和治安官。1354 年法令还说明了公司管理人员薪酬因地因身份而不同，如威斯敏斯特的理事长年薪高达 100 英镑，治安官则只有 10 马克；[3]温切斯特理事长 20 英镑，治安官 100 先令（5

① A. E. Bland, B.A., P.A., Brown, M.A., R.H. Tawney, D.Litt, *English Economic History, Select Documents*, London, 1914, p.178.

② Grace Faulkner Ward, "The Early History of the Merchants Staplers", pp. 297-319.

③ 在中世纪英国，1 马克约相当于 2/3 英镑。

英镑）；埃克塞特理事长 10 英镑，治安官 5 马克。薪酬出自公司的
贸易盈余，实际上是羊毛出口税收。若某集中地不够付薪酬，还可
从别的富余地调剂。[①] 理事长是公司行使贸易监督权力的最高代表，
同时也保护当地商人和集中地储存货物的仓库；如果遇上违背或侵
犯公司规定的行为，他们有权代表公司处置。他拥有司法权，在发
生商业纠纷时，根据商人法律，在集中地的地方法庭上进行审判。
要成为公司成员，大致通过学徒、家族继承和交纳会费三条途径。
15 世纪是公司商业最活跃的时期。16 世纪初，公司自身估计成员不
少于四百人。[②] 除少数年份外，公司总部设在大陆，先后辗转于乌特
勒支、安特卫普、布鲁日等地，最后于 1391 年以加来为永久驻地。
1558 年英国失去加来，公司迁至米德尔堡，后又迁至布鲁日。1617
年，羊毛出口贸易被彻底禁止。[③]

　　公司对羊毛贸易的管理，主要依据 1353 年法令所授特权制定了
管理章程。成员们进行的羊毛贸易大致流程是：收集羊毛——运往
集中地——出售。商人通过三种途径购买羊毛：亲自前往牧区；雇
用代理商前往牧区；依靠中间商买卖联系。羊毛商只能在固定地点
进行转卖。[④] 羊毛收集后，要运往集中地出售，这是整个羊毛交易流
程中最重要的环节。如果羊毛运往位于港口集中地，则要由这个集
中地的理事负责称重，然后和当地税收官员签订契约书，缴纳关税
后，羊毛商可自由地出口自己的货物。如果集中地设立在内陆城市，
那么在称重交税后，由兼具征税员身份的理事开具证明，将羊毛密
封并盖上专门印章，再送去规定港口接受二次称重。运到港口后，
再签一份契约，所有转运到港口出口的货物都应持有这份契约。如

---

　　① Adaline L.Jenckes, *The Origin,the Organisation and the Location of the Staple of England*,
Philadelphia, 1908, p.28.

　　② Eileen Power, "The English Wool Trade in the Reign of Edward IV", *The Cambridge
Historical Journal*, Vol. 2, No. 1 (1926), pp.17-35.

　　③ J. P. Kenyon, *A Dictionary of British History*, London: Secker & Warburg, 1981, p.330.

　　④ Adaline L.Jenckes, *The Origin,the Organisation and the Location of the Staple of England*,
p.33.

果集中地设立在大陆，则要先跨海运到集中地。加来成为大陆的羊毛贸易中心后，国内的羊毛须集中运往伦敦等港口，再转运至加来。

羊毛由本国港口集中运往大陆的加来。在完成各种手续后，羊毛暂时存放在码头，等待船队。出发的港口除伦敦外，还有波士顿、伊普斯威奇、赫尔等。船队很多是由公司直接组织的，最多一年雇用了六十多艘船。如 1470 年 4 月—1471 年 4 月的一年中，出港的羊毛船队一共 16 次，其中伦敦 6 次，波士顿和伊普斯威奇各 4 次，赫尔 2 次。羊毛商常将货物分别装载在几艘船上，以降低可能的风险。羊毛到达加来后，公司派人接收并监督羊毛上岸，检查羊毛品质，然后重新打包放入仓库。公司包装工还会再做一次更细致的抽查，包括质量和手续。①

在羊毛出口商公司的交易中还出现了简单的信贷做法，这也是一种现代经营方式。当时羊毛商家族的往来信函反映了这种信贷交易。15 世纪中叶西利家族就运用了这种信用交易。②羊毛商在买卖羊毛时会订立契约，类似于现代以合同形式先拿货后付款。交易中先支付部分款项，称为"定金"，剩余的可以分期支付。③虽然 15 世纪的做法远不成熟，但至少说明那时已使用信贷手段。

1429 年"分立法案"后羊毛出口商公司重组，它转变成了某种意义上的合股公司。公司同意将单个商人的羊毛分等，并掺入别的同一等级羊毛中，当所有的羊毛卖完了，各商人便可分享自己所得。然而小商人不可能像大商人那样能长久坐等出口羊毛的回报。因此，一些规则在 15 世纪 40 年代松懈了，商人又各自做生意，但条件是必须按照公司规定的最低价格。④

---

① M.M.Postan, Eileen Power, *Studies in English Trade in the 15th Century*, London and Newyork: 1933,pp.59-60.

② 〔意〕卡洛.M.奇波拉：《欧洲经济史》，第 1 卷，徐璇等译，商务印书馆 1988 年版，第 262 页。

③ M.M.Postan, Eileen Power, *Studies in English Trade in the 15th Century*, p.62.

④ Christopher Allmand ed., *The New Cambridge Medieval History*, Vol.VII, c.1415-1500, pp.151-152.

羊毛出口商公司的业务和影响在 17 世纪初即已消亡。① 它虽然算一个"公司",但只是有简单的合作形式。在规章制度框架下,单干的公司成员有致命弱点,即缺乏竞争力,因而羊毛商只能在一个相对安逸的环境中进行商业活动,一旦出现新的经济走势,就难以适应变化,从而在面对外部竞争时不堪一击。

2. 商人冒险家公司

羊毛出口商公司类似政府下的行政机构,半私营半官方;而商人冒险家公司在规约下单独贸易,垄断着呢绒出口,是严格意义的私营公司。② 它是 15—17 世纪英国规模最大的外贸商人组织,其近代公司特征也比羊毛出口商公司更明显。③

商人冒险家 14 世纪就已出现,1407 年获得了亨利四世所授特许状,成为法人组织,垄断英国呢绒出口。出于共同利益,在尼德兰的所有伦敦商人联合处理公共事务,并于 1486 年得到国王亨利七世正式认可,因此也有人将这一年视作商人冒险家公司正式建立的年份。亨利七世给商人冒险家明确的支持,扩大对其的优惠,使他们享有完全的市民权和自由。每年选举两人任市长和会长。会长兼任伦敦的海外代理总督。在市长的支持和赞同下,授权代理总督召集会议,通过法令,征收贸易税,组织船运,制定运费率。1564 年7 月,伊丽莎白女王为公司颁发了新的特许状,正式授予商人冒险家公司称号,重申给予公司的一切特权;进一步明确规定,在不违背王国法令的前提下,公司有权制定和废除内部的法律条例,理事长有权处理在尼德兰的成员间的争端,主持诉讼,惩治犯罪者,并有权处理公司商人与外国商人之间的纠纷。这样,公司不仅仅是一个商业组织,而且成了具有一定权力的法人团体。

16 世纪中期,商人冒险家公司控制了英国对外贸易的四分之

① Charles.Gross, *The Gild Merchant*, Oxford: 1890, p.147.
② Ibid., p.148.
③ H.R.Fox Bourne, *English Merchants:Memoirs in Illustration of Progress of British Commerce*, Vol. I, London: 1866, p.245.

三、几乎全部的呢绒出口贸易。1600 年商人冒险家公司还占了伦敦呢绒出口的约四分之三。总部设于国外，最初是布鲁日，1446 年迁到了安特卫普，1493 年搬到了法国加来，1496 年又迁回安特卫普，1567 年转移到德国汉堡；16 世纪 80 年代在荷兰获得了一个基地。随后它因实施垄断而遭到了攻击，最终于 1689 年丧失了特许权。[1]

与羊毛出口商有规律地往返于英国和加来之间进行贸易不一样，冒险家商人可航行到任何一个对他们开放的地方。[2]他们以大批量出口呢绒为主要业务，或亲自将呢绒运销国外，或派遣代理人在大陆城市推销，经营规模大。他们还向尼德兰输出羊皮、铅、锡、番红花、兔皮、牛脂、雪花石膏、谷物、啤酒等，也从莱茵河流域进口葡萄酒等；从意大利进口丝绸、丝绒等；从葡萄牙进口香料、药材等。由于这类贸易风险大，人们称之为商人冒险家。他们从开始长途贸易之时，就创造了共同出行并商议安排航行的做法。每次航行是短暂的，但伴随着海外贸易越来越频繁，联合航行也就成为一种常态。他们一起雇用船只，载满货物以增加航行利润，也联合雇请舰队和军队保护，以减少运输中因外部因素造成的经济损失。航行中的全部花费由参运者共同承担。

商人冒险家公司的权力中心是全体成员大会，定期进行选举；形势需要时也举行"全体会议"（General court）。[3]其最重要的功能是选举总督和助理，决定建立分公司，制定和实施公司内部的章程，并且讨论和决定公司的大政方针，包括海外贸易、出航。[4]这是公司的核心机构，也是最早的管理方式。伴随着公司进一步壮大，吸纳成员越来越多，全体成员大会人数极其庞大，反而影响管理效率，

---

[1] J. P. Kenyon, *A Dictionary of British History*, p.239.

[2] E. M. Carus-Wilson, *The Origins and Early Development of the Merchant Adventurers' Organization in London as Shown in Their Own Mediaeval Records, Medieval Merchant Venturers:Collected Studies*, Methuen & Co. LTD Ⅱ New Fetter Lane, E. C. 4, p.143.

[3] W. E. Lingelbach, "The Internal Organization Of Merchant Adventurers Of England", p.67.

[4] E. M. Carus-Wilson, "The Origins and Early Development of the Merchant Adventurers' Organization in London as Shown in Their Own Mediaeval Records", *The Economic History Review*, Vol. 4, No. 2 (Apr., 1933), p.162.

所以改为由全体成员大会选举委托一个管理团体——理事会管理公司日常事务。

商人冒险家公司的管理机构包括两个部分。一是理事会，由总督或代理人和 24 个助理组成，构成公司实质上的统治机构。它不仅可以制定法律和法规，还被赋予执行这些法律法规的权力；它管理公司的日常事务以及与非公司成员间的事务，在公司成员之间维持法律法规的施行。二是分公司的地方法庭。这些分公司由居住在当地的英国商人组成，他们都是商人冒险家公司成员。如果总公司理事会认为合适或有必要，就会通过全体成员大会讨论、决定在那里组建分公司。各分公司成员足够多的话，就可建立地方法庭管理分公司事务，类似于总公司的理事会，其成员由理事会选举或指派。

作为规约公司，"没有联合的股份——没有股份资金的共同联合，不做共同买卖；其成员都是用自己的资金进行贸易。实际上是一些合伙人组成的团体"。[①] 规约公司的主要特征在于它的集资和运作方式："他们为贸易制订了共同的条件，但并不是为了共同的贸易。"[②] 所有成员都要受公司惯例、规定的约束，根据公司的规定进行贸易。"规约公司的成员用自己的资金自由贸易，但他们必须遵守总督、代理人和助理们所制定的公司章程。"[③] 商人冒险家公司虽然是一个受共同章程约束的庞大的商人团体，但其成员都是以个体名义而不是以公司名义经营，贸易的实际操作和交易都由个人进行，对自己负责，公司并不直接统筹资金和贸易活动。参加者须交纳一定会费。公司规章只保护公司的整体利益，关切呢绒贸易即呢绒向海外运输的事宜，包括组织船只运输、安排具体日期以及由哪些商人集资组织武装护航等，规约主要表现为装运呢绒的数量控制和出售时的互相监督。他们定期联合船队装运呢绒，成员可联合雇用武装护航队。

---

① E.Lipson, *The Economic History of England*, Volume II, p.227.

② 〔英〕E.E. 里奇、C.H. 威尔逊主编：《剑桥欧洲经济史》，第 4 卷，张锦冬等译，第 228 页。

③ Leonard W. Hein, "The British Business Company: Its Origins and Its Control", *The University of Toronto Law Journal*, Vol. 15, No. 1 (1963), p.144.

1554 年还规定，学徒学艺五年后可出资 20 英镑与师傅合股，再过三年可出资 40 英镑。[①]

商人冒险家公司作为特许公司，它兼具两方面的特质。其一它是商业的，是从事对外贸易的商业组织，这是针对其经济活动性质而言；其二它是国王特许的，这其中蕴含着权利和义务，公司的特权来自于国王特许，其权力是独占的，具有排他性。公司拥有贸易独占权，王国政府以特许状形式予以承认。1540 年，商人冒险家获得了国王特许，得到在德国和低地国家从事呢绒贸易的垄断权。[②]公司还受到政府的保护和支持，抵制同外商和外国政府的专断行为，也排斥本国无特许权的商人。

商人冒险家公司的商业模式特别是组织与运作，为股份制公司的出现铺垫了一定基础。自商人冒险家公司之后，英国政府颁给商人以特许状成为一种常例。这一特许状"如此地加强和扩大了公司的特权和权利，以至于从那以后这个公司大为繁荣和富裕起来，而且在它的基础上培育出了这个王国几乎所有的商人——从那以后兴起的贸易公司，至少从这一商人冒险家公司得到了启发，获得了榜样，并且吸取了贸易的政策和形式"。[③]16 世纪中期后，英国出现了一系列特许公司，最早的合股公司就是从这些特许公司转变而来的。

商人冒险家公司还为后来的合股公司奠定了一定组织基础，储备了商业人才，提供了经验。1553 年，英王特许的莫斯科公司，商人共 201 名，总裁卡波特原本是商人冒险家公司重要成员。公司另有 26 名成员曾是商人冒险家公司的成员，其中 16 人或 17 人同时兼为两个公司的成员。个别人还是商人冒险家公司最高官员，如威廉·丹塞尔是该公司 1551 年的总裁，又是英国王室的财政代理人，还有

---

① C. E. Walker, "The History of the Joint Stock Company", *The Accounting Review*, Vol.6, No.2 (Jun., 1931), pp. 97-105, 98.

② William Cunningham, *The Growth of English Industry and Commerce in Modern Times*, pp.220-233.

③ E.Lipson, *The Economic History Of England*, Volume II, p.572.

三四人是商人冒险家公司的助理。[①]1581 年特许状赐予建立的土耳其公司中，也有三四人是来自商人冒险家公司的成员。[②]

3. 从规约到合股

16 世纪中叶后，英国对外贸易特许公司大量涌现，几乎所有的进出口贸易都是通过公司进行的。继商人冒险家公司之后，先后出现的特许公司有俄罗斯公司（1553 年）、非洲公司（1553 年）、西班牙公司（1577 年）、东陆公司（1579 年）、利凡特公司（1581 年）和东印度公司（1600 年）等。特许贸易公司能更有效地把从事海外贸易的商人组织起来，使他们在制定内部法律、进行外交谈判等方面部分行使官方职能，有利于英国海外贸易的顺利开展。

伴随着 16、17 世纪英国海外贸易的拓展和转型，出现了适应新商业形势的合股公司，它们逐渐在英国对外贸易中占据了主要地位。这里所说的贸易转型是指英国对外贸易的重心由向欧洲出口呢绒转向由近东、东印度、美洲大量进口贵重物品、食用干果、烟草、蔗糖等，然后再输出。当这种贸易发展起来后，同欧洲大陆的呢绒贸易便退居次要地位，逐渐走向衰弱。1699—1701 年，呢绒出口仅占全国出口总额的 47%。[③]

随着英国海外贸易扩张，贸易距离也增加了，时间跨度变长，资本额扩大，加上海外的巨大风险，规约公司暴露出了其不适应海外远程贸易的弊端。第一，虽然公司有规章和管理，在一定程度上也有共同的整体利益，但贸易活动是以个体或个别合伙名义分散进行的，无形中削弱了公司的力量；第二，由于每次贸易或航行所需资本是临时筹集的，其数量只能建立在估算和推测的基础上，缺乏对经营成本和利润的合理测算，难以保证每次活动有足够资金；第三，

---

① 何顺果："特许公司——西方推行"重商政策"的急先锋"，《世界历史》2007年第 1 期，第 54 页。

② Robert Brenner, "The Social Basis of English Commercial Expansion, 1550-1650", *The Journal of Economic History*, Vol. 32, No. 1, The Tasks of Economic History (Mar., 1972), p.365.

③ R.Davis, "English Oversea Trade 1660-1700", *The Economic History Review, New Series*, Vol.7, No.2 (1954) p.164.

虽然为每次航海贸易活动筹集了必要资金，但这些资金只能用于该次贸易活动，公司本身并不拥有和掌控可随时使用的经营性资本，这使公司的经营失去长远规划和持续性。因此，以资本联合为基础，具有独立法人特质的新兴企业形式——商业（股份）公司，适应了时代要求而在海外贸易中迅速发展，地位逐渐超越商人冒险家公司。

从规约公司到合股公司其实只有一步之遥。早在 15 世纪英国对冰岛的探险活动中，几乎每次航行都采取了一次性合股的形式。[①] 英国合股公司的先驱——大合伙制，最早出现于西部康沃尔郡锡矿开采业中。后来纺织等工业的发展，对资本的需求急剧增加。合伙制或中世纪的那种"协作"制都不能满足对资本的需求。合伙制需要大量的合伙者，而协作制则不具备对大量合伙者进行精心管理的机构。将这两种比较成熟的制度嫁接，则产生了一种更合适的公司。

16 世纪早期，英国进行航海活动需要大量资金，宗教改革又使教会控制下的许多资本获得解放，这就最终使得英国独立创造出了资本合作组织，即股份公司。亨利八世后期，为使可用资本取得高回报，许多有进取心的商人转向国际贸易。由于商人冒险家公司、羊毛出口商公司以及东陆公司控制了已有的主要商路，那些急于进入国际贸易的商人必须开拓新市场，这就需要大量资本，由此也必须组建新式的合股公司。由于每条大型远程商船必须装载多个商人的货物，极易混淆，因而远程贸易如英国与俄罗斯贸易便导致了某种合股形式。1553 年，英国最早的合股公司——俄罗斯公司和非洲公司诞生。俄罗斯公司产生与卡波特航海探险活动有关，其所需的 3000 英镑资本，被分成每股 25 英镑筹资。[②] 而对非洲的多次贸易航行，都以合股形式进行，连伊丽莎白女王都参有股份。[③]

合股公司由公司成员共同出资，公司作为一个整体进行商业经

---

①　M. M. Postan, *The Medieval Economy & Society, An Economic History of Britain in the Middle Ages*, p.249.

②　C. E. Walker, "The History of the Joint Stock Company", p.99.

③　E.Lipson, *The Economic History Of England,* Vol. II, London: 1931, pp.352-353.

营活动。合股公司的特点在于"参股制"，在这种制度下，公司的资金是以入股形式筹集的，投资者按照一定股额认购股份而成为股东，由股东们共同承担公司的盈亏。公司的管理和经营由选举产生的董事会全权负责，贸易活动以一个整体进行，具备了现代意义上的"法人"性质。而规约公司是没有股份资金的共同联合，不做共同买卖；成员用自己的资金进行贸易。实际上是一些合伙人组成的团体。[①]

早期合股公司与规约公司有许多共同特征，因此有的特许公司是规约公司还是合股公司，学术界还有不少争论。此外，合股公司早期并不显示巨大优势，所以 1553 年出现了合股公司后，1579 年建立的东陆公司反倒是规约公司。[②]

早期合股公司与规约公司之间最大的共同点，就是它们实际上都是商人卡特尔（垄断），都从国王手中获得特许状，在某些特定地区从事排他性贸易活动。为管理这些卡特尔而设计的规则既宽泛又详细。在这里，早期合股公司与原来的规约公司几乎没什么区别。以往对英国合股公司兴起的解释是，这些公司的合同条款特别是有限责任制，使它们更容易吸引和筹集资本。这是一种纯粹的需求驱动型观点。其实还应从资本的供给侧来看。也就是说，社会资本储备量较大，需要寻求投资出路或投资渠道。规约公司受到政府支持，享有特权，效率很高，但其竞争是有限的。它的短处在于，当公司成员（既是业主又是经营者［owner-manager］）年老退休或将资本和兴趣转移到其他领域时，这个公司便无法继续维持。规约公司不是面向社会开放的，它解决这个问题的办法与以往家族公司差不多，即将卡特尔特权授予家族成员（与以往的行会相似）。如按照商人冒险家公司 1608 年的法规，对于那些不是公司成员儿子或学徒的外人加入该公司，其入会罚金高达 200 斯特林。[③]一方面要维持卡特尔

---

① E.Lipson, *The Economic History Of England*, Vol. II, p.227.

② Ibid., p.317.

③ Robert B. Ekelund, Jr., Robert D. Tollison, "Mercantilist Origins of the Corporation", *The Bell Journal of Economics,* Vol. 11, No. 2 (Autumn, 1980), pp.715-720.

性质的垄断，对加入公司进行限制；另一方面又要维持公司继续运转和效率。这就有一个矛盾。这个矛盾便导致了将财产权在这些卡特尔里转移的问题。在早期的规约公司里，业主－经营者的财产权很难转移。因为这里没有一个能够交易这种权利的活跃的资本市场。这更与合作制度相联系的是，一个成员自由地退出很困难，除非新成员能让其他成员满意。合作者若要维持他在卡特尔的利益，靠的是他留在公司里，并在家族中保持相应的财产权。由于财产权难以转移，使得业主－经营者须在家族中保留这个卡特尔特权。但长子继承制的实行很难使业主－经营者的子孙都成为卡特尔成员，因此，这些权利就很容易被转移。那么，这些卡特尔特权可能就会达到最具有经济价值的运用，也就是转到在卡特尔经营中具有相对优势的人手中。这些产生财富最大化冲动的卡特尔业主－经营者，就会寻求建立一种法人组织形式，在其中他们可以比较容易地转让财产权。所以早期合股公司组织几乎是与规约公司等同的。两种形式同时存在，两者都是国家特许的。

因此，合股公司本身也需要不断发展，其形式越来越完善。1633—1634 年东印度公司的商船出现海难后，便规定以后的参股不应对以前的公司损失担责。由此，导致 1662 年英国议会通过法案，出现了有限责任制。按照有的法律史家观点，只有当股票不仅可以转让，而且可以在市场上议价出售（交易）时，才谈得上真正的股份公司。[①]那么，英国是在 1690 年后出现了公司股票交易。1720 年，英国所有合股公司积聚的资本达 5 000 万英镑之巨，[②]但很快受到南海公司泡沫事件影响。1862 年，英国最终通过《公司法案》（Company Act），现代公司发展步入了新的阶段。

---

① 〔法〕费尔南·布罗代尔：《15 至 18 世纪的物质文明、经济和资本主义》，第 2 卷，顾良、施康强译，第 477 页。

② C. E. Walker, "The History of the Joint Stock Company", p.104.

第五章　中世纪城市培育新的生产关系

　　近代西欧文明是以资本主义为核心特征的，资本主义是一种新生的生产关系。资本主义关系在西欧的确立，是人类历史上最具意义的变革之一，带来了人类世界面貌极其深刻的改变。正是西欧资本主义关系的出现、发展和扩张，引领人类进入了现代社会状态，进入工业化和城市化时代，人类生存状态从此发生最深刻、最全面的革命。

　　资本主义将人类生产手段发展推进到一个崭新阶段。农耕文明一万年前就出现了，然而奴隶制和封建社会都未能改变农本经济的本质特征。农耕生产周期基本顺从自然条件，在空间和时间上人类难以加以改变，因此生产力发展速度始终受到限制。只有新的生产关系即资本主义及工业化的出现，才使社会生产力产生飞跃；只有资本主义出现，才第一次将科学技术转化为巨大生产力，创造巨量的物质财富。

　　资本主义也从根本上改变了人类的社会关系，改变了社会政治制度。从观念意识和法律精神看，资本主义率先规定了人与人之间的平等关系，尽管实践过程中还有种种距离；从制度上看，资本主义使民主政治深入人心；从政治体制上看，资本主义使得上层建筑国家机器和管理机构走向完善，民族共同体观念强化，法治成为社会共识，专制行为和个人统治被坚决抛弃。

　　资本主义也促使人本身的完善和进步。在旧时代里，人自身的价值和潜能，始终没有被充分认识和发掘，无论统治者还是被统治者，无论愚弄他人者还是被他人愚弄者，概莫能外。而资产阶级创造的新思想新文化，使人重新认识了自己，肯定了自己，发现了自己的伟大力量。人们因而认识到，社会的现代化，首先就是人自身的现代化。

那么，这种为人类生存状态带来巨大变化的资本主义，最初是怎样产生的？它与中世纪城市到底有多大关系呢？年鉴学派史家布罗代尔曾说："资本主义和城市在西方基本上是同一回事。"[①]这样画等号肯定不行，但资本主义的萌芽和最初发展毫无疑问是与中世纪城市息息相关的。

一、关于西欧资本主义起源的论争

资本主义等概念

"资本主义"（capitalism）是与"资本"（capital）、"资本家"（capitalist）等概念相联系的社会关系。"资本"一词源自于拉丁语 *caput*，本意为"头部"，12、13 世纪出现，有"资金""存货""款项""生息本金"等含义。1211 年已在意大利问世，1283 年以商行资本的含义出现。[②]现代意义上的"资本""资本家"概念，大致出现于 17 世纪晚期至 19 世纪早期。最初，1750 年前的欧洲政治算术家视"资本"为一种能实现增殖和积累的财富。不久，它很快演变为古典政治经济学的核心概念。尔后，19 世纪欧洲社会变革被认为主要归因于"资本"的扩张性特质。如 19 世纪德国经济学家洛贝尔图斯就认为："资本自身就是运动。它具有将自身转化成各种形态的力量，它也可以跨越所有的国界。"[③]"资本家"一词大概

---

① 引自〔美〕简·德·弗里斯：《欧洲的城市化，1500—1800》，朱明译，第 5 页。
② 〔法〕费尔南·布罗代尔：《15 至 18 世纪的物质文明、经济和资本主义》，第 2 卷，顾良、施康强译，第 236 页。
③ R. J. Holton, *The Transition from Feudalism to Capitalism,* London: 1985, pp.11-12.

产生于 17 世纪中叶。《荷兰信使报》在 1633 年用过一次，1654 年又用了一次。在 18 世纪法国，它被当作"富人""大富翁"的同义语使用，逐渐等于贷款人和出资者，与金钱、财富的概念相联系。18 世纪法国人对资本家从未有过友好口吻。莫雷莱认为，资本家在社会中构成一个集团，一个范畴，几乎一个独立的阶级。它是从"资本"衍生而来、依赖资本为生的社会阶层，本质上不同于依赖土地获得收入的领主或地主阶层，更不同于依靠劳动获得收入的农民或工人阶层。

　　"资本主义"，据说被收入过 1753 年法国的《百科全书》，含义为"富人的地位"，但出处已无从找到。该词也见诸 1842 年版的《法语新词典》。这一概念出现于 19 世纪中期，是当时社会思想家用来概括那时西欧社会重大变革的词语之一。类似词语还有法国圣西门和英国斯宾塞提出的"工业社会"（industrial society）、法律史家梅因的"契约"（contract）社会和德国社会学家滕尼斯的"社群"（gesellschaft）等。19 世纪 40 年代，"资本主义""资本主义生产方式"作为描述一种完全由资本和资本家主导的社会制度的词语而问世。当路易·勃朗、蒲鲁东等社会革命者使用它们时，[①] 当这些词语出现在法德等国的社会改革和社会革命文献中时，它不再只是一种经济意义上的词汇，更是一种链接方法，将经济生活本质与权利 – 剥削关系联接起来。由此，"资本主义"概念成了激进的政治词汇，成了针对 19 世纪社会变革时代的一种历史性称谓。

　　19 世纪 50 年代之前使用的"资本主义"概念，蕴涵了许多重大的社会经济变化，如劳动与资本之间社会关系的发展、工厂制度的兴起、世界市场的形成等。然而 19 世纪后期英法许多经济史家却忽略此词，因此这个概念在 1900 年前并未深入人心，接受者主要是

---

① 路易·勃朗："我所说的'资本主义'，是指一些人在排斥另一些人的情况下占有资本"；蒲鲁东："资本主义是一种经济和社会制度，根据这种制度，作为收入来源的资本一般说来不属于通过自己劳动使资本发挥效用的人"。〔法〕费尔南·布罗代尔：《15 至 18 世纪的物质文明、经济和资本主义》，第 2 卷，顾良、施康强译，第 242 页。

受马克思主义影响的学者。不过，即使马克思写作了《资本论》，也未曾直接提出过、（频繁）使用过"资本主义"概念。

20世纪初，资本主义概念被学界广泛接受。这是随着德国两位历史社会学家即桑巴特（《现代资本主义》，1902年）和马克斯·韦伯（《新教伦理与资本主义精神》，1905年）的著作出版而带来的结果。[①] 此后三四十年里，众多参与现代西方社会起源问题讨论的学者，都将这些著作作为主要参考书。在这一讨论中，无论马克思主义者还是非马克思主义者，都认为资本主义的起源可以加以解释，于是一系列新的研究著作诞生了，诸如英国托尼的《宗教与资本主义的兴起》（1926年）、德国亨利·希的《现代资本主义》（1928年）、阿曼多·范法尼的《天主教、新教和资本主义》（1934年）等。至此，这个词作为学术词语使用已是不可扭转的局势，何况没人能提出更好的词来代替它。1926年，"资本主义"列为《大不列颠百科全书》的条目，1932年收入《法兰西学士院辞典》。

关于资本主义的三种学说

那么资本主义的内涵到底是什么呢？资本主义是怎样起源的呢？迄今为止，有三种迥然相异的学说对此进行阐释。

按照历史时间顺序，其一是以18世纪亚当·斯密为代表的古典政治经济学，"自由市场"理论是其核心，与这个核心最为相关的有劳动价值学说、价值规律学说，以及"看不见的手"（自发的市场竞争）、"自由放任"、政府是"守夜人"等观念。资本主义的发展，被认为是"物物交换、以货易货和货物交易"（truck, barter and exchange）这一类自然倾向的最终结果。亚当·斯密指出的"自由市场"经济，至今仍被西方学界等同于资本主义本身。如英国历史学家、哈佛大学教授尼尔·弗格森在新作《大退化：制度如何衰

---

① 自从〔德〕桑巴特的《现代资本主义》发表后，该词在科学界就走红了。"尽管马克思自己从未使用过，该词却相当自然地被纳入马克思主义的模式。"见费尔南·布罗代尔：《15至18世纪的物质文明、经济和资本主义》，第2卷，顾良、施康强译，第239—241页。

败以及经济如何衰亡》中解读目前西方发达国家经济衰退的原因时，就认为欧美社会在政治、经济、法律、社会的四个支柱，分别是以"代议制政府"为特征的民主、以"自由市场"为内容的资本主义、以"规则"为标志的法治和以"公民自治"为代表的社会。[①]

其二是马克思主义的剩余价值学说。马克思认为，在以资本为核心的社会中，劳动力（人）已成为商品，而劳动力（人）在劳动中创造的价值要高于劳动力这个商品的价格（以工资体现），这高于的部分便是剩余价值，它被资本的所有者（也就是劳动力商品的购买者）巧妙地窃取了。马克思的资本理论和剩余价值理论揭露了资本家剥削工人的秘密，揭示了工人阶级与资本家阶级对立的根源。以这一理论为灵魂的科学社会主义，号召工人阶级起来推翻资本所有制度，由此马克思和马克思主义也就成了资本家及其代表者所痛恨的对象。

在现代西方学界，不少论者除继续坚持古典经济学自由市场理论外，也在一定程度上吸收了马克思主义关于资本主义是一种生产关系的学说。如当代历史学家艾伦·伍德所表达："资本主义是一种制度，在这个制度中，物品和服务，直至那些最基本的生活消费品，都是为了交换利益而生产出来的。在这个制度里，即使人类劳动力也被当成商品可在市场上出卖。所有的经济活动者都依赖市场，因此竞争需求、利润最大化便成了基本生活准则。出于这样一些准则，资本主义便成了推动生产力发展的一种无可比拟的制度，它依靠技术工具而改进劳动生产率。它尤其是这样一种制度，大量的社会工作由无产的劳动者完成，他们被迫出卖劳动力换得工资，以获取基本生活资料。在供应社会需求和需要的时候，工人们同时也为购买他们劳动力的人创造利润。事实上，产品和服务的生产从属于资本和资本主义利润的生产。换言之，资本主义制度的基本目标，就是资本的生产和自我扩张。"[②]

---

① 韩显阳："'大退化'折射西方社会的反思"，《光明日报》2015年1月20日第12版。

② Ellen M. Wood, *The Origin of Capitalism*, New York: 1999, pp.2-3.

2014 年，法国经济学家皮凯蒂出版《21 世纪资本论》，在国际上引起了轰动。皮凯蒂在解释"资本主义会导致经济不平等"时，通过对长时段经济史数据的分析，认为资本收入的增长在总体上高于经济增长，资本（包括股票、债券、土地和现金等）收入超过了劳动工资收入，甚至高于经济增长率。[①] 也就是说，资本夺走了本该由创造国民收入的劳动所应该得的那部分收入，全社会创造的财富大比例地进入了拥有资本的人们的腰包。这意味着看起来"自由公平竞争"的资本主义制度，实际上是不公平的，它依靠"承袭"（如种族、性别、血缘或家庭等）等因素带来的力量，剥夺了劳动者的成果。这种观点看起来接近马克思理论，但把资本自身力量说成是"承袭"等因素带来的，这可能主要针对的是当代西方社会现象，不宜用来解释起源和早期发展时代的资本主义的本质。

其三是马克斯·韦伯和桑巴特的"资本主义精神"论。在 20 世纪初的德国学者桑巴特和马克斯·韦伯看来，现代资本主义之所以在西方产生和发展，是因为西方出现了"资本主义精神"。他们既不像古典政治经济学那样重视市场经济的变化，以及国家和个人在经济活动中的作用，也不像马克思主义那样重视生产关系和生产方式的变化，而是把人们精神和观念的变化看成第一位因素。尤其是韦伯，对资本主义是什么做了很多论述。在他看来，近代资本主义是资本主义形态和资本主义精神的统一体。在这个统一体中，资本主义精神是资本主义的中心特征、终极因素和本质成分，是导致资本主义形态出现的原因。没有资本主义精神，就没有近代资本主义。而资本主义精神是什么呢？桑巴特认为是一种经济观，内含三个基本思想，即营利、竞争和合理化。韦伯则认为资本主义精神主要是一种社会行为、一种实际活动，它要求精于计算地追求最大利润值的实现，或按他的原话，是"以合理而系统的方式追求利润的态度"，包括两个要点：一是理性观念，二是不断追求利润。韦伯还认为，

---

① 〔法〕托马斯·皮凯蒂：《21 世纪资本论》，巴曙松等译，中信出版社 2014 年版。

既然只有西欧产生了近代资本主义，那么促使资本主义产生的"资本主义精神"须从"西方文化所特有的和独特的合理主义"中寻找。这是一种历史倒推法。在他看来，基督教的禁欲主义在加尔文新教那里经过改造后，形成了新的宗教伦理观念（除上述两要点外，还包括节俭观、以"勤勉"为"天职"的观念等），这种观念促使了资本主义精神产生。①

桑巴特和韦伯的观点，不大为历史学家所接受。如年鉴学派代表布罗代尔就说："仅仅用人的某种气质来体现资本家的特性，这种'唯心主义'解释不过是桑巴特和韦伯为了躲开马克思的思想而走的一个旁门。平心而论，我们没有必要跟在他们后面亦步亦趋。"②

客观地说，上述三种理论之所以都能广泛流行和接受，是因为它们各从不同侧面对资本主义进行了解释。亚当·斯密自由市场理论揭示了资本主义经济活动的机制和条件，将"自由"列为资本主义发展的第一前提。韦伯和桑巴特则从精神层面（不断追求利润的观念）论证资本主义得以产生和发展的动力。至于马克思的资本理论，则深刻地分析了资本主义生产方式的本质，将资本家剥削的奥妙大白于天下。而且，马克思也在一定程度上触及到亚当·斯密所说的"自由"，如资本主义发展需要"自由劳动力"（自由得一无所有，不得不出卖劳动力；可以"自由地"出卖劳动力）。马克思批判资本家追求利润时"贪得无厌"，揭露资本家贪婪本性，实际上也在一定程度上从反面点到了韦伯所说的"不断追求利润"的"资本主义精神"。因此，就对资本主义所包含的内容来说，马克思的论述和阐释更为深刻，也更有广度。

现当代西方学者有的还从亚当·斯密那里倒退了。20世纪初比

---

① 〔德〕马克斯·韦伯：《新教伦理与资本主义精神》，黄晓京、彭强译，四川人民出版社1986年版。

② 〔法〕费尔南·布罗代尔：《15至18世纪的物质文明、经济和资本主义》，第2卷，顾良、施康强译，第431页。

利时经济史家亨利·皮雷纳就是其中之一。由于"资本主义"概念有一定含混性，皮雷纳据此认为，经济史上的各个时期，都有资本主义的一定存在，"各个时期都有一个特殊的和不同的资本家阶级"，"经济上有多少个时期就有多少个资本家阶级"，"资本主义比我们通常想象的要古老得多"，"一个给定时期的资本家群体，并不发源于前一个时期的资本家群体"。"自由市场"理论强调交换，而交换最常态的表现形式是商业，所以皮雷纳对商业情有独钟，仅从商业角度来追溯欧洲资本主义起源，认为资本主义不是近代才兴起的。他提出，资本主义的基本特征就是个人企业、信贷发展、商业利润等，而这一切从 12 世纪就已存在了，商人阶级兴起就是资本主义产生的标志。从这样一个假定出发，他还在讨论中世纪城市起源问题时提出了著名的"商业起源论"，并探讨了由这一商业扩张而引来的资本主义产生之过程。① 在他看来，"追踪商业资本主义在 12 世纪所经历的演变是比较容易的事。从商业资本主义在 12 世纪发展的气势和相对速度来看，拿它与 19 世纪的工业革命相比拟，并无夸张之处"。② 最初的商人从哪里来呢？皮雷纳认为是那些无地者，那些穷苦人、冒险家和流浪汉。他们作为一种"新人"，受某种贪婪的谋利精神的鼓舞。他们的目标是财富积累，他们是由资本主义精神所催生的。总之，他的结论是，资本主义是从商业开始的，商业资本主义开始于 12 世纪。

皮雷纳把 12 世纪的城市商人看成是最早资本家的观点现已被否定了。马克思关于资本主义关系最先产生于城市手工业并以工场手工业形式出现的论述，则广为人知："在 14 世纪和 15 世纪，在地中海沿岸的某些城市已经稀疏地出现了资本主义生产的最初萌芽。"③ 无论从哪个角度看，作为近代经济文明核心的资本主义生产，其萌芽无疑是最先诞生于中世纪城市的。

---

① 参见〔比〕亨利·皮雷纳：《中世纪的城市》，陈国樑译，商务印书馆 1985 年版。
② 〔比〕亨利·皮朗：《中世纪欧洲经济社会史》，乐文译，第 43—44 页。
③ 马克思：《资本论》，第 1 卷，人民出版社 1975 年版，第 784 页。

资本主义萌芽最先出现于手工业生产，资本主义关系在城市里的成长却又与商人密切相关。在资本主义经济发展的早期，商人可谓主导者，是社会经济生活的中心形象。在西方研究者那里，很早就有"商业资本主义社会"一说，或者认为有个"商业资本主义"阶段。因此，要研究西欧城市资本主义关系的产生和成长，绝对不能忽视城市商人的作用。

二、资本主义关系产生的基本途径

按照马克思的论述，资本主义关系的产生主要是两条道路。一条道路是"生产者变成商人"，[①] 即纯粹的手工业者通过积累资本，扩大生产规模，增加雇工人数，从而成为商人资本家。这条道路具有革命性意义，但却是一条非常缓慢的道路，因为手工业行会实施各种限制规定，制约了手工业者出身的资本家的成长。另一条道路是"商人直接控制生产"，[②] 变成了资本家，直接雇用手工业者，控制了手工业。这条道路不是一条革命的道路，因为商人资本家不会对革新生产技术感兴趣；但却是西欧资本主义关系产生的主要道路。

按照这两条道路，资本主义产生应该都与"商人"及手工业有关。我们不妨从中世纪城市手工业生产特征入手来做些探讨。

在中世纪西欧城市里，手工业是最基本的经济活动。由于中世纪城市的出现本身是周围地区经济社会需要的产物，因此为周围农村服务的行业尤其是手工制造业就成为其最基本、最核心的行业。除了个别的贸易城市外，手工业是中世纪城市最为重要的经济活动，要分析城市资本主义萌芽的产生，应该重点分析手工业，而不是像亨利·皮雷纳那样把商业看成资本主义的摇篮。

中世纪城市里的手工业生产，均由行会组织下的手工工匠进行。那时的手工工匠其作用远不是单纯的，他们看起来是纯粹的手工业

---

① 马克思：《资本论》，第 3 卷，第 374 页。
② 同上书，第 374—375 页。

品制造者,实际上包含着五种身份或职能,前文对此已有论述。其实,这五种职能也可归纳为两大类,即生产职能（1、2、3）和商人职能（4、5）。因此中世纪城市手工业者,一般都是亦工亦商,一身二任。

资本主义进入城市手工业生产部门,就是将手工业者的两种职能相分离作为突破口的。换言之,将商人职能从手工业者那里剥夺过来,再由某些人将商人职能予以集中、垄断,使生产者最后从属于、依附于这些垄断了商人职能的人,这样就演变成了雇佣劳动者与商人资本家的关系。而集中和垄断了商人职能的这部分"某些人",要么是商人资本家（商人直接支配生产）,要么是手工业者转变过来的商人资本家（生产者变成商人）。后一种情况是部分工匠发迹的结果。

经济史家昂温曾论述中世纪城市工业组织在 16、17 世纪发生了六种变化。[①] 实际上,其中五种是行会工匠的商人职能被剥夺的五条途径。1. 行会内部成长起来的手工业资本家控制本行业,从而变成指挥和组织本行业生产的商人资本家,而同行业的其余工匠则逐渐依附于他们,当他们的雇工;并且,这些雇工逐步地由"暂时的雇佣劳动者变成了终身的雇佣劳动者"。2. 大行业的手工业资本家控制甚至吞并相邻的小行业。在同一个手工业部门中,生产过程的最初环节即加工原料的那一行业,和最后环节即完成产品的那一行业,最先有可能取得对本部门原料或产品的经营权,从而上升为大行业。譬如毛纺业中,剪毛工（最先与原料打交道）、织呢工（将原料制成初级成品）、剪呢工（对产品进行最后加工）成为控制毛纺业生产的呢绒制造商的情况最多。3. 纯粹的商人控制了与其经营商品相关的手工行业。这是商人资本家支配手工业的最广泛的表现形式,也是在毛纺业中最为突出,如呢绒商（拥有呢绒销售权）、羊毛商（拥有羊毛销售权）对毛纺业的控制。4. 商人资本家吞并与其经营商品相关的手工行业。在这种情况下,商人资本家直接涉及了生产领域,对手工业的控制更加严密。不过这种情况相对较少。5. 商人资本融

---

① 参见 G. Unwin, *Industrial Organization in the Sixteenth and Seventeenth Centuries*, 1904。

化手工业资本，进而通过后者来控制手工行业。这有助于商人资本家对手工业的渗透，但还未完成对手工业的完全支配。

这五条途径，其实就是马克思所说的两条道路（"生产者变成商人"；"商人直接支配生产"）的具体化。从前者来看，随着商品经济的发展，市场扩大，手工业者必然展开竞争，这样，肯定有部分人在资本、生产条件等方面占有优势，在竞争中逐渐占上风，逐渐富有。于是，他们千方百计地想摆脱行会控制，扩大生产规模，增加帮工和学徒数量。后来，工匠自己逐渐脱离劳动，成为专门剥削雇佣工人的职业资本家。那些破产的大多数小手工业者则沦为雇佣劳动者。

商人能直接支配生产，主要在于他们在商业中积累了大量资金，可以用来投入生产，还在于商人掌握了市场资源，可以控制生产的方向。不仅马克思认为商人支配生产是资本主义关系产生的主要道路，西方正统学者也持这种看法。如英国经济史家李普逊认为："在资本主义萌芽和资本原始积累时期，商业起了很大作用，工业资本很大程度上是由商业资金转化而来的，从这个意义上说，商业是工业之母，或者说工场手工业的母体是商业。"[①]

商人直接支配生产、变成资本家，是通过手工业者逐步从属于商人资本而产生的。具体过程有如下步骤：1. 小手工业者在自己店铺里出卖产品，演变为由商人定期收购产品，看起来产品销售周期变短，但商人是附加有一定条件的，因此小手工业者受到商人的一定盘剥，部分小手工业者在经济上反而变得越来越困难；2. 商人提出可将原料赊账或资金贷给经济困难的小手工业者，但以低价收购他们的产品为条件，以必须由该商人收购为条件，这样商人成了包买商；这第二步被有的学者称之为"初级的家内制"；3. 经济困难的小手工业者濒临破产，于是包买商向他们供应原料，提供产品规格，他们按照要求去做，最后将产品按时按质交给商人，从商人手中领取计件工资，这样，包买商演变成了商人资本家（分散工场主），

---

① E. Lipson, *The Economic History of England*, Vol.III, London: 1931, pp.208-209.

小手工业者也完成了向雇佣工人的蜕变。

这样产生的早期城市资本主义生产，一般都组织在所谓分散工场手工业形式下，其基本特征是，商人资本家将自己购买来的原材料外放给工人，工人们在自己家里用自己的工具进行生产，按期将生产好的产品交给商人，商人按照产品数量付给工人工资。各生产工序分散在工人家里进行。这种形式在当时的西欧有多种叫法。有时称"家内制"（domestic system），这主要是从工人角度，指劳动者在自己家里为商人资本家工作，工具是自己的，也可能是商人资本家提供（或租用商人资本家）的。有时称"外放制"（putting-out system），这是站在商人资本家角度，指他将生产原料向外发放给劳动者，让后者为其工作，商人付出工资。还有一种叫法为"委托制"（commission system），这是从双方订立契约角度，指商人资本家将生产任务委托给劳动者完成。

集中的手工工场也很快出现。在工场里，所有生产工序都集中在一起，完成产品制造，雇用工人做日工，付出计时工资。小型集中工场多由手工作坊扩大生产后而形成，大型手工工场则多由商人资本家组织。马克思认为，工场手工业"从根本上侵袭了个人劳动力……工场手工业工人按其自然的性质没有能力做一件独立的工作，他只能作为资本家工场的附属物进行生产活动"。①

马克思曾说，资本主义生产形式经历了三个阶段，即：1. 简单协作阶段；2. 手工工场阶段（或称工场手工业阶段）；3. 机器大工业生产阶段（或称工厂制度阶段）。简单协作阶段主要指作坊扩大、工人数量增加，作坊工人劳动时各有不同环节，相互间直接配合协作。理论上讲，简单协作是一个阶段，但实际上只是一个短暂的过渡阶段，由作坊主直接成长为较大工场老板的现象也微乎其微。所以，资本主义生产出现后，生产组织形式主要是商人资本家控制下的工场手工业。从 16 世纪至 18 世纪，可称为资本主义工场手工业时期。不

———————

① 马克思：《资本论》，第 1 卷，第 399 页。

过是以分散的工场手工业为主，较大的集中手工工场在纺织业中偶尔出现，采矿冶炼造船等大工业只能采取集中工场形式，18 世纪的毛纺业和棉纺业中则主要是小型的集中工场。

手工工场有分工，有协作，工人们共同来完成某一产品，生产效率要高得多；而且工人只从事某一环节的操作，生产方法和工具固定化了，技术更容易熟练，生产技术提高更快；随着分工越来越细，操作也就愈来愈简单，这就为机器出现创造了条件，机器工作的实质就是简单快速地重复某一动作。

三、城市资本主义萌芽及早期发展

西欧城市在 14、15 世纪的手工业中出现了资本主义方式，并在16 世纪得到了发展。我们可对各主要国家做些考察。

意大利城市

意大利是中世纪城市工商业最发达的国家，也是资本主义生产关系最早萌芽的地方。马克思所说出现资本主义生产的最早萌芽的地中海沿岸某些城市，主要指意大利的威尼斯、热那亚、米兰等城市，尤其是佛罗伦萨。从生产领域看，意大利资本主义萌芽主要产生在毛纺业、丝织业等部门。威尼斯的造船工业、玻璃工业，米兰的武器甲胄制造业，也以工场形式集中了大量雇佣工人。

在意大利纺织业中，两种资本主义生产组织形式都有。一是较低级的"家内制"形式，尤其是纺和织两个生产环节。商人资本家将羊毛发放给女工纺成毛纱，收回时发给工资。商人再将毛纱发放给织工，织成布后收回，发给工资。女工或织工都在自己家里劳动。文艺复兴文学家薄伽丘的《十日谈》里有不少此类情形描写。第三天第三个故事里有羊毛商与女工争论所纺毛纱质量的好坏。[①] 第四天

---

① 〔意〕薄伽丘：《十日谈》，王林译，北京燕山出版社 2005 年版，第 149 页。

第七个故事叙说，佛罗伦萨姑娘西蒙娜，"靠双手织羊毛来挣钱度日"，爱上了"受雇于一位羊毛商人，四处走动，送羊毛给各家纺织"的小伙子巴斯基诺；巴斯基诺还"对主人的羊毛特别关心"，常跑到女纺工那里检查羊毛是否织得满意。[①]这些描写，说明薄伽丘时代"家内制"这种现象肯定存在，他不可能杜撰出来。这是意大利毛纺业资本主义萌芽的普遍形式。二是所谓集中的手工工场，即生产如梳毛在老板设立的工场里进行，工人在工场做工，领取计时工资。不过，此时将所有生产工序都集中在一个工场里完成的做法，即使在意大利也微乎其微。

佛罗伦萨从事对进口呢绒进行精加工的卡里马拉行会（因会所所在街巷得名），又叫"细呢绒行会"，其活动在 13、14 世纪之交达到高峰。1330 年，从佛兰德尔进口 10 000 匹呢绒进行加工，其中一个叫尼里·迪·波那科尔西的商人就加工 1100 匹。[②]这么大的量，绝非一个普通工匠能为，一定是在相当规模的工场里完成的。"呢绒出售时，要在每块呢绒上面贴上标签，注明其长度、种类、颜色、价格、工场的名称以及制造者的名字。"[③]对呢绒进行加工时，行会还指派官员在工场里监督巡视，检查每个工作细节是否符合标准。对于最小的偏差，行会工人都会面临被罚款和免职的处罚。正是因为行会对呢绒质量的严格要求，所以该行会商人的贸易活动非常繁荣，"到了它的鼎盛时期——1338 年，细呢绒行会在佛罗伦萨已拥有 20 个大的货栈，每年容纳 10 000 多匹呢绒，价值 30 000 佛罗林。从英国和佛兰德尔的手工作坊、集市和修道院里，这一行会的经纪人不断收买粗呢绒，而另一些经纪人则在东方通过威尼斯、热那亚和比萨的商站，出售他们加工后的成品"。[④]14 世纪早期，德尔·本公司从佛兰德尔购买呢绒，在佛罗伦萨加工并销售，依靠有效的管

① 〔意〕薄伽丘：《十日谈》，第 239 页。
② N. J. G. Pounds, *An Economic History of Medieval Europe*, p.312.
③ Edgcumbe Staley, *The Guilds of Florence*, p.116.
④ 〔美〕詹姆斯·W. 汤普逊：《中世纪晚期欧洲经济社会史》，徐家玲等译，第 376 页。

理和压低加工者工资，该公司能赢得 7%—15% 的利润。[1] 卡里马拉行会商人的经营范围非常广泛，其贸易活动远及国外，在主要羊毛产地和呢绒加工中心建立机构。如在巴黎，在香槟集市，在从佛兰德尔到地中海的商道上许多地方，卡里马拉商人都有代理处。[2]

　　佛罗伦萨也发展了具有全部生产过程的毛纺业。1300 年，由呢绒制造商行会（又称兰纳行会［Arte della Lana］）控制的这部分毛纺业，与卡里马拉行会控制的最后加工毛纺业没有利益冲突，其生产的呢绒数量约是卡里马拉行会的十倍之多。[3] 其毛纺企业实际上多兼有集中工场和"家内制"两种形式。羊毛从国外运来后，[4] 由梳毛工在作坊主工场内进行梳洗整理分类。由此，梳毛工人也被称为世界上最早的无产者。梳毛工作为雇佣工人，没有建立相应的行会，只能附属于那些与其行业相近的呢绒行业行会。[5] 呢绒行业的工人，不仅占了人口的大部分，而且其附属工人也非常多，尤以梳毛工人为最。梳毛工人处于社会最底端，当他们的劳动得不到应有报酬或当雇主无端地压迫他们的时候，他们的切身利益得不到自己行会的保护，只能去寻求他们所附属行会的官员，然而那些官员并不能主持公道，事件常得不到公正处理。忍无可忍，他们最终在 1378 年爆发了起义。起义并没有取得最后胜利，梳毛工人新组织的行会也被取缔。

　　经济史家汤普逊曾详尽描述佛罗伦萨毛纺工场的诞生及其生产工序。[6]《剑桥欧洲经济史》也细致描述了各个工序的工匠和工人怎

---

　　① 〔英〕M.M. 波斯坦等主编：《剑桥欧洲经济史》，第 2 卷，王春法等译，第 313 页。

　　② N. J. G. Pounds, *An Economic History of Medieval Europe*, pp.312-313.

　　③ N. J. G. Pounds, *An Economic History of Medieval Europe*, p.313.

　　④ 意大利虽产羊毛，但质量不好，因此，优质羊毛原料主要从英国运来。13 世纪时，羊毛先船运到法国加斯科尼地区，从陆路运到地中海岸，再船运到托斯卡纳。1307 年，热那亚人船队开始直接将英国羊毛从海路运到意大利。同时意大利毛纺业也开始使用北非和西班牙羊毛。著名的美利奴羊也可能是意大利商人引进伊比利亚半岛的。N. J. G. Pounds, *An Economic History of Medieval Europe*, p.313.

　　⑤ 〔意〕尼科洛·马基雅维里：《佛罗伦萨史》，李活译，商务印书馆 2011 年版，第 147 页。

　　⑥ 〔美〕詹姆斯·W. 汤普逊：《中世纪晚期欧洲经济社会史》，徐家玲等译，第 381—382 页。

样在羊毛加工销售商控制下工作。在佛罗伦萨,从事预备过程工作如拍打、清洗、梳毛、刷毛的工人无法独立。他们甚至没有生产工具,大多在企业主的中心工场工作,受到工头的严密监督,既无财产也无权力。劳动力缺乏时期,他们的物质利益有所改善,如黑死病后,曾索取高工资。但由于工资多按天甚至按小时计算,所以就业没有保障。工场雇主为了竞争,常以商品或货币预支工资,但往往遭到行会反对。纺纱工人住在家里,遍布城乡,经常依附于某个企业主,而企业主也可能以短斤少两或延付工资来欺骗工人。织布工多住城市,经常在企业主直接监督下劳动,因而越来越处于依附地位,也越来越困难,最终出卖织机,不再拥有工具。漂洗工和染工须有独立工作场地,接受多个企业家所交活计,因此投资较大,最后也"落到了需要依附别人才能生存的地步"。可以说,"羊毛加工销售商将他们对这个产业的控制稳步扩展到几乎每一个分支部门"。①

从这些描述中可以看到,佛罗伦萨毛纺业实际上有三种工场组织:一是商人("商家")建立的"固定的中心工场",主要进行最早的工序梳毛和最后的工序印染,须知这两个工序都和商人的本职业务买卖直接联系在一起,即买来羊毛后需要梳洗分类,或呢绒印染好后往市场上销售。二是纺、织等工作由分散工场手工业形式派给独立的家庭作坊去做,这些家庭作坊实际上为商人工作,领取计件工资。三是独立的工匠如织工可接受商人资本家所派的较多活计,雇用人员,在家庭作坊中完成,若雇用人数少,尚属作坊生产形式,若装置织机多、雇用人员多,那么这个家庭作坊也变成了一个小工场。

羊毛经梳洗清理分类从工场里出来后,多交给郊区或农村的家庭妇女纺纱。在作坊主和纺纱女工之间,有专门揽客起中介作用(如上文薄伽丘《十日谈》中的巴斯基诺)。他们分发羊毛,收集毛纱,按件付给女工工资。毛纱收上后,又转交给织布工,由他们在自己

---

① 〔英〕M. M. 波斯坦等主编:《剑桥欧洲经济史》,第2卷,王春法等译,第547—549页。

的家里、用自备的织机织成粗呢。尔后这些粗呢收上再交给漂洗工，漂洗作坊一般都设在郊外溪流上。生产过程的最后几道工序，如染色、剪整、压光等，大部分由独立工匠在自己小作坊中完成。呢绒最后交回作坊主。[①]这些独立工匠的小作坊也可能需要雇用一些人手，形成规模较小的工场。一个由斯特罗齐和克雷迪合伙开设的毛纺工场，被认为是 14 世纪 80 年代末"佛罗伦萨最大工场之一"，年产呢绒两百余匹，其账本上记载了在各个工序中支付给承包者的工钱，包括羊毛梳理、纺纱、染色、漂洗、织布、修整等。其中弗鲁奥西略接受了全部羊毛的梳理工作，每年可得工资 100 佛罗林。女工尼可罗莎纺绩了 43 磅毛纱，得工资 2 里拉 13 索尔迪。马格里塔交上 10 磅毛纱，得工资不到 2 里拉。[②]因此，佛罗伦萨毛纺业实际上大多组织在分散的工场手工业形式下。威尼斯这样的商业城市，16 世纪也有家内制这种分散工场手工业的一定发展。

14—16 世纪，佛罗伦萨毛纺工场一直维持在两百来个。1338 年，佛罗伦萨 200 个毛纺工场，每工场平均雇 150 个劳动力。[③]14 世纪30 年代后期，佛罗伦萨毛纺业达到顶峰，年产呢绒 70 000—80 000匹。[④]迟至 1451 年，一船羊毛运抵佛罗伦萨，共 466 袋，其中最大的毛纺企业买走了 39 袋，[⑤]这种较大的生产规模肯定是在资本主义工场形式下。有趣的是，有学者注意到，在有关佛罗伦萨呢绒工人的记载中，反复出现德国人的名字。于是他们发现，14、15 世纪，有成千上万的德国工人流入意大利。[⑥]虽然说是来学习更新更好的工

---

① 〔美〕布鲁克尔：《文艺复兴时期的佛罗伦萨》，朱龙华译，生活·读书·新知三联书店 1995 年版，第 74 页。

② 〔美〕布鲁克尔：《文艺复兴时期的佛罗伦萨》，朱龙华译，第 75—76 页。

③ 〔英〕M. M. 波斯坦等主编：《剑桥欧洲经济史》，第 2 卷，王春法等译，第 546 页。

④ C.Cipolla, *Before the Industrial Revolution, European Society and Economy 1000-1700,* p.194.

⑤ 参见 G. Holmes, "Anglo-Florentine Trade in 1451", *The English Historical Review,* Vol.107, No.427 (April 1993)。

⑥ 〔美〕詹姆斯·W. 汤普逊：《中世纪晚期欧洲经济社会史》，徐家玲等译，第382—383 页。

业技术，但其中不少人不可能一来就能成为独立工匠，应是最初作为工人受雇于意大利老板而谋生的。

除佛罗伦萨外，托斯卡纳的比萨、皮斯托亚和卢卡，波河流域的米兰、布雷西亚、维罗纳、博杜瓦和帕尔马等，罗马涅的波洛格纳、翁布里亚的佩鲁贾等，以及威尼斯，都是主要的纺织工业城镇。"在所有这些城镇，其工业结构都是高度资本主义的"，意大利的羊毛加工销售商又是企业家，"负责提供资本与技术指导，雇用几个到几百个手工业者"。① 著名大商人弗朗塞斯科·达蒂尼在1383年返回家乡普拉托后，所建立的羊毛加工公司虽只有十来个雇工，但在其周围500公里内有成千个人在为公司工作。②

16世纪威尼斯比萨尼三兄弟合伙开办的家族企业，投资五六千杜卡特，以分散工场方式向城内毛纺工匠提供原料，收回产品。不过，与他们直接联系的人并非手工工匠而是名字前有"ser"的绅士。这可能是威尼斯流行的一种"双重外放制"，即他们将材料外包给这些绅士，这些绅士又将这些材料外放给手工工匠。最后是手工工匠将产品交给"绅士"，绅士再交回给比萨尼兄弟。③

除手工业外，意大利各主要城市中更有商业资本主义的因素，例如那些包括银行在内的著名商业公司。当然这一讨论要涉及许多难以厘清的复杂关系和问题，如商业公司的结构、各商业公司相互间的关系、商业公司与城市政府的关系、它们在经济总体中的地位和功能等。戈尔德斯威特就对15世纪美第奇银行与佛罗伦萨资本主义发展的关系进行过专门考察。④

---

① 〔英〕M. M. 波斯坦等主编：《剑桥欧洲经济史》，第2卷，王春法等译，第546页。

② 〔法〕费尔南·布罗代尔：《15至18世纪的物质文明、经济和资本主义》，第2卷，顾良、施康强译，第349页。

③ 参见 Frederic C. Lane, "Family Partnerships and Joint Ventures in the Venetian Republic", *The Journal of Economic History*, Vol. 4, No. 2 (Nov., 1944).

④ Richard A. Goldthwaite, "The Medici Bank and the World of Florentine Capitalism", pp. 3-31.

英国城市

英国城市在 14 世纪中期出现了资本主义萌芽——小型的手工工场。1340 年左右，布里斯托尔的布兰克特等人，常被经济史家当作小工场主的代表。这年国王爱德华三世发布一诏令，提到布兰克特等人在家中安放织机，雇用织匠工作。诏令不准市长等市政官员对布兰克特等人的行为进行干扰，相反还应该给予保护。[①]14 世纪末，英国某些工场已具有相当大的规模。如 1395 年，埃塞克斯郡科奇歇尔城一制造商交窄幅呢绒 400 匹接受检验；布伦特里城八个制造商，交验窄幅呢绒 2 400 匹，人均 300 匹，其中一人达 600 匹；德文郡巴恩斯特普尔城制造商约翰·帕曼交验窄幅呢绒 1 080 匹，另一制造商理查德·伯纳德交验呢绒 1 005 匹。[②] 这么大的数量，普通手工作坊是生产不出来的。相比之下，普通工匠交验的数量就少得多。如索尔兹伯里 158 人共交验呢绒 6 600 匹，人均不到 42 匹。约克郡呢绒生产者，每家交验宽幅呢绒不过 10 匹左右。[③]15 世纪里，控制白铁器生产的伦敦商人，也有雇用工匠达 18 人之多的。[④] 在毛纺业中，15 世纪呢绒商所设的小型工场，雇用工人从 10 人到 100 人不等。[⑤]虽然英国资本主义关系主要在乡村工业和农业中成长，但就时间看，城市资本主义萌芽应该更早。

分散的工场手工业是城乡工业中主要的资本主义生产组织形式。如从 1411 年和 1452 年科尔切斯特城关于毛纺业的两条法令中，即可认定这里流行两种"发放制"。一种是呢绒制造商和呢绒商（商人资本家）将毛纱发放给贫苦的织呢工织成呢布；另一种

---

① W. Cunningham, *The Growth of English Industry and Commerce*, Vol.1, pp.436-437.

② L. F. Salzman, *English Industries of the Middle Ages*, London: 1923, p.227; E. Lipson, *The History of Woollen and Worsted Industries*, London: 1921, p.43.

③ E. Lipson, *The Economic History of England*, Vol.1, London: 1929, pp.468, 471.

④ M. M. Postan eds., *The Cambridge Economic History of Europe,* Vol.3, Cambridge: 1979, p.272.

⑤ 〔法〕G. 勒纳尔、G. 乌勒西：《近代欧洲的生活与劳作（从 15—18 世纪）》，杨军译，第 75 页。

是富裕的织呢工（手工业资本家）将羊毛发放给他人纺绩，使之成为毛纱。1411 年法令规定，不得让织呢工违心地接受产品或实物作为工资。1452 年法令更具体提到了织呢工发放给梳毛工和纺纱工的羊毛的重量。[①]

16 世纪英国各地城市行会趋向解体，一些破产的工匠和帮工逐渐形成了一个新的社会阶层——"小匠师"（small master）。[②] 他们仍然拥有自己的工作场所和工具（如织机），但实际上已丧失了生产的独立性，既无资金购买原料，又与销售市场阻隔，因此只能从商人资本家那里接受计件工作，将完成的产品交回，再领取工资。他们实际上就是分散工场手工业制度下的雇佣劳动者。

17 世纪初，对格罗斯特郡（包括格罗斯特、赛伦赛斯特和图克斯伯里三个城市）的一个职业普查资料中，就有 207 个被统计的呢绒制造商，向 1 780 个织呢工（及其帮工）、430 多个漂呢工、染呢工、剪呢工等各类纺织工匠提供工作。[③]这显然是分散的手工工场主与工人的关系。

商人资本家吸吮手工工人血汗的手法多端。例如他们常以低贱实物向工人抵付工资。1465 年一条法令提到，毛纺业工人被迫接受顶针、布带等物品作为工资。诺里奇、北安普顿、伍斯特、考文垂以及肯特郡的一些城市，曾一再禁止用实物抵付工资。还有，资本家交付加工的原材料实际分量大于名义分量，借以压低工人工资。1452 年，科尔切斯特市民威廉·戈弗雷把交给梳毛工人梳洗的 30 磅羊毛只说成 20 磅，这就是说，叫工人做 30 磅羊毛的活，只得做 20 磅羊毛活的工资。1554 年，诺里奇呢绒商托马斯·格伦因少报发放材料的分量而受到处罚。1512 年国会规定，呢绒制造商发给手工工人加工的羊毛必须重量符实。[④]

---

① A. P. Usher, *An Introduction to the Industrial History of England*, London: 1926, pp.216-217.

② G. Unwin, *The Industrial Organization in the Sixteenth and Seventeenth Centuries*, p.58.

③ A. J. Tawney & R. H. Tawney, "An Occupational Census of the Seventeenth Century", *The Economic History Review*, Vol.5（1934）, pp.47, 57.

④ E. Lipson, *The History of Woollen and Worsted Industries*, pp.423-424.

当乡村毛纺业发展到一定阶段时，便向城市集中。这样，一方面城市发展了一些在乡村工业初级产品基础上进行精加工、深加工或最后完成的工序，如染洗坊、修剪坊；另一方面城市商人资本家开设大规模的工场，生产的全部过程，从处理原材料的最初工序到完成产品的最后工序，都集中在一个工场里。16世纪后期的一首歌谣，唱颂该世纪初纽伯里城呢绒制造商约翰·温奇库姆的呢绒工场里有一千多人在工作，梳毛、纺纱、织呢、浆洗、修剪、染色、扦制等重要工序一应俱全。呢绒制造商托马斯·多尔曼、威廉·斯顿普，以及拉文翰的斯普林家族，也是这类大型呢绒工场的老板，动辄雇用上千工人。[①]在16世纪的这类大工场中，工人们甚至冲破法律禁令，建立工人组织。[②]

英国城市资本主义发展最典型的还是要数伦敦。伦敦资本主义的萌芽和发展主要体现为12大制服公会商人资本家对手工业的控制。以呢绒行业为例。伦敦呢绒业的迅速发展导致了与呢绒制造相关的行业之间的激烈竞争。这些行业中，呢绒修整工负责制呢的最后一道工序，他们通过控制市场来控制呢绒的经销权与批发权。14世纪初，伦敦织呢业中的织工行会、漂洗工行会、染匠行会逐渐失去独立，为呢绒修整工行会所支配。[③]从呢绒修整工中产生了一个雇主阶级，逐渐控制了呢绒行业，其名称从手工业行会名单中消失了。他们组成了呢绒商公会的主要成员，[④]完全变成了呢绒工业中居于支配地位的"商人"（资本家），其他工匠则成为受其控制的雇佣劳动者。

伦敦呢绒制造商公会也是由工匠上升而来的手工业资本家组织。随着呢绒业的迅猛发展，呢绒业利润日渐可观，许多与呢绒制

---

①　〔苏〕梅舍亮柯娃：“论17世纪英国资产阶级革命前夜英国工业的发展”，载《历史译丛》（吉林师范大学），第1集，1960年，第48页。

②　〔法〕G. 勒纳尔、G. 乌勒西：《近代欧洲的生活与劳作（从15—18世纪）》，杨军译，第81页。

③　吴于廑主编：《十五十六世纪东西方历史初学集》，武汉大学出版社2005年版，第161页。

④　G. Unwin, *The Industrial Organization in the Sixteenth and Seventeenth Centuries*, p. 30.

造相关的小手工业行会的利益必然遭到商人大公会的损害。这种情况迫使伦敦剪绒匠和漂洗匠联合起来，不仅与呢绒商和成衣商进行激烈的对抗，而且也和染工发生了冲突。他们中许多富裕成员不断地脱离原有行会，进入更加优越的呢绒商公会。1515 年，一名原属剪绒匠公会的较成功的成员被选为市长，他便乘机转入呢绒商公会。①1528 年，亨利八世允许剪绒匠行会和漂洗匠行会以呢绒制造商为名义合并成一个整体。②然而，支配公会的人"并不是一些挥汗的、从事漂洗工作的工人，也不是那些使用大剪刀剪呢绒长毛的人，而是雇用别人劳动的人"，③即手工业资本家。"组成制服成员的商业因素，开始支配公会中由那些被称为约曼或单身汉的低等级成员组成的手工业因素"。④

除呢绒商公会和呢绒制造商公会外，其余十大制服公会也是商人资本家组织性质。从 14 世纪中期起，商人在英国贸易中占据特殊地位，并直接支配生产。同时，大公会将弱小行会完全吞并的现象多了起来；到 15 世纪更多，该世纪末最为迅速。这种吞并实际上是弱小行会服从于大公会的合乎逻辑的结果。⑤

无论起源于商业因素还是手工业因素，伦敦 12 大制服公会最终都是以富有大商人和大手工业者为主要上层制服成员的大商人公会。进入公会时期后，组织内部原本带有封建性质的生产关系也发生了巨大变化。"它（公会）还是一种封建行会的组织，基层仍然是许多小手工业者，只是在他们的上面，耸立起一些大商人、资本家，控制了公会的活动，小生产者和市场的直接联系被切断，逐渐变成受大商人控制的生产者。"⑥一方面，公会大商人积累了雄厚的资本，

① G. Unwin, *The Industrial Organization in the Sixteenth and Seventeenth Centuries,* p. 44.
② W. Herbert, *The History of the Twelve Great Livery Companies of London*, Vol.2, London: 1834, p. 650.
③ 〔英〕约翰·克拉潘：《简明不列颠经济史》，范定九、王祖廉译，第 203 页。
④ M. Dobb, *Studies in the Development of Capitalism*, New York: 1984, p. 124.
⑤ 〔苏〕施托克马尔：《十六世纪英国简史》，上海外国语学院编译室译，上海人民出版社 1958 年版，第 69 页。
⑥ 马克垚：《英国封建社会研究》，第 326 页。

掌握着原料的供应和销售渠道，加之长期从事贸易得来的丰富的商业经验，使他们逐渐脱离了一线生产，进而成为包买商或外贸商人，迫使小手工业行会为其生产和加工产品，自己则专心于产品的贩卖与销售。他们积极拓展商业领域，加快资本积累，不再局限于国内贸易，更加频繁地参与对外贸易。而与之相反的另一面则是，原来能保持相对独立的小生产者失去了生产资料，只好依赖并受雇于这些大商人，实际上成为带有某种资本主义性质的雇工，公会商人对他们的生产活动拥有指挥权，经济活动以商人的意志为转移，产品的真正所有权也归商人所有。以前同时从事的生产和贩卖活动分化，最终完全形成两个独立的职业。[1]

严格地说，伦敦 12 大制服公会的成员都是大的批发商和零售商，不包括手工业生产者。伦敦 12 大制服公会之所以又被称为"12 大商人公会"，正是因为实际上所有的商人市民都加入到它们之中。[2]它们的主要活动是经商，绸布商公会、杂货商公会中几乎没有一个手工业者，他们只负责从生产者那买来产品，然后贩卖到伦敦及周边，或者出口。商人们也直接或间接地扶持手工业，或是投资，支持其生产，随后由他们出售产品；或是亲自组织生产，在庭院里建立小作坊，或采用"厂外工业制"的形式经营。[3]金饰商由于拥有足够的技术知识，能够在自己的工场内监督生产，因此投资生产对他们而言是很常见的事；由于水力和劳动力等原因，呢绒商们逐渐将生产转移到乡村地区，他们负责原料的购买，在手工工场中安排呢绒制作的一系列步骤，等到呢绒制成后验收，并支付雇工们报酬，最后由这些大商人凭借其丰富的市场经验将产品贩卖到各地，实现其产品的价值；生皮商公会雇用鞣皮匠将生皮做成熟皮去贩卖；裁缝被成衣商雇用制作衣服；制帽匠被服饰商雇用制造各种款式的帽

---

① 〔俄〕约瑟夫·库利舍尔：《欧洲近代经济史》，石军、周莲译，第 112 页。

② S. L. Thrupp, *The Merchant Class of Medieval London 1300-1500*, Michigan: 1976, p. 6.

③ 陈曦文：《英国社会转型时期经济发展研究（16 世纪至 18 世纪中叶）》，首都师范大学出版社 2002 年版，第 113 页。

子。呢绒制造商公会内明确的等级划分清晰地反映出这种劳动分工与生产关系，实际从事呢绒行业的公会成员分为三个阶层：由小匠师、漂洗工和剪毛工组成的普通成员；从乡村呢绒商那里购买呢绒半成品后，雇用漂洗工和剪毛工进行加工，然后再卖给出口商的雇主；收购城市和郡县乡村呢绒产品后贩卖到其他地区的出口商。[①]这三个等级责任分工明确，专业化生产过程明晰。后两种人不从事生产，他们雇用第一类普通成员，安排其工作，购买其产品，获得利润；手工业者则不过问商业，专心于制作过程。

伦敦 12 大制服公会，分别代表着伦敦城中与人们生活和消费息息相关的 12 大行业。纵观伦敦 12 大制服公会的历史可以得知，作为这一时期英国社会最重要的工商业组织，公会自合并以后就抛弃了中世纪时代的某些封建性东西，行会规章制度只有在对他们有利时，才被加以重视。在突破旧手工业行会束缚的同时，也逐步引起了质的变化。公会成员逐渐变为地道的资本家，公会组织则成为资本家用来压迫和剥削手工工匠的联盟，城市也朝着以资本主义生产关系为主导的经济模式迈进。从手工业行会向公会的过渡不仅是历史发展的必然趋势，也是生产组织为符合生产力发展的自觉不自觉的调整。这种转变促进了资本主义生产方式的发展，推动了英国迈向资本主义的步伐。

佛兰德尔城市

佛兰德尔纺织城市的资本主义萌芽更早于英国。佛兰德尔毛纺业发达，但原料羊毛主要由商人从英国等地进口，因此商人较为容易地介入毛纺业生产，从而导致资本主义萌芽产生。这和意大利佛罗伦萨毛纺业情况相似。所以马克思说："工场手工业的初次繁荣（先是在意大利，然后是在佛兰德尔）的历史前提，乃是同外国各民族的交往。"[②]商人通过包买制度，供给行会手工业者原料，收购他们

---

① G. Unwin, *The Industrial Organization in the Sixteenth and Seventeenth Centuries*, p. 112.
② 《马克思恩格斯选集》，第 1 卷，第 61 页。

的产品；或将贫苦的手工业者集中到自己的工场里生产。如 13 世纪中期的杜埃有 150 个呢绒商，每人都雇用 100 人左右。[①] 在伊普雷斯的纺织业中，受雇用的工人人数为 51.6%。[②] 该世纪后期，该城一个毛纺织业主约翰·包音布鲁克，其住宅就是一个手工工场，雇用了许多工人。有些工序是由他把原料交给外面独立的手工业者加工，付给计件工资，收回成品。[③] 这些手工业者看起来是独立的，但实际上已成了商人资本家雇用的外放制工人，他从商人资本家那里领取工资，同时也要付给自己作坊里帮工工资。1313 年，单是伊普雷斯一个城市，所产呢绒就达到 92 500 匹 [④]（几乎相当于 16 世纪中期英国毛纺业发展高峰期的呢绒出口量），平均每个市民生产两匹（此时该城约五万人，是其时西欧最大城市之一）。这绝不是工匠作坊产品相加，一定有不少工匠以工场形式大量雇用工人才能生产出来。在佛兰德尔城市织呢工和漂洗工的关系中，织呢工在整体上比漂洗工更为富有，许多漂洗工只是织呢工行会成员的受雇者，反过来织呢工是漂洗工的老板。两者的行会虽然曾联合起来在 13 世纪推翻过城市贵族政府，但相互间也曾进行了长期的残酷斗争。

《剑桥欧洲经济史》作者认为，佛兰德尔城市毛纺织业整个的都是资本主义，谓之"13 世纪的资本主义"。该书第二卷相关章节中，先是把佛兰德尔城市毛纺业的兴旺发达描绘了一通，接着详细叙述了毛纺业各环节的生产细节，从如何获取原料羊毛，获取各种红蓝染料，获取漂洗用的黏土，到羊毛分类、拍打、清洗、梳理、加上油脂，到纺纱，到织布的工具和方法，到经线和纬线的区分，到漂洗、张布，到起绒、反复修剪呢布等。[⑤]

---

① 〔意〕奇波拉：《欧洲经济史》，第 1 卷（中世纪时期），徐璇等译，第 197 页。

② 〔法〕布瓦松纳：《中世纪欧洲的生活和劳动》，潘源来译，商务印书馆 1985 年版，第 302 页。

③ M.M.Postan, *The Cambridge Economic History of Europe*, Vol.2, Cambridge University Press, 1972, pp.381-382.

④ 〔法〕布瓦松纳：《中世纪欧洲生活和劳动》，潘源来译，第 187 页。

⑤ 〔英〕M. M. 波斯坦等主编：《剑桥欧洲经济史》，第 2 卷，王春法等译，第 528—535 页。

一个典型的企业家例子是布洛克。这是个产业巨头，原为呢布商人，在13世纪后半期发迹。他自己拥有原材料及加工设备。羊毛要么是自己地产上所产，要么从本地集市上购买，更多的是从英国几个修道院进口。他种植染料茜草，也购买靛蓝、明矾等染料。其宅第既是住家、办公室，又是货栈和经营指挥部，还是仓库：既储存原材料，也存有成品布。他雇用了一些销售代理商。他还拥有染坊，雇用了许多手工业者，有的为他工作了十多年。他把前期的工序如羊毛分类、拍打、梳理，后期的工序呢绒修剪等，放在自己的家中雇人进行。其他工序则多交给独立手工业者完成，包括部分染色工作。他们从布洛克家里领取原材料，在自己家里工作，用自己的工具，甚至也雇用工人，完成工作后向布洛克交回成品。这些独立工人还住在布洛克提供的房子里（需交房租），离布洛克近，因而易于得到派来的工作。他们得到的报酬是计件工资。企业家以卖的形式给工人们原材料，以免工人们不能完全按量返回产品。[①]

佛罗德尔各城市纺织企业里，按时或按件付工资的规定奇多，还将工人划分成很多工资等级，级别较低的有打毛工、清洗工、刷毛工、梳毛工、纺纱工等。他们多在工场里劳动，领取较低的日工资。如13世纪末布鲁塞尔的日工资率为冬天2.5便士，春天和秋天3便士，夏天4便士；工作时间也做了严格规定，决定工时的原则很简单，只要有日光就得工作，中午休息一个多小时：冬天8小时，夏天13小时。因此在杜埃、伊普雷斯和布鲁塞尔这样的大纺织城市，"实际上都像个大工厂。每天早上，成千上万的工人蜂拥而入资本家的工场或到织工、漂洗工、印染工或修剪工的工场去上班，只要铃一响，街道就变空了，他们就开始计时工作"。纺织、漂洗、张布、修剪、染色（当工作是在染工自己家里进行时就是如此）都按件计酬：织工按纱计酬；漂洗工按布计酬，依漂洗不同种类的布所需要的漂洗

---

① 〔英〕M. M. 波斯坦等主编：《剑桥欧洲经济史》，第2卷，王春法等译，第536页。

天数计算；染工的工资依所用的染料而定，等等。[①]

16世纪，佛兰德尔城市呢绒业向城外转移，许多郊区设立了工场，工人也从城镇里迁出来，工作条件和工资都由大工场主决定。他们还从乡村招收劳动力，其中有学了点手艺的穷人，也有乞丐，甚至还有五六岁的孩子。物价急剧上涨，工资却没有相应增加。在某些地方还产生了一个中间阶层（Winkelmeesters），他们为城里的工场主管理30—60人的乡村小工场。他们从雇主那里拿到原材料，每个星期天交付一周的工作成果。工人们希望自己的命运能得到改善，促使他们接受了加尔文新教。[②]

法国和德国城市

法、德等国城市亦有资本主义的萌芽形态。至于资本主义萌芽能否在城市里顺利成长，则要看具体的历史条件。但新的资本主义关系最先诞生于城市，却是一个不争的历史事实。就资本主义萌芽本身来说，法国和德国城市可能比意大利和佛兰德尔城市要晚。但到15、16世纪时，法国和德国都出现了在欧洲首屈一指的大商人资本家。

从总体上说，15世纪以前的法国城市工商业仍是简单商品经济，生产目的不是为了追求剩余价值。但从15世纪后期开始，法国经济进入了新的发展阶段。在市场扩大和商品经济冲击下，市民中的一部分因积累丰厚资本而成为新兴资产者，他们为适应市场需求而开始扩大生产，各种分散型、集中型和混合型的手工工场随之出现，具有资本主义性质的工商业渐露晨曦。形成中的法国资产阶级不断加强对帮工和小手工业者的剥削，扩大了雇佣劳动者队伍。[③]

---

① 〔英〕M. M. 波斯坦等主编：《剑桥欧洲经济史》，第2卷，王春法等译，第539—540页。Christopher Allmand ed., *The New Cambridge Medieval History*, Vol. VII, c.1415-1500, p.153.

② 〔法〕G. 勒纳尔、G. 乌勒西：《近代欧洲的生活与劳作（从15—18世纪）》，杨军译，第40—41页。

③ 朱寰主编：《工业文明兴起的新视野——亚欧诸国由中古向近代过渡比较研究》，下册，第738—739页。

直接描述法国城市资本主义萌芽的材料不大多见，但也可见到一些间接描述资本主义生产的文献。如薄伽丘在《十日谈》的第一天第二个故事里，就提到了巴黎有位叫杰哈诺·德·切维尼的大富商，"经营着纺织业，生意兴隆"。[①] 既然经营的是纺织业，显然是介入手工业的商人资本家，说明 14 世纪中叶法国城市已出现了资本主义萌芽。13、14 世纪，巴黎、勃艮第等地出现了劳动力市场。[②]15 世纪法国最著名的大商人雅克·科尔，其财产高达 100 万金埃居（相当于 20 世纪上半叶的 200 万美元），每年获得的财富超过法国所有其他商人所得的总和。他 15 世纪 20 年代作为勤奋的毛皮商在布尔日起家，30 年内便建成了一个广大的商业和金融帝国。1432 年他涉入国际贸易，购买了两艘长船，进入了高风险但获利大的利凡特贸易。虽然他的财富大多来自国内外贸易活动，但他也从事制造业，成为资本家。他在蒙彼利埃建立了印染工厂，用鲜艳的红色染料印染呢绒，产品闻名于东方各国。他在布尔日建立了造纸厂，其橘黄色商标的纸张著称于世。他在意大利佛罗伦萨创办了丝织厂，委托两个当地人主管，并另派两个代办定期检查。他还在博若莱、里昂内和舍西开采了银矿、铅矿和铜矿，每年向国王缴纳十分之一的利润，另加上 200 利弗尔。对矿山管理严格，工人要起誓遵守各种规定，如不准携带匕首等武器，禁止伤害他人，禁止决斗，禁止在矿内大小便，按时就寝就餐，受雇者甚至不得娶妻成家等。他们过着集体生活，饮食、住宿由矿山当局供给。木工、铁匠和金属制造工等技术工人的食宿条件比普通工人优越。他在蒙彼利埃、马赛、布尔日和全法国范围内都拥有财产。1440 年他被加封为贵族。他贷款给法王，打败了诺曼底的英国人。他是 15 世纪最具投机性的资本家。[③]

---

① 〔意〕薄伽丘：《十日谈》，王林译，第 239 页。

② 朱寰主编：《工业文明兴起的新视野——亚欧诸国由中古向近代过渡比较研究》，下册，第 747 页。

③ 〔美〕詹姆斯·W. 汤普逊：《中世纪晚期欧洲经济社会史》，徐家玲等译，第 442—443 页。Christopher Allmand ed., *The New Cambridge Medieval History*, Vol. VII, c.1415-1500, p.153.

　　德国在总体上虽然"没有搭上实现资本主义的头班车"，但14—15世纪生产力水平处于欧洲领先地位，经济发展快，商品交换比较活跃，商品生产也有一定规模，在城市手工业、商业及金融业的经营方式上，"都显现出明显的资本主义因素"。①德国城市的资本主义萌芽，虽然现行研究没能提供更多材料支撑，但在14—16世纪肯定已经出现。作为工场手工业先驱的包买商制度，在南德意志城市中发育较为成熟。乌尔姆、雷根斯堡、奥格斯堡和康斯坦茨的棉麻混纺工业中，早在14世纪就已建立起批发商制度；纽伦堡的金属制造业也为包买商所控制。②卢卑克14世纪建立了呢绒手工工场；维斯马啤酒作坊里的雇佣劳动者有男有女，罗斯托克的面粉工场和麦芽制造业的产品归包买商收购。③15世纪末，康斯坦茨富裕的染工变成了包买商，亲自通过代理人采购和订购亚麻线，雇用织工织成布，经过亲自染色后投放市场。④16、17世纪，德国境内各地区，几乎遍布包买商网络。他们推销运进来的原材料，同时出售制好的纺织产品，利用手中资金和货源组织城乡手工业者的生产。17世纪初期，慕尼黑就有三千名左右的手工业者，在120架呢绒织机上轮流作业。⑤16世纪，德国也出现了第一批集中工场。1573年，奥格斯堡建起了制糖厂，1592年建起了锦缎纺织工场。1593年，纽伦堡建起了肥皂制造厂。⑥当然，这个时期德国的手工工场很少。虽说德国有一千多家手工工场，但比重很小。如巴伐利亚，手工工场所占产值比重在百分之一以下。⑦

---

　　①　朱寰主编：《工业文明兴起的新视野——亚欧诸国由中古向近代过渡比较研究》，下册，第824—825页。
　　②　〔俄〕约瑟夫·库利舍尔：《欧洲近代经济史》，石军、周莲译，第115—116页。
　　③　〔法〕费尔南·布罗代尔：《15至18世纪的物质文明、经济和资本主义》，第2卷，顾良、施康强译，第338页。
　　④　〔俄〕约瑟夫·库利舍尔：《欧洲近代经济史》，石军、周莲译，第117页。
　　⑤　朱寰主编：《工业文明兴起的新视野——亚欧诸国由中古向近代过渡比较研究》，下册，第844页。
　　⑥　〔德〕马克斯·维贝尔：《世界经济通史》，姚曾廙译，上海译文出版社1981年版，第14页。
　　⑦　〔法〕费尔南·布罗代尔：《15至18世纪的物质文明、经济和资本主义》，第2卷，顾良、施康强译，第351页。

奥格斯堡大商人富格尔家族，是 15、16 世纪德国城市商人资本家的一个典型。奥格斯堡附近乡村广种亚麻。亚麻是德国的传统作物，16 世纪时有句谚语："全世界种的亚麻赶不上德国的多。"1367年 9 月，当汉斯·富格尔从家乡格拉本村迁到奥格斯堡时，该城已是著名的亚麻布生产中心，后随着土耳其的棉花传入，棉花掺入亚麻能织出一种经久耐用的粗斜纹布。粗斜纹布的纺织中心在士瓦本，原料亚麻来自当地市场，棉花则由大商人如富格尔家族从威尼斯和米兰买进，然后用预付部分工资的做法，将其提供给乌尔姆等士瓦本城市的纺织工，富格尔控制着最终市场。[1] 这正是商人控制生产成为资本家的最初形式。据统计，奥格斯堡和乌尔姆共有 600 名织工专门从事棉麻混纺布生产，年产量可达 35 万匹，[2] 平均每织工为580 匹以上。显然这些织工有不少是自己组织工场式生产、充当小工场老板的。这种粗斜纹布虽不如意大利棉布好，但因为便宜而很快占领了德国市场。由于南德商人从事贩运意大利棉布的商业活动，到 15 世纪早期，南德意志所产价格低廉而又耐用的粗斜纹布也随之反向渗透到意大利。富格尔家族事业的创始人就是从织造粗布和斜纹布起家的，很快又从事这些布的贸易经营，从而为家族事业的起步积累了"第一桶金"。

至 16 世纪前期，富格尔家族事业发展到顶峰。它是 16 世纪欧洲最富有的商人家族，1510 年财富为 20 万佛罗林，1526 年增加到200 万佛罗林，1546 年达到 500 万佛罗林。[3] 富格尔家族财富有四大支柱，即纺织业、采矿业、国际贸易以及银行放贷业。规模巨大的纺织业和采矿业，无疑都采用资本主义生产方式。

富格尔家族是以纺织业起家的，随着其商业的发展，纺织业渐次退居为第二位，但自始至终它都没有抛弃这门祖传基业。1473 年，

---

[1] Edwin S. Hunt & James M. Murray, *A History of Business in Medieval Europe, 1200-1550*, Cambridge University Press, 1999, p.168.

[2] 〔法〕布瓦松纳：《中世纪欧洲生活和劳动》，潘源来译，第 297 页。

[3] Hajo Holborn, *A History of Modern Germany from the Reformation*, Princeton University Press, 1982, p.75.

乌尔利希作为"诚实富裕的人，可以向皇帝陛下交纳优质毛纺织品和丝织品的人"，被介绍给皇帝弗里德里希三世。[1]亚科布则在乌尔姆郊区威森豪恩小镇上建有一个粗斜纹布纺织厂，从威尼斯购买埃及原棉，运回工场加工制造。他们织造和销售的一种高质量棉布，在英格兰被叫作"奥格斯堡的亚麻布"。[2]安东继承了亚科布在威森豪恩的纺织厂后，1535 年再注入资金 30 000 古尔盾，希望它每年能带来 2000 古尔盾的利润。[3]马克西米连皇帝最初只购买该家族的红色布匹，但他们坚持要皇帝也买其他颜色的布，以便形成时尚扩大销售量。[4]

经营采矿业和金属贸易，是富格尔家族迅速崛起的决定性因素。他们是从哈布斯堡王朝那里获得开采蒂罗尔铜银矿特权的。后来又取得了对匈牙利的诺伊索尔铜开采的垄断权，获得了在赖兴施泰因的大金矿，[5]最后还与查理五世签订开采阿尔马登水银矿的协约。渗铅二次熔炉法技术的发现，使家族取得了金属生产的优势，这种从铜矿中分离银的方法需要大设备、高投入，这也就排斥了小企业主参与的可能，从而使富格尔家族在金属开采中确立了垄断地位。渗铅二次熔炉法的使用，使铅矿成为一种重要矿藏。靠近菲拉赫（克恩滕）的布赖贝格有丰富的铅矿。为了用铅来冶炼蒂罗尔、拉凡特的铜银矿石，富格尔家族 1495 年在布赖贝格开采铅矿，同年在阿若特施泰因附近建造了一个冶炼厂。由于马克西米连皇帝也要用铅来冶炼他在蒂罗尔的铜矿石，这样富格尔家族就得与皇帝竞争，后来通过贷款给皇帝，家族最终接管了蒂罗尔铜矿。1495—1505 年的十年间，冶炼厂送往威尼斯约 250 万公斤铜和 2.2 万马克银。[6]

---

① 〔法〕约瑟夫·库利舍尔：《欧洲近代经济史》，石军、周莲译，第 262 页。

② Edward Taube, "German Craftsmen in England during the Tudor Period", *Economic History*, Vol. 4, No. 14 (Feb., 1939), p.169.

③ Edwin S. Hunt & James M. Murray, *A History of Business in Medieval Europe, 1200-1550*, p.232.

④ 〔美〕詹姆斯·W. 汤普逊：《中世纪晚期欧洲社会经济史》，徐家玲等译，第 581 页。

⑤ Hajo Holborn, *A History of Modern Germany from the Reformation*, p.73.

⑥ M. M. Postan, *The Cambridge Economic History of Europe*, Vol.5, p.492.

16 世纪初，富格尔家族控制了德国、奥地利、波希米亚和西班牙的金属矿藏，家族开采经营的铜经由奥德贝格、布雷斯劳运往斯德丁，或经由克拉考运往但泽，从这两个港口运往安特卫普，或由陆路运往的里雅斯特和威尼斯。[①]1500—1503 年，富格尔家族向安特卫普年均输出铜为 370.6 吨，占其总出口的 24.18%，1513—1515 年间上升到年均 870.7 吨，占总出口的 62.5%。[②]可见其铜的年产量至少为 1 300 吨。该家族在威尼斯一次出售的铜就价值 60 000 杜卡特。[③]

为解决燃料问题，富格尔的冶炼场多设在大森林附近，如图林根森林的奥格德鲁夫地区。运到这里的有匈牙利的矿砂，用于掺铅二次熔炉法所需的铅则主要来自克拉考，以及格斯拉和律那堡。冶炼好的金属银和铅，则流向纽伦堡、法兰克福、汉堡和尼德兰等地。在 1495—1504 年的九年之内，图林根工场加工了 27 000 吨的铅和 32 000 马克的银，产量不下于富格劳工厂（富格尔家族最重要的冶炼加工厂）。克恩滕、诺伊索尔、图林根工场在九年内拥有的收入约为 100 万古尔盾，外界所传是 165 万古尔盾。[④]

富格尔家族在克恩滕修建了富格尔城堡，在城堡里有渗铅冶炼厂，黄铜铸造车间，大炮工厂，产品从这里向威尼斯、的里雅斯特、佩陶、岑格等地输出。富格劳工厂每年出产 25 万公斤铜，2 000 马克银。[⑤]此外，每年能从匈牙利获得纯利润 53 000 马克银，5 000 马克金。[⑥]到 1525 年，从匈牙利矿业中获利 150 万古尔盾。[⑦]在上匈牙利，1495—1504 年，家族出售了约 10 000 吨铜，几乎占总收入的四分

① 〔德〕马克斯·布劳巴赫：《德意志史》，第 2 卷上册，陆世澄等译，商务印书馆 1998 年版，第 574 页。
② H.Von Derwee, *The Growthof the Antwerp Market and the European Economy*, Louvain: Publication Universitaires, 1963, pp.522-523.
③ 〔美〕詹姆斯·W. 汤普逊：《中世纪晚期欧洲社会经济史》，徐家玲等译，第 75 页。
④ Eugen Ortner, *Gluck und Macht Der Fugger*, Seite 164.
⑤ Ibid., Seite 163.
⑥ Ibid., Seite 293.
⑦ N. J. G. Pound, *An Economic History of Medieval Europe*, p. 156.

之三，1510—1513 年在靠木斯克·毕特瑞卡的富格尔银矿中出产了价值 51 847 马克的银。[①]经营采矿业获得了高额利润，使富格尔家族具有了雄厚的资金，可以扩大经营范围，其国际贸易遍及新旧大陆。雅各布·富格尔二世时期（1459—1525 年），该家族在德国许多城市，以及匈牙利、波兰、意大利、西班牙、里斯本、伦敦和安特卫普等地都开设了分公司。[②]

富格尔家族的银行借贷业则主要面向政治势力——王公以及教会。由于从工业资本转向借贷资本，离开了生产领域，攀附政治势力又带来债务血本无归的恶果；也由于美洲金银的输入使得富格尔采矿业渐失重要性，富格尔家族最终走上了万劫不复的衰落之路。[③]

由于城市商人阶层积累了大量财富，因此城市还为新生产关系的成长准备了主要的资本条件。只不过商人资本为避开行会的束缚和抵制，他们纷纷向农村转移，采用资本主义的分散工场手工业方式，发展和控制乡村工业。然而，乡村工业所产生的财富，又随着商人资本回流到城市了。

[①]　N. J. G. Pound, *An Economic History of Medieval Europe,* p.332.

[②]　Rondo Cameron, *A Concise Economic History of the World, From Paleolithic Times to the Present*, Oxford University Press, 1993, p.125.

[③]　富格尔影子至今犹存。16 世纪 10 年代家族在奥格斯堡修建"富格尔之家"，共有一百多套福利住房，今天使用者只交象征性房租。每套住房一厅一室一厨一卫，今天仍依这种结构重建，只不过设施现代化了。

第二编 城市转型时期

（15—18 世纪）

第六章　城市向近代转型的成与败

欧洲城市自 11 世纪兴起后,在 14 世纪中期经历了黑死病的肆虐,其后缓慢复苏。16 世纪开始时,欧洲城市化恢复到了 1340 年时的水平。[①] 不过,虽然 15 世纪被人称为"城市的世纪",但伴随而来的却是旧有城市危机。当 16 世纪欧洲进入近代资本主义发展的"第一次高潮"时,旧有城市自身也有一个面临新形势挑战的问题,即面对新社会的即将来临,城市有一个如何转型的问题,如何确定城市新的发展方向问题。在外部的客观条件下,城市还有个主观适应力问题。因此,在 15—18 世纪社会转型时期,欧洲不同地区的城市发展大异其趣,前途各殊。

一、旧有城市危机:意大利困境

中世纪城市经济的结构性危机

13、14 世纪时,西欧中世纪城市的发展渐趋饱和状态,中世纪晚期很少有新的城市诞生。不但城市的发展进入了低谷期,而且现有的城市都出现了危机。中世纪城市为西欧的社会和经济变革起到了巨大作用,但城市自身在中世纪晚期却普遍经受了危机,有的城市甚至一蹶不振。这一现象颇耐人寻味。

---

① Paul Bairoch, *Cities and Economic Development, From the Dawn of History to the Present*, Translated by Christopher Braider, Chicago: Chicago University Press, 1988, p.176.

城市危机主要是城市自身所具有的封建性质的危机。中世纪城市虽然自一产生就具有许多新质，但它既然出现于封建主义汪洋大海之中，也就会打下许多封建性烙印。一方面，它受领和扩散了乡村的许多封建因素，另一方面它创造了具有封建性质的特定事物如行会。这两个方面的叠加，使城市具有一层封建性的外壳。当城市中新生事物成长时，必然要与这一层旧的封建外壳发生矛盾和冲突，由此必然导致中世纪晚期西欧城市的普遍危机。

城市中最具代表性的封建事物当属行会。行会制度渗透到了每一个手工业部门。虽然行会早期在保护手工业者利益、传授生产技术等方面起过进步作用，但越到晚期它的保守性就越明显。一方面，行会对内通过各种严格的规章制度，窒息甚至扼杀成员的进取精神，因此由手工工匠成长为资本家的情况微乎其微；另一方面，行会对外极力加强对本行业的垄断，排斥行业之外因素的渗透，尤其是抵制商人资本的侵入。这样一来，许多踌躇满志的手工工匠和商人只得走向城市之外，最终导致城市生产萎缩、经济萧条。

城市危机也是中世纪晚期西欧封建主义总危机的一个局部表现，是 14 世纪以来农业危机的连锁反应。当黑死病后人口减少、农业劳动力稀少而昂贵、农民经济状况逐渐变好时，经过黑死病横扫的城市其吸引力却大为减弱，由此城市发展所需的人力资源——农村移民便大为减少。尤其是，当 14、15 世纪农业危机导致庄园制、农奴制最后崩溃，农村封建关系趋于松弛时，所引起的负面作用是封建主转而将注意力更多地放到了城市，对城市实行高压政策。如法国国王查理五世处处非难和限制城市，城市若对他有不忠，就会立即被强制变为王室领地；他还规定行会必须使用王室市场日，颁布了大量干预商业的法令；并批准了好几个行会章程，扩大对行会的控制权，敦促行会尽封建性义务。[①]有的封建统治者如佛兰德尔伯爵还直接介入城市内部的政治斗争，加剧了城市的混乱。当乡村工业兴

① 〔美〕詹姆斯·W.汤普逊：《中世纪晚期欧洲社会经济史》，徐家玲等译，第156—161页。

起，并为封建领主带来一定财政收入时，他们往往牺牲城市的利益，限制城市工业而鼓励乡村工业发展。

城市危机还是城市旧有经济结构不能适应社会变化的结果。从某种意义上说，中世纪城市经济是一种放大了的自守经济，它采取保护和垄断政策，巩固自己已有的经济腹地，不容许外来人员渗入城市及城市的辐射区域，使得城市之间在经济上往往有相互隔绝闭塞的局面，有竞争关系的相邻城市之间更是如此。当乡村工业兴起后，它们因具有离原料产地近、离消费市场近、劳动力廉价等优势，成为城市手工业的强劲对手，使城市手工业面临严峻的挑战和危机。而那些高档的城市手工业部门，虽然不曾有乡村工业作对手，但由于原料、市场等因素，只能固守传统产品，不能或难以转向大众消费市场，结果终因销售市场过窄而引发生产危机。

中世纪晚期欧洲城市普遍危机

城市危机出现最早的，当属佛兰德尔城市。佛兰德尔五大城市即布鲁日、根特、伊普雷斯、杜埃和阿拉斯，曾是西欧手工业城市发达的样板。布鲁日是11—14世纪西北欧最大的国际商业中心，根特、伊普雷斯、杜埃和阿拉斯的呢绒制造业，举世闻名。但自14世纪起，佛兰德尔城市走向衰落。如伊普雷斯城，1260年毛纺业最繁荣的时候，城里约有2 000台织机和40 000名居民，而到1511年时，该城只剩下约500台织机和10 000余名居民。杜埃城13世纪中期有150个呢绒制造商，每人雇工达100人左右。[①]但15世纪后，毛纺业城市的行列里完全可以去掉杜埃的名字了。根特曾是佛兰德尔最大的手工业城市，到15世纪只是作为粮食市场才得以幸存下来。[②]至于布鲁日，其商业优势和金融中心地位自14世纪开始动摇，15世纪更然。在最兴旺的13世纪，布鲁日人口达到50 000以上；14世纪上半叶，布鲁日的百万富翁就达243人。而14世纪中期后，布

---

① 〔意〕奇波拉：《欧洲经济史》，第1卷（中世纪时代），徐璇等译，第197页。
② 〔美〕詹姆斯·W.汤普逊：《中世纪晚期欧洲社会经济史》，徐家玲等译，第461页。

鲁日人口长期维持在 30 000 人上下，16 世纪初甚至只有 25 000 人。[①]
从 15 世纪到 19 世纪，布鲁日被认为是一座死城，"一座鬼城"（ghost
town）。[②]绝大部分佛兰德尔城市人口在 15 世纪里只减不增。

意大利是中世纪城市最发达的国家，然而其中世纪晚期开始的
衰落历程也最为典型。经济停滞衰落的征兆始于佛罗伦萨。这个著
名的毛纺业城市，13 世纪进入鼎盛时期，14 世纪初人口最多时达到
100 000，是欧洲最大的城市之一。[③]但城市发展高潮的背后，经济
危机悄然来临。最先是城内专事加工进口佛兰德尔呢绒行业的衰落，
这是因为 14 世纪佛兰德尔毛纺业衰落了，这一行业也随之衰落。接
着，曾给英国国王大量贷款的佛罗伦萨巴尔迪银行和佩鲁兹银行，
因为爱德华三世不还债而于 1345 年宣告破产。1348 年黑死病使佛
罗伦萨损失了将近一半人口。因此，14 世纪中叶实际上成了佛罗伦
萨经济由兴旺而衰微的转折点。其后，佛罗伦萨经济的两大支柱毛
纺业和银行业始显现颓势。如银行业，1338 年该城有银行 80 家，
到 1460 年减少为 33 家，1516 年只剩下 8 家。[④]1338 年，佛罗伦萨
有 95 000 人；1427 年，则只剩下 40 000 人。[⑤]后虽略有恢复，但因
毛纺业长期停滞，城市人口始终徘徊在 50 000—70 000 人之间，拥
有的财富再也没有达到 14 世纪初水平。1400 年，佛罗伦萨人拉马
泽伊写到自己的城市时说："店铺已很少开门，法官离开了审判席，
政府的职位空了，法庭里再看不到有人。"[⑥]热那亚人的地中海贸易
从 15 世纪中开始受打击，被奥斯曼土耳其人从黑海和爱琴海赶了出
来。至于威尼斯，15 世纪后期与奥斯曼帝国交战，其优势逐渐失去，

① Leon Voet, *Antwerp: the Golden Ages*, Antwerp: 1973, p.63.

② Friedrich Heer, *The Medieval World, Europe from 1000 to 1350*, London: Sphere Books Ltd,1974, p.64.

③ C. Cipolla, *Before the Industrial Revolution, European Society and Economy 1000-1750*, p.281.

④ 〔意〕奇波拉：《欧洲经济史》，第 2 卷（16 和 17 世纪），徐璇等译，第 460 页。

⑤ Tim Parks, *Medici Money, Banking, Metaphysics and Art in Fifteenth-Century Florence*, London: Profile Books Ltd, 2006, p.7.

⑥ Ibid., p.8.

16 世纪初因葡萄牙人开辟印度洋航路香料贸易而彻底失去其东方贸易中心的地位，其呢绒生产量 1510 年时减少到仅仅几百匹。[①]

16 世纪初期，意大利的重要城市几乎全部经历了一次危机。如佛罗伦萨，呢绒工场从 15 世纪末的 270 个减至 1537 年的 63 个，呢绒产量从年产 20 000 匹减至几百匹。布雷西亚从年产 8 000 匹减至 1540 年的 100 匹。1500—1550 年，布雷西亚人口从 50 000 减至 40 000 人，佛罗伦萨从 72 000 人减至 60 000 人，米兰从 10 000 人减至 50 000 人，锡耶纳从 15 000 人减至 10 000 人，帕维亚从 1500 年的 18 000 人减至 1529 年的 7 000 人。[②]虽然 16 世纪中叶意大利工商业曾再度崛起，甚至还出现过金融史上的所谓 "热那亚时代"，但那只是回光返照而已。16 世纪末起，意大利城市彻底走向衰落，沦为了欧洲的落后地区。

18、19 世纪的旅游者，如历史学家吉本就曾在意大利、法国和德国南部的中世纪城市遗址前沉思。他看到的这些地方好像是一个男人穿戴过于宽大豪华。偌大的宫殿和教堂早已几近荒芜，没几个人在里面居住。宽敞的市场大厅如今租给了几个废品交易人，废弃的修道院里有几个修理店铺，展现的都是自中世纪末以来被遗弃的景象。[③]

中世纪英国的城市工商业并不很发达。即使如此，从 15 世纪中叶至 16 世纪中叶，几乎所有的地方重要城市都经历过一次以上的危机。约克 15 世纪初有 12 000 人口，16 世纪中降为 8 000 人。1395 年，约克呢绒出口 3 200 匹，15 世纪 70 年代，年出口仅 922 匹。[④]考文垂，1440 年人口逾万，1520 年为 7 500 人，1550 年左右，徘徊

①　Porter ed., *The New Cambridge Modern History*, Vol.4, Cambridge University Press, 1972, pp.94-95.

②　C. Cipolla, *Before the Industrial Revolution, European Society and Economy 1000-1750*, pp.236-238, 281-282.

③　Friedrich Heer, *The Medieval World, Europe from 1000 to 1350*, pp.64-65.

④　J. N Bartlett, "The Expansion and Decline of York in the Later Middle Ages", *The Economic History Review*, 2nd series, Vol.12 (1959-1960), No.1, pp.17-33.

在 4 000—5 000 人之间。[①] 莱斯特，1563 年人口低于 1377 年。[②] 林肯，中世纪英国名城之一，15 世纪初走向衰落。从 1377 年至 1563 年，林肯人口减少了三分之二。诺丁汉早在 1376 年就申诉城内许多房宅人丁稀少，1444 年该城被视为贫困城市而免去部分税收。沃里克也因同样原因而被免除税收。南安普敦因不能上交拖欠的保税款，几个头面人物 1460 年被关禁在伦敦。布里斯托尔 1500 年后的贸易量最低时只有 15 世纪水平的一半。赫尔港，15 世纪里贸易总额至少减少了四分之三。波士顿 1524 年上交的税收只有 1324 年的一半。[③]

英国国王亨利八世在诏书中说，"王土上所有大小城市之许多或大多数地方，皆已衰微"。他的 1540 年诏令所提到的已经衰败或正在衰败的城市，还有坎特伯雷、巴斯、奇切斯特、索尔兹伯里、赫里福德、科尔切斯特、罗切斯特、朴茨茅斯、伍斯特、斯塔福德、埃克塞特、伊普斯威奇、大雅茅斯、牛津、纽卡斯尔、贝德福德等。[④] 而施鲁斯伯里、北安普敦、格罗斯特等城市衰败的程度，也不亚于上述城市。此外，像多切斯特、普利茅斯、陶顿、兰开斯特、普雷斯特以及东南五港城市，也都经受了不同程度的危机。[⑤]

在德国，14 世纪盛极一时的汉萨同盟城市，15 世纪起一直呈下落趋势。如汉堡，15、16 世纪里居民减少了几千人。[⑥] 卢卑克，1500 年的经济收入比 1470 年减少了一半。[⑦] 法国的城市危机虽然不是很剧烈，但城市发展普遍缓慢，并且也有倒退现象，以至于 16 世纪初斯特拉斯堡纺织业大为衰落、人口大为减少时，人们不由得"怀

---

① C. Phythian-Adams, *Desolation of a City, Coventry and the Urban Crisis of the Late Middle Ages*, Cambridge University Press, 1963, pp.48-49.

② W. G. Hoskins, *Provincial England, Essays in Social and Economic History,* London: 1963, p.89.

③ J. L. Bolton, *The Medieval English Economy 1150-1500*, pp.249-250, 256; C. Phythian-Adams, *Desolation of a City*, p.284.

④ D. C. Douglas, *English Historical Documents*, Vol.5, London: 1967, p.954.

⑤ W. Cunningham, *The Growth of English Industry and Commerce*, Vol.1, pp.507-508.

⑥ C. Cipolla, *Before the Industrial Revolution, European Society and Economy 1000-1750*, p.282.

⑦ 〔美〕詹姆斯·W. 汤普逊：《中世纪晚期欧洲社会经济史》，徐家玲等译，第 291 页。

着懊丧的心情回顾四十年前那更为繁荣的时代"。①

意大利城市：失败样本

意大利是中世纪城市最为发达的地区，但是繁荣的中世纪城市工商业经济并没有将意大利最先推向资本主义发展的康庄大道，这与其在中世纪晚期经历了深刻的经济危机密切相关。意大利城市衰落的原因是多方面的。在观念层面上，城市早期的开放性有所丧失，反而越来越呈现封闭性。如在热那亚，要获得市民资格，须在市政前宣誓，须具备一定的财产资格；而在威尼斯，要想取得公民资格，必须在城内居住25年。②但在众多原因中，其经济结构因素尤其突出。

中世纪意大利城市经济的最大优势，是其面向国际市场，然而它们的国际性和外向性过度发展，又变成了一种经济结构的偏倚状态，成为一种缺陷。

在国际市场上，意大利城市从事的主要是地中海东方贸易。作为一种转运贸易，海上运输是基本手段。但航海贸易有海上风暴和海盗抢劫两大风险。为对付这些风险尤其是海盗劫掠，意大利主要贸易城市威尼斯和热那亚都建立了强大的舰队护航，或建造具有战船性能的长形商船（galley）。长船较多地使用桨手，人力成本加大；长船装载货物的空间也比圆船或普通船小，因而贸易成本增加，利润受到一些限制。长程转运贸易还要受到货物输出地和货物到达地政治经济环境的影响，受到商路上各种因素和变数的干扰，因此安全系数不稳定。此外，长程转运贸易竞争性强，贸易路线、贸易区域的其他城市或国家的商人，只要具备一定经商条件也可进入。更有甚者，在货物输出地和货物消费地即贸易两端不变的情况下，长程贸易的商路还可发生改变甚至转移。意大利城市就是在16、17世纪深受葡萄牙人开辟了印度洋新航路，从而使西欧与东方之间贸易的地中海路线转移到好望角航线之苦的。

---

① G. Unwin, *The Industrial Organization in the Sixteenth and Seventeenth Centuries*, p.87.

② David Abulafia ed., *The New Cambridge Medieval History*, Vol.V, c.1198-c.1300, p.53.

由于国际转运贸易和商业的风险加大,商人资本便易于将财富转移到商业甚至产业领域之外。意大利城市这种状况非常突出。要么投入农村购买土地,调理商业风险所可能带来的收入不稳定,并为子孙创下家业;要么转入金融银行业,甚至转为借贷资本,以获得利润为取向。无论哪种情况,都使商业领域中的资本被大量抽出,从而影响商业特别是国际贸易的可持续发展,或者加速了商业衰落过程。

商业衰落影响到工业发展,意大利城市在这一点上十分突出。意大利城市手工业的发展是和它们所从事的国际贸易联系在一起的,也就是说,借助了远程贸易所建立的国际市场体系基础。因此一方面,产品主要以国外为销售市场,要受到销售市场当地以及国际商路的政治经济气候影响,与其国际贸易水平一样,此处不须再加细论。

另一方面,则是手工业所需原材料也主要来自国际市场。如佛罗伦萨毛纺业原料先是来自佛兰德尔的初级呢绒,后是来自英国的优质羊毛。毛纺业所需染料主要来自东方,明矾在 15 世纪前主要来自小亚。威尼斯丝织业所需的生丝一部分来自东方,一部分来自意大利半岛南端。佛罗伦萨、威尼斯和热那亚等城市皮革业的原料生皮主要来自北非。手工业原材料依赖进口,便有一些不利因素。如经过长途运输使得原料成本较大,资本周转速度慢、时间长。更重要的是,原料依赖进口还制约着生产规模,维持常态的生产本就不容易了,更不用说扩大生产。所以,尽管 14 世纪佛罗伦萨就出现了两百多家毛纺业工场,但规模都较小,而且在 14—16 世纪这两百年内都不见有发展。工场数量没有增加,每个工场的规模也未有扩大。原料进口还决定着生产方向,因为原料来之不易,所以必须对其进行最大程度的利用,使其价值实现最大化,必须精加工、深加工,必须生产高档质优价昂产品。以往有些研究者评论说,意大利城市手工业行会固守传统产品,不能面向大众市场。这种说法显然未能深入分析。其实,生产出来的高档商品还是有一定市场的,不至于使得手工业萎缩。最严重的危机在于，若是原料不能保证供应，那么赖以生存的相关手工业就会被置于死地。因此，原料供应地的变化，原料运输路线上的变化，都可以危及、威胁到原料的供应。意大利城市在这方面的事例不胜枚举。

意大利城市经济的外向性，也使得各城市将其经济兴趣、经济战略都放到了外部，经济资源投向了国际，而对意大利国内环境则漠然视之。在城市与国家关系上，既然它们无兴趣于国内的经济活动，也就难以产生建立国内统一市场的要求，进而对国家是否消除分裂状态、达到统一的问题漠然置之。反过来，没有坚强的国内政治凭靠，意大利城市商人在国际贸易竞争中就会处于劣势，这与其时英法等国政府实行重商主义、保护本国商人的国际商业利益恰好成相反对照。在国内，各城市之间的关系是经济上排斥多于交往，政治上冲突多于合作。特别是在国际市场上，来自意大利各城市的商人常常互为竞争对手，最终导致意大利商人利益受损的恶果。城市经济目光朝外，也没有能顾及周围农村地区，未能利用工商业优势来调动附近乡村的积极因素，刺激周围农村发生相应变革。诸此种种，最终的结果是各个城市成为一些与外部国际市场有联系的工商业"孤岛"，而一旦国际风云生变，譬如印度洋新航路开辟，意大利城市经济自然就会面临困境，走向衰落了。

当然，由于工商实力厚实，意大利城市经济的衰落也有个较长过程。16世纪初期因新航路开辟而衰落，到16世纪中后期，因美洲金银输入欧洲，以及西班牙财政需要，造就了金融史上的"热那亚时代"，威尼斯等城市的商业和工业也出现了一段繁荣期。然而好景不长，仍以传统方法迎接新挑战的意大利城市，最终败下阵来，从17世纪中期起意大利完全沦落为欧洲三流国家，被沃勒斯坦划为欧洲"现代世界体系"的"半边缘地带"。[①]

---

① 〔美〕伊曼纽尔·沃勒斯坦：《现代世界体系》，第1卷，庞卓恒等译，高等教育出版社2001年版。

二、城市成功转型：英国范式

在16、17世纪的两百年里，欧洲城市发展主要体现在两个方面。一方面是量的一定发展，尤其是大中城市的成长。如5 000人口以上城镇所占总人口的比例，从1500年左右的10%—11.5%，增加至1700年的12%—13%；生活在大城市的居民增长了55%，大城市的数目增加了37%。[①] 另一方面，则是不少中世纪城市成功地实现向近代形态的转型，城市经济和城市社会发生性质上的变化，逐步具有近代性，具有越来越多的近代品质。

城市转型成功的奥秘

城市危机从某种意义上说，是一种对旧有秩序的"破坏"，给城市带来了挑战，也带来了新的发展机遇。大多数欧洲城市是在危机中求生存、寻出路，"危"中寻"机"，所以危机之后很快就恢复了生气，并且在一种新质的基础上达成了新的平衡，开始了从中世纪城市向近代城市转型的过程。这种转型在许多方面体现出来。

其一，在生产结构上，不少城市逐渐抛弃了过去那种自我窒息的保守性，增强了灵活性，以自身变化去适应市场变化。如荷兰的莱登，针对大众需求而调整毛纺业生产结构，以生产轻型的"新呢绒"为主，结果市场比以前广阔多了，莱登因此成为17世纪欧洲最大的毛纺业中心，年产呢绒约10万匹。[②] 英国的诺里奇，16世纪后期开始发展新呢绒业，结果促使该城及其周围地区再度出现繁盛景象。莱斯特自16世纪后工业变化最多最快，先后出现了毛纺业、皮革业、丝织业和钟表业等。约克根据附近西莱丁毛纺区的需要而发展商业职能，专从外地调入粮食来供应西莱丁非农业人口，并依据西

---

① Paul Bairoch, *Cities and Economic Development, From the Dawn of History to the Present*, p.176.

② 〔意〕奇波拉：《欧洲经济史》，第2卷，徐璇等译，第359页。

莱丁区毛纺产品和畜牧产品特点而发展呢绒服装业和皮革服装业。[①]中欧的维也纳，改变过去只从事对匈牙利贸易的传统，开始与纽伦堡商人展开竞争，甚至为弥补手工业不足而大力引进国外的手工工匠。

其二，城市扩大了自己的经济活动范围，不再将服务区域仅局限于本城及周围地区。城市危机的发生，使得城市愈来愈感觉到相互之间的联系和沟连对自身经济发展兴旺的重要性。这样，有许多城市成对成群，结成经济贸易伙伴，最后是所有的城市都向外地商人开放。城市工商业的自由开放，被认为是中世纪城市向近代城市转型的重要标志之一。

其三，在城市经济陷于困境的状况下，城市资本积极寻求进一步发展的天地，纷纷向农村转移，结果大大推动了乡村工业的发展。表面看起来乡村工业对城市工业构成了威胁，但实际上乡村工业发展为城市带来了极大的好处。由于乡村工业主要受城市资本控制，因此乡村工业创造的财富大部分回流到了城市，这既加强了城市的经济地位，又壮大了城市市民阶层的经济政治力量。如英国伦敦的飞速发展，就与伦敦资本深入英格兰各地、渗透和控制乡村工业有很大的关系。相似的情况还有荷兰的阿姆斯特丹。

城市转型成功的英国范式

中世纪老城市的转型，要数英国城市最为成功。

1. 1500 年的英国城市

16 世纪初，英国的城市化水平远低于大陆欧洲。英国的城镇总数为 800 个左右（按照《剑桥英国城市史》的估计，英国从中世纪承接下来的城镇为 800—900 个。[②] 也有估计称，英国拥有市场的城镇为 742 个），但城镇人口占总人口的比例很低。各地城镇的规模

---

① P. Clark and P. Slack, *Crisis and Order in English Towns 1500-1700*, p.93.

② Peter Clark ed., *The Cambridge Urban History of Britain*, Vol.2: 1540-1840, Cambridge Histories online: Cambridge University Press, 2008, p.30.

很小，大部分城镇人口不到 1 500 人。[1]除伦敦外，在任何城市都只须两三小时就可步行完全城。英国最大城市伦敦，其财富或规模都不能与同期大陆那些特大城市相比，大致与维罗纳或苏黎世处在同一行列，[2]只能算作欧洲的二流城市。

1500 年左右，英国城市经济仍处在中世纪水平上，具有这样一些特点：

首先，没有形成全国性的城市体系。城市间的联系和交往不多。几乎每个城市都在相对孤立隔绝的状态下发展着，只有些地区性市场网络联结着若干城市，它们还是各自分立的。

其次，大多数城市的主要经济功能是为周围农村及城市自身服务，因此，它们在自己所深深植根的农村地区只能算一个功能齐全的中心地，只有伦敦有所例外。[3]总的来说，每个城市与其周围地区组成了一种经济社会圈，这个圈表现出强烈的乡村基调，城市被融进了乡村社会结构。[4]城市是这个圈的中心，它同邻近农村的经济联系是表层的，只是地方手工业品与剩余农产品相交换的市场地而已，城市行业广而杂，生产专精程度欠发达。

再次，城市经济腹地的范围很有限，市镇辐射区域半径通常为7—11 英里，以农民在一天内能够往返市场为限。地方郡城的影响范围通常是一个郡，若干区域性工商业中心如布里斯托尔、考文垂和约克，其经济影响力能达到两三个郡。即使伦敦的经济影响范围也只是近畿诸郡，对北方、密德兰、西部各郡，甚至东盎格利亚地区影响都很小。

最后，每个城市都有传统市场区域，从国王或领主手中获得的城市特许状给了它们商业垄断特权。城市市场一般不向外地商人和

① Richard Holt and Gervase Rosser eds., *The English Medieval Town, A Reader in English Urban History 1200-1540*, London and New York: Longman, 1990, p.1.

② D. C Coleman, *The Economy of England 1450-1750*, Oxford University Press, 1982, p.48.

③ John Patten, *English Towns 1500-1700*, p.148.

④ R. Holt and G. Rosser eds., *The English Medieval Town, A Reader in English Urban History 1200-1540*, p.1.

商品开放。只有几个海港城市同国外市场有联系。

从 1500 年至工业革命前，英国城市经济从中世纪的工商兼备、服务周围的职能,沿着三个新的趋向发展,即商业化、开放化、专门化。中世纪过来的城市大多是沿着这三个方向近代形态转型,17、18 世纪兴起的新型工商业自由城市也在这三个方向的发展上极为突出。英国城市的三个层级即中小城镇、地方重要城市、首都伦敦,它们的变化莫不如此。

2. 16、17 世纪的城市转型

15 世纪中期后,几乎所有城市都经历过危机。危机给老城市提供了变革机遇,以改造从中世纪带来的传统品质。因此,16 世纪见证了中世纪城市在各个基本方面的转型。[①]

中小城镇在英国广泛分布,全英格兰大约有 650—700 个中小城镇。如以人口标准,1500 年左右,中小城镇人口一般都在 1 000 人以下;18 世纪中小城镇人口一般在 2 000 人以下。

这一时期,中小城镇的经济变化发生在许多方面。在商业上,中小城镇通常是地方市场中心和对外联系窗口,向外地市场转运像谷物羊毛之类本地产品,将一些生活必需品运入本地。因此一个城市往往是地方产品和外地商品在当地的集散中心。如牛津郡班伯雷的"星期四市场"就划为好几个分区,包括牛市、羊市、马市、麻市、鹅市、谷市等。[②]亨廷顿郡的圣内奥茨是一个大麦专门市场,负责将邻近贝德福德郡、剑桥郡和亨廷顿郡所生产的大麦转运至伦敦等外地市场。约克郡的但卡斯特是英国最大的羊毛市场之一。格罗斯特郡的图克斯伯里汇集了当地所产针织产品后,将其转运至格罗斯特或布里斯托尔。[③]16、17 世纪,零售行业如小旅馆、小商店在中小城镇普遍兴起。

---

① R. Holt and G. Rosser eds., *The English Medieval Town, A Reader in English Urban History 1200-1540*, p.2.

② John Patten, *English Towns 1500-1700*, p.204.

③ J. Thirsk ed., *The Agrarian History of England and Wales*, Vol. 4, 1540-1640, Cambridge University Press, 1967, pp.502-503.

中小城市的服务功能也发生变化，为地方服务的行业越来越多，城市和农村原来比较松散的联系现在越来越紧密。许多高档次服务行业如药商、书商也从大城市渗透到中小城镇。[1]

乡村工业地区的中小城镇则生产毛织品、铁钉等特色产品供应国内外市场，它们成了"单一型"手工业城镇，如西部的奇平康普敦、温奇库姆、图克斯伯里，东盎格利亚的拉文翰，是毛纺业城镇；西密德兰的达德利、沃尔沙尔和伍尔弗汉普顿是铁制品业城市。

地方城市是英国城市的主体。英格兰有一百个左右的地方重要城市，每个郡至少有一个这样的城市。地方城市人口一般在 2 000 人以上，有些地方中心城市人口超过 10 000 人，如布里斯托尔、诺里奇、约克、纽卡斯尔和埃克塞特等。地方城市一般都是郡级或区域级工商业中心，具有"总体混合型经济"特点。城市行业的数量和类型逐渐增加，也越来越专业化和高档化。例如约克这个英格兰北部最大城市，此期间出现了许多新行业，如书籍装订工、书商、煮皂工、烟杆制作工、钟表工、衣柜制作工、舞师、音乐师等。这些行业发展表明了城市生活舒适甚至奢侈标准的提高，也表明其与外部世界联系的加强。更重要的是，城市过去那种被动面向乡村服务的功能模式正在向一种新的城市引导型经济转变。

16 世纪里，许多地方港口的对外贸易特权被伦敦褫夺了，特别是毛纺品出口贸易方面。如德文郡和约克郡等地的呢绒出口就掌握在伦敦商人手中，因为伦敦作为国际贸易体系中的重要基地，更易于得到用来交换呢绒的大陆商品。[2]16 世纪 40 年代，地方港口出口呢绒量的总和不足 15 000 匹，而伦敦一地出口呢绒就将近 100 000 匹。17 世纪早期，地方港口重新获得呢绒出口权，1640 年，地方港口出口的短匹呢绒总量达到 40 000 匹，伦敦则下降为 87 000 匹。[3]

[1] John Patten, *English Towns 1500-1700*, p.169.

[2] David Nicolas, *Urban Europe, 1100-1700*, Palgrave Macmillan, 2003, p.61.

[3] P. Kriedte ed., *Peasants, Landlords and Merchant Capitalists, Europe and the World Economy, 1500-1800*, Cambridge University Press, 1984, p.35.

有些地方大城市经济走向了专门化。如诺里奇变成了毛纺织业城市，在16世纪中期至17世纪以生产"新呢布"著称。1670年，它成为最大的地方城市，人口超过20 000。布里斯托尔再一次成为港口贸易城市，17、18世纪里主要从事大西洋贸易和爱尔兰贸易，18世纪中叶成为英国第二大城市，人口超过60 000。

所有这些城市都可与其他城市自由地进行商业往来，以往的垄断市场和商业势力范围现在都向国内外商人开放。这种开放化是城市经济走向近代化的最重要表征之一。但这有一个渐进的过程。早在中世纪，便有一些城市互签协议，构成贸易伙伴，允许双方商人自由往来，税收上也给以优惠。最先签订此类协议的是1265年的温切斯特和南安普顿，最引人注目的要数诺丁汉、考文垂和林肯城之间的"三方协定"。到15世纪后期，整个英国已覆盖着由无数个这样的双边或多边协定组成的商业贸易自由往来网络。到17世纪初，已完全形成这样的观念：去外地城市进行商业活动被认为是天经地义的事情，是"应该享有"的权利。[1]

最具代表性的英国城市自然是伦敦。伦敦作为英国的首都，是中世纪英国唯一可与大陆国家相媲美的城市。16—18世纪，它不仅在经济职能上的转型十分成功，而且还得到了异乎寻常的发展，被人称为"膨胀性成长"，其总人口在1700年超过巴黎，一跃而为西欧最大城市。

随着城市的转型，英国也形成了全国性的三层级城市体系：顶端是伦敦，是城市体系的核心；中间层次即一百个左右的地方城市，是城市体系的结点；基础层次是六七百个中小城镇，是城市体系的神经末梢。以这个城市体系为骨架，英国形成了逐渐一体化的国内市场体系和民族经济体系。

---

① H.E.Fisher & A.R.J.Jurica, *Documents in English Economic History: England from 1000 to 1760*, London: 1977, pp.254-256.

三、新型城市：原工业化之果

在原有城市转型、城市体系形成、国内市场体系和民族经济体系形成之际，17 世纪中叶后，一些新型城市在英国兴起。它们多位于英格兰北部和西部，处在自布里斯托尔海峡至沃什湾一线以北以西。新型城市的代表有伯明翰、曼彻斯特、利物浦、利兹和设菲尔德等五大城市。[①]总起来看，新城市的兴起是乡村工业发展即所谓"原工业化"的结果。乡村工业发展逐渐集中的趋势，导致了它们的出现和成长。如伯明翰成长于西密德兰"黑乡"铁制品业区；曼彻斯特和利物浦兴起于兰开夏乡村棉纺区；利兹出现于约克郡西莱丁乡村毛纺区；设菲尔德出现于约克郡西南部的"哈兰夏"乡村铁制品业区。由于位于乡村工业区，这些城市的专业化职能体现得最为充分。

伯明翰的起源地是埃奇巴斯顿，16 世纪只是个小村镇，旅行家利兰说这里只有一条街道。17 世纪西密德兰"黑乡"铁工业区兴起后，伯明翰逐渐成为最大的生产中心。这里制造的枪支和金属纽扣闻名英格兰，[②]产品还畅销国外市场。至工业革命前夕，据有人略微夸张的估计，1760 年伯明翰铁工业品年产值达 60 万英镑，其中有 50 万英镑产品出口。[③]伯明翰也成了西密德兰地区钢铁及其制品的主要集散中心。如 1692—1705 年，弗利公司炼出的生铁和熟铁共有 48 个买主，伯明翰占了其中 13 个；成交生熟铁近 12 000 吨，其中伯明翰人买去 4 145 吨，占 35%；1733—1750 年，赖特公司生产的生熟铁共有 50 个买主，其中伯明翰人 15 个，占 30%。[④]1770 年伯明翰

①　John Patten, *English Towns 1500-1700*, p.82.

②　Ibid., p.29.

③　Peter Mathias, *The First Industrial Nation, an Economic History of Britain 1700-1914,* London: 1983, p.94.

④　M. B. Rowlands, *Master and Men, In the Midlands Metalmare Trades before the Industrial Revolution,* Manchester: 1975, pp.169-171.

的工商人员中，旅店老板达 248 人，远远超过该城第二大行业纽扣制造工（129 人），[1] 可见作为集散中心的伯明翰日常流动人口之多。伯明翰后来成长为英国第二大城市，以它为中心的西密德兰地区是英国最大的现代工业区。

曼彻斯特是兰开夏纺织区最大的工业生产中心。16 世纪时，曼彻斯特的粗呢织造就有一定声誉。16 世纪末棉花引进兰开夏后，棉麻混纺布和纯棉布生产先后成为兰开夏的主要工业，生产集中在曼彻斯特周围地区。曼彻斯特自身是主要的织造中心和乡村产品加工中心，城市商人还控制着周围乡村的棉布和混纺布生产。曼彻斯特也是本地乡村工业产品最大的集散中心。乡村工业产品在这里集中后，一部分运往利物浦，从那里向国外市场出口，大部分通过陆路运往伦敦，在那里出口或分发到国内市场。曼彻斯特也是 16、17 世纪商人的主要聚集地之一。这里的许多商人常奔走于各地，甲处买进，乙地卖出，沟通着各地区间的物质和商品联系，在国内商业贸易体系中扮演着重要角色，"曼彻斯特人"成了英国行商的代名词。[2]

利物浦的诞生和成长离不开欧洲大西洋贸易，同时也与腹地即兰开夏乡村工业的发展密切相关，在 16 世纪的爱尔兰贸易中极为重要。17 世纪，利物浦从法国进口盐和红酒，从西班牙进口铁和盐。利物浦依靠这些贸易生存下来了，但并没有繁荣起来，仍然非常小。从 17 世纪中叶开始，这两项贸易和整个城市都飞速发展。1650 年，利物浦只有 6 条街；1667 年达 11 条街；1677 年，18 条街；1697 年，28 条街；1708 年，34 条街；1708—1725 年，又建了 16 条街。利物浦新的繁荣主要基于它从 17 世纪 60 年代后期起进入了北美和西印度贸易，基于它分发大西洋贸易商品包括奢侈品。如 1726—1730年，利物浦掌握了不列颠烟草进口的 7%；1742 年，占有了英国糖

① Roy Porter, *English Society in the Eighteenth Century,* London: 1982, p.97.
② L. C. Marshall, *Industrial Society*, Chicago: 1963, p.187.

料进口的 14%。^① 这些进口商品主要供应它的腹地兰开夏日益富裕的乡村工业人口。^② 利物浦还为兰开夏纺织区进口原材料。18 世纪，它是兰开夏棉纺业所需原料棉花的第二大输入口岸。例如 1721 年，一个叫哈德曼的利物浦商人声称，几年来，他向内地卖出的棉花平均每月为 20 000 磅。^③ 同时，利物浦也是兰开夏纺织品除伦敦之外的最大市场和最大出口中心，它还输出产自兰开夏西南部的煤，输出切斯特郡北部的盐。17、18 世纪，利物浦涌现了不少大商人家族。18 世纪中期，据 1753 年利物浦备忘录说，利物浦在近期内已发展成大不列颠王国中仅次于伦敦的海港，居民主要是商人，贸易活动几乎遍及世界。

利兹在 16—18 世纪一直是约克郡西莱丁毛纺区最重要的中心。18 世纪，西莱丁区成为英国最大的毛纺区，利兹则成了英国最大的毛纺业城市。除了它本身的呢绒织造外，它还吸收城市附近乡村地区的初级毛纺品，进行剪呢修整、染色和成衣等加工工作。利兹也是英格兰除伦敦外最大的呢绒交易中心，18 世纪曾修建了三个呢绒交易大厅，每天交易的呢绒价值达 10 000—20 000 英镑。^④

设菲尔德是约克郡南部所谓"哈兰夏"乡村地区铁器制造业的中心，其最重要的行业是刀剑制造。从教堂中结婚登记和小儿受洗记录看，1655—1659 年、1700—1704 年和 1716—1719 年这三个时期里，新郎和受洗儿父亲从事刀剑业的比例分别达 25%、25% 和 40%，加上相关分支部门，则分别高达 40%、35% 和 50%。设菲尔德的刀剑产品闻名世界。在铁器制造业的基础上，设菲尔德在后来的工业革命中发展成为英国最重要的"钢都"。

---

① Paul G. E. Clemens, "The Rise of Liverpool, 1665-1750", *The Economic History Review,* New Series, Vol. 29, No. 2 (May, 1976), pp. 211-215.

② John Patten, *English Towns 1500-1700*, pp.232-233; Paul G. E. Clemens, "The Rise of Liverpool, 1665-1750", pp. 211-215.

③ L. W. Moffit, *England on the Eve of the Industrial Revolution*, New York, 1925, p.134.

④ E. J. Buckatzsch, "Occupations in the Parish Registers of Sheffied, 1655-1719", *The Economic History Review*, New Series, Vol. 1, No. 2/3 (1949), pp. 145-150.

18 世纪中期以前，这些新型城市的人口增长远远超过旧有城市，见表 6-1。

表 6-1　16—18 世纪中期英国若干新城市的人口估计 [①]

城市	年代	人口	年代	人口	年代	人口	年代	人口
伯明翰	16 世纪 20 年代	1 000	1603 年	2 000—3 000	17 世纪 60 年代	6 000	1700 年	15 000
利兹	16 世纪 50 年代	3 000	（全教区）		1626 年	5 000—6 000		
利物浦	1565 年	700	1642 年	2 000—2 500	1708 年	7 000	1760 年	25 787
曼彻斯特	16 世纪 50 年代	2 000			1700 年	5 000	1757 年	19 839

乡村工业发展和这些新城市的兴起，促使英国西北部地区走向繁荣，并可与东南部地区相媲美。18 世纪中叶，英国经济地图开始改变，在西北部和东南部形成了经济发展的两极。伦敦经济体系被打破了。英国经济的这一地理格局一直维持到今天。

上述城市可称为"后中世纪"城市，几乎没有中世纪时代的城市传统和制度。说它们是"新型"城市，在于它们有许多新的品质，包括：1. 经济专门化；2. 面向外来商人和国内外市场开放；3. 可以自由地从事工商行业；4. 新型的工业组织，等等。

笛福曾在他的《游记》中说，伯明翰专门生产枪炮、纽扣和挽具，沃尔沙尔生产刀钻、马勒，达德利生产铁钉，伍尔弗汉普顿生产铁锁。1760 年，伯明翰生产的铁货总价值超过 60 万英镑。[②] 曼彻斯特是兰开夏棉纺区最大的生产中心、最重要的市场，也是英格兰西北部最大的商业中心。从这里出发的商人们走向全国售卖商品，"曼彻斯特人"成了其时英国行商的代名词。作为海港

[①] John Patten, *English Towns 1500-1700*.

[②] P. Mathias, *The First Industrial Nation, An Economic History of Britain 1700-1914*, p.94.

城市，利物浦是兰开夏棉纺织产品的主要输出口，棉纺织原材料输入的主要口岸，并成为英国大西洋三角贸易的主要中心。利兹是18世纪后英国毛纺工业最大的生产中心。设菲尔德因其生产的刀剑而享誉国际市场。

这些城市的个人经济活动比较自由，没有中世纪城市的那种行会规定和限制，也不受到城市当局干预。如从1624年到1799年，虽然"哈兰夏"的刀剑生产由刀剑工公会做出规章限制，但进入该行会并不限于那些曾有正式学徒经历的人。在该公会注册的大约24 000个从业者中，4 700个注册者未必正式当过学徒。[1]而"伯明翰极其光荣强大之源泉，人口增长经济昌盛之根由，就在于它是一个自由城市，城内没有任何来自个人或团体的阻碍"。[2]没有行会与市政控制的经济"自由"，是近代形态城市的基本标志之一，因此这些17世纪后成长起来的新城市，是近代自由工商业城市的最早萌芽。具有诸多近代品质的这些新城市，成为现代欧洲城市的先驱，正是它们成为孕育第一个工业化民族的摇篮。

四、大西洋畔国际商业中心崛起

16、17世纪社会转型时期，欧洲城市的数目没有多少增加，所以这段时期也被研究界视为欧洲城市发展的沉寂时期。但由于地理大发现和新航路开辟引发了商业革命，欧洲的国际商业中心从地中海沿岸转向大西洋沿岸，因此大西洋岸边矗立起一批国际商业中心城市。

---

[1] E. J. Buckatzsch, "Places of origin of a group of immigrants into Sheffield, 1624-1799", *The Economic History Review*, New series, Vol.2, No.3 (1950), pp.303-306.

[2] Peter Clark and Paul Slack eds., *Crisis and Order in English Towns 1500-1700, Essays in Urban History*, p.12.

安特卫普

安特卫普是 16 世纪上半叶西欧最重要的国际商业贸易和金融中心。它原本为些尔德河口一个较小规模的地区性集市城市，14 世纪末逐渐成为英国和德国商人进行交易的市场地。15 世纪里整个低地国家城市发展迟滞，只有安特卫普持续缓慢地发展。16 世纪初突然崛起，其命运与葡萄牙航海贸易相关。1501 年，一艘商船将从印度卡里库特运来的胡椒等香料，从里斯本转运至安特卫普，由此揭开安特卫普历史发展新的一页。葡萄牙人在这里用香料交换德国商人运来的铜银等金属。[①] 伦敦商人则将这里当作英国呢绒运往大陆的首抵地，从这里再转运至欧洲大陆各地，由此形成了英国外贸的"伦敦-安特卫普轴心"模式。意大利商人也将这里作为主要的商业基地。1535 年，尼德兰成为西班牙属地，安特卫普再次出现商业和金融发展高潮。随后 30 年里，西班牙将大量的美洲白银送到了这里，为安特卫普经济输入了新的血液。

从这时到 1566 年，安特卫普成了西欧最大的国际贸易中心。据估计，安特卫普每年的进出口贸易总额要达 6 000 万佛罗林，港口里有时同时停泊商船两三千艘。在这里交换的商品极其丰富多样，多达几百种，包括木材、焦油、船只、大小麦、毛纺品、麻纺品、丝绸、天鹅绒、羊毛、家用器具、明矾、盐、酒、糖、干果、大箐、胡椒、肉桂、生姜、豆蔻、白银、黄铜等。每天来往的外国商人五六千人，几乎所有西欧国家的商人都汇集于此。他们来自尼德兰、西班牙、葡萄牙、英国、德国、法国、北欧、意大利等国家和地区。安特卫普本地商人的足迹也遍及西至新大陆、东迄俄罗斯、北抵瑞典、南达加那利群岛的广大地区。在国际贸易活动的刺激下，安特卫普又成了西欧一个最大的国际金融中心，银行等金融机构数百家。意

---

① 1510 年至 1521 年，葡萄牙运至安特卫普的胡椒年均近 10 万磅。同期，葡萄牙从这里运走了来自德国的 5 200 吨铜、1 250 吨铜器和 6 650 磅白银。L. Voet, *Antwerp: The Golden Age,* Antwerp: 1973, pp.146-147.

大利银行家，南德意志奥格斯堡富格尔、韦尔塞等大商人家族，都在这里设有分号。这样一来，安特卫普城市迅速成长，1566 年人口达 10 万之多，比五十年前增加了 1.5 倍，堪与同时期的英国首都伦敦比肩，是其时欧洲一流的大城市。就其国际经济地位来说，16 世纪前中期的欧洲国际贸易属于 "安特卫普时代"。

由于尼德兰革命的爆发，安特卫普成为西班牙军队强力镇压的重灾区。1566 年后，西班牙国王欠债不还，安特卫普蒙受巨大损失，从此一蹶不振。不但外国商人纷纷逃离安特卫普，就连本地商人也北迁阿姆斯特丹。1600 年，安特卫普仅有人口 47 000 人，比高峰时期减少了一半。[①] 在某种意义上，16 世纪安特卫普并未开始向近代形态转型，它遭受的仍然只是中世纪商业模式城市的命运而已。

伦敦

1500—1750 年，伦敦属于膨胀性发展。在这 250 年里，它的人口增加了 12 倍。[②]1700 年，伦敦超过巴黎成为西欧最大城市，是英国第二大城市人口的 20 倍！

表 6-2　1500—1750 年的伦敦人口

年份	人口	年份	人口	年份	人口
1500	50 000	1550	100 000	1600	200 000
1650	400 000	1700	575 000	1750	675 000

英国在 16 世纪前期的发展，主要基于大西洋沿岸贸易中伦敦 – 安特卫普轴心的建立。因此这一时期英国南部越来越富、经济越来越活跃，吸聚着全国的人口、物资和贸易。地方港口小商人已不能同有势力的伦敦富商展开竞争。于是，布里斯托尔这个老贸易港口

---

① 〔英〕安格斯·麦迪森：《世界经济千年史》，伍晓鹰等译，北京大学出版社 2010 年版，第 44 页。

② E.A.Wrigley, "A Simple Model of London's Importance in Changing English Society and Economy 1650-1750", *Past & Present*, No. 37 (Jul., 1967), pp. 44-70.

衰落了；赫尔、波士顿和桑德维奇等港口也遭遇同样的厄运，即使那些发展了新贸易项目（如供应伦敦人口的沿海煤炭贸易和粮食贸易）的城市也未能幸免。[①]

依靠从国王那里取得的特权，伦敦控制了英国出口贸易的 80% 以上，特别是羊毛和呢绒出口。16 世纪 30—70 年代，伦敦出口呢绒占全国呢绒总出口量的四分之三以上。[②]个别年份如 1559 年，呢绒出口关税的 93% 来自伦敦港。[③]17 世纪中叶，伦敦出口谷物占全国谷物出口总量的 40%。[④]伦敦也是英国主要的进口贸易港，占全国进口贸易总量和总值的五分之四。[⑤]伦敦还是英国国内市场体系中最大的集散中心。而且，也正是伦敦将英国国内市场网络与国际市场或世界市场体系相连接。

英国城市体系于 16、17 世纪形成，这是英国民族经济体系的骨架。位于城市体系顶端的伦敦，成了民族经济的核心，聚集着全国大量的财富，吸引着来自全国各地的人们。如 1480—1660 年伦敦的 172 个市长里，有 158 人是来自各地的移民。伦敦数千个最富有的商人中，出生于伦敦的比例不到 10%。[⑥]许多公会的学徒主要来自伦敦以外地区，籍贯是伦敦的学徒比例很小。[⑦]在某种程度上，伦敦将整个英国当成了自己的"经济领地"；或者说，英国各地都变成了伦敦的腹地。因此，16、17 世纪英国形成的民族经济体系就是伦敦经济体系。伦敦成了世界上最大、最繁忙、最富有的都市。

"一个人若厌倦了伦敦也就是厌倦了生活，因为伦敦提供了所有的

---

① C.M. Cipolla, *Before the Industrial Revolution: European Society and Economy 1000–1700*, p.204.

② G. D. Ramsay, *The English Woolen Industry 1500-1750*, London: Macmillan Press, 1982, p.39.

③ David Nicolas, *Urban Europe, 1100-1700*, p.16.

④ L. W. Moffit, *England on the Eve of the Industrial Revolution*, London: King & Son, 1963, p.86.

⑤ Ibid., p.72.

⑥ G. D. Ramsay, *Tudor Economic Problems*, London: Gollancz, 1963, p.10.

⑦ John Patten, *English Towns 1500-1700*, p.240.

生活。"[1]

阿姆斯特丹

阿姆斯特丹作为中世纪尼德兰北部荷兰省的一个港口城市，是德国汉萨商人通往佛兰德尔和英格兰的陆水转运地。15世纪发展了波罗的海谷物贸易，发展了鲱鱼捕捞业和鲱鱼贸易，16世纪初与莱登、哈勒姆并称为尼德兰北部三大经济中心，人口14 000左右，但整个尼德兰只属于中等水平。16世纪初以来欧洲商业革命发生和世界市场初步形成，也使阿姆斯特丹在16世纪前中期逐步发展繁荣，1567年拥有居民30 000人。而且，它在16世纪的北海和波罗的海谷物贸易以及航海用具贸易中积聚了大量财富，因此它在北方城市中脱颖而出，成为最有吸引力的经济中心。

尼德兰革命中，大量工商业者从安特卫普和佛兰德尔纺织城市移居阿姆斯特丹，大大增长了它的经济实力。1585年安特卫普陷落，阿姆斯特丹很快取代了它的商业地位。从此，阿姆斯特丹作为西欧最大的国际贸易中心和金融中心，维持了一个世纪之久。它的崛起在17世纪达到了高峰。其人口增长极为迅速，1610年为5万人，1622年为10万人，1660年达20万人。[2]1630年，阿姆斯特丹占地面积为1 800英亩，即7.2平方公里。[3]以阿姆斯特丹为首都的荷兰共和国，被马克思视为17世纪经济发展的"模范国家"。

阿姆斯特丹的经济兴趣和经济利益主要在海外。荷兰人作为"海上马车夫"，驱动着其时世界总吨位一半以上的航海船只。这个海洋帝国太大了，狭小的国内腹地难以支撑，因此，荷兰不可避免地在同英法等新兴海洋大国的较量和竞争中败下阵来。作为荷兰首都

---

① Carlo M. Cipolla, *Before the Industrial Revolution: European Society and Economy 1000–1700*, pp.212-3.

② De Vries, *Antwerp: the Golden Age*, pp. 86-90. 还有一种估计称，阿姆斯特丹1600年达到了6.5万人，1700年仍为20万人，见〔英〕安格斯·麦迪森：《世界经济千年史》，伍晓鹰等译，第44页。

③ F. R. Willis, *World Civilization*, Vol. 2, Heath Corporation, 1982, p.75.

的阿姆斯特丹也就从 17 世纪后期开始丧失了商业霸主地位。阿姆斯特丹的这个例子,尽管从一定程度上说明了它已经具有部分近代性,但其商业资本还没有完全摆脱中世纪那种转运贸易仅靠赚取商品的地区差价、不积极投入生产活动的落伍特性,与中世纪城市商业帝国并无差异,所以也走着它们的兴衰老路。因此马克思有一说:"商人资本的独立发展与资本主义生产的发展程度成反比例这个规律,在例如威尼斯人、热那亚人、荷兰人等经营的转运贸易的历史上表现得最为明显。"①

里斯本

里斯本是葡萄牙王国的首都。葡萄牙王国诞生于伊比利亚半岛的"收复失地运动",1143 年正式宣布成立,1147 年以特茹河畔的里斯本为首都。15 世纪初,葡萄牙摆脱了西班牙的干扰,开始向海外发展。由 1416 年亨利王子开始的沿大西洋岸航海探险活动,使葡萄牙的控制范围逐步伸展到非洲最南端。1497 年达·伽马开辟了通往印度的好望角新航路。16 世纪葡萄牙在亚非沿海占据了许多据点和商埠,并意外地获得了南美洲的巴西,由此建立了庞大的殖民帝国,里斯本自然成了这个殖民体系的政治统治中心。

里斯本作为商业中心出现最初是在中世纪盛期。当意大利城市开辟了地中海通往大西洋北海的航线时,里斯本正处在这条航路的中途。而西地中海逐渐与东地中海贸易脱节,东地中海贸易被威尼斯所垄断,热那亚等城市的商人逐渐转向伊比利亚,里斯本因此变成国际商埠,外国商人在那里成倍增加,并在一定程度上控制了里斯本乃至整个葡萄牙。在那里扎根的热那亚商人主要做批发生意,但留给本地商人的零售业务他们还要插手。②新航路开辟和葡萄牙殖民帝国建立后,里斯本便迅速成长为葡萄牙控制的印度洋航路殖

---

① 马克思:《资本论》,第 3 卷上,第 367—368 页。

② 〔法〕费尔南·布罗代尔:《15 至 18 世纪的物质文明、经济和资本主义》,第 3 卷,顾良、施康强译,第 145 页。

贸易体系的中心。1498 年达·伽马从印度返航时，装满了香料和宝石。虽然返回里斯本时只剩下两艘船，但其运回的香料所获利润，却是此次航行成本的六倍！1500 年发现巴西的卡布拉尔船队，后又继续东航印度，返回时满载胡椒等香料，运抵里斯本。此后葡萄牙船队定期前往印度，里斯本成了东方产品输入西欧的主要口岸，取代了威尼斯的地位。以前威尼斯商人从事的地中海东方贸易，每年运往西欧的胡椒不过 2 100 吨，而印度新航路开辟后，每年运往里斯本的香料骤增至 7 000 吨。从印度运回的香料，都由里斯本集中运往安特卫普（如前文所述，运往安特卫普的第一船香料是在 1501 年，实际上运货人是荷兰等佛莱芒商人）。从安特卫普换取了德国铜、英国呢绒等运往里斯本，转运至世界各地。1549 年，由于可以就近换取来自美洲的西班牙白银，葡萄牙人又将香料贸易转移到里斯本。不过，葡萄牙人像西班牙人一样，似乎集中于经营其海外帝国，而将其进口贸易商品在欧洲的分发，及向它们提供给殖民地的出口品的事情，都留给别的欧洲人去做了。[①] 虽然如此，里斯本与塞维利亚相似，即它们都是 16 世纪欧洲内部贸易体系与殖民地贸易体系相连接的枢纽点。

以人口指标来衡量，里斯本在 16、17 世纪里快速发展。1400 年，里斯本约有 5 万—6 万人口，1500 年约为 6 万—7 万人，1600 年时，则达到了 12 万—14 万人，1700 年为 19 万人左右，占到全国城市人口的 50%—60%，占了全国总人口的 11%。[②]

塞维利亚

塞维利亚位于伊比利亚半岛西南部，曾是"收复失地运动"中新卡斯提尔王国的都城。15 世纪末叶卡斯提尔王国与阿拉贡王国合

---

① Rondo Cameron, *A Concise Economic History of the World, From Paleolithic Times to the Present*, p.121.

② Paul Bairoch, *Cities and Economic Development, From the Dawn of History to the Present*, p.180. 还有一种估计称，里斯本 1600 年为 10 万人，1700 年为 16.5 万人，见〔英〕安格斯·麦迪森：《世界经济千年史》，伍晓鹰等译，第 44 页。

并成西班牙王国后，虽以半岛中部的小城托莱多为首都，但塞维利亚仍是西班牙殖民体系的统治中心。西班牙的第一个殖民行政管理机构"印度诸地贸易署"，就是1503年在塞维利亚成立的，[①] 实际上控制了美洲贸易。1511年，西班牙在塞维利亚设立印度事务部，管辖殖民地的贸易和行政。由于位于瓜达尔基维尔河的下游，离河流的大西洋出海口（桑卢卡尔）只有百余公里，因此除早期的哥伦布外，西班牙的航海探险活动大多是从这里出发的。如1502年就任海地总督的德奥万多，率领一支30艘船、2 500人的庞大舰队，就是从这里起航的。进行首次环球航行的麦哲伦舰队，1519年也是从塞维利亚启程的。16世纪中期正式确立并修建马德里作为西班牙王国首都后，塞维利亚的政治地位才有所下降。

但塞维利亚作为大都市继续在发展，1600年时，塞维利亚与托莱多、巴伦西亚、瓦拉多利德等四个城市加在一起达到了32万人，[②] 塞维利亚至少也得在8万人以上，甚至还可能达到或超过10万人。[③] 它的经济重要性不断加强。随着大西洋贸易的兴旺以及16世纪西属美洲殖民地金银矿的开采，塞维利亚成为西班牙唯一的与新世界或西印度群岛航线进行大规模贵重商品贸易的港口，超过巴塞罗那而成为整个西班牙境内的经济首城，因此塞维利亚的财富令人艳羡。瓜达尔基维尔河畔至今矗立的"黄金塔"，就是其高度富有的历史见证。1529—1573年，虽然又先后允许另外10个西班牙城市从事美洲贸易，但它们必须在塞维利亚进行注册，其船货也必须在此地上岸。直到1680年，瓜达尔基维尔河下游淤塞，航船难以通行，美洲贸易中心才从塞维利亚转移到加的斯。[④] 塞维利亚的手工业也相当

---

① 〔美〕A.E.J. 莫里斯：《城市形态史——工业革命以前》，下册，成一农等译，第735—736页。

② Paul Bairoch, *Cities and Economic Development, From the Dawn of History to the Present*, p.181.

③ 有一种估计认为，塞维利亚1600年为9万人，1700年为9.6万人。见〔英〕安格斯·麦迪森：《世界经济千年史》，伍晓鹰等译，第44页。

④ Rondo Cameron, *A Concise Economic History of the World, From Paleolithic Times to the Present*, p.138.

发达。在 18 世纪初西班牙著名重商主义者乌斯塔利兹眼中，这个有着"往日光荣"的城市，曾经拥有 16 000 台生产精致的或普通的织物的织机，雇用 48 000 人，织工连同家属要达 60 000 人。[①]虽然这是夸张的说法，但至少在一定程度上反映了塞维利亚纺织业繁荣的状况。

由于大西洋城市的兴起，西欧的大城市地图发生了极大变化。1500 年，西欧人口最多的四大城市（那不勒斯、威尼斯、巴黎、米兰），意大利占了三个；1700 年，西欧人口最多的五大城市（伦敦、巴黎、那不勒斯、阿姆斯特丹、里斯本），意大利仅占一个。[②]

五、从城乡对立到城乡一体化

城乡关系从中世纪型向近代型转变

城市与乡村的关系，往往被视为城市的本质特征之一。马克思曾经指出："古典古代的历史是城市的历史，不过这是以土地财产和农业为基础的城市；亚细亚的历史是城市和乡村无差别的统一（真正的大城市在这里只能干脆看作王公的营垒，看作真正的经济结构上的赘疣）；中世纪（日耳曼时代）是从乡村这个历史的舞台出发的，然后，它的进一步发展是在城市和乡村的对立中进行的；现代的历史是乡村城市化，而不像在古代那样，是城市乡村化。"[③]马克思在这里所概括的人类社会各个历史阶段的基本特征，实际上是从城市和乡村关系的角度来透视的。这既对我们认识各个时代的城市地位具有启发意义，也有利于我们认识各个时代的城乡关系。

按照这一认识，中世纪城乡关系的基本特点就是城乡对立。当然，

---

① 周一良、吴于廑主编：《世界通史资料选辑》，中古部分（郭守田主编），第 392 页。

② Mortimer Chambers, Barbara Hanawalt, Theodore K. Rabb, Isser Woloch and Raymond Grew, *The Western Experience*, p.572.

③ 马克思："政治经济学批判"，载《马克思恩格斯全集》，第 46 卷，人民出版社 1979 年版，第 480 页。

对立中也有统一。从经济上看，对立着的城市和乡村，构成了欧洲中世纪以农为本的封建经济社会的两个组成部分，各自满足着全社会的不同消费需求。乡村农业经济是封建经济之本，城市工商业经济则是末。两者处于一种相互依存状态：无乡村之本，城市工商业基本上没有服务对象，也就是说，没有存在的必要；无末，本也将无以生存，即无城市这个末，乡村也永远处在一种低水平原始性的封闭经济状态。而且，城市经济基本上成了乡村生存和发展的控制者和主导者，照马克思的说法，那就是"城市通过它的独占价格，它的课税制度，它的行会制度，它的直接的商业骗术和它的高利贷剥削着农村"。① 这里的被剥削者，也包括了住在乡村城堡里的封建领主，他们在城市商人的盘剥之下，不少人负债累累，甚至走向破产状态。当然在政治上，则由于封建领主的驻地在农村，因而"到处都是农村压榨城市"。

近代城乡关系与古典时代类似，也是城乡一体化，但本质上截然相反。古典时代的城乡一体化是由乡村社会主导的，虽然统治者住在城市里；而近代的城乡一体化则是由城市主导的，是乡村城市化，即乡村完全处在城市的控制之下。城市不仅是统治乡村的政治中心，而且也完全支配着乡村经济。乡村经济不单是以城市经济为主导的近代经济秩序中一个位居其次的组成部分，而且在与城市经济的相互关系上，必须从属于城市，依附于城市，为城市服务，向后者过渡，最后在行政上演变为城市控制区的一部分，完成政治上的城乡一体化。

那么，从中世纪那种对立型的城乡关系，到近代的乡村城市化和城市主导的城乡一体化，其间必有一个过渡期。在英国，这个过渡期大致是16—18世纪即近代早期；在大陆欧洲，这个过渡期的完成大约又要晚将近一个世纪。

这一过渡的出现，还是取决于社会生产力的发展，尤其是社会生产分工规律日益强化的趋势。本来，社会生产的一定分工，是中

---

① 马克思：《资本论》，第3卷下，第902页。

世纪城乡对立的前提，诚如马克思、恩格斯所说，"某一民族内部的分工，首先引起工商业劳动和农业劳动的分离，从而也引起城乡的分离和城乡利益的对立"。[①]中世纪的欧洲也一样，城乡分离和城乡利益对立离不开社会经济的一定分工，即城市主要从事工商业劳动，乡村主要进行农业生产。而城乡之间的经济联系，主要表现为城市工商业劳动成果与乡村农业劳动成果的交流与交换，即最后产品的交换，而很少发生生产过程中或生产环节上的联系。没有生产过程的联系，也就没有生产过程中的分工。因此，构成城乡对立之前提的一定的社会经济分工，只是处在初步状态的、极其简单的。虽然在这种情况下，城市仍能以其商品货币经济的一定优势向农村渗透，但这种渗透还不足以改变城乡对立的状态。只有随着城乡在生产过程中的联系加强，随着社会分工的深化、细化、全面化，中世纪那种对立型城乡关系，才有可能向近代乡村对城市依附型关系转变。

吴于廑先生在论及中世纪城市地位时，实际上也是从城市和农村关系角度来透视的。在吴先生看来，"由封建农本经济内部滋生和发展起来的商业、市场、市集、城市"，在一个相当长的发展阶段中，"是封建农本经济的必要补充……交换和自足相辅相成，城市和农村并行不悖"。初兴的城市也在很多方面"有浓厚封建泥土的气息"，"它们为农村的多余生产物提供交换的机会和场所，同时生产和转运农村所必需的物品。它们吸收农村因自然增殖而产生的多余人口和因反抗阶级压迫而游离出来的劳动力。它们的居民经营各类生业，需要依靠农村提供原料"。但是，"商业和城市发展到一定的水平"，就会变为对封建农本经济的"侵蚀和瓦解，非对立的关系变为对立的关系"。这种转变在 12、13 世纪开始有迹象可寻，到 16 世纪前后"就已成为非常明显的历史现实"。"而在这一转变之中，商业和城市经济也就由封建农本经济的附庸，变为

---

① 《马克思恩格斯全集》，第 3 卷，第 24—25 页。

它的对立物，终之取得对它的支配地位"，① 也就是这种城市支配乡村的近代城乡关系。这一转变的最终原因，在于商业和城市发展到一定水平。因此，新型的近代城乡关系的创造，主动方就是城市及其发展。但城市对城乡关系的改造，有一个较长过程，应该始于中世纪城市兴起后不久。

12—14 世纪城市商品货币关系向农村渗透

前文所分析的中世纪城市与乡村的双向、共生、互补关系，是从静态层面解剖的，但城乡关系在中世纪中晚期的四五个世纪里，更是一种动态的发展，而且在这种发展中，城市是主动型的。城市作为一个地区的工商业中心地，与本地区的农村构成了经济生活圈，各自负担和完成不同的经济功能。虽然看起来城市经济只是这个经济生活圈的次要部分、补充部分、附属部分，但它蕴含着与自给自足的农村经济完全不同的新的品质，这就是工商业经济所特有的商品货币关系、市场关系。我们之所以说城市很快演变成封建农本经济的对立物，就在于它具有这种新的品质。这种新关系具有无比强劲的渗透力，对农村生产关系、经济生产结构和居民生活方式造成巨大的冲击力。在国家体系中居于次要地位的城市，虽然在政治上还受到封建主（包括国王和教会）的统治或控制，但在经济上已逐步解构农村的封建生产关系，刺激农村经济生产结构的变革，引领农村生活方式的改造。

1. 冲击农村的封建关系

城市产生后，在其工商业基础上形成的商品货币关系，以极强的渗透力，对封建农村经济形成了前所未有的侵蚀和瓦解，引起了封建农奴制解体和庄园制崩溃。小农生产和小农家庭经济成为中世纪晚期西欧农村的基本经济模式。

城市的商品货币关系对相对封闭、结构稳固且缺乏内在需求

---

① 吴于廑："世界历史上的农本与重商"，载《吴于廑文选》。

的乡村自然经济系统的渗透和瓦解，是一个循序渐进的过程，而对于乡村而言，"在一个为商业和城市经济所改变的时代，旧的领地制度必然消失，商品流通加快，农业生产打破了在此之前束缚它的桎梏"。[①]

在商品货币关系的影响下，封建领主为了得到更多的可以直接购买工商产品的货币，纷纷将庄园原所实行的劳役地租普遍改变为货币地租或实物地租。同时，领主们还允许庄园农奴用金钱赎取人身自由，从而加速了农奴制的崩溃，封建庄园制经济也随之解体。大量的自由农民出现，并成为中世纪晚期农村劳动力的主体。更重要的是，农民获得人身自由是对生产力的极大解放，农民们可以为了自己而主动地发展农业生产，也可以从事其他职业，城乡之间的社会流动性和地理流动性大大增强。

当然，商品货币关系对农村的渗透及其产生效应，是渐进式的、推进式的过程。随着城市工商业经济的发展，越来越多的商品进入了市场。特别是随着城市所从事的国际贸易的发展，越来越多的东方商品进入了西欧市场，大大刺激了领主们的消费欲，领主需要大量货币。他们虽然可以出售剩余粮食获得货币，但出售活动是由管家等人员进行的，这些人往往借机中饱私囊。改变地租方式便成为领主取得货币的重要方式。于是，将劳役地租改变为货币地租的做法普遍流行起来。如英国从 11 世纪就有大量地租用货币缴付的情况，[②]12 世纪初开始了将劳役地租折算为货币地租的过程，13 世纪后期广泛发展；法国的这一过程也开始于 12 世纪。[③]

在这个过程中，领主得到了不少好处。首先是农奴的周劳役被折算成货币，也就是货币地租，基本上等于农奴所要付出的地租总额。其次，领主不再管理或经营自领地，而是将它租出去，这样又可获

---

① 〔比〕亨利·皮雷纳：《中世纪的城市》，陈国樑译，第 134 页。

② M. M. Postan, "Early Banking", *The Economic History Review*, Vol.16, No.1 (1946), p.67.

③ 吴于廑主编：《十五十六世纪东西方历史初学集》，第 139—142 页。

得大笔租金。在英国，领主自领地在 14、15 世纪里已经全部出租。[①]
再次，农奴原来所负担的一些临时性义务如春种秋收的帮忙，领主
这时也将其折算成货币要农奴缴纳。最后也是相当重要的，是领主
向农奴索要赎身金。农奴用货币租代替劳役租后，本来行动自由了，
但领主不甘心，认为农奴在人身上还应属于他，农奴若要完全自由，
得向他缴纳一笔赎身金。有学者估计，农奴所缴的赎身金，不会低
于地租折算额。如法国巴黎附近的奥利村，农民们一次缴纳达 4000
利弗尔的巨额赎身金。[②]

另一方面，由于受到市场经济和商品货币关系的影响，不少农
奴能够比较主动地进入市场，出售农副产品获得货币，使自己的经
济情况有所改善，更进一步要求改善社会地位。他们用攒下的货币
赎买自己的人身自由。因此，越是靠近城市的地方，农奴制就越先
瓦解。因为城市人口多，市场能吸引大量农副产品，农奴越有经济
能力。如巴黎一带早在 14 世纪初，农奴制就完全消失了。[③]

西欧各主要国家的农奴制都在 13—14 世纪走向了最后瓦解。在
意大利，13 世纪时，农业基本掌握在自由农手中。在法国，"农奴
逐个逐个地或至少是逐户逐户地，有时整个村庄地获得自由"。[④] "在
英国，农奴制实际上在 14 世纪末已经不存在了"。[⑤] 15 世纪后，自
由农民中一部分开始演变为富裕农民，逐渐拥有较多的财富和土地。
而收取了货币地租的领主们，则由于手中金钱增多而大肆铺张，不
少人到头来反而债台高筑、穷困潦倒，尤其是领主换算的货币地租
是固定租额，赎身金又是一次性的，而物价却在不断上涨，也就是
货币不断贬值。领主的实际收入下降，促使其经济、社会和政治地
位日益衰落。农村的封建关系因而越来越松懈，这又为城市经济要

---

① Edward Cheney, *An Introduction to the History of Industry and Society,* New York: 1923, p.110.

② 〔意〕奇波拉：《欧洲经济史》，第 1 卷，徐璇等译，第 164 页。

③ 〔法〕马克·布洛赫：《法国农村史》，徐中先等译，商务印书馆 1997 年版，第 129 页。

④ 同上书，第 123—124 页。

⑤ 马克思：《资本论》，第 1 卷下，第 784 页。

素向农村移动创造了较好的社会政治生态。

同时，受商品货币关系影响，一些领主也变得精明起来。在英国和法国，13 世纪后还普遍流行以实物形式缴纳土地租金的情况，而租金量又用货币形式来衡量，这个世纪里，领主为市场而直接经营领地的情况增多，因此货币地租的重要性也相对减少了，不但英国是这样，法国和德国的大部分地方也是这样。①而这一情况正是城市商品经济冲击的结果，实质上就是旧有领主对土地进行新式经营。

而且，随着工商业繁荣和城市的富足，农村不少中小贵族移住城市。前文曾述意大利北部这种情况比较多，此外在佛兰德尔贵族进城的事例也不少见。②这种情形，一方面能说明贵族离开农村，削弱了农村的封建关系，另一方面又说明城市与农村联系的纽带，甚至城市对农村的控制力进一步加强。

2. 改变农村的经济生产结构

尽管乡村也有一定的商业空间和法律至上的传统，但就总体而言，中世纪西欧乡村是和它的落后的农业生产、粗放耕作制、生产效率低下、农奴强迫劳动相一致的。从农奴阶层看，农本经济的生产目的，主要是为了满足自身需要，而不是为了交换，即使农副产品进入市场，也是为了换回自己无法生产的必需品。中世纪的传统观念认为，耕种土地是唯一正当的职业，而从事其他职业，尤其是商业，会遭到社会的鄙视和排斥，因为物质财富和富贵意识会影响精神幸福的追求。商业的发展遭遇许多制度制约，在这样一种社会体制下，如果没有外界的刺激，乡村的新经济因素很难突破自然经

---

① M. M. Postan, "Early Banking", *The Economic History Review*, Vol.16, No.1(1946), p.67.
② 在 14 世纪的佛兰德尔，许多贵族离开农村地产移居城市。突出例子之一是格维里（Gavere）家族。它是四个庄园的领主。从 13 世纪末起，该家族有好些成员与根特城的显贵特别是博尔鲁茨（Borluuts）家族和德·格雷特里（De Gratere）家族联姻。14 世纪 70 年代，格维里家的雷耶斯三世（Raes III）与根特一妇女结婚，在城内刚买了一所房宅，成为城内的头面人物之一。1379年，他还参与领导了根特城一次反对伯爵的起义。David M. Nicholas, "Town and Countryside: Social and Economic Tension in Fourteenth-Cebtury Flanders", *Comparative Studies in Society and History*, Vol.10, No.4 (Jul., 1968), p.472.

济的桎梏，获得进一步发展。从领主阶层看，庄园里的生产也主要是满足其自身和家庭的日常生活需要。由于自领地面积大，即使单产量偏低也能获得充足的粮食，因此他们对技术革新和生产设备的再投资就漠不关心，庄园的管理也是粗放式的，领主对农业设施进行改善和投资的支出在他的全部收入中所占的比例不超过10%。而且领主家庭的开销甚巨，女儿出嫁要置办丰厚的嫁妆，儿子（无继承权的次子们）要安置到体面的职业上也需要一笔不小的费用。[①]有关领主奢侈消费方面的史料有很多，这里不作过多列举。总之，领主阶层的这种非生产性消费吞噬了大量社会再生产的资金，这使乡村经济的发展举步维艰。

当商品货币关系深入农村后，农村的生产结构就会因城市工商业的需要而发生变革。也就是说，什么物品最能卖出获得货币，农村居民就会倾向于生产这种物品；什么物品能卖得更多的货币，他们就会更多地去生产这种物品。中世纪英国生产面向国际市场的羊毛，就是因为国际贸易的发展，羊毛在佛兰德尔、意大利等地有更好的市场而刺激起来的。这是一个城市工商业发展，市场扩大，货币的交换价值和使用价值为更多的人包括农村居民所认识后，农村生产结构发生深刻变革的最典型例子。除羊毛这类城市纺织业甚至国外城市纺织业所需的工业原材料外，城市人口日益增长也需要越来越多的基本生活资料，因此商品性的粮食生产在欧洲各地农村发展起来。

不光是农作物的种植结构发生了变化，更重要的是农产品的生产性质也在发生变化。这就是由自给自足的自然产品生产演变为商品生产。起初，农民只是为了取得货币，才将自己家庭的剩余粮食拿到市场上出售，我们可以称之为剩余粮食的商品化。到了后来，为了到市场上换取货币，农村居民为出卖、为面向市场的目的而进行生产，这就是商品生产。起初，这种商品生产是部分的、有限的，

---

① 〔美〕罗伯特·杜普莱西斯：《早期欧洲现代资本主义形成过程》，朱智强译，辽宁教育出版社2001年版，第235页。

到后来则发展为大部的，甚至全部的。

13、14 世纪城市发展达到一个高潮时期，农产品生产的商品性质也达到了较高程度。例如，英国马歇尔伯爵的肯尼特庄园 1270—1271 年的总收入为 69 英镑，其中出售产品的收入为 53 英镑，占比 77%；1305—1306 总收入 97 英镑，出售产品的收入为 81 英镑，占比为 84%，出售的产品种类主要有谷物、羊毛、家畜，黄油奶酪等农牧产品。[①] 以温切斯特主教区为例，所属 32 个庄园 1208—1209 年平均每一庄园小麦出售量占生产量的 48.5%，1299—1300 年，同一主教区所属 42 个庄园小麦出售量占生产量的 70%。[②] 当然，不光是领主庄园，作为农村主要劳动者的农民们无疑也同样深深地卷入了商品经济旋涡，发展商品生产。

3. 改造农村居民的生活方式和精神观念

城市以商品货币关系对乡村进行渗透的同时，还从法律道德、社会意识、大众心态等社会生活的各个层面对乡村施加着深刻影响。城市"承担了向周围传播自由思想并且促使（虽然并非有意）农村阶级逐渐解放的使命。……城市制度逾越城墙扩散到农村，把自由传送到了那里"，[③] 城市经济活动"对乡村施加着强烈的影响，使农民从漫长的麻木状态中苏醒过来"。[④]13 世纪时，乡村贵族也开始受到商品货币经济影响，居然在宫廷里也一味唠叨小麦、奶酪、鸡蛋和小猪的价格，奶牛产奶多少以及收成好坏之类话题。[⑤]

城市市民的自由生活也对农民颇具吸引力，"城市中的公共土地同大量的庄园肩并肩地连在一起，当农民们发现自己有那么多的负担，而附近的土地上的邻居已获得自由，怎么能阻止农民们发牢

---

① E.Miller & J.Hatcher, *Medieval England: Rural Society and Economic Changes 1086-1348*, London: 1980, p.224.

② N.S.B.Gras, *The Evolution of English Corn Market*, Cambridge: 1926, pp.110-111.

③ 〔比〕亨利·皮雷纳：《中世纪的城市》，陈国樑译，第 131—134 页。

④ 〔英〕里奇和威尔逊主编：《剑桥欧洲经济史》，第 5 卷，高德步等译，第 22 页。

⑤ 〔法〕费尔南·布罗代尔：《15 至 18 世纪的物质文明、经济和资本主义》，第 2 卷，顾良、施康强译，第 521 页。

骚呢？"①对自由的渴望促使他们挣脱农奴制的封建枷锁，奔向城市。

"城市的兴起，论过程，是演进的，但论结果，是革命的。"②随着城市工商业力量的不断壮大，城市经济在整个经济体系中开始处于优势地位、主导性，乡村经济有沦为城市经济附庸的趋向，因此到了这个时候城市和乡村的关系模式与城市刚兴起时期开始颠倒过来。当然，毕竟"经济变革的动力不仅仅源于城市的积极性，而且也来自于农村和城市的互动中农村社会和经济的内部变革"。③如何在城乡互动中实现向近代城乡关系的转型，实现城市对农村经济的控制，还有很长的路要走。

15—17 世纪城市对农村经济的逐步控制

欧洲乡村的面貌在整个中世纪里好像是静止未动的，有些历史学家就得出过这样的结论。有人说，在美男子菲力时期和 18 世纪之间，法国农村的结构几乎没有发生变革。著名的桑巴特也说，从查理大帝到拿破仑，欧洲农业没有发生变化，虽然有人评论这是抬杠的气话。研究奥地利的历史学家奥托布律内尔甚至认为，从新石器时代到 19 世纪，农民始终构成欧洲社会的基础结构，没有变化。表面上看是会产生这样的印象，但从长时段考察就可得出不同的结论。历史学家埃利奥孔蒂就是这么认为的。在他看来，意大利托斯卡纳农村的情形只能通过一千年的连续观察才能得到解释。④其实，在看似平静的水面之下，是一股股潜流在涌动。农村的基本面貌是这样，城乡间的关系也是这样。大约是从中世纪晚期的15、16 世纪起，城市逐渐将农村尤其是周围农村改造成自己的经济"领地"。

---

① 〔英〕贝内特：《英国庄园生活：1150—1400 年农民生活状况研究》，龙秀清等译，上海人民出版社 2005 年版，第 295 页。

② 〔美〕汤普逊：《中世经济社会史》，下册，耿淡如译，第 424 页。

③ 〔英〕M.M. 波斯坦主编：《剑桥欧洲经济史》，第 2 卷，王春法等译，第 22 页。

④ 〔法〕费尔南·布罗代尔：《15 至 18 世纪的物质文明、经济和资本主义》，第 2 卷，顾良、施康强译，第 263—264 页。

1. 城市经济要素向农村转移

中世纪城市发展初期，劳动力、资本和原材料等经济要素主要依靠农村供应。到中世纪城市发展晚期，经济要素如劳动力和原材料从农村向城市的流动依然存在，而且是城市继续发展的源泉之一。但与此相反，中世纪晚期实际上还存在着城市经济要素向农村转移的趋向。这一趋向表现为城市劳动力和城市资本向农村的转移。它源于城市内部的变化，但造成的结果却是对农村经济的一次冲击。

既然是城市要素向外运动，因此转移在本质上是城市内部矛盾运动的结果。这种矛盾，主要表现为城市新经济关系的发展与城市封建旧躯壳的不相容性。新经济关系的最高形态表现为资本主义萌芽。严格地说，新经济关系与城市作为封建经济补充的最初本性是格格不入的，因此城市又禁锢了新经济关系的成长。城市"就像庄园宏大的城堡一样都是与时代格格不入的东西；它的自由曾是少数人的特权，它的经济比起领地经济来越来越受到僵化的控制"。① 因此，新经济关系要顺利成长，还须着眼于城市之外。于是，城市经济要素向农村的转移，便成了中世纪晚期西欧一种普遍现象。

城市对新经济关系的禁锢主要表现为落后守旧的手工业行会制度对生产的束缚。一方面，行会极力扼杀成员的进取精神，限制学徒和帮工的人数，限制生产工具数量，限定工作时间，规定产品的数量和质量，阻止成员扩大生产或进行生产革新。这种"有计划地组织了行会师傅变成资本家"的做法，迫使那些企望上升的工匠不得不另寻发展场所。另一方面，行会实行限制帮工和满师学徒取得成员资格在城内开业的封闭性政策，使得大量手工业帮工和满师学徒在城内发展艰难，那些进城学艺、在城内没有背景的农村学徒满师后尤其如此，结果造成大量劳动力向农村流动。这些在城市得不到充分就业的人员向乡村转移，16 世纪后在英国、瑞典、佛兰德尔、德国以及意大利的部分地区很为普遍。②

---

① 〔英〕M. M. 波斯坦主编：《剑桥欧洲经济史》，第 2 卷，王春法等译，第 570 页。
② 〔意〕奇波拉：《欧洲经济史》，第 2 卷，徐璇等译，第 248 页。

城市商人资本在向产业资本转化的过程中，也受到主要是来自手工业行会的阻力。马克思指出："行会竭力阻止商人资本这种与它对立的、唯一自由的资本形式的任何侵入。"[1]而且，由于商人资本不熟悉生产过程，因此它在控制生产过程中也要遇到许多困难。行会制度走向解体、商人资本渗透手工业生产，也造成城市中的社会动荡，结果是普通手工业者在城市中更难以立足，于是选择农村作为生存之地。因这一原因而产生的这种转移在西欧各城市的织呢工和漂洗工中相当普遍。[2]

城市的封建性还表现在其他很多方面。如生产结构的僵化，城市行会手工业总是固守原有产品，不去适应大众消费市场。城市还固守自己的经济活动范围，垄断自己固有的市场，几乎每个城市市场都不对外开放，导致工商业者将眼光投向农村，将经济活动推向农村。

城市劳动力和城市资本向农村转移的最主要结果，就是促使乡村工业更广泛地、在更高的水平上发展起来。在英国和佛兰德尔，乡村工业发展最为突出。经济要素之所以向农村转移，也在于此时农村具备了一些有利因素。如农村封建关系已发生深刻变化，封建统治在农村已渐趋松弛，农村的环境和空气更为自由；解放了的农奴成为了自由劳动力，他们可以在农闲时节从事工副业；水力作为动力广泛使用，农村的水源更为丰富；农村人口多，大众消费市场正在发育；工业原材料更为丰富等。

当然也不排除一些反向趋势。如在意大利，按照马克思的说法，"在15世纪末开始的世界市场的革命破坏了意大利北部的商业优势之后"，意大利的"城市工人大批地被赶往农村，给那里按照园艺形式经营的小规模耕作，带来了空前的繁荣"。[3]历史学家的研究也

[1]　马克思：《资本论》，第1卷，第397页。
[2]　George Unwin, *Industrial Organization in the Sixteenth and Seventeenth Centuries*, pp.39-40.
[3]　马克思：《资本论》，第1卷，第784页。

印证了马克思的论述。如，"佛罗伦萨工业的衰落引起了托斯卡纳农业的复兴。为追求利润，城市商人毫不犹豫地进入乡村地区，用过度的压榨将它们变得贫困和荒芜"。[①]不过，这些例子也是从反面论证了城市对农村的控制力。

2. 农村逐渐受城市影响和控制

亚当·斯密曾经认为，到16世纪，商业贸易的运行机制已经渗透到社会经济生活的各个方面，自然经济在商品货币关系的作用下逐渐蜕变为商品经济。斯密在《国富论》中系统论述了城市商业对乡村改良做出的贡献。斯密指出，城市与乡村并不是一种对立的关系，而是一种互补的关系。首先，城市为乡村的农产品提供了"一个巨大的和方便的市场"，鼓励了乡村耕种事业的进一步改良。不仅如此，城市还以其商业和制造业构建了"秩序和良好的政府"，使乡村居民感到了"个人的自由和安全"。斯密还高度评价了商人的创业和改革精神："商人普遍热心于成为乡村绅士，当他们这样做时，他们一般都是最好的改革者。"由于长期从事商品交易，商人养成了谨慎、节俭和讲求秩序的习惯，这就使他"更适于执行任何改良计划，获得利润和成功"。[②]斯密在这里说得比较委婉，实际上，到15、16世纪时，西欧农村经济已在很大程度上受到城市的影响甚至控制。

这种控制的一大体现是城市商人资本对乡村工业的控制。乡村工业兴起是中世纪晚期西欧最突出的经济现象之一，但20世纪前期的经济史家虽有关注，却并没提出明确概念，更未对其实质和影响做出深刻分析。[③]20世纪中后期，先有英国学者琼斯探讨工业的农业起源，专门指出工业革命前欧洲乡村工业发展的特

---

①　〔法〕罗贝尔·福西耶：《中世纪劳动史》，陈青瑶译，第227页。

②　本节中斯密的论述均见〔英〕亚当·斯密：《国民财富的性质和原因的研究》，上卷，杨敬年译，陕西人民出版社1999年版，第456—458页。

③　W. Cunningham, *The Growth of English Industry and Commerce, Cambridge*, 1915; W. Ashley, *An Introduction to English Economic History and Theory*, London: 1925; E. Lipson, *An Economic History of England*, London: 1931.

有现象；①后有美国学者门德尔斯率先使用"原工业化"（Proto-Industrialization）概念，指称工业革命前专为市场交换而生产的乡村工业，从业者大多是有地的农民和无地的乡村人口，并指出原工业化是商业资本在农村的一种扩张形式。②德国学者克里特等合著的《工业化前的工业化》出版，进一步推动了原工业化理论的发展。他们在书中提出了早期资本主义发展的"三阶段论"：第一阶段是封建社会内部的分化过程，这一过程始于城市的勃兴而带来的城乡对立，市场机制影响农村，这"决定着原工业化的起源"。在第一阶段，城市的劳动力和原料供应缺乏弹性，行会所推行的封建垄断政策制约了工业的发展，工业在城市的发展受到阻碍，而乡村又有诸多的优势，这吸引资本脱离城市转往乡村，发展乡村工业，所以"原工业化是从封建主义向资本主义过渡的第二阶段"。18 世纪 60 年代开始的工业革命才是工业化的第三阶段。③

15、16 世纪，西欧乡村工业开始走上蓬勃发展道路。如英国，毛纺业遍布各地乡村。在 16 世纪早期亨利八世时代，"无数呢绒工人散居在英格兰的农村，散布在自坎伯兰康沃尔、自伍斯特肯特的数不清的农舍和村庄之中"。④此时期最重要的乡村毛纺区，是西南各郡的优质"宽幅呢绒"制造区，和东盎格利亚"新呢布"制造区。西南各郡自 15 世纪起乡村毛纺业就已成蓬勃之势。如格罗斯特郡的科茨沃兹地区，15 世纪出现了许多乡村呢绒商，16 世纪以对呢绒漂洗、染色和最后加工修剪而著称。17 世纪初，这一乡村地区的五个百户区从事纺织业者占总人口比例都在 30% 以上，个别百户区高达

---

①　E. L. Jones, "Agricultural Origins of Industry", *Past & Present*, No.40 (1968), pp.58-71.

②　F. F. Mendals, "Proto-industrialization: The First Phase of the Industrialization Process", *The Journal of Economic History*, Vol. 32, No. 1 (Mar., 1972) , pp.241-261.

③　Peter Kriedte, H.Medick, J.Schlubohm, *Industrialization before Industrialization, Rural Industry in the Genesis of Capitalism,* Cambridge: 1981, pp.6-7.

④　W. G. Hoskins, *The Age of Plunders, The England of Henry VIII 1500-1547*, New York: 1979, p.151.

45%。① 威尔特郡的卡斯尔库姆村所产"卡斯尔库姆"优质呢绒，15世纪就在欧洲市场上闻名遐迩了。② 东盎格利亚原本有一定毛纺业基础，16世纪后期因尼德兰宗教难民带来了技术，而发展"新呢布"，成为其时英格兰最大的乡村毛纺业区。其中诺福克郡沃斯提德村成为了英文绒线和绒线呢的代称，沿用至今；萨福克郡克西村成为了当时英国一种窄幅粗质呢绒的泛称——"克西呢"。后来成为工业革命发源地的兰开夏纺织工业区、约克郡西莱丁纺织工业区、西密德兰铁工业区、约克郡南部铁工业区，都是在16世纪左右首先作为乡村工业而起步的。

在低地国家，乡村工业发展势头也很旺盛。门德尔斯之所以在博士论文中提出"原工业化"概念，就是以佛兰德尔乡村工业为样本进行研究的。③ 佛兰德尔本来城市毛纺业发达，但14世纪因为百年战争英国控制其羊毛原料的供应，再加上城市内部手工业者与城市贵族、封建领主的三角斗争极为激烈，城市毛纺工匠除了一些人移民英国外，也有不少工匠转到了周围乡下以及附近地区，结果，在邻近的不拉奔、埃诺地区、默兹河流域、韦尔维埃地区，乡村毛纺业从14世纪起都很发达。甚至在尼德兰北部的林堡，毛纺业也在15世纪末向韦尔特地区和马斯河西岸村庄扩展。乡村毛纺业还遭到城市当局和行会的极力压制，如1428—1431年，伊普雷斯城对农村毛纺业者驱逐和罚款达140次，1483年一年中就超过了100次。④ 16世纪，麻纺业也在佛兰德尔一带许多小村庄里兴起，所产亚麻布在美洲贸易中享有特殊地位。纽克尔克和伊普尔斯附近乡村，北部的荷兰，乡村麻纺业都很发达。16世纪布鲁日附近的波佩林格等村庄

① A.G.Tawney and R.H.Tawney, "An Occupational Census of the Seventeenth Century", *The Economic History Review*, Vol.5(1934), pp. 25-28.

② Carus-Wilson, "Evidences of Industrial Growth on the Some fifteenth Century Manors", in Carus-Wilson ed., *Essays in Economic History*, Cambridge: 1953.

③ F. F. Mendals, "Proto-industrialization: The First Phase of the Industrialization Process", *The Journal of Economic History*, Vol. 32, No.1 (Mar., 1972), pp. 241-261.

④ 〔苏〕齐斯托兹沃诺夫：《尼德兰资本主义的起源》，世界中世纪学会1982年昆明年会材料。

还发展了棉纺业。16世纪后，列日盆地及桑比尔河与马斯河之间的乡村地区，成为重要的制铁业中心。1602年，查诺伊林村的40个农民，全都是制作铁钉的工匠。[①] 低地国家北部还有许多其他特有的乡村工业，诸如弗里西兰的奶品奶油业、泥煤采掘业，泽兰的制盐业和砖瓦烧制业，乌特勒支郊区的丝织业，赞恩地区的漂布、榨油和造纸业等。总之，尼德兰出现了不少手工业村庄。

不过，佛兰德尔地区的三个大城市（根特、布鲁日和伊普雷斯），都没有具备或不想具备对周围腹地的控制能力，不能将这些乡村地区化作促进城市经济繁荣的重要元素。佛兰德尔市民阶级对农村的兴趣，并没有导致城市公社对乡村地区的直接控制，而只是个体市民对农村的利用。佛兰德尔之所以如此，在于市民们全神贯注于城市及他们自身在城市的利益。即使是市民所伸展出的对土地的投资，通常也只是寻找资本去处，而不是寻找"第二个家"，也不是用于为城市增加原料和资源。城市"公司"或市民看到的只是"城市"和"乡村"不同，而不是看到两者之间的联系对形成一个永久性的政治、行政和经济整体的必要性。总之，佛兰德尔城市没有能跳出中世纪城市传统的狭窄视野，不但没有对附近地区乡村工业很好地予以控制和包纳，而是与其形成一种对立关系，相互间长期斗争。它们没能像意大利城市那样，实施对农业腹地的经济与政治控制，维系城市工商业的独立发展，从而创造出内部凝聚力强、经济强盛的城市国家。[②] 这也是同为中世纪城市发达地区，佛兰德尔从14世纪起即开始衰落的内在原因之一。

德国可分成若干个经济区，每个经济区的乡村工业都富有特色。亚麻纺织是德国的传统工业，14世纪以后，随着市场对这种廉价清爽且性能较好的织物需求急剧增加，麻纺工业迅速扩展到广大乡村。威斯特伐利亚、南部的多瑙河上游和莱茵河谷，东部的西里西亚、

---

① P. Earle ed., *Essays in European Economic History 1500-1800*, Oxford: 1974, p.55.

② David M. Nicholas, "Town and Countryside: Social and Economic Tension in Fourteenth-Cebtury Flanders", *Comparatire Studies in Society and History*, Vol. 10, No. 4 (Jul., 1968), p.485.

中部的黑森区,是主要的乡村麻纺区。其麻纺产品有不少面向国外市场。如威斯特伐利亚的麻织品向斯堪的纳维亚、尼德兰和英国出口。南部的棉麻混纺布消费市场主要是地中海地区,西里西亚乡村的麻纺品还进入了美洲市场。除麻纺业外,德国各地有不少具有地方特色的乡村工业。如汉堡和卢卑克附近乡村有金属加工业、玻璃制造业,威斯特伐利亚和莱茵地区乡村有毛纺业、毛麻混纺业、针织业、丝织业和织袜业。玻璃制造业还分布于黑森区和威斯特伐利亚,并沿威悉河流域向北发展。各地乡村还有采矿、冶炼、采石、铸造、制针、制顶针、制钟、搓绳、抽铁丝、木器加工等手工业。[①]总起来说,乡村工业在德国经济生活中的比重,已经超过了城市手工业。

与德国南部毗邻的瑞士,本来就是乡村之国,各地不同程度地发展了麻纺业、毛纺业、棉纺业、棉麻混纺业、丝织业、丝质绶带业、针织业、刺绣业以及项链制造和钟表业等。[②]在法国,诺曼底的乡村麻纺业最引人注目。农民在自己家里纺织亚麻布,然后到鲁昂等城市出售,并供应国际市场,16世纪后一直在美洲贸易和非洲贸易中占有重要地位。诺曼底乡村还有毛纺业、棉纺业、丝织业、金属加工业等手工业部门。多菲内乡村则是毛纺业发达,"织布通常已成为男人的工作,而女人的工作通常是纺毛线和丝线以及缝制手套;然而,这种工作只能限于农闲时期"。[③]布列塔尼、下美因、勃艮第、皮卡迪、奥尔良、伯雷、普瓦图、朗格多克等地也有乡村毛纺业。朗格多克呢绒还通过马赛港不断进入国际市场。奥尔良、里昂和孚日等地区有乡村棉纺业。最富法国特色的奢侈品制造业,也在乡村广泛分布。波旁纳、奥弗涅、诺曼底和阿朗松等地项链制作,尼姆、下朗格多克、图林纳和普罗旺斯等地的丝线业,都很著名。玻璃制造业分布在香槟、上普瓦图、奥弗涅、朗格多克和奎延纳等地乡村,

---

① P. Earle ed., *Essays in European Economic History 1500-1800*, pp.58-67.

② Ibid., pp.67-72.

③ 〔意〕奇波拉:《欧洲经济史》,第2卷,徐璇等译,第347页。

金属制造业分布于法朗切－孔泰、孔泰德弗瓦、多菲内等地。希耶利附近的制小刀，莱格尔地区的制针，上诺曼底的航海器具制造，也主要为乡村工业。[①]法国西部和南部的葡萄酒酿造业，举世闻名，但它也主要分布在乡村。

南欧的西班牙，北欧诸国，中欧内地等，也都有乡村工业的一定存在，即使是城市工商业一向繁荣的意大利亦复如此。早在14世纪，就有一些独立的乡村毛纺工匠受到佛罗伦萨城市的控制。[②]照布罗代尔的说法，16世纪初以后，意大利和地中海地区有十分之九的工业在向农村和小城镇转移。[③]于是，就有了热那亚附近的丝绸及棉布生产，有了米兰附近的毛纺业，有了那不勒斯外围农村的各种矿井和火药工场，等等。而佛罗伦萨的毛纺业由于寻求廉价劳动力的原因，也向附近农村转移。17世纪中期，托斯卡纳乡村每年生产的呢绒超过10 000匹。[④]然而意大利城市是商人当道，他们并不在意如何与周围农村进行深度整合。如佛罗伦萨就很少去设法改变附属城市与其周围农村的不平衡传统，去扫除不同腹地之间存在的许多贸易障碍，去削弱附属城市对其腹地的工业和商业垄断权。[⑤]

乡村工业的发展与城市资本深入农村有极大的关系。如在英国北安普顿、伍斯特和考文垂等城市，有许多限制城内呢绒制造商将工作交给乡村工人去做的规定，以及城市工人对呢绒制造商这一行为所提出的强烈抗议。1464年北安普顿的织呢工、梳毛工和漂洗工等联合抗议城内呢绒制造商将工作交于城外居民之手。1467年，伍

① N. G. J. Pounds, *An Economic History of Medieval Europe*, chapter 7; P. Earle ed., *Essays in European Economic History 1500-1800*, pp.53-54.

② S. R. Epstein, "Town and Country: Economy and Institutions in Late Medieval Italy", *The Economic History Review*, New Series, Vol. 46, No. 3 (Aug., 1993), pp. 466-467.

③ P. Earle ed., *Essays in European Economic History 1500-1800*, p.9.

④ Judith C. Brown and Jordan Goodman, "Women and Industry in Florence", *The Journal of Economic History*, Vol. 40, No. 1, *The Tasks of Economic History* (Mar., 1980), p. 76.

⑤ S. R .Epstein, "Town and Country: Economy and Institutions in Late Medieval Italy", *The Economic History Review*, New Series, Vol. 46, No. 3 (Aug., 1993), p. 460.

斯特规定，任何市民不得将羊毛交付给任何城外人。1518 年，考文垂规定呢绒不得送农村去纺织和漂洗，1549 年又规定羊毛不得送往城外。①14 世纪的布里斯托尔也有将城内呢绒送到城外去漂洗的记载。② 城市行会制度扼制竞争，僵化保守，与之形成鲜明对比的是，乡村自然资源丰富，劳动力价格低廉，这势必促使商人资本突破城市的桎梏而投向乡村，正如有的西方史学家所指出："乡村工业的扩张，就是对在城市中实施的对从事工业生产的限制性措施的一个回应。"③ 另一方面，14 世纪农奴制废除后，农奴的经济境遇得到改善，购买力提高，开始购买低档呢绒制品。面对这种新需求，一些城市反应迟缓，由于城市在高档商品或者奢侈品的生产上有优势，工人工资较高，对生产低档商品无利可图，因此城市对生产这种大众产品的积极性不大，而农村劳动力价格便宜，运送原料方便，是生产低档商品的理想场所。④ 这些因素促成了城市商人资本向农村的转移。而历史事实表明，这种转移，不但促进了乡村工业的大发展和资本主义化，而且加速了商人资本转化为产业资本的步伐，而乡村工业创造的利润又源源不断地回流到城市资本手中，形成了一种良性循环。

而从乡村工业发展方面考虑，无论是城市的纺织工匠还是从事纺织副业的乡村人口，都面临着市场和资金两大问题。所谓市场问题，就是由于商人横亘在生产者和消费者之间，使得生产者不能直接接触市场，无法解决产、销脱节的问题。一旦曾经相互严格封闭的各城市出现新的竞争，就要求从业者们在行动能力、勤奋程度、商品信息等方面具有相当的适应能力。如果一名织工找不到推销产品的市场或者他所需要的原料必须从远方运来，那么他就必须和商人打交道。这是因为与织工相比，城市商人的优势在于他掌握了充裕的

① E. Lipson, *The Economic History of England*, Vol.1, pp.438-439.

② W.Cunningham, *The Growth of English Industry and Commerce*, Vol.1, pp.436-437.

③ 〔英〕E. E. 里奇、C. H. 威尔逊主编：《剑桥欧洲经济史》，第 5 卷，高德步等译，第 503 页。

④ 〔美〕伊曼纽尔·沃勒斯坦：《现代世界体系》，第 1 卷，庞卓恒等译，第 93 页。

流动资本、必要的经营知识和可靠的营销渠道。

从 14 世纪中叶起，英国城市商人资本开始逐渐地对乡村毛纺业具有支配性的影响。这种影响主要以"家内制"形式表现出来。

由于乡村织工的流动资金非常有限，因此商人凭借资本优势向他们赊销羊毛，商人根据织工的能力将生产任务分配给他们，让他们在自己的家里进行生产，即传统的场外生产体制（verlagssystem），然后商人收回产成品并将其拿到市场上销售。这是一种初级的"家内制"。这种初级的家内制主要流行于 15、16 世纪约克郡西区。在这种家内制中，商人资本并不直接介入生产过程，它是作为毛纺业的生产环节和销售环节的中间人面目出现的，织工作为生产者在生产过程中尚能保持一定的独立性，但他们丧失了在原材料购买和产品销售方面的自由。

典型的家内制是英国乡村毛纺业最主要的生产组织形式，它流行于英国各地。典型的家内制是一种产品面向市场，以利润为最终目标的生产形式，商人是生产的直接组织者。在 14、15 世纪，一些富裕的呢绒商到市场上购买羊毛，分发给家庭妇女让她们纺成毛线；商人在支付工资后把毛线分发给家庭织工织成粗呢，并支付织工工资，最后经漂洗等工序后出售成品。有时商人也间接支配生产，拥有大量资本的少数商人向乡村手工业者提供原料，甚至生产工具，并预付部分工资，然后收回制成的产品，投放市场出售。米勒等人认为 13 世纪中期呢绒中间商就已经支配织工了。他们购买羊毛，清洗、染色，然后外放给梳毛者和纺纱者，他们雇用"整个城镇"的织工和漂洗工，在严格监督下实行计件制生产，然后在东盎格利亚的大集市上出售毛纺织品。[①] 有的商人直接向织工提供原材料，然后按产成品的多少付计件工资，而不是像过去那样，以信贷的方式卖给生产者原料，然后买回产成品。

商人不仅向织工提供工具设备，而且还预付货款或以贷款的形

---

① E. Miller & J. Hatcher., *Medieval England: Towns, Commerce and Crafts,1086-1348*, pp.111-112.

式向他们提供资金。织工已不再具有自主性,他们"已陷入一张无形的蛛网中,而蛛网则掌握在几个包买商手里"。① 包买商仰赖自身的资本优势切断了织工同市场的直接联系,他"对织布工人保障了经常的就业,……他也能够经常压低织布工人的工资,使他们的劳动时间的一部分留在没有报酬的情况中"。② 很显然,包买商已经具有资本家的性质了。马克思认为,乡村工业"只是使直接生产者的状况更加恶化,把他们变成单纯的雇佣工人和无产者,使他们所处的条件比那些直接受资本支配的人所处的条件还要坏,并且在旧的生产方式的基础上占有他们的剩余劳动"。③

因此在英国,绝大多数呢绒产区的织工都不是独立的,他们与市场的联系被商人切断,在销售方面已经丧失了自主权,他们手上几乎没有资本。在英格兰西部的威尔特郡、萨默塞特郡和埃克塞特郡的呢绒区,在诺里奇呢绒区,约克郡的布拉德福德地区的精纺呢绒区,诺丁汉郡的织袜和花边制造区,拥有资本组织生产的人都是富裕的呢绒商。在莱斯特郡的编织机织工经常不能筹措足够的资本购置一台织机,被迫从供应纺织纱线的商人那里租用编织机。

尼德兰的商人资本也控制乡村工业。如 15—16 世纪奥登纳尔德的呢绒商在经营亚麻纺织业时,按地区将农民家庭作坊编成若干组,30—60 户为一组,每组指派一个领工员负责指挥生产,各组都必须在指定时间交回产品,并领取原材料。④

乡村工业由城市商人提供资本和生产资料,由乡村人口提供劳动力。它是以市场为中心,以利润最大化为目标,以分工为基础的专业化生产。在这种生产形式中,劳动力与销售完全脱节,他们不

---

① 〔法〕费尔南·布罗代尔:《15 至 18 世纪的物质文明、经济和资本主义》,第 2 卷,顾良、施康强译,第 355 页。
② 马克思:《资本论》,第 3 卷下,第 1060 页。
③ 马克思:《资本论》,第 3 卷上,第 374 页。
④ 朱寰主编:《工业文明兴起的新视野——亚欧诸国由中古向近代过渡比较研究》,上册,第 567 页。

占有生产资料，而商人可占有他们的剩余劳动。从这一点上考察，乡村工业已经具有明显的资本主义性质了。控制乡村工业的包买商（商人资本家），"不但是原料生产者和工匠之间的中间人，工匠和购买成品的顾客之间的中间人，以及远地和近地之间的中间人，而且是城市和乡村之间的中间人"，必要时，商人"能广泛利用乡村工业"。①

总起来看，乡村工业的发展是以城市商人资本为导向，以乡村为基础的运动过程。这一过程所依托的是城乡呼应、双向互动机制。不过，虽然法国史家布罗代尔的一个比喻很生动："从全世界范围看，从分工上划分城乡十分困难，二者从来不会像油和水一样截然分开"，②但从生产的控制权、生产的最后结果来看，乡村工业是在不知不觉中唯城市资本意志为转移了。

随着城市商人资本对乡村工业的控制，农村的经济结构和社会结构的全面改造也在城市的主导下进行。

首先表现为对农业发展方向的导引，这实际上有两个方面。一是对与乡村工业及城市手工业所需要的原材料的生产方向的导引；二是对城乡非农业人口所需要的以粮食为主的基本生活资料生产方向的导引。就第一方面来说，佛兰德尔城市就有过这种情况。当14世纪英国限制输出羊毛时，便有城市商人购买土地用于养羊。③只不过该地区土地不很适宜养羊，因此并没能激起养羊业的大发展。至于英国，农村养羊业的加速发展则是最有力的例证。由于城市资本控制下的乡村毛纺业的大发展，因而对毛纺业原料羊毛的需求大大增加，养羊业由此成了英国乡村最为有利可图的生产活动之一。而

---

① 〔法〕费尔南·布罗代尔：《15至18世纪的物质文明、经济和资本主义》，第2卷，顾良、施康强译，第334页。

② 同上书，第577页。

③ 如1302年，布鲁日市民皮耶特·希尔德博勒（Pieter Heldebolle）就维持有一个大羊群。David M. Nicholas, "Town and Countryside: Social and Economic Tension in Fourteenth-Cebtury Flanders", *Comparative Studies in Society and History*, Vol.10, No.4 (Jul., 1968), p.477.

养羊业又不像粮食种植业那样需要更多的劳动力，生产成本较小，这样也就刺激了土地的名誉主人即领主们强迫性地从本已成为小自由农的前农奴手中夺回份地，并将之围圈起来，用作牧场，发展养羊业。这样，被圈的原有耕地就完全改变了生产性质。即使未被圈占的土地，也有许多农民主动改变生产方向，将利润获得作为第一考量而养羊，养羊在其家庭经济中所占比重大为增加。如在 15 世纪英格兰南部的六个庄园里，112 家农户养羊数量达 7 440 头，[①] 户均 66 头，这当然是个不小的数目。与乡村纺织业相联系，纺织业的其他原材料，如亚麻、棉花和染料作物等，也在农村广泛种植或开始种植。与养羊业相联系，16、17 世纪英国等又开始大量种植芜菁、萝卜等饲料作物，用于饲养羊牛等牲畜，除提供羊毛外，还提供肉和奶等城乡人口广泛需要的生活资料。就第二方面来说，由于乡村工商业发展，乡村非农业人口增多，新的工商业城镇兴起，这样就促使农村的基本生活资料特别是粮食的生产向商品化过渡，甚至导致农业资本主义关系（大农场）的出现。同时，对粮食需求的紧迫性，也是引起 17 世纪荷兰、英国等开始农业技术革命运动的最直接的刺激因素。

商人资本对农村投资之所以具有决定性意义，"重要性不仅在于创造了一个农村的无产阶级，还在于它是为手工工场产品创立国内市场的一个关键因素"。[②] 我们理解英国著名经济史家多布的这一名言，实际上也有两重含义。其一是商人资本渗透农村改变着农村的社会结构，即使得农村的小农经济结构产生裂变，被纳入了乡村商品经济甚至资本主义经济范畴。如英国，本来以种地为生的农民，到了 16 世纪却变成了"以种地为副业、而以工业劳动为主"的"一个新的小农阶级"，[③] 从下表 16—17 世纪英国某些乡村区从事工副业人员的比例即可反映出来。

---

① R. H. Tawney, *The Agrarian Problems in the Sixteenth Century*, London: 1912, pp.113-114.

② Maurice Dobb, *Studies in the Development of Capitalism*, pp.161-162.

③ 马克思：《资本论》，第 1 卷，第 816—817 页。

表6-3　1540—1640年英国乡村从事工副业劳动力占乡村总劳力的比例（%）[1]

乡村地区	毛纺织	大麻纺织	亚麻纺织	木材加工	其他副业	工副业人员占总人口比例
北部低地区	17	20	20	0	10	46
北部丘陵区	25	19	9	0	22	59
约克郡东区	8	35	14	8	22	68
密德兰平原区	38	0	13	13	13	56
密德兰森林区	41	9	18	36	27	77
赫特福德郡	41	4	26	59	22	78
东部各郡	11	11	0	32	26	58
萨默塞特郡	33	0	11	22	22	73
所有地区	23	—	14	17	19	60

注：由于一人可兼做多项副业，故而总比例并非各分项比例之和。

另外一重含义，是指农村出现这样一个"无产阶级"和"新的小农阶级"，又为城市手工业品和贸易品提供了销售市场。

城市商人投资购买农村土地，也是促使城市加强对农村控制的一个主要因素。

商人购买土地的动机是由封建社会的经济、政治和价值观等因素决定的。首先，从世俗方面看，一个人要想在社会上与政治上崭露头角，几乎最重要的一个条件就是他必须是地产拥有者。[2]对于商人这个阶层来说，即使经济实力再雄厚，如果不拥有土地，那么就只能永远地作为社会的"边缘阶层"存在。中世纪的西欧社会把商人看成是"寄生虫、投机者、盘剥重利者，把动产财富看作是欺骗和掠夺的成果，而非劳动的成果"。[3]商人只有通过购买土地这一途径获得贵族头衔，才能提高个人的社会地位。

其次，从教会方面看，"教会自始至终认为商业利润是得救的障碍"，[4]商人的营利活动玷污了灵魂，不利于灵魂的拯救，获得物

---

[1] J. Thirsk ed., *The Agrarian History of England and Wiles*, Vol.4,1500-1640, p.428.

[2] 〔意〕奇波拉：《欧洲经济史》，第2卷，徐璇等译，第215页。

[3] 〔法〕布瓦松纳：《中世纪欧洲生活和劳动》，潘源来译，第162页。

[4] 〔比〕亨利·皮雷纳：《中世纪欧洲经济社会史》，乐文译，第26页。

质财富会影响精神幸福的追求，而且商业破坏了教会的"公平价格"（Fair Price）原则，因而商人阶层缺乏世俗社会和精神社会的认同感。

最后，追求利润，唯利是图是商人的天性。土地是商人资本安全稳健的投资对象，商人资本转化为地产，一方面可以规避商业经营风险，另一方面地产收益相对稳定，转化为地产的货币财富不易贬值和流散。

总之，世俗社会和教会都对商人持鄙视、排斥甚至仇视的态度，购置地产所获得的收益安全而可靠。马克思曾经指出，"没有哪一种资本比商业资本更容易改变自己的用途，更容易改变自己的职能了"。[①]商人购置田产的动机与中国古代的"以末致富，以本守之"的经商法则颇为类似。受这类观念影响，这一时期英国商人普遍有三代之后回到农村居住的现象。[②]佛兰德尔商人在农村购买土地（或自己经营，或收取地租）的现象也很为普遍。[③]多数商人购买土地往往是为了满足虚荣。那不勒斯有句谚语："有钱可以买地捐爵。"拥有土地虽不等于就是贵族，但却是晋升贵族的必由之路，是社会地位提高的标志。保全资本则是购买土地的又一动机。[④]因此可以说，在当时的社会背景下，经济力量雄厚但受人歧视的商人阶层购置地产具有一定的历史必然性。不过，许多商人购买地产并不用于自己经营。如奥格斯堡大商人富格尔家族在购置了士瓦本和弗兰肯大批领地后，保留了原有的封建赋税，农民另行交纳免役税。里昂的意大利商人、那不勒斯的热那亚商人在购置了庄园后，同样不经

---

① 马克思：《资本论》，第 3 卷上，第 314 页。

② W. G. Hoskins, *Provincial England, Essays in Social and Economic History*, p.79.

③ David M. Nicholas, "Town and Countryside: Social and Economic Tension in Fourteenth-Cebtury Flanders", *Comparative Studies in Society and History*, Vol.10, No.4 (Jul., 1968), pp.458-485.

④ 1408 年 4 月，佛罗伦萨一商人向普拉托大商人弗兰塞斯科·达蒂尼写信说："我曾嘱托您购买地产，如果今天还有可能，我买地的热情将会更高。买地至少不冒海上的风险，不会像商业公司那样蒙受诈骗，更无破产之虞。因此，我建议您并要求您这样做。"参见〔法〕费尔南·布罗代尔：《15 至 18 世纪的物质文明、经济和资本主义》，第 2 卷，顾良、施康强译，第 256—257 页。

营土地。[1]

商人的这种"土地偏好"使原本宝贵的用于扩大再生产的资金退出了生产流通领域，取而代之的是流动性极差的地产。这是资本主义的"消极积累"。另外，城市商人购买土地，主要是购买城内土地和城郊庄园，收取地租，放高利贷，以商人为主的一些城市贵族"更趋向于接受封建式的生活方式，而不是商人的生活方式"[2]。商人从锐意进取的社会精英蜕变为坐收地租的食利阶层和寄生阶层，这与腐朽的封建领主并无本质上的区别。这是商人阶层所扮演的历史角色的"倒退"。但从城乡关系这个角度审视，商人这种做法除增加了城乡联系的纽带外，也有利于城市对乡村的更多的控制。当然，城市商人购买土地后进行资本主义经营的例子也不少。这种经营不但加强了城乡之间的经济联系，而且还使得商人经营的那部分土地和农业，完全从属于城市商人和城市经济。

欧洲城乡关系的这种转型，始自近代早期，始自英国，最关键的因素在于其乡村工业发展改变了经济生产格局，使城乡在生产过程中也发生了紧密联系，并有深入的分工。由于乡村工业基本上处在城市资本和城市商人的控制之下，故而后者势必按照自己的安排来决定乡村工业的发展方向、所承担的任务和生产环节，这样处在城市资本控制下的乡村工业和城市工业，就必然在生产过程中承担虽然不同但又彼此联系的生产任务。

即使到了 18 世纪，城乡之间的这种区别还明显存在。但到了 19 世纪早期的英国，蒸汽机和机器的轰鸣声将这种城乡界限完全打破。不过在大陆国家，这种区分直到 19 世纪中期还十分明显，包括进行工业革命较早的法国和比利时。城市和乡村还是以敌意为主，而不是友好交往。城市继续保持有城墙，对运进来的货物征收税费，

---

① 〔法〕费尔南·布罗代尔：《15 至 18 世纪的物质文明、经济和资本主义》，第 2 卷，顾良、施康强译，第 257 页。

② 〔英〕M. M. 波斯坦等主编：《剑桥欧洲经济史》，第 3 卷，周荣国、张金秀译，第 138 页。

对农民出城时的手推车进行仔细检查。城镇因拥有特权而过着自己相对孤立的生活，对农村人口几乎没有太多的影响。因而，1848 年 2 月革命只限于在汉堡、柏林、慕尼黑、德累斯顿和法兰克福等少数几个城市里进行。城市只是"文明的绿洲"，城外的人们好像生活在早几个时代的状态中。[①]

　　到了 19 世纪下半叶，所有这一切都发生了根本变化。现代文明因素促使城乡隔绝状态消除。城市废除了将自己与乡村相隔离的防御工事。铁路交通、报纸出版、迁徙与安居自由等因素，促进了城市观念的传播。工业也在城市之外的地方发展，中世纪意义上的城乡差异逐渐在先进欧洲国家消失。

---

　　① Adna Ferrin Weber, *The Growth of Cities in the Nineteenth Century, A Study in Statistics*, New York: Cornell University Press, 1967, p.7.

第七章　城市市民阶层力量的兴起

15—18 世纪的欧洲城市转型时期，城市社会内部也在发生着深刻变化，其中最引人注目、最具意义的，是市民阶级作为一支新生社会力量迅速崛起。他们不仅逐渐主导着城市政治和社会文化生活，也在国家政治生活中崭露头角，最终演变为推翻封建君王统治的强大政治力量。

一、城市市民的分化

从法理上说，中世纪城市市民的身份是平等的，市民都有从事工商业活动的自由。然而，如同德·弗里斯所说，城市没有形成充满敌意的氛围，[①] 但城市这个大共同体是由许多社会阶层构成的，越到转型期社会阶层分化越严重，社会矛盾越尖锐。事实上，那些帮工、学徒和伙计，人身是自由的，却很难取得城市自由人身份，因而独立从事工商业活动的自由实际上基本不存在。他们在城市是没有地位的下层，是城市的贫民阶层。比他们地位更低的，还有那些没有基本生活保障的城市流浪者、乞丐、无业人员等。独立的手工工匠、服务业和零售商业的店主，是城市市民的基本阶层，或可称城市平民。富有的批发商人、外贸商人、高利贷者和房地产主则成为城市的上层。所谓市民，多指的是手工业者和店主以上的人员，城市下层贫民绝

---

① 〔美〕简·德·弗里斯：《欧洲的城市化，1500—1800》，朱明译，第 4 页。

不被包括在内。

16、17 世纪，通过学徒途径成为独立开业者的自由人很少。英国约克城最著名的皮革业行会"手套匠行会"，伊丽莎白时期每年只吸收两个自由人。[①] 在登记为学徒的人里，只有小部分能成为自由人而独立开业，如布里斯托尔：[②]

表 7-1　1560—1689 年布里斯托尔城学徒成为自由人的比例（％）

年代	登记为学徒者	登记为自由人者	学徒中成为自由人的比例
16 世纪 60 年代	108	30	27.8
16 世纪 70 年代	142	28	19.7
16 世纪 80 年代	149	37	24.8
16 世纪 90 年代	183	35	19.1
17 世纪 00 年代	203	—	—
17 世纪 10 年代	209	52	24.9
17 世纪 20 年代	241	68	28.2
17 世纪 30 年代	265	82	30.9
17 世纪 40 年代	213	69	32.3
17 世纪 50 年代	250	88	35.2
17 世纪 60 年代	268	—	—
17 世纪 70 年代	223	130	58.2
17 世纪 80 年代	256	117	45.7

伦敦的学徒在 16、17 世纪里成为自由人的比例也不过 50%，如木匠公会在 1540—1590 年，学徒期未满便提前退出的学徒比例高达 45%。在诺里奇，学徒最后能成为自由人的比例比布里斯托尔还低。[③] 所以，诺里奇一些织工学徒出师后，往往返回家乡约克郡的西

[①]　D.M.Palliser, "The Trade Gilds of Tudor York", *Crisis and Order in English Towns, 1500-1700: Essays in Urban History.* Ed. Peter Clark and Paul Slack, London: Routledge & Kegan Panl, 1972, p.93.

[②]　Ilana Krausman Ben-Amos, "Failure to become freemen: urban apprentices in early modern England", *Social History*, Vol.16, No.2 (May, 1991), p.157.

[③]　Ibid., p.155.

莱丁区、威斯特莫兰郡、坎伯兰郡，在本地发展织呢业。[1]布里斯托尔那些没有成为城市自由人的出师或未出师的学徒，学织布和呢绒制造的可能去了附近格罗斯特、萨默塞特和威尔特郡的乡村毛纺区，学金属工艺的也可能在附近的农村立业，因为第因森林炼出的铁，使布里斯托尔周围乡村制钉业非常发达。[2]

至于帮工，早在 15 世纪初，他们就为了维护自己的利益而开始组成联谊会。如 1417 年前，伦敦至少出现了八个这样的帮工组织，埃克塞特有成衣匠帮工会，牛津有鞋匠帮工会，此外考文垂、布里斯托尔也出现了类似组织。帮工会的主要目的是增加工资。为达到这一目的，它们不一定与行会闹翻。如 1446 年，伦敦的成衣匠帮工会就变成了成衣匠公会的从属成员。1458 年帮工会设立了"监事"（warden），受公会之命检查外来人员从而获取报酬。1569 年，成衣匠帮工会有 4 个监事，由公会从行东中指定；16 个助手，从帮工自身中产生。1608 年，监事们指责助手们花天酒地，16 个助手则回答说，他们从行业中驱逐了 1000 个外人，为公会带来大笔收入，意思是花这点不算什么。1661 年，成衣商公会最后废除了帮工会。[3]在伊普斯威奇的各毛纺业公会，规定任何成员不得向帮工付多于国家法律规定的工资。如果帮工为了工资而拒绝工作，公会的执事和管事可将其控告进监狱。[4]

如真成了能在城市独立开业的自由人，其前程便有可能不可估量。17 世纪伦敦一个富商市民从学徒到海外贸易商人的商海生涯，非常有代表性。托马斯·卡勒姆，呢绒商，伦敦市长老，复辟王朝时期获男爵封号。他所保存的账本记录了自己从 1616 年学徒出师（时

---

① John Patten, *English Towns 1500—1700*.

② Ilana Krausman Ben-Amos, "Failure to become freemen: urban apprentices in early modern England", *Social History*, Vol.16, No.2 (May, 1991), p.163.

③ Sir William Ashley, *An Introduction to English Economic History and Theory,* Book 2: *From the Fourteenth to the Sixteenth Century*, pp.106-115.

④ G. Unwin, *Studies in Economic History, the Collected Papers of George Unwin*, London: 1958, p.282.

年 29 岁）到 1664 年去世前的情况。其祖上是萨福克郡索恩顿人，1400—1550 年曾为村庄的铁匠世家。家族中的另一支在伊丽莎白时代兴旺起来，到 17 世纪 30 年代获得"绅士"称号。托马斯的父亲花费了 50 或 60 英镑让他到伦敦一家大公司学徒。学徒期满后，父亲遗赠 200 英镑，兄、姐各借 100 英镑与他，使他在师傅的公司里占有一定股份。其师傅约翰·雷尼，呢绒商，住在伦敦格雷斯教堂街。卡勒姆 1616 年开始记账时，手中的积蓄为 92 英镑 2 先令 6 便士（其中只有 17 英镑现金，10 英镑已交给其叔代为经营，余者皆他为人做工而别人欠他的账），几个月后，其兄将父亲的 200 英镑遗产交给了他。到 1620 年底，五年时间里他便积蓄了 1 000 英镑。1621 年，他将一半投入呢绒贸易，一半投入现纱交易。1621 年他带了一个徒弟，为诺福克一乡绅之子，得 80 英镑学徒费。1622 年建一商店。1623 年娶妻，其妻也是伦敦一商人之女。由于一定的花销，这年年底他才积蓄到 2 118 英镑。1624 年初他开始自己开业经营，而不再与师傅合伙。1626 年，他成为帮工联谊会的执事（这时他实际已是老板）。1627 年成为制服成员。从 1624 年至 1642 年，他又先后接受了来自伦敦、萨福克、约克、什罗浦、萨默塞特、伍斯特等地的商人或乡绅的子弟共 11 人当学徒，接收的学徒费分别为 80、100、120 英镑不等。他将资本借出去以求利息。这期间，他每年都要增加 1 000 英镑收入，1641 年时积累财富已达 20 000 英镑。此后 20 年，他致富的途径有四条：两条是原有的，即投资海外贸易和经营呢绒贸易；两条是新有的：官职收入（1644—1650 年年均达 1200 英镑）和地产收入。呢绒贸易收入每年不过七八百英镑。这 20 年中，他经营贸易可分三阶段：第一阶段，全力投入呢绒贸易。第二阶段，与自己的出师学徒尼科尔斯合伙经营呢绒贸易，但他的大部分投资和精力转入了海外贸易，1647 年加入了东印度公司。第三阶段，1658 年后，他已七十多岁，便放弃了经营，退居农村，靠地租和股份投资收入过活，年收入在 1 000 英镑以下。1644 年他曾花 800 英镑购买了六所房屋。购买土地和房屋主要是出于不稳定的时局。①

到 16 世纪，随着行会的解体，一些破产的手工工匠和帮工逐渐形成了一个新的社会阶层——小匠师（small master）。②这些小匠师仍拥有自己的工作场所和工具，但实际已丧失了生产的独立性。他们无资金购买原料，也无资格自销产品，因此只能从商人工场主那里接受计件工作，将完成的产品交回，再领取工资。如威尔特郡沃敏斯特城织呢工马赛厄斯·佩里，1696 年为呢绒制造商旺希织造 38—39 码长的粗毛毡，每匹得工资 14 先令。他用剩余的线头织作一种结构简单、质地粗糙的呢绒，每匹获工资 8 便士。他织一种长 25 码、宽 49.6 英寸的双面哔叽呢，每匹获工资 27 先令 6 便士（其中由他自己提供经纱）。旺希太太有一次从一个织呢工手中买走一架织机，尔后又反租给他，每年收取租金 6 先令。③

一方面，富人是极少数，城市人口的大约百分之五是头面人物和富商，他们拥有城市三分之二的财产，掌握着城市大部分财富。另一方面，穷人占多数，而且至少有 50% 的人生活在贫困线下，有三分之一的人口穷得不能进行像样的经济活动。④贫富之间的鸿沟有多大呢？有学者根据材料估计，在伍斯特这个地方城市，呢绒制造商留下来的财产，是大多数劳动者财产的 50 倍。伦敦商人的财富至少是该市手工工匠财产的 100 倍，手工工匠之下还有无数完全没有财产的人。⑤威兰发现他所研究的 140 个伦敦商业精英中，有 55 人的财富超过两万英镑，最高的接近 40 万英镑；78 人的财富在 10 000—20 000 英镑之间，只有 7 人在 10 000 英镑以下。⑥格拉斯

---

① A. Simpson, "Thomas Cullum, Draper, 1587-1664", *The Economic History Review*, New series, Vol.11, No.1 (1958), pp.19-34.

② George Unwin, *The Industrial Organization in the Sixteenth and Seventeenth Centuries*, p.58.

③ J.DE L. Mann, "A Wiltshire Family of Clothier", *The Economic History Review*, New series, Vol. 9, No.2 (1956), pp.241-253.

④ John Patten, *English Towns 1500-1700*, pp.34-35.

⑤ 〔英〕P. 克拉克和 P. 斯莱克：《过渡期的英国城市 1500—1700》，薛国中译、刘景华校，第 115 页。

⑥ R.G. Lang , "Social origins and social aspirations of Jacobean London merchants", *The Economic History Review*, Vol.27, No.1 (Feb., 1974), pp.29-30.

比认为，财产在 5 000—50 000 英镑之间的伦敦商人有 1 000—3 000 人。[①] 其他地方的商业精英拥有的财富一般不及伦敦，大多在 5 000 英镑以下。斯图亚特时期，英国商人拥有的资产总额至少达 2 530 万 英镑。[②] 17 世纪末期，伦敦 1 000 个富裕商人的收入与 2 000 个贵族的 收入相当，另 1750 个商人的收入与 2000 个准男爵和上层绅士的收入 大致相当。[③] 有研究者分析，在 1678—1693 年间死去的伦敦自由人里， 百分之五左右的人拥有 5 000 英镑以上的财产。约翰·班克爵士和乔 赛亚·吉尔德爵士这样的实业界巨头，死时留下的财产多达 10 万英 镑以上。在这少数巨头之下，是拥有 100—5 000 英镑的自由人阶层。 往下是一些收入不到 100 英镑的小市民。再下就是一大群手工工匠和 帮工，他们与郊区贫民差不多。[④] 市民的财富差异，还常常反映在市 内住宅区的差异上。

除伦敦外，大多数英国地方城市也都分布有极其富有的豪商巨 贾。1294 年，施鲁斯伯利的大商人"勒德洛的劳伦斯"，向国王让 渡过一笔惊人的羊毛关税。在邓斯塔布尔这样的小镇，居然也有极 富足的羊毛商人借钱给当地贵族[⑤]。甚至连英国王室的财政也要依靠 商人们的支持。1397 年，共有 193 个人向英王理查二世提供私人借 款，其中就包括了各城市的 70 个大商人。[⑥] 1411 年，考文垂呢绒商 约翰·普雷斯顿和转运商罗伯特·希普利，又是城内两个最大的房 地产主，都拥有可容 12 家住户的房地产。[⑦] 在约克，据说死于 1435 年的商人托马斯·阿尔斯坦莫尔留下的不动产，价值达 760 英镑。

---

① Richard Grassby, *Kinship and Capitalism*, Woodrow Wilson Center Press and Cambridge University Press, 2001, p.381.

② Ibid., pp.401-402.

③ R. Grassby, *The business community of seventeenth-century England*, Cambridge University Press, 1995, p.259.

④ 〔英〕P. 克拉克和 P. 斯莱克：《过渡期的英国城市 1500—1700》，薛国中译、刘景华 校，第 70 页。

⑤ Susan Reynolds, *An Introduction to the History of English Medieval Towns*, p.79.

⑥ W.Cunninghan, *The Growth of English Industry and Commerce*, Vol.1, p.385.

⑦ R. Hilton, *The English Peasantry in the Later Middle Ages*, p.211.

商人理查德·拉塞尔死时光留下的现金和存款就超过 700 英镑，尼古拉斯·布莱克本遗留的财富达 800 英镑。[①]这在当时都是不小的数目。1461 年，布里斯托尔大商人坎尼在接待国王爱德华四世时，其排场足可与大贵族媲美。[②]在 16 世纪 20 年代的世俗补助税征收中，拉文翰的斯普林家族，拥有应纳税额财产总数的 37%，坎特伯雷大约 1 000 名职业市民中，只有 29 人纳税 40 多英镑。[③]布雷德福城呢绒商霍顿所交的税金，等于全城总额的 70%。[④]考文垂三大巨贾即杂货商马勒、呢绒商内瑟米尔、羊毛商普斯福交纳了该城总税额的四分之一；莱斯特的威廉兄弟俩交纳了本城的三分之一；诺里奇杂货商詹尼斯交纳了该城的十四分之一，达 120 英镑，等于罗切斯特城的税款总额；埃克塞特的克鲁奇家族交纳了本城的十分之一。[⑤]

而在另一方面，则是大量的既无工资、又无 1 英镑动产，被完全豁免补助税的人们。他们要么是失业者，要么是未充分就业的贫民。在考文垂，这样的人占了城市人口的一半；在埃克塞特、伍斯特、莱斯特，占了三分之一多。靠工资为生、只交极少补助税的人，比例也相当大，如在莱斯特是 43%，在埃克塞特是 47%，在索尔兹伯里是 48%。把这两部分人加起来，可以说，在 16 世纪 20 年代，生活在贫困线下或接近贫困线的人，多达城市人口的三分之二。[⑥]

到 17 世纪六七十年代征收炉灶税时，这种情况并没有多大改变。城市中生活优裕的人，大致占城市人口的四分之一，他们居住在有两个以上壁炉的房子里，其中有 1% 或 2% 的富豪有九个以上的壁炉。在底层平民里，免纳炉灶税的人要构成房主的 40%；有时甚至更多些，如科尔切斯特，这类人的比例达到 52%；布伦特里和博金这种

---

①　J.L.Bolton, *The Medieval English Economy 1150—1500*, p.29.

②　C. M. Waters, *An Economic History of England*, Oxford, 1961, p.131.

③　〔英〕P. 克拉克和 P. 斯莱克：《过渡期的英国城市 1500—1700》，薛国中译、刘景华校，第 108 页。

④　John Patten, *English Towns 1500—1700*, p.193.

⑤　W. G. Hoskins, *Provincial England, Essays in Social and Economic History*，pp.74-74.

⑥　〔英〕P. 克拉克和 P. 斯莱克：《过渡期的英国城市 1500—1700》，薛国中译、刘景华校，第 114 页。

小纺织城市，有67%和81%的房主穷得不能纳税。[①] 1666—1672年，各城市中因贫穷而免去炉灶税的人占了很大比例：[②]

布里斯托尔	20%	约 克	16%—20%
诺里奇	55%	莱斯特	25%
罗瑟尔翰	18%	但卡斯特	19%
里士满	27%	比塞斯特	30%

富人尽管数量不多，但毫无疑问在城市中居于主导地位，掌握城市统治权，有的还实行寡头政治，甚至家族统治，前文第二章对此已有论述。但也是在这个时候，一支新的社会力量即市民阶级（或中产阶级、中等阶级）迅速崛起，并且开始在城市政治舞台上起主导作用。

所以，到15、16世纪，城市这种共同体里基本上分化为三个社会阶层，其上层是城市富人阶层，包括高利贷者、大商人、房地产主等；其下层是工资劳动者、帮工、学徒，基本上没有财产；中层即中等阶级或中产阶级，一般是指独立的手工业者、店主、小商人以及专业人员等。到了16、17世纪以后，中间阶层快速地成长起来，逐渐成为城市中最有分量的社会集团，而且还很快形成了一种政治势力，其诉求不仅威胁着城市贵族，也在国家政治体系中成为一支新生力量。

二、市民阶层的崛起

市民阶层的形成

在城市取代商人寡头统治的是市民阶级（burgesses）或中等阶

---

① 〔英〕P. 克拉克和P. 斯莱克：《过渡期的英国城市 1500—1700》，薛国中译、刘景华校，第 115 页。

② John Patten, *English Towns 1500-1700*, p.34.

级（middle class）。"一种难以否定的主调可以说流行于整个西欧，这就是：1500 年后，已没有几个城市的寡头还能享有高度自治权，还能像前两个世纪里他们的先辈那样普遍具有高度自信。"[①]新富起来的城市市民阶级，已感到自己摆脱了外来干预，完全自由，可按照自己的时尚去追寻自己的目标了。

实际上，当所有大小城市取得一定程度自治时，一种保卫城市和市民独立利益的所谓"市民精神"也形成了。自由的、自治的城市，是中世纪欧洲一个新的政治和社会有机体；市民阶级则在其幼年时代就在同封建主的斗争中，表现了伟大的革命精神。一个法国布道者曾于 1200 年时大为称赞流行于意大利城市的市民精神："市民能深思熟虑，对公共事务勤劳而又热心，他们拒绝屈从别人，并防止任何人侵犯他们的自由，他们制定自己的法律并服从这些法律。"精心地构筑城市自治体系，是"市民精神"的充分展现。原有的这种"市民精神"，在新的市民阶级身上也更加凸显了。

市民阶级或中产阶级，是后来城市资产阶级的前身。它是在15、16 世纪西欧进入经济社会发展全新阶段后逐渐形成的。城市中产阶级有很多成分，来源面广，大致包括：1.处于上升阶段的独立手工工匠，即我们常说的手工业资本家；2.渗透手工业生产部门的商人，即所谓商人资本家；3.因从事国内国际贸易而新近发迹的商人；4.城市里新出现并富有的律师、医生、公证人等事务性阶层；5.从事文化、教育和艺术事业的精神劳动者。可以说，这个阶级就是那些从事资本主义经营的人，或与这种经营息息相关的新兴商人，以及为这种经营提供各类服务的人。市民阶级是城市市民富有阶层的总称，作为市民的主流，其所具的经济和社会影响力已非旧时的商人寡头可比。如 1688 年格里高利·金的统计表上，全英格兰每年岁入增长总额超过 10 万英镑的社会阶层共 11 个，其中属于城市的社会阶层 5 个，即远洋巨商、远洋商贾、律师、店主和商人、工匠

---

① Christopher Allmand ed., *The New Cambridge Medieval History*, Vol.VII, c.1415-1500, p.135.

和手艺人；并有若干社会阶层含有城市市民成分，如绅士、地产主等。此外，如人文科学家和艺术家这一城市社会阶层，也能形成积聚一定财富的能力。而在意大利，市民的范畴要宽泛一些，既包括了殷实家族也包括了"市井社群"（menus communes），或者说既有"权势者"（potents）又有"老百姓"（popolani）。①

市民阶级的兴起，也与中世纪城市逐渐成长为社会中心密切相关。所谓社会中心，是指社会活动中心、社会生活中心、社交中心等。在中世纪早期以及城市兴起之后的一段时期，社会上层如贵族领主、教士基本上不住在城内，他们有自己的城堡或修道院作为居所，那里同时也是社会活动中心。那时候，城市工商业者尚未富有，每天忙碌生计，既无时间也无财力更无兴趣进行社会交往。12世纪后，随着市民阶级的逐渐富有，也随着城市教育文化事业的发展，工商业者对社会生活的要求日益提高。城市作为社会活动中心的功能逐渐生成和扩大。城市提供了多种社会服务功能，如旅宿餐饮、休闲消遣、聚会狂欢、艺术欣赏、文化教育、法律服务、医疗卫生等，不但丰富了本城居民的社会生活，也吸引了住在乡村及外地的王公贵族、达官贵人等，还吸引着周围四乡正走向小康的富裕农民。如在文艺复兴时期的意大利，城市丰富多样的文化娱乐活动，将市民的社会生活热情激励到了最大程度。

随着社会中心功能的增强，中世纪晚期城市开始出现一类新的职业群体，如律师、公证人、医生、教师、学者、艺术家等自由职业者。这是一群正在成长为中产阶级的人，其财富和势力逐渐引人注目。如18世纪，布里斯托尔和利物浦的律师都在70人以上。设菲尔德一个叫班克斯的律师极为富有，1705—1727年，他有40 000英镑的财富投入土地。德比城一个叫伊拉兹马斯·达尔文的医生，每年纯收入都在1000英镑以上。即使是小如苏塞克斯郡的彼特沃斯

---

① Christopher Allmand ed., *The New Cambridge Medieval History*, Vol.Ⅶ, c.1415-1500, pp.139-140.

镇（居民 1 000 人），自由职业人员（律师、医生等）也达 5%。[①]1704年，伦敦仅药剂师就有 1 000 人。[②] 1688 年格里高利·金的统计表也显示了律师、学者、艺术家等阶层较强的经济能力。[③]

英国的市民阶层

英国约克城是个成长为社会中心的比较典型的例子。中世纪约克是英格兰北部重要的社会中心。15 世纪末以后，约克城内律师、办事员、内科医生、文书起草人、书商、音乐师和舞蹈师的数量不断增加。[④] 乡下的乡绅和约曼（yeoman）等常来到城市咨询或委托律师。约克城的社会娱乐方式也越来越大众化和多样化。16 世纪的城市记录频繁提到戏剧演出。1559—1603 年，约克的演出不少于40 场。[⑤] 运动和娱乐形式也更多了，如斗鸡、纵犬袭熊表演和斗牛表演，还有掷骰子游戏、卡片游戏、15 子棋游戏、踢足球、赛马、保龄球等。17 世纪，城市里还有啤酒店、烟草店和咖啡屋。斯图亚特王朝时期，城市的社会中心功能开始处于支配地位。它能提供许多专业化服务，尤其是医学和法律服务。公众娱乐活动较多。城中有舞会、音乐演出和盛宴，还有野味晚餐，王室和公爵也偶尔光顾。[⑥] 尤其是本郡乡绅兴起后，城中琳琅满目的商品和各种各样的服务对他们充满了诱惑，还刺激了他们在城内建房购房。[⑦] 城里举行的季度会议和定期集市，也对乡绅产生了吸引力。[⑧] 于是它日益发展为迎合

① Roy Porter, *English Society in the Eighteenth Century*, London: 1982, pp.90-91, 96-97.
② 〔英〕P. 克拉克和 P. 斯莱克：《过渡期的英国城市 1500—1700》，薛国中译、刘景华译，第 69 页。
③ 〔英〕亚·沃尔夫：《十六、十七世纪科学技术和哲学史》，周昌忠等译，商务印书馆 1985 年版，第 676—677 页。
④ R. B. Dobson, "Admissions to the freedom of the city of York in the later middle ages", *The Economic History Review*, New Series, Vol. 26, No. 1 (1973), p.14.
⑤ P. M. Tillott, *A History of Yorkshire: The City of York*, Oxford University Press, 1961, p.158.
⑥ Ibid., pp.198-199.
⑦ Phil Withington, "Views from the bridge: revolution and restoration in seventeenth-century York," *Past & Present*, No. 170 (Feb., 2001), p.127.
⑧ N. R. Goose, "In search of the urban variable: towns and the English economy, 1500-1650," *The Economic History Review*, New Series, Vol. 39, No. 2 (May, 1986), p.178.

乡绅等需要的休闲和服务中心。① 乡绅们住进城里甚至被认为是此时约克城市的重要支柱。② 本郡许多家庭一年中有很长时间要住在城内。总之，约克成了那些希望享受更舒适生活的约克郡人们的首选之地。约克的例子，是其时大多数欧洲城市的缩影。

伦敦是市民阶层力量成长的最好例子。在这里，封建性的行会制度在 14 世纪就开始崩溃。寡头政治在伦敦几乎没有出现。15 世纪，伦敦的大小行会都相继过渡为制服公会。12 家大公会的制服成员几乎全是富有商人或大工匠，其余较小的制服公会中也有不少富有的上层人物。富人之多，使伦敦不可能让少数人控制政权。16 世纪，虽然伦敦的政治权力主要由 12 家大制服公会掌握，但很少有人能滞留在城市的高级官职上。这一百年中，各大公会担任市长职务的都有六七人以上，最多如丝绸商公会达到 24 人。可见掌握市政领导权的人来自于比较广泛的社会行列。从籍贯来看，1480—1660 年伦敦的 172 任市长中，只有 14 人出生于伦敦。由此也可推断伦敦的统治集团并不是封闭的、世袭的。因此可以说，16 世纪伦敦城的政治领导权已基本过渡到市民阶级或中产阶级手中，因而也就不难理解 17 世纪的英国资产阶级革命，被不少研究者认为是伦敦（the City）与国王（Crown）的斗争。

中小城市里市民阶层的成长速度相对要缓慢一些，但也呈现出了这一趋势。如英国的诺里奇，中世纪至近代早期是英国最重要的地方城市之一，但人口只有一万余人，只相当于大陆一个小城。它在 17 世纪也逐渐显示市民阶级正接近城市领导权的趋势。从其市长的职业，可以看出这样一些走向：1. 所任市长的职业广泛，大约代表 20 个行业以上；2. 商人出身的市长比例愈来愈小；3. 公证人、药剂师等事务性阶层人员开始进入领导层；4. 作为纺织城市，行业人数最多的是织呢工，但在商人寡头政治尚有影响的 17 世纪上半叶，没人当过市长；17 世纪下半叶，织呢工的领导地位日渐重要，并有

---

① P. Clark, *The Cambridge Urban History of Britain,* Vol. 2: 1540-1840, p.261.
② P. M. Tillott, *A History of Yorkshire: The City of York*, p.245.

将商人取而代之的势头。[①]

　　即使是在一些小城市里，市民阶层也在兴起。如 15 世纪中期肯特郡莱德城的卡克斯顿和塞利斯，是城市当局中的头面人物。他们是农场主兼小商人，不是专业化人员，但具有中等财富和社会地位。塞利斯是个普通面包师，他妻子是个普通酿酒师。他还从父亲那里继承了价值超过五英镑的土地。卡克斯顿也是城里有薪酬的职员，声望在外，在城市中心主街上及附近占有不少小块商用地产，1495年，他将其中一块给了三个儿子。1472 年，他被归为小商人，他的一个儿子托马斯是酿酒师，最成功的儿子约翰是个小铁货商，并介入渔业。卡克斯顿于 1468—1470 年投资购买了城西一块 16 英亩的小地产。他有四个女儿，给了每个女儿 10 英镑做嫁妆。这两人，可看成是莱德城普通市民的典型代表。[②]在 16 世纪的沃里克，"中等阶层"（middling sort）的人数和城市穷人数量差不多，都达到了教区人口的三分之一。甚至在许多小城市，黑死病之前就达到了这样的比例，他们多是商业精英、拥有学徒和帮工的手工工匠，小规模商人，以及食品加工者等。[③]

　　这支由城市工商业者逐渐集结而成的新社会力量，作为享有自由权利的经济活动者，逐渐演变成能在社会政治体系中发出一定声音的第三等级，最后成长为能与封建势力抗衡并最终推翻它的强大政治力量。市民阶级——资产阶级的发展和壮大虽然有一个漫长过程，但这个过程主要与中世纪城市相联系，或者说，城市是早期资产阶级成长的摇篮。正如西方马克思主义史学家梅林顿认为，城市的出现及发展虽然是在封建社会框架内部，但最后却创造了一个其

---

　　① P.Corfield, "A Provincial Capital in the Late Seventeenth Century: the Case of Norwich", in Clark, P. and P. Slack eds., *Crisis and Orders in England Towns 1500-1700, Essays in Urban History*, London: 1972, p.278.

　　② Spencer Dimmock, "English small towns and the emergence of capitalist relations, c.1450-1550", *Urban History*, 28, 1 (2001), pp.17-18.

　　③ R. H. Hilton, "Small Town Society in England before the Black Death", *Past & Present*, No. 105 (Nov., 1984), p. 53.

利益与封建统治阶级完全相对立的市民阶级，城市也最终变成了向封建主义进行革命性挑战的场所。①

大陆国家的市民阶层

在欧洲大陆城市，无疑也有市民阶层力量的成长。但各个国家均因各种原因而使这种力量发育不全，难见优势。意大利工商业城市发展早，市民阶级很早就发出了声音。但在意大利各城市的两派斗争中，为了从封建贵族（吉柏林党［Ghibellines］，支持皇帝）手中争得自由，城市市民阶级往往还站在支持教皇的圭也夫党（Guelfs）一边，② 而教皇又常常成了落后守旧甚至反动势力的代表。在商人贵族占绝对优势的城市如威尼斯，占人口百分之五到百八之八的市民阶层（Citizens）享有一些特权，如可以进入政府机构，担任总督内阁秘书等。③ 他们反倒在很大程度上趋附于贵族，服饰穿着都模仿贵族。他们的财富不仅来源于所拥有的体面职业，如秘书、公证人等，也与他们所具有的商业技能密切相关。在这一阶层里，甚至流行着一种超越贵族阶层的傲慢。他们中有些人的祖先也曾是贵族，何况他们比有的贵族更加富裕，穿戴也更加讲究。④

在意大利的佛罗伦萨，15 世纪初也出现过真正的新的城市意识，可称之为"市民人文主义"，这是市民政治躁动的结果。当米兰的维斯孔蒂以军事屠杀手段来对付托斯卡纳城市之际，佛罗伦萨统治精英们担忧自己城市的生存，他们做出反应，创造了一种纯粹的城市宣传活动，将佛罗伦萨与共和时期的罗马相类比，认为不仅共和主义生来就比君王统治要优越，西塞罗倡导的价值和美德也要继承。

---

① John Merrington, "Town and Country in the Transition to Capitalism", in R. H. Hilton ed., *The Transition from Feudalism to Capitalism,* London: Verso, 1978, pp. 170-195.

② Tim Parks, *Medici Money, Banking, Metaphysics, and Art in Fifteenth-Century Florence*, London: Profile Books Ltd, 2006, p.16.

③ John Martin and Dennis Romano, *Venice Reconsidered, the History and Civilization of an Italian City-State, 1297-1797*, John Hopkins University Press, 2000, p.16.

④ David Chambers and Brian Pullan, *Venice, A Documentary History, 1450-1630*, Blackwell，1993, p.259.

佛罗伦萨许多知识分子赞誉共和自由美德，并且往前推进，鼓吹付诸行动的重要性，不能只停留于沉思。他们还用西塞罗的话来激励自己："人类的整个荣耀就在于行动。"然而，不管意大利市民受过多么良好的教育、具有多高的文化涵养，到1500年时，佛罗伦萨"市民人文主义"似乎与现实政治目标越来越没有关联。[①]因此，到社会经济转型的16、17世纪时，市民阶层没能很好行动并发挥作用的意大利城市最终走上了衰落之路。

佛兰德尔城市的衰落更早。这种衰落，丧失了孕育市民阶层强大力量的母体。德国城市在16世纪宗教改革和农民战争后，更多地被诸侯势力所控制，原本就孱弱的城市中等阶级终究没有发展成具有影响力的新社会力量。

法国的城市市民则有一个长期分化过程。10—13世纪时，市民内部地位差异不大，分化尚不明显，市民之间的集体协作精神较强，"在正义需要时，互相依赖，互相支持、互相帮助和互相协商"。但到14、15世纪时，市民明显分化，大多数人成为平民，市民则仅指人口不多的富裕市民，开始等同于资产者，或最初的资产阶级。[②]而国家机器的强大使得城市市民中的上层寻求蜷缩在国王卵翼之下，或寻求在国家政治资源中分得一杯剩羹，买官求职，富有商人由此堕落为封建营垒成员，所谓"穿袍贵族"耳！他们为了地位上升，除了日益占据国王辖下的各种官位外，还更愿将城市工商业所获利润投入到地产中。这样，曾构成中世纪晚期法国"特权城市"的市民自治共同体，其自身内部已经分化，进入一种衰落状态。"市民绅士"（bourgeois gentilbomme）很快取代了纯粹的市民（bourgois）。[③]

西班牙原本就是封建性极强的国家，这种封建性使这个国家无法把握发现新大陆带来的前景，本来就缺乏工商业生活体验、新观念较

① Christopher Allmand ed., *The New Cambridge Medieval History*, Vol.VII, c.1415-1500, 1998, pp.138, 140.

② 陈文海：《法国史》，人民出版社2004年版，第108—109页。

③ Christopher Allmand ed., *The New Cambridge Medieval History*, Vol.VII, c.1415-1500, p.135.

少的市民，自然也难成气候。尽管有种种坎坷，从总体上看，城市市民阶层作为西欧一支新社会力量崛起的总态势，应该是无可否认的。

三、市民阶层知识化

市民阶层作为一股社会力量，它在冲击旧的社会秩序时还必须拥有先进的思想武器，以及运用思想武器的战士。城市在发展过程中，同时也促使市民阶层越来越知识化，并培育了能进行思想战斗的知识阶层。正如马克思在《共产党宣言》中所说："从中世纪的农奴中产生了初期城市的城关市民；从这个市民等级中发展出最初的资产阶级分子。"作为自由的、自治的城市市民社会，整体上需要有保卫城市和市民独立利益的所谓"市民精神"。诚如1200年法国一个布道者对流行于意大利城市的市民精神之称赞："市民能深思熟虑，对公共事务勤劳而又热心，他们拒绝屈从别人，并防止任何人侵犯他们的自由，他们制定自己的法律并服从这些法律。"然而，市民精神要得到培育，市民阶层的知识化是必要前提。中世纪城市在孕育市民阶级、培育市民精神的同时，也加快了市民阶层的知识化过程。

正是中世纪城市和城市工商业的发展，培育了全新的文化精神和教育事业。城市是现代大学教育的发源地，因为经济的发展需要工商业者努力提高自身素质。城市是文艺复兴运动的策源地和主要发生地，因为工商业活动加深了对人的能力和人的价值的认识，也加深了对世俗生活和今生幸福的理解。

城市学校的兴起

中世纪早期，未受教化的日耳曼人似乎是已然衰退的罗马古典文化的清扫者，欧洲很快成了没有文化的欧洲。只有教会还因阅读和传播教义经典的需要，成为传承古典文化的唯一载体和进行文化教育的唯一机构。但各类教会学校所传授的"七艺"课程，以神学经典和宗教信条为核心，几乎不涉及现实生活。而城市工商业作为世俗职业活动，需要各种实用的社会知识、地理知识，需要掌握读写算基本能力，需要进行行业技巧训练，还需要大量为工商业服务的管理者、律师、医生、教师等专业人员。这样，随着城市的兴起，大致从 12 世纪起，世俗教育在城市中发展起来。进城市学校学习的人有的是为了谋求文字职业，有的是为了掌握经营所需的计算技能，也有贵族子弟把识文断字作为身份与地位的标志。有学者提出"12 世纪文艺复兴"论断，其根据之一就是该世纪兴起了办教育、学文化的热潮。13 世纪，更多的传授实用技能的学校如商科学校发展起来。商人们为了赢得社会好感，提高社会地位，也将开办学校当作自己从事公益事业的一部分。

城市学校主要有两类。一是为工商业者上层市民子弟开办的学校，如拉丁学校、文法学校、公众学校等，其目的主要是提高人文素质，增强文化修养。14 世纪佛罗伦萨历史学家维拉尼统计，14 世纪中叶佛罗伦萨有 6 所小学，学生 1 000—1 200 人，4 所中等学校，学生近 600 人，共有 8 000—10 000 名儿童知道怎样阅读。[①]二是为手工业者子弟设立的"基尔特"学校，即行会学校，它是手工业行会创办并监督管理的职业技术学校。还有专门为下层市民设立的学校，由市政当局管理，学习读、写、算等基础知识和技能。城市学校的教育内容和方法虽然脱离不了宗教，但它们已成为有较大独立性的世俗教育机构。特别是到 1300 年，商人们更需要能兼读写拉丁文和本民族文字的秘书，因此像佛罗伦萨和布鲁日这一类的先进城市办起了公共世俗学校，老师用听写方式教授学生运用拉丁文以及本民族语言书写商务函件，书写形式则用草体哥特字。[②]

市民尤其是商人被劝告要养成学习的习惯，要随身带着笔记本，记下各种签约合同，接信时要有针对性地逐条回答信中问题，信发出前自己先要好好地读一遍。计数和珠算是商人教育和培训的核心内容。更重要的是，商人要想成功，就得学会分析形势，善于抓住

---

① 〔美〕詹姆斯·W.汤普逊：《中世纪晚期欧洲经济社会史》，徐家玲等译，第 626—627 页。
② 同上书，第 588 页。

商机、规避风险。从 1270 年至 1500 年残留下来的六本比较完整的商人手册的内容来看，可知要区分各种度量衡、各种钱币，要了解陆路和海上运输的各种不确定性，是多么有难度！也有不少商人很乐意于读读写写。1395 年的佛罗伦萨商人弗朗塞斯科·达蒂尼写道："从早上起，斯托尔多和我就什么事也不做，只是读书。除了祈祷和午饭外，我们已连读两天了。"[1]

1300 年后，在意大利的利古里亚、伦巴第、威尼托和托斯卡纳等地区，学校教师如潮水般涌现。[2] 城市学校的教育内容和方法虽然脱离不了宗教，但它们已成为有较大独立性的世俗教育机构，传授了大量知识，"社会价值最大"。[3] 虽然"中世纪晚期城市市民及其妻子实际所接受的教育，常常是那些有关他们的最神秘事情。但也很清楚，广泛发展的城市文化加强了各方面发展。这也是男女市民所经历的极大程度的知识振兴"。而且，在这个"世俗专业化主义"运动中，有文化的公证人和文书员起了很关键的作用。[4]

早期大学的创办

在城市学校发展的基础上，兴起了近代意义上的大学。近代大学兴起在人类教育史上具有划时代意义。正是城市的发展使新兴市民阶层的社会经济地位日益重要，他们要求在基础文化水平之上，有更高级的专门知识和专门人才。十字军东征使欧洲人接触和了解东方世界的文学、数学、哲学、艺术、科学成就；近邻阿拉伯人的灿烂文化成就，激起欧洲人学习效仿的愿望；阿拉伯人对古典希腊文献的大量翻译，为欧洲人提供了学习材料。这些都是促使大学产

---

[1] J. K. Hyde, "Some Uses of Literacy in Venice and Florence in the Thirteenth and Fourteenth Centuries", *Transactions of the Royal Historical Society*, Fifth Series, Vol.29 (1979), pp.114-115.

[2] Michael Jones, *The New Cambridge Medieval History*, Vol.VI, c.1300-c.1415, p.181.

[3] Norman Pounds, *The Medieval City*, p.159.

[4] C. Allmand ed., *The New Cambridge Medieval History,* Vol.VII, c.1415—c.1500, pp.143-144.

生的重要因素。

最早的大学，是意大利南部城市萨莱诺的医学院，这里受阿拉伯文化影响较深。意大利中部和北部城市，则最先创办了以法学为主的学校，如博洛尼亚大学。

"大学起源于大批大批求学于名教师的学生。"[1]拉丁文"大学"（universitas）的本意是"共同体"。最初的大学是教师与学生自发联合的自由学术团体，师生之间按照相互间订立的契约履行权利和义务。当人数增多后，学者们或学生们为维护自身利益组织起来，推举校长，共同管理，最终发展为规模化的教学管理机构。中世纪大学作为共同体，获得了一系列自治权。主要有司法审判权，内部自治和罢教权，学位授予权，迁移自由权，赋税和义务豁免权，参政权，教师资格审定权等。这种高度自治，培育了独立的大学精神。中世纪大学一般开设文学、神学、法学和医学四大学科，法、医、神是"高级"学科，文科则是准备阶段。13世纪，大学课程逐渐固定下来，知识传授也有讲授、辩论和练习等方法。尽管教会插手大学，尽管神学处于教学首位，但大学还是向文化世俗化迈出了一大步。

早期中世纪大学主要为两种类型。一种是以法国巴黎大学、英国牛津剑桥为代表的教师型大学，即以教师为主进行管理，从教师中推举校长，学生相当于工商业领域的学徒。另一种是以意大利博洛尼亚大学为代表的学生型大学，学生实行自治，制订章程，由学生担任校长，进行教学管理，聘请教师教学。到1250年，欧洲大约有25所大学。[2]

无论教师还是学生，他们的市民化程度和世俗化程度逐步加深。如巴黎大学就是巴黎城市的重要组成部分。大学的组成类似于城市行会，称之为"老师和学生的社团"（universitas scolarum），有一套完整的体系。师生们均住在塞纳河左岸西岱岛和圣热内维埃夫

---

① 〔意〕路易吉·萨尔瓦托雷利：《意大利简史——从史前到当代》，沈珩、祝本雄译，第180页。

② Norman Pounds, *The Medieval City*, p.161.

山之间地区，因教学和生活语言都为拉丁语而称之为"拉丁区"。[①]没有固定的教室，学生上课都来到教师住处，在铺着秸秆的地上随意而坐听课，与普通市民生活无异，传授的却是"神圣"知识。

从意、法、英兴起的大学制度也传到了德意志。1348 年，德意志帝国境内建立了第一所大学——布拉格大学。接着又建立了克拉科夫、维也纳、海德堡和科隆大学等。到宗教改革前夕，莱茵河以东地区差不多有 20 所大学，所有大学都设立在主要城市里。[②]

大学兴起促进了文化的世俗化、高级化、专门化。大学学术的活跃，知识的发展，促进了世俗人们更高的精神文化追求。无论个人还是机构，都更加注重知识教育，提高精神生活质量和文化品位，理性思想便通过大学这个交流平台而承继和传播。有学者甚至认为，中世纪大学的不同特点还影响到各国科技发展的不同走向。中世纪科技发展集中在意大利北部和德意志南部。意大利科技与艺术、建筑、机械相联系，后来长期在精密仪器机械方面享有盛誉，这可能与早期意大利大学的学术倾向有关，因为帕多瓦大学、博洛尼亚大学都偏重于实用。相对来说，法国和英国在科技方面要落后些，这可能是巴黎大学和牛津大学教学偏重哲学和神学因素的缘故。[③]更可贵的是，中世纪最早诞生的那些大学不但实行自治，而且还拥有较为充分的学术自由和学术权利。[④]正是如此，欧洲也很快形成了学术自由、不受政治动向干扰的传统，形成了大学当为独立实体的传统，逐渐培育了一支有着独立思想的学者队伍。大学成了文艺复兴思想的原创地和传播地。

---

① 〔法〕瑟诺博斯：《法国史》（上），沈炼之译，第 216 页。

② Christopher Allmand ed., *The New Cambridge Medieval History*, Vol. VII, c.1415-1500, p.128.

③ D. Cardwell, *Technology, Science and History*, London: Heinemann Educational Ltd, 1972, pp.8-9. 尤其是巴黎大学，在神学和哲学领域，其名气"在欧洲如日中天"，教师们试图将基督教信仰和古典知识调和融会在一起，就连经院哲学集大成者托马斯·阿奎那也曾于 13 世纪在此任教。参见〔英〕科林·琼斯：《剑桥插图法国史》，杨保筠、刘雪红译，第 105 页。

④ Pearl Kibre, *Scholarly Privileges in the Middle Ages, the rights, privileges, and immunities of scholars and Universities at Bologna, Padua, Paris and Oxford*, London: Medieval Academy of America, 1961.

印刷术的传播

15 世纪中期德国城市美因兹工匠古腾堡创造的印刷术，加快了城市成为文化教育中心的步伐。古腾堡去世时，至少有六个城市建立了印刷工场，即美因兹、斯特拉斯堡（1460 年）、班伯格（1460 年）、科隆（1464 年）、巴塞尔（1467 年）、奥格斯堡（1468 年）。[①] 到 1500 年，德国的印刷出版社超过了 1 000 家。[②]15 世纪 70 年代末，印刷术向北传到了斯托克汉姆（瑞典），往东到达了克拉科夫（波兰），往西传到了里斯本，往南达到了地中海边的那不勒斯、科森察。英国人卡克斯顿从布鲁日学到这项技术，带回英国，[③]1476 年在威斯敏斯特建立了该国第一个印刷工场。[④]古腾堡印刷术出现后的半个世纪里，欧洲各地城市建立的印刷工场达一千多个，[⑤]出版书籍至少有数百万册。[⑥]印刷业逐步集中于城市的大公司。如斯特拉斯堡的印刷商柯伯吉尔，15 世纪 90 年代拥有 24 台印刷机器，雇用大约 100 个学徒，还在巴黎、里昂、图卢兹、米兰、威尼斯、卢卑克、安特卫普等设有分支代理机构。有的城市成为书籍印刷中心。意大利城市威尼斯和佛罗伦萨，法国城市巴黎和里昂，都成了德国法兰克福和莱比锡在印刷行业的竞争对手。[⑦] 15 世纪后期的安特卫普还未作为国际商业中心崛起，却在印刷业中占有重要地位。1501 年，安特卫

---

① Christopher Allmand ed., *The New Cambridge Medieval History*, Vol.VII, c.1415-1500, p.291.

② 〔法〕G. 勒纳尔、G. 乌勒西：《近代欧洲的生活与劳作（从 15—18 世纪）》，杨军译，第 10 页。

③ A. Feldman & P. Ford, *Scientists and Inventors*, London: Bloomsbury Books, 1989, pp.16-17.

④ 著名电子数据库"早期英文书籍在线"（EEBO, Early English Book Online），就是以 1476 年为起始年的。

⑤ 〔德〕维尔纳·施泰因：《人类文明编年纪事·科学和技术分册》，龚荷花等译，中国对外翻译出版公司 1992 年版，第 69 页。

⑥ David S. Landes, *The Wealth and Poverty of Nations, Why Some Are so Rich and Some so Poor*, England: Abacus, 1999, p.52.

⑦ 〔法〕G. 勒纳尔、G. 乌勒西：《近代欧洲的生活与劳作（从 15—18 世纪）》，杨军译，第 10 页。

普印刷的书籍有 432 种。[1]

正如法国经济史家勒纳尔等所说，印刷术"给人类的思想插上了翅膀，使之能传播得更远，传播层面更广，能不停顿地自我复制，从而大幅增加思想的力量"。[2]古腾堡发明印刷术后的半个世纪里，欧洲出书达 15 000 种，出书总数大约 2 000 万册。[3]有人认为，1455年之后半个世纪所印刷的书籍，比以往几千年出书的总和还要多。[4]在紧跟而来的 16 世纪里，欧洲至少印刷了 15 万—20 万种书，该世纪出版书的总量要达到 1.5 亿册以上。[5]书籍的大量出版，满足了人们尤其是城市市民更快懂得艺术、科学和各种百科知识的基本需要；书在学者和渴望知识的各种人群尤其是城市市民之间架起了桥梁，既有文化沟通，又有商业联系，更重要的是，思想家和学者通过书籍引领人们尤其是城市市民进入一种新的思想和精神境界，追求更为丰富的物质财富和更为完美的制度构架！

近代大学的产生和发展，印刷书籍的大量出版，使得城市市民中受教育者日益增多。到 1700 年时，欧洲城市里的成年男子中大约有三分之一受过教育，成年妇女中也有四分之一的人能够阅读。[6]这时候，读书、读报纸已蔚然成风，人们不但通过阅读获得最新信息，而且也学会了对人生、对社会的思考。于是，欧洲不仅成了有文化

[1]　W.Waterschoot, "Antwerp: books, publishing and cultural production before 1585", in P. O' Brien, D. keene, M.' t Hart, H. Wee eds., *Urban Achievement in Early Modern Europe, Golden Ages in Antwerp, Amsterdam and London*, Cambridge University Press, 2001, p.233.

[2]　〔法〕G. 勒纳尔、G. 乌勒西:《近代欧洲的生活与劳作（从 15—18 世纪）》，杨军译，第 9—10 页。

[3]　M. Daumas ed., *A History of Technology and Invention: Progress Through the Ages,* Vol.2: The First Stages of Mechanization 1450-1725, English edition, translated by E.B.Hennessy, John Murray, London, 1980, p.643. T.I.William, *A History of invention, from stone axes to silican chips,* Little, Brown & Company, 1999, p.103.

[4]　D. Cardwell, *The Fontana History Technology*, London: Fontana Press, p.55.

[5]　M. Daumas ed., *A History of Technology and Invention: Progress Through the Ages,* Vol.2: The First Stages of Mechanization 1450-1725; D. Erglander, D.Norman, O' Day and W.Owens, *Culture and Belief in Europe 1450-1600, An Anthology of Sources*, Basil Blackwell,1990, p.355.

[6]　Mortimer Chambers, Barbara Hanawalt, Theodore K. Rabb, Isser Woloch and Raymond Grew, *The Western Experience*, p.571.

的欧洲、有知识的欧洲，而且成为有思想的欧洲。在西方学者眼中，正是从 1350 年到 1750 年欧洲所经历的这样一场"知识革命"，[①]用近代思想将城市市民阶层武装了起来。而文化和知识也大大增加了城市的威望和尊严。[②]

14、15 世纪开始的欧洲文艺复兴运动也主要是城市运动，它是欧洲近代精神文明的胚胎，也为近代政治文明的建构奠定了思想基础，做好了舆论准备，铺平了发展道路。文艺复兴运动中所涌现的思想家、政治家、文学家、艺术家，高举人文主义大旗，为砸碎旧社会而冲锋陷阵，为新社会的到来摇旗呐喊，使得近代文明就像一轮喷薄欲出的朝阳，其光芒很快就要照耀西欧大地。文艺复兴运动就是一场催生西欧近代文明的运动！

四、从市民意识到国民意识

资产阶级（bourgeois）这个西文词的本意，应该是"市民阶层"或"市民阶级"。因此，从市民到市民阶级或资产阶级，这一转变有个很长的过程。其早期主要是思想观念的转变，即市民自我的主体认同意识（"我是谁"）的转变。这个转变更与近代早期民族国家的兴起相联系。由于民族国家的兴起，中世纪过来的自治城市变成了民族国家版图上的行政单位（而非政治主体单位），市民这一身份也就相应变成了民族国家的国民身份，身份的转变必须伴之以意识的转变。所以，与其论述近代早期市民阶级如何转变为资产阶级，不如应该更多地关注原有的市民意识如何转变为国民意识。

① Francis Higman, "1350-1750? The Perspective of Intellectual History", *The Journal of Early Modern History*, 1997: 1-2: pp.95-106.

② David Luscombe and Jonathan Riley-Smith eds., *The New Cambridge Medieval History*, Vol.IV, c.1024- c.1198, Part II, p.84.

市民意识的形成

市民意识向国民意识的转化，是与市民的国民化相适应的，但这有一个长期过程。在中世纪城市的早期，虽然每个城市都处在某个王国之内，但市民并不被社会各阶层视为"国民"。国王不这样看，城市的领主也不这么看，市民自己也不会把自己当成国民。早期城市（14世纪以前）的市民主要把自己眼光囿于本城市内，具有"本城是每个市民的集合体，自己是城市这个政治体和经济体的一员"的意识，即市民意识；作为市民，他会在城市这个共同体中努力争取自身利益的最大化，或者是借助这个共同体实现自己的利益，同时他也会努力维护这个共同体的利益，维系这个共同体的存在。一般来说，他们尚不具备国民意识，即他们心中还未形成自己也是王国一员的意识。在他们以及当时人眼中，王国就是国王的领地，如同公国就是公爵的领地、伯国就是伯爵的领地一样，国王只被认为是一个最大的领主。如诺曼征服后的英国，国王占有全国七分之一的土地，是英国最大的领主；或者是一个最有权势的领主，如法兰西王国第一个王朝加佩王朝国王本为法兰西公爵，由原西法兰克王国境内各诸侯推举成国王，其王室领地并不大于勃艮第公国版图；甚或并非最有权势的领主，如德国神圣罗马皇帝后来是七大选帝侯推选的，被选者不一定产生于七大选侯中，因此不一定最有权势。事实上，所谓"国王靠自己过活"其实就是说国王得靠自己领地上所产来满足自己和王室需要。国王发动对外战争，也常常被认为是为国王个人或王室的利益而战，是"私战"，要么是为了巩固自己的领地（如英王在法国的诸多因各种继承关系而拥有的领地），要么是为了扩大自己的领地范围，如英王不断发动的对威尔士、苏格兰和爱尔兰战争。国家的概念还处于模糊阶段时，最底层的农民（农奴）和市民并没有直接感受国王的统治，国家之事也被市民认为与己无关，因此也不可能有所谓"我是这个国家的一员"这样一种国民意识。

在古代中国，有所谓"天高皇帝远"的说法，意思是你皇帝威权再大，但我离你远了，你也管不了我，但这里多少还存在着"我是你臣民"的意识。而在中世纪欧洲则不一样。8—9世纪欧洲大陆法兰克王国封建制度确立时，领主内部等级中就有"我的附庸的附庸，不是我的附庸"的不成文共识，因此普通百姓无论是农民还是后来的市民，一般只服从最近的庄园领主或城市的领主，而不与领主的封主有任何瓜葛，更不要说最上面的国王了。在他们看来，自己只是自己领主的"附庸"，自己领主的人，从来就不把自己当作那个领主的领主即"国王"的"臣民"。

11世纪后，情况开始发生变化，英国和大陆欧洲出现了差异。大陆欧洲基本上还是遵循着始自法兰克王国的传统。而英国却开始很不一样。诺曼征服是在国王威廉的直接率领下进行的，英国原有的盎格鲁－撒克逊人能够直接感受新王朝、新国王的统治，因而国王也就在英国人心中形成了一定的权威。尤其重要的是，1086年威廉一世搞了个"马尔博罗誓言"，诺曼人中所有的大小贵族都必须向英王宣誓效忠。这样在英国，"我的附庸的附庸，也是我的附庸"，英王的统治触角也就触及到了统治集团的每一个层面，被统治层也能多少感觉到国王的存在和权威，感觉到王国的一定存在，除了确认自己是直接领主的依附者外，农奴和市民或许也会意识到自己还是这个王国里的"臣民"。也是从这个时候起，英国国王又越过若干层次的封建领主，直接向许多新兴城市颁发自治特许状，甚至还有不少城市的商人行会和手工业行会直接从国王手中获得特许状。而在1215年的大宪章中，作为已有朦胧独立意识的市民阶层也开始向国王索要一定的权利。这种索要，实际上就暗含着自己承认是属于国王"臣民"，是被统治者、被管理者。这样，在12、13世纪的英国，市民就是具有了两种意识的矛盾体，市民意识意味着一种主体性，臣民意识则意味着自己的服从性。而当主体性意识不断地明确后，势必就要冲击或改变那种服从性的臣民意识。

当15世纪晚期英国逐渐形成民族国家后，市民的主体意识更加强烈。一方面，民族国家的君主为笼络市民，在 15、16 世纪颁发了更多的城市法人特许状，城市更加法人化（incorporated），但这种法人地位又是国王赐予的，所以城市和市民更加深刻地感受到自己同国王的直接关系；另一方面，经过 15 世纪中后期的黑白玫瑰战争，贵族相互之间的厮杀，旧贵族基本在肉体上被消灭，到亨利七世末年（16 世纪初），英国旧贵族仅剩下一名公爵，新贵族都是新国王新封的，因此在普通人与国王之间，已不再隔着一个贵族层，国王与市民、农民的关系更加面对面了。那么接触越多，两者间的矛盾和冲突也就会更多。市民在与国王的博弈中，以前本来就有的市民意识和臣民意识都会更强烈，市民心理上的扭结也会更大。

国民意识的出现

自 16 世纪起，民族国家政权开始实行重商主义政策。从基本意义上讲，重商主义是国王政权和商人两方面利益要求的结合物。在国王或民族国家政府看来，国家要想强，首先必须富，而从贸易平衡论出发，认为对外贸易是获得金银财富的主要源泉，所以重金主义是重商主义的第一阶段，要依靠大量出口换取外国金银回流国内，不管出口物是原材料还是制成品。重商主义的第二阶段是重工主义，它改变了第一阶段的看法，认为原材料出口附加值太低，所以鼓励手工业制造品出口，这样既增加了出口物的价值，又刺激了国内工业的发展。然而，不论是出口贸易，还是国内手工业的发展，都必须依靠商人的活动，依靠商人所积累的资本财富。而从商人这方面来说，要在国外开拓商品市场，在国际贸易竞争中取得优势，又必须依靠国家的力量，作为自己的政治凭靠，因此商人自然就有对国家的归属感。在王权弱小的时候，市民尚能与国王联合，在于他们认识到国王是最有势力、最有力量的封建主；到民族国家和新君主制形成的时代，他们的这种感受更为深刻：依靠国家和国王力量，不但可以统一国内市场，而且还能将外国商人势力逐步赶出本国，更可以开拓国外市场，开展海外殖民地贸易。因此，以海外贸易商人为代表的市民阶级开始形成较为清晰的国家意识和国民意识，并重新确立自我认同感，原有的市民意识便开始向国民意识转变。

新形成的国民意识，实际上是以往的城市共同体市民意识的扩大而已，本质上的几条原则应该包括：作为国民，他应在国家这个共同体中努力争取自身利益的最大化，或者是借助这个国家实现自己的利益，同时他也会努力维护这个国家的利益，维系这个国家的存在。而作为从市民转变而来的国民，他主要以经济眼光考量世界，保障其经济利益的实现是以商人为代表的市民兼国民的出发点。同时，在实行重商主义同国王的合作中，他们也逐渐感觉到自己在这种合作中的分量，以及他们对于国王和国家的重要性，因此他们要求国家重视商人。其时重商主义思想家、大商人托马斯·孟就说："商人是国家最好、最有益的成员，应当受到一切优渥。"[①] 他们也希冀自己的政治地位上升。在英国，商人和市民在都铎行政改革中，逐渐占据了一些官职。在法国，君主力量太强大，所以他们只能依靠用金钱向国王买得官职，变成"穿袍贵族"，成为君主的附属品。

英国的重商主义政策在实行过程中，也掺杂了国王授予宠臣近侍过多的贸易特许权，这就损害了商人和市民的工商利益，逐渐引起了他们的不满，激化了国王与商人等市民的矛盾。当市民阶层等新兴社会力量越来越集中地反映自己的愿望和要求时，斯图亚特王朝前期的两个国王却反其道而行之，不合时宜地抬高国王的地位和权力，一意孤行地颁布许多不利于工商业自由发展的法令和规定，结果引发了与以市民、商人为主体的人民的矛盾，最终导致了推翻国王的轰轰烈烈的革命运动。

在民族国家兴起的初期，市民多少有些新的意识，即过去的国家只是国王的王国，现在国家成了民族的国家了，人民都是国民了。

---

① Eli F. Heckscher, *Mercantilism*, V.2, London: 1935, p.282. 转引自吴于廑："世界历史上的农本与重商"，载《吴于廑文选》，第 111 页。

那么新型的国家还是只能由国王做主么？国民能在国家事务中有越来越多的发言权吗？总之，现实中民族国家的形成，也就促使原先在王国时代具有朦胧国民意识的市民阶级进一步思考，并由代表市民阶级利益的思想家上升到对国家性质的系统的理论探索。

近代英国第一个政治思想家、17世纪的霍布斯出版了《利维坦》，论述了"自然状态"、国家起源、国家主权等基本问题，认为人类最早的"自然状态"，是互相仇视、互相冲突的，因此理性促使人类去发现并接受自然法。自然法的目的，是促使人类过和平幸福的生活。自然法有三个基本原则，即谋求与保持和平、己所不欲勿施于人和必须履行契约。为了使这些基本原则得到实现，必须有公共权力来保证。这个公共权力无论是个人还是会议，都必须人格化，必须代表国民的意志，国家就是这样一种由一大群人通过相互契约而建立的人格化的公共权力。为把国家建设成为具有绝对强大的"利维坦"（力量异常强大的巨大海兽），以采取君主制最为适宜。[①]霍布斯代表了市民阶级的愿望，但洛克在《政府论》中，弥尔顿在《为英国人民声辩》中，抨击了君主制理论，指出国家应该是由人民做主的。洛克等人的理论，奠定了英国近代政治学说的基石。

荷兰（联省共和国）于16世纪后期推翻了外来西班牙人的封建统治而取得独立。对于新独立民族国家的存在依据，荷兰思想家斯宾诺莎进行了哲学思考。他在《神学政治论》中，也用自然法理论来说明国家起源和目的。在他看来，在自然状态下，人人都具有天赋自由，并且有"自我保存"的本性。但每个人的自然权利之大小，取决于各人的实际力量，这样人们之间可能发生纠纷和冲突。只有依照自然法的指导，每人各自放弃一部分自然权利，交给社会，按照契约建立国家。国家的统治者获得了这些权利，人人都须服从他。但他的权力并非绝对的，因为人们还有部分天赋权利没有完全交出，统治者不能侵犯，如侵犯，人们就要重新订约更换统治者。国家政

---

① 参见〔英〕霍布斯：《利维坦》，黎思复、黎廷弼译，商务印书馆1996年版。

体则以民主政治最为自然。在民主政治中，个人的天赋之权并没有交给别人，而是交给社会的大多数，他自己也是那个社会中的一分子，因此所有人仍然是平等的。只是每个人都要谋自己的利益，因此才必须有政府、法律来压抑人们无节制的欲望。法律制定是经过全体国民同意和认可的，因此国民应是自由的，而不是服从的。如果实行君主制，君王的命令就会变成法律，情况就会走向反面。因此，必须强调法律面前人人平等，也必须强调思想和言论自由。①

在法国，民族国家也是在 15 世纪形成的。一般认为，是百年战争带来的苦难唤醒了法兰西人民的民族意识。百年战争结束后，路易十一消灭了法国最大的割据诸侯勃艮第公爵，在版图上实现了全法国的统一，奠定了民族国家的基础。与此同时，路易十一还实行重商主义政策，兴办丝织工场，开设里昂集市。16 世纪，由于宗教纷争，法国几度陷入分裂和混乱。16 世纪末，又是由国王再度维系和巩固了统一的国家，因而 17 世纪法国的君主专制被推向了顶峰。由此，法国人即使萌芽了国民意识，也在君主的高压政策下噤若寒蝉了。16 世纪后期曾出现过政治思想家波丹的皇皇大作《国家论》，虽然认为国家首先是家庭的集合体，但也明确表示法国应该实行君主专制，不过这种君主应该尊重公民（国民）依照自然法所享有的权利。17 世纪路易十四国王和黎塞留等首相的强势，使得波丹的政治思想未能在法国得到进一步伸张。

思想家眼中的国民意识

到了 18 世纪，法国君主专制已显示出极端的弊端和危机，于是便有了启蒙运动中思想家的新探索。在批判君主专制统治的基础上，孟德斯鸠开始探讨国家的起源和本质，阐述其政治法律思想。卢梭更认为，人类在自然状态下是最理想的，文明则是人为的造作。当私有财产出现后，富人特别害怕自己的财产受损失，便说服穷人订

---

① 参见〔荷〕斯宾诺莎：《神学政治论》，温锡增译，商务印书馆 2009 年版。

立契约，建立国家，把国家当作公正的裁判者，因此，国家的成立实际是富人的一个阴谋，在国家中富人是统治者，穷人则被统治。国家的建立实际上加深了人类的不平等。[①]他认为，人民要挣脱枷锁，只有订立契约，建立民主的国家。在卢梭看来，社会契约是人民自身之间的结合，由之而产生国家。不过，契约要求每个结合者把自己和自己全部权利毫无保留地转让给整个社会，人们则可从社会中得到同样的权利，在增强社会力量的同时保护自己的利益。这样组成的社会才是理想的民主共和制，属于一种"公意"，即公共利益，它与"众意"即个人利益的总和是不同的。国家的最高主权属于全体人民，是公意的体现。人民主权有不可转让、不可分割、至高无上不可侵犯三原则。[②]

卢梭的思想对法国大革命产生了极大的影响，而法国革命代表人物更将国家主权在民的思想具体化。西耶斯所著《论特权》和《第三等级是什么》更是明确表达了市民阶级的政治诉求。《论特权》着重揭露穿袍贵族以上特权等级的垄断性和寄生性，以及特权对国家和社会的危害，认为他们是国家中的异己力量，应该把他们排除在国民之外。《第三等级是什么》则指出，国家与人民是同义的、统一的；主权属于国民，一切公共权力来自国民意志，国民意志永远是合法的；制宪机构是由国民委托的；国民不屈从于宪法，只有国民有权改变宪法；国民意志永远是最高的法律。[③]国民是国家的主人，在西耶斯这里已得到明确表达！

当法国思想家为国民争取政治权利和政治自由的时候，英国思想界又进一步为国民争取经济行动的自由。16—18世纪的重商主义阶段，国家和政府虽然创造了经济活动的自由环境和条件，但国家作为一种公共权力，却体现了对国民个人的经济活动的干预。因此，以亚当·斯密为代表的英国经济学家，大声呼唤经济活动的"自由

---

① 参见〔法〕卢梭：《论人类不平等的起源和基础》，李常山译，商务印书馆1996年版。
② 参见〔法〕卢梭：《社会契约论》，何兆武译，商务印书馆2002年版。
③ 参见〔法〕西耶斯：《论特权 第三等级是什么》，冯棠译，商务印书馆1991年版。

放任",国家和政府最多只能充当保护经济自由活动环境的"守夜人",其著作《国民财富的性质和原因的研究》，认为充分的经济自由是国民财富不断增长的首要条件和基石。^①他研究的是"国民"的财富，可见国民在他心中的位置！

①　参见〔英〕亚当·斯密：《国民财富性质和原因的研究》，郭大力、王亚南译，1996年版。

第八章 城市景观形态革命

如前所述，中世纪欧洲的城市大多城区狭小，街道狭窄，房屋低矮。随着工商业活动、政治活动以及社会文化活动的增多，中世纪城市已越来越呈现出不适应性，必须加以改造。因此，16—18世纪这个近代早期的社会转型时期，也是欧洲城市景观"旧貌变新颜"的时期，是欧洲城市建设的一个黄金时代。今天看到的大多数欧洲城镇，其中心城区的布局和街道网络构架虽然大多是源自于中世纪时代，但存留的建筑及其特色与风貌则多为近代早期的结晶。

近代早期的西欧，经济上先进与落后生产方式并存，政治上新旧制度搏斗，思想上发生文艺复兴、宗教改革、科学革命和启蒙运动，其城市建设也进入脱胎换骨式的黄金时代。这一时期欧洲城市建设的大规模展开，其经济基础在于商业贸易促使财富增长并集中于城市，如1688年英国全国财富的80%藏于城市；其政治基础在于民族国家强化君主权威，以及天主教会强调自己的精神地位。现今令人流连忘返的欧洲城市景观与风貌，大多是近代早期留下的遗产。

一、城市景观的"再造"

城市建设的有规划性

欧洲城市进入有规划建设时期，以中心广场等公共建筑和王宫建筑为主体，辅之园林、雕塑、喷泉等，并拓宽或新修街道，讲求街区布局。新航路开辟后，意大利城市从事的地中海贸易衰落，资本大量转向城市建设；经过文艺复兴洗礼的意大利，追求美好生活成为城市社会中上阶层的共同价值指向。故 16 世纪意大利的城市建设形成了高潮，广场是其城市建设和改造的主要标志。以威尼斯圣马可广场为例，它连同北面小广场以及南面海湾广场，可容纳这座近二十万人口城市的市民集会需要。广场四周耸立着圣马可教堂、近百米高的方锥形钟塔、总督宫、图书馆、新旧市政大厦等，气势宏大。意大利各主要城市都建设有这样的广场及街道，如罗马的诺沃纳广场和威尼斯广场，佛罗伦萨的西格诺利亚广场和乌菲齐大街，费拉拉的亚里奥斯梯亚广场等。罗马波波罗门内的椭圆形广场，与三条笔直的大道相交，成放射状通向城区。17 世纪法国对卢浮宫进行了改造。新修宫殿以巴黎近郊的凡尔赛宫为代表，路易十四所建，集王宫、园林、雕塑、喷泉于一体，场景宏大，力图展现民族国家的强大和君王威严，其中富丽堂皇的镜厅更张扬了奢华气派。在分裂的德国，各大小诸侯为了自卫而致力于将领地内城市建成设防城堡，南德意志大量城堡式城市基本是在这个时期涌现的。

这一时期欧洲城市在外观形态上的发展，也都表现为平面的扩张和空间的上升这两个方向。一些重要城市人口增长较快，因此这两个方向的扩张都比较引人注目。而在其他的中小城镇，这两个方向的发展都因财力、功能需要等而受到一定局限。故而，城市外观形态的发展更多地表现为城市空间内涵的变化：一是景观形态的再造；二是房屋建筑的砖石化；三是市政管理加强。

景观形态的"再造"

城市景观形态的"再造"过程，从某种意义上说，开始于文艺复兴时期的意大利城市。马克思曾认为，代表 15 世纪特点的是"城市的繁荣"，[①] 这一繁荣主要体现在意大利城市那里。可以说，在经

---

① 马克思：《资本论》，第 1 卷，第 786 页。

历 13 世纪的商业革命、14 世纪的停顿挫折之后，15 世纪的意大利城市已经有了相当深厚的财富积累。而且，当 15 世纪中期君士坦丁堡陷落，意大利人从事的地中海东方贸易受阻，财富和资本于是转向投入土地和房屋，投向城市建设和生活服务。经历了一个多世纪文艺复兴人文主义思想的熏陶后，意大利城市社会世俗化倾向已不可逆转。追求现实生活享受，追求人间生活的更美好，已成为日益富裕富有的意大利城市中上阶层的趋于一致的价值取向。住得舒适、宽敞，展现富丽堂皇，这是中上层社会私人建筑的基本指向。为适应和推动展示城市力量、凝聚市民人心的公共生活，市政大厅、广场、教堂等公共建筑建设蔚然成风。

15 世纪意大利城市建设体现了人文主义的指导思想，既具有实用性，又强调舒适性，还重视城市本身的美观性。城区和街道的布局既要考虑私人生活和公共活动的方便，也要考虑防卫需要。受当时数学、地理学等学科知识发展的影响，不少理想化的城市规划方案被推出，有正方形、八边形，也有圆形；有的提出了网格式街道系统，有的提出了同心圆街道系统等。建筑大师佛罗伦萨的阿尔贝蒂在古罗马维特鲁威建筑思想的基础上，提出了理想城市（Ideal City）模式：城市中心点设置教堂、宫殿或城堡，街道从城市中心向外辐射，城市轮廓为多边形状，整个城市由各种几何形体组合而成。他还认为城市选址和选型必须要考虑周围环境因素，包括地形地貌、水源、气候和土壤等，要与环境相协调。[①]

由意大利肇始，15—18 世纪欧洲城市一改中世纪那种格局狭小、房屋低矮的局促形象，大兴城市建设。这一时期城市建设的主要景观包括：

广场。如文艺复兴的意大利城市，公共建筑建设体现了越来越多的世俗化，尤其是为满足城市庆典仪式等公共活动所需的城市广场。在天主教会当道的某些城市，教堂仍是建设的重点，但为了扩

---

① 沈玉麟：《外国城市建设史》，中国建筑工业出版社 2010 年版，第 74 页。

大对俗界的影响，许多教堂前修造了巨大的广场。例如维也纳的卡尔大教堂。更典型的是罗马的圣彼得大教堂，在 17 世纪经过整修后，教堂整体极其宏伟，屋顶高达 137.8 米。圣彼得大教堂入口前的广场，由一梯形广场和椭圆形广场（长达 198 米）组合而成，两旁还围以柱廊，[①] 规模极其宏大，再与前方的宽阔街道相接，视界宽广、长远、舒展，展示了教皇一统天主教世界的气势与雄心。据说当年歌德沿着柱廊漫步时，"仿佛在聆听一首美妙的乐曲"。[②] 威尼斯的圣马可广场是世界上最著名的广场之一，梯形状，面积达 1.28 公顷，它又连接了北边的小广场以及南边的海湾广场，容量陡然增大，基本可容纳这座近二十万人口城市的市民聚会需要。圣马可广场四周耸立着拜占庭风格的圣马可教堂、高达近百米的方锥形钟塔、高而直的总督宫，还有文艺复兴风格的图书馆，以及环绕广场的新旧市政大厦，蔚为壮观，是欧洲中世纪至近代早期城市的标志性建筑。这样的广场在意大利各主要城市都有建设。如费拉拉在 16 世纪的扩建中，将城区扩展至 430 公顷，修建了亚里奥斯梯亚广场。15—18 世纪修建的著名城市广场还有：罗马的诺沃纳广场、威尼斯广场，佛罗伦萨的西格诺利亚广场等。

街道。除了一些中世纪时代街道得到保存和改造外，兴建或拓宽街道也成了 15—18 世纪欧洲城市建设中的重要方面。如佛罗伦萨在 16 世纪下半期修建了乌菲齐大街，连接阿诺河岸和城市中心的西格诺利亚广场，两侧为严格对称的联排式多层房屋。17 世纪封丹纳受托为罗马改建做规划时，修直了几条街道，并开辟了三条笔直的街道通向波波罗门，在城门内侧的椭圆形广场汇交；而从城门角度看，这三条街道则成放射状，伸向城内。

市政厅及市政广场。罗马的市政广场，正面是高达 27 米的元老

---

① 参观圣彼得大教堂时，通常需要从椭圆广场南边廊柱下开始排队，穿过广场入口，再接着在北边廊柱下排队，直至梯形广场安检，需时两个小时左右。

② 转引自叶廷芳："从文艺复兴后期到当代——西方历代建筑风格欣赏之二"，《光明日报》2017 年 4 月 28 日第 13 版。

院（市政厅），两旁是公共档案馆和博物馆。站在市政厅入口台阶，罗马城全景一览无余。

宫殿。17世纪，法国对卢浮宫进行了改造。新修宫殿以巴黎近郊的凡尔赛宫为代表，路易十四所建，集王宫、园林、雕塑、喷泉于一体，场景宏大，力图展现民族国家的强大和君王威严，镜厅更表现了盛世的富丽堂皇。在分裂的德国，各大小诸侯为了自卫而致力于将领地内城市建成设防城堡，南德意志大量城堡式城市基本是在这个时期涌现的。

喷泉，雕塑，园林。今日看，这些城市建筑物体遍布欧洲大小城镇，其实它们都是16、17世纪以来新出现的。如17世纪封丹纳改造罗马时，就修建了25座以上的喷泉。

16世纪以后，随着民族国家的兴起、国内市场体系的构建和交通流通网络的完善，城市不但是经济政治中心，而且还成了商品流通中心和社会交往中心，因此各地城市还普遍兴起了修建旅宿设施、娱乐设施和社交设施的热潮，这也使得城市建筑快速增加。

房屋建筑的砖石化

中世纪晚期城市危机的发生，亦与城市地域狭小、空间狭窄、卫生条件差不无关系，因此危机后的城市比较注重对自身的改造。特别是城市的火灾频繁发生，从反面向人们提出了尽快改造住房的要求，或者说为人们以更新的方式建设住房重建家园创造了机会。因而每次大火之后，城市往往马上出现了新建住房、改造城市的热潮。而城市改造能够进行，又与度过了危机的城市进一步参与国际贸易，或参与及控制了乡村工业有关，这些活动使得城市集聚了大量财富，为城市改造和重建提供了必要的经济物质条件。如英国，从1688年格里高利金的统计表上可以看出，英国全国财富的80%以上集中在城市里。[①]

17世纪起，西欧各国都开始了用砖石取代木料建房的过程。如

---

① 〔英〕亚·沃尔夫：《十六、十七世纪科学技术和哲学史》，周昌忠等译，第676—677页。

英国，有两个盛产石材的地区从文艺复兴时代开始流行石砌建筑。一是以西部的科茨沃兹地区为中心，往南延伸到多塞特海岸、巴斯城一带，往北直上北安普顿郡、拉特兰郡和亨伯河一带，这是石灰岩地带。这些地方还供应伦敦建筑（如教堂）的石材，屋顶用石板瓦，石墙厚达 18—24 英寸。采用干砌法，墙外面是方石，墙内填塞碎石。二是约克郡西部、德比郡北部和兰开夏北部的奔尼山区，石材以砂岩和磨石粗砂岩为主，石板瓦和石墙比西部地区更厚更重一些。有较多石砌建筑的还有苏塞克斯西部（砂岩）、德文郡和康沃尔郡（花岗岩）和北方的湖区（板岩）等地。而在英格兰东南部和东部，由于缺乏天然石料，因此在 16、17 世纪里盛行用砖砌房，包括升出屋顶的烟囱。1571 年宪章还规定了房屋墙砖的尺寸为 9 英寸 ×4.25 英寸 ×2.25 英寸，有切割和模制两种制砖法。1625 年引进了荷兰的砖砌技术，规定了如何用灰浆接缝。① 大多数英国城市以砖石建房的历史开始于 17 世纪中期。北安普顿曾在 1675 年被大火所毁，结果后来"用砖石再建得更好，街道宽阔宽敞"。因此，"像沃里克一样，它的漂亮归因于它自身的大灾难"。当然最富有的伦敦也最有气派。1666 年大火之后，伦敦建起了 9 000 所标准的砖石住宅。② 到 1750 年时，所有英国城市的房屋基本上都经过了程度不一的改造。城市外观焕然一新，大大加强了城市的吸引力。

市政管理的加强

转型时期城市发展的另一个主要动向，是市政管理的加强。所谓市政管理的加强，包含有两个方面的意思，一是市政设施建设和市容的改造；二是市政管理工作的日常化和市容的维护等。

在市政设施建设和市容改造方面，市政当局开始注意道路规划

---

① 〔英〕查尔斯·辛格、E. J. 霍姆亚德、A. R. 霍尔、特雷弗·I. 威廉斯主编：《技术史》，第 III 卷"文艺复兴至工业革命，约 1500 至约 1750 年"，高亮华、戴吾三主译，上海科技教育出版社 2004 年版，第 180—181 页。

② 参见 E. L. Jones and M. E. Falkus, "Urban Improvement and the English Economy in the Seventeenth and Eighteenth Centuries", *Research in Economic History*, USA, No.4, 1979。

和铺设、街道布局和照明设施、供水排水管道的铺设和维护、消防设施建设和灭火工具的购置等，这些都是基础性的建设。市容改造，则包括禁止违章建筑，禁止街道两侧的房屋和商店铺面侵占街面空间，规定屋檐滴水方式，将有污浊气味的行业如牲畜屠宰、皮革硝制等从闹市区和居住区移开等。

市政管理工作的日常化和市容维护，包括清扫街道垃圾、组建消防专业队伍、组织维持市容市貌的专业队伍等，也包括成立专门的独立的城市建设管理机构，负责街道路面的修理、铺设，以及供水和照明等工作，如英国，到 1760 年时，共有二十多个城市设立了这种专门机构。[①]

二、城市建筑风格嬗变

城市建筑最能体现城市的风貌。既可从审美角度欣赏不同的建筑风格，也可从建筑力学、建筑工程学等方面来衡量城市建筑技术的不断进步。在欧洲城市里，有许多古典建筑残存，也包括一些古典建筑的遗址。一方面它们本身构成城市的景观，另一方面它们的存在也影响着现实中的人们的观念与思维。总的来说，自中世纪城市兴起至城市转型时期，欧洲城市建筑风格大致经历了中世纪（罗马式、哥特式），文艺复兴和巴洛克时代（17、18 世纪）三个时期。在转型时期的欧洲城市里，城市建筑景观实际上是这多种风格建筑的杂糅。

中世纪的建筑风格

1. 罗马式

9 世纪以后，随着封建主城堡的普遍出现，随着教会影响的日益增强和教会建筑的日渐增多，建筑也开始追求式样和风格。

---

① 参见 E. L. Jones and M. E. Falkus, "Urban Improvement and the English Economy in the Seventeenth and Eighteenth Centuries", *Research in Economic History*, USA, No.4, 1979。

最先流行的是罗马式风格。这是在吸收古典时代建筑特点基础上而形成的一种新的建筑风格。古典建筑以希腊式为主。希腊式公共建筑物的基本特点是外观呈长方形，四周围以大理石廊柱，墙面饰有静止细致的浮雕。希腊式建筑讲究柱式，从简朴粗壮到精致细长分别为多利亚柱式、爱奥尼亚柱式和科林斯柱式。罗马建筑效法希腊建筑庄严华美特点，保留了希腊建筑风格的柱廊和柱式两大基本特征，并发展了塔司干柱式和婚后性柱式，还结合了本土伊特拉斯坎的拱门样式，创造了大型穹隆式圆屋顶。著名的罗马万神殿，就是希腊圆柱式门廊和罗马的大圆屋顶的结合物，呈现厚重坚实特点。罗马的"巴西利卡"（大会堂），系大型长方形建筑，四周环以一圈线脚。罗马流行的纪念式建筑，如凯旋门、记功柱、方尖碑，对后世欧洲城市建筑亦有较大影响。5世纪后，原罗马帝国城市大多被日耳曼人摧毁，更谈不上建筑风格了。只有东罗马即拜占庭还有所保留并有所创造，如著名的君士坦丁堡圣索菲亚大教堂，由6世纪的查士丁尼皇帝亲自督造，在运用罗马的穹顶时还在穹顶边墙上开设了不少小天窗。在拜占庭影响下，意大利一些城市的公共建筑，如威尼斯的圣马可大教堂，也组合了多个穹顶，正立面有多个拱形门窗。

罗马式（又译罗曼式、罗马风）这个名称是19世纪发明的，含有"与罗马建筑相似的"的意思，[1] 其风格无疑是效法古罗马，但没有古罗马建筑宏大。这种建筑首先出现在意大利，以后逐渐向德意志和英格兰等地传播。罗马式风格最容易识别的特点，就是门窗顶部均为半圆拱形，也有十字拱。[2] 尤其是门拱，用楔形砖石砌成，有很强的承重力，并可形成半圆拱顶门廊，伸占数米。罗马式教堂平面为长方形，附加耳房，开始出现钟塔。除教堂外，这种建筑样式

---

① 〔英〕苏珊·伍德福特、安尼·谢弗－克兰德尔、罗莎·玛丽亚·莱茨：《剑桥艺术史》，第1卷，罗通秀、钱乘旦、朱龙华等译，中国青年出版社1994年版，第209页。
② 叶廷芳："从古希腊到文艺复兴——西方历代建筑风格欣赏之一"，《光明日报》2017年4月21日第13版。

在城堡修建中也很流行，主要是为了适应防火和防卫的需要，因而总体风格比较厚重，墙体较宽，门窗窄小，低矮的圆屋顶，室内架着粗矮的柱子，光线晦暗，房子里空间小。采用这种建筑样式的中世纪城堡，外观尚可，但室内之狭小却令人难以想象。许多领主的卧室置放一张床和一个床头桌外，再无空处摆设其他家具。罗马式建筑在意大利和拜占庭发展得比较充分，形成了伦巴第式（意大利）和拜占庭式两种主要风格。西欧的法国、英国、德国等地的罗马式建筑，在设计和工程方面也有一定改进。

中世纪城市里罗马式建筑保存至今的主要是教堂，教堂通常建成十字架的样式。著名的罗马式教堂有法国普瓦提埃大教堂、德国沃姆斯大教堂、意大利的比萨大教堂以及旁边闻名于世的斜塔。罗马式建筑时代大约自 10 世纪延续至 1200 年左右。在这个时间前后尖顶拱技术引入了欧洲建筑，而门窗的尖顶拱形状正是哥特式风格的代表性体现。

2. 哥特式

12 世纪期间，欧洲开始流行一种新的建筑风格，由于最先出现在巴黎附近地区，故这种新风格被称为"法国式"。13 世纪很快流传开来。16 世纪文艺复兴时代的建筑学家却对此不屑一顾，轻蔑地称为"哥特式"，指其乏味和野蛮。[①] 因此可见，哥特式名称虽与哥特人有关，但并非哥特人传统，而是因为这种风格流行于哥特人所在的日耳曼民族所迁徙的广大地区。1200 年后，欧洲建筑史进入了哥特式时期。它受到古典式、罗马式和拜占庭式建筑艺术的一定影响，并且在传布的过程中产生了许多浓厚的地方风格和特点。哥特式建筑主要表现为城市教堂建筑。其特点一是门窗极大，门窗顶部以尖顶拱取代了罗马式的半圆顶拱，有相当大的墙面足以装饰彩色绘画大玻璃，室内采光极好。其二是墙体较薄，窗户大，室内空间大，大厅内的石柱较小，特别是各大教堂，从外部看起来并不显眼，但

---

① 〔英〕苏珊·伍德福特、安尼·谢弗－克兰德尔、罗莎·玛丽亚·莱茨：《剑桥艺术史》，第 1 卷，罗通秀、钱乘旦、朱龙华等译，第 243 页。

一进入教堂大厅，便会觉得特别宽敞明亮。门廊宏大，为浮雕和石刻提供了巨大空间。三是屋顶为轻型石结构，由石条肋状拱柱支撑，颇似一把大伞伸展（似乎含有上帝恩泽覆盖宇宙之意），网面即石肋之间的墙体空间，用厚不足六英寸的石块填砌，屋顶的重量都由石柱和拱壁承受，而不是靠墙体承载。四是建筑顶端有尖顶或尖塔，据说这是为了让信徒的灵魂升入天堂，更加接近上帝。尖塔把人们的目光引向天空，让人们幻想着天堂和来世，这是基督教神学基本理念的体现。在一些地区性教堂中，顶部尖塔的高度甚至还高于主体建筑。五是哥特式建筑在装饰细节上出现了崇尚自然的倾向，彩色玻璃上的图案多为植物、动物和人类自身，生动逼真。作为一个时代代表，哥特式艺术还影响着人们的日常生活。总之，哥特式建筑厚重有力，高大典雅，装饰华丽，反映了中世纪城市的兴盛和市民的富有，也反映了教条化了的天主教会的要求。

哥特式风格引起了欧洲大陆的建筑革命，建筑业也因此成为各地城市最重要的行业之一。如在 1300 年，巴黎交纳了人头税的建筑业工匠就有 383 人，其中 122 个石匠、108 个木匠及 31 个泥瓦匠。这还不包括帮工、技术不太熟练的采石匠、灰泥匠以及负责传送材料的辅助工人等。[1]

最著名的哥特式教堂建筑有意大利的米兰大教堂、德国的科隆大教堂、法国的巴黎圣母院等。著名的哥特式私人宅邸有意大利威尼斯的黄金府邸奥罗的卡（建于 1422—1440 年）和法国布尔日的大富商扎克克尔府邸（建于 1443—1451 年）。[2]同时哥特式建筑也因时因地而有各种样式风格。如在英国，早期的哥特式建筑可以索尔兹伯里大教堂（建于 1237—1258 年）为代表；盛期的肋拱骨架式结构可以剑桥国王学院礼拜堂（建于 1446—1515 年）为代表。

---

[1] Norman Pounds, *An Economic History of Medieval Europe*. New York: Longman, 1994, p.336.

[2] 〔英〕苏珊·伍德福特、安尼·谢弗－克兰德尔、罗莎·玛丽亚·莱茨:《剑桥艺术史》，第 1 卷，罗通秀、钱乘旦、朱龙华等译，第 326—327 页。

这时的代表性哥特式建筑还有伦敦威斯敏斯特亨利七世礼拜堂（建于 1500—1512 年）、温莎圣乔治教堂（建于 1473—1537 年）等。

文艺复兴建筑风格

1. 意大利的文艺复兴建筑

虽然盛期和晚期的哥特式建筑已受到文艺复兴文化的影响，但它毕竟是教会建筑，其基本理念还是万变不离其基督教之宗。文艺复兴建筑特有的风格，建筑技术的新进步，率先出现在意大利这个既是天主教中心区又是文艺复兴发源地的国家。文艺复兴建筑的基本理念是以现实生活中的人为出发点，要求建筑哪怕是教会建筑都要尽可能地与现实要求相一致，符合世俗人们的需要，美观而又实用，并能体现个性，也要体现与教会哥特式建筑的区别。文艺复兴建筑风格出现时，实际上结合了罗马式和哥特式建筑风格两方面的特点。总起来看，它"拾回希腊、罗马时代规整、稳重的'十字'平面造型原则和体现人体美的柱式的基本形制，采用圆拱代替尖拱的技术手段，吸收力学上的新成就以及绘画中的透视原理，强调秩序和比例，遵循所谓'黄金分割率'……以均衡、端庄、典雅、精致为美学追求，从而创造出多种空间效果"。[1]

文艺复兴风格的建筑发端于 15 世纪初，与建筑师布鲁内莱斯奇 1402 年访问罗马有关。他去那里是为了寻找一种新的建筑理念，为未竣工的佛罗伦萨大教堂设计一个大圆顶。通过对古罗马建筑遗址实地考察，在吸收其长处的基础上，布鲁内莱斯奇设计了一种陡弧双层穹隆顶。按这一设计建造起来的佛罗伦萨圆顶大教堂 1420 年动工，1436 年完成，这是欧洲历史上最早的文艺复兴风格建筑。[2]

从对罗马建筑遗迹的考察中，布鲁内莱斯奇不仅悟出了后来文艺复兴建筑所遵循的基础几何学，而且还领悟了表达这些几何定律

---

[1] 叶廷芳："从古希腊到文艺复兴 ——西方历代建筑风格欣赏之一"，《光明日报》2017 年 4 月 21 日第 13 版。

[2] C. Singer, E. Holmyard, A. Hall and T. Williams eds., *A History of Technology, Vol.3, From the Renaissance to the Industrial Revolution c.1500-c.1750*, Oxford: Clarendon Press, p.245.

的整套体系，即源自希腊并在罗马得到发展的建筑柱式体系。在他看来，扎根于古典原则的建筑，比起哥特式风格或哥特式所派生的其他风格更能与新的时代精神相协调。[①]

意大利本来就不大盛行哥特式风格。15世纪中期后，意大利已很少出现哥特式建筑，而是经过改进了的古罗马风格渐居上风。此后直到18世纪初，这种文艺复兴式风格一直在意大利、法国和英国流行。这种风格模仿古罗马建筑，除了圆顶式风格外，甚至连建筑方法也效法古罗马。曾几何时，古罗马维特鲁威的《建筑十书》被发现后，成了意大利建筑师的"圣经"，就连石灰的烧制，木料的湿度，灰泥的粉刷，都要言必称维氏。古希腊风格也同样成为文艺复兴建筑效法的样板。著名建筑师阿尔贝蒂的《建筑论》中就广泛引用了古希腊色奥弗拉斯图斯的论述。

意大利的文艺复兴建筑大师，还有米开朗基罗、安东尼奥·达·圣加洛、科拉·达·卡普拉罗拉等。早期的文艺复兴建筑多是教堂，16世纪后则以城市贵族宅邸和别墅居多。

建筑包括两个方面，一是式样风格，一是建筑技术，两者常常又是相结合的。作为新式样建筑的发源地，意大利文艺复兴建筑的特征相当突出，极易识别。[②]

其一，穹隆式大屋顶带肋骨。布鲁内斯莱奇设计的佛罗伦萨大教堂穹隆顶，作为一种样式风靡了文艺复兴时代几乎所有的教堂建筑。这种穹隆顶为砖砌双包络，带有外肋，从外表看，石头的半拱形肋带将穹顶分为不同的"瓣"。而米开朗基罗设计的罗马圣彼得大教堂穹隆顶，"肋"的数量是佛罗伦萨大教堂的两倍。它们在大穹顶（坐圈）和更上面的小穹顶（顶塔）之间形成了连接。这种穹隆屋顶成了教堂建筑的整体组成部分，而不是附加装饰物。

---

① 〔意〕弗拉维奥·孔蒂:《文艺复兴艺术鉴赏》，李宗慧译，北京大学出版社1988年版，第6—7页。

② C. Singer, E. Holmyard, A. Hall and T. Williams eds., *A History of Technology*, Vol.3, *From the Renaissance to the Industrial Revolution c.1500-c.1750*, pp.246-249;〔意〕弗拉维奥·孔蒂:《文艺复兴艺术鉴赏》，李宗慧译，第6—27页。

其二，空心墙体。布鲁内莱斯奇设计的佛罗伦萨大教堂穹隆顶，为双层空心墙体。每层墙都为实砖，两墙间空隙用一种坚固的肋材相连。内层穹隆的砖墙厚度由基座的 6 英尺 11 英寸，逐渐缩为顶部的 4 英尺 6 英寸；外层穹隆的厚度则由底部的 2 英尺 6 英寸逐渐缩至顶部 1 英尺 4 英寸；两墙间的空隙逐渐增大，底座为 3 英尺 8 英寸，顶部则达到 6 英尺；连接两层穹隆起稳固作用的共 24 根肋材，均为长达 12 英尺左右的石材。穹隆高达 60 英尺，弧线陡峻，这就能很好地将穹隆顶塔的压力转移到支撑墙体上。米开朗基罗设计的罗马圣彼得大教堂穹隆顶，其风格仍与布鲁内莱斯奇无异。

其三，柱式和飞檐相结合。一方面恢复了古典建筑的柱式风格，但主要起装饰作用而不具结构或功能目的。在佛罗伦萨，有的宫殿内廷弓拱，以及有的教堂中庭走廊，直接由一些"科林斯式"柱支撑，这与古罗马"巴西里卡"会堂建筑风格相似。另一方面，大多数建筑的面街正墙不用柱子，而是采用石块飞檐，同时增加内墙厚度以求平衡，使飞檐重心落在安全线内。飞檐最长的伸出街面达 8 英尺 4 英寸，高达 10 英尺。墙的厚度达 3—4 英尺，承载飞檐的墙有 5 英尺之厚。墙面用粗糙大石块装嵌，墙心实体则多用砖块填砌。有的建筑不用石块作飞檐，而是大胆使用木椽挑起屋檐，佛罗伦萨帕兹教堂的屋檐往外抻出了 8 英尺之多，[①] 两倍于木椽的程度。

其四，房间敞亮，空间大。吸取了古罗马浴室和别墅中豪华舒适的特点，适应市民阶层新的消费观和享受观。房间大而豪华。拱形天花板用板砖镶成平顶，砖块不相接，也不相叠，而是依靠灰泥黏附在天花板上。往下延伸时则每面墙都呈曲线，产生"湾"的视觉效果，并有足够高度安装半圆顶玻璃窗户。罗马的教堂和宫殿多是这种做法。灰泥加板条的做法也能产生这种效果。这种天花板悬挂在一捆捆木条上。文艺复兴时代的热那亚最时兴这种样式。

其五，室内屋顶支架多样化。穹隆顶墙体下的室内屋顶支架，

---

① 〔英〕查尔斯·辛格、E. J. 霍姆亚德、A. R. 霍尔、特雷弗·I. 威廉斯主编：《技术史》，第 III 卷"文艺复兴至工业革命，约 1500 至约 1750 年"，高亮华、戴吾三主译，第 174 页。

既能加固整个建筑，又有一定的装饰性，因此既要实用又要美观，以符合文艺复兴人们的生活观念和审美要求。从结构力学角度看，室内屋顶支架必须在起拱处有一根大横梁，以防止支撑墙体滑动和颠翻，这是一种基本方法。文艺复兴意大利的大部分教堂，采用低斜度的木构架屋顶，由大量梁木构成一个整体结构。有的屋顶支架下端不封闭，从下往上可以看到整个屋顶构架，更多的屋顶支架下则饰以精致的木质天花板。如威尼斯的圣玛丽亚·德·迈拉科里教堂的屋顶是弓拱形木支架，下有弓拱形天花板，支架各部分分区构连。罗马的圣玛丽亚·马季奥教堂屋顶下的弓形天花板则紧紧地钉在一对大梁木上。

其六，新式的结构处理。中世纪那种几乎可以无限扩展的建筑形式被舍弃，取而代之的是完美无缺的整体式设计，一次建造成型，每座建筑都有加一分嫌多，去一分嫌少的感觉。利用横竖石带而形成的各种比例简洁明快。理想的建筑物中，所有轴线，无论是水平线还是垂直线，均呈对称，这是文艺复兴建筑最主要原则之一。在外观上，意大利文艺复兴建筑明显体现了人文主义倾向。建筑师认为，人体中完美的比例反映出某种宇宙的和谐。建筑物各部分必须像人体各器官一样，既相互依赖，又联合成整体。因此，他们依据人体测量学，研究人体长短大小的比例关系，将之作为建筑物标准，成为人形模拟体。各种柱式有四个组成部分即柱基、柱身、柱顶和顶盘，从下至上最像人体结构的脚、腿、躯干、头。15 世纪后期各种主要建筑，尤其体现了这一理念。有的建筑理论家认为，整座城市都应体现人性化特征。如阿尔贝蒂就把城市比作一座满足居民各种需要的大房子。弗朗切斯科·迪·乔治的文章说，城市所有部分都必须按比例与整体配合，"正如人体的各个器官一样"。[①]

意大利文艺复兴建筑以实用性为主目标，也进行了一些理论总结和升华。巴拉迪奥的《建筑学》（1570 年），讨论过各种建筑物、

---

① 〔英〕G. R. 波特主编：《新编剑桥世界近代史》，第 1 卷（文艺复兴，1493—1520），中国社会科学院历史研究所组译，中国社会科学出版社 1999 年版，第 174—179 页。

建筑材料、柱式等问题，还提供了跨度和拱座厚度法则，认为拱座厚度不应少于拱跨的五分之一，也不必多于其四分之一。达·芬奇在理论上做过探讨，却未充分结合实践。他研究过建筑材料的强度，认为一根高度给定的支柱的承载能力与其直径的立方成正比，给定截面积的支柱的承载能力与其高度成反比，给定截面积的梁的承载能力与其跨度成反比。伽利略作为现代建筑力学的奠基者，在理论上对梁的抗断裂力等问题进行了探讨。[①]

从欧洲城市现代景观来看，从中世纪留下来的建筑遗迹主要有罗马式和哥特式教堂、行会厅（guild hall, 即市政厅）等公共建筑，以及文艺复兴时代(中世纪晚期)留下的宏大的公共建筑和民用宅邸。

2. 法英等国的文艺复兴建筑

文艺复兴建筑对法国的影响开始于16世纪初。通过意大利战争，参加远征的法国王室和贵族熟悉了意大利新的建筑时尚，法国的建筑师和工匠赴意大利学习考察，同时意大利建筑师、装潢师也来到法国进行建筑设计和施工。由于哥特式风格在这里流传已久，因此法国的早期文艺复兴式建筑仍带有传统特点，如陡峭的屋顶，高耸的烟囱，山形墙，放射状的窗框等。维特鲁威的著作传到法国后，也立即被奉为权威。法国建筑技术方面的革新主要表现在屋顶支架和穹隆顶以及窗户上。[②]

法国住房和教堂的屋顶，1549年时出现了一种哥特式的修正形式，即有两个斜坡的复折式屋顶，后称之为"曼萨尔德式"屋顶，那是因建筑师弗朗索瓦·曼萨尔德（1598—1666年）大力推广而得名。[③] 这种屋顶支架采用双斜面形式，再开屋顶窗，能够形成有较多空间的阁楼。正是这一式样导致了后来西欧普遍流行的半平房式

---

① 〔英〕亚·沃尔夫：《十六、十七世纪科学、技术和哲学史》，周昌忠等译，第533—547页。

② 〔英〕查尔斯·辛格、E.J.霍姆亚德、A.R.霍尔、特雷弗·I.威廉斯主编：《技术史》，第III卷"文艺复兴至工业革命，约1500至约1750年"，高亮华、戴吾三主译，第175页。

③ 同上书，第175页。

住房的出现。从另一方面改进屋顶支架技术的是德罗姆（1510？—1570年）。他在1560年的一本著作中，专门探讨"用低造价建好住房的新发明"，阐述各种用较短的轻木构建屋顶支架，避免使用昂贵大梁木的方法。此外，他还对屋顶瓦材料做过专门研究。

穹隆顶是16、17世纪法国教堂建筑的主要特征。与意大利稍有不同的是，法国的穹隆顶和顶塔出现了木结构。如巴黎的索邦教堂（建于1635—1656年），其双层穹隆中内层是石结构，外层是木料加石板瓦，顶塔为木结构。该穹隆顶直径达44英尺，从起拱处算起，穹隆高度达94英尺。因维莱德斯（Invalides）第二教堂是三层穹隆顶，其下方两层穹隆都是石块，最上一层是木料加石棉瓦，顶塔是木结构。穹隆直径达90英尺。

这个时候，法国最著名的设计师帕劳尔特（1613—1688年）、布隆戴尔（1705—1774年），是从物理或数学领域转过来的建筑师，对建筑和设计能从科学角度加以深刻的理解。如布隆戴尔就曾讨论伽利略的均匀强度梁剖面应当是椭圆形的而不是抛物线形的。在他们的影响下，法兰西建筑科学院经常讨论建筑技术、建筑材料、建筑物的底土等问题。弗朗索瓦·德朗在《拱建筑学》（*L'Architecture des Voute,* 1643）提出的一种适用于任何拱的拱座的作图法，在17世纪里广泛传播。

文艺复兴建筑对英国的影响，17世纪初以前主要体现为在原有哥特式建筑上加一些意大利式装饰特点。稍后，1617—1635年，琼斯（1573—1652年）在伦敦建造了几座纯粹的文艺复兴建筑，如格林尼治的女王大厦、科文特花园的圣保罗教堂、白厅街的宴会楼。这是文艺复兴建筑在英国的正式发端。[1]这些建筑大多为低平弧线的屋顶，石头飞檐和栏杆，不醒目的烟囱，大窗户，天花板等。这个成就斐然的大师留下了不少让人叹为观止的建筑作品，但未能从科学意义上探讨建筑原理，没有文字著作传世。而且从总体看，16、17世纪

---

[1]　〔意〕弗拉维奥·孔蒂：《文艺复兴艺术鉴赏》，李宗慧译，第27页。

英国很少新建教堂，住房建筑也大多保持中世纪传统式样。

17 世纪中叶，英国的文艺复兴建筑开始兴旺，其中法国式的穹隆顶设计对其产生了较大影响。当时，英国著名建筑师勒恩对巴黎众多的教堂穹隆顶进行了细致的实地考察和研究，也通过书本图片了解到意大利穹隆建筑的特点。1666 年伦敦大火后，他承担了伦敦圣保罗大教堂的设计。采用穹隆顶，这在英国建筑史上还是第一次。勒恩很好地解决了双层穹隆顶的效果问题。如果采用陡弧曲线，多是外观的视觉效果好而内层效果不佳，屋顶从里看好似漏斗且又黑暗。若采用半球式穹隆顶，则内观不错但外表没有想象力。勒恩的做法，是内穹隆使用砖块，厚度 18 英寸；外穹隆用木料，覆之以铅板；两层穹隆之间加建一个圆锥体砖塔，墙体达 18 英寸厚，由这个圆锥体砖塔来承受石头顶塔（重达 700 吨）。整个建筑在穹隆顶起拱处以下大量使用铁条、铁链、圆形铁板，起固定作用。圣保罗大教堂穹隆顶被认为是 1500—1700 年英国建筑最主要的结构革命，[1]其建造时间达二十五年之久，直到 1710 年才最后完成。只不过，圣保罗大教堂已不是纯粹的文艺复兴建筑，而已经受到了也是起源于意大利的巴洛克风格影响，以至于有的史家认为它已属于巴洛克式建筑物。[2]

17、18 世纪欧洲建筑风格

17 世纪，首先从意大利城市开始，欧洲城市建筑普遍流行巴洛克风格。现代所看到的欧洲城市建筑，大多是 17 世纪以后留下来的，尤其是在欧洲大陆，巴洛克式建筑俯拾即是。

到文艺复兴后期和宗教改革时期，随着天主教会权威的逐渐削弱，教会所要求的哥特式风格，也逐渐引起建筑师的反感。而当文艺复兴建筑成为流行欧洲的时尚后，作为文艺复兴大本营的意大利，

---

[1] C. Singer eds., *A History of Technology*, Vol.3, pp.258-259.
[2] 〔美〕爱德华·麦克诺尔·伯恩斯、菲利普·李·拉尔夫：《世界文明史》，第 2 卷，赵丰等译，商务印书馆 1995 年版，第 316 页。

却因天主教的反改革而在 17 世纪初开始出现艺术上的"巴洛克时代",罗马这个教皇的驻地是巴洛克艺术的发源地。

巴洛克原意为"扭曲的圆球"。在西班牙语中,巴洛克原指不规则的、奇形怪状的珍珠。在意大利语中,意味着一种缺乏辩证价值的迂腐而扭曲的辩论。大多数欧洲语言里,它是过分、变形、反常、怪异、荒诞和不规则的同义语。19 世纪的学者认为巴洛克艺术作品具有以下鲜明的特点:运用动势,无论是在实物形体还是在画面中;力图表现或暗示无穷感,如画中伸向地平线的道路,无际的天空幻觉,变幻透视效果的镜面手法;强调光的效果与影响,追求戏剧性、夸张;打破界限,敢于将建筑、绘画和雕塑等艺术形式融为一体。[①]

20 世纪著名艺术史家孔蒂认为,巴洛克艺术是反文艺复兴艺术准则和目标而行之。文艺复兴意味着平衡、适中、庄重、理性与逻辑,巴洛克则意味着运动、新奇、无穷、不定、对比,以及融合;文艺复兴艺术体现平静和克制,巴洛克艺术则表现为戏剧性、豪华与夸张;文艺复兴艺术致力于理性,首先力求使人信服,巴洛克艺术则求助于直觉、感官和想象,力求吸引和感染人。[②]这是天主教为加强自身吸引力的需要,难怪巴洛克艺术会起始于罗马。

巴洛克风格主要表现在建筑和绘画两种艺术形式上。巴洛克绘画艺术在荷兰画家鲁本斯、伦勃朗和西班牙画家委拉斯凯兹那里发展到高峰。而巴洛克建筑艺术则在西欧各国都有表现,形成了许多不同民族色彩和各种独特风格。

建筑上的巴洛克风格一反以往那种呆板、划一的模式,追求奇形异状的装饰,追求活泼怪诞,讲求建筑物上的曲线美,因而往往是将希腊式、罗马式、哥特式、文艺复兴式风格有机地融为一体,兼收并蓄,取长补短,意在翻新。复杂的建筑配以复杂的装饰,是巴洛克建筑最突出的特点。西班牙和葡萄牙的巴洛克建筑上雕塑和装饰最为繁杂。

---

① 〔意〕弗拉维奥·孔蒂:《巴罗克艺术欣赏》,李宗慧译,第 3、6—8 页。
② 同上书,第 4 页。

巴洛克风格的典型建筑有教堂、宫殿和公共建筑等。它们的共同之点是突出中心建筑的地位,让其他建筑元素围绕它、烘托它,这明显地反映了天主教会要求居于中心,让世俗社会服从于它。罗马的彼得大教堂及门前的椭圆形加梯形广场,是巴洛克建筑的典型体现。巴洛克建筑包括教堂、宫殿和公共建筑三大类。它们有一些共同特点:(1)在中心建筑物两侧建有呈涡卷状的"耳朵"式小塔;(2)强调曲线作为一种动势来体现,正立面甚至还呈波纹状;(3)改造窗户、门和建筑物上的装饰,三角形、半圆形、涡卷形、曲线形、折线形等都属应用范围,甚至还将窗饰倒置;(4)追求富丽、堂皇、气派,同时又注重细腻雕饰;(5)通常在建筑物(包括纪念碑)前面或四周建有雕塑,如罗马诺沃纳广场、马德里西班牙广场;(6)教堂多为穹隆屋顶,并伴有小塔或柱,如威尼斯圣玛丽亚教堂、罗马圣彼得大教堂(穹隆屋顶离地高达137.8米)、维也纳卡尔大教堂;宫殿则讲究宏大、威严以及整体感,同时也强调房体分布的协调均衡,如维也纳王宫以及王宫后山上的观景楼;(7)宫殿和贵族府邸中还有两个特色,一是建造了宽大宏伟的楼梯,设有巨大客厅,墙上绘有风景画,二是设立长廊,每个房间都面对长廊有独立入口,长廊有拱形的天花板,还可展示艺术品。到凡尔赛镜厅和巴黎卢浮宫,就可感受到这种"艺术长廊"的魅力。

到17世纪后期,鉴于巴洛克建筑的兴盛主要与教会的推行有关,绝对君主制(新君主制)的新兴民族国家力图扭转这一态势,这样,讲求理性、秩序、规范、庄重的古典主义风格便流行于王宫、剧院、银行、交易所等世俗建筑。法国国王路易十四是最热心的倡导者,卢浮宫、凡尔赛宫成了古典主义建筑标本。不过,它们还是挡不住建筑界的主流,在结构中还是留下了巴洛克元素的痕迹。[①]

巴洛克式建筑因幢而异,各具特色,反映了城市市民追求个性解放的思想倾向。同时,它又强调每个城区甚至整个城市在建筑空

---

① 叶廷芳:"从文艺复兴后期到当代——西方历代建筑风格欣赏之二",《光明日报》2017年4月28日第13版。

间上的整体性和有规划性，这也反映了市民阶级对统一的社会秩序的要求。巴黎凡尔赛宫就是巴洛克时代诞生的具有上述两大特点的建筑群。在巴洛克时代，由于城市市民阶级的富裕和民族国家的兴盛，欧洲城市大都在建筑方面进行过一番彻底改造。今天所看到的欧洲城市的古老建筑，大多数是巴洛克时代的遗产。在巴洛克风格基础上，18世纪的法国还发展了更加细腻的洛可可风格。

　　欧洲大陆建筑风格也通过英国贵族的"大游学"（Grand Tour）而再次在英伦传播，英国人学习模仿欧陆风格的风气盛行。如1718年，汉格斯顿勋爵与意大利建筑师讨论住所和花园改造之事。1734年，安德鲁·米切尔在意大利安科纳向当地的建筑师讨教。德里主教聘请意大利人阿斯普鲁西主持重建艾克沃斯。而且，18世纪几乎所有的英国小城镇都出现了模仿古典建筑风格的建筑，并且将欧洲大陆风格与英国本土的传统建筑模式相结合，形成了一种独特的"杂交"建筑文化。[①]

　　工业革命开始后，机器的轰隆声震碎了传统社会田园诗般的宁静。巴洛克风格和洛可可风格虽然得以保留了下来，但建筑艺术却主要是向实用型的近代砖盒式建筑风格过渡。到了现代，个性各异的建筑逐渐成为各地城市的地标。

---

　　① 付有强：《英国人的"大旅行"研究》，中国社会科学出版社2015年版，第204—205页。

第九章　城市与国家关系的演变

中世纪城市除了孕育和培育了自由、民主、法治这些近代政治文明核心元素外，还孕育了近代国家形态和政治机构形式。可以说，它们"是欧洲第一批世俗的国家"。[①] 虽然这也有一个漫长过程，而且近代国家并非中世纪城市的直接后裔，但城市为近代国家形式的培育提供了一块试验田。

一、自治城市参与王国政治
——阿尔卑斯以北欧洲

城市：王权的弱势结盟者

中世纪城市虽然因经济原因而兴，但由于数目众多、诉求颇多，因此它在实际生活中也逐渐成为一股不可小觑的社会政治力量，它在中世纪政治体系中的影响力越来越大，是其他政治势力如国王、教会以及封建贵族青睐或拉拢的对象。

城市登上西欧政治舞台的最初形式，是它们与国王的长期结盟。当11世纪前后城市刚刚兴起时，西欧几个主要国家也处在分裂割据、王权弱小的阶段。在10世纪取代了加洛林家族统治的法兰西加佩王朝，其王权弱小得只能与众公爵、伯爵论短长，国王所能施加

---

① 〔英〕哈罗德·J.伯尔曼：《法律与革命——西方法律传统的形成》，贺卫方等译，第440页。

影响的区域不超过王室领地之外。法国国王的这种尴尬境地直到 12
世纪才有所改观。在德国，加洛林后裔的统治也在 10 世纪终结。
962 年建立的神圣罗马帝国，其皇帝只是徒有虚名而已。他没有都
城，没有朝廷，没有财政，由诸侯选举产生。皇帝的权威度低，加
剧了诸侯割据自重的局面，而他还颁布《黄金诏书》从法律上认可
这种割据。在意大利，自德意志皇帝南下、加洛林后裔的意大利王
国灭亡后，政治局面更加分散，北部兴起众多城市国家，中部是教
皇国，南部长期为外族所统治。英国情况略有不同，11 世纪以前长
期分裂，并且外侮不断。1066 年诺曼征服后，英国的王权颇为强
大，但贵族的割据和分离状态同样存在，政令一统化也是其艰巨的
任务。

在中世纪西欧，天主教会是一支巨大的政治力量。与王权的分
散弱小相比，教会内部则是高度中央集权化。从教皇到枢机主教团，
到各国大主教、主教、修道院长，教会上下可谓号令一致，思想一致。
教皇和教廷还经常干涉世俗政治，因此中世纪欧洲不断出现教俗之
争、教权和王权之争。在斗争中，世俗国王、皇帝总是处于下风，
每每以失败而告终。

因此，为了能在政治上统一国家，消灭领主割据状态，也为了
能在与教皇和教会的斗争中获得胜利，还为了能在对外征战中获得
国内支持，国王们急需寻找同盟者，新兴的城市自然就成了他们最
好的结盟对象。同时，城市也有寻找政治保护的需求。它们要反对
封建领主的压榨，要发展工商业、开拓市场，就必须统一货币、统
一度量衡，这些只有在相对安定的政治环境下才能实现，而国王是
最有可能创造这种环境的政治力量。这样，出于共同反对割据势力
和天主教会的需要，城市便和国王走到了一起。不少获得了"自治"
权的城市既受到了国王的"保护"，又对国王尽必要的义务。有的
国王还认可城市已有的习惯和法律，特别是在其统治开始时期或冲
突解决之时。如威廉国王在 1066 年征服英格兰后马上就认可了伦敦
的习惯法；德意志皇帝亨利五世在 1116 年解决了因托斯卡纳女公爵

去世所引起的骚乱后，承认了博洛尼亚市民的传统惯例。[1]

在某种意义上，城市还帮助了国王实施对其广阔版图的统治权。它们可为国王提供兵员和给养，提供场地，提供其所需要的民力资源。如德国的美因茨、雷根斯堡和马格德堡就与皇帝联系密切，同意皇帝在其土地上修建宫殿，同意其使用修道院以密切帝国与城市间的关系。巴巴罗萨皇帝则将乌尔姆等城市看作是实施统治、建立宫殿的好场所，经常在那里停留，提高城市的地位。英格兰国王则从传统驻地温切斯特移往伦敦。巴黎则一直是法国国王的首要关注点。[2]

不过，城市与国王的关系也是历经曲折、充满博弈的。从英国的例子便可略知一二。1066 年诺曼征服以后，英国王权开始变得强大，国王向城市颁发不少特许状，允许城市自治并为它们提供保护。国王的动机首先是能获得一笔可观的岁入，诺曼征服后，王室向城镇收取的收益普遍增加，而且常常是不合理增加。如林肯的财政负担从 1066 年的 30 英镑增加到 1086 年的 100 英镑，而摊派给居民的数目在 1130 年是 140 英镑，在 12 世纪末增加到了 180 英镑。[3]更重要的是国王出于政治考虑即打击具有离心倾向的封建贵族，极力拉拢城市作为同盟者，以期借助城市的力量牵制地方贵族。这样，英国中世纪城市在政治上有一定的独立自主的权利，但就整体而言，它们仍屈从于王权，只保有某种程度的自由。例如，直至 13 世纪，也只有很少的城市能获得独立的财政权。亨利二世统治期间，只有林肯、剑桥等五个城市以向王室缴纳一笔固定款项为条件，取得自行收税的权利。关于选举市长的权利，英国城市得到的也不多，12世纪末 13 世纪初狮心王理查和失地王约翰赐予一些城市自行选举市长的权利。其中伦敦 1129 年可以选举自己的市长负责收税上缴国王，但亨利一世去世以后这个权利立刻被收回。直到 1190 年伦敦的这一

① David Luscombe and Jonathan Riley-Smith eds., *The New Cambridge Medieval History*, Vol.IV, c.1024-c.1198, Part II, Cambridge Unicersity Press, 2008, p.80.

② Ibid., pp.56-57.

③ 〔英〕M. M. 波斯坦主编:《剑桥欧洲经济史》, 第 3 卷, 周荣国、张金秀译, 第 162 页。

权利才得以恢复。①

　　城市与王权的同盟关系并非始终稳固。王室垂涎城市的富足，有时也难免滥用权力。城市既然有某种自治权，那么它对王权的任意侵夺就会有一定的抵触。在不少情况下，城市会站在反叛贵族的一边反对王权，结果是叛乱被镇压后王权收回城市的自治权以示报复。1215 年的《大宪章》，就是城市参与贵族暴乱逼迫国王的结果，只不过约翰王无力报复而已。如遇上强硬派国王，城市的命运就不那么顺畅了。如在 1239—1259 年，伦敦曾有 10 次被国王收回自治权。13 世纪 50、60 年代在封建主反对亨利三世的内战中，伦敦加入了反叛者的阵营，事败后被剥夺自治权，最终以两万马克罚金才得以赎回。1271 年伦敦发生了内部斗争，再次引起王权干预。② 伦敦是英国中世纪自治性较强的城市，它为争取自治权而同王室进行的斗争是艰巨而曲折的。这本身就说明城市的自治权并不完全；城市作为王权的同盟者，在身份和地位上不能与王权相提并论，它只是王权的"不平等"的、"弱势"的同盟者，是王权的助手。中世纪西欧各国都缺乏统一的行政管理体系，大大小小的领主在自己的领地内实行独立的行政权和司法权。在这种社会背景下，城市为了能够生存下去，也必须获得自治，而且这种自治在大多数情况下也是王室赋予的，因此反过来，城市也必须反哺王权、附属王权、支持王权。

　　城市除了要向王室缴纳一定的贡赋以获得保护外，还要承担一定的军事役务。如英国城市从 1181 年亨利二世颁布军事敕令起，市民就如其他自由人一样，有义务应征服役，并须自备给养和武器等。13 世纪，市政官员被责成直接统率市民军。除了这些直接的军事役务之外，城市还要承担若干间接的军事役务，如应国王之命守卫城市附近的堡垒或为城市附近的驻军提供给养。③

　　有些城市作为重要港口或国内的商业中心要负责为国王管理商

---

① C.Stephenson, *A Study of Urban Origins in England*, p.166.
② 马克垚：《英国封建社会研究》，第 258 页。
③ 同上书，第 257—258 页。

务，包括执行反对外国商人的法令。如《大宪章》第 41 款规定，所有商人进入、离开英格兰，或在英格兰居住、旅游，他们理应受到保护，除非商人所在国与英国处于战争状态。如果是这样，这些商人将被扣留，但不伤害他们的身体，不掠夺他们的财物，按敌对国对待其英国商人的做法来对待外国商人。如果待在敌对国的英国商人是安全的，那么在英国被扣留的外国商人也会是安全的。[①] 英国城市有扣留交战国商人以保证本国商人人身安全的义务。王室推行限定酒价的法令时，这种法令除了由巡回法官执行外，主要由城市的市政官员负责。[②]

尽管城市要受到封建势力的控制，要承担这样或那样的役务，但市民并不是与生俱来就具有对封建制度的革命倾向，对城市与封建社会之间的这种既斗争又妥协的关系，亨利·皮雷纳分析得比较透彻："这种社会为市民阶级所接受。他们的要求以及可以称之为他们的政治纲领的东西，绝对不是旨在推翻这种社会；他们不加争议地承认王侯、教士和贵族的特权和权力。他们并不想要搞个天翻地覆，而只想要得到简单的让步，因为这是他们的生存所必需……他们不是革命的，如果他们有时诉诸暴力，也并非仇恨旧制度，只不过迫使其让步而已。"[③] 因此，城市要取得更多的政治地位，获取更多的政治权利，必须要有固定的平台，于是促使了宪制和代议制这种现代政治形式的核心机制出现。

城市与宪制、代议制起源

从某种意义上说，中世纪城市的市政会可以看成代议制机构的雏形，或可以看作是近代政治"代议制"的最早形态。近代国家代议制的产生，如英国国会和法国三级会议，在某种意义上是对城市议会制的一种效仿，或者说是城市代议制的推广或提升。

---

① Patrick J.Geary, *Readings in Medieval History*, Broadview Press, 1989, pp.777-778.

② 马克垚：《英国封建社会研究》，第 257 页。

③ 〔比〕亨利·皮雷纳：《中世纪的城市》，陈国樑译，第 105 页。

可以说，9—10 世纪以后，西欧社会政治状态一片乱象，多种力量并存，并且相互角力、不断组合，最终在各种平衡的基础上逐渐形成了各种力量都可以接受的政治上的"宪制主义"(constitutionalism)。有的研究者认为，能达成这种自由民主制度，在于西欧中世纪社会中的四个主要特点：国王与贵族之间的大体平衡；分权化的军事体制；某些地区仍保留着的日耳曼人部落习惯；与领主有互惠关系的农民的财产权利。虽然这些因素在世界其他地区也存在着一两个，但只有西欧齐备了这四个因素。如 1215 年的英国《大宪章》、1225 年德国皇帝在沃姆斯帝国会议上对诸侯的退让、1350 年瑞典的《土地法》，就是皇权与贵族之间达成的一种妥协与平衡。而中世纪晚期议会的出现，在某种意义上就是脱胎于加洛林王朝时期的诸侯会议，与分权化的军事体制相关。①

在中世纪前中期，西欧国家无论在观念上还是从实体上，都是比较模糊的。当 11 世纪城市刚刚兴起之时，西欧主要国家多处在王权弱小的阶段。由于都需要反对割据势力和天主教会，城市便和国王联合起来。城市有许多优势。它们作为工商业经济中心兴起，有不可忽视的财富和专门化技术。它们向国王或领主缴纳固定的租税，提供高水平的武器装备，提供行政专业专家，换取自由，换取明确规定的权利，换取豁免权。城市建立了多种联盟关系。如法国南部的城市就与贵族联合，反对权力日益增长的北方国王。意大利北部的大城市也与贵族联盟，共同对付神圣罗马帝国和教会。而在德国，城市则担忧诸侯的独立性和权力的上升，于是它们与皇帝系在一起，对抗那些公爵和选侯。法国北部的工商业城市也与加佩国王结盟，后者建立国家的活动得到了城市持续的财政支持。②法国国王还常常越出王室领地，授予那些领地之外的城市以自治特许权，③这种做法

---

① Brian M. Downing, "Medieval Origins of Constitutional Government in the West", *Theory and Society*, Vol. 18, No. 2 (Mar., 1989), pp.214, 217-218.

② Ibid., p.217.

③ 陈文海：《法国史》，第 108 页。

被认为是王权与城市结盟的典型形式。加佩王朝特别善于利用授予
自治权成立城市公社的做法，既有利于扩大其王朝权威，同时又有
利于削弱竞争对手。路易六世还被称为"公社之父"，他承认并授
权成立了大量的城市公社（自治体），著名者有拉昂、博韦、努瓦荣、
苏瓦松和兰斯等。①

当然，无论国王还是城市，它们的相互靠近都有一定的经济因
素在支配；反过来，当经济利益上发生冲突时，城市也会显示自己
的政治能量。1215 年，英国社会各阶层迫使国王约翰签署了《大宪
章》。这一事件虽然是由贵族发难的，但城市的作用不可低估。参
加这一反对国王事件的至少有伦敦、林肯、埃克塞特等城市的市民。
城市也从《大宪章》中获得了实际利益：城市自治权被确认，市民
的通商自由得到保障，规定了全国统一的度量衡制度。如《大宪章》
第 13 条："伦敦城，无论水上或陆上，俱应享有其旧有之自由与自
由习惯。其他城市、州、市镇、港口，予亦承认或赐予彼等以保有
自由与自由习惯之权。"②

城市的力量很快也被其他政治力量所看到，如英国的孟德福伯
爵。1265 年他召开了那次被视为英国第一次议会的全国性会议时，
就要求每个城市派两名代表参加。后来的国王很欣赏议会这种政治
形式，由此它便成了国王与城市结盟的基本方式。1295 年，为了筹
措对法作战的经费，国王爱德华一世召开了所谓的"模范议会"，
自治城市代表在其中占有相当数量，英国议会制度正式产生。14 世
纪，议会分成上下两院。下院作为平民院，由各郡骑士代表和各城
市市民代表组成。初期的议会，是国王同各等级联合进行统治的形式。
议会（Parliament）一词的词根是法语"Parler"，意为"谈话"，
原本指国王和大贵族交谈或谈判的一种机会，现在则从"具有贵族
议政性质的设置转变为一个具有代议性质的机构"。③ 在这种等级议

① 〔英〕科林·琼斯：《剑桥插图法国史》，杨保筠、刘雪红译，第 101 页。
② 周一良、吴于廑主编：《世界通史资料选辑》，中古部分（郭守田主编），第 183 页。
③ 钱乘旦、许洁明：《英国通史》，上海社会科学院出版社 2003 年版，第 69—70 页。

会君主制中，市民虽然还不能在议会里起中心作用，但他们已成为国王可以依赖的力量。特别是越到后来，市民的作用就越大。议会分成贵族院（上院）和平民院（下院）后，下院最终实际控制了议会，并在实际上负责制定法律和授权征税。而下院又基本上是由城市代表所支配，因为他们在人数上远多于"各郡骑士"代表，后者在数量上从未超过 80 人^①（40 郡，每郡 2 个席位）。

　　法国三级会议也是国王与城市结盟的基本形式。法国的三个等级，原指第一等级教士，第二等级贵族，第三等级其他自由民众。随着城市自治运动的胜利和市民力量迅速壮大，第三等级逐渐演变成富有市民的代称。三个等级直接参与国家事务，起因是法国国王同罗马教廷的冲突。出于对英作战需要，国王拟征收一种教会财产税，结果遭到教皇强烈反对。为争取社会各阶层的支持，国王于 1302 年召开了法国第一次三级会议。与会者除教士和贵族外，还有城市的富裕市民，王室领地上主要城市各派两名代表参加。表决时，每个等级一票。三级会议召开，表明在法国等级君主制中，国王已正式与市民阶级携起手来。

　　国王与城市结盟，表明城市已不再局限于自身政治，而是开始在国家政治体制内占有不可替代的地位。当然，这种结盟是双方出于各自利益需要的结合，根基并不牢固。一旦双方的利益发生了冲突，昔日的盟友就会演变成斗争对手。

二、意大利城市：近代国家雏形

　　中世纪城市还孕育了新的政治形式、奠定了近代政治基本原则，包括近代政治本质、近代国家政治精神、近代国家政治手段、近代国家政治机构及相互制约机制，由这些构成了近代国家的雏形。意大利城市无疑走在前面。

---

　　① Norman Pounds, *The Medieval City*, p.154.

当阿尔卑斯山以北的封建国家日趋成熟之时，意大利的城市共和国则在孕育着新的近代政治形式。认为城市共和国是近代国家的雏形和最早表现，这一观点源出于布克哈特。这位伟大的历史学家在其不朽名著《意大利文艺复兴时期的文化》中，对意大利城市国家大加赞赏。他说，无论什么倾向，都掩盖不了"一个新的历史事实——出现了经过深思熟虑、老谋深算的国家，作为一种艺术工作的国家。"在这些城市国家身上，"我们第一次发见了近代欧洲的政治精神"。正是意大利城市在国家性质上的较早发展，使得"意大利人成了近代欧洲的儿子中的长子"。而这种发展在威尼斯和佛罗伦萨体现得最为显著。尤其是佛罗伦萨，不但跟威尼斯一样是现代统计科学的策源地，更是政治理论和政治学说的策源地，政治试验和激烈的改革的策源地。最高尚的政治思想和变化最多的发展形式在佛罗伦萨结合起来了，因此它可称得上世界上第一个近代国家。[①]

意大利城市工商业发达，城市规模大，城市控制的农村腹地或者它们的版图范围都相当宽阔，远非英国城市可比拟。意大利城市的政治民主机制形成最早最完善。13 世纪前，意大利城市公社不仅再创造了古代民主的机构和方法，而且在确定近代国家形式和取得世俗政治目标方面也是一个先驱。这时，意大利城市的政治参与面已大为扩宽，不再局限于少数精英家族。进入城市执政圈不再基于财富或地位或资历，而是选举或抽签。权势人物和家族的影响通过秘密投票、任期缩短、限制连任次数等受到遏制。主权、自由、自治等概念及象征都已树立。民主而又规范地治理城市，是意大利的普遍趋势。[②]

与西欧普遍盛行的城市自治有所不同，意大利城市自治发展的结果是城市国家的出现。之所以将其称为"城市国家"，就在于城

① 〔瑞士〕布克哈特：《意大利文艺复兴时期的文化》，何新译，商务印书馆 1983 年版，第 2、125、172 页。

② David Abulafia, *Italy in the Central Middle Ages*, p.104.

市不再只是简单地取得自治权，而是拥有类似近代国家的那种复杂政治机构、独立的主权权力等。意大利史学家认为，在意大利语中，"城市国家"原意为"共同利益"，这是因为城市居民中各种成分都取得了主导地位并对城市行政起一定作用，并且联合起来摆脱城市贵族的统治，捍卫自己的集体利益。它本是私人协会，但因其担负了城市的部分行政管理，从而演变成公共机构。作为一种国家集权，它确立了自己对城市一切人的权威。这样一个将不同社会阶层充分组合在一起的统一体，各方都承认其权力的存在和行使，但又有规定将其严格约束；而各社会成分都按各自的章程办事，制定各自的法律，实施各自的司法权。[①]

　　城市政府在自治过程中也遇到了许多阻碍。缺乏资源，因而有时不得不依赖某些利益集团；官吏的不称职、腐败；市民逃避责任，甚至常成为政府的对立面。更有四种力量在摧毁民主：阶级或利益集团控制司法、税收、军事义务的权利；一些赞助人等企图将官职等霸为己有或为己所用；一些家族集团形成敌对性的社会势力中心并企图取代或占有国家；还有些占有土地、城堡、佃户的领主势力。总之，公有的城市国家面临着危机。

　　对此的反应之一是政治统治形式的变化。从 13 世纪中期起意大利北部城市政治生活被一种新的政治军事领导人所统治，他们被称为"暴君"（tyrant, despots，Signori）。迫于当时外部封建势力（皇帝腓特烈二世）的压力，这些分散的意大利城市需要借助一些强势军事人物来维护城市政治稳定，于是"暴君"们便被推选上台。这些人主要来自皇帝的前军官，后来又有地方上的宗派领袖，如费拉拉的阿佐·德斯特，米兰的马尔蒂诺·德拉·托尔里，维罗纳的马斯蒂诺·德拉·斯卡拉。他们的权力虽不很正式，并且还把职位传给后代，但却是通过公共选举方式。这些城市后来都发展成了 14、15 世纪的诸侯小国或区域国家，如米兰的维斯孔蒂，曼图亚的冈扎噶，

---

　　① 〔英〕路易吉·萨尔瓦托雷利：《意大利简史——从史前到当代》，沈珩、祝本雄译，第 137—138 页。

费拉拉的埃斯腾西，乌尔比诺的孟特菲尔特罗。米兰、皮亚琴察、费拉拉、维罗纳是意大利北部城市君主（lordship）当权的四种类型，仅皮亚琴察不太成功。①而更明显而且非常典型的例子，是米兰的弗朗切斯科·斯福查。他作为一个雇佣兵（condottier）将军与维斯孔蒂家族的一个女儿结婚，当他1450年成为公爵后，便将自己的权威施加于米兰的公共生活领域。②

而在城市孕育近代政治形式这一点上，布克哈特早就有过精辟论述。当阿尔卑斯山以北国家正在由分散的封建国家走向统一的民族国家、绝对制君主依然是国家的灵魂和标志时，近代政治形式已开始在意大利城市里萌生了。意大利城市在国家性质上的较早发展，使"意大利人成了近代欧洲的儿子中的长子"。③这种发展在威尼斯和佛罗伦萨最为突出。尤其是佛罗伦萨，可称得上世界上第一个近代国家。

近代政治形式的几条基本原则，在威尼斯和佛罗伦萨都具备了：

第一，近代政治精神或政治意识。这就是，国家不再是哪一个人的国家，而是全体成员的国家，因此全体成员都对国家的命运表示关切，全体成员都介入国家事务。国家事务"是全体人民所勤奋研究的问题"；而且人民还要求政治上不断出新，由此"不断地在改变着这个国家社会的和政治的面貌"。④

第二，近代国家的政治手段，即国家内部治理和对外政策的精心结合。内部稳定团结是基础，外交政策是为国内政治服务的手段。在这里，国家"在内部构成上是一种策略的产物，是深思熟虑精心设计的结果"。⑤譬如，城市商业活动向一切人开放，最贫困者也能获得丰厚报酬，使他们不至于去注意政治问题而变成社会危险分子。

---

① David Abulafia, *Italy in the Central Middle Ages,* p.108.
② Christopher Allmand ed., *The New Cambridge Medieval History,* Vol.VII, c.1415-1500, p.137.
③ 〔瑞士〕布克哈特：《意大利文艺复兴时期的文化》，何新译，第125页。
④ 同上书，第72页。
⑤ 同上书，第85页。

它们在外交问题上也有周密而冷静的考虑，避免陷入外界的党派之争，避免卷入永久的联盟。对外界的蔑视和外人对他们的嫉妒，使得城市国家内部更加团结，从而使阴谋者找不到煽动对象。①

第三，近代国家的政治机构及其相互制约机制。城市共和国里立法、行政等机构分立，各司其职，但又互相牵制。如威尼斯，元老院是最重要的国家机关。它决定国家大政方针，决定战争和平，判定条约，布置税收，管理财政，批准一切法令。元老院中的十人委员会是常设机构，它的决定具有法律意义，任何其他机构都不可更改。它甚至可以决定废黜总督、决定总督生死。元老院之外的大议会，是威尼斯的最高立法机关和监督机关，它可以选举元老院成员，十人委员会及元老院的决议也须有大议会的支持才能生效。大议会对总督也有很大监督权。②总督虽然行政权力极大，但须按"总督誓词"行事，并遵守种种限制和规定。

意大利城市尤其是威尼斯的政治制度，威尼斯人自己也颇为欣赏，而且还自豪地将之与其他城市比较。如威尼斯人相信，他们的混合型宪制是城市共和国政治与社会稳定的基石，要比佛罗伦萨的制度优越。其时的苏格兰历史学家威廉·罗伯特森称佛罗伦萨的制度完全是威尼斯的反面，文艺复兴时代意大利人也很为赞同这种看法。佛罗伦萨人自己也由于内部政治生活不稳定而极力地模仿威尼斯制度。这一观点还有着相当广泛深远的影响。1530—1800年，英格兰、荷兰以及美国都将佛罗伦萨制度的易变性和威尼斯制度的稳定性，作为宪制理论和政治实践中的一课。③

在孕育近代国家政治形式的同时，官僚政治制度（bureaucracy）也在意大利城市中最早发端。在中世纪城市里，除了城市主要官员

---

① 〔瑞士〕布克哈特：《意大利文艺复兴时期的文化》，何新译，第68页。

② David Chambers and Brian Pullan, *Venice, A Documentary History, 1450-1630*, pp.42, 55-56, 71.

③ Stephen Bowd, "The Republics of Ideas: Venice, Florence and the Defense of Liberty, 1525-1530", *History* (Published by The Historical Association, UK), Vol.85(2000), No.2, pp.404-405.

由选举产生外，各机构中还有许多常任公职人员，他们的就职有任命、推荐、考试选拔等多种方式。由常设和常任官吏来执行行政职能，是近代国家组织与中世纪相比一个极大的进步。中世纪封建国家的统治方式的演变明显呈阶段性。割据封建制君主时代，国王基本不设立机构，只有一些随员，王室是国家象征和权力中心。等级君主制时期，国会成为非常设政治机构；国王也增加了许多助手，逐渐形成以国王为中心的朝廷，这些助手主要是那些大小贵族，因此这一时期又可称为贵族政治时期。西欧国家从贵族政治转变为官僚政治，大约开始于 16 世纪，这是向近代国家迈进的重要一步；而迈出这一步的先驱，是意大利城市国家。

在意大利，城市国家公共生活的最高政治机构是市民会议即议会，或市民群众大会，其主要任务是选举执政官、通过城市国家章程和宣战媾和。为处理日常事务，市议会下设一些小型的专门委员会，向执政官提出建议，并协助其工作。日常的行政权、管理权和司法权，以及战时的军事指挥权则由执政官行使。[①] 我们注意到，执政官是最高的行政首长，而这些专门委员会既属市议会，又是执政官的助手，其成员因此都带有官吏性质。大约在 13 世纪，意大利城市政府已经高度官吏化。[②]

对官吏和雇员付出工资和薪水，这占了意大利城市国家哪怕是较小城市开支的一大部分。如 14 世纪 30 年代的佩西亚只是一个 3 000 人左右的城镇，但 1339 年和 1340 年的法令记载，共将薪水付给了 54 人。[③]

意大利城市在行政文书方面的发展也远远领先于欧洲北部国家，并且逐渐形成了一个文书法官和公证文书员阶层。从 11 世纪起，城市法令被整理成册、成文化，城市各类事务的处理也留下档案记录，

---

① 〔意〕路易吉·萨尔瓦托雷利：《意大利简史 ——从史前到当代》，沈珩、祝本雄译，第 140 页。

② J. K. Hyde, "Some Uses of Literacy in Venice and Florence in the Thirteenth and Fourteenth Centuries", *Transactions of the Royal Historical Society*, Fifth Series, Vol. 29(1979), p.112.

③ R. H. Britnell, "The Towns of England and Northern Italy in the Early Fourteenth Century", *The Economic History Review*, New Series, Vol. 44, No. 1 (Feb., 1991), p.27.

包括市政会议、法庭诉讼、使节派遣和条约签订等。大的城市雇用了上百个文书员，用于常规的市政事务。官僚行政的做法还推广到了船队和军队。1260 年佛罗伦萨军队中任命行军摇铃人的文字档案残片甚至还可看到。[①]

在城市环境的熏陶下，城市甚至还向城市外的政治主体输送官吏人才。如 15 世纪的德意志就崛起了一个专业官僚阶层，他们多为市民出身，受到成文民法（"罗马法"）的较多训练。[②]

三、城市与近代民族国家兴起

城市自治权消减与民族国家的包纳

1500 年左右，欧洲大约有 1 500 个领土单位；1989 年，欧洲则只有 30 个领土单位，[③] 即国家。近代早期那些领土单位里，不少是自治城市、城市国家，甚至是威尼斯那样的"城市帝国"，它们逐渐被整合进近代国家里。从 15 世纪起，西欧相继形成了一些近代民族国家，如英国、法国、西班牙、葡萄牙、荷兰等。民族国家被认为是"领土国家"（territory state），[④] 它一定包含着宽阔的版图。而国家版图内，肯定存在许多已经拥有自治权的城市，这两种政治主体也肯定有一个冲突或相容的问题。其最终结果，是城市被融合在新形成的民族国家之中，成为近代国家中的有机构成部分，城市从政治主体演变为国家政治体系里的行政单位。同样，国家机构形态也有一个与城市机构形态相磨合的问题。在荷兰共和国，国家机

---

① J. K. Hyde, "Some Uses of Literacy in Venice and Florence in the Thirteenth and Fourteenth Centuries", *Transactions of the Royal Historical Society*, Fifth Series, Vol. 29 (1979), pp.112-113.

② Christopher Allmand ed., *The New Cambridge Medieval History*, Vol. VII, c.1415-1500, p.365.

③ John Merriman, "European Civilization, 1648-1945", *Lecture 1*, Yale University, Sep. 3, 2008.

④ 〔法〕费尔南·布罗代尔：《菲利普二世时代的地中海和地中海世界》，唐家龙、曾培耿、吴模信等译，商务印书馆 1996 年版。

构形式与城市政府几乎没有差别，而波兰则几乎完全漠视了城市机构的存在。这两个极端例子之间，应该还有许多其他形式和其他道路的存在。[①]

这种融合自然有国家方面的巨大吸力。自15世纪后期起，英、法、西等国均已实现全国范围的版图统一，封建割据势力衰弱，大封建领主或被镇压，或归顺国王，全国上下逐渐号令一致，中央集权君主制的民族国家初现端倪。与政治统一相一致，各国逐渐形成统一的国内市场，工商业有了更好的发展机遇，城市以往为之奋斗的自由环境已然形成，故而城市为此而长期维持的自治权力渐成多余。更其然，英法等国政府开始实施重商政策，一系列的措施加快了工商业以及对外贸易的发展，其作用远比单个城市要大。因此城市开始不再单纯地依靠自己，而是更多地希望借国家之力，依靠国家的保护。总之，从发展前景看，由于民族国家形成，城市已经失去维持自治权的前提。另一方面，城市也在丧失继续维持自治权的能力。原因在于中世纪晚期城市普遍发生了危机，到处都有"衰败的城市"出现。城市危机是城市自身封建性质的危机：城市中的封建因素如行会制度、寡头政治等阻碍了经济和社会的进一步发展。城市危机也是中世纪晚期封建主义总危机的局部表现，是14世纪以来农业危机的连锁反应。城市危机还是城市旧有经济结构不能适应社会变化的结果：城市手工业因原料、市场等因素，总是固守传统产品，不能面向大众消费，结果终因销售市场过窄而引发生产危机。危机的发生，使大部分城市的经济能力和社会竞争力弱化了，自然也就减弱了政治上的能量和影响力。

重商主义是民族国家和城市商人结合的一个重要成果。新诞生的民族国家要想强大，首先就必须富，而商业是能致富的最快途径。作为商人来说，要在新出现的国际市场体系中占据有利位置，或在国际贸易大角逐中取得优势，就必须借助强有力的政治凭靠，而逐

---

① Charles Tilly, "Cities and states in Europe, 1000-1800", *Theory and Society*, Vol. 18, No. 5, Special Issue on Cities and States in Europe, 1000-1800 (Sep., 1989), p. 564.

步强大中的民族国家便能够提供这种凭靠。双方出于各自的需要，一拍即合，形成了 15—17 世纪西欧各主要民族国家政府推行的重商主义。重商主义主要体现在各国的对外贸易上。它本身的发展分为两个阶段。前期即 16 世纪被称为"重金主义"，即大力鼓励出口，不论出口品是原材料还是制成品，只要出口能换取大量的贵金属（金银）回国就行。但这种做法使得大量的资源和初级产品外流，而回流的贵金属又不是很多，因此从 16 世纪末，重商主义便发展到了第二阶段，即"重工主义"，即还是重视出口，但不再出口纯粹的原料，而是将原料在自己国内加工成产品甚至是最终产品后，再出口换取贵金属。这就在客观上加速了国内工业的发展。重商主义思想的特点是国家干预经济活动。在商人处于弱势地位时，他们是需要国家支持和干预的。但国家干预又与商业贸易需要自由交换、自主活动的本质是矛盾的。当两者发生冲突时，重商主义最后又让位于主张自由交换市场经济的亚当·斯密开创的经济学。

从城市发展的需要看，自治权的下落反而更为有利。城市所要求的，是清除各种封建性限制，扫除障碍，放任自由，为新兴生产力的发展创造更宽松的环境。商品经济和资本主义生产的开放性质，更决定新兴市民阶级不会把自己囿于一隅之地，他们需要拓展更大的活动范围，寻找更广阔的发展场所。他们所感兴趣的不是城市的独立地位和自治权，相反，他们往往还会认为独立性过强、自治权过大会损害自身的利益。因为，如果每个城市都拥有无度的自治权，那么一个个城市都将成为一个个孤立闭锁的政治经济小王国，一个国家又会在政治上分割得零零碎碎，商品经济和资本主义便难以在全国范围内整体地发展。因此，在市民阶级开始占据主导权的 16、17 世纪里，西欧城市的自治权反而萎缩了，城市越来越成了各国政治统一体中的一个个有机构件。

应该说，上述论述适用于已经在 15、16 世纪形成民族国家的英国和法国，而处于分裂状态的意大利和德意志则提供了反证。这两个国家之所以长期不能形成民族国家，原因各有不同，但都与国内的城市"不愿作为"或"不能作为"有关。在德意志，主要原因在于这个国家是由许许多多邦国组成的，封建领主割据力量阻碍着德国的政治统一，特别是经过宗教改革和农民战争后的德国，封建诸侯成为唯一的受益者。虽然也有不少独立性强的帝国城市、主教城市，但它们力量不够强大，也没有联合起来，因此不足以主宰德国的政治命运，何况农民战争还使城市和市民的力量再一次受到削弱，这就使得城市在促进民族国家兴起方面是"不能作为"。德国经济发展的过多区域性特征，也使城市面对经济分散的局面而难以作为，更多地把眼光投向外部。北部汉萨同盟商业城市以转运贸易为经济生活主基调，以波罗的海和北海为活动范围，与东边的东欧，西边的英国、荷兰联系较多。莱茵河地区城市则与法国北部、尼德兰地区组成经济交往圈。南德意志自成经济区，与瑞士、意大利北部来往较多。德意志东部更多地与中东欧交往。中部的大块乡村地区，则充盈着传统农业社会气息。经济的这种分散使得德国见不着有统一的国内市场和民族国家的趋向和前景，城市也就不可能往这个方向努力了。

在意大利，政治分裂，11世纪以来城市公社获得主权，随之而来的城市国家对立状态的形成，是人们耳熟能详的中世纪历史基调。[①] 城市的力量确实强大，但它们在促进民族国家兴起方面是"不愿作为"。这里的城市只关注本城市国家的稳固和治理，并不关心意大利作为一个国家的统一。各个城市都有自己的利益，国内的市场早已被各个城市分割完毕，也就是说，整个意大利在经济上看是由一个个城市经济体构成的，而且各个城市经济体之间互相匹敌，很难被别的城市所征服。因此它们的工商业经济的方向是对外的，从11、12世纪国际贸易发展之后一直如此，直到15、16世纪也无所改变。长达若干个世纪经济长期的分别发展，使得意大利城市没有形成打造统一国内市场、建立民族国家的意识。它们不但在意大

---

① R. H. Britnell, "The Towns of England and Northern Italy in the Early Fourteenth Century", *The Economic History Review,* New Series, Vol. 44, No. 1 (Feb., 1991), p.27.

利国内彼此争斗，而且在国外的商业贸易活动中也互为对手、互相挤兑。于是我们看到，直到16世纪上半期意大利已出现明显的颓势时，意大利各城市在当时最大的国际工商业中心安特卫普也没有出现联合的趋向。安特卫普的外国商人一般是一国的商人组成一个"民族团"（nation），而意大利商人却有好几个"民族团"，而且它们之间的分歧多于合作。[1]在国外尚且如此，在国内岂不更加分散？因而，"城市国家一方面企图通过内部斗争建立城市机构的最高权力，另一方面在政治和经济利益的推动下与附近的城市国家开战。各机构权力相当，又无一个真正的上层领导，解决它们之间存在的问题唯一办法就是战争……它们的政治经济生活越扩大，之间的敌对和不友好行为就越错综复杂"。[2]

在相互对立、竞争以及某些城市走向联合或联盟的过程中，意大利各城市也感觉到了需要在其上有一个更权威的力量甚至统治者。各城市里的两党斗争，即支持教皇的圭尔夫党和支持德意志皇帝的吉柏林党，实际上隐含着寻求最高仲裁者的倾向。虽然各城市国家有自己内部的政治经济生活，互相间又彼此争斗，但它们都存在于意大利这块土地上，还存在着血缘、语言、文化、家庭生活、经济、政治、宗教生活等多方面的同一性。分裂的现实大大降低了意大利人在国际上的竞争力，甚至意大利自身还成为外部势力蹂躏的对象，如南方和西西里长期被外族所统治，北部和中部陷入外族（法国）发动的长达半个世纪的"意大利战争"战火之中。面对这种混乱局面，15、16世纪文艺复兴时代有不少人文主义思想家、政治家呼吁意大利的统一。不过，这种天才的预见性并没能得到全意大利社会特别是城市的积极回应，"统一"并未成为意大利人心中的固有意识，以统一为宗旨的行动始终未出现。这种四分五裂状况延续了将近一千年，直到19世纪中后期意大利才真正获得统一，建立民族国

---

[1]　Leon Voet, *Antwerp: the Golden Ages*, p.254.
[2]　〔英〕路易吉·萨尔瓦托雷利：《意大利简史——从史前到当代》，沈珩、祝本雄译，第173页。

家。因此从意大利来看，城市力量能否得到削减，是民族国家出现的关键。

城市的法治传统和民主机构，也有利于民族国家的兴起，同时也有个融入民族国家的问题。如在英国，诺曼征服后，普通法的发展在习惯法基础上加快了步伐，城市法治也进入一个良好的发展时期，并成为英国习惯法体系中重要的内容。12—13世纪，和普通法一样，英国城市法治进入了一个专业化阶段，城市法发展更加细化、专业化。由于英吉利海峡的阻隔和英国王权的相对强大，加上英国拥有的农业和商业基础，城市法治到14—15世纪进入了一个扩张的时期，尤其是以伦敦市长法庭为代表的城市法庭权力和地位都得到了大大扩展。而法国城市的法治，由于国家权力的分散以及政教之争而在12—13世纪经历了一些动荡，但在14世纪之后，随着中央集权的开展，城市法治在以巴黎高等法院为代表的国家司法管辖权的扩张中不断得到发展，最终在强大的官僚系统下成为国家司法权的重要部分。

13—16世纪西欧政治变革中逐渐建立起来的议会制度，其显著特征是所谓第三等级的成长。这是由市民财富增长和市民阶层兴起所直接促成的。在第三等级中，除了城市商人和金融家在数量上增长外，还要加上律师、学者、士兵、政治家等，他们形成了一个强有力的社会中间阶层。[1]15世纪中叶的欧洲人比13世纪中叶的欧洲人更为富有，也有更多的发展雄心。1450年的欧洲与1250年最大的区别是民族主义精神的成长。但各国的进程不尽相同。英国的骑士和市民在国王治下共同发展；德国和低地国家的贵族阶层则非常不协调，德国的选侯和皇帝使得其他贵族变得毫不起眼，低地国家的大贵族也各自为政。[2]法国以王权为中心的官僚系统和第三等级为代表的人民之间差距在扩大。

---

[1]　Edward P. Cheyney, *The Dawn of a New Era 1250-1453*, Harper & Row Publishers,1962, p.64.

[2]　Ibid., p.330.

12—13 世纪的英国，由那些王室雇员建立的为所有自由人服务的国王法庭所确立的"法定诉讼程序"原则，为全英国创造了普通法。[①] 在 14 世纪的英国，王室司法权在数量和效率方面都迅速增长；14 世纪后半期，公平法庭将王室司法权扩展到那些缺乏法律或者法庭效率低下的地区；到 1400 年，英国司法系统的组织更复杂，管理更集中。14 世纪上半叶，巴黎高等法院以前所未有的速度和范围扩张。大贵族和小贵族手里持有的私人裁判权挤压了国王的裁判权，公权的概念也被挤压。

民族国家中央权力的官僚化在增长，法庭或许是第一个专业化的中央权力机构，而关于犯罪的法律是王权为代表的国家力量最终将城市法律纳入国家法律体系的一个连接点。[②] 随着城市经济力量的不断增强，城市的特别司法权虽然逐渐被国家纳入君主制下的司法体系，但城市又从国王、主教或领主那里获得了新的更有利于发展的经济和法律政策。在这个"从身份到契约的转变"时期，特许状所包含的城市法律身份已不再重要，民族国家保障下的城市经济特权决定了城市的力量、地位和发展趋势。

城市资源如何融入民族国家

中世纪城市有许多资源，譬如城市制度、城市财富等。当民族国家形成之时，能否利用这些资源，怎样利用这些资源，在欧洲各地区有不同表现形式，当然也有不同的结局。城市和民族国家两者之间需要相互容纳和磨合，但以谁为主，谁是中心，这就会在某种程度上决定两者融合的成与败。这里有一系列问题值得深入研究。如，中世纪至近代早期城市经济地位与城市政治制度尤其是代议制（representative institutions，代议制是民族国家政治的核心机制）之间，到底存在着什么样的联系？那些大工商城市的统治阶层在一种"超地域"（supralocal）规模上（如城市同盟、城

---

① Ralph V. Turner, *The English Judiciary in The Age of Glanvill and Bracton c.1176-1239*, p.2.

② D.M.Palliser, *The Cambridge Urban History of Britain*, Cambridge University Press, 2008.

市国家、垄断性的商业公司、商业联盟等）创造的权力结构，是否被民族国家所认同？它在保护核心城市居民时所花费的代价会低于民族国家吗？城市及居民对民族国家加于它们身上的政治控制、税收征取、资金抽取等会有什么样的反应？而民族国家会针对城市经济地位的不同（如西班牙的马德里和塞维利亚，德国的柏林和但泽）而采取不同战略，其成功度也会有不同吗？城市的地区性角色对它们与所在民族国家的关系，对该民族国家的基本结构有影响吗？民族国家对前工商业"自治"城市的经济地位所施加的控制又会产生什么影响？城市和民族国家之间关系的最剧烈变化表现在哪里？①

其实可以说，民族国家形成过程中，城市还起着关键的作用，这主要是因为城市能为民族国家提供支撑其政治军事活动的制度和经济资源。当然两者间也有一个切合问题。这一问题如解决得不够好，民族国家形成过程就会缓慢甚至不成功，欧洲大部分国家如斯堪的纳维亚国家、低地国家、德意志、意大利、西班牙、葡萄牙都是这种情况，只不过各国情形各有不同。各国史学家都提出了精到见解。②

据安德雷（Anders Andrén）对斯堪的纳维亚诸国的研究，虽然波罗的海贸易的扩张和外国商人（主要是德国商人）的到来使得北欧城市变富了，但王室代理人和诸侯仍在城市生活中居于主导地位。国王对商业城市感兴趣，是因为城市是税收（特别是货物税和关税）的重要源泉。只是因为国王要增加税收，城市才在讨价还价的情况下，取得了特许状、独立机构、国家保障下的独占权、自我认同等一些权力。总的来看，斯堪的纳维亚诸国城市的商业、资本、城市寡头和自治权等弱于海峡之南。1550 年前，这里几乎没有地方显示出城市制度或城市寡头对民族国家形成影响。

怀罗比兹（Andrzej Wyrobisz）则指出，在波兰 – 立陶宛王国内，

---

① Charles Tilly, "Cities and states in Europe, 1000-1800", *Theory and Society*, Vol. 18, No. 5, Special Issue on Cities and States in Europe, 1000-1800 (Sep., 1989), pp. 574-575.

② Ibid., pp. 575-579.

则几乎没有成长起可与国王政府竞争的像样城市。这里遍布的是村庄和极小的城镇，只有一个格但斯克从事着有点规模的国际贸易，但也经常受到国王和贵族的压榨，以满足其短期财政需求。结果是，没有城市资源来支撑民族国家，这个国家也就只能处于军事贵族控制下的割据状态，很难在国家规模上组织起强有力的军队，而军事实力是近代早期征伐年代民族国家崛起的根本保障。

在莫劳（Peter Moraw）看来，中世纪的德语区与波兰王国有某种相似特征。德国政治的基本结构明显有诸侯和贵族印记，只在将市民阶级拉进封建社会关系的前提下给了他们一席之地，而且还极为多样化。在早期，莱茵河与多瑙河地区城市较多，而东部多为乡村。西部有许多自治的自由城市和帝国城市，幸存至18、19世纪，而东部据有较宽腹地的"版图城市"（territorial cities）事实上流行封建制。整个来看，13世纪起，城市在德国人生活中的影响越来越突出，1450—1650年是城市扩张和影响的关键时期。在这时期，城市大佬如富格尔家族在帝国里施展着更大的权力。但德国城市从来没有达到上层地位，诸侯将它们纳入了封建体系之中。

而在哈特（Marjolein't Hart）眼中，1580—1680年的荷兰与波兰、德国成鲜明对照。他将荷兰描述成一个在反抗西班牙专制暴君和财政压力的斗争中偶然形成的城市联盟，创造了能够持续的民族国家机器。荷兰依靠高度商业化的经济，依靠在国际贸易中占据主要地位的城市。荷兰的城市显贵能够自我更新，他们用自己来自工商业的财富来管理城市，也要求国家的对外政策直接反映他们的商业利益。此外，首都阿姆斯特丹在荷兰共和国的建构中过于重要，激起了其他城市组成一些联盟来遏制它的力量扩张。而国家则缺乏足够的财政支持。选择海牙作为国家议会所在地，是因为该城是地理中心，市政和商业力量不那么强大。荷兰的政治有分裂趋向，贵族在内地省份掌握了某些权力，而控制工商业的市民阶级则经营城市乃至国家。荷兰是自私的城市之联盟。

相对荷兰，在城市力量同样强大的意大利，奇托林尼（Giorgio

Chittolini）认为，城市国家和城市帝国只是在相互间建立了临时性的合作而已。即使是面临西班牙等国的频繁的外来威胁，意大利各城市国家用来保卫自己主权的热情远大于它们对合作抵抗的投入热情。当然，也不能简单地将一个城市看成一个国家。像佛罗伦萨和米兰这样的大城市征服并统治着许多小城及其腹地，而15世纪的威尼斯则将力量从海上贸易、海盗行为和海外殖民中撤出，转向在意大利本土扩张版图，囊括了许多城市。意大利中部和北部城市有不少寡头将自己的大部分精力投之于农业甚至军事活动。不少城市国家屈服于西班牙的征服，其他城市则因贸易从地中海转向大西洋而衰退。直到19世纪，这些由城市寡头统治的小型领土国家才让路于阿尔卑斯山北那样的大版图国家形态。

葡萄牙史学家赫斯潘哈（Antonio Manuel Hespanha）认为，葡萄牙的历史发展特点比意大利、荷兰、波兰等更宜适用国家形成的阶级模式。它有一个独一无二的大都会里斯本，与农业腹地维系着脆弱的联系，也维持着大量的民族的和帝国的行政机关，而且深深地卷入了世界性的国际贸易。其行政管理体制已与贸易管理体制搅在一起，如在印度的总督府（Casa da India）主要负责的就是商业交易事务；国王很大一部分收入也是来自海外贸易利润。葡萄牙国王还通过代理人从各城市获得收入和贷款，但他对里斯本显得无力，而里斯本的商业寡头在皇家事务中颇有话语权。也就是说，虽然国王可从他治下的人民那里所获甚多，其结果却是对后者的严重依赖。

阿尔巴拉德佐（Pablo Fernandez Albaladejo）强调，将西班牙当作一个统一国家来对待是一个谬误。直到最近几个世纪伊比利亚半岛还是一个多王家的混合体。[①]巴塞罗那之于阿拉贡王国，有如里斯本之于葡萄牙，工商业发达，工商阶层实力强大。而卡斯提尔王国的马德里，则是土地贵族的大本营，他们先是从占据半岛上的穆斯林土地获利，后又因西班牙海外帝国的形成而受益。然而，马德里等

---

① 最近几年，西班牙以巴塞罗那为中心的东北部加泰罗尼亚地区闹独立的呼声很高。除了现实经济因素（加泰罗尼亚地区较富）外，传统的政治因素恐怕也是其中之一。

卡斯提尔自治城市的寡头所获得的某种自治，又因其参与了科泰斯的行动而得到加强。王家为军费而举债，刺激了商人变成食利者而不是企业家，这一变化使得国王更加依赖那不稳定的帝国岁入。

可以看出，欧洲城市与国家制度因时因地而不同，表明城市在市场体系（国际市场、区域市场，无疑都有本地市场等）中的地位与其城市规模、城市人口对腹地的影响程度、城市的资本积累程度和城市建立并控制一个较大辐射范围的能力是密切相关的。相应地，这些因素也影响着不同城市作为军队建设和国家形成之资本源泉的吸引力，影响着其统治阶层与相关的未来或事实上的国家缔造者的自治关系，影响着它们的代议制度的分量。因此，一些主要的商业城市或城市国家比农业为主的城市更强烈地阻止民族国家的渗透。当这些商业城市丧失商业地位时，民族国家的目的更易达到。即使这样，重要的商业城市总是极力将自己的地方权力和区域权力渗进国家机器中，这样也就在很大程度上减缓了民族国家形成的速度。

当然，也有学者认为新兴民族国家在制伏中世纪城市并将其统治时，也把城市独特的市政文化给抛弃了；同时近代国家对金钱和资源的集中，致使许多城市产生寄生性，成为食利者；城市的活力和创造力消亡了，结果以往的主要城市在工业革命来临时只是作为"旁观者"了。[①]这可能是城市在被民族国家体制容纳时对城市来说意想不到的"负遗产"。

案例：城市政治与英国民族国家兴起

1. 近代早期西欧民族国家兴起中，最成功、最典型的当为英国

英国民族国家政治制度建构走过三阶段。第一阶段是宗教改革中王权合并了教权，以亨利八世《至尊法案》为标志，王权作为国家的最高象征基本确定。第二阶段国家政治体制是国王加议会的模

---

① 〔美〕简·德·弗里斯：《欧洲的城市化，1500—1800》，朱明译，第7页。

式，但两者展开了权力争夺，内战爆发是对抗白热化的体现。议会作为有效合理的中央权力机构，地位日益凸显，为议会的全面主导做了准备，这是民族国家政治构建中的关键一环。第三阶段以《权利法案》颁布为标志，议会成为中央政府的主导机构，王权逐渐弱化、虚化，最终仅体现为国家象征。

城市政治变化对英国民族国家形成的作用显著。宗教改革中，城市接管地方教权有利于政治世俗化进程；城市在管理上与王权合作，支持了王权合并教权；城市行政系统越来越理性化，对英国近代国家行政制度的形成有借鉴意义。16 世纪中期至 17 世纪中期，大量城市取得自治权，其在下院的议席大幅度增加。虽然引起了乡绅对下院议席的争夺，[①] 但这种"入侵"正好说明了下院重要性的增强，而这种增强又是以自治城市增多、城市议席扩大为基础的。这一时期城市寡头制颇为盛行，其与代表中央政府的王权关系大为加强。复辟王朝时期，城市特许状被修改，城市受到中央政府直接控制，最终融入英国民族国家政治体内。

2. 宗教改革时城市对教会权力的接管有利于王权巩固

英国民族国家政治体制形成中，一个关键环节就是最高权力的统一，也就是要将中世纪的政教二元模式改造为国家政治一元化和世俗化。这一进程发轫于亨利八世的宗教改革。

宗教改革前，英国教会俨然一个国中之国。教会特权是英国统一民族国家形成的巨大障碍。教会影响力遍及各个城市，城市政府往往需要与宗教基尔特紧密合作才能获得权威。如 15 世纪初期，约克城基督圣体行会被市长当作本郡保护者形象。1432 年，城市当局与基督圣体行会达成协议，声称"整个城市都是该行会的成员"。1500 年林肯城也与宗教性的圣安妮行会达成一致，宣称该城居民都是该行会成员。[②] 有的城市里，宗教建筑甚至是城市形象，如卡莱尔

---

① 参见刘新成："乡绅入侵：英国都铎王朝议会选举中的异常现象"，《中国社会科学》2008 年第 2 期。

② D. M. Palliser, *Cambridge Urban History of Britain,* Vol. 600-1540, p.348.

城的核心象征是圣阿尔本教堂。教会对城市经济也有较强影响力，许多城市商人的主要贸易对象是修道院等宗教单位。如14世纪的达拉姆城，由于僧侣们不购买本地商人货物，转而从他地商人手中购买，导致该城巨大的经济损失。教会还为市民提供了许多就业机会。如约克等大主教城市就有许多卖给朝圣者蜡烛、雕像等物品的摊位。修道院和大教堂众多的城市，还严重依赖宗教机构修筑道路。城市与主教修道院之间也存在着竞争和冲突。教士在城市里享受法律和财政豁免权，他们在城市人口中的比例为2%—3%。[①] 有的修道院和主教还是城市领主，控制着市场、集市、法庭、住房和租税收入。这些特权成为城市上层市民愤怒的爆发点。不过，教会的影响力却为卑微市民提供了参政机会，当主教和市长竞争城市保护者地位时，势必要努力争取市民支持，这为市民民主思想发展埋下了伏笔。

宗教改革的最终结果是英国摆脱教会控制，初步形成独立民族国家。虽然宗教改革中英国的中央政权合并了教权，但政府资源的有限性使自身不能有效接管所有事务，它需要地方的协助和配合，城市作为重要地方单位便显得举足轻重了。当改革使教会职能失去，城市留下了权力真空，而中央政府又不能及时填补时，城市政府便挑起了维持地方秩序、与中央政府有效合作的重任。

城市接管教会权力，很大程度上是通过获得其庞大的教产来实现的，因为这些教产上附着了相关的政治权力。因此，修道院解散和教产没收，不仅是一场经济利益的重新分配，也是政治权力世俗化的重要途径。教会从中世纪以来就在城市里积累大量财产。如考文垂城的修道院拥有的土地每年收入350英镑，而考文垂市政的土地每年却只有收入76英镑。伯里圣埃德蒙兹城修道院15世纪每年有地租251英镑；1539年修道院解散时，有75%的市民生活在其

---

① D. M. Palliser, *Cambridge Urban History of Britain,* Vol. 600-1540, pp.350-352.

地产之上。^①宗教改革中，城市政府乘机获取教会在城市里的财产，这客观上有利于瓦解教会对王室的对抗，配合了王室对教会的打击与削弱。由于获得了附着于教产之上的权力，城市政府填补了教会势力瓦解后的权力真空，有利于维持地方稳定。这对还没有能力全面掌控地方事务的都铎政府来说，无疑是有益的。

教会势力衰减后，其提供公共服务的能力自然也削弱了，但这一消减由城市政府对公共职能的担当所弥补并有新的发展。如宗教改革将各种教产没收后，教会的学校教育职能大为削弱。因此国王政府积极鼓励贵族和城市支持教育发展。在这种背景下，城市为这一时期学校教育提供了重要推力，各地城市普遍兴起了学校教育。如 1577 年很多自治城市不止有一所语法学校。^②学校规模也不断扩大，16、17 世纪之交，城市里有两个及以上教师的学校学生一般都达到 100 人以上。^③对近代民族国家制度构建来说，城市兴办教育是政府公共职能发展的一种预习或准备。

都铎时期贫困问题成了重大社会问题。大量穷人移民涌入城市，因此城市贫困问题更为严重。各地城市都有大量穷人需要救济。贫困问题严重威胁社会稳定，城市政府最先开始应对。如伦敦实行乞讨许可证制度，对穷人实施逐户捐助。强制开征穷人税等。伦敦市政还修建各类医院救助不同情形的穷人，如圣巴托罗缪医院和圣托马斯医院救助残疾和生病穷人，基督医院救助孤儿，贝特黑姆医院治疗精神患者，布莱德威尔医院用于感化流浪汉。^④诺里奇 1570 年后设立定期缴纳穷人补助金的专门机构，维系济贫系统的平稳运行；1570—1580 年有 850—950 户缴纳穷人补助金，常年有 237—410 人

① Robert Tittler, *The Reformation and the Towns in English: Political and Political Culture, c.1540-1640*, Oxford: Clarendon Press, 1998, pp.60-62.
② Iran Green. *Humanism and Protestantism in Early Modern English Education*, Farnham (Surrey): Ashgate Publishing Limited, 2009, p.57.
③ Iran Green. *Humanism and Protestantism in Early Modern English Education*, p.60.
④ D. M. Palliser, *The age of Elizabeth: English under the later Tudors 1537-1603*, p.127.

接受救济。①城市政府的这些措施，为中央政府进行社会治理提供了借鉴。1572 年议会首次发布法令要求为穷人提供工作，批准强制开征穷人税。1576 年要求各郡建立流浪汉感化院。1598 年建立正式机构，负责征收穷人税、为穷人提供和支付工资等。这些法案显然效仿了城市先前的做法。

城市还改革自身行政制度来应对不断出现的问题。如改革行政区域，将堂区这种基层教会管理单位变成行政结构中的成分，赋予堂区官员很多职责，如维护道路桥梁、征收济贫税等；加大堂区官员的权力，如增强其财政权等。对行政单位层级结构进行改革，加强下层官员的责任，使城市政令及来自中央政府的政令更为通畅地执行。

总之，通过接管教育等公共职能，处理社会贫困问题，改革城市行政制度等，城市行政结构更为系统有效，这为民族国家构筑从中央到地方的政府管理网络奠定了基础。

3. 城市自治与下院议席增加有利于国家机构充分发展

英国自治城市在 16 世纪大规模增加。从都铎王朝建立结束到 1640 年内战爆发，英国共有 149 个城市首次获得自治。②城市获得自治的途径有三种，即诉讼、地产转让和获得自治特许状。诉讼形式是指，由于城市和外部势力在城市权力归属上展开了激烈争论，城市于是向中央法庭提起诉讼来证明其所拥有的权力。而宗教改革后由于王权和城市的合作密切，诉讼往往取得成功。诉讼的过程和结果被记录在案，成为城市合法权利获得中央认可的有力证据。典型例子如伍斯特郡厄弗沙姆城，城市在王室支持下最终取得完全胜利。③

城市获得自治的第二种方式，是地产的购买和转让，城市政府

---

① D. M. Palliser, *The age of Elizabeth: English under the later Tudors 1537-1603*, p.128.

② Ken Powell and Chris Cook, *English Historical Facts1485-1603*, London: The Macmillan Press Ltd, 1977, pp.200-201, 228.

③ 参见 Robert Tittler, "The End of the Middle Ages in the English Country Town", *Sixteenth Century Journal*, Vol.19. No.4 (Winter,1987).

由此获得租税管理权与组建政府机构的权力。这一转让过程是将城市市民视为一个整体，由他们共同出资购买教会地产等。王室将这些地产出售给这个整体的代表人，这些代表再以正式程序将地产转交给城市共同体，由此城市能够行使相应的权力。

第三种方式即获得自治特许状最为有效。特许状可使城市获得保有和转让土地等不动产的权力；永久继承政治经济利益的权力；法人的权力；司法权；依法颁布命令的权力；拥有公务印章的权力等。[①] 但自治特许状的获得有严格的申请程序，前后共九个步骤，[②]完成全部过程要耗费巨大的人力和财力，故非每个城市都能承受。但它对于维护城市利益最为可靠，所以一直是城市追求的目标。取得一定自治权的城市也都希望达到完全自治。上文所提厄弗沙姆最终从国王手中获得特许状，实现完全自治。

这时的英国城市自治是国家体制内的自治，而不是像中世纪大陆欧洲许多城市那种脱离国家权力控制的自治。反过来，自治不仅对城市自身发展有利，而且深深影响着英国政治的发展。都铎王朝时期，下院已成为关键性的中央机构，它能为众多社会群体提供利益诉求，而且还形成了相当精准发达的结构和程序。下院议员来自于全国各地，权威性强，议席主要由两部分组成。一部分是郡代表，即每郡派两名骑士做议员，1603 年郡代表总数为 90 名左右。另一部分来自国王颁发特许状的自治城市，每城市派两名议员。随着自治城市数目增加，下院的城市议员也相应增加。1485 年，下院的城市议员为 219 名；1603 年，达 372 名；1689 年为 421 名，占其时下院议员（513 名）的压倒多数。[③] 可以说，一方面城市为下院权力增

---

① Henry Alworth Merewether and Archibald John Stephens eds., *The History of the Boroughs and Municipal Corporations of the United Kingdom*, Vol.ll, London: 1835, pp.1119-1145, 1149-1176, 1239-1431.

② Shelgh Bond and Norman Evans, "The Process of Granting Charters to English Boroughs, 1547-1649", *The English Historical Review*, Vol.91, No. 358 (Jan.,1976), p.103.

③ David L. Smith, *The Stuart Parliament 1603-1689*, Oxford University Press Inc, 1999, pp.22-23.

长提供了主要支撑；另一方面下院权力的行使必定要代表城市利益。

不过，都铎时期占有大量下院议席的并非城市市民，而是乡绅。这就是英国历史上著名的"乡绅入侵议会"现象。如伊丽莎白时期10次选举中，平均有66%的城市议席被乡绅所"侵占"。1584年按规定应有357名议员是城市市民，但实际只有53人。①虽然大量城市议席被乡绅占有，但乡绅多与城市有工商业联系，因而能在一定程度上反映城市利益。斯图亚特时期"乡绅入侵"变弱，这是因为市民抵抗能量的增强。如1624年黑斯城市政两次指派的乡绅候选人都未能当选。②这类现象增多，表明市民力量增长，参与意识增强。

总之可以说，正是城市自治运动兴起才导致下院议员数目激增，下院规模扩大。虽然城市议席曾被乡绅大量侵占，但下院的代表性和权威性增强了，它作为代表广泛利益团体的诉求平台也形成了。随着市民参与意识的增强，城市对国家政治的影响力不断增强，这在一定程度上体现了城市推动了民族国家政治机构的完善。

4. 城市寡头与中央政府的联盟

宗教改革后一个世纪里，英国城市政治变化的最大特征之一就是寡头制普遍确立。如1553年利奇菲尔德城获得新特许状时，城市政府就被少数几个家族统治，并一直持续到18世纪。③约克、金斯林、诺里奇和伦敦诸大城市的市政会里，长老小集团经常提高自身在城市中的地位，并成为英国政府在城市中的工具。④16世纪城市寡头制的盛行，有利于维护民族国家中央政府的统治。

寡头制出现有经济因素。16世纪是英国城市化迅速发展时期，

---

① 刘新成："析'乡绅入侵'"，载钱乘旦、高岱主编：《英国史新探——全球视野与文化转向》，北京大学出版社2011年版，第71页。

② Derek Hirst, *The Representative of People? Voters and Voting in English under the Early Stuarts*, Cambridge University Press. 1975, p.53.

③ Robert Tittler, *The Reformation and the Towns in English: Political and Political Culture, c.1540-1640*, p.187.

④ Peter Clark and Paul Slack. *English Towns in Transition 1500-1700*. Oxford University Press. 1976, p.129.

10 000 以上人口城市居民占英国总人口比例，由 1500 年的 3.1% 上升到 1650 年的 8.8%。[1] 随之而来出现了物价上涨等严重问题，甚至还出现了严重的经济危机。[2] 这种经济环境对城市政治造成了两方面影响。一是物价上涨直接导致城市经费开支增加，城市不得不向市政上层官僚短期借款来应付财政赤字，甚至设法让更多富人进入市政机构。城市对富人的依赖加深，财阀统治在所难免，寡头制易于确立。二是增长的人口多为农村来的移民，无家可归者、无工作者和流浪汉颇多。为解决城市面临的穷人问题，伊丽莎白政府出台了《济贫法》。该法案导致大量新堂区产生，城市公共职能扩大，官吏相应增加，城市行政机器扩大，寡头的权力也得以增强。

从政治上看，这时城市自治权多通过王室颁发特许状而获得，自治特许状常被视为"走向垄断之不可抗拒趋势的工具"，[3] 是中央政府与城市上层之间的联盟条约。由于中央政府并无太多专业官僚去施行对城市的管辖，所以它希望权力只掌握在一小撮人手里，以利控制。城市上层当然更希望权力永驻，以攫取更多垄断利益。而宗教改革后减少了教会的社会协调功能，城市各种活动受到严格限制和监督，最终沦为城市寡头的工具。

寡头集团能实行有效统治，其方法之一是通过婚姻与血缘关系联结那些城市家族，形成排他性的统治集团。如伊丽莎白时期，莱斯特的市长只从 26 个相互联系的家族中挑选。伦敦有三分之一的高级市政官与别的高级市政官有亲戚关系，高级市政官出自 15 个家族。[4] 为达到垄断统治目的，城市寡头在选举中还惯用腐败舞弊等方式。更多自治城市甚至绕开选举程序，通过向王室申请更替特许状来维持寡头统治。他们还规避城市里获得官职的传统习惯，任命自己想要的官员。当城市获得自治资格，相应取得下院议席时，这些

---

[1] Peter Clark and Paul Slack. *English Towns in Transition 1500-1700*, pp.241-242.

[2] Robert Tittler, *The Reformation and the Towns in English: Political and Political Culture, c.1540-1640*, p.184.

[3] Peter Clark and Paul Slack, *English Towns in Transition 1500-1700*, p.128.

[4] Ibid., p.129.

议席对中小城市脆弱的财政是一项沉重负担，官员愿意由地方权贵乡绅"侵占"议席来换取他们的支持。这是一举两得，对寡头制的稳定运行形成有力的外部支撑，是一种内外合作模式。

面对寡头制以及腐败问题，城市陷入了寡头统治集团与下层市民的冲突。下层市民的抗议以及夺权斗争，导致了城市混乱。在应对中，寡头不得不提高行政效率。行政高效率又强化了其统治。寡头们还极力争取王室的支持。中央政府也利用这一点来加强对地方城市的控制，故而市民的抗议和申诉很难成功。市民的不满越多，寡头对王室的依赖就越强，中央对地方城市的控制也越紧，最终使城市融入了国家政治之中。

一方面寡头制在本质上违反了城市自治民主思想，其腐败行为频发导致了下层市民反抗；另一方面由于英国官僚制度的缺失，中央需要地方行政力量的补充，而城市也需要中央权威的支持，寡头制成了双方都能接受的模式，这就有利于中央与地方城市的合作加强。在英国社会急剧转型进程中，许多问题亟待解决，寡头制下集权统治就是一种应对。因此，城市寡头统治对社会起了稳定作用，有利于英国统一民族国家巩固。

5. 中央政府对地方城市的融合

16、17 世纪城市政治的发展，是与英国社会变化相适应的。大量城市自治有利于议会力量增长，为以议会主导的民族国家体制提供了制度基础；而城市寡头制盛行又有利于稳定变动着的社会秩序，并为城市公共职能发展提供了依靠，推动了民族国家行政制度的构建；这一时期城市政府与中央的关系是一种相互合作模式。自治城市虽然处在中央统治下，但拥有很大的自治权。如城市官员的任免，中央政府没有合法权力干预。查理二世复辟时期，这种合作模式开始变化，中央对城市的直接控制加强，逐步把城市纳入中央实际统治之下，自治城市最终融入国家政治体系中，英国变成了真正意义上的近代民族国家。这个过程的实现，主要通过斯图亚特王室修改城市特许状这一关键性文件。

英国内战中，共和国政府成了国家统治者，各自治城市解除了国王所赐特许状，转而投向克伦威尔政权。1660 年斯图亚特王朝复辟后，议会颁布《司法程序批准法案》，宣布克伦威尔时期议会对一切有关宪制的修改均无效。[①] 这就使已解除国王特许状的自治城市陷入了困境：它们不仅失去了法律保护，在政治上也进退维谷。虽然其后议会颁布了《自由、赦免、补偿和赦免法案》，声称不追究之前任何反对国王的行为，但这只是一种基本原则，自治城市的法律地位并没有得到切实解决。为了维护基本自治权，复辟初期各个城市都希望从国王那里获得新的城市特许状。于是王室政府趁此机会加强了对地方城市的控制。

1661 年 5 月，王室政府颁布了有关城市特许状的指导性文件，内容包括由王室任命城市市政官、法官和书记官等。[②] 这一文件可以看作王室政府为维护统治的行动蓝图，并预示着中央政权对自治城市加强控制的制度调整方向。同年议会正式批准《城市政府法》，规定城市权力应最大程度地掌握在效忠国王的政府手中，市政官员均应宣示忠诚与至尊誓言。法案还授权王室任命的委员会，可以免掉和替换市政官员，可从城市周边的贵族和乡绅中挑选委员会委员。这样一来，基本消除了各地城市中反对国王的力量，使中央权力达到顶点。不过其关注焦点是维护王室统治的稳定，所以并没有全面破坏城市的官员选举制度。[③]

1672 年格罗斯特城特许状问题，成为国王政府向控制地方城市转变的一个预演。该市政会与国王政府之间的争执，最终以格罗斯特接受国王新赐特许状而结束。新特许状规定，如果国王认为有必

① "An Act for Confirmation of Judicial Proceedings", *The Statutes of the Realm. Vol.5. 1625-1680*, London: Hein. 1993, pp.234-236.

② John Miller, "The crown and the borough charters in the reign of Charles II", *The English Historical Review*. Vol,100, No. 394 (Jan., 1985), pp.53-84.

③ Andrew M. Coleby, *Central government and the localities: Hampshire 1649-1689*, Cambridge University Press, 2002, p.92.

要，可以直接任命任何官员，包括由市议会选出的市府成员。①1680年，查理二世颁布了反对伦敦特许状的责任令状，对伦敦市政制度进行大幅度改造，有效加强王室政府对伦敦的控制。此事表明国王政府对城市的控制力度强化，即国王可对任何不利于中央政府的人做出调整。1682—1683年的一系列特许状中，国王任命权扩大到市政府所有须选举的官员，包括城市议会议员，还包括市长和市法官，最终可以任免市政任何官员。②对城市的这种直接控制在詹姆士二世治下不断加固。至此，城市已基本融入民族国家政治体系中。

从都铎时期直到复辟时期，英国城市政治经历了巨大变化，这些变化恰与英国民族国家形成相联系。城市行政机制开始合理化与近代化，为城市融入国家政治体系做了充分准备。可以说，英国民族国家的形成过程中，每一阶段都有城市作用的印记。1689年《权利法案》标志着英国民族国家体系确立，而城市也最终成了民族国家政治体制中的重要成分。

---

① John Miller, "The crown and the borough charters in the reign of Charles II", *The English Historical Review*. Vol,100, No. 394 (Jan., 1985), p.68.

② Ibid., p.77.

第三编 城市化时代

（18—20世纪）

第十章 工业革命与城市化

当旧有的中世纪城市褪去传统本质，向近代性质转型之时，欧洲城市的发展很快又进入了一个新阶段，即随着18世纪后期工业革命的来临，大量新工业城市涌现。工业革命作为一次人类生产方式和生活方式发生重大变化的运动，不仅使新兴城市具有全新的现代本质，而且还促使发生城市"二次革命"，越来越多的农村地区变成城市，欧洲的城市化运动迅速展开。至19世纪末叶，欧洲不再是"乡村的欧洲"，而是成了"都市的欧洲"。

一、英国工业革命

工业革命是人类生产手段的一次重大变革，是生产技术一次质的飞跃。这是世界历史上具有深远影响的重大事件。工业革命发祥地是欧洲西北岛国英国。

英国工业革命的前提和基础

工业革命之所以最先在英国发生，原因在于此前几个世纪中英国出现了适宜的前提和条件，具备了进行工业革命所需的各种基础。

17世纪中期，作为新生产方式代表的资产阶级，在英国内战中通过暴力夺取了政治上的统治地位，并以暴力作支撑迫使国王最终和平地实现君主立宪制度。政治上层建筑国家机器的变革，必然要反过来推动经济基础的变革，必然要大大解放生产力。同任何政治大革命一样，英国资产阶级取得了政治上的领导权，必然要促使社会经济发展的一次飞跃。革命后所造成的"自由放任"的宽松环境，更进一步鼓励和刺激了人们的创造欲望，激起了整个社会的经济热。

从16世纪初起，英国在欧洲国际贸易体系中占据了愈来愈重要的地位，并最终于17世纪后期成为世界市场的霸主。16世纪末以后，英国开始进行大规模的海外殖民和扩张。至18世纪中期，历史上所谓的"第一大英帝国"基本形成。海外贸易、殖民和扩张，对英国发展产生着极为重要的影响。通过这样一些活动，英国攫取了大量的海外财富，如单从印度所得到的利益，最高一年达到一亿英镑。这些财富源源不断地流回国内，为英国经济进一步发展输入了血液，更为进行工业革命提供了充分的资本条件。

同样，有了比本国面积大几十倍的殖民地，又为英国的工业产品创造了巨大的销售市场，满足了生产所必需的市场条件，同时还可为工业生产提供极为廉价的原材料。因此可以说，海外扩张是刺激工业革命在英国最早发生的因素之一。

但英国在海外殖民贸易和扩张事业中并不占技术上的优势。亚洲等地区的商品往往因其制作工艺的讲究而更具竞争力。在与包括中国在内的远东地区进行贸易往来时，英国常处在入超的地位，拿不出更多东西来同对方交换，或者产品质次价廉打不进当地市场。因此，英国从美洲和大西洋贸易中得来的白银，又源源不断地送往亚洲。要扭转这一局面，维持与东方的贸易平衡，就必须在生产技术上实现突破，降低生产成本，提高产品质量。这也是工业革命发生的深层原因之一。

为了进行对外扩张战争，英国政府还不断发行国债。18世纪中叶，政府的债务达到了两亿英镑。国债的承购者是商人和资本家，他们因而从政府获得了十分丰厚的利息。而政府又将这些负担转嫁到劳动者身上，征收更重的赋税。因此，这也加速了资本积累和集中的过程，为工业革命提供了一定的资金准备。

17世纪后，英国的圈地运动在议会法令批准下继续进行，而且规模越来越大，圈占土地越来越多。到18世纪末，英国农村可耕地的80%已被圈占。不过，后期的圈地已改变了用途，不再是用来养羊，而是从事农场经营。从18世纪初到19世纪中期，议会批准的圈地达600万英亩。圈地将农村人口赶往城市，乡村日见人烟稀少，颇为荒凉；流浪的人口则成了工业革命所需的生产劳动力。

从17世纪后期起，英国的农业改革也热火朝天，农业技术和农业经营方式不断改良。著名的贵族改革家汤森勋爵提出了四年轮作制：头两年种大小麦等粮食作物，第三年种三叶草，第四年种芜菁。三叶草和芜菁既可增强土壤肥力，又可给羊作饲料。羊吃后排下粪便留在地里，又利于第二年种粮食。这样，粮食产量大大提高，牛羊也越长越壮。后来，还培养了牛羊的优良新品种。据说在整个18世纪，牛羊个体的体重增长了一倍。有的热心人则致力于农业工具改良。播种机的发明大大节省了人力，也节省了种子。由于需要更多牛肉食用，有人便发明了马耕法。农业革命成了工业革命的前奏曲。

工业革命必然建立在工业生产的广泛基础之上。这样一个基础条件也在16—18世纪的英国形成。作为民族工业的毛纺业，早已遍及全国城乡，棉纺业也在英格兰西北兴起。据估计，全国至少有二分之一的人口卷入了各种工业活动，工业在生产总值中所占比例越来越大。

除了纺织业为主的传统手工业部门，英国又从16世纪中叶起发展了许多新兴大工业，包括采煤、冶铁、制铁、明矾制造、玻璃制造、造纸、造船、煮盐、制皂等部门，其中尤以煤铁工业发展最快。1750年，英国的采煤量达到430多万吨，比整个欧洲大陆煤产量总和还要高两三倍。冶铁工业在工业革命前也稳步发展。煤铁等大工业的兴起，为工业革命的发生保证了能源基础和机器用材基础，而且还成为近代大工业部门的前身。有人说，英国工业革命就是煤铁革命，工业革命之所以最早发生是因为英国有煤有铁。

工场手工业制度的流行，则为工业革命的进行创造了生产组织上的准备，为用工厂形式来组织近代机器大工业生产铺平了道路。

中世纪的手工业是作坊式经营，而当资本主义关系产生后，在简单的劳动协作基础上，出现了分散的和集中的两种形式的手工工场。在 16—18 世纪的英国，除城市个别部门仍沿袭作坊制外，工场制度是手工业生产的基本组织形式，水力成为基本动力。走遍英格兰各地，到处都可以看到矗立在河边溪畔的水力坊。

在手工工场里，劳动者有分工、有协作，生产效率大幅度提高，而且有利于生产技术的进步。由于每个工人只从事某一个环节的操作，生产工具和生产方法固定化，这就使得技术更容易熟练，熟则能生巧。分工越来越细，也使操作越来越简化，这为机器的出现创造了条件，因为机器运行实际就是简单快速重复某一个动作而已。工场里集中了较大数量的劳动力，使工场主资本家逐步积累了管理和经营经验，这为日后管理工厂做了预演。手工工场发展到高级阶段时，势必促使生产手段变革，势必要向现代机器工厂制过渡。

科学技术是第一生产力。任何重大技术革命出现时，必有先进的科学理论作引导。英国工业革命也是这样。从 16 世纪后期起，英国人开始注意到科学技术的作用。弗兰西斯·培根提倡实验，从而成为近代科学的鼻祖。17 世纪的欧洲科学革命中，伦敦成为主要中心之一，云集了来自欧洲各地的大批杰出科学家。1662 年英国皇家学会成立，这是西欧最早出现的科学家组织之一，并且受到了政府的大力支持和鼓励，科学从社会边缘开始走向中心。正是这样一种环境的熏陶，英国才产生了牛顿这个近代最伟大的科学家。科学思想和科学精神的传播，使英国成了孕育新技术、新发明的最好的摇篮。

从 17 世纪后期起，英国进入了生产技术革新的时代，发明创造日渐增多。据统计，1680—1689 年，英国登记了 53 个发明专利。1690—1699 年，达到 102 项。1700—1759 年，发明专利共达 379 项。以至于当时有人评论说："几乎每一个制造商都有自己的新发明，几乎每一天都有在别人发明创造基础上的新改进。"就是说，在工业革命到来之前，英国就已掀起了一个生产革新的高潮。这些新发明成为工业革命的技术基础。当它们累积到一定程度时，必将在某个部门引发突变性的飞跃。这个部门正是在英格兰西北部刚刚兴旺起来的棉纺行业。

棉纺业是英国的新兴工业部门，16 世纪末从国外传入，17 世纪有小量发展。由于较少受到旧生产关系的限制，因而在 18 世纪上半叶有较大发展，吸引了越来越多的资本和劳力，也吸引了不少人思考怎样提高生产技术，于是棉纺业成了新发明创造的突破口。

英国工业革命的三波浪潮

英国工业革命从 18 世纪中叶发端至 19 世纪中叶完成，经历了三波浪潮。

第一波是棉纺织技术的不断革新。1733 年，织工凯伊发明了飞梭。以前的织工靠双手来掷接梭子，速度非常慢，而且又费力，布幅的宽度也受限制。飞梭安上轮子后，装在滑槽里，再用细绳牵动织机两边的木槌敲击，它便能沿滑槽快速地往复。这一新发明引起了别人忌恨，有人起哄捣毁了他家，但飞梭技术还是很快传出去了，织布的速度快了一倍左右。

织布速度提高后，棉纱却供不应求了，于是许多人琢磨提高纺纱的效率。1765 年，织工哈格里夫斯发明了多轴纺纱机，用一辆纺车同时带动八根纱，一下子将工效提高六倍。他用女儿的名字将这一新机械命名为"珍妮机"。后来他又对珍妮机加以改造，一次同时能纺出 80 根纱。差不多同时，理发师阿克莱特造出了水力纺纱机，建立了第一个纺纱厂。1779 年，工人克隆普顿将珍妮机和水力纺纱机的优点结合起来，制成了"骡机"。为了赶上纺纱的速度，1785 年，卡特赖特发明了机器织布机，织布速度提高了 40 倍。这样，棉纺业的生产革命基本完成。

随着各种机器的发明和使用，带动机器的动力也发生了深刻革命，这就是第二波浪潮，即作为动力装置的蒸汽机的发明和广泛应用。

在最初的手工业中，一般都靠人力作为主要的推动力。到了 13 世纪，以往靠流水在下面驱动的水轮被上击式水轮所取代，只要开渠引水造成落差，即可建立水轮装置，因而水力作为动力得到了广泛利用。18 世纪第一批机器发明时，也主要靠水力来驱动。但利用水力有很大的局限性，一是英国地势较为平坦，湍急水流不多，水流能量较小；二是地理位置上受限制。这就迫使人们去寻找新的动力来源，从而促使蒸汽机的发明。

最初发明蒸汽机装置的是纽康门，他在 1705 年制成了一种沸水蒸汽冷凝推动汽缸内活塞的机器，用于矿井抽水。后斯密通曾将纽康门机加以改进，但用途仍无改变。后来，瓦特进一步改进，蒸汽机才成为可牵动一切机器的动力机。瓦特自幼好学多思，关于他小时看到壶水蒸汽推动壶盖转动的故事流传很广。长大后他成了一个仪器制造工人。他发现纽康门机的汽缸设计浪费了大量的热，便设计了一种活动阀门，使冷凝器与汽缸接通。1781 年他制成第一台大型蒸汽机，输出功率是纽康门机的四倍，不过也主要用来抽水。1782 年他设计了双向发动机，进一步改进了杠杆和活塞杆的连接关系，成为"万能蒸汽机"。到 1800 年，英国已建造这样的蒸汽机达 500 台。[①]1800 年后，这种蒸汽机成为最普遍的动力机。

蒸汽机出现是第一次工业革命的标志，从此人类社会进入了"蒸汽时代"，也即近代工业文明时代。随之而来的是，交通工具的革命构成了第一次工业革命的第三波浪潮。1825 年英格兰建造了第一条铁路，1830 年第一条客运铁路（从曼彻斯特至利物浦，长约51公里）运营，英国进入了铁路时代。十年后，大不列颠便建成了 3 200 公里的铁路线；1851 年，英国铁路线总长度达到 11 000 多公里。[②]铁路进一步加速了工业化。铁路建设和运行需要大量的钢铁和煤。铁路也有利于将大量的食物和原材料运进城市，将工业制造品运给消费者，将建筑材料和化学肥料运到农村。它还方便了男女劳动力的

① Mortimer Chambers, Barbara Hanawalt, Theodore K. Rabb, Isser Woloch and Raymond Grew, *The Western Experience*, p.775.

② Ibid., p.776.

流动和聚集，推动工业化和城市化进程。1850 年，英国生产煤炭达到 5 200 万吨，生铁 230 万吨，原棉消费 26 万多吨，这些主要工业指标都是法国、德国、比利时、俄国总和的数倍。1843 年美国摩尔斯发明了电报后，十年不到，英国就铺设了 6 400 多公里电报线。[①]

二、大陆欧洲工业革命

工业革命在英国发生后，其在大陆欧洲的推广至少晚半个世纪。至 1850 年时，欧洲大陆的工业化地区仅局限在法国北部、比利时、德国西部和意大利北部，而且极不均衡。原因至少有这样几点：其一，工业革命巨大效益的体现有一定的时间差，直到 19 世纪初才在英国比较显著，才可能为大陆欧洲国家所效仿。其二，大陆欧洲国家在 18、19 世纪之交时正在经历巨大的政治动荡，正处于法国革命和拿破仑时代，拿破仑几乎征服了西欧全境，在铁蹄下的欧洲各国人民以拯救民族存亡为当务之急，各国政府一次次组成反法同盟与法国作战，经济发展特别是技术革新还未提上日程。其三，大陆各国社会变革较慢，旧的生产关系还在阻碍着生产力的发展。如法国在 17、18 世纪反倒由国家主动建立城市行会，行会恰恰是阻挡生产变革的主要阻力。法国之外的其他大陆国家，要么处于封建王朝统治之下，如西班牙；要么国家处于分裂状态，如德国和意大利。其四，大陆市场容纳力较大，用传统技术和传统方法生产的手工业品还有较为充足的市场，因此要求进行生产手段革命的内在动力没有英国那样强劲和迫切。其五，英国政府采取许多措施，阻止新技术、新发明、新机器向大陆扩散。如英国对重要纺织机械发明和零部件，以及设计图纸的出口禁令，一直维持到 1842 年；英国也阻止有技术

① Mortimer Chambers, Barbara Hanawalt, Theodore K. Rabb, Isser Woloch and Raymond Grew, *The Western Experience*, p.779.

的工匠迁居国外，直到 1825 年才放开。^① 这些因素的综合作用，使得大陆工业革命姗姗来迟。

尽管如此，机器生产的优越性迟早会被大陆人所认识，同时还有不少英国人为了开拓事业和市场，以各种方式前往大陆创业，带去了英国的先进技术。因此，早在 18 世纪晚期，大陆国家就零星地出现了一些技术革新和建立工厂的现象。^②

在法国，18 世纪 70、80 年代建立了少量使用珍妮纺纱机和水力纺纱机的棉纺厂，1790 年时法国也有了 900 台珍妮纺纱机。1784年时，法国已采用联动式蒸汽机来驱动铸造厂的蒸汽锤，还应用了四种为矿山抽水和为高炉鼓风的瓦特式蒸汽机。法国虽然很早（1732年）就安装了大气发动机，但直到 1749 年还只有三台。^③1785 年法国人自己建造的高炉生产了欧洲大陆上第一批吹炭铁。英国铁厂主威尔金森还被请进法国充当技术顾问。更早一点时，1780—1781 年，法国人还在巴黎城外建造了火力泵，这是个重大技术进步。

在德国，1794 年，第一家使用阿克莱特水力纺纱机技术的棉纺厂建于杜塞尔多夫以东的克隆福德村（巧合还是有意？该村与阿克莱特在英国德比郡所建世界第一个水力纺纱厂的村庄同名）。萨克森地区也于该世纪末引进了水力纺纱机和骡机。西里西亚马拉潘的皇家工厂于 1791—1792 年利用炭炉生产了第一批吹焦铁；1794—1796年，在一位苏格兰工程师和两位德国技师合作下，在格莱威茨建成了一座真正的吹焦高炉。在英国和比利时帮助下，德国于 1788 年在西里西亚建成了第一台蒸汽机；1789 年其第二台蒸汽机在萨克森运转。1791 年，德国人独立制造了第一台机器即一台纽康门蒸汽机。

---

① 〔英〕H. J. 哈巴库克和 M. M. 波斯坦主编：《剑桥欧洲经济史》，第 6 卷：《工业革命及其以后的经济发展：收入、人口及技术变迁》，王春法等译，经济科学出版社 2002 年版，第 355 页。

② 法国、德国和低地国家材料，主要来自〔英〕H.J. 哈巴库克和 M.M. 波斯坦主编：《剑桥欧洲经济史》，第 6 卷，王春法等译，第 347—353 页。

③ 相比之下，1765 年左右，英国单纽卡斯尔一地就有 127 台大气蒸汽机。〔英〕H.J. 哈巴库克和 M.M. 波斯坦主编：《剑桥欧洲经济史》，第 6 卷，王春法等译，第 348 页注。

低地国家有较好的工业基础，工业革命也进行得略早一些。比利时是欧洲大陆第一个工业化国家。[①]1720—1721 年就在列日制造了欧洲大陆第一台纽康门蒸汽机。至 1790 年，马斯河流域共安装了 39 台大气式蒸汽机。但其采用瓦特式非常缓慢：18 世纪 80 年代末引进第一台单动式蒸汽机；1801 年根特的骡机纺纱厂进口了第一台联动式蒸汽机。

大陆国家的工业革命最初是模仿英国，但是"模仿最快的国家也只是在 19 世纪 30、40 年代才进入高潮时期"。与模仿相联系，是 19 世纪初以后大量的英国企业家和技工进入大陆，大量的英国机器被运进大陆，由此推动了大陆的工业革命。如在拿破仑帝国时期的法国，能够制造纺织机器的技工多是英国人，他们从事的技术工作可获得 7 500—12 000 法郎的高薪。偷运进大陆的机器除外，单是 1840 年一年从英国合法出口到大陆的机器价值总额就达 60 万英镑。迁居到大陆的英国技师兼企业家多成为推动大陆工业化的工业家，有的成为本业务领域的巨头，如迁到法国的沃丁顿（棉纺织业）、狄克逊（机器制造业）、杰克逊（炼钢业）；迁住德国的科克里尔（机械制造业）、马尔瓦尼（采矿业）、梅伯雷（麻纺织业）；迁到荷兰的威尔逊（棉纺织业）；迁到奥地利的道格拉斯（棉纺织业）、托马斯（炼铁和机械工程）；迁到比利时的科克里尔（制造业）等。[②]移民还在大陆培训了大量技术工人。

而接受了英国工业技术的比利时和法国，又成为新的资本和技术储藏地、传播地，使得技术改良和工业革命进一步向东向南扩散。

如果模仿之外再有一定程度的创新，在时间上就要更晚一些了。因此，大陆各国的工业化成就到 19 世纪中期才开始有所显现。例如 1849 年，各国均达到了 19 世纪上半叶原棉消费量的最高值：英国，

---

① Mortimer Chambers, Barbara Hanawalt, Theodore K. Rabb, Isser Woloch and Raymond Grew, *The Western Experience*, p.777.

② 〔英〕H.J. 哈巴库克和 M.M. 波斯坦主编：《剑桥欧洲经济史》，第 6 卷，王春法等译，第 355—356 页。

286 335 吨；法国，59 273 吨；比利时，10 709 吨；德国，19 815 吨。[①]

比利时是大陆欧洲最早采用英国工业化模式的地区。18 世纪，比利时还处在哈布斯堡王朝统治之下。1795—1814 年被纳入法国，1814—1830 年成为荷兰联合王国一部分，1830 年正式成立比利时王国。虽然在政治上颇为曲折，但其经济仍能不断发展。除了靠近英国的地理之便外，还有一些因素使比利时领先于大陆其他国家。其一是比利时从中世纪以来就有工业传统，西面有佛兰德尔的毛纺业、东边的缪斯河流域以金属制造业著称，佛兰德尔和埃诺地区及缪斯河流域在 18 世纪还发展了手工麻纺业。其次是比利时的自然资源与英国比较接近，其煤矿藏易于开采，虽然产量不大，但直到 1850 年后还是大陆首屈一指的。它还有较为丰富的铁、铅和锌矿藏。其三，由于区位、传统和政治联系等因素，比利时地区接受了外来技术、企业、资本的较多渗透，并且能很好地分享就近的法国市场。例如比利时出口给法国的煤，1788 年为 58 000 吨（英国出口给法国 185 000 吨），1821 年达 252 000 吨，1830 年为 500 000 吨。[②]

大约从 19 世纪 20 年代起，比利时的工业化进程加快。东佛兰德尔 1826 年纱线产量 1720 吨；1829 年全比利时骡机纺锭 30 万个；1830 年机器织机 700 台，1846 年达到 3 500 台；1846 年，比利时全国约有 36 万纺锭，年产纱线 6 500 吨左右。比利时的第一台蒸汽机安装于 1816 年，蒸汽机取代其他动力源的过程，完成于 19 世纪 40 年代中期。1845 年，仅列日省就拥有 214 台蒸汽机。维尔沃斯地区是欧洲大陆上第一个使用机器的毛纺中心，先后采用了骡机、蒸汽机和自动纺机。这时的比利时还是欧洲大陆最大的煤炭生产国；1847 年，其用焦炼铁的高炉数量达到 46 座。1850 年，比利时向德意志关税同盟区输出生铁达 76 000 吨。[③] 比利时也是大陆上第一个

---

① 〔英〕H.J. 哈巴库克和 M.M. 波斯坦主编：《剑桥欧洲经济史》，第 6 卷，王春法等译，第 372 页。

② Rondo Cameron, *A Concise Economic History of the World, From Paliolithic Times to the Present*, pp.231-232.

③ 〔英〕H.J. 哈巴库克和 M.M. 波斯坦主编：《剑桥欧洲经济史》，第 6 卷，王春法等译，第 371、377、383—384 页。

建成完整铁路系统的国家。

法国在拿破仑战争结束后，工业发展速度加快。如1815—1848年，法国的钢铁、原煤和纺织品产量都增长了好几倍。[①] 原煤产量从1816—1820年的年均100万吨，增加到1847年的500多万吨。开始采用焦炉炼铁法，到19世纪中期，其100座焦炉生产的铁，超过了350座木炭炉的产量。建立了机器制造业，该时期出口的机器价值与进口机器的价值之比为3∶1。棉纺业由于应用机器，原棉消耗量大增，1845年是1815年的五倍，进口原棉比1830年增长了六倍。[②] 在诺曼底、里尔北部、阿尔萨斯东部形成了三大棉纺区，棉织业1834年达96万纱锭，1847年达120万锭；阿尔萨斯所在的豪特－莱茵地区，1849年纺锭达786 000个，1856年动力织机达18 139台。19世纪40年代中期，法国拥有的毛织业纺锭达50万枚。1846年法国生铁产量187 411吨，生熟铁总产量335 267吨，有产熟铁的搅拌炼铁炉437座。[③] 炼糖炉从1812年的一个增加到1827年的一百多个。化学、玻璃制造、陶瓷、造纸工业等也快速发展。还出现了一些新的家用工业，例如制作汽灯、火柴、照相、电镀、橡皮等。交通运输得到了很大改善，如开挖运河，[④] 引进汽船、铁路、电报等。1815—1847年对外贸易年均增速达到4.5%。[⑤]

在德国，19世纪初引进了珍妮机。1849年拥有的棉织厂纱锭为90万枚左右。到1861年，德意志关税同盟区共拥有毛纺锭约112万枚；1864年，德国出口精毛纺品达108 082担。但动力织机在德

[①] Mortimer Chambers, Barbara Hanawalt, Theodore K. Rabb, Isser Woloch and Raymond Grew, *The Western Experience*, p.778.

[②] Rondo Cameron, *A Concise Economic History of the World, From Paliolithic Times to the Present*, 第238页。

[③] 〔英〕H.J.哈巴库克和M.M.波斯坦主编：《剑桥欧洲经济史》，第6卷，王春法等译，第367、369、376、382—383页。

[④] 1848年，法国的运河长度是1815年的三倍。Mortimer Chambers, Barbara Hanawalt, Theodore K. Rabb, Isser Woloch and Raymond Grew, *The Western Experience*, seventh edition, pp.777-778.

[⑤] Rondo Cameron, *A Concise Economic History of the World, From Paliolithic Times to the Present*, p.238.

国纺织业中直到 19 世纪 50 年代还是稀罕物。[①] 德国虽是中世纪矿冶业最发达的国家，但第一次工业革命中却少有建树。

瑞士在 19 世纪中期是欧洲大陆上最为现代化的棉纺织品生产国之一。1851 年，其棉织业纺锭达到 100 万枚左右；苏黎世棉织企业的平均纺锭数为 4 800 枚。19 世纪中期，瑞士总共拥有大约 3 000 台动力织布机。[②]

19 世纪中期是"欧洲大陆国家工业的追赶时期"，[③] 发展速度快。例如 1873—1881 年，法国铁路总长度从 3 000 公里增加到 27 000 多公里，电报网络从 2 000 个增加到 88 000 个。钢铁工业采用"伯瑟默尔和马丁法"，煤产量因需要大增，19 世纪 70 年代达到 2 000 万吨，钢铁产量达到 200 万吨。外贸因交通运输条件改善而持续增长，这期间年增长率超过 5%，法国还是世界第二大贸易国，占世界的份额为 10%—11%。从 1851—1881 的 30 年间，法国财富年增长为 2%—4%。下表为欧洲主要国家 19 世纪第三个 25 年的工业指标。通过这些工业指标可以看出，它们与英国的差距日渐缩小（表 10-1）。

表 10-1　1850—1873 年欧洲各主要国家工业指标 [④]

国家	年份	铁路里程（英里）	煤炭生产或消耗量（千吨）	蒸汽动力功率（千匹马力）	生铁产量（千吨）	原棉消费量（千吨）
德国	1850	3 639	5 100	260	212	17.1
	1869	10 854	26 774	2 480	1 413	64.1
	1873	14 842	36 392	—	2 241	117.8
法国	1850	1 869	7 225	370	406	59.3
	1869	10 518	21 432	1 850	1 381	93.7
	1873	11 500	24 702	—	1 382	55.4

① 〔英〕H.J. 哈巴库克和 M.M. 波斯坦主编：《剑桥欧洲经济史》，第 6 卷，王春法等译，第 373、379—380 页。

② 同上书，第 374—375 页。

③ 同上书，第 398 页。

④ 同上书，第 399—400 页。

续表

国家	年份	铁路里程（英里）	煤炭生产或消耗量（千吨）	蒸汽动力功率（千匹马力）	生铁产量（千吨）	原棉消费量（千吨）
英国	1850	6 621	37 500	1 290	2 249	266.5
	1869	15 145	97 066	4 040	5 446	425.8
	1873	16 082	112 604	—	6 566	565.1
比利时	1850	531	3 481	70	645	10.0
	1869	1 800	7 822	350	535	16.3
	1873	2 335	10 219	—	607	18.0

　　总的来说，欧洲大陆国家的第一次工业革命在 19 世纪中期达到高潮。与英国不同的是，有的大陆国家如德国在第一次工业革命还未完成时就发生了第二次工业革命，将两次工业革命的技术成就结合起来，减少了第一次工业革命的摸索。德国的统一更有利于经济发展。德国的自然资源丰富，特别是经由普法战争取得了阿尔萨斯－洛林地区后。德国的教育系统很完备，储备了人力资源。德国政府的介入也对工业化进程起到了加速作用。军事需求促进了基础工业，人口不断增长形成了充分的国内市场。[①] 多种因素促使德国在 19 世纪最后 30 年实现了高速发展。其工业指数增长了 2.7 倍，原煤开采量从 3 400 万吨增加到 1.49 亿吨，钢产量从 17 万吨增至 665 万吨，铁产量从 139 万吨增至 852 万吨。酸、碱等化学原料产量增加了 7 倍，染料增加了 3 倍。1900 年，世界所用染料的 4/5 为德国制造。电器工业总产值 1891—1913 年增加了 28 倍。总之，从 19 世纪 60 年代至第一次世界大战前夕，德国的生产资料生产（重工业）增加了 8 倍，消费资料生产（轻工业）也增加了 3 倍。从 1891 年到 1900 年，德国工业年平均增长率为 4.8%，远远超过了英国（1.6%），也超过了

---

　　① Mortimer Chambers, Barbara Hanawalt, Theodore K. Rabb, Isser Woloch and Raymond Grew, *The Western Experience*, p.873.

法国（2.6%）和美国（3.5%）。[①]19世纪末，德国工业产量超过英国，成为欧洲第一、世界第二。

法国在第二次工业革命中虽然不像德国处在领先地位，但它有第一次工业革命中积淀的优势和基础，因此也有仅次于德国的发展速度。譬如在第三共和国头25年里，法国的铁产量就翻了一倍多。它的人均生产率也高于德国、次于英国。[②]原煤产量1900年时达到3340万吨，是1870年（1318万吨）的2.5倍；棉花消费量1900年为15.9万吨，是1870年（5.9万吨）的2.7倍。法国也建立了电力、汽车、化学等新兴工业部门。[③]即使是被视为保守的英国，在工业技术进步和设备更新缓慢的情况下，其首都伦敦仍保持了世界金融中心的地位。[④]

三、工业化推动城市化

工业化是城市化前提

工业化是近代城市化的前提。从量上来看，近代城市化过程包括原有城市大发展和乡村城市化即新城市不断涌现两个方面。工业革命进行和工业化的过程，在欧洲同时也是城市化推进的过程。

城市化过程主要以城市人口的增加幅度为标准。但仅是这一个标准似乎还不够。所以有的研究者着重于城市新人口的改变。除了提出"人口城市化"，还提出了"社会城市化"，也就是说，涉及

---

① 吴于廑、齐世荣主编：《世界史》，《近代史编》（刘祚昌、王觉非主编），下卷，高等教育出版社，1992年版，第261—262页。

② Mortimer Chambers, Barbara Hanawalt, Theodore K. Rabb, Isser Woloch and Raymond Grew, *The Western Experience*, p.874.

③ 吴于廑、齐世荣主编：《世界史》，《近代史编》（刘祚昌、王觉非主编），下卷，第263页。

④ Mortimer Chambers, Barbara Hanawalt, Theodore K. Rabb, Isser Woloch and Raymond Grew, *The Western Experience*, p.875.

城市新人口在行为、思想模式和活动方式"城市化"的过程。这种说法在针对个人行为时，也可称作"行为城市化"。另一种提法就是"结构城市化"，意指一种促进人口在节点聚集的社会组织变化过程，这是强调活动（人类的）在中心点（城市）的聚集。[①] 人口城市化则主要是强调人口聚集到中心点（城市）。虽然说城市化有这三个方面的定义，但人口城市化无疑是最根本的，也是另几个方面城市化的基础。人口城市化是研究者使用的主要指标，一般以城市人口在总人口中所占比例来衡量。

近代城市化是伴随工业革命和工业化才到来的，也就是说，从欧洲总体来看，大规模的城市化应出现在 1800 年后。不过，字面本意上的城市化很早就出现了，只不过在总人口中比例极低，城市化进程也因传统农业社会特点而非常缓慢。我们先将欧洲整个一千年（公元 1000—2000 年）中的城市人口比例做一考察。研究者对此有多种估计数字和研究结果。

公元 1000 年左右，欧洲人口的大约 6% 生活在 10 000 人以上的城市里。1500 年，这个比例仍然为 6% 左右。1800 年，这一比例达到了 8%；1900 年，达到 30%，20 世纪后期，达到 60%。[②] 也有人估计说，近代早期（16—18 世纪）的欧洲，生活在 10 000 人以上城市的人口低于 10%，到 20 世纪末，则为 70% 左右。[③]

从城市化角度，可把欧洲大致分成四个地区：北部，从佛兰德尔到荷兰、英国，和地中海国家，这两个地区 1700 年城市化率应达12%—13%，1800 年为 15%；中部国家，如法、德，低于 10%；东欧，1700 年、1800 年均未达到 5%。

1750 年，城市化最高的地区，是从英格兰南部到低地国家，再

---

① 〔美〕简·德·弗里斯：《欧洲的城市化，1500—1800》，朱明译，第 13 页。

② Charles Tilly, "Cities and States in Europe, 1000-1800", *Theory and Society,* Vol. 18, No. 5, Special Issue on Cities and States in Europe, 1000-1800 (Sep., 1989), p.572.

③ P. Bairoch, *Storia delle città, Dalla proto-urbanizzazione all'esplosione urbana del terzo mondo*, Milano, Jaca Book, 1992.

到意大利一线；此线以西地区虽然也很高（如西班牙、葡萄牙），但城市化率不高于 10%。从地理分布来看，基本上还是中世纪以来的格局。

到 1800 年时，城市的地理布局变化很大，主要是中世纪城市化率还很低的英国和荷兰，这时都超过 20%（荷兰 28.6%、英格兰 22.1%、苏格兰 23.9%）。西班牙 5 000 人以上城市占总人口的 24%，但扣去城市中许多农民家庭，城市人口应为 14%。南意大利农业城市多，5 000 人以上城市，西西里岛竟达总人口 66%，城市化率远高于英格兰（30%），南意大利平均为 21.1%，北意大利仅 14.2%。

丹麦和斯堪的纳维亚城市化率不超过 5%，奥地利、波希米亚、斯洛伐克、匈牙利、波兰、俄罗斯更低。巴尔干则从 16 世纪起就很高，18 世纪，850 万—1 200 万总人口中，城市人口超过 12%，不过其中半数居住在伊斯坦布尔（欧洲部分），该城 1700 年为 68.5 万人，欧洲最大。[①] 除它之外，巴尔干实际城市化率只有 6%。伦敦在 1700 年为欧洲第二大城市，57.5 万人，1750 年超过伊斯坦布尔。1800 年伦敦是欧洲最大城市，近 100 万人；巴黎第二，58 万人；伊斯坦布尔第三，56 万人；莫斯科，30 万人；维也纳，23.1 万人；圣彼得堡和阿姆斯特丹，均为 22 万人；马德里、里斯本、都柏林、柏林，均在 15 万—20 万之间。

欧洲城市化过程的真正展开，应该是在 19 世纪和 20 世纪这两个世纪中。19 世纪城市化步伐加快，从 1800 年到 1870 年，城市人口比例增长了一倍（10 000 人口以上城市），或增加了将近 60%（5 000 人口以上城市）。表 10-2 也反映出 1800—1870 年是欧洲向现代城市化过渡的初始阶段的情况。

---

① 该市还有总人口的 15%-20% 住在其亚洲部分，见 Meyers Konversations-Lexikon (1885-1890)。

表 10-2　1700—1870 年欧洲城市和人口

年份	全欧数目	10 000 人以上城市总人口	人口指数	全欧数目	5000 人以上城市总人口	人口指数
1700	287 座	820 万	1.00	862 座	1 140 万	1.00
1750		800 万	0.97	1 170 座	1 170 万	1.03
1800	585 座	900 万	1.10	1 600 座	1 240 万	1.09
1870	1 299 座	1 500 万	1.83	3 419 座	1 940 万	1.70

从整体上看，欧洲城市化水平 1800 年为 10%；1900 年，25%—30%；2000 年，60%—80%，远远高于世界平均水平（1800 年，5%；1900 年，15%—20%；2000 年，40%）。[1]

当然，各国间城市化水平是不平衡的，19 世纪时英国大大领先。见表 10-3。

表 10-3　1800—1890 年欧洲各区域 10 000 以上人口城市数目、
城市人口（千人）及占总人口比例 [2]

	城市数目	1800 年城市人口	城市占比（%）	城市数目	1850 年城市人口	城市占比（%）	城市数目	1890 年城市人口	城市占比（%）
斯堪的纳维亚	6	228	4.6	12	456	5.8	37	1 510	13.2
英格兰、威尔士	44	1 870	20.3	148	7 310	40.8	356	17 964	61.9
苏格兰	8	276	17.3	18	928	32.0	37	2 072	50.3
爱尔兰	8	369	7.0	14	672	10.2	18	845	17.6
荷兰	19	604	28.8	28	885	29.5	34	1 504	33.4

---

[1] P. Bairoch, *Cities and Economic Development from the Dawn of History to the Present*, Chicago, University of Chicago Press, 1988, p.405; P. Bairoch, *Storia delle città, Dalla proto-urbanizzazione all'esplosione urbana del terzo mondo*, Milano, Jaca Book, 1992.

[2] 〔美〕简·德·弗里斯：《欧洲的城市化，1500—1800》，朱明译，第 52—53 页。

	城市数目	1800年城市人口	城市占比（%）	城市数目	1850年城市人口	城市占比（%）	城市数目	1890年城市人口	城市占比（%）
比利时	20	548	18.9	26	900	20.5	61	2 106	34.5
德意志	53	1 353	5.5	133	3 719	10.8	382	13 947	28.2
法国	78	2 383	8.8	165	5 174	14.5	232	9 940	25.9
瑞士	4	63	3.7	8	185	7.7	15	480	16.0
意大利	74	2 595	14.6	183	4 875	20.3	215	6 457	21.2
西班牙	34	1 165	11.1	99	2 590	17.3	174	4 710	26.8
葡萄牙	5	252	8.7	10	501	13.2	15	649	12.7
奥地利、波希米亚	8	410	5.2	17	862	6.7	101	3 489	18.1
波兰	3	103	2.4	17	560	9.3	32	1 310	14.6
欧洲	364	12 218	10.0	878	29 617	16.7	1 709	66 923	29.0

进入 20 世纪后，各国的城市化进程都加快了，欧洲基本上完成了城市化。按照联合国数据（2005 年 WUP 修正），2000 年欧洲共 47 个国家 7.28 亿人；城市人口比 1970 年增加 1.11 亿人，增长 27%；乡村人口减少 3 900 万人，减少 16%；因此，城市化率持续增长：1970 年，63%；1985 年，69%；2000 年，72%。但欧洲各地区间差异很大：2000 年城市化率：北欧 83%，西欧 76%，南欧 65%，东欧 68%。[①]

城市化和工业化这两个过程之间，必然有着密切关系。在两者相互关系中，工业革命进行和工业化推进是事物的主导方面，城市化是工业化的结果。一方面，因为大机器生产的进行，需要集中大量的工业劳动力，也需要集中大量的为工业服务、为工业劳动力服务的各类人员；另一方面，工业化既促进了农业生产的机械化，又

---

① Tony Champion, *The Changing Nature of Urban and Rural Areas in the United Kingdom and other European countries*, New Castle University, Centre for Urban and Regional Development Studies，2005.

促进了农业生产的专业化，[①] 还促进了农业的科技化（如开始大量使用化学肥料），这些都使得农业劳动力需求减小，这样就在农村产生了大量的剩余劳动力。这些剩余劳动力必须要谋取新的生计和出路，从而转化为工业劳动力，或转化为城市人口。这是工业化推动城市化的基本规律，在第一次工业革命中体现得最为典型。

19 世纪后期的第二次工业革命推动城市化还有其特殊规律。新能源即石油、新动力即电力的发现和使用是这次工业革命的主要标志，由此带动了电力工业、电器工业、石油工业、汽车制造业、化学工业等新工业部门的出现，并且带动了第一次工业革命的传统工业如机器制造业、钢铁工业等部门的生产技术升级改造。这样，到 19 世纪末 20 世纪初时，欧洲基本上是以重化工业为核心工业部门。重化工业一方面是大规模的生产，需要大量的资本投入，这就促使企业越来越向超大规模发展，如那些钢铁工厂和化学工厂，最终形成卡特尔等垄断组织；另一方面，在大规模的生产中，生产工序逐渐成为流水线，分工更加细致，劳动过程单一化，管理也更为精细，这就使得工人必须集中居住，以便于生产管理和劳动调配，这就为人口聚集的工厂化进而城市化创造了前提。1900 年，英国、德国和比利时大约有一半多的产业工人工作在有 20 个工人以上的公司里。这一年，欧洲超过百万人口的大城市达到了九个。[②] 因此 19 世纪后期是欧洲城市化的又一个高峰时期。除英国在第一次工业革命结束时就已基本城市化外，欧洲大部分国家的城市化基本过程是在 19 世纪后期完成的。经历了两次工业革命后，到 19 世纪末，以农业为生的人口比例大为下降，英国降到了 8%，比利时为 22%，德国为 35%，只有法国还有 43%（相近的还有瑞典和荷兰）。[③]

---

① 譬如 19 世纪后期丹麦的农业开始集中发展高投资、高利润的奶牛业，法国则减少了小麦种植和羊的饲养，增加了葡萄栽培和糖料甜菜种植。Mortimer Chambers, Barbara Hanawalt, Theodore K. Rabb, Isser Woloch and Raymond Grew, *The Western Experience,* pp.875-877.

② 参见 AP European History: Unit 7.2，HistorySage.com。

③ Mortimer Chambers, Barbara Hanawalt, Theodore K. Rabb, Isser Woloch and Raymond Grew, *The Western Experience*, p.875.

工业化对城市化的推动

因此，一般是在工业革命时期或工业化高潮时期，城市人口增长最快。我们看看人口城市化的一些数据，如英格兰。

表 10-4　英格兰城市人口所占比例和城市人口增长率，
1776—1851 年（%）[①]

年份	占总人口的比例		城市人口年增长率	备注
	城市	乡村		
1776	25.9	74.1	2.10	1776—1811 年平均2.10
1781	27.5	72.5	1.84	
1786	29.1	70.9	2.23	
1791	30.6	69.4	2.19	
1801	33.8	66.2	2.18	
1806	35.2	64.8	2.09	
1811	36.6	63.4	2.43	1811—1846 年平均2.35
1816	38.3	61.7	2.42	
1821	40.0	60.0	2.64	
1826	42.2	57.8	2.36	
1831	44.3	55.7	2.44	
1836	46.3	53.7	2.11	
1841	48.3	51.7	2.44	
1846	51.2	48.8	2.07	
1851	54.0	46.0	2.08	

表 10-4 显示，工业革命时期，英格兰城市人口占总人口的比例从四分之一增加到超过二分之一，年均增长率为 2.08%，最高时达到 2.64%。表 10-5 还显示，英国 5 000 人以上的大中城市数目增长极快，从 1801 年的 106 座增加到 1851 年的 263 座。这个时期正是工业革命的高潮时期。

[①] Jeffrey G. Williamson, *Coping with City Growth During the British Industrial Revolution*, Cambridge University Press, 2002, p.23.

表 10-5　19 世纪前期英格兰城市人口的分布 ①

城市人口规模	1801 年		1851 年	
	城市数目（座）	总人口（万）	城市数目（座）	总人口（万）
20 000 人以上	15	150	63	620
10 000—20 000 人	31	38	60	80
5 000—10 000 人	60	41	140	96
5 000 人以下		650		980
占总人口百分比　城市	26.85%		50.08%	
乡村	73.15%		49.92%	

注：表 10-4 和表 10-5 略有差异（如城乡人口比例），系不同学者的不同估计。

1801 年，英国最大的 72 座城市人口总计为 222 万人，1861 年上升为 767 万人。②1801 年，英国从事工业制造业的人口约为总人口的五分之二，而到 1871 年，这个比例已经占到了三分之二。③人口城市化与工业化明显成正比关系。

大量工业人口和服务业人口的集中，是城市发展的基本前提。如最重要的工业城市曼彻斯特，人口飞速增长，在 19 世纪第一个 30 年，人口由原来的 9.4 万上升到 27 万。到 19 世纪末，曼彻斯特人口又增长了两倍多。又如西莱丁区毛纺业城市布莱德福，1810 年仅有 1.6 万人，但在 19 世纪上半期，该城的工业产量增长了 600 倍，人口爆炸式增长，达到了 10.3 万，也增加了将近六倍，这是同期欧洲城市中最快的增长速度。英格兰在 1750—1800 年，人口仅为欧洲总人口的 8%，但在欧洲城市发展中的比重却达到了 70%。④这些例子，正是因为此期间英国开始了工业革命和工业化。而大陆欧洲

① Kate Tiller, *English Local History: An Introduction*, Stroud: Alan Sutton Publishing Ltd, 1992, p. 178.

② G. M. Young and W. D. Handock eds., *English Historical Documents*, Vol. 12, 1874-1914, London: 1977, pp. 177-178.

③ E J. Evans, *The Forging of the modern state: Early industrial Britain*, Harlow, Essex: Longman Group 1993, p101.

④ 〔美〕乔尔·科特金：《全球城市史》，王旭等译，社会科学文献出版社 2010 年版，第 122—123 页。

工业革命刚刚开始，城市化还未起步，参见表 10-6。

表 10-6　18 世纪工业革命早期英国主要城市的人口（千人）[1]

1750 年				1801 年					
城市	人口	城市	人口	城市	人口	城市	人口	城市	人口
伦敦	675	切斯特	13	伦敦	959	诺里奇	36	波尔顿	17
布里斯托尔	50	考文垂	13	曼彻斯特	89	朴茨茅斯	33	埃克塞特	17
诺里奇	36	诺丁汉	12	利物浦	83	巴斯	33	莱斯特	17
纽卡斯尔	29	设菲尔德	12	伯明翰	74	赫尔	30	大雅茅斯	17
伯明翰	24	约克	11	布里斯托尔	60	诺丁汉	29	斯托克波特	17
利物浦	22	查塔姆	10	利兹	53	桑德兰	26	约克	16
曼彻斯特	18	大雅茅斯	10	设菲尔德	46	斯托克	23	考文垂	16
利兹	16	朴茨茅斯	10	普利茅斯	43	查塔姆	23	切斯特	16
埃克塞特	16	桑德兰	10	纽卡斯尔	42	伍尔弗汉普顿	21	施鲁斯伯里	15
普利茅斯	15	伍斯特	10						

从图 10-1 可以看出，18 世纪初至 19 世纪初英格兰发展中的城镇主要分布在最早发生和开展工业革命的西北部地区和西密德兰地区。

工业革命改变了英国城市分布地图。18 世纪初，英格兰五个最大的地方城市是诺里奇、约克、布里斯托尔、纽卡斯尔和埃克塞特，但它们的人口都只有两万上下，基本上是农业区城镇。1750 年工业革命前夕，英格兰最大的五个地方城市便有了变化，布里斯托尔上升为第一，主要是大西洋贸易使其得到了快速发展；诺里奇降到了第二；而纽卡斯尔作为煤炭生产和煤炭贸易城市崛起，伯明翰作为"黑乡"铁器工业区中心城市开始兴旺，利物浦作为大西洋贸易（包括贩奴贸易）城市以及正在兴起的兰开夏乡村纺织工业区的窗口城市，

① E. Anthony Wrigley, "Urban Growth and Agricultural Change: England and the Continent in the Early Modern Period", *Journal of Interdisciplinary History*, Vol. 15, No. 4, Population and Economy: From the Traditional to the Modern World (Spring, 1985), p. 686.

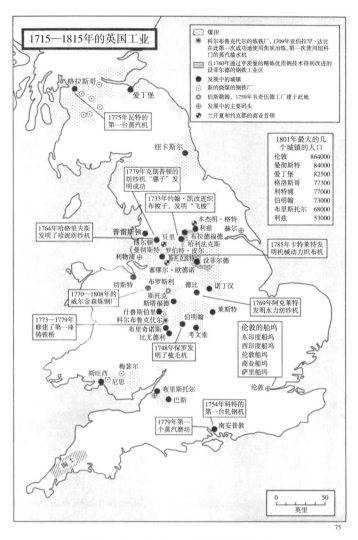

图 10-1　1715—1815 的英国工业

图片来源：〔英〕马丁·吉尔伯特：《英国历史地图》，

王玉菡译，中国青年出版社 2009 年版，第 75 页。

也聚集了较多人口。到 1801 年，即工业革命经历了将近半个世纪后，英格兰最大的五个地方城市变成了曼彻斯特 / 萨尔福德、利物浦、伯明翰、布里斯托尔和利兹，它们的人口都在 50 000 以上，四个位于早期工业革命地区。即使是布里斯托尔，也承担着为伯明翰等西密德兰工业区的对外窗口功能。其余 20 多座 15 000 万以上人口城市，或者说 19 座人口超过 20 000 的城市，[①] 位于工业革命地区的也超过半数。1901 年，英格兰和威尔士总人口是 1801 年的 4 倍，而英格兰和威尔士 1901 年的城市人口则是 1801 年的 9.5 倍，由此城市人口的增长率是英国总人口增长率的 2.4 倍，参见表 10-6。

19 世纪前半期英国不同类型城市人口增长的不同幅度（表 10-7），也清晰地反映了城市化与工业化之关系。人口集中和城市发展，反过来又为工业进一步发展创造了条件。

表 10-7　1801—1851 年英国不同类型城市人口的增长幅度 [②]

城市类型	城市数目	1801 年每城平均人口	1851 年每城平均人口	人口年均增长率（%）
伦敦	1	959 000	2 362 000	1.82
郡城	99	6 000	14 000	1.61
温泉疗养城市	15	5 000	19 000	2.56
内陆	4	10 000	29 000	2.18
海岸	11	4 000	15 000	2.88
海港城市	26	16 000	49 000	2.19
制造业城市	51	14 000	46 000	2.38
织袜	4	14 000	34 000	1.81
手套	3	5 000	12 000	1.72
制鞋	2	5 000	16 000	2.30
毛纺	15	11 000	34 000	2.22
毛纺兼丝织	1	36 000	68 000	1.27
丝织	5	15 000	46 000	2.25
草帽	2	2 000	7 000	3.06
麻织	5	8 000	20 000	1.92
棉纺	14	23 000	87 000	2.72

---

①　Edward Royle, *Modern Britain, A Social History 1750-1985,* London: Edward Arnold, 1988, p. 20.

②　Richard Dennis, *English Industrial Cities of the Nineteenth Century, A Social Geography,* Cambridge University Press, 1984, p.22. 而另一种计算显示工业城市增长率相对其他城市更高。即 212 座城市人口平均增长为 176.1%，其中温泉城市为 254.1%，制造业城市为 224.2%，采矿与器皿制造城市为 217.3%，海港城市为 195.6%，伦敦为 146.4%，郡城仅 122.2%。另见 Adna Ferrin Weber, *The Growth of Cities in the Nineteenth Century, A Study in Statistics,* p.57。

续表

城市类型	城市数目	1801 年每城平均人口	1851 年每城平均人口	人口年均增长率（％）
采矿与器皿制造城市	28	13 000	42 000	2.34
陶器	1	23 000	84 000	2.60
采盐	3	2 000	3 000	0.82
采铜与采锌	7	3 000	9 000	1.86
采煤	8	16 000	46 000	2.17
炼铁	7	10 000	38 000	2.76
金属器制造	2	58 000	184 000	2.33
总计	212	14 000	40 000	2.05

从表 10-7 可以看出，19 世纪前半期英国城市人口增长与工业发展联系最为紧密。各类城市中，人口年均增长率超过全国城市人口平均增长速度（2.05%）的，分别为温泉疗养城市（2.56%），制造业城市（2.38%）及其中的草帽制造（3.06%）、棉纺织业（2.72%）、制鞋（2.30%）、丝织业（2.25%）、毛纺业（2.22%），采矿与器皿制造城市（2.34%）及其中的炼铁（2.76%）、陶器（2.60%）、金属器制造（2.33%）、采煤（2.17%）。特别要注意的是，棉纺业、毛纺业、采煤业、炼铁业、金属制造业等是工业革命时期发展最快、最重要的工业部门，城市数量多、城市人口基数大，它们的人口增长是该时期英国城市人口增长的主要贡献者。而数量较多的温泉疗养城市兴起，其实也是工业革命所导致的大众休养方式流行的结果。

苏格兰 1891 年城市人口比例（65.4%）虽然低于英格兰和威尔士（72.1%），但其大都市人口比例（19.4%）却高于后者（14.5%），这说明苏格兰工业发展在英国的地位重要。特别是工业基地格拉斯哥，1891 年人口达到 782 445 人，接近苏格兰总人口的五分之一。[1]

19 世纪英国城市可以分成三大类，即 10 万人口以上大都市、工业城市和非工业城市。由于大城市通常商业和贸易比较发达，因

---

① Adna Ferrin Weber, *The Growth of Cities in the Nineteenth Century, A Study in Statistics*, p.60.

此一般都有一个数量较大的中产阶级，也就形成了一个较大规模的选民阶层。例如，在小城市艾什顿，10 个选民中只有 1 人的财产超过了 50 英镑；而在大城市曼彻斯特，则有 21% 的选民拥有 50 英镑以上的财产。而且，曼彻斯特的投票人绝大多数不是资本家雇主，也不是工厂工人，而是职员和工匠 – 小店主。[①]

欧洲大陆国家的城市发展和城市化进程同样也是与工业化联系在一起的。在英国工业化和城市化浪潮如火如荼的 18 世纪中期至 19 世纪中期，大陆西欧似乎刚从睡梦中醒来，工业化刚刚展开，城市化还谈不上起步。举一个例子。德国于 19 世纪晚期实现统一。此前，工业化虽已起步，但步伐较慢，同样城市化进程也不是很快，而且各邦国间工业化和城市化水平也参差不齐。我们看其中一个邦国即萨克森选侯国的情况（表 10-8A、表 10-8B）。

表 10-8A　1300—1843 年萨克森选侯国的城市数目和人口 [②]

（单位：千人）

城市规模	1300 年		1500 年		1750 年		1834—1843 年	
	数目	人口	数目	人口	数目	人口	数目	人口
10 000 人及以上	0		0		4	108.5	5	154.1
5 000—9 999 人	2	10.0	8	55.0	6	42.7	16	104.1
2 000—4 999 人	7	16.5	10	29.4	39	107.0	56	176.3
2 000 人以下	94	50.9	133	87.0	101	113.8	71	93.6
所有城市总和	103	77.4	151	171.4	150	372.0	148	528.1
该区人口总和		395.2		556.7		1 020.0		1 595.7

表 10-8B　1300—1843 年萨克森选侯国的城市数目和人口比例

城市规模	城市人口在总人口中所占比例（%）				
	1300 年	1500 年	1750 年	1834 年	1843 年
10 000 人及以上	0	0	10.6	9.7	8.3
5 000 人及以上	2.5	9.9	14.8	16.2	13.9
2 000 人及以上	6.7	15.2	25.3	27.2	23.4
所有城市	19.5	30.8	36.5	33.1	33.8

[①] Richard Dennis, *English Industrial Cities of the Nineteenth Century, A Social Geography*, p.26.

[②] 资料来源：〔美〕简·德·弗里斯：《欧洲的城市化，1500—1750》，朱明译，第 68 页。

从表 10-8（A 和 B）中可以看出，虽然 19 世纪中期萨克森选侯国城市人口数量（52.81 万人或 62.81 万人）比中世纪盛期的 1300 年（7.74 万人）增长了近 7 倍或 8 倍多，比 18 世纪中期（37.2 万人）增长了 42% 或 69%，但是，城市数目（148 个）比中世纪末的 1500 年（151 个）还有减少，城市人口占总人口中比例（33.1 或 33.8 个）仅略高于中世纪末 1500 年水平（30.8 个），还略低于 18 世纪中期水平（36.5 个）。这说明了，由于德国还处于分裂状态，工业革命还只是初步阶段，萨克森选侯国的城市化水平较低，近代城市化进程尚未展开。

所谓城市化有两方面内容。一是乡村的村庄城镇化。有的学者认为，居民点超过 2500 人，人口密度每英亩超过 1 人，是城镇化的基本门槛。[①] 二是乡村人口的市民化。乡村人口的市民化又包含两个过程：一是乡村人口就地城市化，即从农业人口就地转变为新城镇的市民；二是乡村人口近距离和远距离迁徙到城市，至于哪些城市最能吸引农村移民，则要看城市自身的吸引力了。在这种情况下，已有城市的人口快速增长。

农村向城市移民的决定因素，在经济上是双重的：1. 看起来好像是城乡分工，但实际上很复杂，因为工业生产和服务业不能离开城市，而农业工人却可以住在城市。2. 农村生产的初级产品收入弹性低，而第二级产品和服务则收入弹性高。要提高人均收入水平，就必须降低对初级产品的需求，建立一种替代经济即将整个经济置于第二级产品的生产和服务上。3. 农村和城市的生产要素不同，农业中需要劳动力和自然资源，而工业生产主要依靠劳动力和资本。4. 工资也吸引着农村人口。19 世纪工业化急速发展阶段，英格兰和威尔士城市工资提高很快。如建筑工工资，城乡差距达 30%，乡村人口向工业和城市移民的比例从 1820 年以后增加很快，每年在 0.9%—1.6% 之间。

---

① Richard Dennis, *English Industrial Cities of the Nineteenth Century, A Social Geography*, p.43.

19世纪英国城市的发展，除了城市自身人口自然增长外，吸收外部移民是更为重要的途径。例如，有技艺的车辆制造工从英国各地迁往伦敦，迁往伯明翰萨尔特利的铁路运输工场；大量的玻璃制造工从泰因赛德、克莱德赛德和西密德兰迁往圣海伦斯；约克郡西莱丁区的新兴毛纺工业吸引了格罗斯特、诺福克和威斯特摩兰这些传统毛纺业地区的织工家庭；南方的铁路城市斯温登、阿什福德和沃尔夫顿，吸引了大量来自兰开夏、切郡、达拉姆和诺森伯兰的劳动力。分析1851、1871、1891等年度人口普查的公开出版资料，可以看出每个城市所接受的移民范围与该城市的规模及成长速度相关：规模越大、发展速度越快，移民所来自的地方越远。普雷斯顿最初从兰开夏、坎伯兰、威斯特摩兰，以及邻近的苏格兰和爱尔兰吸收移民；博尔顿的移民最初也是地方性的，来自切郡、西密德兰以及北方各郡和爱尔兰；而到1891年时，博尔顿则开始吸收来自远至东盎格利亚的移民，普雷斯顿接收来自密德兰和威尔士的移民。小一点的城市中，圣海伦斯和沃林顿比威甘和布莱克本这些老工业城镇发展更快，相应地，1891年所吸收的移民来自远至威尔士、英格兰西南区、密德兰、英格兰东北区等地，而奥德汉姆所吸引的移民地区更宽。[1]

大陆国家情况也相似，虽然其工业化进程要比英国晚半个世纪左右。而且，越是在工业化早期阶段，国内来的移民比例越大；而到工业化的后期阶段，城市人口基数较大，城市人口的增长主要依靠城市出生率的增长，如19世纪后期的英国伦敦，1852—1891年增长的人口中，84.03%是出生于城市的人，只有15.97%是净移民。而此时欧洲大部分地方属于工业化的早期阶段，城市人口增长则主要依靠外来人口移入。1877年日内瓦国际医学科学大会上，达南特博士提交的一篇论文指出，在当时欧洲最大的30个城市里，有23个城市人口增长的一半以上是外来移民，其中有7个城市（米兰、

---

① Richard Dennis, *English Industrial Cities of the Nineteenth Century, A Social Geography*, pp.33-34.

圣彼得堡、威尼斯、敖德萨、布拉格、罗马、那不勒斯）若是没有移民移进，那么城市人口就会下降。七个城市中意大利占了一大半，而意大利恰恰是刚刚开始工业化进程。

表 10-9 是拥有 20 万以上人口的欧洲大城市里，每增加 1 000 人中移民所占的份额。[①] 要说明的是，移民份额超过 1 000 人的城市，实际上就是如果没有移民进入，城市人口还要负增长。

表 10-9　城市人口增加量（1 000 人）中移民的份额

城市	进入的移民	城市	进入的移民	城市	进入的移民
马赛	1 183	巴黎	723	哥本哈根	492
里昂	1 115	曼彻斯特	717	布鲁塞尔	489
波尔多	1 060	布雷斯劳	715	维也纳	410
罗马	893	布拉格	700	利兹	300
都灵	881	柏林	697	伯明翰	257
布达佩斯	867	汉堡	690	那不勒斯	257
米兰	830	贝尔法斯特	654	爱丁堡	94
慕尼黑	822	德累斯顿	588	巴勒莫	30
斯德哥尔摩	734	阿姆斯特丹	502		

我们再看整个欧洲在 18—20 世纪里的城市人口增长率和城市化年提高率（表 10-10）。

---

① Adna Ferrin Weber, *The Growth of Cities in the Nineteenth Century, A Study in Statistics*, pp.239-240.

表 10-10　1700—1980 欧洲（俄国除外）5 000 人以上
城市人口的增加和城市化水平的提高 [1]

年份	欧洲总人口（百万）	城市人口总量（百万）	城市人口年增长率（%）	城市化水平（城市人口占总人口比例）	城市化水平年提高率（%）
1700	102	12.6	—	12.3	—
1750	120	14.7	0.3	12.2	0.0
1800	154	18.6	0.5	12.1	0.0
1850	203	38.3	1.5	18.9	0.9
1880	243	71.4	2.1	29.3	1.5
1900	285	108.3	2.1	37.9	1.3
1910	312	127.1	1.6	40.8	0.7
1930	333	159.7	1.1	47.9	0.8
1950	367	186.0	0.8	50.7	0.3
1970	427	271.8	1.9	63.7	1.2
1980	453	301.0	1.0	66.5	0.4

从该表中可以看出，城市人口年增长率最快的是 19 世纪中期至
20 世纪初（1850—1910 年，年增长率为 1.5%—2.1%），和二战之
后（1950—1970 年，1.9%）。前一个时期是欧洲大陆第一次工业革
命以及接着而来的第二次工业革命时期；后一个时期是二战后欧洲
重建、飞速发展阶段，工业恢复需要大量的劳动力。实际上欧洲还
大量接受了外来劳动力，主要是来自欧洲前殖民地，如英国就大量
接受来自印度和巴基斯坦的劳动力移民。

如果统计 2 000 人口以上的城镇，自 11 世纪至 20 世纪后期的
欧洲情况如下（表 10-11）：

---

[1]　Paul Bairoch, *Cities and Economic Development, From the Dawn of History to the Present*, p.216.

表 10-11　11—20 世纪欧洲（俄国除外）的城镇化率（2 000 人以上城镇）[①]

年份	城镇总人口（百万）	2000 人以上城镇人口占总人口百分比（城市化率）
1000	5.4	13.7
1300	10.9	14.5
1500	11.3	14.8
1700	16.2	16.2
1800	24.2	15.5
1850	45.3	22.1
1900	115.9	40.6
1950	193.0	52.6
1980	307.0	67.3

　　表 10-11 显示，第二次工业革命在欧洲大陆全面展开，因此需要的工业劳动力较多，加快了城市化速度。

　　欧洲城市化主要是农村向城市移民，从前近代时代的低水平，到近代化第一阶段的大规模展开，到 20 世纪最后几十年稳定下来，呈现出一个倒"U"字。[②]从 19 世纪后期起，城市的卫生状态得到改善，城市人口基数增大，其自然增长人口超过了农村人口移入，农村来的移民便只是个附加项了。

---

　　① Paul Bairoch, *Cities and Economic Development, From the Dawn of History to the Present*, p.219.

　　② De Vries, "Problems in the Measurement, Description, and Analysis of Historical Urbanization", in A. Van der Woude, A. Hayami, J. De Vries eds., *Urbanization in History, A Process of Dynamic Interactions*, Oxford: Clarendon Press, 1990, p. 54.

第十一章　城市化先锋：英国

工业革命最先在英国发生，由此英国也成了近代工业化和城市化的先锋。工业革命时期也是英国近代经济板块化形成时期。地理区位、经济因素、历史传统等参数是引起板块化的多重因素，而经济的板块化对英国城市发展的方向和城市化进程产生了巨大影响。

一、工业革命与英国经济板块化

英国逐步走向经济一体化

无论理论上还是实际中，经济板块化必须以全国性经济整合为前提。英国的这一整合在工业革命时期（18 世纪中期—19 世纪中期）全面完成，工业革命和工业化是推动整合完成的有利条件，但整合的过程则经历了很长时期。

中世纪里，英国经济发展水平总的来说是落后的，各个地区的经济也都是分散发展着的。经济水平以伦敦为最高点，离伦敦越远越落后。在这一时期，英国经济大致可划分为两大地区。许多研究者认为，可从东北方向沃什湾附近的波士顿至西南方向的布里斯托尔湾划一条线，线之东南为农牧混合经济地区，生产水平略高；线之东北则主要为畜牧区，生产水平相对较低。不过，这种两分法并不意味着生产的地区性分工，而只是意味着这两个地区各自内部的生产模式和经济水平在一定程度上较为接近而已。中世纪英国的工商业并不很发达。由于离欧洲国际贸易中心区较远，英国与外部市场的联系不是很多，英国羊毛和呢绒的出口长期掌握在意大利商人、德国汉萨商人及其他外国商人手中。大多数城市的工商业主要是为地方需要服务。

到 15 世纪末，英国逐步发展为一个中央集权的民族国家，经济发展的地区性特征开始显现。这时的英国大致可分为五个主要地区。[1] 以伦敦为中心的东南区有较为发达的农业，它的工商业也在全国处于领先水平。东盎格利亚的农业水平较高，其工业、商业和对外贸易也有一定程度发展。西部区的农业发展水平不是很高，但它出产大量的优质羊毛和毛织品，是 1500 年前后英国最为繁荣的毛纺业区。密德兰主要为农业区。北方区则极为落后。各个地区越来越显示着与其他地区不同的某些特点和经济水平。它们在整个国家经济中的地位也各有不同。

16、17 世纪是英国早期崛起时期。这一时期，一方面是经济发展的区域性特征越来越显著。英国东南部是农业和商业最为发达的地区，伦敦是其巨大的中心。西南区以宽幅呢绒的制造和出口作为经济支柱。东盎格利亚则发展了"新呢布"生产。密德兰成为最大的羊毛产地和圈地运动主要发生地。北方仍远远落后于国内其他地区，但也开始发展了初步的毛纺业、棉纺业和铁制品工业，以及采煤工业。另一方面，出现了全国性经济整合趋向，伦敦成为国内市场网络和民族经济体系的核心，全国经济重心倾向于东南。伦敦的地位归因于其从国王手中获得的不少工商特权，以及许多经济和地理上的有利因素。它以多种途径攫取来自全国各地的财富。因此这一民族经济体系可视之为伦敦经济体系，不过它是一种偏倚性的全国性经济整合，不利于全国经济的平衡。但它毕竟建立了一个原生型的民族市场网络和商品流通系统，为全国经济一体化奠定了基石。

---

① D. M. Palliser ed., *The Cambridge Urban History of Britain,* Vol.1, 600-1540, Cambridge University Press, 2000.

工业革命促使英国经济板块化

工业革命时期，英国全国经济体系实质性建成，生产的地区性分工最终形成。工业革命发端于英格兰西北地区，这一地区很快成为英国新的经济增长极，英国工业最为发达的地区，英国经济水平最高的地区之一。随着"金融革命"的发生，伦敦主要发展了国内外贸易和金融、服务业。它成了国际金融和贸易中心之一，也是世界经济的心脏。于是，英格兰的西北部和东南部构成了经济发展的两极，并且相互影响。在由两极发展所引起的全国经济整合中，大部分地区成了南北两极之间的过渡带，主要向这两极提供人力资源和农产品。它们也是两极的腹地或者辐射区。因此，若考察工业革命时期的经济地图，英格兰实际上由三大经济区域构成，即西北工业区（主要发展第二产业）；两极之间的农牧业区（主要发展第一产业）；伦敦及其周边，主要发展商业、金融和服务业（第三产业）。这种地区分工模式一直持续到 20 世纪。仅在 19 世纪后期有一点小变动，即某些工业部门出现了南下现象。

1. 西北：近代工业区

西北工业区是英国经济的新增长极。它覆盖了兰开郡、切郡、什罗普郡、斯塔福德郡、约克郡、伍斯特郡、沃里克郡、德比郡、诺丁汉郡、莱斯特郡北部、达拉姆郡、诺森伯兰郡南部等，在地理上已连成一片，构成了英格兰北部工业带。它包含了六个次级工业区，即兰开夏工业区、约克郡西莱丁工业区、西密德兰工业区、"哈兰夏"工业区、东北工业区和东密德兰北部工业区。从工业分布来看，煤田和采煤业主要位于东北部（尤其是泰因河畔）和密德兰；兰开夏则几乎成了棉纺工业的同义词，它还有重要的玻璃工业和化学工业；棉纺业在东密德兰有许多生产点（德比郡和诺丁汉郡）；炼铁工业和铁器制造部门集中于西密德兰（伯明翰和"黑乡区"、什罗普郡）、南约克郡（特别是设菲尔德）和东北部（尤其是纽卡斯尔，它也是化学工业中心）。毛纺工业逐渐集中于约克郡西莱丁地区（特别是布雷德福和利兹），斯塔福德郡的陶瓷工业无可匹敌，铁工业也很重要。[1]

兰开夏是工业革命摇篮，棉纺织业是发生工业革命的第一生产部门。该地区原本包括三个纺织区：以曼彻斯特为中心，包括波尔顿和布莱克本等城市在内的棉纺织带；兰开夏西部和南部的麻纺织区，普雷斯顿是主要生产中心；紧靠约克郡西莱丁毛纺区的兰开夏东部毛纺区。18 世纪中期开始的工业革命，首先发生在兰开夏的棉纺织业中。从 1700 年到 18 世纪 40 年代，英国棉纺业的年均增长率约为 1.4%。工业革命开始后明显加快：18 世纪 40—70 年代的年均增长率比前一个时期增长了一倍；18 世纪 80 年代后飞跃到年均增长 8.5%，并一直维持至 19 世纪。[2]1802 年，英国棉纺织品出口开始超过毛纺织品出口。1816 年，棉纺织品占出口总值的 40%，远超毛纺织品；1835—1840 年，各种棉纺织品包括棉纱、棉布、棉袜和蕾丝等，年均出口总值将近 2 400 万英镑，接近其他出口品总值之和（2 600 万英镑）；这时英国进口三种最重要的原材料（棉花、羊毛和木材），一年需要花费 2 000 万英镑，棉花是其中最重要的进口物。[3]虽然棉纺织业在许多地区均有发展，但兰开夏一带在整个棉纺织业中所占比例极大。1790 年，兰开夏及周围的棉纺织品占全国总产量的 70%；到 1835 年时，则占到 90%。[4]1797 年，兰开夏一带的大小棉纱厂达 900 个左右。最大的棉纺企业皮尔公司在布莱克本、博尔顿等地拥有 23 座纱厂。威廉·道格拉斯与合作者的企业，也在曼彻斯特等地拥有九座纱厂。18 世纪末曼彻斯特的康内尔-肯尼迪公司在棉纺织业中应用蒸汽机成功，棉纺织业发展进入新阶段。

[1] Ronda Cameron, *A Concise Economic History of the World: from Paleolithic Times to the present*, pp.185-186.

[2] Richard Brown, *Society and Economy in Modern Britain 1700~1850,* London and New York: Routledge, 1991, p.84.

[3] W. H. B. Court, *A Concise Economic History of Britain, From 1750 to Recent Times,* Cambridge University Press，1976, p.75

[4] Richard Brown, *Society and Economy in Modern Britain 1700-1850*, p.86.

1812 年普雷斯顿的塞缪尔·霍罗克斯共拥有八个纱厂、10 万多纱锭；斯托克波特的彼得马什兰公司、曼城的康内尔 – 肯尼迪公司、默里兄弟公司都拥有纱锭八万多个。[①]1838 年，兰开夏拥有的棉纺工人数量占全英格兰和威尔士的 69%，1850 年达到 74%。1838 年，兰开夏及其附近的德比郡、切郡还因为应用机械而成为丝绸业工人最多的地区。[②]

约克郡西莱丁区是 18、19 世纪英国最重要的毛纺工业区。1800 年西莱丁毛纺品在全国总产量中占 60%，[③] 毛纺织品产量是其一个世纪前的 7.5 倍。整个 18 世纪，毛纺织品仍然是英国最重要的出口产品；1816 年，毛纺织品出口值仍占英国出口总值的 22%；1835—1840 年，毛纺织品年均出口值接近 600 万英镑。羊毛还是英国三大主要进口原材料之一。[④]英国毛纺业的维持与发展，主要是西莱丁区的贡献。西莱丁毛纺业主要由两个生产区构成：一个是普通呢绒生产区，以利兹和威克菲尔德为生产中心；另一个是绒线呢和哔叽呢生产区，以哈利法克斯为中心。1830 年，约克郡实际上垄断了绒线呢织造业。1850 年，约克郡已有 418 个绒线呢工厂，雇用 70 905 个工人；1835—1850 年，约克郡的毛纺厂从 406 个增加到 880 个，雇工从 23 600 人增加到 40 600 人。[⑤]西莱丁区毛纺业的机器生产革命却姗姗来迟。如珍妮机 18 世纪 70 年代就传入这里，但直到 18 世纪 80 年代才开始推广。到 1830 年时，骡机的应用还不很普遍。直到 1850 年，毛纺织的动力织机在全国只有 9 500 台，不到棉纺织动力织机（10 万台）的十分之一。[⑥]不过，约克郡还发展了亚麻纺织业，主要织造帆布，18 世纪后期主要以克耐博罗、达林顿为中心。后来

① S. D. Chapman, *The Cotton Industry in the Industrial Revolution*, London: 1977, pp.29-30.
② Edward Royle, *Modern Britain, A Social History 1750-1985,* p.37.
③ Put Hudson, *The Industrial Revolution*, London: Edward Arnold, 1996, pp.115-116.
④ W. H. B. Court, *A Concise Economic History of Britain, From 1750 to Recent Times*, p.75.
⑤ Edward Royle, *Modern Britain, A Social History 1750-1985*, p.37.
⑥ Richard Brown, *Society and Economy in Modern Britain 1700-1850*, p.88.

利兹建起麻纺厂，成为英国麻纺织业的主要中心。[①]

西密德兰铁工业区集中在伯明翰、达德利（黑乡）和伍尔弗汉普顿周围，包括斯塔福德郡、伍斯特郡、沃里克郡和什罗普郡。早在 17 世纪，这一地区的工商业人口就占了总人口的 60% 以上。[②]18世纪，该地区成为英国最大的采煤和制铁工业区。铁钉制造业在达拉斯顿、西布罗米奇等小城镇和村庄发展。而沃尔沙尔、伍尔弗汉普顿和斯托布里奇等城镇，则发展了金属器皿、刀具和玻璃的生产。最初，伯明翰生产铁钉和铁制工具，但这些生产部门 18 世纪转移到附近乡村后，它便发展了铜器、珠宝、搪瓷、镀金银器、玩具、纽扣等高质产品或奢侈品生产，享有盛誉。它也是火枪制造业的中心。[③]瓦特发明联动蒸汽机后，最先是与博尔顿合作，在伯明翰造出第一台应用型蒸汽机。工业革命时期，密德兰还成为英国最大采煤工业区。1781—1790 年密德兰地区年均采煤 400 万吨，超过以纽卡斯尔为中心的东北采煤区年均 300 万吨，占全国产量 39%。[④]

所谓"哈兰夏"铁器制造业，位于约克郡西南部。它的刀剑生产享誉欧洲市场。这里也制作斧子、锉子、锤子等工具。铁器制造业主要分布在设菲尔德城以及周围。18 世纪被有的学者称为设菲尔德的"第二次工业革命"（第一次"革命"是 15 世纪引进水力），同时各工业部门使用机器有早有晚。四个主要工业部门提供了不同发展范式。银制餐具是最盈利的，也最先从家庭工业转变为工厂生产。第二个部门是传统的刀剑业。采煤业也在这里发展起来了。第四个部门是炼钢工业，1780 年左右小规模起步，但发展很快，1815 年时便可称得上"钢城"了，[⑤]它是英国炼钢工

① Richard Brown, *Society and Economy in Modern Britain 1700-1850*, p.90.

② M. B. Rowlands, *Master and Men, in the West Midlands Metalmare Trades Before the Industrial Revolution*, Manchester University Press, 1975, p.18-25.

③ Put Hudson, *The Industrial Revolution*, p.122.

④ J. U. Nef, *The Rise of the British Coal Industry*, Vol.1, London: Frank Cass Co. Ltd, 1966, pp.19, 23.

⑤ Mary Walton, *Sheffield, Its Story and Its Achievements,* The Sheffield Telegraph & Star Limited, 1948, pp.112-114.

业的主要中心。[1]

达拉姆 - 诺森伯兰采煤工业以泰因河畔的纽卡斯尔为中心。17世纪末，该区生产了全国采煤总量的 53.2%。18 世纪末，它仍占英格兰采煤总产量的 30% 左右，年均采煤 300 万吨。[2] 从纽卡斯尔向伦敦和英国南部输出的"海煤"，是 18、19 世纪英国沿海贸易最重要的货物之一。工业革命中，纽卡斯尔一带还成长为英国第二大炼钢中心。[3]

东密德兰地区是工业革命期间仅次于兰开夏的棉纺业基地。1769—1800 年，密德兰地区至少建立了 100 个棉纱厂。诺丁汉是与曼彻斯特齐名的纺织中心。当时这里有许多著名的棉纺企业家。如鲁滨逊是第一个应用瓦特蒸汽机建立棉纱厂的人。塞缪尔·奥尔德诺第一个将纺纱新发明全面应用于生产优质细棉布。有些伦敦商人来到诺丁汉投资棉纺业，如塞缪尔·费洛斯、蒂莫西·哈里斯等。[4] 在德比郡，1770 年理查德·阿克莱特在克朗福德村建起了世界上第一个水力棉纺厂。更早一些时候，托马斯和约翰·隆贝兄弟引进了意大利技术，于 1717 年在德比近郊德文特河上建起了一个水力丝织厂。它们被认为是世界上第一批现代工厂。[5]1783 年，本地企业家托马斯·埃文斯也在德比附近建立一个棉纺企业。[6]16 世纪后期以来英国发展了织袜业。到 19 世纪 40 年代时，英国织袜业的 90% 位于诺丁汉郡、莱斯特郡及德比郡。虽然多是家内手工业，但 1839 年拉夫堡（莱斯特郡）引进了第一架蒸汽动力织机，1851 年后在诺丁汉郡广泛推广，19 世纪 60 年代在这一带建起了许多织袜厂。[7]

---

[1] Richard Brown, *Society and Economy in Modern Britain 1700-1850*, p.98.

[2] J. U. Nef, *The Rise of the British Coal Industry*, Vol.1, pp.19, 23.

[3] Richard Brown, *Society and Economy in Modern Britain 1700-1850*, p.98.

[4] 参见 S. D. Chapman, *The Cotton Industry in the Industrial Revolution*; George Unwin, "The Transition to the Factory", *The English History Review*, Vol.37(1922).

[5] 这几个工厂遗址 2005 年被联合国教科文组织确定为世界文化遗产，笔者曾多次前往实地考察。

[6] S. D. Chapman, *The Cotton Industry in the Industrial Revolution*.

[7] Richard Brown, *Society and Economy in Modern Britain 1700-1850*, p.91.

2. 伦敦及周围：商业、金融和服务业区

伦敦及周围是英国经济的另一极。伦敦的快速发展始于 16 世纪。到工业革命前，以伦敦为中心的民族经济体系已基本形成。工业革命期间，伦敦仍有众多的手工行业，手工艺技术十分精湛。当西北工业区崛起后，伦敦主要发展国内商业、国际贸易、金融、高端服务行业，以及满足消费者需要的较为高档的手工行业。附近的肯特郡、萨里郡、伯克郡、赫特福德郡等，如同伦敦的郊区，几乎仰伦敦经济之鼻息，发展了直接面向伦敦人口的服务行业。

3. 两极之间的中间地带：农业区

两极之间的中间地带包括了将近 20 个郡，从东北方向的林肯郡一直伸展到西南方向的康沃尔郡。这一地带实际上由三大块组成。

第一块是东盎格利亚（诺福克郡、萨福克郡，以及剑桥郡和埃塞克斯郡大部分）。这是中世纪英国较为先进的农业区之一。从 15 世纪到 17 世纪，它逐渐成为英国主要的毛纺业生产区之一，以生产"新呢布"而著称。东盎格利亚毛纺业主要在乡村地区发展。在这里，新的工业组织如"外放制"（putting-out system，即分散的工场手工业）比较流行。然而，由于羊毛供应不足、羊毛质量变差和西莱丁地区竞争等因素，东盎格利亚毛纺业从 18 世纪初开始衰落。这个英格兰原工业化的先锋，没有迈向工业革命，也没有将本地区引向工业化。到工业革命期间，东盎格利亚绒线呢织造业已难觅踪迹，1830 年只剩下 11 个工厂、1 400 名雇工，仅为西莱丁区绒线呢织造企业的 1/38 和人员的不到 1/50。[①] 但是，这里在 17 世纪和 18 世纪初率先开始了农业技术革命，并将传统技术条件下的商品化农业发展到一个很高水平。

第二个地区是东密德兰及英格兰东部和南部一些郡，包括林肯郡、亨廷顿郡、白金汉郡、贝德福德郡、拉特兰郡、莱斯特郡南部、北安普顿郡、牛津郡、伯克郡、汉普郡和苏塞克斯郡等。这是传统

---

① Edward Royle, *Modern Britain, A Social History 1750-1985*, p.37.

的农业区域。除了种植谷物外，这一地区的养羊业非常发达，特别是林肯郡。因此，圈地运动最先在这里发生，并且引起了剧烈的社会反响。从近代早期到工业革命时期，这些地区仍保留着农业社会的特点，并成功地实现了从传统农业向商品化农业的过渡。

第三个地区是西部各郡，包括威尔特郡、多塞特郡、格洛斯特郡、萨默塞特郡、德文郡、康沃尔郡、赫里福德郡。这一地区在14—17世纪时曾是英国主要的毛纺区，出现过一些雇用上千名手工工人的大型毛纺业工场，其宽幅呢绒是英国的主要出口商品，畅销国际市场。但从17世纪后期起，西部地区的毛纺业没有走向工业革命，而是走向衰落；甚至在工业革命期间，仅存的小量毛纺企业也日渐式微。1835—1850年，毛纺厂从205个减少到147个，雇工从12 600人减少至11 100人。[1] 这一地区逐渐向商业化农牧业过渡，仅有少数几个地方拥有较为先进的工商业。

两极之间的这些中间地区虽主要以农业为主，但它们不一定很穷。它们有非常肥沃的土地，也有先进的农业生产组织，还有若干正在发展着的城市。国内对于食物的较高需求也保证了南部的农民和地主能获得较好的劳动或资本回报。[2]

地区分工的前提是各地区间的密切联系和交互影响。它们相互之间并不存在从属关系。伦敦的商人可以在全国范围内活动，伦敦的资本能够渗入西北工业区；而兰开夏的纺织品制造商和商人可以从伦敦获得短期和长期贷款。通过伦敦和利物浦建立的市场网络，伯明翰的金属产品和珠宝饰品可以出口到欧洲大陆、美洲和非洲市场。[3] 当密德兰羊毛运输到北方时，东盎格利亚的粮食则可毫无障碍地运往伦敦。

---

[1] Edward Royle, *Modern Britain, A Social History 1750-1985*, p.37.

[2] Ronda Cameron, *A Concise Economic History of the World: from Paleolithic Times to the Present*, p.186.

[3] Put Hudson, *The Industrial Revolution*, pp.121-122.

二、三大板块城市发展不同趋向

到 1850 年或英国工业革命行将结束之时，城市人口肯定占了英格兰总人口的一半。这表明工业革命期间，英国的城市和城镇得到了急速发展。但也必须看到，随着经济板块化，三大地区的城市发展呈现了不同趋向和不同水平。下文从城市功能、城市规模、城市体系构建等三个方面予以考察。

城市功能

1. 西北区

西北工业区的城市和城镇里的工业产品主要面向国内和国际市场。几乎所有的城市和城镇都有专业化的生产部门，有一个或几个主打工业；或以商业和贸易作为中心功能。如曼彻斯特是棉纺工业，布雷德福是绒线呢工业，诺丁汉是机制花边工业，施鲁斯伯里在 1790 年后是亚麻纺织工业。城市适合进行大规模制造活动的水力坊数量有限，没有哪个城市会拥有充足的水能资源。而蒸汽动力使得机器工业生产在城市里扩张成为可能。第一个蒸汽推动的棉纺厂，于 1786 年出现在诺丁汉郡的帕普尔威克，很快就在曼彻斯特、普雷斯顿、斯托克波特等城市推广。1800 年，毛纺业中大约应用了八十多台蒸汽机，到 1840 年，蒸汽已是西约克郡毛纺厂中的主要动力。如同门德尔斯所说，城市提供了市场设施，拥有纺织生产的最后完成工序，也是资本的来源地，因此它是 18 世纪纺织业所有生产过程的核心所在。[①] 在 19 世纪的蒸汽机工厂时代，这一点尤为突出。

当然，不论规模有多大，每个城市都具有服务于本地经济社会生活需要的基本功能。不过在西北工业区，这一功能只是第二位的。

2. 伦敦及其周边

伦敦有众多的工业和商业部门。手工行业从高档的奢侈品制作

---

① Peter Clark ed., *The Cambridge Urban History of Britain*, Vol. 2, 1540-1840, pp. 810-811,814.

到日用品的生产，主要为本城巨大的消费人群服务。伦敦也有一些工业部门以其特色产品来满足国内和国际市场的需要，如丝绸工业、造纸工业、酿酒业 ① 及其他轻工业。② 在商业方面，伦敦是全国最大的物资集散中心，是全国市场体系的核心，是最大的对外贸易中心和港口。它也是国内主要的金融中心，是世界最大的金融中心之一。伦敦又是特大的社会中心，不但吸引着来自全国各地的人口，也对来自欧洲大陆的外国人具有强大的吸引力。

至于伦敦周边的城镇，其工业和商业功能都是服务伦敦的，或者是伦敦工业和商业的补充。当然，它们也为本地的需要服务。

3. 中间地带

中间地带城市和城镇的功能主要是为周围地区服务，如同中世纪和前工业化时期的城市那样，可以概括为三种功能。最主要的是经济功能。城市经济是对周围乡村经济的反应。由于城市在交换、制造和服务方面的专业化功能，周围地区对城市便有着强烈的依赖性。城市基本上与周围农村组成了经济生活圈。除一些特殊产品外，如丝绸商售卖的货物、纺织品、袜子，干货食品，纸张，药品，化学品，铁器商售卖的金属制品等，1700 年左右城市所消费的大部分商品都是本地生产的，到 1840 年还基本由本地生产。③ 城市经济功能体现为多个方面。首先，城市是周围乡村所产粮食等生活品的市场中心。由于城市非农业人口比例极高，这一功能实际上是城市的中心功能；而且城市所辐射的周围地区还会因城市的不断发展而逐步扩大。其次，城市也是周围乡村工业产品和城市自身工业品的市场交易中心。再次，城市还是商业以及与商业相联系的日益增多的服务行业如银行、金融以及交通运输业的中心。城市一般还有第二、

---

① Ronda Cameron, *A Concise Economic History of the World: from Paleolithic Times to the present*, p.186.

② 例如，什罗普郡的铁工场老板亚伯拉罕·达比三世，1785 年从伦敦零售商手中购买了帽子、鞋子和长袜子。对一些特殊商品，如邮车等，伦敦几乎就是垄断性的供货商。Peter Clark ed., *The Cambridge Urban History of Britain*, Vol. 2, 1540-1840, p. 806.

③ Peter Clark ed., *The Cambridge Urban History of Britain*, Vol. 2, 1540-1840, p. 806.

三种功能，即城市既是某一地区的社会活动中心，又是知识和文化生活的中心；大大小小的城市又是行政中心，有法院、主教驻所、地方或中央政府，以及日益扩大的官僚阶层。①

由于西北工业区的竞争，这一地带原有的一些面向国内国际市场的特色工业消失或衰落了，尤其是东盎格利亚的绒线呢工业和西南部的毛纺工业。只有少数为地方市场需求的手工业还继续存在。19世纪晚期，英国工业发展出现了南移趋势，靠近伦敦的一些地区再次发展了工业，尤其是面向消费市场的轻工业。商业方面，它们作为周围乡村地区农产品集散中心的角色进一步加强，并负有将这些农产品转运到伦敦和西北工业区的功能。中间地带的沿海港口不但为本城及本地区从事着进出口贸易，而且还在不大的规模上为西北工业区进口原材料和出口工业产品，因此也与国际市场有着一定联系。

诺里奇。18世纪前，这是个繁荣兴旺的、颇为自豪的城市。但从1700年后，诺里奇面临的困难增多，造成了它的毛纺工业衰退。18世纪初，诺里奇的困难部分地在于其毛织工业的转移。东印度棉织品的竞争又压抑了对该城毛纺品的需求。而当禁止从印度进口棉织品后，诺里奇毛纺品又遇到了本国棉织品的竞争，结果造成了诺里奇城穷人的增加。1719年，一个请愿书递交到下院，抗议使用美洲印花布，指出织布行业曾经让诺里奇特别受益，也使这个王国都受益，毛纺业和丝织业曾经为12万人提供了工作。1730年上交的一个请愿书，抗议从爱尔兰大量进口毛纺织品。几年后，诺里奇自己也试图制造棉纺织品，但未取得成功。从18世纪40年代起，迹象表明诺里奇正在感受来自约克郡的竞争。乔治二世统治的最后几年和乔治三世统治的初年，诺里奇比较兴旺。但1765年后，诺里奇开始衰落。1777年诺里奇工商业又一度繁荣，在1780年再次跌入低谷。诺里奇所产的黑绉纱广为流行，但这一颜色不悦人的织物在

① Richard Brown, *Society and Economy in Modern Britain 1700-1850*, pp.396-397.

教会影响下得不到支持,很快就不受欢迎,被更加优雅的织品所取代。较粗糙的绒线呢织造,又在很大程度上转移到了约克郡。诺里奇在18世纪最后25年里的萧条,也反映在对穷人的救济上。1773年,诺里奇为救济穷人花费了11 000英镑,而1800年增加到了24 000英镑。1831年和1832年几封当时人写的信件,分析了诺里奇工商业衰落的原因,大致有棉织品竞争、战争使传统欧洲市场丧失、约克郡在绒线呢生产方面率先使用机器、东印度公司订单减少等几个因素。19世纪初,诺里奇具有传统优势的纺织品羽纱、丝经毛纬布等的生产也开始凋谢。1829年,诺里奇城尚有1500张织机在工作。九年后,有报告称诺里奇羽纱制造业几乎全部消失了。诺里奇工业发展所受的阻碍,来自于国内的严酷竞争,国外市场的丧失,消费趣味的变化,燃料的昂贵,过时的生产技术等,因而在进入19世纪时就被约克郡所超越。①

金斯林。18世纪,金斯林的商业和贸易比较繁荣,而从来就没有兴旺过的手工业,这时却更加衰弱了。1690年,城内有23个织呢工和梳毛工;但到1764年,城内所登记的七百多名男性成年居民中,仅仅只有三名梳毛工,没有一个织工。另一方面,该城的港口却非常繁忙,进口煤炭、木材和红酒,出口粮食。1764年的港口记录显示,金斯林的商船与里加、但泽、瑞典、奥波托、里斯本、莱戈恩和北卡罗来纳有贸易往来;也同来自挪威和丹麦的外国船只进行贸易。1757年,金斯林有400名水手。这里也是社会活动中心,在一些特有节日如火药节、国王生日节里,组织大规模的庆典活动,吸引周围居民和远方客人。城内有众多的大小旅馆、啤酒馆,如1764年至少有85家。1840年后英国铁路网的建立给金斯林带来了不利影响,原来经过金斯林的一些商业活动严重受损,许多既有的国内市场丧失,因为通过铁路从原料产地直接输送到目的地要快捷、便宜得多,特别是煤和其他大宗物资。1847年金斯林到伦敦的铁路

---

① M. F. Lloyd Prichard, "The Decline of Norwich", *The Economic History Review*, New Series, Vol. 3, No. 3 (1951), pp. 371-377.

线开通，在某种程度上弥补了这一损失。[1]

伊普斯威奇。1470 年，萨福克郡在英国纺织业各郡中名列首位，作为郡城的伊普斯威奇之经济地位自然很重要。东盎格利亚原工业化地区为英国生产了四分之一的毛纺织品和绝大部分绒线呢，萨福克郡是这一工业区的重要组成部分。18 世纪，东盎格利亚毛纺织业衰落，伊普斯维奇成了一个为邻近的英国东部乡村农业地区输出大小麦的主要港口。它也是为这些农业区腹地制造农业工具、磨面设施以及肥料的主要中心之一；即使当地小麦生产衰落后，这些制造业还长期存在。[2]

城市规模

1. 西北工业区

工业发展需要聚集大量劳动力，因此该地区城市在下述三方面发展极快：其一，城市城镇的数量大大增加；其二，出现许多规模极大的城市；第三，乡村城镇化的水平很高。

城市的急速成长与大量人口从农村迁入密切相关。工厂工人所得工资，要比农业工人和家内制手工业工人高得多。不光成年男劳动力是这样，妇女和儿童也如此。工厂之所以能付给较高工资，在于其劳动生产率较高，这是技术进步和劳动力平均占有资金率更高的结果。在这种情况下，工厂吸引了越来越多的劳动力，实际工资的总趋势也向上增长。因此 1750—1850 年，在这些工业城镇里工作的工人，其生活标准是逐步得到改善的。[3] 总之，近代工业发展是城市人口增多的主要原因。我们看一些统计数据（表 11-1）。

---

① Lindsay Campbell, June Howling, Peter Sykes, and Bob Willars, *King's Lynn: The first thousand years*, King's Lynn Town Guides, 1997, pp.33-34, 37, 41.

② Chauncy D. Harris, "Ipswich, England", *Economic Geography*, Vol. 18, No. 1 (Jan., 1942), pp.1-2, 8.

③ Ronda Cameron, *A Concise Economic History of the World: From Paleolithic Times to the present*, pp.189-190.

表 11-1 英国若干大城市的人口增长，1801—1850 年[1]

（单位：万人）

城市	1801 年	1851 年	增长率	城市	1801 年	1851 年	增长率
伦敦	108.8	249.1	229%	利物浦	8.2	37.6	459%
伯明翰	7.1	23.3	328%	曼彻斯特	7.5	30.3	404%
布里斯托尔	6.1	13.7	225%	设菲尔德	4.6	13.5	294%
利兹	5.3	17.2	325%	布雷德福	1.3	10.4*	800%
纽卡斯尔	3.3	7.0*	212%	散德兰	2.4	5.3*	221%

*1841 年数据。

曼彻斯特的人口在 19 世纪 20 年代的年增长率为 3.9%；布雷德福在 19 世纪 30 年代为 5.9%；西布罗米奇在 19 世纪 20—30 年代为 5.1%；达金菲尔德在 19 世纪 20 年代几乎增加三倍。[2] 到 1850 年，利物浦和曼彻斯特这两个成长最快的城市，分别在欧洲的特大城市中名列第七位和第九位，仅略低于几个首都城市。[3]

2. 中间地带

这一地带发生的农业革命带来了大量农业剩余劳动力。他们必须离开自己的家乡村庄去寻找工作。乡村工业的衰落也迫使许多原工业化工人外迁至西莱丁等工业区。由于工业不发达，当地城市也不需要更多的劳动力，所以它们的人口增长非常缓慢。除了某些特殊情况外（如布里斯托尔），[4] 很难在这一地区发现大城市。这一地区许多城市的重要性已大不如前。17 世纪，诺里奇曾是国内第二大城市，埃克塞特曾是第六大城市，而到 1801 年，它们分别下降为第 8 位和第 15 位。从 1801 年至 1851 年，在这一中间地带，只有一个城市人口超过了 10 万人（布里斯托尔）；而在西北工业区，超过

① B. R. Mitchell & P. Deane ed., *Abstract of British Historical Statistics*, Cambridge: 1962. pp. 20-27.

② Jeffrey G. Williamson, *Coping with City Growth during the British Industrial Revolution*, p.2.

③ Kate Tiller, *English Local History: An Introduction*, p. 179.

④ 布里斯托尔主要因参与大西洋贸易而受益，同时也成了英国西密德兰工业区的对外联系港口之一。因此，它虽处于中间地带，经济功能却是面向全国，包括西北工业区。

10 万人的城市多达六座，即曼彻斯特、利物浦、利兹、伯明翰、设菲尔德和布雷德福。

随着毛纺业衰落和乡村工业人口迁出，这一地带的许多小毛纺业城镇发展停滞了，甚至衰落了。例如，曾经名闻遐迩的毛纺业城镇，格罗斯特郡的斯特劳德、温奇康姆，诺福克郡的沃斯特德（这三个城镇笔者曾于 2011 年考察访问过），再也没有以往的名声了。特别是沃斯特德，现在只有几百人，颇似一个小村庄，而一个巨大的教堂耸立在几条低矮的街道当中，似乎还在诉说着 400 年前该镇毛纺业兴旺的辉煌历史。因此，在工业革命时期即英国城市快速发展时期，1801 年东盎格利亚的人口城市化水平反而低于 1670 年毛纺业繁荣时期：城市数目不见增加，城市人口在该地区总人口中所占比例反而减少[①]（表 11-2、11-3）。

表 11-2 1520—1801 年东盎格利亚地区城市数目

城市规模等级	1520 年	1603 年	1670 年	1801 年
10 000 人及以上	0	1	2	4
5 000—9 999 人	1	4	5	5
2 000—4 999 人	5	5	8	11
2 000 人以下	43	40	34	29
所有城市	49	50	49	49

表 11-3 1520—1801 年东盎格利亚地区城市人口占总人口的比例（%）

城市起始规模	1520 年	1603 年	1670 年	1801 年
10 000 人及以上	0	6	10	15
5 000 人以上	4	14	17	16
2 000 人以上	12	16	20	21
所有城市	约 25	26	32	约 30

3. 伦敦及其周边

伦敦是英国最大的商业中心和国际贸易中心，需要众多的人口

---

① 〔美〕简·德·弗里斯：《欧洲的城镇化，1500—1750》，朱明译，第 68 页。

从事商业活动及其相关的上游和下游产业。作为王国的首都，全国最大的社会和文化中心，伦敦也吸引来自全国各地的社会上层及其财富，吸引着大量的人口来从事服务行业。因此，伦敦的人口急速增长（见表 11-4）。同时，它也对毗邻地区产生过度的吸力，从周边地区抽走了人力资源，从而压制了周围地区的城市成长。在以伦敦为圆心的 100 公里半径内，难以找到一个工商业发达的大城市。这有点像中国的谚语："大树底下不长草。"

表 11-4　伦敦人口估计，1700—1891 年 [①]

年份	人口	年份	人口
1700	575 000	1841	1 948 000
1750	675 000	1851	2 362 000
1801	900 000	1861	2 803 939
1811	1 050 000	1871	3 254 260
1821	1 247 000	1881	3 834 354
1831	1 595 000	1891	4 232 118

城市体系

1. 西北工业区

西北工业区的每个次级工业区都有一二个居于核心地位的大城市。兰开夏纺织区的中心是曼彻斯特和利物浦。约克郡西莱丁毛纺区的中心是利兹、布雷德福和哈利法克斯。伯明翰和伍尔弗汉普顿是西密德兰铁煤工业区的中心。"哈兰夏"金属加工业和钢铁业的中心是设菲尔德。达拉姆－诺森伯兰采煤业和煤炭贸易以纽卡斯尔为中心。东密德兰纺织区是多核的，中心城市有诺丁汉、德比和莱斯特。曼彻斯特拥有一百多个工厂，并为本地区一千多个工厂提供市场。利兹、布雷德福、诺丁汉、莱斯特和考文垂对所在地区也有同样地位。工业区内大城市和中小城市有着

---

① Peter Clark ed., *The Cambridge Urban History of Britain*, Vol. 2, 1540-1840, p. 650; Adna Ferrin Weber, *The Growth of Cities in the Nineteenth Century, A Study in Statistics*, p.46.

繁密联系。如伯里、摩尔利和海德等不但有许多工厂，也在较小程度上具有与曼彻斯特、利兹和布雷德福等大城市一样的为本地工业服务的商业功能。①

在每个次级工业区里，都有一个以上的中心城市作为聚核，组成一个城市等级体系，覆盖各个层次和各种类型的城市和城镇。第一类城市是工业城市或城镇，它们都有某种专业化的生产部门，相互之间还有生产分工。中心城市或大城市是生产的最后加工部门或最后完成部门的所在地，也是工业产品和原材料的集散中心。中小城镇则从事各种初级产品的生产。

第二类城市是海港城市。它们为整个工业区和工业城市出口工业产品、进口原材料。西海岸的主要港口是利物浦，东海岸的主要港口是赫尔和纽卡斯尔。第三类城市是海滨度假休闲城市。它们兴起于19世纪早期。普通的工业劳动者可以在这里度假休闲，得到一定放松。西海岸著名的海滨休闲城市是布莱克本，东海岸的主要海滨休闲城市是斯卡博罗。

在各个次级工业区之间，城市间的经济联系纽带也比较多。例如，西密德兰工业区缺乏海港，因此它依靠北边的利物浦和南面的布里斯托尔与国际市场联系。总的来看，西北工业区城市间的相互联系在18世纪中期后主要依赖运河系统；19世纪中期后，新的铁路网络建立使其交通运输系统更加完备。②

2. 中间地带

虽然这个地带里有个别大城市，但没有一个大的经济和社会中心城市能对整个地区起聚核作用。这一地带的城市层级系统与中世纪和前工业化时期的城市体系颇为相似。每一个郡有自己的郡城，但它不一定就是能够组成本郡城市体系的聚核，也许只有较大的埃克塞特或诺里奇有所例外。在这里，城市和城镇之间不存在那种主

---

① Peter Clark ed., *The Cambridge Urban History of Britain*, Vol. 2, 1540-1840, pp. 814-815.
② 1850年，英国铁路总长度达到10 000公里。B. R. Mitchell & P. Deane, *Abstract of British Historical Statistics*, pp. 225-226.

导－从属关系，相互间只是规模大小的不同而已。它们或许有一定程度的商业联系，但远没有达到生产分工的程度。

3. 伦敦及周边

这里根本不存在城市体系，只有一个特大都市伦敦。它周围的中小城镇只是它的附属城镇或卫星城镇而已。略远点有几个海滨休闲度假地，如南边的布赖顿和东面的马尔盖特。

除这三个方面外，所有的英国城市和城镇都在工业革命期间发生着社会关系的变化：传统的城市社会结构在变革，面对面的人身从属关系逐渐解除，血缘关系的重要性在降低，家族纽带在弱化。城市社会的不稳定性已很寻常，社会流动的重要性日益增强。城市或城镇再也不是村庄那样的共同体。① 这正是城市现代性的本质特征之一。

综上所述，工业革命和工业化不但是英国城市发展和城市化的根本推动力，而且也因地区分工而决定了城市发展的不同方向。工商业发达地区城市得到较大发展，是工业化进程的最大受益者。而为工业化服务的商品化农业区，早期的发展受到一定局限，因而城市化进程较为缓慢。但到工业化的成熟阶段，英国的商品化农业区却显现出自己的新优势，不但保留了良好生态环境，而且在 19 世纪开始了乡村改造运动，村庄逐渐变成宜居城镇，农村居民亦普遍市民化，人均经济水平也不低于城市地区，全国城市发展的地理分布更趋均衡。

三、19 世纪城市化：成就与缺憾

19 世纪中期后，英国城市化运动继续推进，可以从量上对英国城市化进程做一考察。1750 年工业革命前，英格兰总人口中只有15% 居住在城市。一个世纪后，经历了工业革命的英格兰，1850 年

---

① Richard Brown, *Society and Economy in Modern Britain 1700-1850*, p.397.

城市人口超过总人口的 50%；^①再过 30 年，到 1880 年，英格兰城市人口达到了总人口的 80%。^②到 20 世纪初时，整个英国（包括英格兰、威尔士、苏格兰和爱尔兰四个部分）的城市人口约为 80%，城市化过程基本完成。

英国城市人口的增长

英国的城镇化标准比较高，以拥有 10 000 居民作为计算城市的门槛。^③1871 年普查中的 938 座城镇或 946 个城区，其法律地位可以分成多类：自治市 224 座，拥有城市特许状，后又被纳入《自治城市改革法案》管理；地方性城市（区）721 个（包含 146 个自治市），主要依据 1848 年《公共卫生法》和 1858 年《地方政府法》；按照地方法案而具有市政改造、铺路、路灯等专门委员会的地方 88 个（包含 37 个自治城市）；其余拥有 21 000 以上人口的城镇 96 座。^④

衡量 19 世纪英国的城市化进程，可从多个角度。从 1801 年到 1891 年，90 年间英格兰和威尔士人口共增加了 2 000 万，其中乡村居民（居于 5 000 人以下居民点）从 660 万增加到 920 万；而城镇居民则从 230 万增加到 1 980 万，增加量为 1 750 万，也就是说，增加人口的 85% 以上落在城市。^⑤我们还可得知更详细的数据。英格兰和威尔士为一组，苏格兰、爱尔兰单独考量。详见下列各表。

---

① 还有许多种估计。1800 年时，英国已有 60% 以上的劳动力从事非农行业。1800 年，尚只有 23% 的人口居住在 5000 人以上的城镇里，1850 年则达到了 45%。 Paul Bairoch, *Cities and Economic Development, From the Dawn of History to the Present*, translated by Christopher Braider, Chicago: Chicago University Press, 1988, p.211.

② E. J. Evans, *The Forging of the Modern State: Early Industrial Britain*, Harlow, Essex: Longman Group, 1993, p.101; G Best, Mid-Victorian Britain 1851-75, London: Fontana Press, 1985, p.24.

③ Adna Ferrin Weber, *The Growth of Cities in the Nineteenth Century, A Study in Statistics*, p.15.

④ Ibid., p.41.

⑤ Ibid., p.43.

表 11-5　19 世纪英格兰和威尔士城市与乡村人口分布 ①

年份	伦敦	10 万人以上城市数目及人口		2 万至 10 万人城市数目及人口		城市数目及人口总计		乡村人口总计	英格兰和威尔士人口总计
		数目	人口	数目	人口	数目	人口		
1801	864 845			14	641 331				8 892 536
1811	1 009 546	2	210 484	15	619 370				10 164 256
1821	1 225 694	3	393 330	24	870 242				12 000 236
1831	1 471 941	5	791 315	37	1 203 624				13 896 797
1841	1 873 676	5	1 039 942	48	1 695 045				15 914 148
1851	2 362 236	8	1 678 551	54	2 224 224	580	8 990 809	8 936 800	17 927 609
1861	2 803 989	11	2 211 075	60	2 652 558	781	10 960 998	9 105 226	20 066 224
1871	3 254 260	12	2 617 726	90	3 671 982	938	14 041 404	8 670 862	22 712 266
1881	3 834 554	19	3 864 821	125	4 754 326	967	17 636 646	8 337 793	25 974 439
1891	4 232 118	23	5 021 856	161	6 309 860	1011	20 895 504	8 107 021	29 002 525

表 11-6　19 世纪英格兰和威尔士城乡人口在全国所占百分比 ②

年份	伦敦占总人口比例	2 万人以上城市占总人口比例	城市人口占总人口比例	乡村人口占总人口比例
1801	9.73	16.94		
1811	9.93	18.11		
1821	10.20	20.82		
1831	10.64	25.05		
1841	11.75	28.90		
1851	13.18	35.00	50.08	49.92
1861	13.97	38.21	54.60	45.40
1871	14.33	42.00	61.80	38.20
1881	14.69	48.00	67.90	32.10
1891	14.52	53.58	72.05	27.95

---

①　Adna Ferrin Weber, *The Growth of Cities in the Nineteenth Century, A Study in Statistics*, p.46.

②　Ibid., p.47.

苏格兰在第一次工业革命期间就是工业革命的主要发生地之一。19 世纪苏格兰南部城市化进程不逊于英格兰，格拉斯哥这个工业革命基地也成长为英国最大的城市之一。

表 11-7　19 世纪苏格兰城乡人口及在全国所占百分比 [①]

年份	10000 人上城市数目及人口		城市总人口	占总人口百分比	乡村总人口	占总人口百分比	苏格兰总人口
	数目	人口					
1801	8	272 642					1 608 420
1811	11	367 743					1 805 864
1821	14	502 388					2 091 521
1831	14	638 317					2 364 386
1841	17	781 954					2 620 184
1851	18	928 531	1 497 979	51.80	1 391 663	48.20	2 888 742
1861	20	1 047 634	1 616 314	52.78	1 446 160	47.22	3 062 294
1871	25	1 047 634	1 951 704	58.09	1 408 314	41.91	3 360 018
1881	34	1 741 058	2 306 852	61.75	1 428 721	38.25	3 735 573
1891	37	2 012 481	2 631 298	65.37	1 394 349	34.63	4 025 647

爱尔兰不一样，历来被视作英国的农产品输送地。但在 19 世纪中期遇上马铃薯歉收，饿死人口上百万，外迁移民数百万，因此城市总人口在 19 世纪中期几乎没有增加，只是因为总人口的减少，才使得城市占总人口比例增加了 12 个百分点，见下表。

表 11-8　19 世纪中后期爱尔兰城市人口增长及在全国所占百分比 [②]

年份	爱尔兰总人口	城市总人口	城市占总人口百分比	乡村占总人口百分比
1841	8 196 597	1 143 674	13.9	86.1
1851	6 574 278	1 226 661	18.7	81.3

---

① Adna Ferrin Weber, *The Growth of Cities in the Nineteenth Century, A Study in Statistics*, p.58.

② Ibid., pp.64-65.

年份	爱尔兰总人口	城市总人口	城市占总人口百分比	乡村占总人口百分比
1861	5 798 967	1 140 771	19.7	80.3
1871	5 412 377	1 201 344	22.2	77.8
1881	5 174 836	1 245 503	24.1	75.9
1891	4 704 750	1 244 113	26.4	73.6

上文揭示了 19 世纪中期之前英格兰若干重要工业革命关键城市人口增长较快。到 19 世纪后半期，英格兰和威尔士地区重要城市人口增长再度加快。从 1851 年到 1891 年，英格兰和威尔士的城市人口从占总人口的 50% 增加到 72%，而这增加的 22% 中有 18.5% 落在 20 000 人以上城市里，其中伦敦占 2.34%，其余"大城市"占 7.9%，中等城市占 9.34%。[①] 如伯明翰、利兹、设菲尔德、波尔顿、布雷德福、赫尔、德比、纽卡斯尔、桑德兰等城市人口增加了一倍多，哈利法克斯、哈德斯菲尔德、南谢尔德、莱斯特、北安普顿、斯旺西等增加了二倍多，盖特斯黑德、诺丁汉增加三倍多。英国 10 万人以上大城市越来越多。

表 11-9　19 世纪后期英格兰和南威尔士若干重要城市的人口增长（单位：万人）[②]

城市	1851 年	1901 年	城市	1851 年	1901 年
曼彻斯特 - 萨尔福德	40.1	76.5	南谢尔德	2.9	9.7
利物浦	37.6	68.5	伯明翰	23.3	52.2
普雷斯顿	7.0	11.3	伍尔弗汉普顿	5.0	9.4
波尔顿	6.1	16.8	考文垂	3.7	7.0
斯托克波特	5.4	7.9	达德利	3.8	4.9
利兹	17.2	42.9	莱斯特	6.1	21.2
设菲尔德	13.5	38.1	诺丁汉	5.7	24.0
布雷德福	10.4	28.0	德比	4.1	10.6
赫尔	8.5	24.0	北安普敦	2.7	8.7

[①] Adna Ferrin Weber, *The Growth of Cities in the Nineteenth Century, A Study in Statistics*, pp.47-48.

[②] Richard Dennis, *English Industrial Cities of the Nineteenth Century, A Social Geography*, p.37.

续表

城市	1851 年	1901 年	城市	1851 年	1901 年
约克	3.6	7.8	梅塞尔	6.3	6.9
哈利法克斯	3.4	10.5	斯旺西	3.1	9.5
哈德斯菲尔德	3.1	9.5	巴尔罗	/	5.8
纽卡斯尔	8.8	21.5	博肯希德	/	11.1
盖特斯黑德	2.6	11.0	卡迪夫	/	16.4
桑德兰	6.4	14.6	米德尔斯布罗	/	9.1

除伦敦外，1800 年英格兰和威尔士没有 10 万人口以上的大城市，1837 年维多利亚女王即位时为 5 个，1891 年达 23 个。1841 年，10 万人以上城市（含伦敦）占总人口的 17.27%；1891 年则占总人口的 31.82%。[①]

1901 年英格兰和威尔士的城市化率即达到 78%。2001 年整个大不列颠（英格兰、威尔士、苏格兰）城市化率为 93%（所有大小城市之和）、88%（2000 居民以上城市人口之和）、79%（10 000 居民以上城市人口之和）。

表 11-10　2001 年大不列颠城市人口及所占总人口比例（%）[②]

城区人口规模	2001 年人口	2001 年占总人口比例	比例累进
100 万人以上	15 475 010	27.1	27.1
500 000—999 999 人	3 554 356	6.2	33.3
200 000—499 999 人	7 332 922	12.8	46.2
100 000—199 999 人	5 402 465	9.5	55.6
50 000—99 999 人	4 361 740	7.6	63.3
20 000—49 999 人	5 451 565	9.5	72.8

① Asa Briggs, *Victorian Cities, A Brilliant and Absorbing History of Their Development,* London: Penguins Books, 1990, p.59.

② Tony Champion, *The Changing Nature of Urban and Rural Areas in the United Kingdom and other European countries*, New Castle University, Centre for Urban and Regional Development Studies，2005.

续表

城区人口规模	2001 年人口	2001 年占总人口比例	比例累进
10 000—19 999 人	3 365 573	5.9	78.7
5000—9999 人	2 746 740	4.8	83.5
2000—4999 人	2 728 752	4.8	88.3
1500—1999 人	721 342	1.3	89.6
1000—1499 人	845 587	1.5	91.0
1000 人以下	1 067 490	1.9	92.9
其他居民点	4 050 396	7.1	100
大不列颠总计	57 103 938	100	/

19 世纪英国城市发展的缺憾

尽管 19 世纪英国工业化进程大大推进了城市化进程，但就当时条件来说，也造成了至少两大缺憾。一是社会分化加剧，从而引发了更为尖锐的社会矛盾。对于社会分化，英国工业革命史家哈德森教授有一说法，称人口的大多数只是受苦于"一个更现代的社会结构，这个结构中权力集中于上中层集团"。[1] 社会底层中女工和童工占较大数量。如 1874 年，英国纺织工厂工人中童工占了 14%。[2] 二是城市环境恶化，加重了城市劳动人民的苦难。城市环境恶化，城市下层居民的居住和生活条件越来越差。无数不熟练的劳动力涌向城市后，无可选择地居住在贫民窟中，在"拥挤和脏乱的区域租住着极差的住房"[3]。虽然公共卫生改革大大改善了卫生条件，但像利物浦这样的大城市直到 1865 年死亡率还高达 36.5‰。[4] 城市不只是住房条件差，食物也多是劣质食品，啤酒和牛奶经常被掺水，泡茶用的

---

① P. Hudson, *The Industrial Revolution,* 1992, London: Edward Arnold, p.156.

② 参见 AP European History: Unit 7.2 HistorySage.com。

③ C. Chinn, *Poverty amidst prosperity*, Manchester: Manchester University Press, 1995, p.153.

④ G. Best, *Mid-Victorian Britain 1851-75*, London: Fontana Press,1985, p.74.

是刺果、老树叶，面包被明矾和矿盐弄白以卖高价，[①]更糟的是，有的食物替代品还对人体有害。这两大缺憾，也造成了19世纪城市的社会秩序相当混乱。

四、英国农村的城镇化进程

所谓城镇化过程，有两种意义的视角。一是从全局上看，指总人口中城镇人口所占的比例增加。二是从农村这个角度看，指"农村"的"城镇化"过程。后者也包括两种表达。第一，在社会学意义上，农村人口变成城镇人口，有两条途径，要么是人口就地市民化，要么是前往外地城镇或附近城镇工作生活变成市民。第二，在人文地理意义上，也有两种含义，要么是农村地区变成城镇，要么是农村地区生活方式城市化。那么，"农村""城镇化"着眼的重点更应是地理意义上的"农村"怎样"城镇化"的过程，即"变"村庄为城市城镇，或变成城市生活方式的过程。

因此"农村城镇化"有多种情形，包括：1.村庄最终发展为大中城市，其初期阶段即村庄变城市城镇的过程（如18世纪中叶前的曼彻斯特、伯明翰等），可视为"农村城镇化"；其后期阶段即由小城市或城镇成长为大中城市的阶段，则不能再视为"农村城镇化"，只能看成该城市（城镇）的继续发展和成长。2.村庄就地变成中小城镇的，其变为城镇后的早期阶段涉及城镇管理体制和基础设施的建立和完善，因此还属于"农村城镇化"过程。3.村庄虽未变成城市或城镇，但村民已以从事非农职业为主。4.村庄未变城市或城镇，村民中农业人口较多，但其生活方式已类似城市，或者说具有"城市性"。此外，农村人口流动到大中城市，市民化了，属于"农村人口城镇化"。

---

① E. J. Evans, *The Forging of the Modern State: Early Industrial Britain*, Harlow, Essex: Longman Group, 1993, p.155.

英国是原发型农村城镇化的国家，其农村城镇化进程极具典型性。

英格兰农村城镇化的阶段性

农村城镇化实际上就是就地城镇化。从一般意义上理解，所谓就地城镇化，就是让农民在本地从事非农行业；乡村改造为城镇，具备城市一样的居住和生活条件；原有农民就地转变成城市居民，而不是大量涌入异地城市。英国作为原发型工业化国家，最早实现城镇化。1851 年，其人口城镇化率达到 50%；1891 年，超过72%，农村基本实现城镇化；[①]2001 年，英伦三岛（英格兰、威尔士、苏格兰）城市和城镇人口占总人口的 92.9%。[②] 回望英国历史也会发现，其农村城镇化除前述特征外，其进程具有明显的阶段性。

1."原工业化"时期：部分农民离土不离乡，就地非农化

在欧洲，15—18 世纪即近代早期的"原工业化"（乡村工业）时代，就地城镇化以部分农民"离土不离乡"、就地非农化为特点，部分村庄演变为手工业村庄。在英国，这一进程大致走过四步。在一定条件下，这四步又是四种状态，常常多种状态并存。

第一步，农民以农业为主业，以非农业为副业，所谓亦农亦工。英国乡村毛纺业初始期就是这种样态。毛纺业作为英国的民族工业，15 世纪后期起遍及全国乡村。从事毛纺业者主要为农民，一是因为他们原本都有一定的家庭纺织工作基础；二是此时农奴制已废除，农民可以自由支配自己的劳动；三是随着人口增长，农民保有的土地越划越小，农业收入不足以养活全家，必须从事工副业来补充家用。从事方式有二，一是农民本人农忙时务农、农闲时务工；二是农民家庭中妇女儿童从事纺纱等工作。

---

① Adna Ferrin Weber, *The Growth of cities in the Nineteenth Century, A Study in Statistics*, p.46.

② 参见 Tony Champion, *The Changing Nature of Urban and Rural Areas in the United Kingdom and other European countries*。

第二步，农民以工业为主业，以农业为副业，所谓亦工亦农。随着人口增长，家庭拥有土地越来越少，纺织等工副业在家庭收入中比重越来越大，农业收入在农民家庭中比重越来越小。因此，诚如马克思所论，16世纪的英国逐渐形成了"以种地为副业，而以工业劳动为主业"的"一个新的小农阶级"。[①]

第三步，部分农民不再从事农业，完全从事乡村工业。这就是农民非农化，在16、17世纪英国两大毛纺区即西南各郡[②]和东盎格利亚[③]非常突出。西南农村出现了许多专业的毛纺业者，他们由兼营毛纺业的农民演变而来，兼有组织外销呢绒的功能，因此还在一定程度上支配着村庄里兼做毛纺工作的邻居。东盎格利亚乡村的"新呢绒"生产者大多不会从事农业生产，因此当本地毛纺业出现颓势时，他们中很多人没有转回农业，而是向北边的约克郡西莱丁毛纺区流动了。

第四步，乡村工业趋向工场化，吸附了大量乡村手工业人员，人口开始集中，于是在诸多乡村工业区出现了手工业村庄和手工业城镇。手工业村镇如西南毛纺区的纽伯里、陶顿、马尔梅斯伯里、斯特劳德、卡斯尔库姆、比兹利，东盎格利亚的拉文翰、沃斯提德、克西村等。传说纽伯里约翰·温奇库姆开办的毛纺工场雇工上千人，富可敌国。[④]该城多尔曼家的毛纺工场一关闭，致使许多人失业。马尔梅斯伯里斯顿普家的毛纺工场，雇工也达几千人。拉文翰的斯普林开办毛纺工场，家族因此兴旺了三代，达一个多世纪。[⑤]斯特劳沃

[①] 马克思：《资本论》，第1卷，第816页。

[②] 包括威尔特、萨默塞特、格洛斯特、多塞特和德文五郡，以及伯克、牛津和汉普等郡各一部分。

[③] 包括诺福克郡和萨福克郡，以及剑桥郡、埃塞克斯郡各一部分。

[④] 周一良、吴于廑主编：《世界通史资料选辑》，中古部分（郭守田主编），第380—381页。据说亨利八世曾在路上碰到温奇库姆家运呢绒的车辆，惊呼道："纽伯里的小约翰这家伙比我还富有。"参见〔法〕保尔·芒图：《十八世纪产业革命》，杨人楩译，商务印书馆1983年版，第18页。

[⑤] 〔苏〕梅舍亮柯娃："论十七世纪英国资产阶级革命前夜英国工业的发展"，载《历史译丛》（东北师大编），第1集，1960年，第48页。

特（Stroudwater）和卡斯尔库姆（Castlecomb）作为优质染色呢绒的名称蜚声于欧洲市场。绒线和绒线呢（Worsted）得名于发源地诺福克郡北部的沃斯提德村（Worstead），萨福克郡克西（Kersey）村则成了英国一种最普遍的窄幅粗质廉价呢绒名称，到处都生产这种呢绒。[①]不过这些乡村工业的本质是手工生产，生产手段没有发生变革，因此当毛纺业丧失竞争优势而衰落时，这些手工业村镇很快衰落，以至默默无闻。今天的沃斯提德村仍有个巨大教堂，见证了其毛纺业兴旺、人口聚集的辉煌过去，而几条简陋街道则表明这一辉煌早已是明日黄花。

2. 工业化启动期：工业村镇就地成长为工商业城市

英格兰西北部乡村工业区则和传统毛纺区不同，是另一种命运。这里的兰开夏棉纺区、"黑乡"（Black Country）铁制品生产区、约克郡西莱丁毛纺区，"哈兰夏"金属品加工区等，作为乡村工业区，其发展晚于前述两个传统毛纺区，16、17世纪开始起步，17世纪晚期以后进入高潮。最初也是手工业性质，出现了许多手工业村镇。18世纪中期，这一地区率先在乡村工业中发生了工业革命，乡村工匠演变为工厂老板或工人。随着工业化的启动和深入，这些工业村镇就地成长为工商业城市，对资源和人口的吸附力大为增强，不但促使所辐射的附近农村走向城镇化，其农民就地转变为城镇居民，还吸引着和吸收了大量来自区域内外的城乡人口。哈德森教授研究发现，工业革命时期城市的人口死亡率远高于出生率，这正说明城市的成长是乡村移民较多的缘故。[②]就是说，死在城里的人很多不是城市出生的，是从外地主要是乡村移居城市的。

兰开夏棉纺区。工业革命前，兰开夏已成长为英国最重要的纺织区，包含三个纺织业地带，即以曼彻斯特和波尔顿为中心的中部棉纺和棉麻混纺业地带；以普雷斯顿和斯托克波特为中心的西部、

---

① M. W. Beresford and J. K. S. St. Joseph, *Medieval England; an aerial survey*, Cambridge University Press, 1979,p.267.

② P. Hudson, *The Industrial Revolution*, p.156.

南部麻纺业地带；以罗奇代尔为中心的东部毛纺业地带。三个地带都出现了许多工业村镇。工业革命最先在兰开夏的乡村棉纺业中发生，因生产需要更多劳动人手，从而聚集了大量人口，原有的手工业村镇就地成长为工商业城市。曼彻斯特这个在18世纪末还被视为"大村庄"的地方，这时已是英国第二大城市、第一大工业城市；为兰开夏工业服务的利物浦成为英国第二大港口城市；工商业城市在兰开夏中部和南部星罗棋布，这里成了世界上第一个现代工业化城市化地区。

"黑乡"铁制品生产区。位于西密德兰，铁制品生产起步早，较快发展则始于17世纪，伯明翰和达德利等是铁制品业小城镇，区内还有达拉斯顿、蒂普顿等一大批手工业村庄。该区也是工业革命发祥地之一，瓦特蒸汽机最早就是在伯明翰投入应用的。工业革命中，资源和传统优势使西密德兰成为英国最重要的煤铁生产基地，就地城镇化速度加快。伯明翰逐步成长为英国第二大城市（在20世纪），达德利和伍尔弗汉普顿都是一流的工业城市。这个工业化城市化地区，今天叫作西密德兰都市区。

约克郡西莱丁毛纺区。这是18世纪英国最大最重要的毛纺区，利兹、布雷德福和哈利法克斯等是著名工业城镇。由于毛纺业传统和优势惯性，西莱丁区最初对工业革命有一定抵触，19世纪初期全面采用机器新技术，工业大发展，以利兹和布雷德福等为中心，西莱丁形成了英国又一个重要的工业化城市化地区。

"哈兰夏"金属品加工区。这个以约克郡南部设菲尔德为中心的乡村地区，中世纪晚期就形成了刀剑五金品制造业。它虽然并不率先发生工业革命，但很快兴起了钢铁业，成为英国最重要的钢铁生产中心。设菲尔德成长为英国最著名的工业城市之一。

随着工业化进程，工业城镇发展为工商业城市，需要吸纳更多劳动力。因此，新城区所覆盖的原有乡村，以及城市的郊区农村，人口大多转为城市人口，或直接为城市服务的人口。离城市稍远的乡村区，也因大工商业城市就业机会多、生活条件好，其农民纷纷向城市迁移，而不是以"就地"非农化为主。

3. 工业化完成期：就地改造乡村，使其生活方式具有城市性

到工业化接近完成时，城市人口已居多数，剩下的乡村区则有两类。一类是工业地区城市之间的农村，它们实际已演变成附近城市的从属物，其经济社会差不多与附近城市一体化。另一类则是典型农业地区或乡村地区，仍以农业和农民为主体，如英格兰的东北区、东密德兰、东盎格利亚和西部西南部等。工业化完成期的就地城镇化主要指第二类乡村区。

在工业化启动期，工业主要坐落于乡村地区，乡村的竞争力不逊于原有城市，甚至更具优势，因此村庄就地成长为城市、农民就地演变为工人不会受到大的阻碍。而到工业化高潮后，大中城市优势已十分强大，与农村拉开了很大差距，普通农村基本不具备与城市竞争、发展现代工业的能力。同时，城市的地理布局也呈饱和状态，因此在典型农业区，走村庄演变为工业村镇、再成长为城市的就地城镇化道路，走农民离土不离乡、就地转化为非农人员和城市居民的途径，已是困难重重。

因此，工业化完成期的英国农村"就地城镇化"，主要转向了让乡村生活条件城市化，因地制宜依照城镇标准改造乡村。自19世纪中期始，英国开展了大规模的"乡村改造"运动，在农村人口生活方式中引入城市性，使其生活状态和管理体制"就地"城市化，缩小城乡差别。改造工作涵盖面广：构筑商业、金融、邮电等公共服务体系；建设道路、交通、供排水、供电等基本设施；发展教育文化事业，提高农村人口的文化素质和现代品质，使其有能力从事现代化工作；建立和健全医疗卫生、体育、福利、养老保障等社会公益事业；构建适应于乡村社区的管理体制，让人口自由流动，农民能进城，市民可下乡。

19世纪中期后，英国加速了农业集约化、专业化进程，如东盎格利亚成为肉奶产品基地，伦敦周围农村成为花草苗木供应基地，东密德兰和西部西南部成为商品粮食生产基地；而农业实现机械化、

规模化,则大大减少了农业的劳动力需求。为了经济发展地区性平衡,19世纪后期又开始了"工业南下"运动,在东部、东南部、西南部大力发展消费品工业,提供大量就业机会,消化农村剩余劳动力,乡村居民职业逐步非农化。从1841年至1911年,若将英格兰东南部作为一个整体看,该地区轻工业在全国所占比例是：木材加工和家具制造为40.0%,造纸、印刷和出版行业为44.2%,制衣行业为37.8%,机械工具制造行业为48.0%,电力机械制造行业为41.4%,各种服务业为40.3%,所有的新工业总起来为31.9%。[1] 还在农村扶持旅游业等新经济部门成长,增加乡村就业机会,增强乡村的经济实力。西部科茨沃兹山区旅游业的发展是最成功的典型。

英国农村就地城镇化的阶段性带来了许多启示。到工业化高潮期后,一定要防止以"就地城镇化"为标签硬性将农民固定在本地,要改变只让农民就地非农化的做法,转变让农民离土不离乡的观念。为实现个人愿景,农民既可留在本地,也可就近进入周围城镇,更可迁徙至远方城市。大城市不应为防止"城市病"而反对人口流入。"人往高处走"体现了积极向上的能动性,应予鼓励。关键是,如果农村生活条件、就业和创业机会,都与城市一样了,农村居民就业和创业能力与市民不相上下了,他们自然会"就地"谋发展。

农村城镇化典范地区：科茨沃兹

欧洲乡村的风景和舒适以英国为最。早在20世纪初,中国文人林语堂就发出了"住要住英国乡村"的感慨。而英国乡村中,又以英格兰西部科茨沃兹地区的景色和情调最为迷人。科茨沃兹有"英格兰心脏"之誉,其山系主要位于格罗斯特郡,其地区范围则跨越了沃里克、伍斯特、牛津、威尔特、赫里福德和萨默塞特等郡。[2] 从中世纪晚期以来的几次转型,最终使科茨沃兹成为了农村城镇化的

---

① 包括伦敦附近的东南部12个郡。C. H. Lee, "Regional Growth and Structural Change in Victorian Britain", *The Economic History Review*, New Series, Vol. 34, No. 3 (Aug., 1981), p.450.

② https://www.cotswolds.info/Cotswolds History and Heritage, August, 4, 2014.

典范、美丽乡村的世界级代表。

1. 原工业化兴起促使科茨沃兹早期城镇化起步

由于自然条件较好，科茨沃兹农村在中世纪早期就是农牧业混合型经济，养羊业非常重要，所产优质羊毛闻名西欧。12 世纪有人认为，欧洲最好的羊毛出在英格兰，英格兰最好的羊毛出在科茨沃兹。最初羊毛多输往国外市场。12、13 世纪，由于呢绒生产中应用水力漂洗轮，河流众多而又湍急的科茨沃兹山丘地带，便吸引了城市工匠和外国移民聚集，13 世纪，斯特劳德河谷出现了毛纺业和漂洗坊。14 世纪后英国毛纺织业迅速发展，15、16 世纪成为民族工业，以科茨沃兹为中心的格洛斯特郡毛纺业，与邻近的威尔特郡、萨默塞特郡一道，成为其时英国最重要的毛纺织区。除优质羊毛和充足水力资源外，这里还有斯特劳德河谷的漂白土，有当地赭红岩石制成的染料，往西南又靠近布里斯托尔港口，便于联系国外呢绒市场。15世纪，斯特劳德河谷的漂洗坊达到一百五十多个，出现很多呢绒制造商，"斯特劳沃特"作为优质猩红色宽幅呢，蜚声英国和大陆市场。16 世纪亨利八世末年，科茨沃兹地区以漂洗、染色和完成最后工序而闻名遐迩。

随乡村毛纺业发展而来的，是城镇化推进和非农业人口增多。1561—1562 年伦敦呢绒出口统计中，列举了格罗斯特郡有 26 个呢绒生产中心，其中只有少数几个是原有城市。17 世纪初一个职业普查，搜集了格罗斯特从事纺织业的 2 637 人的材料，其中格罗斯特等三个老城市仅 135 人，占 5%；来源于乡村的被调查者则达 2 502 人，占了 95%。三个城市中从事纺织业者，占该三个城市职业清楚者（1 232 人）的 11%；而乡村从事纺织业者，却占职业清楚的乡村人口（15 814 人）的 15.8%。科茨沃兹共五个百户区，普查中从事纺织业的比例分别为 45.2%、39.4%、37.9%、31.6%、28%，比例极高。[①] 如果再加上乡村中其他非农人员，科茨沃兹乡村的非农业人

---

① 参见 A. G. Tawney and R. H. Tawney, "An Occupational Census of the Seventeenth Century", *The Economic History Review*, Vol.5 (1934).

口当在一半以上。

乡村毛纺业这个典型的原工业的发展，使得科茨沃兹地区遍布新兴纺织小城镇和纺织村庄，它们拥有的财富甚至还超过老城市。如科茨沃兹老纺织城市温奇库姆 1523 年上缴税收少于 1334 年，而比兹利这个斯特劳德河谷村庄 1523 年上交的税是 1334 年的 13 倍。罗德伯罗村 1523 年交税是 1334 年的五倍。赛伦赛斯特这个科茨沃兹首府城市，1334 年缴税是比兹利村的六倍，而 1523 年比兹利上缴的税反超过了赛伦赛斯特。1523 年，在比兹利这个毛纺村庄 251 个纳税人中，有 112 个是挣工资的人。[①] 正是大量的比兹利这样的村庄演变为新兴城镇，到 1660 年时，比兹利和斯特劳德才都能拥有三千多居民。[②] 这个时期，这里的富有制造商还修建了大量豪华宅第，以及一些"羊毛教堂"，这些建筑至今犹存。

2. 工业革命落伍刺激科茨沃兹向多样化经济转型

科兹沃兹所在的英国西部毛纺业，从 16 世纪中期后开始动荡。这主要由于它生产传统的宽幅呢市场狭窄，竞争不过大众化的东盎格利亚"新呢绒"价格低廉的优势。国王查理二世曾颁布奇特的"羊毛裹尸法令"，要求死者需用羊毛裹尸才能下葬，并在 1667 年强制推行（苦主家须宣誓执行，否则罚款五英镑；只有死于瘟疫者除外），但仍未能阻挡科茨沃兹养羊业和毛纺业的颓势。从 1660—1699 年格罗斯特城及其腹地的法庭案卷中可以看到，925 个职业明确的当事人里，属于纺织业的为 150 人，仅占 16.2%；其中乡村当事人 805 人中，属于纺织业的 136 人，占 16.9%，比例较 17 世纪初大幅度下降。毛纺业创造的财富也在减少，上述 925 人中，毛纺业者占有财富的平均值（小城镇 47 英镑、村庄 38 英镑），低于非农业者的总平均值（小城镇 58 英镑、村庄 46 英镑）。村庄中从事毛纺业者的

---

① E. M. Carus-Wilson, "Evidences of Industrial Growth on Some Fifteenth-Century Manors", *The Economic History Review*, second series, Vol.12, No.2 (1959), p.191.

② Peter Ripley, "Village and Town: Occupations and Wealth in the Hinterland of Gloucester, 1660-1700", *The Agricultural History Review*, Vol. 32, No.2 (1984), p.173.

财富平均值（38 英镑），远低于务农者的财富平均值（101 英镑）。[①]

由于纺织业不再是科茨沃兹地区的优势，大量纺织工失业后，迁徙到了东部或成为流浪者。因此，虽然 1690—1760 年科茨沃兹毛纺业出现了复兴态势，但由于从业人员减少，加上羊毛原料多来自外地和外国，生产自然大受限制，呢绒年产量也只达到 50 000 匹。[②]而 18 世纪中后期约克郡西莱丁区产量最多时为 40 万匹，孰优孰劣立见高下。由于没有广泛的生产基础，科茨沃兹所在西南区不但没有率先发生工业革命，甚至还未追随而行。当英格兰西北和东南机器隆隆轰响之时，留在这里的人们只好回望乡野，再次将自己的土地变成青草茵茵的牧场，变成供应西北工业区和东南工商业人口的肉、奶、粮等基地了。

从科茨沃兹经济出现波折的时候起，这里的人们就没有消沉，从 17 世纪到 20 世纪，科茨沃兹有不少创造新经济部门的例子。17世纪初，特拉西家族开始在这一带试种烟叶，后被视为不合法而查处。他们不甘罢休，又试种亚麻，同时偷种烟叶。18 世纪，丝织业在这里兴起，丝织工厂主要位于温奇库姆、布洛克利、布劳德威一带。在布劳德威，1810 年由曼恩建立了一个丝织工厂，直到 1864 年才关闭，其遗迹至今尚存。在温奇库姆，今天还有条丝绸巷。布劳德威塔修建于 1797 年，曾有一段时间用于当地的手套制造业。1822—1862 年，托马斯·菲利普将该建筑用作他个人的印刷厂。于是，出版和印刷又成为该地区的传统行业。2011 年秋笔者到斯特劳德城考察问路时，指路人大为惊讶：一个中国人居然访问这样一个僻远小镇，我告知这里几百年前毛纺织业兴旺时，她始恍然大悟。现在这里办有二十多家出版社，虽然某些出版社的门脸不忍卒看，但其出版的书籍却发行全世界。19 世纪末 20 世纪初，威廉·莫里斯曾在奇平

---

① Peter Ripley, "Village and Town: Occupations and Wealth in the Hinterland of Gloucester, 1660-1700", *The Agricultural History Review*, Vol. 32, No.2 (1984), p.173.

② R. P. Beckinsale, "Factors in the Development of the Cotswold Woollen Industry", *The Geography Journal*, Vol. 90, No.4 (1937), p.349.

坎登开创了艺术和技艺运动。但是这些都不能根本上改变科茨沃兹的落伍面貌，它必须凤凰涅槃，在浴火中重生。

3. 美丽乡村建设提升科茨沃兹为世界级乡村旅游区

科茨沃兹地区具有丰富的旅游资源。这里的岩石为侏罗纪石灰石，通体呈土黄色，当地人普遍用这种岩石筑房，从中世纪就留下了这种传统。1966 年，科茨沃兹地区被规划成英格兰和威尔士最大的"卓越自然美景区"（Area of Outstanding Natural Beauty），南北绵延 80 英里，面积 2 038 平方公里，其中 80% 是农田。而村镇上则是大量的传统建筑遗存物。2000 年被列为国家公园。除黄石砌成的村庄住宅外，这里还留下了用黄色石头垒砌的土地和道路界墙。当地宣传资料甚至说其长度达 3 000 英里，可比肩中国的长城。为吸引旅游者，还精心构筑了四通八达的道路网。尤其值得一提的是，沿着科茨沃兹山脊有一条专供游览的国家级步行小道，砂石土路，从东北方的奇平坎登，中经布劳德威、温奇库姆、切尔滕纳姆、斯特劳德、德尔斯利、奇平索德伯雷等著名村镇，一直往西南方向延伸到温泉旅游度假胜地巴斯城，全长 166 公里。[①]旅游者身在高处行走，远近风景移步变幻，尽收眼底。

在科茨沃兹发展旅游业的进程中，有一件大事值得书上一笔，那就是英国皇家在切尔滕纳姆建立了赛马场，赛马每年 10 月举行，吸引着全英以及欧洲各地的赛马爱好者，也扩大了科茨沃兹的知名度，为这里的旅游业带来了更多客源。

这一地区人口也保持着较大的流动性，富人们常被吸引来此购买第二套房，或选择退休后在这里颐养天年。为了保护这里的独特遗产，依照 2004 年一条法令成立了独立的公共组织科茨沃兹保护委员会，其资金来源于"自然英格兰"组织及这个"卓越自然美景区"所覆盖地区的 17 个地方当局。科茨沃兹的美丽景色还被许多文学家、艺术家所关注，将之写入了他们的文学或音乐作品中。

---

① *Great Britain: Road Atlas*, Automobile Association Developments Limited, 2012, p.15; Vikypedia: Cotswolds.

现在，科茨沃兹地区居民不过 85 000 人，是英格兰人口密度最小的地区之一，大约有一半教区人口密度每平方英里未达到300人。旅游业从 20 世纪后期成为该乡村地区经济新增长点后，21 世纪更成为这里的第一大经济部门，每年接待国内外一日游旅客3800万人，创造收入 1.3 亿英镑，是英国非城市区经济增长速度最快的地方。居民收入也远高于伯明翰、曼彻斯特、利物浦、利兹等大工商业城市。据英国巴克莱银行 2007 年报告的数据，科茨沃兹户均年收入为 60 800 英镑，是排名前20位中不属伦敦和英国东南部的仅有的两个区之一（另为切郡的塔屯，62 350 英镑。最富的伦敦肯辛顿和切尔西区，户均超过 100 000 英镑；其次是伦敦老市和威斯敏斯特，81 425 英镑）。①科茨沃兹乡村的这种华丽转身，是农村城镇化的最佳典范。

---

① https://www.cotswolds.info/Cotswolds History and Heritage, August 4, 2014.

第十二章　欧洲大陆的城市化进程

整个欧洲的城市发展是一个长期过程，始自 11 世纪，直至 21 世纪。而且可以将之划分为三个阶段：1000—1300 年，中世纪高速发展时期；1300—1800 年，相对停滞或稳定时期；1800—2000 年，现代发展时期。如同欧洲大陆的工业革命和工业化进程大约晚于英国半个世纪一样，欧洲大陆城市的现代发展时期，或其现代城市化进程启动也要比英国晚半个世纪，始于 1800 年左右。

一、对欧洲城市化率的各种估计

城市化有两方面表现，一是已有城市越来越大，人口越来越多；二是城市的数目越来越多。总起来看，也就是城市人口越来越多，因此城市化率基本上就是人口的城市化率。

19 世纪各国城市化的起点水平是不一样的。从中世纪到 18 世纪，欧洲各国的城市化率极不平衡。先看表 12-1。

表 12-1　中世纪欧洲各国 10 000 人口以上城市的人口比重（％）[1]

时间 国家或地区	6世纪	7世纪	8世纪	9世纪	10世纪	11世纪	12世纪	13世纪	14世纪	15世纪	1500年
波希米亚						0.6	0.9	2.0	4.3	5.9	1.7[1]
不列颠				0.4	2.4	3.1	2.2	2.2	2.5	2.1	2.0

---

① 〔荷〕扬·卢滕·范赞登：《通往工业革命的漫长道路：全球视野下的欧洲经济，1000—1800》，隋福民译，浙江大学出版社 2016 年版，第 50 页。

续表

国家或地区＼时间	6世纪	7世纪	8世纪	9世纪	10世纪	11世纪	12世纪	13世纪	14世纪	15世纪	1500年
法国		0.5	2.1	2.9	3.6	4.9	5.7	5.5	6.1	6.7	4.2
比利时					3.0	9.9	12.5	15.0	26.2	29.6	21.1
荷兰						1.0	2.2	4.1	4.7	10.4	15.8
德国		0.9	2.5	3.5	4.8	5.8	5.3	4.7	5.0	5.0	3.2
瑞士									0.7	2.4	1.5
奥地利							0.5	1.0	1.3	1.3	1.7[①]
意大利	3.0	1.8	3.0	4.3	9.9	14.3	13.0	13.2	13.6	13.1	12.4
伊比利亚[②]				0.6	2.4	3.5	3.2	5.6	7.6	9.6	5.7
欧洲平均		0.6	1.8	3.5	4.8	5.4	5.6	6.1	6.7	6.9	5.6

注：①将波希米亚和奥地利合在一起计算；②伊比利亚未统计阿拉伯人所占版图的城市。

表 12-1 反映出，中世纪大城市最发达的是比利时、荷兰和意大利。而在近代早期（16—18 世纪），这种格局有所改变。表 12-2 是 18 世纪的各国城市化水平。可以看出，除英国外，欧洲各地区 1800 年的城镇化水平并不比 1750 年高，比利时甚至还低于三四个世纪前（将表 12-2 与表 12-1 对照可知）。

表 12-2　1700—1800 年欧洲国家的城镇化率（%，5000 人口以上城镇）[①]

国家或地区＼年份	1700	1750	1800
奥地利 - 匈牙利	5—8	6—7	6—7
巴尔干地区	7—12	7—12	8—11
比利时	26—35	18—23	18—22
英格兰	13—16	17—19	22—24
法国	11—15	12—16	11—13
德国	8—11	8—11	8—10

---

① Paul Bairoch, *Cities and Economic Development, From the Dawn of History to the Present,* p.215.

续表

年份 国家或地区	1700	1750	1800
意大利	14—19	15—20	16—20
荷兰	38—49	33—41	34—39
葡萄牙	18—23	13—15	14—17
斯堪的纳维亚	5—8	6—9	8—10
西班牙	12—17	12—18	12—19
瑞士	6—8	6—9	6—8
欧洲	11—14	11—13	11—13
除去英格兰后的欧洲	11—14	10—13	10—13
俄罗斯	4—7	5—7	5—7
全欧洲（含俄罗斯）	9—12	9—12	9—11

表 12-3　1500—1800 年西欧 31 个最大城市的人口（千人）[①]

城市	年份	1500	1600	1700	1800
意大利	那不勒斯	150	281	216	427
	威尼斯	100	139	138	138
	米兰	100	120	124	135
	佛罗伦萨	70	70	72	81
	热那亚	60	71	80	91
	罗马	55	105	138	163
	博洛尼亚	55	63	63	71
	巴勒莫	55	105	100	139

① 〔英〕安格斯·麦迪森：《世界经济千年史》，伍晓鹰等译，第44页。

续表

城市 / 年份		1500	1600	1700	1800
法国	巴黎	100	220	510	581
	里昂	50	40	97	100
	鲁昂	40	60	64	81
	波尔多	20	40	50	88
低地国家	安特卫普	40	47	70	60
	根特	40	31	51	51
	布鲁塞尔	35	50	80	74
	布鲁日	30	27	38	32
	阿姆斯特丹	14	65	200	317
德国和奥地利	纽伦堡	36	40	40	27
	科隆	30	40	42	42
	卢卑克	24	23		23
	但泽	20	50	50	40
	奥格斯堡	20	48	21	28
	维也纳	20	50	114	231
伊比利亚	格拉纳达	70	69	—	55
	巴伦西亚	40	65	50	80
	里斯本	30	100	165	180
	巴塞罗那	29	43	43	115
	科尔多瓦	27	45	28	40
	塞维利亚	25	90	96	96
	马德里	0	49	110	167
英国	伦敦	40	200	575	865

从表 12-2 和表 12-3 可以看出，1700—1800 年，欧洲城市化速度很慢。而且还要考虑两个相互冲抵的因素：一方面，南意大利和西班牙有许多农民住在城市，他们不是严格意义上的从事工商业的城市市民；另一方面，18 世纪里在农村发展了原工业化，有一部分从事乡村工业的非农业人口。[①]城市人口比例在 18 世纪之所以能维持稳定，主要依赖工业向城墙外的扩展，即乡村工业的发展。虽然城市仍像中世纪那样主要是非农业活动的中心，但工业化第一阶段的开展并不只是城市的事，虽然城市在其中扮演着主要角色。

表 12-2 和表 12-3 显示，在 1500—1800 年的三百年间，西欧最大的 31 座城市排名序列不断发生变化，这也反映了西欧不同地区城市化进程的差异性变化。1500 年，前三位城市分别是那不勒斯、威尼斯和巴黎，超过 10 万人口的城市为 4 座；1600 年，前三位是那不勒斯、巴黎和伦敦（均超过 20 万人口），超过 10 万人口的城市为 8 座；1700 年，前三位是伦敦、巴黎和那不勒斯，超过 50 万人口的城市为 2 座，超过 20 万人口的城市为 4 座，超过 10 万人口的城市为 11 座；1800 年，前三位还是伦敦、巴黎和那不勒斯，超过 40 万人口的为 3 座，超过 20 万人口的城市为 5 座，超过 10 万人口的城市达 13 座。

若再以 1800 年作为欧洲大陆现代城市化的起点，不同地区、不同国家之间的差异更大。工业化进程和城市化进程启动时呈现不同水平，既有历史因素作用，也体现地理区位影响，以荷兰、比利时为起点，基本上越往东、往北、往南，启动的时间越晚、规模越小、程度偏低，以至于整个欧洲大陆的城市化水平极其参差不齐。尤其是中东欧国家，与西欧国家的差距太大。1800 年欧洲各国城市化率，从图 12-1 可一目了然。

---

① 参见 Cerman M., Ogilvie S.C. eds., *Protoindustrialisierung in Europa. Industrielle Produktion vor dem Fabrikzeitalter*, Wien, Verlag für Gesellschaftskritik, 1994。

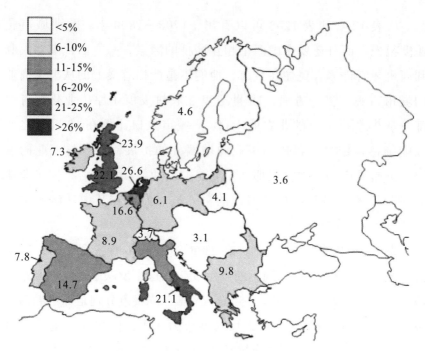

图 12-1　1800 年欧洲各国城市化率

资料来源：Paolo Malanima and Oliver Volckart, "Urbanisation 1700-1870", in G. Federico, A. Klein ed.,*Unifying European Experience: An Economic History of Modern Europe*, 2007, chapter 10。

表 12-4　关于欧洲城市化率（5 000 人口以上城市，
1700—1870 年）的不同估计

年份	贝罗奇估计	增长指数	德弗雷斯估计	增长指数	最新估计	增长指数
1700	1 140 万	1.00	1 190 万	1.00	1 140 万	1.00
1750	1 200 万	1.05	1 240 万	1.04	1 170 万	1.03
1800	1 190 万	1.04	1 300 万	1.09	1 240 万	1.09
1850	1 890 万	1.66	1 670 万	1.40		
1870					1 940 万	1.70

资料来源：Bairoch P. Batou J., Chèvre P., La population des villes européennes de 800 à 1850, Genève, Droz,1988 ; Bairoch P., *Cities and Economic Development from the Dawn of History to the Present*, Chicago, University of Chicago Press, (1988) p. 216 ; De Vries (1984) ; present Appendix。

19 世纪后，欧洲各地区的城市化进程也呈现着极大差别。见表

12-5、12-6。

表 12-5 18、19 世纪欧洲四个区域的城市化率（%）比较

区域＼年份	1700	1750	1800	1870
欧洲北部	13.3	13.3	15.8	27.7
欧洲中部	7.3	7.4	7.5	17.2
欧洲南部	12.3	12.8	15.5	16.8
欧洲东部	4.6	4.4	5.0	7.8
全欧	8.2	8.0	9.0	15.0

注：北部包括斯堪的纳维亚、英格兰和威尔士、苏格兰、爱尔兰、荷兰、比利时。

中部包括德国、法国、瑞士。

南部包括意大利、西班牙、葡萄牙。

东部包括奥地利、波希米亚、匈牙利、波兰、巴尔干、俄罗斯。

表 12-6 各区域城市人口在欧洲城市总人口中所占比例（%）

区域＼年份	1700	1750	1800	1870
欧洲北部	21.8	21.2	24.6	31.7
欧洲中部	28.6	27.7	24.5	29.8
欧洲南部	30.1	30.5	28.8	17.2
欧洲东部	19.5	20.5	22.1	21.3

从表 12-5 可以看出，19 世纪欧洲城市化增长率以中部各国为最高，约为 129%（17.2%÷7.5-1.0=1.29=129%），因其原有水平较低；北部各国虽然次之，约为 75%（27.7÷15.8-1.0=0.75=75%），但其起点指数较高，而且其绝对增长率 11.9%（27.7%-15.8%=11.9%）也高于中部（17.2%-7.5%=9.7%）；东部各国增长率较低，为 56%（7.8÷5-1.0=0.56=56%），而且起点低，所以至 19 世纪晚期其城市化率仅略高于全欧平均水平的一半，是其他地区的不到一半甚至四分之一；南欧国家虽然城市化基础较高，但增长率最低，仅 8.4%（16.8÷15.5-1.0=0.084=8.4%），所以城市化水平还是被中部超过。

从表 12-6 则可以看出，南部各国在欧洲城市总人口中所占比例不断下降，从 1700 年的 30% 下降到 1870 年的 17%。这也说明欧洲的地中海因素日益下降趋势进一步延续。对比一下中世纪：1300 年，地中海区域占欧洲城市人口的 52%；1400 年，占 40%；1500—1600 年，占 42%—43%。

各国之间的城市化进程更是参差不齐。见表 12-7、12-8、12-9。

表 12-7　1870 年欧洲各地区的城市化率排名

1.英格兰	43.0%	7.德国	17.0%	13.瑞士	8.2%
2.苏格兰	36.3%	8.西班牙	16.4%	14.波兰	7.8%
3.荷兰	29.1%	9.爱尔兰	14.2%	15.奥匈	7.7%
4.南意大利	26.4%	10.北意大利	13.4%	16.俄罗斯	6.7%
5.比利时	25.0%	11.葡萄牙	10.9%	17.北欧	5.5%
6.法国	18.1%	12.巴尔干	10.6%		

表 12-8　1500—1900 年欧洲城市化率（%）①
（规模万人以上的城市占总人口的百分比）

年份 国家或地区	1500	1600	1700	1800	1900
比利时	21.1	18.8	23.9	18.9	34.5
法国	4.2	5.9	9.2	8.8	25.9
德国	3.2	4.1	4.8	5.5	28.2
意大利	14.9	16.8	14.7	18.3	21.2
荷兰	15.8	24.3	33.6	28.8	33.4
斯堪的纳维亚	0.9	1.4	4.0	4.6	13.2
瑞士	1.5	2.5	3.3	3.7	16.0
英格兰和威尔士	3.1	5.8	13.3	20.3	61.9
苏格兰	1.6	3.0	5.3	17.3	50.3
爱尔兰	0.0	0.0	3.4	7.0	17.6
西班牙	6.1	11.4	9.0	11.1	26.8
葡萄牙	3.0	14.1	11.5	8.7	12.7
西欧	6.1	7.8	9.9	10.6	31.3

① 〔英〕安格斯·麦迪森：《世界经济千年史》，伍晓鹰等译，第 246 页。

表 12-9　18、19 世纪欧洲各国 5000 人以上城市数目、人口及总人口比率

地区或国家	千平方公里	1700 年				1750 年				1800 年				1870 年			
		城市（个）	城市人口（千人）	总人口（千人）	城市化率（%）	城市（个）	城市人口（千人）	总人口（千人）	城市化率（%）	城市（个）	城市人口（千人）	总人口（千人）	城市化率（%）	城市（个）	城市人口（千人）	总人口（千人）	城市化率（%）
北欧	1 198	7	150	2 900	5.2	8	204	3 600	5.7	12	266	5 250	5.1	44	872	13 300	6.6
英国	151	26	793	5 450	14.6	84	1 407	6 300	22.3	174	2 767	9 250	29.9	374	11 407	23 000	49.6
苏格兰	79	5	76	1 200	6.3	15	193	1 260	15.3	45	597	1 630	36.6	43	1 370	3 420	40.1
爱尔兰	84	7	121	1 900	6.4	8	212	3 120	6.8	17	444	5 200	8.5	28	904	5 800	15.6
荷兰	33	57	884	1 950	45.3	48	771	1 950	39.5	49	791	2 100	37.7	74	1 357	3 650	37.2
比利时	30	35	551	2 000	27.5	49	596	2 200	27.1	55	702	2 900	24.2	103	1 576	4 900	32.2
法国	544	185	2653	21 500	12.3	205	3 067	24 600	12.5	251	3 613	29 000	12.5	371	8 190	38 000	21.6
意大利	301	214	2883	13 500	21.4	277	3 714	15 500	24.0	340	4 544	18 100	25.1	516	7 079	28 000	25.3
西班牙	505	74	1034	7 400	14.0	99	1 302	9 300	14.0	140	2 025	10 500	19.3	287	3 995	16 200	24.7
葡萄牙	92	5	221	2 000	11.1	22	324	2 600	12.5	28	416	2 900	14.3	35	620	4 300	14.4
瑞士	41	21	147	1 200	12.3	19	152	1 300	11.7	11	105	1 700	6.2	41	413	2 700	15.3
奥-匈	626	17	303	15 500	2.0	37	586	18 300	3.2	63	950	24 300	3.9	270	3 803	35 700	10.7
德国	543	123	1333	14 100	9.5	173	1 894	17 500	10.8	205	2 369	24 500	9.7	637	9 596	41 000	23.4
波兰	240	29	288	2 800	10.3	29	292	3 700	7.9	25	330	4 300	7.7	39	711	7 400	9.6
巴尔干	516	40	1324	8 550	15.5	51	1 388	9 900	14.0	96	1 834	12 000	15.3	195	3 366	23 700	14.2
俄国	5 400	17	325	13 000	2.5	46	712	22 000	3.2	89	1 607	35 000	4.6	362	5 799	63 000	9.2
全欧	10 383	862	13 087	114 950	11.4		16 813	143 130	11.7		23 362	188 630	12.4	3 419	61 058	314 070	19.4

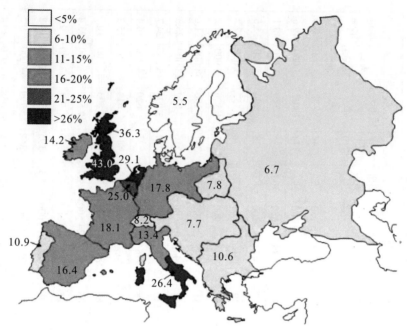

图 12-2　1870 年欧洲各国的不同城市化率

资料来源: Paolo Malanima and Oliver Volckart, "Urbanisation 1700-1870", in G.Federico, A.Klein ed., *Unifying European Experience: An Economic History of Modern Europe,* 2007, chapter 10。

二、法国、比利时和荷兰

这是最靠近英国的地区，也是欧洲大陆最先追随英国开展工业革命的地区，其城镇化进程也是大陆欧洲最快的。

法国

法国版图宽广，农业为主，中世纪时城市密度较小、城市化率较低，近代早期（16—18 世纪）仍然是农业国家，因此 1800 年时，城市化率远低于英国。

表 12-10　近代早期法国 5 000 人以上城市人口和乡村人口（千人）①

年份	总人口	5 000 人以上城市人口	城市人口占比（城市化率: %）	乡村人口	乡村农业人口	乡村非农业人口
1500	15 500	1 410	9.1	14 090	11 270	2 820
1600	19 000	1 660	8.7	17 340	13 100	4 240
1700	21 500	2 350	10.9	19 150	13 600	5 550
1750	24 500	2 530	10.3	21 970	15 050	6 920
1800	29 100	3 220	11.1	25 880	17 080	8 800

从表 12-10 中可以看出，近代早期的三个世纪（1500—1800 年）中，法国城市化率最高的是 17 世纪（1600—1700 年），城市人口增长了 41.5%，城市化率增长了 2.2%；相反，18 世纪整整 100 年里，法国城市人口虽增长了 37%，但城市化率仅增长了 0.2%，18 世纪前半个世纪里，城市化甚至下降了 0.6%，幸亏后半个世纪由于工业化启动而加速了城市化。

因此，法国大规模的工业化和城市化大致可从 1800 年左右算起，这在大陆应该算是比较领先的国家了。然而直到近代，法国都是一个农业大国，农业人口在全国总人口中有较大比例。因为法国耕地面积宽，需要较多农业劳动力。因此 19 世纪里，法国乡村的剩余人口规模并不很大，向城市的转移也较为有限。另外，由于 19 世纪法国政治动荡剧烈，对外战争也相对较多，因此法国总人口增加也比较慢，而且也很少有外来人口移入予以补充。不过，随着 19 世纪工业化和城市化进程，法国的城市总人口及其所占百分比还是不断上升。如 19 世纪中后期，法国城市在总人口中所占比重增长了 50%（1846 年为 24.4%，1891 年为 37.4%，见表 12-11），这与英国差不多（1851 年为 51%，1891 年为 72%）。而且，19 世纪下半期法国乡村人口不光是比重减小，绝对人口也从 2 675 万减少为

---

① E. Anthony Wrigley, "Urban Growth and Agricultural Change: England and the Continent in the Early Modern Period", *Journal of Interdisciplinary History*, Vol. 15, No. 4, Population and Economy: From the Traditional to the Modern World (Spring, 1985), p. 718.

2403 万。不过，法国农业需要劳动力较多，1913 年占到了 40%。另一方面，法国工业因企业规模小而著称。按照 1906 年普查，法国有 71% 的工业企业没有工资劳动者，其企业工人就是业主和家庭成员，占全国工业劳动力的 27%。在另一端，雇佣工人超过 500 人的大企业有 574 个，工人约为全国工业劳动力的 10%，或工资劳动力的 18.5%，所以法国是各主要国家中城镇化程度最低的。[①]

表 12-11　19 世纪后期法国城市人口及占全国总人口比重 [②]

年份	法国总人口	乡村人口	城市人口	城市占总人口比例（%）
1846	35 400 486	26 753 743	8 646 743	24.4
1851	35 783 170	26 647 711	9 135 459	25.5
1856	36 139 364	26 244 536	9 844 828	27.3
1861	37 386 313	26 596 547	10 789 766	28.9
1866	38 067 064	26 471 716	11 595 348	30.5
1872	36 102 921	24 868 022	11 234 899	31.1
1876	36 905 788	24 928 392	11 977 396	32.4
1881	37 672 048	24 575 506	13 096 542	34.8
1886	38 218 903	24 452 305	13 766 508	35.9
1891	38 343 192	24 031 900	14 311 292	37.4

　　法国 1846 年规定，列入城镇的标准是必须不少于 2000 人，这一标准后来在大陆欧洲大多数地方通用。1887 年由国际统计学研究所接受。1901 年，法国城市人口达到 1 590 万，占总人口的 40.9%；1911 年，城市人口达到 1 750 万，占总人口的 44.2%。[③]1920 年，法国城市人口达到全国总人口的一半，[④] 才达到英国 1850 年左右的

---

　　① Rondo Cameron, *A Concise Economic History of the World, From Paleolithic Times to the Present*, p.238.

　　② Adna Ferrin Weber, *The Growth of Cities in the Nineteenth Century, A Study in Statistics*, p.68.

　　③ Roger Price, *Modernization of Rural France: Communication Networks and Agricultural Market Structure in Nineteen Century*, London, 1983, p.292.

　　④ Adna Ferrin Weber, *The Growth of Cities in the Nineteenth Century, A Study in Statistics*, p.68.

城市化水平。1930 年左右，法国城市人口开始超过总人口的 50%。但就自身纵向对比来说，19 世纪的法国城市化速度也是极快的。从 1806 年至 1911 年，法国总人口仅增长了 34.8%，然而城市人口却在同一时期内增长了 301%。[①]

法国城市发展主要与工业革命以及与之联系紧密的商业服务体系相关，因此一方面，大工商城市人口增长的速度快于城市人口增长平均速度。对比一下：1801 年，20 000 人以上大城市占全国总人口比例为 6.75%，[②] 是城市总人口占比（11%—13%）的一半多一点；1911 年，20 000 人以上大城市占全国总人口比例为 26%，[③] 是城市总人口占比（44.2%）的 60% 左右。也有材料显示，1806 年，包括巴黎在内的前 40 大城市占城市人口总数的 49%，1911 年则上升到 61.35%。其中如巴黎，1911 年人口占了全国总人口的 10%。[④] 另一方面从时间上看，法国城市化进程的加快也主要因为工业化进程加快。法国工业革命较大规模地开展是在 1830 年后，而其效果的显现则要过二十年左右。几项重要指标中，棉花原料消费 1860 年（1.23 亿公斤）比 1850 年（5 900 万公斤）增加了一倍多；蒸汽机马力 1860 年（180 555 马力）比 1850 年（66 642 马力）增加了近两倍；工业用煤量 1860 年（1 427 万吨）比 1850 年（722.5 万吨）增加了将近一倍；生铁和熟铁产量 1860 年（89.8 万吨）比 1850 年（41.6 万吨）增加了一倍多。铁路修建至 1850 年仅为 3 002 公里；1855 年即达到 5 527 公里；1860 年，9 433 公里；1865 年，13 585 公里；1875 年，21 770 公里；1880 年，26 190 公里；1885 年，32 497 公里。因铁路修建，当然也有许多新城市出现，或老城市人口大幅度增加。研究者认为，法国城市人口的增加与工业发展之间的关系最

① Roger Price, *A Social History of Nineteenth Century France*, London: 1987, p.85.

② J. H. Clapham, *Economic Development of France and Germany 1815-1914,* Cambridge: 1968.

③ Ibid.

④ 陈恒等著：《西方城市史学》，商务印书馆 2017 年版，第 329、313 页。

为直接。①

比利时

比利时是大陆上最先跟进英国工业革命潮流、最早进行工业革命的国家。这个国家在中世纪时就因有诸多佛兰德尔纺织城市而成为西北欧经济最发达的地区，但 17、18 世纪在奥地利哈布斯堡家族统治下社会经济发展缓慢。拿破仑战争结束后比利时取得独立，其经济出现新的飞跃，工业化和城市化同步推进，经过将近一个世纪的发展，比利时城市人口占到了全国总人口的将近一半。这是欧洲大陆上城市化率最高的国家（表 12-12）。

表 12-12　19 世纪后期比利时城市人口增长及在全国所占百分比②

年份	比利时总人口	乡村总人口	城市（座）	城市人口	占总人口比例（%）
1846	4 337 196	2 021 329	112	1 415 867	32.6
1856	4 529 461	2 952 079	118	1 577 382	34.8
1866	4 827 833	3 046 460	131	1 781 373	36.9
1880	5 520 009	3 143 232	166	2 376 777	43.1
1890	6 069 321	3 174 627	191	2 894 694	47.7

荷兰

荷兰曾被称为 17 世纪欧洲经济发展的"模范国家"③。城市化率在 17 世纪中后期为最高，18 世纪中期反而呈现下降趋势（表 12-13）。

---

① Adna Ferrin Weber, *The Growth of Cities in the Nineteenth Century, A Study in Statistics*, pp.78-80.
② Ibid., p.116.
③ 马克思：《资本论》，第 3 卷下，第 681 页。

表 12-13 近代早期荷兰的 5 000 人以上城市人口和乡村人口（千人）①

年份	总人口	城市人口	城市人口占比（城市化率: %）	乡村人口	乡村农业人口	乡村非农业人口
1550	1 250	260	21	990	745	245
1600	1 500	435	29	1 065	750	315
1650	1 875	700	37	1 175	775	400
1700	1 900	740	39	1 160	768	395
1750	1 925	675	35	1 250	825	425
1800	2 100	700	33	1 400	925	475

其中的荷兰省，其城市人口在 16 世纪就占了总人口的一半以上（表 12-14）。

表 12-14 16—18 世纪荷兰省的城市人口增长及比例②

年份	1514	1622	1795
全省总人口	274 810	670 661	783 920
城市人口及比例	140 180（51%）	397 307（59%）	507 094（63%）
万人以上城市人口及比例	57 400（21%）	372 678（55%）	406 997（51%）

由于经济发展模式偏重商业和借贷，荷兰从"黄金时代"蜕变为 18 世纪的"假发时代"，③经济一蹶不振，工业革命也姗姗来迟，城市化进程几乎没有进展。1859 年与三十年前的 1829 年相比，其城市人口增长指数（126.84%）基本上等同于全国人口增长指数（126.62%）或乡村人口增长指数（126.54%），见表 12-15。

① E. Anthony Wrigley, "Urban Growth and Agricultural Change: England and the Continent in the Early Modern Period", p. 714.

② J. De Vries, *The Dutch Rural Economy in the Golden Age, 1500-1700,* Yale University Press, 1974,pp.86-87,91.

③ 陈勇：《商品经济与荷兰近代化》，武汉大学出版社 1990 年版。

表 12-15　19 世纪中后期荷兰人口增长指数 [①]

年份	1829	1839	1849	1859	1869	1879	1889
全国人口	100	109.46	116.97	126.62	136.97	153.54	172.62
城市人口	100	109.02	115.42	126.84	140.40	167.52	209.82
乡村人口	100	100.60	117.50	126.54	135.76	148.69	159.73

其中的荷兰省，19 世纪中期（1849 年）城市人口所占比例（29%）甚至还低于半个多世纪前的 1795 年（29.5%），见表 12-16。

表 12-16　19 世纪荷兰省 1 万人以上城市人口及占总人口百分比

年份	1795	1829	1849	1889	1889
10 000 人以上城市人口	554 920	678 046	884 938	1 939 483	1 503 900
荷兰省总人口	1 880 463	2 613 487	3 056 879	4 511 415	4 474 461
城市人口占总人口百分比	29.5	26.0	29.0	43.0	33.5

注：1889 年有两栏数据，之所以不同，系统计口径差异，即前栏包括了郊区人口，后栏未包括。

只是到了 19 世纪末，荷兰的城市化率才超过 40%。这是一个未见到工业化推动城市化的反例。

三、德国、奥匈和瑞士

德国

普鲁士和奥地利曾是德国两个最重要的邦国。19 世纪德国统一进程中，曾有"大德意志"和"小德意志"之说，前者主张德国统一应包括奥地利，后者则排除奥地利。19 世纪 70 年代德国在普鲁士领导下实现统一后，奥地利不再属于德国，而是在 19 世纪晚期与

---

① Adna Ferrin Weber, *The Growth of Cities in the Nineteenth Century, A Study in Statistics*, p.114.

匈牙利共组奥匈帝国。就德国来说，城市以人口为标准划分成四类：地方城镇，2 000—5 000 人；小城市，5 000—20 000 人；中等城市，20 000—100 000 人；大城市，100 000 人以上。[①]

表 12-17　19 世纪后期德意志城市人口及占全国总人口比例[②]

年份	城市数目	城市人口总量	城市占总人口比例(%)	乡村人口总量	乡村占总人口比例(%)	德意志人口总量
1871	2328	14 790 798	36.1	26 219 352	63.9	41 058 792
1875	2528	16 657 172	39.0	26 070 188	61.0	42 727 360
1880	2707	18 720 530	41.4	26 513 531	58.6	45 234 061
1885	2771	20 478 777	43.7	26 376 927	56.3	46 855 704
1890	2891	23 243 229	47.0	26 185 241	53.0	49 428 470

表 12-18　19 世纪普鲁士城市人口及占全国人口百分比[③]

年份	10万人以上城市数目	10万人以上城市人口总量	城市总数目	城市人口总量	占总人口比例(%)	乡村人口总量	占总人口比例(%)	普鲁士全国总人口
1816	1	197 817	935	2 627 655	25.46	7 438 460	73.50	10 349 031
1834	1	257 336	972	3 464 587	25.64	9 825 256	72.73	13 507 999
1837	1	265 394	972	3 639 983	25.82	10 244 453	72.67	14 098 125
1840	1	311 491	973	3 861 017	25.87	10 863 337	72.77	14 928 503
1843	1	333 990	979	4 059 840	26.25	11 208 376	72.45	15 471 084
1846	2	495 995	980	4 308 665	26.73	11 603 990	72.02	16 112 938
1849	2	505 376	980	4 370 863	26.76	11 714 275	71.73	16 331 187
1852	2	535 990	981	4 438 377	27.38	12 170 211	71.57	16 935 420
1855	3	648 415	986	4 750 144	27.71	12 181 391	71.11	17 202 013

[①]　Adna Ferrin Weber, *The Growth of Cities in the Nineteenth Century, A Study in Statistics*, p.15.

[②]　Ibid., p.90.

[③]　Ibid., p.82.

续表

年份	10万人以上城市数目	10万人以上城市人口总量	城市总数目	城市人口总量	占总人口比例（％）	乡村人口总量	占总人口比例（％）	普鲁士全国总人口
1858	3	577 443	987	5 038 812	28.53	12 436 610	70.41	17 739 913
1861	3	776 679	992	5 351 219	29.41	12 810 719	69.28	18 491 220
1864	3	883 377	994	5 717 586	29.84	13 191 943	68.85	19 255 139
1867	4	1 105 831	1273	7 456 160	31.10	16 515 177	68.90	23 071 337
1871	4	1 275 663	1290	8 000 931	32.46	16 605 253	67.54	24 641 539
1875	6	1 673 728	1286	8 780 267	34.18	16 913 367	65.82	25 693 634
1880	7	2 049 136	1287	9 707 802	35.58	17 571 309	64.42	27 279 111
1885	12	2 880 293	1287	10 554 596	37.27	17 763 874	62.73	28 318 470
1890	16	3 979 886	1263	11 786 061	39.38	18 169 220	60.62	29 955 281
1895	18	4 632 731	1266	12 953 774	40.66	18 896 021	59.34	31 849 795

在 1895 年普鲁士将近 1 900 万的乡村人口中，有些属于较大的工商业聚落，只因没有法律上的城市地位而被归入乡村。其中 2 000 人以上的居民点为 892 个，共 386 万人；[①] 如果将这 386 万人归入城市人口，那么城市人口便可总计为 1 681 万人，占了全国总人口的 52.8%。普鲁士城市人口增长速度的加快是在 19 世纪 60 年代中期以后（城市总人口 1867 年比 1864 年增长 30.5%，远高于 1864 年比 1861 年所增长的不到 7%；10 万人以上大城市总人口 1867 年比 1864 年增长 25%，远高于 1864 年比 1861 年所增长的 13.7%），这与它在 19 世纪后期第二次工业革命中领先紧密相关（见表 12-17、表 12-18）。

---

① Adna Ferrin Weber, *The Growth of Cities in the Nineteenth Century, A Study in Statistics*, p.81.

奥匈帝国

像德国一样，奥匈帝国不少城市直到 20 世纪后期还保留许多中世纪特征，但与德国相比，奥地利和匈牙利的城市发展显然要缓慢得多，这与它们没有紧跟工业革命和工业化潮流密切相关。宽广的奥地利帝国起点太低，1700 年其城市化率只有 4%，19 世纪增长速度虽快，甚至超过同期英格兰，但到 1870 年仍只有全欧平均水平的一半。19 世纪末，无论是奥地利还是匈牙利，其城市人口均未达到 20%，也就是说，这时的奥匈基本上还停留在传统农业社会阶段（表 12-19、表 12-20）。

表 12-19　19 世纪奥地利城市人口及占全国人口百分比 [1]

年份	全奥地利人口	城市数目	城市人口	占总人口比例（%）	其中维也纳人口
1800	12 600 000	14	551 000	4.4	232 000
1821	13 964 341	14	614 000	4.4	260 224
1830	15 588 142				317 768
1837	16 083 046	21	831 127	5.1	333 582
1840	16 575 118				356 869
1843	17 073 231	28	984 600	5.8	373 236
1846	17 613 406	35	1 128 137	6.4	407 980
1857	18 224 500	48	1 551 494	8.5	476 222
1869	20 217 531	53	1 898 000	9.3	607 514
1880	21 981 821		2 836 457	12.8	705 402
1890	23 707 906	100	3 789 365	15.8	1 341 897

---

[1]　Adna Ferrin Weber, *The Growth of Cities in the Nineteenth Century, A Study in Statistics*, p.94.

表 12-20　19 世纪后期匈牙利城市人口及占全国人口百分比 [①]

年份	匈牙利王国	匈牙利本土	131 座城镇	占总人口比（%）	布达佩斯	乡村人口
1850	13 191 553	11 554 337	1 414 156	12.2	156 506	10 140 221
1857	13 768 513	12 067 183	1 632 805	13.5	186 945	10 434 278
1869	15 417 327	13 561 245	1 892 317	14.0	254 476	11 668 928
1880	15 642 102	13 728 622	2 121 475	15.4	360 551	11 607 147
1890	17 349 398	15 133 494	2 449 984	16.1	491 938	12 684 110

瑞士

瑞士从中世纪起就是一个工艺型国家，但从其区位和资源来看，瑞士难以成为大量工商产品的大规模市场，因此它没有大型的工商业城市。18、19 世纪，虽然瑞士手工艺如钟表制作工艺在工业革命技术发明中起了关键性作用，但手工艺本身并不能聚集更多的生产人口，因此瑞士的城市化率并不高（表 12-21）。

表 12-21　19 世纪瑞士城市人口及占全国总人口百分比 [②]

年份 城市规模	1822			1850			1888		
	数目	总人口	比例（%）	数目	总人口	比例（%）	数目	总人口	比例（%）
1 万人以上	5	78 900	4.3	8	176 128	7.3	15	480 388	16.5
5000 人以上	11	120 000	6.5	18	301 538	12.7	52	726 060	24.7

四、意大利和伊比利亚

意大利

中世纪意大利城市化率很高，是整个欧洲城市经济最发达的国

---

① Adna Ferrin Weber, *The Growth of Cities in the Nineteenth Century, A Study in Statistics*, p.101.

② Ibid., p.117.

家。但由于各种因素的作用，意大利从 16 世纪初开始衰落，16 世纪中晚期一度中兴，但很快在 17 世纪初走向彻底衰落，从此一蹶不振，成为沃勒斯坦所说的近代欧洲"世界经济体系"中的半边缘国家。① 近代早期的意大利主要依靠农业人口聚集成城市，如果将这一因素去掉，18 世纪意大利北部和中部城市化就停滞在 13%—14%，远低于中世纪的 18%。19 世纪 70 年代意大利实现统一，其后进入工业革命和工业化时代，促进了城市的一定发展。加上意大利从中世纪以来就有一些著名大城市，故而 1881 年时，意大利的城市化率达到了 43.43%（表 12-22），高于法国和德国。不过意大利经济南北发展很不平衡，工业化和城市化主要集中在北方。点缀在南方的大工业和大城市，被人称为"沙漠中的教堂"。因此，亚平宁半岛南部以及西西里岛，除了那不勒斯、巴勒莫等几个大城市外，至今依然是一片田园风光，主要为粮食等农产品生产基地，农牧业经济占主导地位。

表 12-22　1881 年意大利各类城市人口及占全国总人口百分比 ②

	城市数目	人口总量	在全国总人口中所占比例（%）
全意大利		29 459 628	100.0
100 000 人口以上大城市	9	1 974 394	6.9
20 000—100 000 人口城市	57	1 811 188	6.4
10 000—20 000 人口城市	149	2 084 806	7.3
所有城市 (2000 人以上) 总和		12 358 430	43.43

注：意大利 19 世纪 70 年代实现统一，故而直到 1881 年才有城市人口统计数字。

西班牙和葡萄牙

西班牙和葡萄牙在 16、17 世纪之交丧失了成为西欧世界经济体"核心国家"的机遇之后，在 17、18 世纪中蜕变为西欧世界经济体的半边缘国家。③ 当西欧各国轰轰烈烈地开展工业革命、进入工业化

---

① 参见〔美〕伊曼纽尔·沃勒斯坦：《现代世界体系》，庞卓恒等译，高等教育出版社2000年版。

② Adna Ferrin Weber, *The Growth of Cities in the Nineteenth Century, A Study in Statistics*, p.119.

③ 参见〔美〕伊曼纽尔·沃勒斯坦：《现代世界体系》，庞卓恒等译，高等教育出版社2000年版。

时代时，这两个伊比利亚国家依然踯躅不前，工业化进程极其缓慢，城市化过程也在西欧处于低位。1887 年西班牙城市化率不到 30%，葡萄牙不到 20%（见表 12-23、表 12-24）。像西班牙这样一个在版图和人口上均居西欧前列的大国，其经济地位始终处于后排，直到今天还是向西欧他国输送果蔬产品的基地。

表 12-23　19 世纪西班牙 10 000 人以上城市人口增长及占全国人口百分比 [①]

年份	1820 年左右			1857			1887		
西班牙全国人口	11 411 924			15 464 430			17 565 632		
城市规模	数目	人口	比例（%）	数目	人口	比例（%）	数目	人口	比例（%）
100 000 人以上城市	1	167 607	1.5	4	683 921	4.4	5	1 190 725	6.8
20 000—100 000 人口城市	24	945 270	8.3	23	805 767	5.2	56	1 975 423	11.2
10 000—20 000 人口城市	36	476 530	4.2	72	1 080 000	6.6	79	2 100 000	11.6
城市总计	61	1 600 000	14.0	99	2 570 000	16.2	140	5 200 000	29.6

表 12-24　19 世纪葡萄牙 10 000 人以上城市人口及占全国总人口百分比 [②]

年份	1857			1878			1890		
葡萄牙全国人口	3 908 861			4 550 699			5 082 247		
城市规模	数目	人口	比例（%）	数目	人口	比例（%）	数目	人口	比例（%）
100 000 人以上城市	1	350 000	9.5	1	275 286	7.2	2	447 517	9.8
20 000—100 000 人口城市	1	30 000	0.8	3	140 000	3.5	1	23 089	0.4
10 000—20 000 人口城市	7	85 600	2.4	6	85 600	2.2	12	178 329	3.5
城市总计	9	465 600	12.7	10	500 800	12.9	15	648 935	12.7

[①] Adna Ferrin Weber, *The Growth of Cities in the Nineteenth Century, A Study in Statistics,* p.119.
[②] Ibid., p.119.

五、落伍的东欧

东欧基本上属于农业区，其大部分地区在 18、19 世纪属于奥斯曼土耳其帝国。19 世纪末 20 世纪初，其工业化和城市化水平非常低。列出表 12-25，以便与西欧国家工业化和城市化进程形成一个对照。

表 12-25　19 世纪后期东欧国家城市人口及在全国所占百分比 [①]

国家	年份	全国总人口	10 000 人以上城市数目	10 000 人以上城市总人口	10 000 人以上城市占总人口比例(%)
希腊	1889	2 187 208	12	306 339	14.0
波斯尼亚和黑塞哥维那	1885	1 336 091	3	50 290	3.8
塞尔维亚	1890	2 161 961	104（2 000 人以上城市）	286 466	13.25
保加利亚	1888	3 154 375	21	349 167	11.1
罗马尼亚	1890	5 038 342	22	885 700	17.6

六、当下欧洲的城市化水平和城市类型

当前欧洲城市化水平

20 世纪上半期的两次世界大战都是欧洲发动的，欧洲也是主要战场，因此在这半个世纪里，欧洲的城市化水平没有上升，许多城市甚至还遭到了严重破坏。二战结束后，除了恢复经济、重建城市外，城市化进程又从 20 世纪 50 年代开始加速，成效显著。如到 1965 年时，在整个欧洲共同体中，只有希腊、爱尔兰和葡萄牙的城市化水平还处在 60% 以下。而比利时高达 93%，英国高达 87%。1988 年，希腊也超过了 60%，只有爱尔兰还停留在 58%。20 世纪 80 年代城市人口增速最快的是葡萄牙、西班牙和希腊。在 20 世纪 80 年代中期，

---

① Adna Ferrin Weber, *The Growth of Cities in the Nineteenth Century, A Study in Statistics,* pp.120-122.

欧共体共有 90 座城市人口超过 25 万,但欧洲人十之有八生活在更小的社区中。[①]如法国,在 20 世纪 70—80 年代,巴黎等大城市的人口有减少趋势,反过来,一些乡村地区的中小城镇甚至大村庄的人口还不断增多。[②]

20 世纪 50 年代以后半个世纪里,欧洲各国城市化进程大多经历了三阶段:1.“城市化”阶段,即农村人口向城市迁移、聚集,大中城市得到较大较快发展;2.郊区城市化阶段,即大中城市向周边扩展,原有的城郊区基本实现城市化;3.“去城市化”阶段,即在大城市四周出现卫星城,或四周乡村成为城市人口的夜宿地等。[③]无论哪种阶段,都是城市式生活方式的扩大,都是城市化的不同表现形态。直到 20 世纪 90 年代,城市化速度才放缓。欧洲的城市化是与其经济技术的高速发展,以及数字时代的到来相联系的。其城市化的总体水平,从 1950 年的 50% 左右,达到 2015 年的 75% 以上,其中西欧发达国家的城市化总体水平已达 80% 以上(1950 年为 60% 以上),中东欧国家的城市化总体水平在 65% 左右(1950 年为 40% 左右)。[④]目前在欧盟国家,大约有四分之一的国土为城市用地。据预测,到 2020 年,欧盟成员国大约有 80% 的城市人口,少数国家城市人口将超过 90%。[⑤]表 12-26 为 2015 年欧洲各个国家的人口城市化水平。[⑥]

---

① Klaus R. Kunzmann and Michael Wegener, "The pattern of urbanization in Western Europe", Ekistics, Vol. 58, No. 350/351, Urban networking in Europe – I: concepts, intentions and new realities (September/October- November/ December 1991), p. 284.

② A. J. Fielding, "Migration and Urbanization in Western Europe Since 1950", The Geographical Journal, Vol. 155, No. 1 (Mar., 1989), p. 62.

③ Klaus R. Kunzmann and Michael Wegener, "The pattern of urbanization in Western Europe", p.284.

④ BBVA Research Team: Urbanization Report: Europe Urbanization Trends, 2016, pp.3,4. Spain: Madrid, http://www. bbvaresearch.com.

⑤ Ellen Margrethe Basse, "Urbanization and Growth Management in Europe", The Urban Lawyer, Vol. 42/43, No. 4/1 (Fall 2010/Winter 2011), p. 385.

⑥ BBVA Research Team: Urbanization Report: Europe Urbanization Trends, 2016, p.9.

表 12-26 2015 年欧洲各国人口的城市化水平

人口城市化水平	国家
90% 及以上	荷兰、比利时、丹麦、冰岛、英国、卢森堡、马耳他
70%—89%	芬兰、瑞典、挪威、瑞士、奥地利、德国、法国、西班牙、捷克、希腊、意大利、匈牙利、保加利亚、拉脱维亚、蒙内哥罗
50%—69%	爱尔兰、葡萄牙、爱沙尼亚、波兰、乌克兰、立陶宛、塞尔维亚、亚美尼亚、阿尔巴尼亚、斯洛伐克、罗马尼亚、克罗地亚、塞浦路斯、白俄罗斯、格鲁吉亚
30%—49%	摩尔多瓦、斯洛文尼亚、波斯尼亚和黑塞哥维那

1988 年,欧共体国家 5 万人以上的城市将近 800 个,其中 500 万人以上的全球性城市 2 座(伦敦、巴黎),200 万—500 万人的城市 3 座(柏林、罗马、马德里),100 万—200 万人的城市 7 座,50 万—100 万人的城市 27 座,25 万—50 万人的城市 51 座,10 万—25 万人的城市 221 座,5 万—10 万人的城市 476 座。还有占总人口约 40% 的人居住在 5 万人口以下的小城镇里,约 20% 的人居住在农村。[1]

城市的地理结构

虽然城市有大有小,但一般认为城市及所在区域包括下面几个部分:1.城市核心区:完全是建成区,并可以按照其成长阶段(中世纪、15—17 世纪、19 世纪等)进一步细划街区。2.城市内边缘区,尤其是二战后新修城区,按田园城区模式修建,住房稠密,还囊括了一些旧村庄。3.城市外边缘区,区内各种用地混杂,如同镶嵌,包括有住宅区、农业区、休闲区工业区、商业区,欧洲学者称之为乡村城市化景观,也可称之为城乡接合部或城市近郊。4.乡村通勤区,由于人口移动而出现许多新功能,形成城市远郊,也可称为城市投影地带或乡村腹地。5.人口稀少的农村,仍有传统的乡村景观。[2] 有一个趋势是,

---

① Klaus R. Kunzmann and Michael Wegener, "The pattern of urbanization in Western Europe", p.284.

② Marc Antrop, "Changing patterns in the urbanized countryside of Western Europe", *Landscape Ecology*, 15 (2000), p. 261.

住在城市核心区的人逐步减少，住在其他几个区域的人逐渐增多。例如在比利时的佛兰德尔地区，大城市核心区的居民，在 1970—1993 年间减少了 13.7%，而城市内边缘区的居民则增加了 27%，城市外边缘区的居民增加了 18%，城市通勤区的居民增加了 14%。[1]

虽然不少国家还有较大比例的农村人口，但农村人口不等于就是农业人口。住在农村的居民，有些是有第二套住房者，有些是退休后到农村安度晚年的老人，有些是白天在城市工作、晚上回村庄歇息者。而且，在欧洲特别是西欧大部分国家，农村的生活条件、生活方式、生活理念等都已与城市没有差别，已经城市化了。因此，今天的欧洲尤其是西欧，基本上是城市社会。

城市的类型

就功能而言，20 世纪末西欧城市可以分成多种类型（表 12-27）。

表 12-27　20 世纪末西欧城市的功能类型[2]

城市类型	特征描述	举例
全球性城市	全球性的金融、经济、政治和文化中心	伦敦、巴黎
正在发展的高技术或服务型城市	现代工业基地，国家级的研发中心，具有国际重要性的生产导向型服务中心	布里斯托尔、雷丁、慕尼黑
衰落中的工业城市	传统（单一结构）工业基地，基础设施陈旧，结构性就业	梅斯、奥伯豪森、蒙斯（比利时）、设菲尔德
港口城市	造船工业和修船工业正衰落，环境遗产（如输油港），在南欧还加上作为国际门户的负担	利物浦、热那亚、马赛、安特卫普
不依靠现代工业化而发展的城市	大型的非正式经济和边缘化的下层阶级，无度发展，环境恶化	巴勒莫、塞萨洛尼基（希腊）、那不勒斯
公司总部所在城市	当地经济在很大程度上依赖单个公司	勒沃库森、艾恩德霍芬（荷兰）

[1] Marc Antrop, "Changing patterns in the urbanized countryside of Western Europe", p.265.
[2] Klaus R. Kunzmann and Michael Wegener, "The pattern of urbanization in Western Europe", p.287.

续表

城市类型	特征描述	举例
新城市	位于大城市群腹地，因人口过多而产生的能自我循环的新城市	米尔顿凯因斯（英国）、朗科恩（英国）、埃夫里（法国）
功能单一化的卫星城市	在大城市群新规划中仅承担某一单项功能（如技术、机场等）	索菲亚科技园（法国）、鲁瓦西（法国）、欧洲迪士尼乐园
乡村小城镇	小城市，在乡村地区、沿海和经济潜力较弱的交通走廊出现的半城市化区域	全欧洲
旅游或文化城市	当地经济主要基于国际旅游，或拥有全欧影响的文化节庆	萨尔茨堡、威尼斯、阿维尼翁
边境口岸城市	划分两国之处，往往又是经济移民和政治难民的门户	亚琛、塞萨洛尼基、巴塞尔

当然，整个欧洲的城市化是不均衡的，即使是西欧，对城市最发达的地区也有几种形象说法。有的说西欧城市发达地区就像一串熟葡萄，几乎把西欧各国都包括了进去（图12-3）；也有的说西欧城市化最发达的地区其实只是一部分地区，这部分地区构成的地带就像一支"大香蕉"（图12-4）。①

图 12-3　一串"熟葡萄"——西欧各国城市化想象图

---

① Klaus R. Kunzmann and Michael Wegener，"The pattern of urbanization in Western Europe"，p.291.

图 12-4　一支"大香蕉"——西欧城市化最发达地带

七、欧洲大陆的农村城镇化进程

从某种角度看，城市化进程就是农村城镇化的进程。无论社会学意义上还是人文地理意义上，欧洲农村城镇化进程贯穿于自 11 世纪至 21 世纪的整个历史时期。在这 1000 年中，农村城镇化进程可分为四个阶段。

中世纪（11—15 世纪）

这是欧洲农村城镇化的准备阶段或奠基阶段。中小城镇普遍兴起，它们最初是农村的依附者和补充物，主要功能是为周围农村服务。同时，这一功能也制约了中世纪城镇的发展，因为农村需求的有限性决定了城镇成长的有限性，故而城镇占总人口比例始终很小，总之，中世纪欧洲农村产生了城镇但并未普遍"城镇化"。但城市的兴起尤其是取得自治后，形成了城乡两种对照鲜明的社会体，城市和乡村有了明确的分野。城市的"自由"、城市较多的工作和发展机会，以及城市生活的优势，为农村人口所仰慕、所向往，成为农村移民的"愿景"，成为吸引农村人口的"拉力"，这是农村城镇发展的最初动力。

不少研究者认为，"城市化"属现代话语，只有工业化以来才有真正的"城市化"运动。而"农村城镇化"将农村和城镇化相联系，因此追溯工业化前的传统农业社会亦无不可。

11世纪起，欧洲进入"城市革命"时期。中小城镇遍布西欧农村，每隔二三十公里就有一个辐射区域平均为两百多平方公里的城镇。中小城镇与农村的联系最为密切，它们兼具城市和乡村两种社会特质。中小城镇兴起，体现了周围乡村的发展趋势和要求，是当地社会发展的自然结果。中小城镇的工商业是乡村农业经济的补充，仍然属于乡村经济范畴，城镇中充满乡村气息。从城镇景观看，住宅后面多有菜地，很多居民都在城内公共草地放牧牲猪。居民多在乡下有亲友，春耕秋收时还停下工作去农村帮助亲友干活。城镇里还有相当一部分人以农业为主要生计。如中央高原的罗阿讷这座"法国最了不起的集镇"，晚至1700年还有9.5%的城内居民从事农业。[①]

中小城镇是以为周围农村提供工商业服务为存在条件的。从商业方面说，它是周围地区的交易场所。交易类型包括农村居民相互交换剩余农产品、农村农产品与城镇工商产品相交换、本地产品同外地产品交流、国际贸易进出口商品的集散等。市场是中小城镇的商业标志，因而中小城镇常被称为"集镇"或"市镇"（market town）。如年鉴学派布罗代尔说："集镇的存在只是因为四周的大小村庄利用其规模不一的集市，使之成为服务和聚会的中心。……集镇的职能在于它是当地各个村庄的共同的'市场'。"[②]中小城镇有一些"基本"行业，为周围农村居民提供手工业产品以及手工服务，这是中小城镇得以"存在的理由"。[③]由于村镇居民的需求多样化，中小城镇的工商行业也多而杂，但每个行业的从业者又无须太多。

① 〔法〕费尔南·布罗代尔：《法兰西的特性》，卷1，"空间和历史"，顾良、张泽强译，第181页。
② 同上书，第127—128页。
③ 〔英〕诺尔曼·庞兹：《中世纪城市》，刘景华、孙继静译，第4页。

如瑞士莱茵菲尔登一千多居民中，三分之二的人从事为周围乡村服务的手工业，尤其是日用品制造业和劳务行业等。①

中小城镇与周围农村在某种意义上结成了较为完整同时也略带闭合的经济活动圈。布罗代尔曾描绘过法国各地这种经济圈的构成方式：在一个集镇四周，在一定距离内，团团围绕着几个村庄。集镇和村庄加在一起，形成一个一个的"区"。在这些"区"中，"集镇居高临下地支配着整个管理区的乡村，乡村需要集镇的服务，但集镇有赖乡村为生；没有乡村，集镇便不能生存。集镇以控制乡村为基本特征"。而且集镇所能控制的乡村范围还在不断扩大。如法国阿尔萨斯的坦恩小镇，其领主不断扩大地盘：1344年兼并了一批村庄，1361年又兼并一批村庄，1497年取得了十余块滩涂地的牧羊权。②

集镇和周围农村通常要在一定比例上达到平衡，如布罗代尔提出的人口比例。他将集镇人口设定为1，那么集镇所能控制的四周村庄的人口约在1—4之间，比值越小，说明集镇可能上升成了城市。比值较大的话，如周围村庄人口超过了5，那么说明集镇仍"深陷于乡村社会生活之中"，③由此中小城镇在中世纪经济社会总格局中往往处于从属和受动的地位，受乡村经济低水平的制约：一方面已有城镇成长缓慢，另一方面城镇数目增加幅度较小。因为一个乡村地区的人口不多，对工商产品的需求非常有限，有个城市存在就能满足这些需求，再在本地或邻近多建城市，其结果要么是有的城市"流产"，要么是所有几个城市都衰落。市场需求就这么大，要么是有些城市分不到，要么是所有城市所分份额减少。因此，欧洲许多地方有了这样一种做法，即在建立新的城市或市场之前，要进行"危害质询"，弄清楚这座计划新建的城市或市场，会对邻近城市

---

① 〔英〕诺尔曼·庞兹：《中世纪城市》，刘景华、孙继静译，第69页。
② 〔法〕费尔南·布罗代尔：《法兰西的特性》，卷1，"空间和历史"，顾良、张泽强译，第128—129页。
③ 同上书，第136页。

工商业有多大危害。最终形成了一个规则，即任何新建城市离既有城市不能少于一天路程。[①]总之，由其功能所决定。只要乡村没有发生显著变革，中小城镇也就难以获得不断成长的动力，农村城镇"化"的进程也就难以启动。只有那些较大的区域性城市、国家级城市直至国际性城市，它们由于工商业发展需要，势必要同农村发生经济联系，势必要促使农村社会经济生活受到城市影响。

更重要的是思想观念的影响，城市作为自由的样板，自然被不自由的农民视作效仿的目标。当欧洲农村还处在封建制下，农奴对领主尚具有人身依附关系时，"自由"的城市必成为农奴心中的圣地、向往的天堂。"城市的空气使人自由"，这是人人熟知的谚语。一年零一天，成为农奴进城后获取人身自由的时间标识；而"自由人"（freeman）则是早期城市市民的正式称呼。对他来说，最重要的是人身自由和经济活动自由，这是庄园农奴所不能具备的，也是城镇市民与庄园农民的社会地位的最大区别。"自由是城镇居民必要而普遍的属性。"[②]能够自由从事工商业，就是有更多的谋求生计及发展的机会，这不但吸引了农村移民，也强化了农民心中城市好于农村的意识，刺激了他们的向往欲。城墙象征着城市与农村的分野，强化了城乡间的对比，也激起了城市在农民心目中的神秘感甚至神圣感。总之，虽然中世纪欧洲农村并没有城镇"化"起来，然而，其一，城市真真切切的存在，[③]城市市民生活工作的优势，为农村居民构设了一幅理想愿景，是农村居民的"希望之地"，这就为后来农村的城镇化发展奠定了一定心理基础；其二，中世纪形成的农村中小城镇，大多数仍然是后来乡村区的经济聚核和中心活动地；其三，中世纪的农村中小城镇，给今天欧洲农村留下了许多地标性的景观遗产。

---

① Norman Pounds, *The Medieval City*, pp.13-15.

② 〔比〕亨利·皮雷纳语，转引自〔英〕M.M. 波斯坦等主编：《剑桥欧洲经济史》，第 2 卷，王春法等译，第 16 页。

③ 可领会一下亚里士多德的名言：城市"起源于生活的基本需要，继续存在则是为了生活更美好"，转引自〔英〕诺尔曼·庞兹：《中世纪城市》，刘景华、孙继静译，第 7 页。

原工业化时期或近代早期（16—18世纪）

这是欧洲农村城镇"化"的启动阶段。近代早期，欧洲工业生产从城市向农村转移，乡村工业蓬勃兴起。乡村工业被门德尔斯等学者称为"原工业化"，认为是工业化的第一阶段，或"工业化前的工业化"。[①] 乡村工业的发展和集中，使得农村形成一些新的工业城镇，同时也加快了农村的商品化生产和非农业化生产。但由于原工业化仍然是手工劳动，因而集中的人员有限，工场规模从而农村城镇的规模较小，经济相当脆弱，相互之间竞争激烈。劣势地区原工业化遇到困境，影响城镇的发展甚至生存。具有竞争优势的乡村工业区，则奠定了通往工业革命和工业化的基础，有利于城镇聚集资源并向大城市方向发展。在乡村工业不太发达的地区，农村城镇仍停留在中世纪的格局里和水平上。

按照经济史家庞兹的说法，从中世纪到近代早期，欧洲工业发展经历了"乡村（庄园手工业和农民家庭手工业）——城市（行会手工业）——乡村（乡村工业）"三个阶段。大约是从15世纪起，西欧工业开始从城市向乡村转移。这一转移有城市的"推力"和乡村的"拉力"。城市的推力主要在于手工业行会的封建性、保守性和垄断性，它既抵制商人资本侵入手工业，也窒息一些有进取心的工匠扩大生产规模，还千方百计阻止出师学徒独立开业，因此造成商人资本、手工工匠和满师学徒都有向农村转移的趋向。乡村的拉力主要在于农村封建关系已经松懈，农民有较多人身自由，同时家庭析产继承制流行，农户所占土地越分越小，少地的小农须在农闲时做些工副业，或由妇女孩童从事工副业补贴家用，这样就为商人资本深入乡村发展工业提供了廉价劳动力资源；其时水力已作为动力广泛使用，而农村尤其是山区水力资源更好；农村本是工业原料

---

① F. F. Mendals, "Proto-industrialization: The First Phase of the Industrialization Process", *Journal of Economic History*, No.32 (1972), pp.241-261; Peter Kriedte, H. Medick, J. Schlubohm, *Industrialization before Industrialization, Rural Industry in the Genesis of Capitalism*, Cambridge,1981.

产地，取得工业原料更为便利；经历了变革的农村，农民生活条件也有所改善，大众市场正在培育，在乡村生产面向农民市场的中低档手工业产品，更便于接近市场。

这是一个螺旋式的上升。虽然劳动者还是在家里进行手工业生产活动（被称为"家内制"），但已具有面向市场而生产的商品生产性质，与自给自足的农民家庭手工业完全不同。这种面向市场的乡村工业，16—18世纪几乎遍及西欧各国。除前文所论述的英国外，尼德兰的乡村工业也很兴旺。门德尔斯就是以佛兰德尔乡村工业为研究样本而提出"原工业化"概念的。[①]佛兰德尔城市毛纺业在14世纪走向衰落时，一部分毛纺工匠转移到了乡下。乡村毛纺业遭到了旧纺织城市的极力压制，如1428—1431年，伊普雷斯城驱逐农村毛纺业者并罚款达140次，1483年超过了100次。[②]不拉奔和埃诺等地区也在14世纪兴起乡村纺织业。16世纪，佛兰德尔许多小村庄兴起麻纺业，布鲁日附近村庄还发展了棉纺业。16世纪后，列日一带乡村成为重要的铁制品中心。如1602年查诺伊林村40个农民，又都是制铁钉工匠。[③]尼德兰北部乡村也有许多特色手工业，如弗里西兰的奶品、泥煤采掘，泽兰的制盐和砖瓦烧制，乌特勒支郊区的丝织，赞恩地区的漂布和造纸等。在意大利，14世纪一些独立的乡村毛纺工匠受到佛罗伦萨控制。[④]17世纪中期，托斯卡纳乡村年产呢绒超过10 000匹。[⑤]法国乡村工业的兴盛期是18世纪到19世纪初，尤其是法属佛兰德尔、阿图瓦、皮卡迪、诺曼底、布列塔尼和朗格多克地区，以及巴黎附近、里昂地区和多菲内地区；有影响的乡村

[①]　参见 F. F. Mendals, "Proto-industrialization: The First Phase of the Industrialization Process"。

[②]　〔苏〕齐斯托兹沃诺夫：《尼德兰资本主义的起源》，中国世界中世纪史研究会 1982年昆明年会材料。

[③]　P. Earle ed., *Essays in European Economic History 1500-1800*, Oxford University Press, 1974, p.55.

[④]　Epstein, S. R., "Town and Country: Economy and Institutions in Late Medieval Italy", *Economic History Review*, New Series, Vol. 46, No. 3 (Aug., 1993), pp.466-467.

[⑤]　Judith C. Brown and Jordan Goodman, "Women and Industry in Florence", *Journal of Economic History*, Vol.40, No.1 (March 1980), p.76.

工业有纺织业、伐木业和小五金品生产等。[1]德国、瑞士、西班牙等，都兴起了乡村工业。[2]

乡村工业发展启动了农村城镇化，其特点是农民"离土不离乡"、就地非农化。在乡村工业兴旺地区，一些精细加工环节、产品最后完成环节逐渐集中在一起，促成了新工业城镇的兴起。由此，整个乡村工业区逐步形成了城乡分工，农村工人从事初级品、半成品生产，新城镇则聚集熟练工匠，进行产品精加工、深加工或最后整合工作，整个生产链条中城乡互为呼应，城市主导着市场和生产，乡村是生产中的配角。几乎每个成熟的乡村工业区都有若干具有控制或主导作用的中心城市，它们支配和控制着整个乡村工业区包括区内的其他中小城镇，从而奠定了今后进一步成长的基础和格局。如法国，1750—1850 年城镇化主要体现为中小城镇数目及人口比重的增长。法国 2 000 人以上的居民点，1750 年为 580 个，1806 年 801 个，1836 年 1 100 个，其中近 900 个被视为真正的"城市"，超过 50 000 人的城市屈指可数。[3]这应是其时乡村工业推动的结果。

工业革命和工业化时代（18—19 世纪）

这是欧洲农村城镇化高潮阶段。农村城镇化是工业化的产物。一方面，第一次工业革命的机器化生产，第二次工业革命的流水线生产，均需要生产环节的分工协作，工业生产也需要产业集群化从而使相等资源产生更大效益，因此既需要大量工业劳动力高度集中，也需要大量为工业人口服务的人员，这样就加速了城市化过程，某种意义上也就是加速了农村城镇化。另一方面，工业化既促进了农业生产的机械化，又促进了农业生产的专业化，还促进了农业的科技化（如开始大量使用化学肥料），这些都使得农业劳动力需求减少，农村于是产生了大量的剩余劳动力。他们必须要谋取新的生计，

---

[1] 熊芳芳："原工业化时期法国的城乡关系与城镇化"，《经济社会史评论》2015 年第 4 期。

[2] P. Earle ed., *Essays in European Economic History 1500-1800*, pp.67-72.

[3] 熊芳芳："原工业化时期法国的城乡关系与城镇化"，《经济社会史评论》2015 年第 4 期。

从而转化为工业劳动力，或转化为城市人口。经历了两次工业革命，西欧的工业化基本完成，人口城镇化率达到 50% 以上（英国在 19 世纪 50 年代达到，德、法、意等国在 19 世纪末达到），其中很大比例是农村人口的城市化。许多从中世纪转型过来的乡村中小城镇，或在原工业化中产生的农村城镇，因发展工业而成长为大中城市。同时，工业在欧洲城乡的布局趋向于均衡化，因而在适合建设现代工厂的地方，基本上都形成了城镇。

　　工业革命在大陆欧洲启动比英国至少晚半个世纪。1850 年，大陆的工业化区仅限于法国北部、比利时、德国西部和意大利北部。不过，早在 18 世纪晚期，大陆就零星地出现了技术革新和建立工厂的现象。如法国，1790 年有了 900 台珍妮纺纱机。在比利时，至 1790 年马斯河流域共安装了 39 台大气式蒸汽机。在德国，1791 年独立制造了第一台纽康门蒸汽机。大陆的工业革命最初是模仿英国，但"模仿最快的国家也只是在 19 世纪 30、40 年代才进入高潮时期"。各国的工业化和城镇化成就到 19 世纪中期才有所显现。[①] 如法国，骡机开始在米卢斯、里尔、马耶纳、拉瓦尔、绍莱、卡尔瓦多等地推广。马赛、波尔多等老城市的人口，在 19 世纪上半叶分别增长了 30%—75% 不等，原因得益于工业向郊区扩展。同一时期，一些新兴工业中心或原工业较发达的城镇如鲁贝、圣 - 康坦等，则人口增长率更高，分别达到 150%、337.5%。圣埃蒂安是里昂地区重要的工业中心，1800 年有 16 000 居民，1846 年增至 56 000 人，快速增长的人口主要来自附近山区的劳动力移民。里尔东北的鲁贝被誉为"法国的曼彻斯特"，它是从大村镇成功发展为工业城市的典型，其人口在不到一个世纪里增长了 15 倍，19 世纪末居民高达 12.5 万人。[②]

---

　　① 〔英〕H.J. 哈巴库克和 M.M. 波斯坦主编：《剑桥欧洲经济史》，第 6 卷，王春法等译，第 347—353 页。

　　② 熊芳芳："原工业化时期法国的城乡关系与城镇化"，《经济社会史评论》2015 年第 4 期。

大陆国家的城市化，早期更有一定的政治推动因素。如德国，各邦国出于政治需要，一直扶持城镇发展。1800 年，德国共约 4 000 个城镇，但规模较小，与周围农村整合性强。19 世纪上半叶德意志城镇化能够"起步"，主要来自于政治领域的推动力。如拿破仑战争后法国城镇制度的模板效应迅速在德国扩散，1803 年后神圣罗马帝国结构调整导致城镇法人地位变动，1808 年起普鲁士通过《城镇规程》（Stadtordnung）推动的改革运动及其铺展，1815 年维也纳会议后德意志联盟成立及其对城镇法人地位的影响等。由于工业化并未大规模开展，因此 19 世纪上半叶德国城镇化主要表现为内涵、结构和地位的变化，而非城市数目增多和城市人口增加。[1]19 世纪后期德国统一创造了良好的政治环境，帝国政府强力推进工业化，德国的城市化包括农村城镇化由此进入高潮。

后工业化时期（20—21 世纪）

在这个时代，农村城镇化继续多样态推进，农村生活条件和生活方式逐渐城市化。多样态包括：政策指导下主动在农村兴办工厂，以缩小城乡差距，如法国，"光辉三十年"时期推动快速城市化非常注意平衡，采取工业分散化、服务业分散化、发展落后地区、构建城市体系等措施；[2]进行卫星城建设，更多的远郊农村演变为城镇；"逆城市化"出现。逆城市化是以农村具备城市性条件为前提的，当城镇布局已经饱和时，剩余的农村不可能再变成城市，便主要仿照城市进行改造，乡村便在较大程度上具有了城市性。这一过程在英国大约开始于 19 世纪后期，在大陆欧洲则晚许多：虽然这里 20 世纪初城市化已达到了 19 世纪中期英国的水平，但由于两场世界大战的灾难，直到 20 世纪后期才真正展开了乡村改造运动，农村的生

---

① 孟钟捷："简析19世纪上半叶德意志地区城镇化的'起步'"，《经济社会史评论》2015 年第 4 期。

② 汤爽爽：《法国快速城市化时期的领土整治（1945—1970年代）：演变、效果及启示》，南京大学出版社 2016 年版，第 41—90 页。

活水平逐渐城市化。改造后的乡村在进入21世纪后又有不少新发展。农业在农村虽然仍是首要产业，但乡村兴起了旅游、房地产等许多新经济部门；农村一些无形资源也被当作"社会资本""文化资本"而日益被关注。

地理上的农村变成城镇，在20世纪欧洲还有两大趋势。一是大中城市工商业的扩展，把城郊农村变成城区，特别是20世纪后期盛行的卫星城建设。卫星城建设是指在大城市周边建设若干城镇，它们一般都具有独立的工商产业，居民的日常工作和生活都在该城镇内或附近进行，同时也经常去中心大城市完成消费活动。卫星城是大城市工商功能的一种分散或疏解方式，能够缓解大城市因工商业过度集中所带来的压力。由于卫星城选址基本都处于大城市的远郊农村，因而加速了这些农村的城镇化进程。二是始于20世纪后期的"逆城市化"趋势。"逆城市化"似乎是一种"乡村复兴"，但根源是城市人口向乡村迁移。[①]"逆城市化"指劳动者工作在城市，生活则在周边小城镇或生活条件城市化的村庄。有的是白天在城市工作，晚上回到附近乡村居住生活；有的是每周工作时在城内租住，周末回到乡村住地生活休息；有的是退休后搬到心仪的农村长期居住。"逆城市化"与卫星城建设不同。"逆城市化"的前提是乡村必须具备与城市几乎一样的生活条件，从而吸引城市工作者到乡村居住。在"逆城市化"模式下，乡村人口可能还会超过城市。逆城市化有可能代替城市化而成为居住模式主流。[②]但在本质意义上，"逆城市化"是借助城市资源促使农村城镇化的一种形式，其推动力仍然来自城市。

"逆城市化"的前提是乡村具有与城市般的条件，乡村生活能够城市化，这就需要对原有乡村进行改造。欧洲大陆国家的乡村改造，

---

① K. Halfacree, "The importance of 'the rural' in the constitution of counterurbanization: evidence from England in the 1980s", *Sociologia Ruralis*, XXXIV (2), 1994, p. 164.

② B. Berry, "The counterurbanization process: urban America since 1970". In B. Berry ed., *Urbanization & counterurbanization*, Beverley Hills, California: Sage, 1976, pp. 17-30.

大多开始于 20 世纪下半叶。改造后的乡村不但舒适，空气也比城市好，教育环境甚至收入都可能比城市高。从乡村走出来的精英，发迹后还想着把乡村变得更美好。有学者发现，始于 19 世纪下半叶的交通革命和通信革命，对乡村改造起到了关键作用。譬如交通成本的下降，使得从外地购运现代建材越来越容易，这就利于乡村住宅的改造升级。交通革命也使人员和产品的流动更为便利，尤其是在汽车出现后，服务业和原本属于城市的工作也能适合乡村居民。结果，越来越多的人选择乡村，把乡村作为宜居之地。旅游者，退休者，往返于城乡（在城市工作、住在乡村）者，以及在农村拥有第二套住房的人，开始组成新的社区模式。这种郊区城市化和乡村城市化，完全改变了乡村社会。随之而来的通讯革命进一步拉近了城乡之间的距离，电报、电话、收音机、电视机（以及现代化的网络），使乡村也形成了消费空间。[①]

农村城镇化使城市生产生活方式扩展到乡村，消除了城乡在现代生活基础设施与公共产品供给方面的差异，城乡生活质量基本趋同，乡村的面貌也大为改观。乡村成了城市的后花园，因此对乡村的管理也就随之变革。如英国，郡之下创设了城镇区和乡村区两种二级行政区，就是一种城市化深入乡村后的新格局。[②]两种行政区设立，并不表明城乡被分割，只是各行政区及管理的侧重点不同而已。德、意等国则完全实施城乡一体化管理。意大利的行政区划分为"大区—省—市（镇）"三个层级，作为基础层级的市（镇）有 7 987 个。[③]德国的行政区划以"州—市（镇）"体系架构，全国共有 3 000 多个大小城镇。

城市化影响下的乡村，如果停留在被动者的层次上，就会变成

① Paul Claval, "European Rural Societies and Landscapes, and the Challenge of Urbanization and Industrializa-tion in the Nineteenth and Twentieth Centuries", *Geografiska Annaler. Series B, Human Geography*, Vol. 70, No. 1, Landscape History (1988), pp. 31-32.

② 陆伟芳："20 世纪新格局：行政区划分与英格兰城市化的深度发展"，《经济社会史评论》2017 年第 2 期。

③ 陈晓晨："让文化在历史长河中流淌"，《光明日报》2017 年 1 月 24 日 05 版。

城市的附庸。而且，随着工业化的进行，特别是第三产业的兴起，农业作为第一产业在经济中的比重和地位越来越低，这就要求以往以农业为主的农村寻找新的经济生长点，打造新的经济部门，为农业人员以外的乡村人口增加工作机会和谋生方式。这样，从 20 世纪后期起，欧洲农村充分利用历史文化资源和自然资源，普遍兴起了旅游业。20 世纪 90 年代后，欧盟认为农村可提供促进社会认同、环境保护、历史文化传统延续等诸多无形的"社会资本"和"文化资本"，推动经济进一步增长和社会积极发展。由此，从欧盟到各成员国，出现了一种政策转向，将农村视为保存欧洲文明特性的重要资源，将农村景观、传统和文化作为当下发展有益的遗产而加以保护。因此，农村有可能从以往城镇化的"被动受益者"，变成促进欧洲未来发展的贡献者。[①] 这是欧洲农村城镇化的最新动向。

---

① 李友东："欧洲农村城市化的新趋势"，《经济社会史评论》2016 年第 4 期。

结语　城市与欧洲文明进程

对于城市在欧洲文明进程中的作用与地位，可予以多维度的评估。在全书论述的基础上，本结语拟从城市是欧洲文明重要载体这一判断出发，主要讨论两点：一是如何认识中世纪城市是欧洲文明的孕育体（母体）；二是如何认识近现代城市是欧洲文明诸因素的结晶体和整合体。

一、中世纪城市是欧洲文明孵化器

不少学者从较深的思维层次来思考欧洲文明的触发机制，都有其合理性，他们思考的是抽象的欧洲文明之"魂"。然而，这个"魂"须有个安放之处。"魂"只有附着在实体上，才能诞生出鲜活的生命，绽放强大的生命之花。那么，促使欧洲文明成熟并呱呱坠地的孕育实体是什么呢？

是乡村吗？不是。因为中世纪的欧洲乡村原本就是封建力量的营垒，是落后生产关系和生产力的代名词。虽然乡村发生了不少变革，但这种变革要么与城市有较多关系，要么其程度和影响比不上城市。其一，促使封建农奴制和庄园制解体的商品货币关系，正是基于城市工商业经济发展的基础之上，是城市发展造成的影响。其二，乡村工业的发展主要受城市商人资本的控制，并且其创造的财富还大多回流到了城市。其三，富裕农民有成长为资本主义农场主、旧有贵族有资本主义经营的倾向，但那多半是些零星现象，不如城市资

512

本主义萌芽具有普遍性。其四，乡村富裕农民可能也进行了一定的资本积累，但其规模较小、速度极慢，难以像城市商人那样能够迅速地聚集财富，并迅速将之转化为资本。其五，虽然农业资本主义在英国的发展较为普遍，但它更多的只是"英国现象"（个别性或特殊性），而非"欧洲现象"或"西欧现象"（共同性或普遍性），因为整个欧洲的农业资本主义直到19世纪才普遍化，因此，即使从时间上计算，也不能把18、19世纪的事物看成是16世纪事物（西欧文明成型）的原因！

　　是基督教会吧？也不是。从宗教人类学理论看，宗教的社会功能确实很强大，它"总是企图干预社会"，这种干预有两方面表现："一是它支撑社会的稳定，为社会结构的稳定提供论证；二是它扰乱社会的稳定，为社会结构的变迁提供论证。"[①]无论有多少论者认为基督教是欧洲文明的精髓，认为基督教的新教孕育了作为资本主义核心的资本主义精神（马克斯·韦伯、桑巴特），认为基督教的许多教义有助于科学、自由和个人主义的诞生等，但基督教窒息和抑制新事物的例证也是历历可数的。如它限制作为近代经济文明核心的商业牟利行为，扼杀和镇压对破坏旧秩序（包括宗教秩序）的新事物，如宗教裁判所所为，以及教会反对宗教改革等行动。不论现代人对宗教的评价如何，有一点是无可否认的，即宗教的主要目的是要人们接受现实，接受现有秩序，为了达成某种社会和谐而放弃进取。宗教的功用在于使人们相信现实社会的完美性、平衡性，在于维护现存社会秩序，拒绝改造和进取观念。宗教的这一基本思想，是与农耕文明（包括中世纪西欧）内敛守成的基本特征相适应、相一致的。由于受到宗教观念束缚，经济和思想本身便难以产生更高要求，从而难以导致社会和政治进一步变革。在宗教求稳（守成）求善（和谐）思想的影响下，稳定成为人们的既有观念，因而很难刺激原有农业文明勃发新的生气，产生新的文明并促进其成长。

---

① 朱炳祥：《社会人类学》，武汉大学出版社2004年版，第163页。

是民族国家吗？也不是。从时间上看，中世纪城市先于民族国家产生。中世纪的西欧国家有一个发展过程。查理大帝国家解体后，加洛林世系的西法兰克、中法兰克和东法兰克三个王国维持了一个多世纪，分别被法兰西王国、德意志神圣罗马帝国所取代。但帝国名义统治下的意大利中北部很快分裂为诸多城市及城市国家，德意志境内则是诸侯邦国以及帝国城市、主教城市林立，民族统一国家形成是晚至 19 世纪的事情。西班牙、葡萄牙倒是在 15 世纪形成了民族国家，但它们仍然抱守着天主教徒心态，旧有封建制度也基本未改造，这两个国家本身未能成为欧洲文明的创造者、创建者，故而不足论道。英格兰、法国、荷兰相继在 15、16 世纪形成民族国家，而且所创造的近代文明元素最多，但严格说来，其中有相当部分是从中世纪城市借用过来的，或者说它们较为成功地将中世纪城市孕育的文明因素移植于民族国家框架中，并加以很大发展，而这些文明因素的创造者并非它们。民族国家也许聚集甚至整合了许多欧洲文明因素，并有不少新的创造和完善，但这些成就要晚于欧洲文明核心因素在中世纪城市里的孕育。

只有中世纪城市，才是将欧洲文明创造机制发挥出最佳效果的地方，才是孕育欧洲文明的摇篮。我们知道，城市一方面是文明的结晶，是社会各种最先进要素、文明元素的聚集地，社会和文明的进步也主要体现在城市，至少是最先体现在城市。另一方面，城市往往又是领导社会潮流、感受社会新鲜风气的前导站，更是社会前进的引领者。特色鲜明的中世纪欧洲城市尤其是这样。当我们考虑各种因素都对欧洲文明形成起作用时，城市正是这些因素的聚合之地，是日耳曼、罗马和基督教三大元素的汇合点，又是文明诸多新因素的创造地。总之，中世纪城市是近代西欧文明培育和发育的摇篮，是近代西欧文明诞生和成长的孵化器。

我们可以从不同层面来认识这一问题。

其一，有利于欧洲文明产生的诸多元素（即日耳曼元素、罗马元素、基督教元素）聚集在一起后，能够产生巨大的聚合效应。这就是通常所说的 1+1+1 大于 3 的道理。也就是说，三大元素聚合到一起后，不光是原有元素仍然能各别或综合起作用，而且三大元素聚合之后，不但有"物理"反应，更会产生"化学"反应，即各个元素组合的多样化、结构的复杂化和精细化，新的组合和结构又产生新的因素、新的力量。元素越多，组合的几率就越频，组合的新结构就越复杂精细，产生的新因素也会越多。譬如，日耳曼人法律体系与罗马法体系结合起来后产生的新的城市法，其适用对象、适用范围都大大超越了前两者。而且，聚合本身还有整合（integration）的意思，即把各种有利因素凝聚成一个整体，这个整体的力量远大于各因素分散起作用的力量之和。中世纪城市实际上就是这样一个能将欧洲各种文明元素和积极因素进行最佳聚合和最强整合的场所。

其二，中世纪城市所具有的特殊的有利条件，又使得原有的各个文明元素本身又能在城市得到改造、升华，直至产生质的变化，这种变化又有助于新的文明元素产生。例如，日耳曼元素中的共同体观念，在乡村是一种维持型（先是庄园共同体、后是村庄共同体），但在中世纪城市里却得到大大强化。城市共同体的共同性远高于中世纪乡村共同体。在乡村共同体（庄园共同体）中，可明显地区分为庄园主（领主）和农奴两个不平等的阶级，两者是统治者与被统治者的关系。村庄共同体则是略微松散的共同体。而城市里的共同体则是紧密的结合体，如行会共同体、城市共同体。它们组织严密，责任分明，成员在共同体中各司其责任和义务，各享其权利，由此城市共同体甚至可称为"城市公社"，"共同"的程度大大超越了中世纪农村的马尔克公社，也超过了庄园解体后的村庄共同体。而且在城市的各层次共同体中，共同体成员是平等的，不像庄园共同体中有统治者与被统治者之分。又如，日耳曼元素中所包含的契约意识，罗马元素中的物权等观念，都在城市工商业实践中进一步升华，并创造出许多新的更具规则性、更规范的契约形式，如城市宪章、行会章程、商业交易合同、商业合作合同、学徒契约、物产转让买卖合同、服务合同、保险合同等。再如基督教因素中，其上帝选民说虽然对世俗之人予以区分，但能否成为选民而"得救"则在于个人自身，这就有助于激发和调动个体的能动性。那么在中世纪城市里，不但市民的个体能动性被激发，而且还发展为强烈的个人主义，这是促使欧洲文明产生和前进的动力性因素。市民甚至还将其延伸至个人生活享受领域，发现将所创造的财富予以消费并不受到上帝惩罚，由个人主义而又发展至世俗主义，尽情地享受人生，同时也促使其更多地去创造财富。还有，基督教某些消极性因素如清规戒律反而导致了一些新因素出现。如基督教禁止放贷收息，而城市商人为了避开教会谴责，转而用一种汇票方式，将利息加在汇款收取之中，以汇率形式体现，不懂行的教会人员自然看不出来，而汇票这种形式却有意无意地传承了下来，成为现代经济运行方式的一种重要工具。

其三，中世纪城市本身作为一种新生事物，利用了既有文明元素形成的良好机制，又创造出许多以前未曾有过的新的文明因素，特别是作为欧洲文明核心因素的资本主义生产关系、团体自治制度、新生的社会力量——市民阶级等；也创造了作为欧洲文明特征的新的经济活动方式和经济关系形态（现代金融制度、现代会计制度、现代公司制度、现代城乡关系等）；培育或发展了作为欧洲文明精神内核的自由、自治、权利、平等、法治等现代文明观念；城市为现代国家形态的诞生提供了环境条件，也提供了制度范本，如机构分权制度、官僚制度、代议制度等，使得欧洲中世纪偏重于私权性质的王国在向公权性质的民族国家过渡时，可将城市政治的样本作为转型方向；城市也为民族国家的形成提供了足够多的资源。

其四，中世纪城市作为一种独立性较强的主体，它能够提供荫庇之地，因而成了许多全新文明因素产生和成长的温床。新的文化观念、新的思想精神，都是从城市里产生的。文艺复兴不管怎么说都是一场城市运动，至少是从城市发起的运动。新的教育机构——学校特别是大学，是诞生于城市的，或者是以城市为依托的；大学成为新思想、新文化的摇篮。中世纪西欧比较显著的几项科学技术进步，如时钟制造、玻璃制作与应用、近视眼镜和老花眼镜发明、印刷术的创造和应用等，也都是发生在城市里的，等等。笔者在其他著作中已有较多专门论述，本书不再做更多探讨。

城市（city）和文明（civilization），这两个词都源出于拉丁语"*civis*"，[①] 说明城市与文明有同源关系和亲缘关系。因此，即使中世纪城市与欧洲文明不具等同的意义，但强调中世纪城市是欧洲文明的孕育者、培育者、摇篮、孵化器，是绝对不过分的。

二、现代城市是欧洲文明最终结晶

经过一千多年的发展，经过近现代五百年来的改造，尤其是最近两百多年的工业化、现代化和城市化进程，欧洲尤其是西欧已完全成为一个城市化世界。换句话说，欧洲文明在近现代进一步发展的成果，最终又集中到了城市，城市化成为现代欧洲文明和生活方式的最高体现。可以说，现代城市将欧洲文明的一切特性、一切要素都集中起来了，它们是欧洲文明发展的最终结晶。

其一，城市是现代欧洲政治体系的核心。现代欧洲国家中，城市是最重要的社会组织。国家的政治管理体系、社会治理体系等，都是以城市或城镇为原点、为骨架构建起来的。以西欧几个大国为例。意大利的行政区划分为"大区—省—市（镇）"三个层级。根据意大利国家统计局公布的数据，意大利共有 7 987 个市（镇），市（镇）人口多为几万人。[②] 德国的行政区划则以"州—市（镇）"体系架构，德国共有三千多个大小城镇。英国的行政区划比较细碎，除了一百多个郡下设有上千个市（镇）外，另有数十座重要城市独立设市，直属联合王国中央政府，自治性强。然而不管哪种方式，现代欧洲社会都是以城市（镇）为基本管理单位的，而且管理机构一般都设

---

① Adna Ferrin Weber, *The Growth of Cities in the Nineteenth Century, A Study in Statistics*, New York: Cornell University Press, 1967, pp.5-6.

② 陈晓晨："让文化在历史长河中流淌"，《光明日报》2017 年 1 月 24 日 05 版。

于城市（镇）内，城市自然而然地成为政治和行政的中心。上至首都，是一个国家的政治核心，中间有州城（德国），省城（意大利、法国），郡城（英国），是一级或二级行政区的治所，下有大小城镇，作为行政体系的末梢或终端。有的还管理着城市（城镇）周边的郊区和农村。所有政治活动都是从城市发起的，所有政治决策都是在城市中枢做出的。乡村，不管是务农为主者还是工商业活动地，它们都是城市的附属物，都须接受城市当局的指令或指导。

其二，城市是现代欧洲经济的主体，也是经济发展的主导者。可以说，在现代欧洲尤其是西欧的经济中，国内生产总值（GDP）的 95% 以上是城市创造的。所谓国民经济三大产业部门中，第三产业即服务业的产值在西欧要占到 70% 以上，这基本上都是城市的产出，只有极少量的份额出自农村，如旅游、房地产、零售商业和娱乐业；占总产值 25% 以上的第二产业即工业制造业的产值应该全部属于城市，因为原有工厂基本集中于城区和郊区，即使是在农村新建立的工厂公司也很快发展为独立于乡村的小城镇。

城市是国民经济的主导者，在于城市集聚了全社会的绝大部分资源。城市首先是人力资源即各类各层次人才尤其是中高端技术和知识人才的培养地、成长地和聚集地。其次也是社会资金财富的聚集地、控制地和最佳效益产出地，银行等金融部门不但聚集了城市人和城市机构的全部资金，而且还控制着农村人口的金融命脉；资金在城市能产生更大的集聚效应，使单位资本的产出远高于分散的农村。再次，城市又是消费能力即市场资源的聚集地，城市人口的人均消费能力和消费水平一般来说大于农村，农村人口的许多消费行为也在城市完成，因此城市市场是刺激扩大再生产的重要源泉。最后，城市还是新技术力量、创新理念和创新能力的聚集地。尤其在今天的高科技时代、数字化时代和互联网时代，城市更是经济发展和创新的发动机，因为城市具有很多新优势，它是教育、创新和知识经济的中心，处在高科技和数字时代的前沿，也有高素质的熟练劳动力，拥有知识密集型的工作，拥有高科技产业部门，拥有创新和研发能力，拥有高质量的基础设施，拥有完备的数字时代基础设施，还拥有对互联网络的高使用率，[①]等等。没有城市的创新，欧洲文明将不再前进。

其三，城市是现代社会潮流的引领者。城市有常住人口，也有流动人员，他们来源广泛、形形色色，也带来了各式各样的生活方式、思维方式、价值取向等，因此，城市是各种社会、经济、政治、文化、思想因素汇流的洼地，是社会交流和社会交往的大舞台，当然也是最先展示和引领社会潮流的前哨。尤其是欧洲城市，几百年来与世界、与国际社会联系紧密，绝大多数城市都是国际化城市，是欧洲联系世界的窗口。世界各地的思想在这里碰撞，世界各大文明的精髓在这里互融，世界各地的生活方式在这里交汇，各种政治经济文化信息在这里汇聚并扩散。一方面，外界最新鲜的事物最先传入城市，并从这里向四边传播扩散；另一方面，各种思想文化在城市汇聚后，也会迸发出新的火花，刷新思想，创新观念，创造新生事物，等等。城市还有传播新思想、新文化、新信息的各类媒体和机构。这些都是农村地区难以望其项背的。

其四，城市是历史和文化传统的主要承传者，也是历史文化资源的主要保护者。欧洲大多数城市（镇）历史悠久，具有丰富而悠久的历史文化传统和历史文化遗产。因此它们都特别注意保护并利用历史文化资源，到处都建有博物馆，甚至认为"每一栋建筑都是活生生的历史"。除了那些大中城市的历史文化遗产受到重视之外，即便早期那些名不见经传的小城镇，也是到处有历史胜迹。如在英国各地的大小城镇，到处都有"历史建筑"（history house）被标明并加以保护。英国对具有历史和文化价值的城市街区保护也是先行者。1967年出台的《城市宜居条例》，正式引入"保护区"概念。后来又不断有法令规定保护区的管理范围。整个英格兰受保护的城市街区达一万多个，著名者如起源于中世纪市场的伦敦市中心的科

---

① BBVA Research Team: *Urbanization Report: Europe Urbanization Trends*, 2016, p.19. Spain: Madrid, https://www.bbvaresearch.com.

文特花园街区。① 再如意大利罗马附近的维特尔博镇，曾是"教皇之城"，许多教皇曾在此居住，现在也将中世纪以来的建筑都保存完好。该镇还在每年 9 月 3 日为纪念本地守护神桑塔罗萨，抬着神像进行巡游，这一活动被列为联合国教科文组织的"人类非物质文化遗产名录"。② 城市的这些保护行动，为人们留下了可供品味和赏析的欧洲城市独特韵味。更重要的是，这些历史传统和文化遗留，构成了见证欧洲文明演进历程的完整链条。

其五，欧洲城市体现着与环境生态的协调与友好。欧洲城市在近代早期经历过一番重建和改造，形成了比较浓厚的古典式气息。但在随工业革命而来的城市化运动中，一方面工厂生产使得环境污染，生态遭到破坏，人类健康受到危害，另一方面城市因工业的发展而如雨后春笋般兴起，城市建设呈现无规划无秩序的现象。最先进行工业革命、最先开始工业化和城市化进程的英国，也最先注意到城市建设与环境和生态相协调的问题，19 世纪就有许多有识之士呼唤城市环境的协调，城市与生态环境的平衡、友好，呼唤城市建设应以人为本、以自然为本，进行精心周密的规划。如其时英国政论家罗斯金呼吁，要"彻底改善我们房屋的环境卫生和质量，让坚固、美观、构成组团的房屋与溪流、城墙保持良好的比例关系，从而不再会有衰退、肮脏的城厢，只有街道清洁、热闹的城区和田野开阔的郊外。美丽的花园和果园环绕着城墙，从城内任何地点出发，步行几分钟就能享受到清新的空气、如茵的绿草和一望无际的原野，这就是最终目标"。③ 罗斯金的呼吁，很快就成了英国人的共识。著名学者霍华德于 19 世纪末出版的《明日的田园城市》，激起了英国建设有规划的田园式城市的试验。1899 年，英国成立"田园城市协会"。后来又建设了两座示范性的田园城市：莱奇沃思和韦林。"田

① 林卫光："英国街区保护与发展并重"，《光明日报》2017 年 5 月 27 日 05 版。
② 陈晓晨："让文化在历史长河中流淌"，《光明日报》2017 年 1 月 24 日 05 版。
③ 〔英〕罗斯金："芝麻与百合"，转引自〔英〕埃比尼泽·霍华德：《明日的田园城市》，金经元译，商务印书馆 2012 年版，第 11 页。

园城市"很快成为世界性的理念，在奥地利、澳大利亚、比利时、法国、德国、荷兰、波兰、俄国、西班牙和美国等，都建设了类似于"田园城市"的示范性城市。[①]"田园城市"实际上是一种以环境和生态作为规划标准的样板城市。在这种理念支配下，欧洲城市开始关注城市内部布局、改善城市环境、改善城市与生态关系等方面。不过由于 20 世纪上半期忙于战争，50、60 年代忙于恢复和重建，欧洲城市尚无暇关注这些问题，战后二十多年里欧洲仍然被污染问题困扰，废水横流、空气污浊现象普遍存在。只是到了 70 年代以后，城市开始重视布局、环境、生态等问题，并且下大力气改造。80、90 年代以后，由于中国等新兴国家大力引进外资，廉价的劳动力成本优势和市场优势吸引欧洲国家资本，大量工厂和公司搬离了欧洲，制造污染的源头减少，为城市环境治理和生态修复带来了良机，欧洲城市的环境整治工作大见成效。更重要的是，力求在发展经济和保护资源之间求得最大平衡，这样的行动几乎在欧洲每个大小城市都有效地开展着。例如离罗马不远的意大利小镇菲乌齐，密布温泉和泉水。当地一方面要利用这些资源来发展经济，另一方面又决不允许为了经济利益而破坏资源和文化。因此，政府与矿泉水公司签订的协议中，严格规定矿泉水的开采区域、规模和保护措施，保证矿泉水资源的可持续发展。[②]正因如此，欧洲城市才有清新的空气、碧绿的草地、葱茏的树林、多彩的花园，人、建筑与环境浑然一体，生态既和谐、又有活力。

其六，欧洲城市引领和推动着农村的城镇化。农村城镇化有两种内涵。一是社会学意义上农村人口变成城市人口，要么就地市民化，要么前往外地或附近城市工作生活变成市民，在这里，城市的作用主要在于吸引了大量的农村移民，加速了人口的城市化。二是在人文地理意义上，要么是农村变成城镇，要么是农村生活方式城市化。

[①] 金经元："译序"，第 1 页，载〔英〕埃比尼泽·霍华德：《明日的田园城市》，金经元译，商务印书馆 2012 年版。

[②] 陈晓晨："让文化在历史长河中流淌"，《光明日报》2017 年 1 月 24 日 05 版。

说"农村城镇化"时，其着眼点应是地理意义上的农村怎样城市化的过程，即村庄"变"为城市城镇，或形成城市生活方式的过程。

在第二种内涵中，农村形成城市生活方式的过程，显然是城市先进性的样板效应，使得农村争相追随。由于早期工业化城市生活的不舒适性，19世纪的英国城市人就向往乡村生活。"在英国人的脑海里，英国的灵魂在乡村。"①英国人坚持认为他们不属于城市，而是属于乡村，真正的英国人是乡下人。城市在英国人眼中只是个聚会的场所、工作的场所，经过了一阵城市生活的喧嚣后，人们很愿意返回乡村生活。乡村不但生活舒适，天气也比城市好，教育环境甚至收入都比城市高。乡村走出来的精英，发达之后就想着要把乡村变得更美好。英国还建立了专门的乡村保护协会。不过，看起来现代英国人喜欢乡村甚于城市，但实际上是以乡村得到了彻底改造、已经与城市生活条件和生活方式没有差别为前提的，而这正是模仿城市的结果。

现代欧洲有两个运动推动着城镇化。一是大中城市工商业的扩展，把郊区农村变成城区，现代还有风行一时的卫星城建设。卫星城建设是指在大城市周边建设若干城镇，这些城镇一般都具有独立的工商产业，居民的日常工作和生活都在该城镇内或附近进行，同时也经常去中心大城市完成消费活动。卫星城是大城市工商功能的一种分散或分解，缓解大城市因工商业过度集中发展所带来的压力和问题。由于卫星城选址基本都处于大城市原有的远郊农村，因而加速了这些地方的农村城镇化进程。二是20世纪后期以来出现的"逆城市化"趋势。"逆城市化"是城市化发展到高潮后的产物。它看起来是一种"乡村复兴"，但其根源是城市人口向乡村迁移。②"逆城市化"与卫星城建设不同。"逆城市化"的前提是乡村必须具备与城市几乎一样的生活条件，工业化后期的农村城镇化过程就是为

---

① 参见〔英〕杰里米·帕克斯曼：《英国人》，严维明译，上海译文出版社2000年版。

② K. Halfacree, "The importance of 'the rural' in the constitution of counterurbanization: evidence from England in the 1980s", p. 164.

以往是乡村的地方创造这样的条件（生活条件和生活方式城市化），从而吸引越来越多的城市人到乡村生活居住。[①]

当然，城市化时代也好，城市化世界也罢，并非城市化实现了，城市的发展就到此终结了。城市化也许可以采取量化统计，但城市的内在品质是否不断提升，城市的动力和活力是否不断产生，是永远在路上的挑战。因此城市化的实现不单是一个阶段目标的达到，它更是一个新的阶段的开端。在城市化完成所提供的条件和基础上，城市还必须向前发展，必须永远可持续发展。欧洲学界和政界也在思考这一问题。在一些学者看来，城市化要想成功地可持续发展，就必须要求更有责任心的管理，要有培育精细管理的政策导向。要从人力因素、技术因素、制度因素这几个大的层面做出目标设计。人力因素包括有更高素质的人口、更为充分的社会和人力资本，人才能够自由流动，可入性和转移能力强。技术因素包括有精细的生活方式和生活质量，有充满竞争性的经济形态。制度因素一方面指精准管理，即政府参与度怎样，决策如何进行，另一方面则指城市所具的投资环境如何，包括各种制度设计、基础设施的齐备与合理。[②]总之，要因时而变，因地制宜地考量，既要有长期发展战略目标，又要有近期可行的政策和措施。

城市是欧洲文明发展的结晶，但不代表是欧洲文明进程的终结。欧洲文明在当前遇到了许多挑战，甚至遭遇了某种困境，更需要在保持自己特色的前提下将挑战转化成进一步改造和更新的动力。如何推动欧洲文明继续发展和变革，城市仍须有责无旁贷的担当，这是历史赋予它们的使命。

---

① B. Berry, "The counterurbanization process: urban America since 1970". In B. Berry ed., *Urbanization & counterurbanization*, Beverley Hills, California: Sage, 1976, pp. 17-30.

② BBVA Research Team: *Urbanization Report: Europe Urbanization Trends*, p.15.

参考文献

一、史料

Bland, A. E., B.A., P.A., Brown, M.A., R.H. Tawney, D. Litt, *English Economic History, Select Documents*, London:1914.

Douglas, D. C. ed., *English Historical Documents,* Vol.4, London:1969.

Douglas, D. C. ed., *English Historical Documents,* Vol.5, London:1967.

Drake, Francis, *Eboracum: or the History and Antiquities of the City of York* , London:1736.

Fisher, H. E. & A. R.J. Jurica eds., Documents in Economic History, England from 1000-1760, London: 1977.

Great Britain: Road Atlas, Automobile Association Developments Limited, 2012.

Powell, Ken and Chris Cook, *English Historical Facts1485-1603*, London: The Macmillan Press Ltd, 1977.

Selden Society, *Borough Customs*, Vol. 18, 1904.

Smith, L.T., L. Brentano, *English gilds, Pub. for the Early English Text Society,* Oxford University Press, 1963.

The Documentary History Of Insurance 1000 BC-1875 AD, Prudential Press,2015.

The Statutes of the Realm. London: Hein. 1993.

二、专著与论文

Abulafia, David ed., *The New Cambridge Medieval History,* Vol. V, c.1198-c.1300, Cambridge University Press, 2008.

524

Abulafia, David ed., *Italy in the central middle ages*, Oxford University Press, 2004.

Allmand, Christopher ed., *The New Cambridge Medieval History*, Vol.VII, c.1415-1500, Cambridge University Press, 2008.

Ashley, Sir William, *An Introduction to English Economic History and Theory, Book 2: From the Fourteenth to the Sixteenth Century*, London:1925.

Bairoch, P., *Storia delle città, Dalla proto-urbanizzazione all'esplosione urbana del terzo mondo*, Milano, Jaca Book, 1992.

Bairoch, Paul, *Cities and Economic Development, From the Dawn of History to the Present*, Translated by Christopher Braider, Chicago: Chicago University Press, 1988.

Bautier, Robert-Henri, *The Economic Development of Medieval Europe*, London: Thames and Hudson Ltd, 1971.

Beresford, M. and J. St. Joseph, *Medieval England; An Aerial Survey*, Cambridge University Press, 1979.

Berg, M. and H. Clifford, *Consumers and Luxury: consumer culture in Europe, 1650-1850*, Manchester University Press, 1999.

Berman, Harold J., *Law and Revolution-The Formation of the Western Legal Tradition*, Harvard University Press, 1983.

Best, G., *Mid-Victorian Britain 1851-1875*, London: Fontana Press, 1985.

Bolton, J. L., *The Medieval English Economy 1150-1500*, London:1980.

Bourne, R. Fox, *English Merchants: Memoirs in Illustration of Progress of British Commerce*, Vol . I, London:1866.

Braudel, F., *Civilization and Capitalism, 15-18th Centuries*, London:1985.

Brewer, J., and R. Porter, *Consumption and the world of goods*, London: Routledge, 1993.

Briggs, Asa, *Victorian Cities, A Brilliant and Absorbing History of Their Development*, London: Penguins Books, 1990.

Brown, Richard, *Society and Economy in Modern Britain 1700-1850*, London and New York: Routledge, 1991.

Cameron, Rondo, *A Concise Economic History of the World, From Paleolithic Times to the Present*, Oxford University Press, 1993.

Campbell, Lindsay, June Howling, Peter Sykes, and Bob Willars, *King's Lynn: The first thousand years*, King's Lynn Town Guides, 1997.

Cardwell, D. *Technology, Science and History*, London: Heinemann Educational Ltd, 1972.

Carus-Wilson, E.M., *The Origins and Early Development of the Merchant Adventurers' Organization in London as Shown in Their Own Mediaeval Records, Medieval Merchant Venturers: Collected Studie*s, Methuen & Co. Ltd, New Fetter Lane, E. C. 4.

Carus-Wilson ed., *Essays in Economic History,* Cambridge, 1953.

Chambers, D.S., *The Imperial Ages of Venice, 1380-1580,* Sames and Harderson Publisher Ltd, 1970.

Chambers, David and Brian Pullan, *Venice, A Documentary History, 1450-1630,* Blackwell，1993.

Chambers, Mortimer, Barbara Hanawalt, Theodore K. Rabb, Isser Woloch and Raymond Grew, *The Western Experience,* seventh edition, Boston: McGraw-Hill College, 1999.

Champion, Tony, *The Changing Nature of Urban and Rural Areas in the United Kingdom and other European countries,* New Castle University, Centre for Urban and Regional Development Studies，2005.

Chapman, S.D., *The Cotton Industry in the Industrial Revolution,* London: 1977.

Chartres, Joan ed., *Chapters from the Agrarian History of England and Wales, 1500-1750, Vol. 4: Agricultural Markets and Trade,* Cambridge University Press, 1990.

Cheney, Edward, *An Introduction to the History of Industry and Society*, New York:1923.

Cheney, Edward P., *The Dawn of a New Era 1250-1453,* Harper & Row Publishers, 1962.

Chinn, C., *Poverty amidst prosperity*, Manchester: Manchester University Press, 1995.

Cipolla, C. M., *Before the Industrial Revolution, European Society and Economy 1000-1750,* New York: 1976.

Clark, Peter and D. M. Palliser eds., *The Cambridge Urban History of Britain,* 3Vol.s, Cambridge University Press, 2000.

Clark, Peter and Paul Slack, *English Towns in Transition 1500-1700,* London:1972.

Clark, P. and P. Slack eds., *Crisis and Orders in England Towns 1500-1700, Essays in Urban History,* London: 1972.

Clayton, G., *British Insurance*, Plymouth: Elek Books Limited,1971.

Coleby, Andrew M., *Central government and the localities: Hampshire 1649-1689,* Cambridge University Press, 2002.

Court, W. H. B., *A Concise Economic History of Britain, From 1750 to Recent Times,* Cambridge University Press, 1976.

Cunningham, W., *The Growth of English Industry and Commerce,* Vol. I, Cambridge:1910.

Daumas, M. ed., *A History of Technology and Invention: Progress Through the Ages, Vol.2: The First Stages of Mechanization 1450-1725,* English edition, translated by E. B. Hennessy, John Murray, London:1980.

Dennis, Richard, *English Industrial Cities of the Nineteenth Century, A Social Geography,* Cambridge University Press, 1984.

Derwee, H. Von, *The Growth of the Antwerp Market and the European Economy,* Louvain, Publication Universitaires, 1963.

Dobb, Maurice, *Studies in the Development of Capitalism*, New York: 1954.

Dopson, Lea R. & David K. Hayes ed., *Managerial Accounting for the Hospitality Industry*, New Jersey: John Wiley & Sons, Inc., 2009.

Duby, G., *Rural Economy and Country Life in the Medieval West,* London: 1968.

Duby, G., *Historie de al France rurale,* Vol.1, Paris: 1975.

Dyer, C., *Everyday Life in Medieval England,* Cambridge:1993.

Dyer, Christopher, *Making a Living in the Middle Ages: The People of Britain 850-1520,* Yale University Press, 2005.

Earle, P. ed., *Essays in European Economic History 1500-1800,* Oxford: 1974.

Erglander, D., D. Norman, O'Day and W. Owens, *Culture and Belief in Europe 1450-1600, An Anthology of Sources,* Basil Blackwell,1990.

Evans, E J., *The Forging of the modern state: Early industrial Britain*, Harlow, Essex: Longman Group, 1993.

Farr, James R., *Artisans in Europe 1300-1914,* Cambridge University Press, 2000.

Feldman, A. & P. Ford, *Scientists and Inventors*, London: Bloomsbury Books, 1989.

Geary, Patrick J., *Readings in Medieval History*, Broadview Press, 1989.

Gras, N. S. B., *The Evolution of English Corn Market*, Cambridge: 1926.

Grassby, Richard, *Kinship and Capitalism,* Woodrow Wilson Center Press and Cambridge University Press, 2001.

Green, Iran, *Humanism and Protestantism in Early Modern English Education*, Farnham (Surrey): Ashgate Publishing Limited, 2009.

Gross, *Gild Merchant*, Kessinger Publishing ,2007.

Hazan, Eric, *The Invention of Paris*, *A History in Footsteps*, London and New York: Verso, 2011.

Heer, Friedrich, *The Medieval World, Europe from 1000 to 1350*, London: Sphere Books Ltd,1974.

Herbert, W., *The History of the Twelve Great Livery Companies of London*, Vol.2, London: 1834.

Hilton, R. H., *Class Conflict and the Crisis of Feudalism, essays in Medieval Social History*,London:Verso,1990.

Hilton, R. H., *English and French Town in Feudal Society-A Comparative Study*, Cambridge University Press, 1992.

Hilton, R., *The English Peasantry in the Later Middle Ages*, Oxford: 1979.

Hilton, R. H. ed., *The Transition from Feudalism to Capitalism*, London: Verso, 1978.

Hirst, Derek, *The Representative of People? Voters and Voting in English under the Early Stuarts*, Cambridge University Press,1975.

Holt, Richard and Gervase Rosser eds., *The English Medieval Town, A Reader in English Urban History 1200-1540*, London and New York: Longman, 1990.

Horrox, Rosemary and W. Mark Ormrod, eds., *A Social History of England, 1200–1500*, Cambridge University Press, 2006.

Hoskins, W. G., *Provincial England, Essays in Social and Economic History*, London: 1963.

Hoskins, W. G., *The Age of Plunders, The England of Henry VIII 1500-1547*, New York: 1979.

Hunt, Edwin S. & James M. Murray, *A History of Business in Medieval Europe, 1200-1550*, Cambridge University Press, 1999.

Hunt, E.S., *The medieval super-companies, A study of the Peruzzi Company of Florence*, Cambridge University Press, 1994.

Hudson, Put, *The Industrial Revolution*, London: Edward Arnold, 1996.

Jenckes, Adaline L., *The Origin, the Organisation and the Location of the Staple of England*, Philadelphia, 1908.

Jones, Michael, *The New Cambridge Medieval History*, Vol. VI ,c.1300-c.1415,

Cambridge University Press, 2008.

Kaufman, Stuart J. eds., *The Balance of Power in World History,* Palgrave macmillan, 2007.

Kenyon, J. P., *A Dictionary of British History,* London: Secker & Warburg, 1981.

Kibre, Pearl, *Scholarly Privileges in the Middle Ages, the rights, privileges, and immunities of scholars and Universities at Bologna, Padua, Paris and Oxford,* London: Medieval Academy of America, 1961.

Kim, Keechang, *Aliens in Medieval Law, the Origins of Modern Citizenship,* Cambridge University Press, 2000.

Kriedte P. eds., *Peasants, Landlords and Merchant Capitalists, Europe and the World Economy, 1500-1800,* Cambridge University Press, 1984.

Kriedte, Peter, H. Medick, J. Schlubohm, *Industrialization before Industrialization, Rural Industry in the Genesis of Capitalism,* Cambridge: 1981.

Landes, David S., *The Wealth and Poverty of Nations, why some are so rich and some so poor,* England: Abacus, 1999.

Lansing, Carol, *The Florentine Magnates, Lineage and Faction in A Medieval Commune,* New Jersey: Princeton University Press, 1991.

Lipson, E., *The Economic History of England,* London:1929-1931.

Luscombe, David and Jonathan Riley-Smith eds., *The New Cambridge Medieval History,* Vol. IV ,c.1024-c.1198, Part II, Cambridge University Press, 2008.

Maitland, F.W., *The History of English Law, Before the Time of Edward I*(second edition), Volume I, Cambridge University Press, 1898.

Maland, D., *Europe in the Sixteenth Century,* Macmillan Co., 1982.

Marshall, L. C., *Industrial Society,* Chicago: 1963.

Martin, J. and D. Romano, *Venice Reconsidered, The History and Civilization of An Italian City- state, 1297-1797,* John Hopkins University Press, 2000.

Mathias, Peter, *The First Industrial Nation, an Economic History of Britain 1700-1914,* London: 1983.

McKitterick, Rosamond, *Medieval World,* Times Books, 2003.

Merewether, Henry Alworth and Archibald John Stephens eds., *The History of the Boroughs and Municipal Corporations of the United Kingdom,* Vol. II, London: 1835.

Miller, E. & J. Hatcher, *Medieval England: Rural Society and Economic Changes 1086-1348,* London: 1980.

Mitchell, B. R. & P. Deane ed., *Abstract of British Historical Statistics*, Cambridge: 1962.

Mitchell, Linda E., *Family life in the Middle Ages*, Greenwood Press, 2007.

Moffit, L. W., *England on the Eve of the Industrial Revolution*, New York:1925.

Mundy, John H. and Peter Riesenberg, *The Medieval Town*, New York:1958.

Nef, J. U., *The Rise of the British Coal Industry*, Vol.1, London: Frank Cass Co. Ltd, 1966.

Nicholas, David, *Urban Europe,1100-1700*, Palgrave Macmillan, 2003.

O'Brien, P., D. keene, M.'t Hart, H. Wee eds., *Urban Achievement in Early Modern Europe, Golden Ages in Antwerp, Amsterdam and London*, Cambridge University Press, 2001.

Ortner, Eugen, *Gluck und Macht Der Fugger*, Ehrenwirth Verlag Munchun, 1954.

Outreville, J. Francois, *Theory and Practice of Insurance*, Springer, Boston, MA, 1998.

Palliser, D.M. ed., *The Cambridge Urban History of Britain*, Cambridge University Press, 2008.

Palmer, *English Law in the Age of the Black Death,1348-1381*, The University of North Carolina Press, 2001.

Parks, Tim, *Medici Money, Banking, Metaphysics and Art in Fifteenth-Century Florence*, London: Profile Books Ltd, 2006.

Patten, John, *English Towns 1500-1700*, Folkstone (UK): Dawson Archon Books, 1978.

Phythian-Adams, C., *Desolation of a City, Coventry and the Urban Crisis of the Late Middle Ages*, Cambridge University Press, 1963.

Pirenne, Henry, *Early Democracies in the Low Counties, Urban Society and Political Conflict in the Middle Ages and the Renaissance*, Translated by J. V. Saunders, Harper & Row, Publishers, 1963.

Pollock, Sir F. and F. W. Maitland, *The History of English Law, Before the Time of Edward I*, second edition, Vol. I, Cambridge University Press, 1898.

Porter, eds., The New Cambridge Modern History, Vol.4, Cambridge University Press, 1972.

Porter, R., *English Society in the Eighteenth Century*, London: 1982.

Postan, M.M., Eileen Power, *Studies in English Trade in the 15th Century*, London and New York, 1933.

Postan, M., *The Medieval Economy and Society, An Economic History of Britain in the Middle Ages*, London : Weidenfeld & Nicolson, 1972.

Pounds, N. J., *An Economic History of Medieval Europe,* London and New York: Longman, 1994.

Pounds, Norman, *The Medieval City,* Westport: Greenwood Press, 2005.

Ramsay, G. D., *The English Woolen Industry 1500-1750,* London: Macmillan Press, 1982.

Ramsay, G. D., *Tudor Economic Problems,* London:1963.

Raynes, Harold E., *A history of British insurance* , London: Sir Isaac Pitman & Sons Ltd.,1948.

Reuter, Timothy ed., *The New Cambridge Medieval History,* Vol. III (c.900-c.1024), Cambridge University Press, 2008.

Reynolds, Susan, *An Introduction to the History of English Medieval Towns,* Oxford: Clarendon Press, 1977.

Rowlands, M. B., *Master and Men, in the Midlands metalmare trades before the Industrial Revolution,* Manchester: 1975.

Royle, Edward, *Modern Britain, A Social History 1750-1985,* London: Edward Arnold, 1988.

Salzman, L. F., *English Industries of the Middle Ages,* London:1923.

Shammas, C., *The pre-industrial consumer in England and America,* Oxford University Press, 1990.

Singer, C., E. Holmyard, A. Hall and T. Williams eds., *A History of Technology, Vol.3, From the Renaissance to the Industrial Revolution, c.1500-c.1750,* Oxford: Clarendon Press, 1951.

Smith, David L., *The Stuart Parliament 1603-1689,* Oxford University Press Inc, 1999.

Staley, Edgcumbe, *The Guilds of Florence*, New York: Noble Offset Printers, 1991.

Stephenson, C., *Borough and Town: A Study of Urban Origin in England,* Cambridge (U.S.A), 1933.

Tawney, R. H., *The Agrarian Problems in the Sixteenth Century,* London: 1912.

Tawney, R.H., *English Economic History,* G. Bell and Sons, Ltd, 1925.

Thirsk, J. ed., *The Agrarian History of England and Wales,* Vol. 4: 1540-1640,

Cambridge University Press, 1967.

Thomson, J. A. F., *The Transformation of Medieval England*, London:1983.

Thrupp, S. L., *The Merchant Class of Medieval London 1300-1500*, Michigan: 1976.

Tiller, Kate, *English Local History: An Introduction*, Stroud: Alan Sutton Publishing Ltd, 1992.

Tillott, P. M., *A History of Yorkshire*: *The City of York*, Oxford University Press, 1961.

Tittler, Robert, *The Reformation and the Towns in English*: *Political and Political Culture, c.1540- 1640*, Oxford: Clarendon Press, 1998.

Tucker, Penny, *Law Courts and Lawyers in the City of London, 1300-1500*, Cambridge University Press, 2007.

Turner, Ralph V., *The English Judiciary in The Age of Glanvill and Bracton, c.1176-1239*, Cambridge University Press, 1985.

Tyler, J. Jeffery, *Lord of the Sacred City*, Brill, 1999.

Unwin, George, *The Industrial Organization in the Sixteenth and Seventeenth Centuries*,Nabu Press,2010.

Usher, A. P., *An Introduction to the Industrial History of England*, University of Michigan Library,1926.

Voet, Leon, *Antwerp: the Golden Ages*, Antwerp: 1973.

Walton, Mary, *Sheffield, Its Story and Its Achievements*, The Sheffield Telegraph & Star Limited, 1948.

Waters, C. M., *An Economic History of England*, Oxford: 1961.

Watts, John, *The Making of Polities: Europe, 1200-1500*, Cambridge University Press, 2009.

Weatherill, L., *Consumer behaviour & material culture in Britain, 1660-1760*, London: Routledge, 1996.

Weber, Adna Ferrin, *The Growth of Cities in the Nineteenth Century, A Study in Statistics*, New York: Cornell University Press, 1967.

Wickham, C. J., *The Mountains and the City, The Tuscan Apennines in the Early Middle Ages*, Oxford: Clarendon Press, 1988.

Willan, T. S., *The Inland Trade, Studies in English Internal Trade in the Sixteenth and Seventeenth Centuries*, Manchester University Press, 1976.

William, T.I., *A History of invention, from stone axes to silicon chips*, Little,

Brown & Company, 1999.

Williamson, Jeffrey G., *Coping with city growth during the British industrial revolution,* Cambridge University Press, 2002.

Willis, F. R., *World Civilization,* Vol. 2, Heathgco,1982.

Woude, A. Van der, A. Hayami, J. De Vries, *Urbanization in History, A Process of Dynamic Interactions*, Oxford: Clarendon Press, 1990.

Young, G. M. and W. D. Handock eds., *English Historical Documents,* Vol. 12, 1874-1914, London:1977.

Arnaud, Leopold, "Medieval Towns", *The Journal of the American Society of Architectural Historians*, Vol. 3, No.1-2: The History of City Planning.(Jan.-Apr., 1943).

Bartlett, J. N, "The Expansion and Decline of York in the Later Middle Ages", The *Economic History Review,* 2nd series, Vol.12 (1959-1960), No.1.

Basteson, M., "The Laws of Breteuil", *English History Review,* Vols. XV and XVI.

Beckinsale, R. P., "Factors in the Development of the Cotswold Woollen Industry", *The Geography Journal,* V.90, No.4, 1937.

Bennett, M. K."British Wheat Yield per Acre for seven centuries", The Economic Histrory, Vol.2, No.2 (February, 1935).

Ben-Amos, Ilana Krausman, "Failure to become freemen: urban apprentices in early modern England", *Social History,* Vol.16, No.2 (May, 1991).

Blomquist, Thomas W., "Commercial Association in Thirteenth-Century Lucca", *The Business History Review,* Vol. 45, No. 2 (Summer, 1971).

Bond, Shelgh and Norman Evans, "The Process of Granting Charters to English Boroughs, 1547-1649", *The English Historical Review*, Vol.91, No. 358 (Jan.,1976).

Bowd, Stephen, "The Republics of Ideas: Venice, Florence and the Defense of Liberty, 1525-1530", *History* (Published by The Historical Association, UK), Vol.85 (2000), No.2.

Brenner, Robert, "The Social Basis of English Commercial Expansion, 1550-1650", *The Journal of Economic History*, Vol. 32, No. 1, The Tasks of Economic History. (Mar., 1972).

Britnell, R. H., "The Towns of England and Northern Italy in the Early Fourteenth

Century", *The Economic History Review*, New Series, Vol. 44, No. 1 (Feb., 1991).

Brown, Judith C. and Jordan Goodman, "Women and Industry in Florence", *The Journal of Economic History,* Vol. 40, No. 1, The Tasks of Economic History (Mar., 1980).

Buckatzsch, E. J., "Occupations in the Parish Registers of Sheffield, 1655-1719", *The Economic History Review,* New Series, Vol. 1, 1949.

Buckatzsch, E. J., "Places of origin of a group of immigrants into Sheffield, 1624-1799", *The Economic History Review,* New series, Vol.2, No.3 (1950).

Carus-Wilson, E. M., "The Origins and Early Development of the Merchant Adventurers' Organization in London as Shown in Their Own Mediaeval Records", *The Economic History Review*, Vol. 4, No. 2 (Apr., 1933).

Carus-Wilson, E. M., "Evidences of Industrial Growth on Some Fifteenth-Century Manors", *The Economic History Review,* second series, V.12, No.2, 1959.

Clark, Gregory, "Productivity Growth without Technical Change in European Agriculture before 1850", *The Journal of Economic History*, Vol. 47, No. 2, The Tasks of Economic History (Jun., 1987).

Clemens, Paul G. E., "The Rise of Liverpool, 1665-1750", *The Economic History Review*, New Series, Vol. 29, No. 2 (May, 1976).

Cornblum, Bruce, "The History of Insurance", *California insurance law coverage newsletter for attorneys,* June 26, 2012.

Cornwall, J., "English Country Towns in the Fifteenth Twenties", *The Economic History Review,* second series, vol. 15, 1962.

Cunningham, W., "The Gild Merchant in England", *The Quarterly Journal of Economics*, Vol. 5, No. 3(1891).

Davis, R., "English Oversea Trade 1660-1700", *The Economic History Review*, 2nd series, Vol.7, No.2 (1954).

De Long, J. Bradford & Andrei Shleifer, "Princes and Merchants: European City Growth before the Industrial Revolution", *Journal of Law and Economics*, Vol. 36, No. 2 (Oct., 1993).

de Roover, Raymond, "Early Accounting Problems of Foreign Exchange", *The Accounting Review*, Vol. 19, No. 4 (Oct., 1944).

de Roover, Raymond, "Money, Banking, and Credit in Medieval Bruges", *The*

Journal of Economic History, Vol. 2, Supplement: The Tasks of Economic History (Dec.,1942).

de Roover, Raymond, "The Story of the Alberti Company of Florence, 1302-1348, as Revealed in Its Account Books", *The Business History Review,* Vol. 32, No. 1 (Spring, 1958).

Dimmock, Spencer, "English small towns and the emergence of capitalist relations, c.1450-1550", Urban History, 28, 1 (2001).

Dobson, R. B., "Admissions to the freedom of the city of York in the later middle ages," *The Economic History Review,* New Series, Vol. 26, No. 1 (1973).

Downing, Brian M., "Medieval Origins of Constitutional Government in the West", *Theory and Society*, Vol. 18, No. 2 (Mar., 1989)

Ekelund, Robert B., Jr., Robert D. Tollison, "Mercantilist Origins of the Corporation", *The Bell Journal of Economics*, Vol. 11, No. 2 (Autumn 1980).

Epstein, S. R., "Town and Country: Economy and Institutions in Late Medieval Italy", *The Economic History Review,* New Series, Vol. 46, No. 3 (Aug., 1993).

Epstein, Steven A., "Business Cycles and the Sense of Time in Medieval Genoa", *The Business History Review,* Vol. 62, No. 2 (Summer, 1988).

Frazer, George E., "Accounting in Italy", *The Accounting Review,* Vol.4, No.1 （March 1929）.

Goldthwaite, Richard A., "The Medici Bank and the World of Florentine Capitalism", *Past & Present,* No. 114 (Feb., 1987).

Goose, N. R., "In search of the urban variable: towns and the English economy, 1500-1650," *The Economic History Review*, New Series, Vol. 39, No. 2 (May, 1986).

Gross, Charles, "The Court of Piepower", *The Quarterly Journal of Economics*, XX, 1906.

Hanawalt, B. A., "Keeper of the Lights: Late Medieval English Parish Gilds", *Journal of Medieval and Renaissance Studies,* Duke University Press, Vol.14, 1984, No.1.

Harding, Alan, "Political Liberty in the Middle Ages", *Speculum,* Vol. 55, No. 3 (Jul., 1980).

Hein, Leonard W., "The British Business Company: Its Origins and Its Control",

The University of Toronto Law Journal, Vol. 15, No. 1 (1963).

Hibbert, A. B., "The Origins of the Medieval Town Patriciate", *Past & Present,* No. 3(Feb.,1953).

Higman, Francis, "1350-1750? The Perspective of Intellectual History", *The Journal of Early Modern History,* 1997: 1-2.

Hilton, R. H., "Small Town Society in England before the Black Death", *Past & Present,* No. 105 (Nov., 1984).

Holmes, G., "Anglo-Florentine Trade in 1451", *The English Historical Review*, Vol.107, No.427 (April 1993).

Homburger, Richard H., "The Use of Medieval Statements for Teaching Accounting A Comment", *The Accounting Review*, Vol. 48, No. 4 (Oct., 1973).

Hunt, Edwin S., "A New Look at the Dealing of the Bardi and Peruzzi with Edward III", *The Journal of Economic History,* Vol. 50, No. 1 (Mar. 1990).

Hyde, J. K., "Some uses of Literacy in Venice and Florence in the Thirteenth and Fourteenth Centuries", *Transactions of the Royal Historical Society*, Fifth Series ,Vol. 29(1979).

Jones, E. L., "Agricultural Origins of Industry", *Past & Present,* No.40 (1968).

Kedar, B. Z., *Merchants in Crisis, Genoese and Venetian Men of Affairs and the Fourteenth- century Depression,* Yale University Press, 1989.

Lane, Frederic C., "Family Partnerships and Joint Ventures in the Venetian Republic", *The Journal of Economic History,* Vol. 4, No. 2 (Nov., 1944).

Lang, R.G., "Social origins and social aspirations of Jacobean London merchants", *The Economic History Review,* New Series, Vol. 28,1974.

Lee, C. H., "Regional Growth and Structural Change in Victorian Britain", *The Economic History Review,* New Series, Vol. 34, No. 3 (Aug., 1981).

Lingelbach, W. E, "The Internal Organization Of Merchant Adventurers Of England"*, The American Historical Review*, New seires, Vol.16 (1902).

Littleton, A. C., "The Antecedents of Double-Entry", *The Accounting Review*, Vol. 2, No. 2 (Jun., 1927).

Manes, Alfred, "Outlines of a General Economic History of Insurance", *The Journal of Business of the University of Chicago*, 1942, 15 (1): 30-48.

Mann, J. DE L. "A Wiltshire Family of Clothier", *The Economic History Review,* New series, Vol. 9, 1956.

Mendals, F. F. "Proto-industrialization: The First Phase of the Industrialization

Process", *The Journal of Economic History,* Vol.32, No.1 (Mar., 1972).

Miller, John, "The crown and the borough charters in the reign of Charles II", *The English Historical Review.* Vol, 100, No. 394, 1985.

Nelli, Humbert O., "The Earliest Insurance Contract. A New Discovery ", *The Journal of Risk and Insurance* , Vol.39,No.2(1972).

Nicholas, David M., "Town and Countryside: Social and Economic Tension in Fourteenth-Century Flanders", *Comparative Studies in Society and History,* Vol.10, No.4 (Jul., 1968).

Pound, J. F., "The Social and Trade Structure of Norwich 1525-1575", *Past & Present,* No.34(1966).

Postan, M., "Credit in Medieval Trade", *The Economic History Review,* Vol. 1, No. 2 (Jan., 1928).

Postan, M. M., "Early Banking", *The Economic History Review,* Vol.16, No.1 (1946).

Power, Eileen, "The English Wool Trade in the Reign of Edward IV", *Cambridge Historical Journal,* Vol. 2, No. 1 (1926).

Prichard, M. F. Lloyd, "The Decline of Norwich", *The Economic History Review,* New Series, Vol. 3, No. 3 (1951).

Reynolds, Robert L., "Origins of Modern Business Enterprise: Medieval Italy", *The Journal of Economic History,* Vol. 12, No.4 (Autumn, 1952).

Ripley, Peter, "Village and Town: Occupations and Wealth in the Hinterland of Gloucester, 1660-1700", *The Agricultural History Review,* V. 32, No.2, 1984.

Simpson, A. "Thomas Cullum, Draper, 1587-1664", *Economic History Review,* New series, Vol 15, 1958.

Taube, Edward, "German Craftsmen in England during the Tudor Period", *Economic History,* 1939.

Tawney, A. J. & R. H. Tawney, "An Occupational Census of the Seventeenth Century", *The Economic History Review,* Vol.5 (1934).

Tilly, Charles, "Cities and states in Europe, 1000-1800", *Theory and Society,* Vol. 18, No. 5 (Sep., 1989), Special Issue on Cities and States in Europe, 1000-1800.

Tittler, Robert, "The End of the Middle Ages in the English Country Town", *Sixteenth Century Journal,* Vol.19. No.4 (Winter,1987).

Unwin, George, "The Transition to the Factory", *The English History Review,*

Vol.37 (1922).

Walker, C. E., "The History of the Joint Stock Company", *The Accounting Review*, Vol.6, No.2 (Jun., 1931).

Ward, Grace Faulkner, "The Early History of the Merchants Staplers", *The English Historical Review*, Vol. 33, No. 131 (Jul., 1918).

Westerfield, R. B., "Middlemen in English Business", *Transaction of the Connecticut Academy of Arts and Science,* XIX, pp.265-279, Yale University Press, 1915.

Withington, Phil, "Views from the bridge: revolution and restoration in seventeenth-century York," *Past &Present,* No. 170 (Feb., 2001).

Wrigley, E.A., "A Simple Model of London's Importance in Changing English Society and Economy 1650-1750", *Past & Present*, No. 37 (Jul., 1967).

Yamey, B. S., "Scientific Bookkeeping and the Rise of Capitalism", *The Economic History Review*, New Series, Vol. 1, No. 2/3 (1949).

Merriman, John, "European Civilization, 1648-1945", Lecture 3, 2008-9-10, *Dutch and British exceptionalism*, 2008-9-10, Yale University, http://www. cosmolearning. com/ video- lectures/ dutch-and-british-exceptionalism -6722/, 2012-3 -17.

Merriman, John, "European Civilization, 1648-1945", Lecture 1, Yale university, Sep., 3, 2008.

The Internet Medieval History Sourcebook has an extensive section of early Germanic law codes: http:// fordham. edu/halsall/sbook-law.html.

Vikypedia. http://www.cotswolds.info/Cotswolds History and Heritage, Aug., 4, 2014.

《马克思恩格斯选集》，人民出版社 1972 年版。

马克思：《资本论》，人民出版社 1975 年版。

〔意〕托马斯·阿奎那：《阿奎那政治著作选》，马青槐译，商务印书馆 1982 年版。

〔英〕巴克尔：《英国文化史》，胡肇春译，商务印书馆 1936 年版。

〔英〕贝利，布赖恩：《比较城市化》，顾朝林等译，商务印书馆 2012 年版。

〔英〕贝内特：《英国庄园生活：1150-1400 年农民生活状况研究》，龙秀清、孙立田、赵文君译，侯建新校，上海人民出版社 2005 年版。

〔法〕本雅明，瓦尔特：《巴黎，19 世纪的首都》，刘北成译，商务印书馆 2013 年版。

〔意〕薄伽丘：《十日谈》，王林译，燕山出版社 2001 年版。

〔英〕比德：《英吉利教会史》，陈维振、周青民译，商务印书馆 1991 年版。

〔英〕波斯坦，M. M. 等主编：《剑桥欧洲经济史》，第 2 卷，王春法等译，经济科学出版社 2004 年版。

〔英〕波斯坦，M. M. 等主编：《剑桥欧洲经济史》，第 3 卷，周荣国、张金秀译，经济科学出版社 2002 年版。

〔英〕波特，G. R. 等主编：《新编剑桥世界近代史》，中国社会科学院世界历史研究所组译，中国社会科学出版社 1999 年版。

〔英〕伯尔曼，哈罗德·J.：《法律与革命——西方法律传统的形成》，贺卫方等译，中国大百科全书出版社 1996 年版。

〔英〕伯尔曼，哈罗德·J.：《法律与宗教》，梁治平译，生活·读书·新知三联书店 1991 年版。

〔英〕柏克，彼得：《威尼斯与阿姆斯特丹：十七世纪城市政治精英研究》，刘君译，商务印书馆 2014 年版。

〔瑞士〕布克哈特：《意大利文艺复兴时期的文化》，何新译，商务印书馆 1983 年版。

〔英〕布劳巴赫，马克斯：《德意志史》，陆世澄、王昭仁译，商务印书馆 1998 年版。

〔美〕布鲁克尔，坚尼：《文艺复兴时期的佛罗伦萨》，朱龙华译，生活·读书·新知三联书店 1995 年版。

〔法〕布罗代尔，费尔南：《15 至 18 世纪的物质文明、经济和资本主义》三卷本，顾良、施康强译，生活·读书·新知三联书店 1996 年版。

〔法〕布罗代尔，费尔南：《法兰西的特征》，卷 1，"空间和历史"，顾良、张泽强译，商务印书馆 1994 年版。

〔法〕布洛赫，马克：《法国农村史》，余中先、张朋浩等译，商务印书馆 1997 年版。

〔美〕杜普莱西斯，罗伯特：《早期欧洲现代资本主义形成过程》，朱智强译，辽宁教育出版社 2001 年版。

〔美〕弗里斯，简·德：《欧洲的城市化，1500-1800》，朱明译，商务印书馆 2015 年版。

〔法〕福西耶，罗贝尔：《中世纪劳动史》，陈青瑶译，上海人民出版社 2007 年版。

〔俄〕古列维奇，A.：《中世纪文化范畴》，庞玉洁、李学智译，浙江人民出版社 1995 年版。

〔英〕哈巴库克，H. J.、M. M. 波斯坦主编：《剑桥欧洲经济史》，第 6 卷，王春法等译，经济科学出版社 2002 年版。

〔英〕哈塞，安德鲁：《巴黎秘史》，邢利娜译，商务印书馆 2012 年版。

〔美〕霍恩伯格，保罗·M.、利斯，林恩·霍伦：《都市欧洲的形成，1000-1994 年》，阮岳湘译，商务印书馆 2009 年版。

〔德〕黑格尔：《历史哲学》，王造时译，上海书店出版社 1999 年版。

〔英〕贺利思：《伦敦的崛起》，宋美莹译，电子工业出版社 2012 年版。

〔英〕霍华德，埃比尼泽：《明日的田园城市》，金经元译，商务印书馆 2012 年版。

〔美〕霍莱斯特，C.沃伦：《欧洲中世纪简史》，陶松寿译，商务印书馆 1988 年版。

〔英〕吉尔伯特，马丁：《英国历史地图》，王玉菡译，中国青年出版社 2012 年版。

〔英〕克拉克，P.、斯莱克，P.：《过渡期的英国城市 1500-1700》，薛国中译、刘景华校，武汉大学出版社 1992 年版。

〔英〕克拉克，彼得：《欧洲城镇史，400-2000 年》，宋一然、郑昱、李陶译，商务印书馆 2015 年版。

〔英〕克拉潘，约翰：《简明不列颠经济史：从最早时期到 1750 年》，范定九、王祖廉译，上海人民出版社 1980 年版。

〔英〕克拉普，布雷恩·威廉：《工业革命以来的英国环境史》，王黎译，中国环境科学出版社 2011 年版。

〔德〕克里斯塔勒，沃尔特：《德国南部中心地原理》，常正文等译，商务印书馆 2010 年版。

〔美〕科特金，乔尔:《全球城市史》,王旭等译,社会科学文献出版社 2010 年版。

〔意〕孔蒂，弗拉维奥：《文艺复兴艺术鉴赏》，李宗慧译，北京大学出版社 1988 年版。

〔俄〕库利舍尔，约瑟夫：《欧洲近代经济史》，石军、周莲译，北京大学出版社 1990 年版。

〔英〕兰德斯，戴维、莫克，乔尔、鲍莫尔，威廉：《历史上的企业家精神——从古代美索不达米亚到现代》，姜井勇译，中信出版集团 2016 年版。

〔法〕勒纳尔，G.、乌勒西，G.：《近代欧洲的生活与劳作（从 15 世纪—18 世纪）》，杨军译，上海三联书店 2008 年版。

〔英〕E.E.里奇、C.H.威尔逊主编：《剑桥欧洲经济史》，第 4 卷，张锦冬等译，经济科学出版社 2003 年版。

〔英〕里奇，E.E.、威尔逊，C.H.主编：《剑桥欧洲经济史》，第 5 卷，高德步等译，经济科学出版社 2002 年版。

〔意〕马基雅维里，尼科洛：《佛罗伦萨史》，李活译，商务印书馆 2011 年版。

〔美〕伯恩斯，爱德华·麦克诺尔、拉尔夫，菲利普·李：《世界文明史》，罗经国等译，商务印书馆1995年版。

〔英〕芒图，保尔：《十八世纪产业革命》，杨人楩等译，商务印书馆1983年版。

〔英〕梅特兰等编：《欧陆法律史概览——事件、渊源、人物及运动》，曲文生等译，上海人民出版社2008年版。

〔美〕米勒，唐纳德·L.：《刘易斯·芒福德传》，宋俊岭、宋一然译，商务印书馆2015年版。

〔美〕莫里斯，A. E. J.：《城市形态史—工业革命以前》，成一农等译，商务印书馆2011年版。

〔苏〕梅舍亮柯娃："论17世纪英国资产阶级革命前夜英国工业的发展"，载《历史译丛》（吉林师范大学），第1集，1960年。

〔美〕帕克，R.E.、伯吉斯，E. N.、麦肯齐，R. D.：《城市社会学—芝加哥学派城市研究》，宋俊岭、郑也夫译，商务印书馆2010年版。

〔英〕庞兹，诺尔曼：《中世纪城市》，刘景华、孙继静译，商务印书馆2015年版。

〔英〕皮朗，亨利：《中世纪欧洲经济社会史》，乐文译，上海人民出版社1987年版。

〔英〕皮雷纳，亨利：《中世纪的城市》，陈国樑译，商务印书馆1985版。

〔英〕奇波拉，卡洛.M.：《欧洲经济史》，全6卷，徐璇等译，商务印书馆1988年版。

〔苏〕齐斯托兹沃诺夫：《尼德兰资本主义的起源》，世界中世纪学会1982年昆明年会材料。

〔英〕琼斯，科林：《剑桥插图法国史》，杨保筠、刘雪红译，世界知识出版社2004年版。

〔苏〕萨马尔金：《中世纪西欧历史地理》（俄文版），莫斯科1976年版。

〔意〕萨尔瓦托雷利，路易吉：《意大利简史——从史前到当代》，沈珩、祝本雄译，商务印书馆1998年版。

〔法〕瑟诺博斯：《法国史》，沈炼之译，商务印书馆1972年版。

〔英〕斯密，亚当：《国民财富的性质和原因的研究》，郭大力、王亚南译，商务印书馆1996年版。

〔德〕施泰因，维尔纳：《人类文明编年纪事·科学和技术分册》，龚荷花等译，中国对外翻译出版公司1992年版。

〔苏〕施脱马尔克：《十六世纪英国简史》，上海外国语学院编译室译，上海人民出版社1958年版。

《世界著名法典汉译丛书》编委会：《萨利克法典》，法律出版社2000年版。

〔美〕泰格、利维：《法律与资本主义的兴起》，纪琨译，学林出版社1996年版。

〔美〕汤普逊:《中世纪经济社会史》,耿淡如译,商务印书馆 1997 年版。

〔美〕汤普逊:《中世纪晚期欧洲社会经济史》,徐家玲等译,商务印书馆 1996 年版。

〔德〕维贝尔,马克斯:《世界经济通史》,姚曾廙译,上海译文出版社 1981 年版。

〔德〕韦伯,马克斯:《经济通史》,姚曾廙译,上海三联书店 2006 年版。

〔德〕韦伯,马克斯:《新教伦理与资本主义精神》,黄晓京、彭强译,四川人民出版社 1986 年版。

〔德〕韦伯,马克斯:《中世纪商业合伙史》,陶永新译,东方出版中心 2010 年版。

〔德〕沃勒斯坦:《现代世界体系》,庞卓恒等译,高等教育出版社 2001 年版。

〔英〕沃尔夫,亚:《十六、十七世纪科学技术和哲学史》,周昌忠等译,商务印书 1985 年版。

〔苏〕兹拉特科夫斯卡雅:《欧洲文化的起源》,陈筱、沈澂译,生活·读书·新知三联书店 1992 年版。

陈文海:《法国史》,人民出版社 2004 年版。

陈曦文:《英国社会转型时期经济发展研究》,首都师范大学出版社 2002 年版。

陈燮君主编:《城市的足迹》,北京大学出版社 2013 年版。

顾朝林:《中国城镇体系》,商务印书馆 1996 年版。

郭义贵:《西欧中世纪法律概略》,中国社会科学出版社 2008 年版。

郭振铎:《宗教改革史纲》,河南大学出版社 1998 年版。

霍文利:《佛罗伦萨共和国的衰亡》,经济科学出版社 2013 年版。

金志霖:《英国行会史》,上海社会科学院出版社 1996 年版。

厉以宁:《资本主义的起源——比较经济史研究》,商务印书馆 2004 年版。

刘景华:《城市转型与英国的勃兴》,中国纺织出版社 1994 年版。

刘景华:《西欧中世纪城市新论》,湖南人民出版社 2000 年版。

马克垚:《英国封建社会研究》,北京大学出版社 2005 年版。

马克垚:《西欧封建经济形态研究》,人民出版社 1985 年版。

钱乘旦、高岱主编:《英国史新探——全球视野与文化转向》,北京大学出版社 2011 年版。

钱乘旦、许洁明:《英国通史》,上海社会科学院出版社 2003 年版。

施治生、徐建新主编:《古代国家的等级制度》,中国社会科学出版社 2003 年版。

孙秉莹:《欧洲近代史学史》,湖南人民出版社 1984 年版。

王亚平:《西方法律制度转型的社会根源》,人民出版社 2009 年版。

吴于廑:《吴于廑学术论著自选集》,首都师范大学出版社 1995 年版。

吴于廑：《吴于廑文选》，武汉大学出版社 2007 年版。

吴于廑主编：《十五十六世纪东西方历史初学集》，武汉大学出版社 2005 年版。

吴于廑主编：《十五十六世纪东西方历史初学集续编》，武汉大学出版社 2005 年版。

张卫良主编：《"城市的世界"：现代城市及其问题》，社会科学文献出版社 2012 年版。

周一良、吴于廑主编：《世界通史资料选辑》，中古部分（郭守田主编），商务印书馆 1989 年版。

朱寰主编：《亚欧封建经济形态比较研究》，东北师范大学出版社 2002 年版。

朱寰主编：《工业文明兴起的新视野——亚欧诸国由中古向近代过渡比较研究》，商务印书馆 2015 年版。

陈玉刚："市民社会的发育与西方民主"，《复旦学报》1995 年第 2 期。

何顺果："特许公司——西方推行'重商政策'的急先锋"，《世界历史》2007 年第 1 期。

刘景华："自治城市：欧洲政治文明的试验田"，《史学理论研究》2014 年第 2 期。

刘新成："乡绅入侵：英国都铎王朝议会选举中的异常现象"，《中国社会科学》2008 年第 2 期。

马克垚："西欧封建城市初论"，《历史研究》1985 年第 1 期。

马克垚："资本主义起源理论问题的检讨"，《历史研究》1994 年第 1 期。

庞卓恒："让马克思主义史学宏扬于国际史坛——访英国著名马克思主义史学家希尔顿"，《史学理论》1987 年第 3 期。

启良："中西古代抑商比较研究"，《世界历史》1988 年第 4 期。

郁越祖："地理环境与中国封建社会的长期延续"，《复旦学报》1982 年第 6 期。

赵文君、李斌："英国法律与资本主义租地农场的兴起"，《湘潭大学学报》2013 年第 1 期。

索　引

268，384

行会 14，78，83，85—94，96—98，103—107，111，119，128，130，131，133—137，159，161，164，189—194，210，215，225，235—237，240—242，246—251，259，264，270，282，291，300—304，308，318，319，321，328，333，335，341，362，382，392，411，504，515，528

荷兰 2，25，125，170，214，220，229，272，273，286—288，304，312，344，353，365，379，381，384，389，390，413，414，419—421，423，474，475，477，479，480—482，486—488，497，498，514，521

合股 189，191，193，200，212，215，218，222—226

黑格尔 1，2，14，74，525

黑海 26，38，119，120，266

黑死病 43，54，91，102，151，242，263，264，266，329

黑乡 278，426，438，441，464，465

亨利·皮朗 24，69，76，82，234

亨利七世 31，64，70，219，342，358

亨利八世 64，90，126，224，248，268，303，391，392，463，468

胡克 4

黄金塔 289

黄金诏书 369

汇票 162，164，169，171—177，181，516

货币地租 294—296

霍布斯 344

霍华德 520，521，525

J

基尔特 14，66，86，104，130—135，190，193，194，333，392

机器大工业 238，407

集团公司 200，212

吉本 267

吉柏林党 330，385

家内制 237—241，243，309，449，505

家族公司 194—195，200—202，208—209，212，225

家族合伙制 206—207

加泰罗尼亚 39，68，107，120，183，390

伽利略 167，362，363

尖顶拱 54，356

简单协作 238

剑桥 6，13，15，29，42，58，61，62，66，68，75—77，88，92—94，100，104，105，116，150，164，166，168，170，177，184，185，187，188，195，197—199，201，202，211，212，221，241—244，251—253，273，275，298—300，308，315，335，336，355，356，357，358，361，370，374，412—416，443，463，503，507，524—527

结构城市化 419

街道 34，46，49，50—53，55，83，